Víctor Gabriel Rodríguez

ARGUMENTAÇÃO JURÍDICA

TEXTO, PERSUASÃO E LÓGICA INFORMAL

*7ª edição totalmente reescrita, com imagens e
um novo capítulo sobre Inteligência Artificial*

SUMÁRIO

Introdução à sétima edição: vinte anos depois, xi

CAPÍTULO I. ESTUDANDO ARGUMENTAÇÃO, 1

Introdução, 1
Mar de informações, 2
Episteme e recorte histórico, 4
Retórica do século XX, 7
Argumentação contemporânea, 11
O giro tecnológico, 19
Quatro premissas ou referenciais, 24
   1) O texto escrito e a estrutura racional, 25
   2) Argumentação como pensamento mágico revisitado, 27
   3) Argumentação como produto narrativo, 29
   4) Combinação intertextual, 30
Conclusão, 31

CAPÍTULO II. O ARGUMENTO, 33

Os três tipos básicos de discurso, 33
A disputa entre dois certos, 37
Argumento e lógica formal, 41
Os objetivos e os meios da argumentação, 49
Interlúdio: argumentação em meios corrompidos, 52

Segue: o objetivo de fazer crer, 54
Características clássicas da argumentação, 58
Características que somamos: magia, narrativa, estética e legitimação, 65
   Realismo: pensamento mágico revisitado, 65
   Base: a construção narrativa, 67
   A dimensão estética, 68
   Dimensão legitimadora do Estado, 69
Conclusão, 70

CAPÍTULO III. ARGUMENTAÇÃO E FUNDAMENTAÇÃO. PENSANDO NO OUVINTE, 73

O discurso de veracidade científica, 73
O destinatário: carta ao jovem advogado, 76
Argumentação × fundamentação: a distinção relativa, 87
Uma eterna desvantagem: o ponto de vista comprometido, 91
Tempos de paternalismo: a parcialidade como novo risco a evitar, 94
Segue: a licitude de um Direito comunicativo, 96

CAPÍTULO IV. INTERTEXTUALIDADE: ADESÃO DE ESPÍRITOS E MAGIA ELEMENTAR, 99

Um público universal, 100
A intertextualidade, 102
A decisão intertextual, 105
Proximidade, adesão e magia, 108
Estética absoluta e discursiva, 112

CAPÍTULO V. PROGRESSÃO DISCURSIVA E COERÊNCIA, 115

A coerência, 115
Coerência e recortes, 118
Estabelecendo a coerência, 120
Coerência e sentido: a dependência do mundo exterior, 122
Coerência e extensão da argumentação, 126

Texto e ritmo, 130
O nível necessário de informação, 133
As mensagens implícitas, 138
Ilustração: defesa de homicídio, 140
Regras sobre coerência, 145
Conclusão, 154

CAPÍTULO VI. A NARRATIVA DOS FATOS – TEMPO E ESTRUTURA, 155

Narrativa elementar: os fatos como premissa, 155
A figuratividade na narrativa, 157
O eixo temporal, 158
Função argumentativa da narrativa dos fatos: o ponto de vista, 161
Coerência narrativa, 167
O personagem, 174
Criação do personagem, 175
Existência de conflito e progressão imanente, 183
Estrutura do pensamento narrativo, 188
Aproximando-se à argumentação, 191
O Direito em clave narrativa, 202
A estrutura figurativa complexa: macro e microtexto, 207
O tempo imanente: projetar-se para o futuro, 213
Conclusão, 217

CAPÍTULO VII. ARGUMENTO DE AUTORIDADE: A PERSUASÃO DA DOUTRINA, 219

Apresentação: os tipos de argumento, 219
A autoridade, 221
Argumentum ad verecundiam, 222
Ciência e verdade, 224
A confiabilidade da opinião da autoridade: *quia nominor leo*, 226
Estabelecendo a validade do argumento, 229

Critérios primários de análise do argumento de autoridade, 230
Questão do experto, 231
Questão da área, 234
Questão da validade da opinião, 236
Questão da confiabilidade, 237
Questão da consistência, 240
Questão das provas, 242
A relação entre afirmação da autoridade e argumentador, 244
Questão da consciência do argumentante, 245
Questão da isenção absoluta da fonte, 246
A conclusão da pertinência ao momento discursivo (*placement*), 247
Formas específicas do argumento de autoridade, 250
- As perícias em geral, 250
- Os pareceres, 251

Exageros e mau uso do argumento, 255
A estética estruturante das notas de rodapé, 257
O maior intelectual do mundo: a pertinência da autoridade, 262
Conclusão, 266

CAPÍTULO VIII. ARGUMENTO POR ANALOGIA: O USO DA JURISPRUDÊNCIA, 267

A analogia e a ilustração, 267
Jurisprudência: analogia e autoridade, 268
Uso da jurisprudência: quantidade e qualidade, 270
Precedentes e *Common Law*, 272
Segue: valor e uso da jurisprudência, 274
Combatendo o argumento de analogia, 276
Alterando a jurisprudência: o *overruling*, 277
Conclusão, 280

CAPÍTULO IX. EXEMPLO, FIGURATIVIDADE E ILUSTRAÇÃO DO DISCURSO, 281

O exemplo, 281

Requisitos do exemplo, 284
Representatividade do exemplo, 287
Falando em ilustração, 287
Ilustração e argumento, 289
Tendência atual da figuratividade, 292
A imagem e sua importância: a questão da presença, 295
Exagero da imagem e do exemplo, 297
Conclusão, 298

CAPÍTULO X. ESTRUTURA LÓGICA E ARGUMENTO:
A FORTIORI, AD ABSURDUM E RIDÍCULO, 301

O argumento jurídico, 301
O argumento *contrario sensu*, 303
O argumento *ad absurdum*, 305
O uso da ridicularização, 311
O argumento *a coherentia*, 314
Argumento *a fortiori*, 316
O córax, 317
Conclusão: a hipótese narrativa, 320

CAPÍTULO XI. ARGUMENTAÇÃO FRACA: FUGA E SENSO
COMUM, 323

A argumentação corriqueira, 323
Argumento *ad hominem*, 324
O argumento de senso comum, 327
Argumento de fuga, 334
Conclusão, 337

CAPÍTULO XII. QUANDO A LINGUAGEM É ARGUMENTO, 339

Predisposição à argumentação, 339
Palavra, 341
Conteúdo e forma, 343
A linguagem adequada, 345

O discurso jurídico em vocabulário, 348
Linguagem técnica × jargão, 350
Competência linguística e linguagem corrente, 353
Carga semântica, 356
Expressões latinas e brocardos jurídicos, 359
Sinônimos e polissemia, 361
¿Por qué no te callas?, 363
Conclusão, 365

CAPÍTULO XIII. ORDEM E MOMENTOS ARGUMENTATIVOS, 367

Ordem dos argumentos, 367
Momentos principais da argumentação, 370
Algo sobre o desfecho, 373
Argumentar ou mostrar erudição?, 377
Conclusão, 377

CAPÍTULO XIV. ESPAÇO DA ARGUMENTAÇÃO JURÍDICA: SENTENÇA E TESES SUBSIDIÁRIAS, 379

Sentença como espaço argumentativo, 380
Teses subsidiárias e efeito argumentativo, 382
Argumentar é pôr em dúvida, 383
Tese subsidiária e aceitabilidade em juízo, 386
Sentença: fundamentação e realismo jurídico, 387
O texto mais forte que o autor, 389
Conclusão, 392

CAPÍTULO XV. PECULIARIDADES DO DISCURSO ORAL, 395

Discurso oral e discurso escrito, 395
Discurso oral, papel e evidência, 396
Intencionalidade na fala, 400
Predisposição à argumentação no discurso oral, 402
Discurso parlamentar e discurso político, 407

Discurso no Tribunal do Júri, 411
Conclusão, 413

CAPÍTULO XVI. PECULIARIDADES DO TEXTO ESCRITO, 415

Uma premissa: quem lê o que escrevemos?, 416
No macrotexto: extensão e orientação, 419
No microtexto: coesão textual, 423
Coesão elementar, 424
Gramaticalidade e pontuação, 426
Elementos básicos de construção, 429
Coesão avançada, 434
Análise da escrita persuasiva, 438
Percepção textual: oralidade e escrita, 440
Papel em branco: micro e macrotexto, 447
Conclusão, 449

CAPÍTULO XVII. ESTILO E CRIATIVIDADE, 451

Construir um estilo, edificar uma imagem, 455
Subjetividade e consciência, 457
Do estilo à criatividade, 460
A criatividade, 461
Se há medo de mudanças, 462
Criatividade e informação, 465
Intertextualidade criativa, 468
Novidade, segurança e habilidades, 473
Conclusão, 474

CAPÍTULO XVIII. INTELIGÊNCIA ARTIFICIAL: ARGUMENTAR PARA O COMPUTADOR, 475

Sentenças artificiais, 477
Inteligência Artificial, 477
Decisão humana: liberdade de querer, 480
Nosso cérebro: algo sobre experimentos das neurociências, 481

Interpretando a liberdade de decisão, 483
Direito à decisão não artificial, 486
Como persuadir um computador?, 492
Conclusão, 495

Epílogo: um Programa de Argumentação Jurídica, 497
Bibliografia, 501
Notas, 531

INTRODUÇÃO À SÉTIMA EDIÇÃO:
VINTE ANOS DEPOIS

Acreditamos que apresentar esta 7ª edição do *Argumentação jurídica* deva iniciar com a afirmação principal: comparado às edições anteriores, o leitor recebe um livro totalmente transformado, com algo que é muito mais que uma revisão atualizadora. Trata-se de uma releitura completa do conteúdo, do estilo e das referências, nos vinte anos que separam a primeira publicação desta obra do momento em que terminamos esta edição.

Aqui o leitor dispõe de um novo livro, a partir daquela ideia primeira, mas totalmente repensado e reescrito, como para celebrar essas duas décadas de existência da obra. Nesta apresentação, especialmente para aqueles que já trabalhavam com a versão anterior, cabe descrever um pouco essas mudanças.

O processo de atualização pode ser delineado em uma disjuntiva: (I) de um lado, uma renovação da forma e, principalmente, do conteúdo, que introduzimos com a finalidade de que o livro *continuasse* respondendo às necessidades do operador do Direito. Se nos permitem a falta de modéstia, escutamos muitas vezes, de alunos e professores, mas, principalmente, de operadores do Direito, uma assertiva neste sentido: "a leitura do livro, do início ao fim, mudou completamente meu modo de estudo e de trabalho." Esse é o lado que denominamos objetivo, ou de segunda pessoa: o *leitor* continua usando este livro como uma ferramenta de estudo que seja capaz de transformá-lo, de conceder-lhe habilidades. Para isso, fez-se necessária intensa atualização, desde o modo como se enunciam as ideias, o vocabulário, até, e especialmente, o modo como *hoje* se opera o Direito; (**II**) de outro lado, o que chamamos de subjetivo, ou de primeira pessoa: após vinte anos de aprimoramento e estudo diário, dentro da universidade (e, alguma vez, dentro do Judiciário) e também como escritor, a obra desatualizada deixava de agradar-nos pessoalmente. Desatualizada, compreenda-se, não por ela mesma, mas pelo que hoje entendemos que deva ser um texto que corresponda à nossa autoria. Era necessário, portanto, um *salto qualitativo* na escrita, para que pudéssemos reconhecer nossa própria criação[i].

Claro que se nota que essa disjuntiva, em algum ponto, convergirá para o melhor resultado, pois ambos os aspectos – funcionalidade e renovação técnica – se complementam para sua finalidade última. Mas isso, claro, apenas ao fim do processo, porque, como disjuntiva, implicava um trabalho aparentemente contraditório. Durante todo o tempo, tivemos a preocupação de que nossa necessidade de elevar o nível da escrita, de documentar posições, e confirmá-las com um método solvente, de tornar mais preciso o vocabulário técnico etc., não confrontasse com a clareza, com a fluidez da leitura. Do contrário, este seria um livro teórico a mais, com reprodução de textos já escritos, sem a inovação que, dizemos, marcou esta obra há vinte e poucos anos.

Para manter esse equilíbrio, tivemos alguma técnica, que aqui explicamos rapidamente. (**1**) Primeiro, uma atualização geral, no

---

[i] Esta afirmação pode parecer *excessivamente* subjetiva ao leitor. Entretanto, na leitura da obra, se habituará a compreender qualquer processo de escrita como uma forma de transposição da personalidade no texto, e no diálogo entre este e o próprio autor, para construção do produto final.

que se refere a linguagem e exemplos. A releitura da versão anterior da obra, apesar de todo o prazer que significa reconhecer-se em suas próprias assertivas, revelou (**1.a**) uma linguagem antiquada, que necessitava urgente renovação. Ótimo, porque, em metalinguística pura, confirma-se nossa tese da efemeridade dos meios expressivos. Frases e parágrafos inteiros foram reescritos integralmente, mesmo que sua matéria de fundo fosse quase a mesma. 'Quase', dizemos, porque aqui se sabe que qualquer alteração enunciativa transforma o conteúdo, note-se ou não. Nesse passo de atualização, também (**1.b**) os exemplos foram outros, em especial quando se trata de exercícios de análise textual. Exemplos mais contemporâneos, abandono de alguns clássicos que, apesar de clássicos, para nós deixaram de representar com precisão a técnica ou a base conceitual sobre a qual queríamos dissertar.

Nesse ponto de exemplificação, teve relevo algo de que o livro trata sempre: a segurança pessoal de quem escreve, a forma como o autor, pouco a pouco, ganha em estilo e no modo de impor sua própria criação. Usar, como instrumento de análise de texto, uma canção dos Ramones ou introduzir, no livro jurídico, a fotografia de um grafite de rua era algo que já gostaríamos de ter feito há duas décadas, mas que o formalismo jurídico nos impedia. O formalismo continua, mas não nos refreia a expressividade, é o que queremos dizer, devido à segurança adquirida após as reiteradas edições desta obra e de outras. Também, fruto dessa confiança no próprio trabalho, utilizamos (**1.c**) alguns fragmentos narrativos de nossa autoria, publicados em outras mídias, que aqui funcionam como objetos de análise textual. Essa autorreferência não significa, cremos, um exercício do próprio ego, mas a transmissão, ao leitor, de que aquele autor que lhe disserta em teoria, na prática comprova seus postulados.

Também tivemos que nos atualizar, e muito, em qualquer (**2**) alusão à atividade forense. Nestes anos, especialmente depois da triste pandemia de 2020, a forma de operar o Direito mudou radicalmente. Por isso, pensávamos que um livro de argumentação que não tivesse referência direta a *plenários virtuais*, gravações de vídeo pelo celular, sustentações orais *on-line,* mineração de referências por computador ou, mais especialmente, uso de Inteligência Artificial (IA) pelos tribunais ou mesmo pelos escritórios seria algo de pouca valia prática. Essas transformações tiveram consequências na visão filosófica da própria linguagem aplicada, em que algumas vezes tivemos de adentrar, mas isso não é o mais importante. A preocupação primeira foi saber se os conceitos e, em particular, as técnicas seguiam vigentes com a imposição dos suportes digitais e audiovisuais por um tema, em um giro sobre o qual ainda haverá muito o que escrever. Claro que tudo isso implica a necessidade de constante atualização, mas essa é também parte de nossa proposta.

Em relação ao que chamamos de parte subjetiva, quer dizer, de dar um (**3**) salto qualitativo para que o texto alcançasse nossa evolução de pensamento e leitura, houve algumas medidas, que basicamente consistiram em – sem desviar o leitor dos objetivos da obra – aprofundar algumas posições teóricas que nos vieram ao longo dos anos. Em resumo (**3.a**) pensamos e fortalecemos o método narrativo como estrutura da argumentação. Esse tem sido em grande parte o fundamento de nossa análise do Direito como um todo, tanto no Direito Penal quanto na produção científica. Por esta editora, publicamos um livro que refaz essa teoria narrativa[ii], mas aqui vamos bastante além. Como temos dito, muito mais que uma técnica de *storytelling*, que alguns desejam ressuscitar, a compreensão narrativa da construção e aplicação do Direito é algo que tentamos sedimentar com constantes estudos,

---

[ii] Veja-se nosso *O ensaio como tese*: estética e narrativa na composição do texto científico".

inclusive no Direito Penal. Com essa finalidade, nesta sétima edição, alguns pontos teóricos tiveram de ser estendidos. Sem desviar-nos de rota, acrescentamos alguns esclarecimentos, com alguma referência a autores. Também (**3.b**) afirmamos a argumentação como *técnica*, e não como ciência, e então tangenciamos o que alguns filósofos postularam como 'pensamento mágico', ao menos para não desvalorizar nossa técnica como uma *arte intuitiva*, ou qualquer outro predicativo que queiram usar os detratores mais positivistas. Nesse sentido, tivemos que passar pela dura reafirmação de que o Direito tampouco é ciência e se instrumentaliza pelo texto escrito. Nesses vinte anos que separam as pontas de nossa obra, muitos autores aderiram a essa posição, que, antes, era quase como grito no deserto, ancorado em pouco mais do que nossa observação do cotidiano jurídico. Aliás, não considerar o Direito como ciência não é um desrespeito a nossa matéria, muito ao revés: trata-se de um respeito ao método científico e ao alcance de elementos realistas em nossa epistemologia, em nossa forma de apreensão da realidade. É natural o movimento de especializações de áreas do conhecimento, como subespécies que surgem em uma inevitável linha darwiniana, e a teoria da argumentação é parte desse ramificar, mas isso está longe de significar uma elementaridade científica. Em outras palavras, aqueles que encaram a argumentação como alguma poética, porque está longe de ser "ciência", em nossa opinião deveriam conhecer um pouco mais sobre o que é a ciência mesma, até se darem conta de que nós, os juristas, não somos cientistas em si. Neste livro, refeito, essa convicção está muito mais aprofundada e justificada, e acreditamos que essa segurança se refrata, como elemento de convicção, em todo o texto.

Por fim, no que concerne a esse aprimoramento, o leitor verá (**3.c**) muitas referências bibliográficas. De algum modo, a ultrarreferenciação é contrária ao que nós mesmos postulamos, mas, nesse ponto, não houve como vencer a corrente. A consulta constante a muitas obras fazia parte da nossa necessidade de confirmar e revisar postulados, além de orientar o leitor, caso queira aprofundar-se no estudo. Não se trata de insegurança nossa apoiar-nos em outros autores, mas ao contrário: quando transitamos pela filosofia da linguagem, pela linguística, pela matemática ou por elementos laterais aqui, como as técnicas literárias ou mesmo de publicidade, trata-se de mostrar ao leitor que ele pode confiar em assertivas sobre o que não é necessariamente nossa área de domínio absoluto.

Para que esse enriquecimento bibliográfico não signifique negativa a nossa constante afirmação de que o texto vale por suas ideias e não por suas remissões a outras leituras, utilizamos um recurso estético: as referências foram, em grande maioria, para o *fim* do livro, para que o corpo principal do texto possa ser lido com coesão e dinamicidade, e que não pareça literalmente sustentado por notas de rodapé.

Com esse método, alcançamos resultados. Nesta chamada revisão, subjetivamente reencontramos o livro como obra nossa, correspondente a como percebemos o estado teórico das coisas. Também notamos que, em aspecto global, apenas confirmamos, em um processo de pesquisa pessoal, os postulados que antes criáramos por observação e algo de intuição. Em grande medida, as referências a algumas obras teóricas fundamentais aqui aparecem para que rejeitemos suas conclusões, ou, melhor dito, sejamos críticos a seu percurso. Dito de modo mais específico, confirmamos que a grande maioria dos teóricos cai no erro de, ao cuidar de argumentação, voltar ao estudo da hermenêutica jurídica. E assim, a meio caminho, os livros de argumentação jurídica do mercado se desviam pela hermenêutica, sem se aprofundar, e, como consequência, deixam de contribuir para a melhora da expressividade e da correção do percurso argumentativo do leitor.

Seguimos acreditando que o grande êxito que as sucessivas edições deste livro têm obtido deve-se a essa sua primeira despretensão, a esse modo de autodescrever o processo argumentativo – em outras palavras, de não desejarmos de início nos convertermos em teóricos da argumentação, senão de transmitirmos o que percebemos da construção textual no Direito. E essa essência, nesta nova releitura, apesar de toda a confirmação teórica que tivemos a oportunidade de fazer, não se perdeu. O texto é, naquela perspectiva objetiva e subjetiva que comentamos de início, como primeira e segunda pessoa, a expressão atualizada de nossa visão de *como* escrevemos e como argumentamos, na posição de juristas ou de escritores. Como cremos que essa técnica pode servir a outros, aqui a apresentamos como lições, com o (agora sim) pretensioso objetivo de que estas continuem sendo um *Programa de Argumentação Jurídica*, como manual de classe ou como instrumento de autoaprendizagem para o profissional do Direito. Se aqui existe uma tese a ser comprovada, ela está diluída em todo o texto, sem intenção direta do autor.

Por isso, esta sétima edição continua sendo uma obra instrumental e teórica, de que muito nos orgulhamos.

CAPÍTULO I

ESTUDANDO ARGUMENTAÇÃO

Introdução

Iniciamos nosso estudo com uma afirmação muito objetiva: nunca foi tão necessário, para o jurista, o estudo da argumentação. Tudo o que se verá neste livro, como aspecto introdutório ao uso da linguagem, não só para o convencimento do interlocutor (um juiz), mas também para a organização do próprio raciocínio, ganha mais relevância agora que em tempos anteriores. Mesmo nesta contemporaneidade, quando os discursos jurídicos parecem reproduzir a si mesmos, quando toda a operação do Direito, em escala mundial, tenta enquadrar-se em formulários eletrônicos, ou mesmo quando a Inteligência Artificial já consegue interpretar alegações e redigir sentenças[i], nesse momento é que mais se deve estudar a argumentação. Compreender a linguagem tal como está, saber manter estruturas de raciocínio persuasivo, ainda mais com ouvintes habituados à formação de opinião por *posts* de redes sociais – essa é a tarefa daquele que efetivamente quer exercer o Direito. Para isso, claro, há que se rever parcialmente alguns pressupostos da retórica estudada em outros

---

[i] Veja-se, por exemplo, o Capítulo XVIII, sobre argumentação diante da Inteligência Artificial.

tempos, mantendo-se outros. Desenvolver e aprimorar uma argumentação baseada nas necessidades contemporâneas[ii], esse deve ser o objetivo de quem inicia a leitura deste livro.

Se o leitor aceita o convite de concentrar-se nesta leitura, passo a passo, encontrará, ao final, um forte incremento na sua capacidade de organização de raciocínio, desde a formulação de uma tese jurídica a ser defendida até a persuasão do juiz a respeito dela. Basta seguir algumas etapas de estudo, e a primeira delas é esta que já iniciamos: situar-nos no momento *atual* da atividade argumentativa para o jurista.

Mar de informações

O leitor verá que, muitas vezes, recorreremos a textos de literatura, da música, ou mesmo à linguagem visual. Essa é uma forma de manter o estudo da linguagem nela própria, em suas diversas manifestações, em lugar de somente teorizar. Isso, pelo nosso leitor, deve ser pensado não como uma mera figura para fixar-lhe na memória, que também o é, mas como uma *demonstração*. Aquilo que explicamos, como é linguagem – tal qual ocorreria com uma técnica jurídica –, não apenas se traduz nela, mas existe como ela própria.

Assim, já iniciamos com uma ilustração: um famoso texto de Samuel T. Coleridge[1], talvez o mais conhecido poema do romantismo britânico[2].

> *Dia após dia*
> *Nós estivemos estancados*
> *Sem respiração nem movimento*
> *Como num navio e num oceano de uma pintura*
> *Água, água por todos os lados*

[ii] Que, por isso mesmo, será efêmera.

E a comida se acaba
Água, água por todos os lados,
Mas nenhuma gota para beber[iii]

O poeta do início do século XIX consegue, em uma narrativa métrica, transmitir a subjetividade e o terror do seu objeto: uma amaldiçoada aventura num navio da Inglaterra imperial, repleta de tempestades, motins, encontros fantasmagóricos[3] e feitiços. Nessa passagem, com a sonoridade que, no original, nos remete à angustiante calmaria do navio à deriva, o poeta relata uma das maldições do protagonista: a tripulação do veleiro é condenada a morrer de sede, quando seus olhos somente conseguem ver água. "Água por todos os lados, mas nenhuma gota para beber." Nada que mate a sede, no meio do oceano.

Tal maldição do marinheiro sedento funciona aqui como metáfora. Estudar e conhecer a argumentação, principalmente no texto jurídico, pode partir da frustração de nos darmos conta de que nos encontramos, todos nós, à deriva em um mar de informações. Acessamos absolutamente todos os dados que desejamos, como o marinheiro a observar o oceano, sem uma gota de água potável. Caso nos atentemos ao exercício jurídico, será cada vez mais comum encontrar pessoas que têm conhecimento bastante especializado em sua área, mas que são quase incapazes de *compor um texto*[4]. E, se o são, sua construção não ultrapassa o nível informativo, não são mais que, dito com algum exagero, uma bula de remédio ou um manual de instruções. Desaparece a habilidade para a *persuasão*, para fazer com que o interlocutor mude seu pensamento, a fim de que, durante a leitura, transfor-

---

[iii] Tradução livre do fragmento: Day after day, day after day/ We stuck, nor breath nor motion;/ As idle as a painted ship/ Upon a painted ocean./ Water, water, everywhere,/ And all the boards did shrink;/ Water, water, everywhere,/ Nor any drop to drink.

me-se a si mesmo[5]. Ausente esse potencial de mudança da mentalidade do leitor, está-se diante de mais um texto insípido para o interminável oceano de informações, de realidades parciais burocraticamente postas em palavras.

Esse estado de coisas, porém, não conduz a um pessimismo em relação à necessidade do estudo retórico e argumentativo nos dias atuais. Há apenas que adaptar-se aos câmbios: o menor espaço de tempo, a linguagem audiovisual, a sistematização das plataformas digitais[6], entre outros que vamos abordar em seu momento. Em outras palavras, nossa missão é fugir do grande equívoco de que o estudo da retórica, da construção textual e da argumentação seja anacrônico, algo do passado, voltado à produção de materiais (os discursos), já impertinentes, à justiça digitalizada. Ao revés, o estudo da argumentação tem razão maior para regressar aos bancos do Direito, porque a necessidade de adaptação discursiva se intensifica. O Direito não deixou de ser linguagem, mas a linguagem tem perdido sua funcionalidade, é mais efêmera e, na maioria das vezes, menos precisa.

A tudo isso se soma a boa notícia de que existe uma série de áreas do conhecimento que, se amalgamadas em sua devida ordem, contribuem para que o profissional adquira essa habilidade discursiva. Portanto, o conhecimento retórico não é intuitivo: ele pode ser aprendido, treinado e desenvolvido.

Episteme e recorte histórico

Do que exposto, deriva a questão de conhecer qual o recorte epistemológico[7] do nosso estudo, ou seja, saber como abordar essa área do conhecimento. Existem várias tentativas de reinterpretação do que seja uma retórica contemporânea, mas adentrar nessa discussão não nos resultaria frutífero neste momento. O que se deve fazer, em sentido epistemológico, é construir o que cremos que possa ser um *Programa de Argumentação Jurídica*, quer dizer, a definição do conjunto de estudos e habilidades que um professor, na universidade, pode trazer a seus alunos. Este livro serviria de base para tanto, mas seu objetivo não é ser apenas um livro-texto: ele está construído para que o leitor possa *também* desenvolver sua capacidade argumentativa por meio de sua leitura, talvez já fora dos bancos da Faculdade de Direito. Portanto, trazemos, neste momento introdutório, uma compreensão mínima do que é o tema que se estudará.

Como uma área de conhecimento que envolve matérias e disciplinas várias, naturalmente surgem tendências diferentes para sua abordagem. Desde uma disciplina que observa as relações de poder, em nível mais abstrato[8], passando por elementos psicológicos[iv], em tramas mais subjetivas, até momentos mais objetivos e funcionalistas[9], sobre uma sociedade ancorada na linguagem mesma. Todas elas resultam bastante interessantes, e muitas delas são por nós exploradas, porque a tendência de interpretar a sociedade como um construto linguístico tem reflexos no estudo das normas como um todo. Assim, apenas como exemplo, a interpretação da sociedade como um sistema de linguagem que se reproduz a si mesmo, apesar de não oferecer respostas a todas as perguntas que circundam o jurídico, não deixa de potencializar, e muito, os estudos linguísticos dentro de nossa área do conhecimento, da qual a retórica não deixa de ser parte.

[iv] Toda a argumentação pode ser objeto de estudo dos psicólogos, como toda a linguagem. Mas nossa abordagem aqui não pode adentrar na psicologia da argumentação. Isso não implica afastar nossa análise de um método científico, na medida do possível. Também os métodos da psicologia não são os das *hard sciences*. Para uma crítica bastante severa sobre as autointitulações como "ciência", são essenciais as obras de Mario Bunge. O texto mais básico e objetivo é: BUNGE, Mario. *La ciencia*: su método y su filosofía. Pamplona: Laetoli, 2018. Especificamente sobre a psicologia, com críticas até ao método de Popper, veja-se BUNGE, Mario; ARDILA, Rubén. *Filosofía de la psicología*. Buenos Aires: Siglo XXI, 2002.

O modo mais adequado, para nossos objetivos, de expor os limites da área de conhecimento que aqui vamos, com viés prático, desenvolver, é o de expor a evolução histórica[10] do estudo argumentativo, alcançando o momento atual.

Em 1954, nos Estados Unidos, Johnstone publica artigo explicando uma "nova teoria da argumentação", que, em grande medida, abre espaço para o que estudamos hoje. Ele introduz seu artigo considerando que os princípios da argumentação filosófica aparecem fora de gênero classificatório. "Eles não aparentam ser estritamente identificáveis com os cânones da lógica formal, do método científico ou qualquer disciplina previamente estabelecida[11]." E oferece, então, algo mais que uma resenha da obra dos francófonos Chaïm Perelman e L. Olbrechts Tyteca (*Rhétorique et philosophie por une theorie de l'argumentation en philosophie*), lançada dois anos antes, em 1952. Johnstone observa que os autores preocupam-se com as mais comezinhas questões da ética filosófica, ademais da ideia de livre-arbítrio, esta sempre colocada como conceito-chave da argumentação. Segundo ele, aproximar-se da verdade e da razão é necessidade e compromisso de todo pensador, porém a progressão filosófica advém de decisões sobre os melhores caminhos, entre tantos existentes, no que denomina 'filosofia relativa', em contraste com uma filosofia dogmática e absoluta. As decisões da filosofia relativa são, assim, influenciadas por percursos argumentativos, daí a conclusão de que ela, a própria filosofia relativa, é produto da retórica[v]. Johnstone critica a visão dos autores belgas ao não distinguir exatamente a retórica, como modo de persuasão, da dialética, como arte de encontrar contrapontos no que parece estabelecido. Ainda assim, o

---

[v] "Genuine choice is involved, and choice is influenced by argumentation. So relative philosophy is ultimately a product of rhetoric."

autor remarca que ali surge novo método para lidar com os temas filosóficos. Começa uma retomada da arte retórica, não como forma de apenas persuadir, de levar ao resultado pretendido, mas de estabelecer o próprio conhecimento em si mesmo, que nem sempre se pode reduzir à lógica formal, cartesiana.

Retórica do século XX

Essa obra de Perelman/Olbrechts é efetivamente um marco na evolução do conhecimento retórico. Até hoje cultuada, porque era aguda na observação do fenômeno a que se propôs, merecerá, de nossa parte, uma mínima visão mais atualizada.

Os autores notam que, durante séculos, o papel da argumentação no Direito era secundário porque as decisões judiciais não necessitavam ser fundamentadas. O juiz, que deveria buscar antes de tudo o "justo", tinha fontes do Direito não muito claras e não raro confundia – porque assim o era – os preceitos jurídicos com critérios morais e religiosos. O Direito restringia-se quase à atribuição de certos órgãos para legislar e de outros para aplicar a lei. Sem a necessidade de fundamentação específica dos julgados, de persuasão racional, era natural que o papel da argumentação e de seu estudo fosse alijado a segundo plano, ainda que valores e maior subjetividade fossem elastério para a aplicação de elementos de persuasão. Pense-se, por exemplo, no absolutismo monárquico, em que o rei intervinha nas decisões judiciais e raramente liam-se sentenças com grandes fundamentos, mas somente uma sucinta exposição de contexto probatório. Códigos, leis escritas e interpretações literais eram deixadas de lado, e a fundamentação das sentenças era realizada por princípios de bom senso. Basta, dizemos nós, lembrar o que foi a conhecida decisão do rei Salomão em determinar a divisão do filho daquelas que o disputavam, ou, em obra que muitas vezes vamos citar, as justas decisões de Sancho Pança[12], de Cervantes, quando o escudeiro é conduzido a rei de sua própria ilha: iletrado, baseado em não mais que o bom senso, ele impressiona com o acerto de sua noção de justiça.

Por isso Perelman/Olbrechts elegem a Revolução Francesa como marco no processo evolutivo da relevância da formação humana em argumentação. De fato, o advento da separação de poderes, as leis escritas e a obrigatoriedade de fundamentação das decisões judiciais conduziram à reinvenção do discurso, dos processos escritos, da racionalização do Direito no modo como é construído. Depois de muito tempo de arbitrariedades, a Revolução Francesa estabelece como maiores valores jurídicos a segurança e a igualdade, ali entendidos como conformidade da decisão jurídica com a lei prévia. O juiz submete-se à norma escrita, e é isso o que há de mais relevante em sua atividade: a racionalização como fuga ao subjetivismo e aos privilégios.

E em todo esse contexto – claro que em linhas bastante gerais, inserem-se as ideias de Darwin, que propõe a origem da espécie humana a partir da evolução de um único organismo vivo na Terra (nosso ancestral comum)[13]; de Freud, afirmando que pode interpretar sonhos e explicar a origem das personalidades[14]; de seguidores de enciclopedistas, opondo-se à fé e recontando a história – a cultura como um todo aproxima-se do auge do empirismo, da impressão de que, *grosso modo*, todos os fenômenos observáveis podem ser explicados no laboratório. E enquanto o mundo vive o fascínio, como ilustra o personagem Brás Cubas, da "pura fé dos olhos pretos e das constituições escritas", enquanto passa "fazendo romantismo prático e liberalismo teórico", no campo das ciências humanas floresce o positivismo de Comte, refratado no Direito por pensadores como Duguit[15] e Hans Kelsen. O Direito afasta-se definitivamente do jusnaturalismo, da crença de que existam valores superiores às leis postas e, assim, procura sistematizar sua atividade com o raciocínio e o cálculo quase cartesiano em sua aplicação. O Direito, como lembra Larenz[vi], se alça ao *status* de ciência, podendo estabelecer verdades inequívocas[16]. Evolução louvável, mas que parece trazer à argumentação, à linguagem natural e às técnicas de persuasão menor valor, porque afastados da exatidão que demandava o raciocínio jurídico àquele tempo, impregnado de concepções naturalistas. Por outro lado, é certo que o movimento liberal, com o sonho feito realidade no Código Napoleônico, levou o mundo a uma segurança jurídica[17] que havia muito não se sentia, como se dirá.

Porém a crença nos valores exatos e deterministas descola-se da realidade. Nietzsche, assumindo a fuga a um pensamento sistemático, porém desejando, segundo ele, "fazer do conhecimento sua paixão mais poderosa", inaugura o descolamento total do homem de qualquer preceito moral. O racionalismo – e isso a nós importa essencialmente – teria sido desvirtuado pelos seguidores de Sócrates, porque estes não teriam reconhecido que seu mestre era a superação de si mesmo. A partir de Platão, esse racionalismo está contaminado pela patologia que fizera decair a humanidade, um monismo teórico impregnado pelo moralismo, que não seria mais que uma ilusão de óptica[18]. Pelo conhecido ponto de partida de que "Deus está morto"[19], somado ao potencial do homem de destruição da moral, nasce o ideal do Übermensch, o super-homem, ou, melhor, os super-homens, os superiores que darão à luz a superioridade do porvir humano.

[vi] Nossa posição de um Direito como ciência não coincide com a de Larenz. Nesse ponto, mais nos aproximamos de uma área do saber aplicado, propositiva e apoiada em paradigmas, como afirma Thomas Kuhn. Entretanto, de momento, a utilização da palavra "ciência" estaria, tecnicamente, reservada a métodos experimentais. A esse respeito, veja a já citada obra de Mario Bunge.

Claro que todo esse determinismo e descolamento de elementos morais chega a tal ponto, e aqui estamos com Perelman novamente, que um tirano[20] calcula que pode desenvolver uma raça naturalmente superior no mundo, a ariana. Tal superioridade física justificaria, de forma empírica, a dominação e, se necessário, o extermínio das raças inferiores. Assim, a Segunda Grande Guerra chegou a extremos de quase conduzir a humanidade à extinção. Ao mesmo tempo, o ser humano observa a matemática e a engenharia, que possibilitaram a construção de máquinas absolutamente modernas, que tanto eram admiradas, incrementarem o instrumental bélico e transformarem-se em potencial de morte e extermínio. Mais ou menos por esse percurso é que Perelman elege o processo de Nuremberg como marco de uma nova visão na filosofia do Direito, quando demonstrou que um Estado poderia ser criminoso[21]. Evidentemente, a visão acaba sendo anacrônica, já que um estudo sobre Estados criminosos, para nós, hoje, necessitaria um enfoque para além do holocausto judeu. O que, evidentemente, não foi pouco[vii], mas está desatualizado, porque a Segunda Grande Guerra não marcou o fim dos genocídios. Para nós, é mais importante observar que a Alemanha nazista fez todos notarem que a fé no empirismo e, de alguma forma, no utilitarismo[viii] baseado no racional certamente conduziu a um

---

[vii] Aqui nos referimos à realidade de que, hoje, a percepção de genocídio ultrapassa o eurocentrismo da guerra. Não apenas porque as mortes da Segunda Grande Guerra foram quase que reproduzidas em outros holocaustos de regimes totalitários, mas também porque se começa a presumir que os Estados são cúmplices, por omissão, de muitas outras mortes que se reiteram em zonas periféricas ao centro norte: extermínio de populações autóctones, trabalho escravo ou semiescravo à luz do século XXI etc. Tudo isso importa muito no contexto argumentativo, porque amplia notadamente o conceito de justiça, com consequências práticas na construção do discurso efetivamente suasório.

[viii] Para visão crítica ao utilitarismo, veja-se nosso RODRÍGUEZ, Víctor Gabriel, *Delación premiada: límites éticos al Estado*. Bogotá: Temis, 2018.

discurso de legitimação de um regime assassino. Para quem estava no auge do racionalismo, uma grande decepção.

Entre a Revolução Francesa e o processo de Nuremberg, verificou-se a valorização do aspecto absolutamente formal e sistemático do raciocínio judiciário, que, pouco a pouco, na dialética comum da humanidade, começa a ser superado. Isso porque se percebe que trabalhar com valores sociais, com expectativas e com conceitos mais amplos, como justiça e igualdade, também é tarefa do Direito, como disciplina das humanidades. Perelman dirá, no mais recente de seus estudos, que nos encontramos no alvorecer de uma época em que, sem regressar ao Direito Natural, o juiz busca uma solução equitativa e razoável, sem fugir dos limites da lei[22]. Em nossa opinião, uma assertiva como essa é basicamente retórica também, porque afirmar que se busca o equilíbrio entre o ordenamento jurídico e os ideais de equidade e justiça é algo, dentro da argumentação, amplo demais, capaz de descrever qualquer fase de evolução do pensamento humano, desde, por exemplo, a Grécia Antiga ou o Direito Romano. Uma espécie de, como se verá adiante neste livro, argumentação fraca[ix], ou seja: útil para algum momento do discurso, mas incapaz de impor soluções.

Argumentação contemporânea

Como havíamos adiantado, as considerações de Perelman/Olbrechts alcançam a segunda metade do século XX, porém muito ocorreu desde aquele tempo[23]. Até esse ponto coincidimos com Perelman, pois é fato que a ilusão de que existe um direito aplicável quase matematicamente se esvaiu, em grande medida pela força dos estudos retóricos: a incorporação do estudo da linguagem e dos princípios linguísticos ao Direito sedimentou o

---

[ix] Veja-se o Capítulo XII.

entendimento de que essa tal exatidão matemática era, à sua maneira, também uma forma retórica, um discurso criado para dar segurança e legitimidade a uma decisão jurídica, que, ontologicamente, é argumentativa. Concomitantemente, como se dirá ao final, até mesmo a matemática perdeu sua capacidade de determinismo absoluto[24].

Nos últimos poucos anos, temos notado que a complexidade normativa atingiu níveis tão extremos, que a primeira dúvida dos operadores do Direito nem sequer é saber se a norma é aplicável ao caso concreto por ser a mais adequada, senão por estar ainda vigente. Aqueles que cursaram a faculdade algumas décadas atrás se lembrarão de que era simples acompanhar as aulas dogmáticas do Direito utilizando um Código, um livro impresso, o qual era atualizado a cada ano, se tanto. Hoje, a produção de leis ocorre com tanta intensidade, que é impossível ministrar uma aula sem recorrer às plataformas eletrônicas que dão conta da legislação em vigor a cada dia. Do mesmo modo, o advogado e o juiz sempre farão consultas aos portais legislativos ao escrever seus fundamentos, e não são raras as decisões judiciais que, à falta dessa diligência, pautam-se em normas já revogadas.

Essa ultraprodução é acompanhada de infinitas publicações de doutrina e jurisprudência, o que fatalmente leva a uma desorganização e a incertezas[25] no momento de aplicar a lei mais justa. Em uma busca incessante por *segurança racional* no momento de sentenciar, o caminho, *grosso modo*, foi a migração para um sistema principiológico, de grandes eixos inalteráveis: a Constituição escrita de cada país. Ela, com seus direitos fundamentais, se transformou em um eixo de estabilidade para a dialética argumentativa e a construção da sentença.

A isso se soma outro fenômeno que vinha paralelamente sendo construído, ao longo de décadas: uma tardia reconquista democrática. As décadas de 1980 e 1990 foram, não só na América Latina[x], mas também em países como Espanha e Portugal, momento de reinício das liberdades, de aquisição de ordem constitucional. Com novas Constituições redigidas, com a real vontade de fazer cumprir os direitos fundamentais ali inscritos, entre os quais estavam não apenas novos direitos coletivos, mas também direitos de quarta geração, que são afirmativos e que, portanto, trazem em si uma lógica totalmente distinta de aplicação. Já não são a defesa do indivíduo contra o Estado, nem mesmo a defesa da propriedade e da liberdade desse mesmo ante seus pares – o que não é pouco – mas a obrigação de o Estado atuar para garantir conquistas coletivas. Ultimamente, essas obrigações se estendem por instituições privadas que alcançaram poder às vezes maior que o do Estado, e que então precisam ser reguladas e devem demonstrar sua própria produção normativa[26]. Tudo isso transformou o discurso e trouxe aos princípios constitucionais maior força. Qualquer país do Eixo Atlântico, salvo raríssimas exceções[xi], encontrou o fortalecimento dos seus tribunais constitucionais. Se não bastasse (e sei que essa enumeração é grande), a mesma jurisprudência de direitos fundamentais fez com que entrasse para o discurso jurídico, como elemento argumentativo, a produção das Cortes Transnacionais, mesmo em regiões que não lograram uma integração antes desejada: a jurisprudência da Corte Interamericana de Direitos Humanos, por exemplo, menos por sua força coercitiva[27] e muito mais por sua competên-

---

[x] Países como Colômbia e Costa Rica excluem-se das ditaduras dos anos 1960 e 1970, como se sabe. A primeira, no entanto, não deixou de sofrer com violência e crises do Estado.

[xi] É relevante mencionar países do Eixo Atlântico, incluindo os da África litorânea, como países que estão em grande desenvolvimento. Claro que não se desprezam outras nações que seguem o mesmo bloco e que não estão nesse oceano, como Chile.

cia analítica e contundência de seu próprio texto, é invocada como argumento já em muitos países do entorno latino-americano. Do mesmo modo, a Corte Europeia de Direitos Humanos, ou organismos de decisão internacional e de *soft law* que, agora, têm regras de impacto mais intenso no cotidiano forense, como a OCDE e os diversos braços da ONU. Todos com impacto na formação do discurso jurídico.

Também as mudanças político-sociais foram intensas, mas estão relacionadas ao processo dinâmico de aplicação dos novos direitos, em um mecanismo de retroalimentação. Os novos movimentos do feminismo, a luta efetiva contra o racismo, a linguagem inclusiva, todos eles impactam o discurso para a aplicação das normas. Ainda que ocorram exageros[28] que se devem equilibrar, esses pontos de inclusão superam muito a letra concreta da lei, mesmo sobrepondo-se às garantias mais bem sedimentadas do antiabsolutismo.

Tais necessidades contemporâneas demandam novos conceitos que o legislador tenta incorporar, como os princípios reitores de uma nova sociedade, e essa tem sido nossa árdua tarefa em termos legislativos. Sem possibilidade e tempo para outras elaborações, porém sendo imprescindível mudar os câmbios e as vontades, a solução de uma terceira onda constitucional incorpora megaprincípios reitores, a exemplo do *buen vivir* que aparece nas constituições do Equador e da Bolívia[xii]. Em nossa opinião, o legislador constitucional sabe que esses direitos não têm uma autoaplicabilidade – mesmo que um Tribunal Constitucional possa dizer o contrário –, mas sabe também que é relevante marcar

---

[xii] Sobre o *buen vivir*, em perspectiva crítica, veja-se nosso RODRÍGUEZ, Víctor Gabriel, "O *buen vivir* latino: primeiros lineamentos para a funcionalidade do Sumak Kawsay na Constituição Brasileira", *in*: RODRIGUES, Dennys Albuquerque *et al.* (org.). *Democracia, humanismo e jurisdição constitucional*. Belo Horizonte: Forum, 2022.

tendências. Nesse sentido, busca-se enunciar, dar nome a um conceito que permita operar a contemporaneidade. Como notas mais marcantes, o pluralismo e o cuidado com o meio ambiente. Daí que os novos conceitos trazem seus próprios problemas interpretativos. Um mínimo conhecimento dialético nos demonstra que existe reação à ampliação desmedida dos novos pleitos das minorias, porque impõem regras que podem ser identificadas como um novo moralismo. O que deveria ser uma pauta de liberdade termina por ser mais opressor. Ao mesmo tempo, essas ideias se personificam em algumas lideranças, o que também é uma mazela sistêmica. A pura dialética revelada, mas isso de momento importa menos.

Para nós, mais relevante é notar que, nessa evolução histórica, houve um fortalecimento das interpretações principiológicas. O sem-número de novas informações, novas fontes do Direito e de interpretação evidenciaram ao jurista que uma alteração estava em curso, mas que talvez não lhe fosse tão evidente em outros tempos: que o único caminho para que exista uma solução jurídica adequada, para que se classifiquem os conflitos como jurídicos/antijurídicos não é a adequação automática do fato à norma, como já se pensou, mas os fundamentos que estão por detrás da tomada de decisão. Como se o jurista reconhecesse sua impotência para levar em conta todos os fatores determinantes de cada comportamento, de cada cadeia causal, e então se contentasse – o que não é pouco – com a razoabilidade de uma decisão a partir da explicação do seu percurso racional. O sistema democrático aceita a decisão judicial não apenas porque venha de seu poder, mas porque ela traz argumentos (racionalmente) legítimos[xiii].

[xiii] Esse tema voltará à tona no Capítulo XVIII, quando cuidamos de sentença redigida via Inteligência Artificial. Afinal, uma sentença tecnicamente perfeita, redigida por um robô, pode ser entendida como prestação jurisdicional?

E então o que acreditamos ser o ponto auge deste início de século: renasce a admiração aos grandes debates jurídicos, à fundamentação das decisões, à incorporação de elementos extrajurídicos às sentenças e aos debates. Como temos defendido em outros momentos, a influência dos tribunais supremos e constitucionais em todo o mundo não se incrementa apenas por seu posto de topo da pirâmide da organização judiciária, nem pela crença na Constituição como uma espécie de tábua sagrada de mandamentos: eles ganham legitimidade porque existe um processo de admiração da dialética, dos argumentos de caráter mais aberto, do pluralismo dos embates na visão *macro* do ordenamento e, por que não, da leitura política e projetada ao futuro. Assim, foi a argumentação que trouxe um ganho de legitimidade a todo o *sistema aberto* de Direito em que agora estamos inseridos, com a consequente retroalimentação: tanto a arte argumentativa traz aos votos dos tribunais maiores o brilho que lhe concede legitimidade, como também esse mesmo brilho, em um misto estético de erudição e coerência, convida ao estudo da argumentação. Daí, nos últimos tempos, a volta ao estudo das formas de convencimento, a nosso ver, entretanto, com algumas falhas metodológicas.

A paixão do ser humano por um empirismo[xiv] utópico, entretanto, faz com que se siga alimentando a possibilidade de decisões baseadas em um elemento naturalista-matemático. Em outras palavras, sobrevive o ideal de que as decisões jurídicas sejam parte de um sistema mecânico cujas disfuncionalidades – que existem – serão curadas com o tempo, como um desenvolvi-

---

[xiv] Estamos conscientes do paradoxo, mas assim é: a vontade racional-empirista é de fato uma paixão. E está ótimo que seja assim, porque nos movimenta à busca da objetividade, mesmo movidos por uma força absolutamente racional. Grande parte do Direito continua sendo emotiva, mas uma emoção que hostiliza a si própria, para buscar a demonstração racional, paralela à matemática.

mento tecnológico comum. Como consequência, se conseguimos inserir no processo de decisão judicial *todos* os fatos a serem levados em consideração, os argumentos seriam dispensáveis, porque a alimentação do sistema com todas as variáveis configuraria uma decisão única. Aí está o nascedouro da fé na decisão de juízes-robôs, de Inteligência Artificial (em sentido próprio ou lato), que se encontram já em uso[xv].

De outra parte, o *abuso* na interpretação dos princípios, especialmente por aquelas mesmas altas cortes que ganhavam sua legitimidade, conduz ao anseio da interpretação estrita e gramatical da lei, como se fosse possível voltar à simplicidade dos primeiros Códigos do liberalismo. Se bem é verdade que se podem organizar melhor as regras quando alocadas em um sistema operativo unificado, isso não nos livra do pluralismo normativo e dos novos valores, mais complexos, que nos conduziram a um sistema aberto de Direito. De todo modo, o que se deve notar é que a eventual frustração com a aplicação principiológica do Direito não nasce da argumentação, mas de sua ausência: quando os tribunais se utilizam de sua autoridade, de serem aqueles que proclamam a palavra final, como meio de fuga ao sistema de persuasão racional de suas decisões aí é que o sistema aberto se frustra, debilita-se sua legitimidade, e as ilusões de adequação automática entre fato e norma, apenas mediada pelo juiz, novamente se insuflam.

Também existe um tema mais delicado em matéria de histórico argumentativo a que não nos podemos furtar. Uma recente pandemia que nos obrigou ao *lockdown*, ou, melhor dito, a ansiedade por uma vacina em tempo recorde, que nos salvaria (ou salvou) a vida, conduziu a uma revalorização das *hard sciences*, das ciências biológicas[29]. O mundo se interessou pelo que era o "mé-

---

[xv] Veja-se o Capítulo XVIII.

todo científico" e pela pedagogia da grande mídia: os grupos de teste, os meios de controle, as fases de prova, tudo isso se incorporou aos temas do cotidiano. Era de esperar, então, que essa empolgação pelo dito "método científico" contaminasse o discurso jurídico, mas, de nossa parte, não imaginávamos que fosse tão alta a velocidade dessa incorporação. Em poucos meses, operadores do Direito, e mesmo estudantes – na América Latina e na Europa – repetiam frases como "há que haver provas científicas", ou perguntas como "está cientificamente comprovado?", em contextos em que o debate somente poderia ser resolvido através de juízos de valor, como opções, em nossos exemplos, de política criminal ou de valoração da punição. Nesse sentido, o movimento pendular do Direito começa a tomar seu caminho de retomada de um naturalismo determinista, corrompido por sua impossibilidade de aplicação: argumentos não são provas científicas e linguagens não são representações de elementos reais.

O que deveria estabelecer-se como um equilíbrio entre determinismo e conhecimento humanístico[30] acaba gerando uma nova instabilidade, que é a do momento atual: aplicações principiológicas e rejeição, ainda que por ideologia, à hermenêutica positiva mesclam-se a uma crença nos princípios científicos instransponíveis ao Direito – a não ser, claro, como técnica argumentativa. Daí, como proposta nossa, voltarmos à necessidade de rigor na construção do raciocínio, a começar pela precisão vocabular, mas também no desenvolvimento da própria estrutura do raciocínio. Nesse sentido, tanto a notação matemática como a lógica formal podem ajudar muito, desde que interpretadas como *instrumentos* do processo argumentativo, como forma de filtro capaz de retirar-lhe ambiguidades.

O giro tecnológico

A contemporaneidade nos trouxe mais alguns giros tecnológicos que impactam diretamente o estudo da argumentação e que, portanto, não podem estar ausentes desta nossa exposição preliminar. Destacamos quatro, sabedores de que haverá muitos mais. As tecnologias da informação permitiram que as teleconferências tivessem um ganho de qualidade excepcional, mais ainda diante de imposições de *lockdown* que se viveram por todo o mundo nesta década de 2020. As audiências virtuais, os julgamentos realizados a partir de casa ou do escritório, são uma tendência que apenas parcialmente se volta a substituir pelas sessões presenciais; vídeos são gravados e subidos em plataformas, em lugar de textos ou da presença do discursante, o que implica novas habilidades do discursante, mas também daquele que opera o aparelho de filmagem, ainda que coincidam na mesma pessoa. No vídeo, mais que no discurso presencial, o grupo de elemento visual contará cada vez mais, em prejuízo do poder do verbo, da palavra mesma. Prender a atenção ao que é falado, também por consequência disso, é tarefa mais árdua, motivo pelo qual essas falas devem ser progressivamente mais concisas. Isso não é de todo mau.

Segundo ponto, bastante mais agudo, é a composição da inteligência artificial. Um estudo recente revela que mais de metade dos tribunais já faz uso efetivo desse tipo de tecnologia, a fim de filtrar e classificar as petições que lhes são entregues. A motivação dos tribunais para o uso dessa inteligência, de momento, é sua capacidade de separar os recursos repetitivos, o que ocuparia menor material humano. Como argumento em seu favor, inclusive, os tribunais utilizam a conclamação da ONU, em suas agendas programáticas, para a ampliação de acesso à Justiça nos países-membros[31]. Não temos que nos posicionar aqui sobre a constitucionalidade dessa substituição, porque não é o momento. Apenas dizemos que, sim, acreditamos que os recursos de Inteligência Artificial e *machine learning* já alcançaram a habilidade da interpretação linguística, muitas vezes mais apurada que a humana, embora ainda baseada em aprendizagem por repetição de padrões. Portanto, o argumentante terá de saber lidar com ela e conhecer os métodos para estabelecer uma dialética positiva diante dos filtros da máquina. Em um sistema de contrainteligência, não demorará para que surjam os algoritmos de computador que têm a função de contrapor-se à programação interpretativa, em um processo de encaixe, e então, na batalha das máquinas, haverá dois caminhos: ou se retorna a um padrão analógico, obviamente preservadas todas as facilidades dos *meios* de comunicação, mas não de seus construtores; ou bem se dá continuidade a essa batalha de inteligências artificiais, disfarçando-as, pontualmente, com revisões manipulativas pelo ser humano, apenas para mudança de estilo ou criação de exceções que confirmem a regra. Nada desejável em termos ideais, mas é a realidade que se apresenta. Trataremos do tema, de modo mais prático, nos capítulos finais deste livro.

A mais intensa capacidade de processamento de dados permitiu que os tribunais adotassem sistemas de filtros para a tomada de decisão, os quais não são exatamente inteligência artificial, mas tangenciam a entrega do poder de decisão à própria máquina: *softwares* varrem a argumentação escrita das partes, logrando ler fragmentos de gramática e, principalmente, semântica cada vez mais complexa. Assim, classificam cada pedido e sugerem ao magistrado uma decisão, alegadamente a partir dos paradigmas da Corte. Isso transforma em grande parte a técnica de cada argumentador, que tem que saber lidar com esses filtros, porque eles são os *gatekeepers*, os donos do portal que levam à posterior análise da decisão. Como um enxadrista que joga contra um computador, o argumentante tem de conhecer as claves do *software*, para quem são direcionadas essas razões.

Evidentemente, pode surgir um futuro distópico, um momento em que os argumentantes, que têm que vencer esses filtros, construam seus próprios algoritmos para decifrar a interpretação do Tribunal eletrônico, e então as disputas argumentativas sairiam do campo da sensibilidade e da inteligência humana para representar uma disputa entre máquinas, tal como já acontece nos campeonatos de xadrez. As máquinas aprendem dos humanos e delas mesmas, e já são habilitadas a construir argumentações bastante coerentes e até estéticas, não há dúvida. Mas sua capacidade de compreender o drama humano e mudar sua conclusão a partir de sua sensibilidade, de sua vivência, nunca será a de um ser humano. E, se o for – porque acreditamos muito no poder dos *softwares* –, aí sim estaremos diante do problema filosófico da novela de Mary Shelley, em que a criatura se sobrepõe ao criador, ou, mais especificamente, na não menos visionária obra de Asimov, da década de 1950, em que a máquina supera sua programação de aprender, indo além de servir seu programador.

Aqueles que se queixam da tecnologia para criar decisões judiciais não se dão conta de que a inteligência artificial utilizada pelos juízes já é por si um processo reativo aos recursos informáticos que há tempos estão à disposição do argumentante. As formas de minerar doutrina e jurisprudência, a facilitação de repetição de textos nas memórias do computador e de seus instrumentos de busca foi, em grande parte, o que tornou a leitura de todas as alegações uma tarefa humanamente impossível. Essa hipertrofia (da extensão) da argumentação por meio do computador já é matéria um tanto superada, mas não deve deixar de ser considerada. Limitação de espaço, de linhas ou de tempo para a alegação às partes na lide forense tentam impor-se, mas a garantia de Ampla Defesa, ao menos nos casos mais complexos, é um óbice real a tal pretensão regulatória.

Outro efeito notório das tecnologias está nas redes sociais. Existem muitos estudos – de menor ou maior seriedade – sobre seu impacto no cotidiano dos indivíduos[32], inclusive a partir de problemas de aprendizado[33]. Não é necessário aprofundar-se nos detalhes dessas pesquisas para o que aqui nos ocupa. Evidentemente, a comunicação por imagens e textos telegráficos não permite uma construção textual nem sequer próxima daquela que a atividade forense, em níveis mínimos para a garantia do Estado de Direito, demanda. Mas isso não nos parece o principal. Mais nuclear é o fato de que convivemos com as redes sociais a todo instante e, desejando ou não, incorporamos sua forma de comunicação. As imagens reducionistas, tendenciosas e, muitas vezes, alijadas de qualquer contato com a realidade exigem um *posicionamento* imediato do receptor. Isso fermenta entre nós uma cultura de "*like/dislike*", a criar a ilusão de que é possível e necessário posicionar-se sobre temas complexos a partir de poucas palavras, de uma imagem criada em computador e, pior, sem ouvir a parte contrária. Daí a origem das *fake news*: não tanto a ausência mínima de controle da informação[34], mas a desnecessidade de ouvir as partes envolvidas em cada fatualidade divulgada. Já não são poucos os autores que notam que até a própria democracia está em risco.

Caso considerarmos que já se criou toda uma geração de humanos que nasceu posicionando-se diante de *posts* de redes sociais, nota-se uma desvalorização crescente do raciocínio mais elaborado, essencial na estruturação do texto escrito. Daí a ilusão, presente em nossas gerações, de que se pode decidir processos sem contar necessariamente com a extensão quase a infinito da dialética do contexto probatório e das abstrações temáticas acerca deste. Pior, também o ouvinte perde a capacidade de intelecção de discursos mais complexos, o que outra vez gera um preconceito acerca destes, como em tempos anteriores: argumentar, para a geração das redes sociais, novamente volta a ser algo tedioso e voltado ao engano.

 De modo contrafático, aqueles que se dedicam, como ilusionistas, a reduzir pensamentos abstratos, aprofundados e naturalmente complexos a discursos simplificados e agradáveis à linguagem visual das redes, com pseudofilosofias, ganham o lugar de grandes pensadores. Sua arte é traduzir as inquietudes naturais da sociedade ao vídeo curto e palatável, o que não deixa de ser uma habilidade comunicativa, mas com efeito deletério a médio prazo: não convidam à leitura, à compreensão da estrutura imprescindível à elaboração da argumentação coerente. O truque é bastante simples: os filósofos de vídeo se dão conta da necessidade dos usuários de rede de compreender um pouco mais da realidade que os rodeia, porque o entendimento do mundo é uma necessidade humana, mas o fazem novamente sem obrigar-se à estrutura do texto escrito, a única capaz de apontar-lhe eventuais incoerências ou inconsistências conceituais.

 Uma nova sociedade, que enaltece o fim do preconceito e o auge do conhecimento científico, é a mesma que toma conclusões sem ouvir as partes envolvidas e que conhece e interpreta o mundo por vídeos de internet, dando margem à *cancel culture*, à cultura do cancelamento, que, nos dias de hoje, é o ápice da imediaticidade e do reducionismo neoinquisitorial, neomedieval, travestido de progressismo teoricamente justificável[35].

 Como conclusão, no movimento pendular encontramo-nos, no momento em que se escreve este texto, em uma *valorização nominal* do processo argumentativo no Direito. Ele é visto como necessário, porém há pouca compreensão acerca de seus objetos e limites, dele esperando-se uma reprodução do método dos artigos científicos, que na verdade nem sequer são lidos. A construção do texto escrito, da complexidade do raciocínio e da coerência é meramente ideal, e a consciência de sua real substância, entre precisão vocabular, gramática, semântica e ritmo, perde-se para a adoração nominal das estruturas pretensamente rígidas, como a dos artigos científicos, estruturas que poucos efetivamente compreendem ou dominam. Entretanto, vivem no conforto de saber que estão lá, a serem mineradas, à disposição do estudante ou do jurista. A figura do marinheiro rodeado de água, "with no one drop to drink", sem uma gota que lhe mate a sede, como na metáfora de Coleridge.

Quatro premissas ou referenciais

Encontrando o ponto específico em que estamos neste momento da argumentação, podemos denominá-lo ilusão linguística. De um lado, voltamos a enaltecer o método científico e os discursos rígidos, ao mesmo tempo que perdemos a capacidade de construí-los. Com essa impressão reducionista, abrimos caminho para que as máquinas substituam nossa apreciação sobre a realidade, e a partir delas nasce uma nova forma de construção argumentativa: aquela que tem que lidar com os algoritmos interpretativos. O indivíduo perde a capacidade de construção textual, o que o impedirá de compreender, nem sequer alguma vez, uma sentença motivada pelo computador, como um enxadrista destreinado talvez não consiga compreender como o *software* criou uma jogada genial no tabuleiro. Quem não parte desse momento histórico está anacrônico no estudo do tema.

Essa nossa linha evolutiva, evidentemente, padece de seu próprio reducionismo. Porém permite algum posicionamento, que tomamos desde o princípio, e que estará refratado, com menores ou maiores considerações, no corpo deste livro. São referenciais que temos criado ao longo das sucessivas edições desta obra, somando a outros estudos de nossa autoria, que sempre circundam o tema da construção narrativa como modo de fundamentação dos direitos. São eles:

1) O texto escrito e a estrutura racional

Alguém já disse que o texto é mais inteligente que seu próprio criador. E isso é um fato. As estruturas gramaticais são todas elas formas de armazenar o próprio raciocínio. Parece óbvio para as antigas gerações, mas para as novas não o é. Muitos dos estudantes de Direito, na contemporaneidade, com a disponibilidade de (às vezes, excelentes) materiais audiovisuais para seu estudo, não se dão conta de que eles não são mais que a finalização, a expressão formal de algo que foi composto em texto escrito. Aqueles que afirmam ter entraves para construir textos escritos, ao mesmo tempo que se dizem capazes de compor bom texto argumentativo jurídico oral, decerto guardam percepção equivocada de suas próprias habilidades[xvi]. No caso mais comum, essa pessoa é grande leitora e, conhecedora das estruturas da língua, supervaloriza pequenas deficiências que, sim, lhe causam algum entrave no momento de reduzir-se ao texto escrito (como a falta de domínio de alguma regra gramatical); em outra hipótese, trata-se de alguém que atinge boa atividade comunicativa *nos limites* do discurso falado[xvii]: textos curtos, sem profundida-

---

[xvi] Existem, como se verá, uma série de entraves possíveis para a escrita de um indivíduo, muitos deles reversíveis com grande facilidade. O cerne está, principalmente, em que a pessoa que diz construir bons textos orais consegue fazê-los a partir da leitura. Veja-se o Capítulo XVI.

[xvii] Veja-se o Capítulo XV.

de e bastante suscetíveis a fissuras de coerência, que o próprio autor é incapaz de identificar.

Não é preciso aprofundar-se muito para fixar essa premissa de que apenas o texto escrito pode alcançar a complexidade imprescindível ao Direito. Um texto monográfico que cuide, com alguma estrutura, de um tema jurídico demanda registro em língua escrita, e não apenas por ser impossível trazê-lo todo na memória – em última hipótese, poderia ser gravado em áudio e, assim, automaticamente reduzido à linguagem escrita por algum *software*. O principal está na estrutura: para alcançar aquela expressividade necessária à abordagem do tema, fazê-lo progredir em um ou outro caminho, contrapor argumentos de modo a permitir – antes de a alguém mais, ao próprio autor – que eles sejam revisitados e caminhem para uma conclusão, tudo isso é capacidade da linguagem escrita. E o texto, quando alcança coerência em si mesmo, sem recursos de *machine learning*, avança para além da capacidade de memória e articulação momentânea, ganha corpo e coerência e se descola do próprio autor, para superá--lo em capacidade expressiva. Se os originais de obras como *Dom Quixote* ou *Cem anos de solidão* tivessem se perdido antes de sua primeira publicação, certamente seus autores seriam incapazes de recriar seu texto.

A escrita como ferramenta parece elemento óbvio para a maioria dos leitores, mas neste momento histórico há que se revisitá-la: a impressão de que se pode compreender e recriar o mundo por linguagem audiovisual é algo presente nas novas gerações. A premissa deste manual, até mesmo por sua própria forma, vai em sentido contrário: ainda que as regras gramaticais e de linguagem não sejam objeto de nosso estudo, elas são ponto de partida de toda construção argumentativa. É na escrita que a argumentação se desenvolve, sedimenta-se, permite comparação e dialética no nível de complexidade que exige a ciência jurídica de hoje. Sua possível transposição à fala é meramente circunstancial.

2) Argumentação como pensamento mágico revisitado

Em outro trabalho monográfico de Direito, publicado há alguns anos, sofremos várias críticas[xviii] ao apontar que havia, no direito penal, premissas fixadas como "pensamento mágico". Apoiamo-nos na premissa filosófica de Frazer[xix] e de Trías[xx], apenas para dizer que a pretensão de conduzir afirmações das *hard sciences*, das ciências duras, diretamente para o Direito era uma pretensão estética, porém não ontológica. Em outras palavras, é de todos o desejo de ancorar o Direito nas certezas científicas, mas estas ainda não existem, no que concerne às causas do comportamento humano ou, mais, às razões de seu castigo[xxi]; ou, se nos permitem avançar um pouco mais, a própria ciência descobre que a ordem geométrica, que a matemática e a física newtoniana explicam, não é confirmada pela física quântica – quer dizer, as relações de causalidade em si mesmas não estão todas desvendadas, e parece que o Universo tem proteções para evitar a observação de si próprio, em suas estruturas mais básicas.

[xviii] Como se nota, nosso próprio trabalho tem elementos de subjetividade, ou seja, contaminados pela vivência do autor. Temos defendido que a enunciação desses momentos pode ser, de modo axiomático porém real, oportunidade de maior objetividade: ao revelar seu ponto de vista, o autor revela suas limitações e permite ao leitor compreender limites do não absoluto no texto lido. Veja-se RODRÍGUEZ, Víctor Gabriel, *O ensaio como tese*: estética e narrativa na composição do texto científico. São Paulo: WMF Martins Fontes, 2016.

[xix] FRAZER, James George, *The golden bough*: a study in magic and religion. New York: The McMillan Company, 1947.

[xx] TRÍAS, Eugenio, *Metodología del pensamiento mágico*. Barcelona: Edhasa, 1970, p. 53.

[xxi] RODRÍGUEZ, Víctor Gabriel, "Correccionalismo y no-repetición: el papel de las neurociencias en un derecho penal sin dolor", *in*: DEMETRIO CRESPO, Eduardo (coord.), *Derecho penal y comportamiento humano*: avances desde la neurociencia y la inteligencia artificial. Valencia: Tirant lo Blanch, 2022.

Por isso, embora se tenha como pressuposto que a argumentação é uma forma de buscar a verdade, de dispor um discurso dialeticamente até que ele se sustente por sua própria estrutura, impondo-se a contraposições, também é premissa que, sendo um recorte da realidade, o discurso argumentativo trabalha com aproximações, com representações parciais. A função do pensamento mágico é ir adiante, é tentar dar sentido em um momento específico, ao objeto de discussão, permitindo que dele se retire uma conclusão. Como dirá Trías, enquanto o pensamento científico fragmenta, a pensamento mágico cobre lacunas.

Se observamos nossa construção argumentativa no foro e até na construção do Direito, notamos em grande medida a tentativa de conceitualização, mas não estamos nem perto da linguagem artificial e demonstrativa das outras ciências. Assim, usamos de aproximações para tentar resumir a série de condicionantes que há no momento de tomar uma decisão. A partir de aproximações *a essas aproximações* – que Frazer dirá que são a lei de *semelhança* e a lei de *contato* – é que podemos convencer alguém acerca da razão de seu pensamento, mesmo sabendo que ele é fragmentário[xxii].

Não nos vamos ocupar de dissertar sobre esse elemento teórico, que nos desviaria de rota, mas aqui isso nos basta: utilizamos, para argumentar, um discurso assumidamente pseudocientífico, do qual nos queremos livrar, mas a necessidade humana de tomada de decisões o faz impossível. Para a tomada de decisões,

---

[xxii] "If we analyze the principles of thought on which magic is based, they will probably be found to resolve themselves into two: first, that like produces like, or that an effect resembles its cause; and, second, that things which have once been in contact with each other continue to act on each other at a distance after the physical contact has been severed. The former principle may be called the Law of Similarity, the latter the Law of Contact or Contagion." FRAZER, James George, op. cit., p. 11.

argumentação e fundamentação se constrói sobre leis de semelhança. Uma das explicações dessa lei de semelhança, que nos parece útil, é a de Trías/Frazer.

Isso não significa afirmar que esteja dispensada a lógica formal, ou que o texto argumentativo possa ser pura poesia, pois assim ele não resistiria a uma contra-argumentação mais restrita. Apenas se invoca o pensamento mágico para dizer que, na impossibilidade de, no momento da decisão jurídica, reduzir o mundo a notações exatas e, especialmente, à padronização do método empírico, trabalhamos no Direito com aproximações.

3) Argumentação como produto narrativo

Em outros trabalhos, temos defendido como são próximas as estruturas narrativa e argumentativa. É a partir do modo como se estrutura a narrativa dos fatos que, transpondo ao universo temático, estuda-se a construção argumentativa. Contemporaneamente, de modo intuitivo, tem-se afirmado algo próximo disso, quando o vocábulo "narrativa" faz-se sinônimo de versão dos fatos. Novamente, de modo pejorativo, porém tentando aproximar-se da essência da construção argumentativa: uma redução dos fatos que se fez verdade, com função persuasiva. Também surgiram professores de *storytelling*, que, embora simplifiquem a teoria narrativa, conotam algo relevante: que está no modo como progridem os fatos grande parte do que o ouvinte precisa saber para ser convencido.

Mais adiante cuidaremos do tema, mas aqui podemos adiantar que é a partir das grandes narrativas que se estuda a argumentação, e isso explica o motivo pelo qual os juristas têm uma relação de amor oculto com a literatura: os grandes escritores de ficção literária sempre foram adorados pelos construtores do discurso, ainda que em determinados momentos desprezem sua falta de ciência. Muito se poderia dissertar sobre os limites científicos do

Direito a partir, simplesmente, de quanto um jurista poderia apreender se conseguisse reproduzir a estrutura de uma obra, por exemplo, de Dostoiévski, de Telles ou Javier Cercas, para dar alguns exemplos próximos. Ou mesmo, como é concebida uma pintura de Velázquez ou de Rembrandt: desde a geometria de suas posições até o jogo de luz e sombras, na pintura; ou como se estruturam os capítulos ou o momento de revelar fatos, ou o estabelecimento do ponto de vista, na narrativa. Tudo isso, já verá o leitor, não difere do trabalho argumentativo, caso se saiba distinguir bem as semelhanças e oposições[36] entre códigos e estruturas.

Apenas para que se tenha apontado, em alguns momentos temos defendido a narrativa como estruturante do próprio conflito jurídico[37]. Mas já existem trabalhos específicos que aproximam o conflito jurídico da narrativa, a exemplo de Brunner[38], que se verá em seu momento.

4) Combinação intertextual

Se nós, humanos, estamos ligados por *aproximação*, como diz o pensamento mágico, ou seja, por uma lei de identificação (semelhança e contato), temos, em nosso método, um sistema mais preciso que o dos antigos retóricos para designar o que seria a "adesão de espíritos" a que se refere Perelman. E, se desenvolvemos essa adesão narrativamente, para criar conflito e progressão, em um modo dialético que não difere ontologicamente da literatura, usamos a narrativa como *campo de inserção* para esses elementos de adesão e transformação de ideias.

Mas aqui surge um novo problema: qual a origem desses argumentos, insertos no campo narrativo? Sua origem somente pode ser explicada a partir de um processo de relação entre outros textos, que cria a comunicação mesma. Está aí o valor da intertextualidade: os textos que conhecemos, a partir das nossas palavras, constroem a linguagem e o pensamento do argumentante[xxiii], e a partir daí identificam-se com os textos que formam o (e se transformam no) repertório do ouvinte. É a partir dessa adesão que passa a existir identificação suficiente para que o ouvinte altere sua opinião.

Um sociólogo pode afirmar que a sociedade é comunicação em si, ainda que saibamos que ela é muito mais que isso, e ainda assim seu conceito é funcional[39]. Afinal, define sociedade *como* comunicação, e o que existe além dela – pois existe – não faz parte de seu conceito. Daí a funcionalidade. Nós também podemos dizer que somos *composição de textos*, em seus fragmentos e combinações, para o convencimento: seja no autor, seja no interlocutor, somos obrigados a selecionar referências comuns, que permitam a comunicação. Quanto mais complexa a comunicação, mais apurada a intertextualidade.

Essa persuasão a partir da *organização intertextual* será estudada aqui de modo muito mais prático.

Conclusão

O fato de haver uma relação simbiótica entre Direito e argumentação não transforma esta em uma ciência exata ou experimental. Nem em um ramo específico do Direito, porque ela é uma técnica, que busca aproximar-se à ciência. Em sendo técnica, pode ter revistos sua evolução histórica, como aqui fizemos, sua relevância, suas diferentes aplicações e seu método, se não entendermos esse método como próprio da ciência, como colocariam Descartes ou Hume. Mais que isso, ela é uma técnica aplicada, portanto dialoga diretamente com o Direito e, como expressão dele, é claro que fica difícil dele descolar-se.

[xxiii] Veja-se o conceito no Capítulo IV, que cuida especificamente de intertextualidade.

O que se pretende com este manual é fixar o que, anteriormente, se denominaria Programa ou Temário. Isso significa definir – e evidentemente explicar – um roteiro do que se pode estudar agora, dentro das diversas disciplinas, para compreender e dominar a técnica argumentativo-jurídica. Para fazê-lo, haverá, no contexto mais amplo, de posicionar-se, ainda que não expressamente, sobre questões filosófico-jurídicas que rodeiam o papel mesmo da argumentação. E isso se opera, talvez, de modo mais frequente do que se percebe. Mesmo que o posicionamento não seja expresso, ele dever ser *consciente*. No contexto menor, definir a todo tempo a pertinência da incorporação de alguma outra ciência, como a matemática ou outra arte. Por exemplo: quanto pode um princípio estético da pintura – que por sua vez se vale da geometria – ser transportado para o estudo da argumentação? Quanto um jurista está disposto a aceitar que exatamente aquela estética seja incorporada em uma sustentação oral no tribunal, ou na forma de uma petição? Quanto ele estará disposto a aceitar que o modo de solução de uma equação pode ser a estrutura de seu texto, desde que transformado em palavras?

Em suma, de momento não aceitamos a existência de um *corpus* científico autônomo na argumentação, mas isso não implica retirar sua importância, muito ao revés. A argumentação é o instrumento que permite toda a teoria, a prática e o ensino jurídicos e, na contemporaneidade, é o que legitima o Direito na maioria dos sistemas do Ocidente. A partir do reconhecimento de que pensamos por regras de tentativa de supressão de lacunas cognoscitivas, construímos, do nosso ponto de vista, um sistema de ensino argumentativo baseado no reconhecimento e valorização de quatro pontos: (a) racionalidade; (b) pensamento por aproximação (pensamento mágico); (c) intertextualidade; e (d) argumentação como método essencialmente narrativo.

CAPÍTULO II

O ARGUMENTO

O objetivo deste capítulo é buscar definir o que é um argumento. Mas essa definição, apesar de conceitual, tem efeito prático imediato. A partir dela, já é possível trazer derivações para aplicar no cotidiano argumentativo.

Os três tipos básicos de discurso

Argumentar[i] é a arte de utilizar, em situação comunicativa, os meios de persuasão disponíveis[1].

A argumentação processa-se por meio do discurso, ou seja, por palavras que se encadeiam, formando um todo coeso e cheio de sentido, que produz um efeito racional no interlocutor. Quanto mais coerente for o discurso, maior será sua capacidade de adesão à mente do destinatário[ii], porquanto este o absorverá com facilidade, deixando transparecer menores lacunas.

---

[i] Na definição da Real Academia Espanhola, argumento é: "1. razonamiento para probar o demostrar una proposición, o para convencer de lo que se afirma o se niega."

[ii] O vocábulo "interlocutor" seria, sempre, o mais adequado para referir-se ao destinatário da argumentação. Buscamos sinonímia (naturalmente imperfeita) para evitar a repetição. Note-se, como metalinguagem: o fim estético de evitar a repetição de palavras, não solucionada por elementos de coesão, submete-se à imperfeição da sinonímia. O autor tem de decidir entre reiteração não estética e sinonímia não perfeita.

É conhecida a divisão tripartite que Aristóteles sedimenta entre Lógica, Dialética e Retórica[iii], sendo que as duas últimas baseiam-se em premissas meramente verossímeis, como se dirá em outro momento. A primeira aproxima-se do discurso científico. Na Retórica[2], por sua vez, surge também uma tríade entre os *tipos de discurso*. O critério de diferenciação entre eles é o *auditório* a que se dirige, ou seja, quem são os destinatários finais das mensagens transmitidas. Para cada tipo de auditório, uma maneira distinta de compor o texto que lhe será levado a conhecimento.

Pode-se citar Aristóteles, em tradução bastante contemporânea:

> São três os gêneros da retórica, do mesmo modo que três são as categorias de ouvintes dos discursos. Com efeito, um discurso comporta três elementos: a pessoa que fala, o assunto de que se fala e a pessoa a quem se fala. O fim do discurso refere-se a esta última, que eu chamo o ouvinte. O ouvinte é, necessariamente, um espectador ou um juiz. Se exerce a função de juiz, terá de se pronunciar ou sobre o passado ou sobre o futuro. Aquele que tem de decidir sobre o futuro é, por exemplo, o membro da assembleia. O que tem de se pronunciar sobre o passado é, por exemplo, o juiz propriamente dito. Aquele que só tem de se pronunciar sobre a faculdade oratória é o espectador[iv].

Aristóteles considerava três tipos de discurso, que vale conhecer a título introdutório. (a) O discurso *deliberativo* é aquele cujo auditório é uma *assembleia*, tal qual um senado – atual ou

---

[iii] Aristóteles dividia a Argumentação em Dialética, Lógica e Retórica. A primeira estaria baseada na arte de contrapor ideias para alcançar o conhecimento filosófico; a segunda, ancorada no estabelecimento de premissas e conclusões, para chegar a conclusões verdadeiras (na obra *Primeiros Analíticos*, Aristóteles estabelece a estrutura dos silogismos; na *Segundos Analíticos*, encontra a demonstração científica).
[iv] Aristóteles, *Arte retórica*, Capítulo III.

da Grécia Antiga³. A assembleia é chamada a decidir questões *futuras*: um projeto, uma lei que deverá ser aplicada, o direcionamento de um ou outro plano para se atingir uma meta. Enfim, questões políticas, em que se discute o que é útil, conveniente ou adequado. (b) O discurso *judiciário* é aquele que se dirige a um juiz ou a um tribunal. Nele decidem-se questões que dizem respeito ao tempo pretérito. Tudo o que está documentado em um processo qualquer são, evidentemente, questões do passado, ainda que possam trazer como resultado eventos futuros. Tais fatos passam por um esclarecimento, para que se comprove sua ocorrência de determinada forma, e depois vão a julgamento, quando são atingidos por um juízo de valor, para que se lhes aplique determinada consequência. Para Aristóteles, o discurso judiciário pode ser a acusação ou a defesa. Se seguimos sua classificação, trata-se do discurso que mais nos interessa. Porém, se nos atentamos para a realidade, o discurso jurídico é também matizado por outros estilos. (c) O discurso *epidíctico* ou demonstrativo é aquele colocado a uma plateia para louvar ou censurar⁴ determinada pessoa ou fato, não se interagindo com o ouvinte a ponto de este necessitar tomar posição sobre o que lhe é relatado. Esse é o discurso típico dos comícios políticos atuais, a que compareçem apenas os eleitores daquele a quem cabe a fala principal, diante de uma enorme plateia, enaltecendo seus próprios predicados.

Mesmo no discurso epidíctico, em que não existe contraditório, está presente a arte retórica de valorizar os pontos favoráveis àquele que fala. Por exemplo, em um comício político, é porque o candidato não encontra, em número relevante, opositores a quem discursar que sua fala pode deixar de trilhar um caminho argumentativo que leve à adesão de seus ouvintes às ideias que são momentaneamente proferidas.

Veja-se que curioso o trecho de *Arte retórica*, de Aristóteles, intitulado "Habilidade em louvar o que não merece louvor":

Convém igualmente utilizar os traços vizinhos daqueles que realmente existem num indivíduo, a fim de os confundir de algum modo, tendo em mira o elogio ou a censura; por exemplo, do homem cauteloso, dir-se-á que é reservado e calculista; do insensato, que é honrado; daquele que não reage a coisa alguma, que é de caráter fácil [...]. Importa igualmente ter em conta as pessoas diante das quais se faz o elogio, pois, como diz Sócrates, não custa louvar os atenienses na presença de atenienses[v].

A amplitude e equivocidade do discurso político é identificada desde Aristóteles, e tantos outros pensadores já o tem estudado, de vários pontos de vista[5]. Mas o que têm em comum os três tipos de discurso vistos? A resposta é simples: todos procuram *convencer*. Ainda no discurso demonstrativo, cuja única finalidade é enaltecer ou criticar determinada pessoa ou atitude, procura-se convencer os ouvintes a respeito daquilo que se fala: que determinada pessoa é importante, que só tem qualidades etc.

Mas o interlocutor de que dispomos, quando nos voltamos à atividade principal do operador do Direito, é o juiz ou tribunal, e, se o Poder Judiciário existe para pacificar contendas ou, em nossa concepção, colocar um fim narrativo a um problema específico, tem-se *duas partes debatendo*. Quando se argumenta nas atividades forenses, na acusação ou na defesa, não se assume como finalidade a *deliberação* ou o *elogio*, mas sim a *vitória* em uma *controvérsia*. O juiz deve *tomar uma decisão* que o leve a agir de determinada forma.

E a ideia de controvérsia nos conduz a alguns outros comentários um tanto pertinentes. Como a disputa é condição do discurso judiciário, este reveste-se de qualidades que lhe são peculiares, e que vale compreender.

---

[v] Aristóteles, op. cit., p. 63.

A disputa entre dois certos

Participar do discurso judiciário é envolver-se em uma demanda, em uma disputa entre *partes*. Cada uma das partes, como bem se sabe, procura obter para si o melhor resultado: a sentença e o acórdão favorável. Para isso, têm de fazer vingar uma *tese*, que envolve questões relativas à prova dos fatos alegados e à incidência de determinado instituto ou consequência previstos por lei, para que se aplique o Direito ao efetivo caso concreto. Por isso as partes se digladiam, afinal, seria desnecessário um juiz se não houvesse *controvérsia*: poderia ser fechado um acordo de vontades, tal qual ocorre na assinatura de um contrato. Mas não é assim, naturalmente: cada uma das partes, quando se socorre do Poder Judiciário, entende estar com a razão, às vezes lançando sobre a realidade um olhar por demais comprometido com seus próprios interesses.

No Direito, quando se fala em disputa havida por meio da argumentação, surge, primariamente, a ideia do *justo*. Se duas partes debatem, é natural que se entenda que ao menos uma delas não deva estar com a razão, não seja acobertada pelo Direito, pois não é possível que duas ideias contrárias estejam certas.

Sob tal ótica, a argumentação ou a retórica seriam um instrumento de fazer com que aquele que não tem razão se valha de artifícios formais para *enganar* o julgador. Quem nunca viu um advogado ser chamado de velhaco porque disfarçaria a verdade através de truques, de falácias em seu discurso?

Essa ideia não é rara, mas bastante tragicômica. Em um evidente prejulgamento, entende-se a argumentação como um debate entre um *certo* e um *errado*. Ora, se duas teses são conflitantes, uma é correta, outra não, a disputa da argumentação somente viria a revelar quem é essa parte que procura fazer uma comprovação impossível. Assim, o debate argumentativo poderia ser comparado àquelas imagens dos desenhos animados: a personalidade do protagonista divide-se em dois polos diferentes: à esquerda, sua imagem travestida de demônio o tenta a uma atitude evidentemente má, enquanto a mesma figura, travestida de anjo, tenta dissuadi-lo, mostrando-lhe o caminho do bem. Fácil saber quem tem razão, qual o melhor caminho, bastando decidir-se pela forma angelical.

Alguns tentam ver as lides processuais com a mesma obviedade que o jocoso discurso entre o anjo e o demônio, afirmando fazer uso do conceito de justiça. A disputa argumentativa seria uma lide em que se daria a oportunidade de retirar o véu que encobre a divisão entre o justo e o injusto: aquele que tem o direito e a justiça a seu lado reforça sua razão, mostrando, por meio de argumentos, que seu raciocínio é o único correto, porque decorre de premissas válidas. Qualquer comportamento está em acordo ou em desacordo com o Direito, e, portanto, se existe alguma divergência entre duas partes, somente uma delas pode estar agasalhada pelo direito e/ou pela justiça.

Veja-se como Kelsen defende, ao analisar a justiça no conceito de Aristóteles, a ideia de que dos fatos somente se pode fazer dois juízos: adequados ou inadequados ao ordenamento jurídico:

> A afirmação de que uma virtude é o meio entre um vício de deficiência e um vício de excesso, como entre algo que é pouco e algo que é muito, implica a ideia de que a relação entre virtude e vício é uma relação de graus. Mas, como a virtude consiste na conformidade, e o vício na não conformidade de uma conduta a uma norma moral, a relação entre a virtude e o vício não pode ser uma relação de graus diferentes. Pois, no que diz respeito à conformidade ou à não conformidade, não há graus possíveis. Uma conduta não pode ser muito ou pouco, só pode ser conforme ou não conforme uma norma (moral ou jurídica); só pode

contradizer ou não contradizer uma norma. Se pressupomos a norma: os homens não devem mentir, ou – expresso positivamente – os homens devem dizer a verdade, uma afirmação definida feita por um homem é verdade ou não é verdade, é mentira ou não é mentira. Se for verdade, a conduta do homem estará em conformidade com a norma; se for uma mentira, a conduta do homem estará em contradição com a norma[vi].

De modo bastante próximo, e talvez sem sequer passar por essa tão basilar assertiva kelseniana, Luhmann eleva a mesma premissa, revelando uma sociedade comunicativa, que tem o Direito como subsistema. Esse subsistema seria aquele que filtra toda a comunicação para uma decisão binária: jurídico/antijurídico, ou conforme à norma/desconforme à norma. De nossa parte, temos alguma restrição em dizer que essa conformidade/desconformidade seja tão binária em relação à norma mesma. Afinal, no estágio que estamos hoje de principiologia, a comparação direta em relação ao conforme/desconforme parece irreal; daí mais relevante pensar no que seria mais aceitável ou menos aceitável, com uma decisão baseada em uma relação de poder. A chamada *autopoiese*, o processo de autocriação, pode servir para explicar os macrofenômenos sociais[6], mas o processo de decisão judicial, para nossas finalidades, não pode ser entendido como procedimento *ex machina*, automático. Ainda assim, dentro da concepção luhmanniana, há o grande acerto de considerar-se que toda autotransformação comunicativa conspira para uma *atualização redutora da complexidade do mundo*. Toda linguagem busca reduzir o mundo, que não cabe nela, a uma decisão que possa, perante o ordenamento jurídico, ser binária: sim ou não. Jurídico ou não jurídico[7].

[vi] KELSEN, Hans. *O que é justiça?* 3. ed. São Paulo: Martins Fontes, 2001, p. 118.

O ordenamento jurídico prescreve modelos de conduta e suas respectivas sanções. Dele surgem problemas intrínsecos, como a hierarquia entre as normas, as antinomias e as lacunas. Daí a necessidade do discurso judiciário, que pode ser caracterizado como aquele que procura comprovar a conformidade ou o afastamento das condutas humanas em relação às prescrições jurídicas, dentre as quais está a norma e a noção de justiça. Mas isso não importa em dizer que, sempre que duas partes se encontram em litígio, uma necessariamente defende uma conduta justa ou legal e a outra está afastada da norma jurídica, ou longe da justiça.

Vale a pena ler o texto abaixo, recortado do roteiro de *Um violinista no telhado*, em que o protagonista, Tevie, escuta a discussão entre Perchik, um professor voltado a ideias comunistas, e outro aldeão (Mordcha), ambos contrapondo-se em suas opiniões:

> Mordcha – Ah, a Universidade! É lá onde vocês aprendem a responder assim aos mais velhos?
>
> Perchik – A vida é mais do que conversa. Deviam saber o que acontece com o mundo lá fora.
>
> Mordcha – Por que esquentar a cabeça com o mundo lá fora? Que o mundo esquente a própria cabeça!
>
> Tevie (apontando para o aldeão) – Ele tem razão. O Livro Sagrado diz: "Cuspindo para o alto, cairá no teu rosto."
>
> Perchik – Isso não tem sentido. Não se pode fechar os olhos para o que passa no mundo.
>
> Tevie (apontando para Perchik) – Ele tem razão.
>
> Avram – Um e outro têm razão? Como ambos podem ter razão?
>
> Tevie – Sabe, você também tem razão.
>
> Mordcha – É. Ele não tem experiência[vii].

[vii] STEIN, Joseph. *Fidler on the roof*. New York: Crown Publishers, 2010, pp. 31-2. Tradução livre.

O fragmento demonstra o espanto do personagem, que não admite que, entre duas pessoas que estabeleciam um contraste argumentativo, ambas estivessem certas. Mais, insinua[8] que é a inexperiência que leva a pensar que, na contraposição de posicionamentos, ambos são excludentes entre si.

Claro, admitir uma razão ambivalente pode trazer confusão e, claro, não soluciona o debate jurídico. Imaginemos um juiz que prolate uma sentença dizendo que as teses de ambas as partes estão corretas; forçosamente nenhum litígio seria resolvido e, aí sim, a função binária do direito (justo/injusto) estaria corrompida.

De fato, duas *verdades* opostas não coexistem[9]. No pensamento puro, uma tese é contrária ao Direito ou não, pois não se pode ser *parcialmente* antijurídico. Quer dizer, é até possível que uma conduta seja permitida por uma norma jurídica e proibida por outra, mas aí estaríamos em conflito de normas, que é matéria hermenêutica[10]. O que de fato se tem é que um juiz não pode aceitar duas teses opostas como verdadeiras, porque nesse caso seu julgamento seria inócuo, motivo pelo qual aponta como *verdadeira* apenas uma das teses, aquela vencedora em seu julgamento, em sua decisão. Mas, se duas verdades opostas não podem coexistir, no caso de duas *argumentações* opostas, não significa necessariamente que alguma delas seja incorreta.

Como isso pode acontecer?

Argumento e lógica formal

A argumentação não se confunde com a lógica formal. Portanto não pode equivaler à demonstração analítica, absoluta, como acontece, por exemplo, em uma operação matemática.

Em uma operação matemática verdadeira, somente se admite um resultado, fixando-se as variáveis. Sua resolução, passada em uma demonstração analítica, quaisquer que sejam os métodos válidos pelos quais ocorra, sempre chegará a um mesmo resultado. Aliás, essa é a função da matemática e, em grande parte, do método empírico: toda vez que se repetir a experiência, sob as mesmas condições, o resultado será idêntico. A sociedade, como se sabe, ou mesmo a situação do indivíduo, não se reproduz em laboratório[11].

Imaginemos dois matemáticos discutindo o resultado de uma equação bastante complexa. Cada um deles utiliza um método de resolução, mas chegam a resultados diferentes: o matemático A demonstra que a proposição resulta em 350, enquanto o B demonstra que ela, em vez disso, traz forçosamente o resultado de 700. O que se deduz desse contexto? Evidentemente, um dos matemáticos, A ou B, está *errado*.

O matemático lida com números e outras notações convencionais, e estas representam, antes de tudo, *exatidão*. Na matemática ou em derivações para outras ciências exatas não existem *opiniões* ou *posicionamentos*, porque os números, via de regra, não o permitem[12]. Claro que isso é facilitado por trabalharem com uma linguagem totalmente artificial[viii], já que os números e outros signos matemáticos são representações formuladas sobre conceitos aplicáveis somente a um mundo ideal.

Quem argumenta não trabalha com a exatidão numérica, por isso se afasta do conceito binário de *verdadeiro/falso, sim/não*. Quem argumenta trabalha com o *aparentemente verdadeiro*, com o *talvez seja assim*, com aquilo que é *provável*. É diante dessa carga de probabilidade com a qual se opera que surge a possibilidade de argumentos combinados comporem teses totalmente diversas,

---

[viii] Sobre o tema, veja-se o clássico *A history of mathematical notations*, de F. Cajori. Ali se demonstra a necessidade dos povos em impor uma linguagem-padrão para as operações matemáticas, mas não só: curioso também é o fato de que as diversas notações matemáticas são menos ou mais aceitas por matemáticos e escritores, o que revela que também essa convenção depende de fatores humanos, já que não são a matemática mesma, senão a representação dela.

sem que se possa dizer que uma delas esteja *certa ou errada*, mas apenas podendo-se afirmar que uma delas seja mais ou menos convincente. Ademais, como comentaremos em outros momentos, o argumentante é obrigado a recortar parte da realidade para poder construir um percurso e sustentar uma tese.

Vejamos um exemplo:

Conta-se que, em um plenário do júri, um promotor exibia aos jurados as provas processuais. Procurava, portanto, na prática de um discurso judiciário, convencer os jurados a respeito de sua tese. Mostrava a eles, com muita propriedade – argumentando –, que o laudo elaborado pela polícia técnica concluía que havia 99% de chance de que o projétil encontrado no corpo da vítima fatal houvesse sido disparado pelo revólver de propriedade do réu. Queria dizer o acusador que o réu não poderia, diante daquela prova concreta, negar a autoria do crime.

Diante de tal fortíssimo argumento, a probabilidade matemática, o defensor, em tréplica, formulou aos jurados a seguinte pergunta retórica: "Suponhamos que eu tivesse um pequeno pote com 100 balinhas de hortelã. E que eu, então, pegasse uma delas, tirasse do papel celofane que a envolve e, dentro dessa, injetasse uma dose letal de um veneno qualquer. Em seguida, que eu embrulhasse novamente o caramelo letal, colocasse dentro do pote com outras 99 balinhas idênticas e misturasse todas. Teria algum dos jurados coragem de tirar do pote um caramelo qualquer, desembrulhá-lo e saboreá-lo? Certamente que não. Pois, se ninguém se arrisca à morte ainda que haja 99% de chance de apenas se saborear um caramelo de hortelã, ninguém pode condenar o acusado, ainda que haja 99% de chance de haver disparado sua arma contra a vítima."

Conta-se que, lançando mão desse argumento, o defensor conseguiu a absolvição de seu cliente.

Analisemos tal ilustração. Trata-se de um discurso em que duas partes defendiam posicionamentos contrários, cada qual com seu argumento. A acusação procurava comprovar ser o réu o autor de um crime, enquanto a defesa negava tal autoria. Daí que, quando a acusação trouxe um argumento *forte*, a defesa procurou *enfraquecê-lo* perante os jurados.

Assim se esquematiza a argumentação:

> *Acusação:* argumento forte, com uma prova concreta – 99 chances em 100 de que a arma que efetuara os disparos fosse a do acusado, o que o colocaria indiscutivelmente como autor do crime.
>
> *Defesa:* argumento mais fraco matematicamente: uma chance em 100 de que a arma do acusado não fosse a que efetuara os disparos. Todavia, esse 1% não autoriza a *certeza*.

Note-se que, nessa argumentação, cada qual tinha sua *parcela* de razão, embora ambos procurassem comprovar teses totalmente opostas[13]. À primeira vista, o leitor não habituado à lógica informal pode encontrar incoerência na assertiva de que ambos estão corretos e errados ao mesmo tempo, tal como no famoso exemplo da física quântica o gato de Schrödinger está, no mesmo instante, vivo e morto. A clave para desfazer o aparente paradoxo está em constatar que nenhum deles tem uma hipótese absolutamente comprovável, e ambos provavelmente sabem disso. E também devem saber que, se fizerem um giro à lógica formal, suas hipóteses não são demonstráveis. Apenas para um treino de lógica formal, sempre relevante para nós como base argumentativa, vejamos como ela solucionaria o problema apresentado, ou seja, a comprovação *absoluta* da tese do promotor ou do advogado. Para tanto, seria necessário reduzir os elementos do discurso (e não da realidade em si) a algumas notações, para evitar ambiguidades.

Existe um conjunto de armas, (Ca), formado por armas A.

Ca {A, Ab, Ac...| A é arma}

Existe uma única arma do crime (Ac), que pertence a esse conjunto.

Ac ∈ Ca

Arma do Crime (Ac) tem uma única Identidade Balística (IBac).

(Ac), (IBac)

Existe um Exame de Balística (EB) que aponta para um único conjunto de características balísticas, que vamos resumir como CCB.

EB ⇒ C{c1, c2, c3... | c é característica do Projétil} = CCB

Existe uma arma do réu (Ar), que também tem uma identidade balística (Iar).

∃Ar,(Iar)

Quando o promotor argumentou pela condenação do réu, por causa desse exame, levantou uma *hipótese*, que pode ser assim descrita: sendo o conjunto de características balísticas (CCB) coincidente com a identidade balística da arma do réu (Iar), a arma do réu (Ar) é a arma do crime (Ac). Logo, o réu é o autor do crime.

Vamos deixar de lado a última inferência, qual seja, a de que *ter* a arma do crime significa ser o autor deste (o réu pode ter tido sua arma furtada e devolvida após o cometimento do delito, ou pode havê-la emprestado a terceiro, cuja identidade não revelará), pois esta não é objeto da controvérsia com o advogado. Centremo-nos na primeira parte da tese.

Para comprová-la, teríamos que dizer que toda coincidência entre o Conjunto de Características Balísticas (CCB) do exame e a identidade balística da arma do réu (Iar), que chamamos $Coin_{(CCB,Iar)}$, implicam a coincidência (ou igualdade) entre a arma do réu (Ar) e a arma do crime (Ac).

Assim, a hipótese:

$$\forall\ C_{(CCB,Iar)} \Rightarrow Ar=Ac$$

Essa hipótese é correta? Em termos de lógica formal, não é, mas nossa missão agora é demonstrar essa incorreção. O modo mais fácil de comprovar logicamente que a hipótese é incorreta seria demonstrar sua *negativa*, em lugar de comprovar sua eficácia, neste caso. Porque, pela regra básica da lógica formal, para provar que **não** existe uma relação de implicação($\Rightarrow$), basta demonstrar que há um único caso em que a implicação não funciona. Num exemplo didático, para negar-se a assertiva de que *todos* os cisnes são brancos, basta encontrar *um único* cisne não branco, sem que seja necessário contar quantos cisnes brancos existem no mundo. No nosso caso, a implicação $C_{(Ieb,Iar)} \Rightarrow Ar=Ac$, bastaria provar que existe uma arma que tenha a implicação e que não seja a arma do réu (Ar).

Essa ideia de que comprovar a negativa da tese original equivale a demonstrar a existência de um único caso em que ela não seja verdadeira pode ser assim descrita, no nosso caso:

$$\neg\ [\ \forall\ Coin_{(CCB,Iar)}\ ] \Rightarrow (Ar=Ac) \Leftrightarrow \exists\ Coin_{(CCB,Iar)}\ (\neg Ar=Ac)$$

No caso, não há como apresentar essa arma específica, esse caso único necessário para desconfirmar a assertiva. Ou seja, uma arma que contenha o conjunto de características demonstradas pelo exame de balística (CCB), mas que *não* seria a arma do réu. Não se pode apresentar essa arma, porém se pode colher a afirmação de probabilidade que é premissa do próprio exame EB que apresentou o conjunto de características CCB. Agora basta lembrar que essas armas pertencem a um Conjunto, que enunciamos no início (Ca) e que, nesse conjunto, existem mais armas com essa mesma coincidência.

Se assumimos que a característica da identidade balística CCB é 99% positiva, significa que ela é 1% negativa, ou seja, que existe 1 arma que contém as características CCB em cada conjunto de 100 armas Ca $\{c_1, c_2, c_3 \ldots c_{100}\}$. Então, caso se crie a hipótese de um conjunto de 1.000 armas $|Ca|=1.000$, existirão hipoteticamente 10 armas com características CCB. Logo, se consideramos uma cardinalidade de 10.000 (conjunto de 10 mil armas aleatórias, o que não é difícil em uma cidade grande), existem 99 armas do delito que não são a do réu.

$$|Ca|=10.000 \subset Cc \{100A \, (A|CCB)\} = Cc \{99A + Ar\};$$

Se assumimos que somente uma arma cometeu o delito:

$$Cc \{98A + Ac + Ar\}; \text{ ou } Cc \{99A + Ac \, (se \, Ac=Ar)\}$$

De qualquer modo, se consideramos um conjunto de 10 mil armas, ele terá provavelmente 99 armas que não são a "arma do réu" ou a "arma do crime", mas que atenderiam à coincidência com as características da arma do réu e da arma do crime.

Portanto, é verdadeira a nossa hipótese de que existe ao menos *uma* arma que atende ao critério CCB, o que significa comprovar a negativa da tese do promotor.

$$\neg \, [\, \forall \, Coin_{(CCB,Iar)} \,] \Rightarrow (Ar=Ac),$$
porque se $|Ca|=10.000$, $Ca \subset \sim 99 \, A(Coin_{(CCB,Iar)}) \not\Rightarrow Ac$

A tese do promotor, portanto, não é verdadeira, formalmente. Mas a do advogado tampouco é. Para comprová-lo, bastaria fazer o mesmo processo, com uma probabilidade muito mais ampla: para cada arma que favorece sua tese, há 99 que desfavorecem. Porém, ele não se ateve a essa desvantagem, apenas enunciando que o risco de 99 não é o de 100. Algo que todos sabem, mas em geral não valoram, porque, no conceito de aproximação que somos obrigados a fazer para decidir as questões cotidianas, 99 e 100 implicam quase o mesmo resultado.

Para o advogado, entretanto, bastou demonstrar que a hipótese do promotor não era formalmente correta. Porém, se o fizesse pela lógica formal que aqui utilizamos, não traria nenhum efeito ao ouvinte, pois tanto advogado quanto ouvinte sabem, ou intuem, que não estão a trabalhar com verdade absoluta, senão com o mais verossímil. Daí, o advogado se valer da argumentação, que consistiu, no caso concreto, em *valorizar* para o ouvinte aquilo que é meramente provável *como se verdadeiro fosse*. Tanto não é *verdade* que daquela porcentagem pertinente à criminalística se possa inferir ser um acusado real autor de um crime (porque 99% não são 100%), quanto não é de todo *verdade* a conclusão que a defesa pretende inferir: a de que o teste de balística não pode ser levado em consideração para a constituição da culpa do acusado. O teste de balística é peça relevante na composição da autoria.

Porque o processo não é matemático, mas matéria humana, não existe uma conclusão única: acusação e defesa estão, ao mesmo tempo, certas e erradas. O argumento, então, antes de ser um *modo de comprovação da verdade*[14], é apenas um *elemento linguístico destinado à persuasão*. Se bem é verdade que a demonstração matemática e a lógica formal também são operadas por meio de elementos linguísticos, na medida em que também têm seu método de enunciação e convencimento do interlocutor, seus meios são bem mais restritos, o que autoriza operar com abstração de modo muito mais ágil e preciso, porém insuficiente para toda a complexidade de fatos e valores do meio jurídico. Isso não significa que a lógica formal esteja apartada do Direito, porque sempre poderá estar na estrutura de um raciocínio jurídico e algumas vezes poderá ser trazida ao discurso como argumento, a depender do ouvinte e das condições do momento.

Argumento é elemento linguístico porque se exterioriza por meio da linguagem. É, por isso, elemento que aparece inserto em um *processo comunicativo*, que deve ser o mais eficiente possível.

Argumento é *destinado à persuasão* porque procura fazer com que o leitor creia nas premissas e na conclusão do retor, ou seja, daquele que argumenta, talvez não como verdade, mas como a *mais provável* entre *duas hipóteses* que digladiam[ix].

Os objetivos e os meios da argumentação

Qual é o objetivo da argumentação? Quem argumenta tem como objetivo final fazer com que o destinatário da argumentação *creia* em alguma coisa, como já dissemos.

Tal ideia, no entanto, não é unânime, pois há quem afirme que o objetivo principal da argumentação vai além de levar o interlocutor a *crer* em algo, uma vez que o escopo último do retor seria fazer com que o destinatário viesse a *agir* da maneira como se prescreve. E a diferença é relevante.

Quem crê que argumentar, no discurso judiciário, é primordialmente levar o ouvinte a *agir* de maneira determinada tem uma visão, curiosamente, ao mesmo tempo pragmática e utópica. Pragmática – explicamos já – porque é destinada ao *resultado* de modo bastante imediato. Entende, com sua parcela de razão, que o objetivo de quem argumenta é uma *ação* específica do ouvinte:

[ix] Como se verá em momento posterior, essas hipóteses também estão recheadas de valores que são internos ao próprio ouvinte e que não é possível levar em conta na lógica formal.

o advogado que arrazoa um recurso, sustentando certa tese, intenciona que o magistrado – seu destinatário – pratique uma *ação* determinada por ele: julgar a causa a seu favor. De nada adiantaria – defende essa corrente aparentemente pragmática – o magistrado *crer* nas razões do advogado argumentante, mas não *agir* deferindo-lhe o pedido.

Porém os seguidores dessa corrente tropeçam em um elemento da realidade que não se pode ignorar, sejam eles: os casos em que fogem do alcance do trabalho argumentativo os motivos que ensejam a ação do ouvinte. Entre a *crença* do ouvinte e sua *ação* determinada existe um hiato em que, infelizmente, a argumentação não pode interferir[x].

Pode-se, com bons argumentos, convencer um fumante de que, muito maiores do que o prazer que o cigarro proporciona, seriam os benefícios que imediatamente lhe viriam se deixasse o tabaco. Ele pode vir a *crer*, por meio de elementos não raros de persuasão, que é necessário abandonar o vício. Mas elementos exteriores à comunicação argumentativa interferem na realidade – a exemplo da necessidade química de nicotina do fumante – e podem fazer com que ele não aja da maneira que lhe é prescrita. Melhor se o fizesse, mas a argumentação não pode, por si só, garanti-lo. O fumante crê, porém não age[15].

Do mesmo modo, toda a linguagem da publicidade é voltada para que o interlocutor *compre* determinado produto. Então, o comercial traz, em uma série comunicativa, elementos que conduzem o destinatário a aceitar o produto anunciado como o melhor entre os concorrentes. Mas a *capacidade de compra* é um obstáculo intransponível na argumentação: o consumidor, mesmo convencido de que necessita comprar o produto, pode não agir conforme

---

[x] Veja-se, ainda neste capítulo, a corrupção da função legitimadora da argumentação jurídica.

a publicidade lhe determina, por razões econômicas. Isso levaria, claro, a perguntar se é uma boa comunicação aquela que se destina a quem sabidamente não pode atuar conforme indiciam os argumentos da publicidade, mas essa é uma discussão diversa[16].

Outro exemplo: um advogado defende excelentemente uma tese perante o tribunal. Dos três julgadores do caso, relator e revisor não lhe dão razão, fundamentando a tese da parte contrária. O terceiro juiz, entretanto, pensando sobre os argumentos que lhes foram dirigidos, crê que a tese do nosso argumentante, a despeito da opinião de seus colegas, é a correta. Todavia, uma questão *exterior à argumentação* se lhe coloca: se agir da maneira como prescreve o argumentante, terá de discordar de seus colegas. Isso lhe trará – pensa o magistrado – duas consequências desagradáveis, sendo a primeira delas o próprio fato de discordar de uma turma que há tempos é uníssona, e a segunda, a necessidade de redigir um voto imprescindivelmente bem fundamentado por divergir de seus colegas. O comodismo indevido assola o julgador, e ele, contrariamente a seu dever, deixa seu livre convencimento e sua independência funcional de lado, e, embora *creia* na tese defendida pelo argumentante, não *age* da maneira como lhe fora prescrito. Acaba por acompanhar o voto dos colegas. Infelizmente, uma realidade mais comum do que se imagina.

Assim, na definição da argumentação não se pode apartar muito da realidade, devendo-se reconhecer que existe, entre o *crer*[xi]

[xi] Note-se que "levar a crer" não significa incutir no ouvinte uma crença absoluta, um valor indeclinável. Muitas vezes, o trabalho do advogado será conhecer o posicionamento prévio do juiz e, em lugar de tentar alterá-lo, demonstrar que *aquele caso* de que se trata é excepcional, portanto não merece a aplicação do posicionamento prévio, ainda que este se pudesse alterar. A arte da escolha da tese a defender-se, seguida da escolha da narrativa, muitas vezes está em descolar, em afastar o caso julgado daqueles aparentemente análogos que obtiveram decisões desfavoráveis. Cuidaremos desse tema no Capítulo VIII, de argumento por analogia.

e o *fazer*, um intervalo que a argumentação deveria alcançar, mas nem sempre o consegue, por mais eficaz que seja[17].

Interlúdio: argumentação em meios corrompidos

Nossa posição realista, a partir, infelizmente, de um ponto de vista latino-americano do sistema de justiça, impõe considerar os momentos de argumentação havida quando se trabalha com tribunais ou juízes que estão corrompidos, não necessariamente por dinheiro, mas também por ele[18]. Ou, para dizer de um modo mais genérico, a necessidade e a arte de argumentar com quem já tem uma opinião previamente formada, por elementos diversos da racionalidade dialética do processo[19].

Teoricamente, é útil saber que, tal como dissemos no tópico anterior, argumentar limita-se a fazer *crer*. Esse objetivo, entretanto, não desobriga aquele que argumenta a *tentar* desviar seu ouvinte de uma eventual decisão conforme não à sua racionalidade ideal, mas ao que lhe determina a corrupção. Sendo mais claros, existe a possibilidade de transformar o ouvinte e reverter sua decisão manipulada, ainda que reconhecendo ser tarefa *quase* impossível.

Para essa tentativa, a técnica é a de transferir o centro de convergência dos argumentos para um nível superior: há que *fazer crer* o ouvinte corrupto em algo além da tese jurídica sustentada – cuja razão ele já deve admitir para si. O trabalho argumentativo deve ser o de sustentar a tese de que seguir o ditame do agente corruptor não é possível, viável ou conveniente ao juiz *naquele* momento específico. Esse trabalho mantém a relevância das razões que suportam a tese jurídica, mas, por assim dizer, acaba transferindo seu fator gravitacional para os inconvenientes da decisão corrupta.

São algumas as formas de demonstrar, com argumentos, a necessidade de vencer pontualmente a tentação corrupta, porém apelar para a descrição dos deveres éticos do magistrado *não* é uma delas. Há experiências[xii] bem-sucedidas como: (I) recolher a jurisprudência da Câmara e demonstrar que qualquer solução diversa colocaria sob suspeita o equilíbrio da decisão, por haver uma divergência não justificável com os precedentes da Corte; (II) mostrar que a sociedade pode vir a reconhecer uma decisão como corrupta devido à sua discrepância com a racionalidade somada ao conhecido poder de corromper da parte contrária. E que essa rejeição social não compensa as vantagens indevidas; (III) sugerir que se sabe que decisão já está tomada no momento da exposição argumentativa, mas que sua alteração revelaria uma mudança positiva para o sistema e pode ser compensada com elementos lícitos, como a credibilidade geral da Corte; (IV) ou mesmo insinuar, quando for o caso, que a parte conhece o sistema corrompido e está disposta a denunciá-lo, caso ele se materialize.

Lidar com sistemas corruptos de decisão não é tarefa fácil, e estudar as formas argumentativas ante fatores de subversão do sistema demandaria maior sistematicidade, talvez para um estudo futuro. Contudo, há como coincidir com duas breves afirmativas: (I) de um lado, é verdade que a corrupção transfere o fator de decisão para algo muito distante do campo da dialética das ideias, de modo que o argumentante, que utiliza "apenas" seu poder enunciativo, está em evidente desvantagem; (II) de outro lado, se o argumentante tem a real consciência de que foi lançado a um tabuleiro mais amplo que aquele que se encontra

---

[xii] Não apenas por nosso dever de ofício como pesquisador de corrupção, mas também como autor, temos colecionado várias narrativas sobre a realidade da corrupção institucional e como lidar com ela. Neste livro, as narrativas "Carta ao Advogado de Sucesso" (Capítulo III) e "Roteiro para curta-metragem" (Capítulo XVI) revelam algo desse olhar. São, entretanto, como nominamos no corpo do texto, apenas *experiências*, que demandarão outro tipo de estudo para que haja sistematicidade.

nos autos do processo, é seu dever buscar os instrumentos para fazer com que o ouvinte creia que pode alterar sua decisão, por mais potentes que sejam as forças que o levam por senda diversa. Ou, no mínimo, fazer com que as razões da decisão corrompida estejam tão enfraquecidas que será menos difícil, ao argumentante, reformá-la posteriormente, ao recorrer a uma corte superior. Isso, diga-se, na hipótese de que exista essa corte superior no caso específico.

O ideal seria que a corrupção desaparecesse de alguns meios, ou ao menos que deixara de existir em níveis tais que, como agora, obrigam a que se construa um apartado para dissertar sobre argumentação em meios eticamente desequilibrados. Esses meios corrompidos, ao menos em grande parte do contexto latino-americano, têm a nota da excepcionalidade, mas não de uma excepcionalidade insignificante para o meio jurídico. Eles formam parte de nossa preocupação argumentativa.

Diante de ouvintes corrompidos, o bom argumentante, como um atleta que compete com um adversário sabidamente ultra fortalecido pelo *doping*, obriga-se a criar estratégias *linguísticas* suficientes para tentar estabelecer um mínimo equilíbrio entre as partes, devolvendo a decisão ao campo da persuasão racional. Não é tarefa simples, evidentemente.

Segue: o objetivo de fazer crer

Para que o interlocutor *creia* na tese é necessário que ela lhe seja transmitida de forma que seu raciocínio venha a aderir ao percurso transmitido pelo argumentante. Nesse ponto, a argumentação no meio judiciário traz peculiaridades.

Quando um renomado jogador de futebol aparece na televisão e, em um comercial, afirma utilizar determinada marca de chuteiras, não há dúvida de que ele exerce um efeito de *persuasão* em seus espectadores. Em um anúncio como esse, existe um argumento que não está expresso, mas pode ser resumido em: se esse atleta usa tal chuteira, é porque esse calçado é o melhor de sua categoria; afinal, um jogador desse gabarito só pode usar produtos de primeira linha.

A figura daquele atleta renomado, no comercial, funciona como uma forma de *fazer crer* na qualidade do produto anunciado. A *figura* do jogador é, então, parte de uma argumentação que dispensa um raciocínio *complexo* a ser transmitido, mas que ali existe, simples[20] e implícito, caso contrário o comercial não teria nenhum efeito prático nas vendas do produto. Pode-se afirmar que, no anúncio, foram predominantes a *imagem*, a *reputação* do jogador. Elas, entretanto, dependem de um silogismo, que foi intencionalmente criado pelo argumentante, mas que não se enuncia: um jogador de alta *performance* somente usaria produtos de qualidade.

Se um indivíduo vai comprar um tênis esportivo, é fácil (e muito provável) que valorize imagens associadas aos ídolos dos esportes. Mas, quando um juiz avalia uma tese jurídica, *pouco* (mas não *nada*)[xiii] lhe importa a figura do argumentante, mas sim o percurso que lhe apresentam as partes, pois é um raciocínio desse tipo, em uma progressão determinada, que deve refratar-se em sua sentença.

O percurso racional é, no discurso judiciário, seu elemento mais convincente, seja na interpretação da lei, seja na análise das provas. Acontece que esse raciocínio não é unidirecionado, pois a lógica jurídica não aparece exata[21]. Ele depende dos argumentos

---

[xiii] Veja-se o Capítulo VII, sobre argumento de autoridade.

para a alteridade e interpersonalidade: em resumo, para transmitir-se de uma mente a outra.

E, ao promover a exteriorização do raciocínio, o argumentante procura *valorizar* o que lhe é favorável, e isso se faz por meio de técnicas de argumentação. Assim, pode-se dizer que, se o objetivo da argumentação é *fazer crer* em uma afirmação, seus meios são a hipertrofia dos elementos favoráveis, ou seja, a valorização deles.

Fazemos hipertrofias com frequência, e elas não são monopólio do discurso jurídico. Desde a propaganda de uma famosa doçaria que diga que seus produtos propiciam *saborosa energia* ou *doces momentos*, em vez de dizer, obviamente, que seus alimentos *engordam demais*, até um elogio a um colega de trabalho, afirmando que ele é *muito compenetrado* em vez de *lento* em suas funções[22].

A linguagem visual também é repleta de hipertrofias, que aceitamos sem grande discussão. Por exemplo, se nos fixamos em uma cena de história em quadrinhos, veremos exageros constantes, que nos passam despercebidos. Ao observar, por exemplo, uma cena de um super-herói em ação, pouco nos damos conta de que a proporção de seu corpo é bastante alterada, indo além de mostrá-lo musculoso. Muito provavelmente, se é um personagem que entra em luta corporal, suas mãos são, no desenho, muito maiores que a de um ser humano comum, e pouco percebemos disso[xiv]. Afinal, quando o objetivo é o enaltecimento daquele personagem, existe um, por assim dizer, exagero aceitável[23]. Note que interessante o quadrinho em que Stan Lee, um dos maiores criadores de super-heróis dos Comics, demonstra que um super-herói é naturalmente desproporcional.

[xiv] Sobre as imagens, veja-se o Capítulo IX.

O ARGUMENTO · 57

Crédito: © Stan Lee e John Buscema.

As dimensões exageradas dos super-heróis ou vilões não são realistas, quando as observamos atentamente. Seus punhos são quase do tamanho da cabeça, seus músculos definidos – que para um ser humano comum seriam os de um halterofilista deformado – aparecem como forma natural do corpo e, melhor, mesmo sob a roupa. Mas essa hipertrofia é vista como algo necessário pelo leitor que se encontra envolvido pela narrativa.

Em um estudo mais detalhado, haveria que aprofundar-se na realidade normativa, conhecer *os limites* desse exagero dentro da construção comunicativa da sociedade. Os eleitores aceitam que os políticos sejam idealizados em suas campanhas, os usuários da indústria da moda admitem que os corpos das *top models* estão distantes dos padrões corriqueiros dos cidadãos, os consumidores sabem que, parafraseando a fala de Michael Douglas[xv], o hambúrguer que aparece na fotografia da lanchonete é muito mais bonito do que aquele que ali realmente se serve. Até certo padrão, a hipertrofia comunicativa é aceita, como

---

[xv] Famosa fala do filme *Falling Down* (*Um dia de fúria*), de 1993.

um modo *standard* de exposição da realidade pela parte interessada. No discurso jurídico, salvadas as devidas proporções, a valorização dos aspectos da tese defendida é a técnica principal da construção discursiva.

Os meios para isso são os argumentos.

Características clássicas da argumentação

Visto o que se entende por argumento e os meios da argumentação, cabe sistematizá-los em algumas breves características, que serão retomadas com maior profundidade no decorrer dos capítulos posteriores.

A argumentação diferencia-se da mera *demonstração*[24] porque tem o interlocutor como alvo. A demonstração é *impessoal* e, em tese, vale para todo o público. Podem-se encontrar formas diversas de enunciá-las[25], como a resolução de uma equação, mas sempre, se feita em conformidade com sua referida ciência, se alcançará o mesmo resultado.

Para que possa haver um raciocínio *demonstrativo* formal, em sistema fechado – como aponta Olivier Reboul, bastante baseado na lição aristotélica –, é necessário que coexistam três condições: a) que não haja ambiguidades na significação dos signos – por isso a matemática se utiliza de uma linguagem artificial (o número um, o zero, o dois são abstrações instrumentais para que não existam contradições); b) que o sistema seja coerente – não se pode afirmar dentro dele sua proposição e negação: assim os sistemas de raciocínio formal progridem de modo único e não encontram contradições e quebra de coerência; c) que o sistema seja completo – vale dizer que para cada proposição formada em um sistema deve-se ter condições de demonstrar sua verdade ou falsidade. Em outras palavras, cada proposição feita no sistema axiomático tem de trazer uma resposta única, um resultado inequívoco e não pode haver proposições, se aceitas pelo sistema, que não encontrem resultado único[xvi].

A inspiração aristotélica dessa construção é evidente, porque se baseia em uma ideia específica de estudo da argumentação demonstrativa[26]. Muito se evoluiu, a partir daí, para se compreender o alcance da *demonstração* e, mais que isso, o que poderia constituir a ciência pura. Ainda assim, serve bem o conceito da *artificialidade* do raciocínio demonstrativo e de sua validade sistêmica. Do ponto de vista de análise do discurso, é possível que essas fronteiras tão delimitadas se possam esvair, em sentido vetorialmente duplo: primeiro, a demonstração, se introduzida à progressão argumentativa, não se mantém sempre em linguagem artificial; depois, que qualquer enunciação, mesmo uma narrativa, depende de subsistemas únicos, que lhe garantem a formação de sentido e, sequencialmente, de resultado. Mas essa nossa crítica, essencial para o realismo jurídico, tem de ser alocada em momento posterior.

É relevante conhecer as características principais do sistema retórico, do pensamento informal, que autores clássicos têm sistematizado. É útil reconhecer as diferenças, porém aqui, novamente, somos obrigados a flexibilizar algumas afirmações, ao menos para manter a coerência de nosso sistema. Adiante, usamos como ponto de partida a relevante exposição de Reboul[xvii]:

a) A argumentação dirige-se a um auditório.

[xvi] Claro que todo o sistema jurídico é voltado a desfazer ambiguidades na aplicação da norma e encontrar um resultado seguro. Mesmo no sistema comunicativo luhmanniano, a função do Direito seria reduzir toda a comunicação social, com suas expectativas de comportamento, a um resultado único em sistema binário: Direito/não Direito.

[xvii] O autor expõe as cinco primeiras características, mas nós acrescentamos as quatro últimas (pensamento mágico, estética, narrativa e legitimação). Ademais, pontuamos alguma crítica a pensamentos mais absolutos, que aqui se expõem com algum cuidado.

Sempre argumentamos para alguém, diante de alguém. Os argumentos e a progressão do discurso devem variar de acordo com aquele a quem este é direcionado. Tal característica é objeto de nosso estudo, principalmente quando tratarmos a *intertextualidade*[27], a qual, como adiantamos, é parte central de nossa investigação.

b) Utiliza-se de língua natural.

Quando argumentamos, utilizamo-nos da mesma linguagem com que nos comunicamos no dia a dia[28]. E isso sujeita a construção argumentativa a diversas regras, que são as mesmas da comunicação em geral. Se, por um lado, a língua natural dificulta o trato com os argumentos, já que eles não podem vir dissociados de uma *enunciação* específica, por outro confere-lhes uma série infindável de recursos: *grosso modo*, a gramática[29], como regras de estrutura da língua, e a semântica[30], como elementos de significado. Assim, os mesmos recursos da enunciação em geral, da linguagem como um todo, aplicam-se integralmente à construção argumentativa. Tais características serão exploradas neste livro principalmente quando tratarmos de *competência linguística*.

Entretanto, somos obrigados a pontuar, à divergência da maioria dos teóricos, que, no contexto jurídico, a linguagem utilizada não é tão "natural", ou seja, não coincide exatamente com aquela do cotidiano. (i) Bem seja pelo ambiente formal em que ocorrem os julgamentos, o que é de esperar, pois são apenas as palavras que estão a decidir o futuro de pessoas e sujeitos de direito, na maioria das vezes de modo bastante rotundo. Como o ambiente interatua com as pessoas e com a linguagem, esta passa a um nível diverso, não necessariamente melhor, mas tampouco natural. (ii) Os conceitos jurídicos contam com alto grau de especialidade, que encontram sentido apenas em sua episteme, em sua área de conhecimento. Um mesmo vocábulo pode assumir significação bastante diversa no discurso jurídico, ou seja, a mesma palavra, fora dele, denota algo diverso. Pense-se no sentido jurídico de vocábulos como *lei, norma, trabalho, sanção, justiça, processo*, e assim se percebe como estão transfiguradas na conotação, se consideradas no contexto entendido como natural. Não alcançam toda uma significação artificial, porém podemos dizer que é uma linguagem natural alterada pelo ambiente; (iii) Também a gramática, se entendida em sentido amplo, tem regras distintas no contexto jurídico. A leitura de um Código legislativo demonstra que o texto, ali, segue regras de estruturação muito rígidas, e qualquer alteração ou descumprimento lhe altera o sentido. A inscrição de um direito como cláusula pétrea numa Constituição, ou como direito fundamental, difere de sua inserção em lugar de menor destaque, na própria Constituição. Em geral, todas as codificações são montadas de modo a iniciar pelo mais importante e fundamental, para depois ramificar-se pelo menos relevante e modificável, como em uma pirâmide invertida. Em alguma medida essa gramática se reflete em qualquer argumentação que tenha a hermenêutica da lei, ou mesmo uma narrativa que tenha por objetivo o enquadramento legal.

Em especulações mais complexas, as relações gramaticais *lato sensu* estão ainda em definição. Para o Direito Penal, por exemplo, a relação entre a descrição naturalística da ação, seu conteúdo psíquico, o vínculo com todo o contexto social para alcançar a relação de causalidade e imputação e, em algumas concepções, a própria inserção de todo o enfrentamento do ordenamento subjazem na ideia abstrata do tipo penal, que, por sua vez, ainda demandará sua própria regra gramatical para interpretação.

c) Suas premissas são verossímeis.

Essa característica foi matéria do presente capítulo, porque contida na classificação do argumento. Para iniciar um discurso, devemos ter um ponto de partida, que não necessariamente é real, mas é uma *premissa*. Um consenso aceito pelo ouvinte, pelo discursante, para, a partir dele, agregar-se outros elementos linguísticos, que serão responsáveis pela progressão e alteração do texto. No momento oportuno, demonstraremos que esses pontos de partida muito se aproximam daquilo que representam os personagens numa narrativa: não são exatamente realidade, mas tem um *corpus* suficiente, uma autonomia para sofrer uma transformação em um ritmo que o ouvinte possa acompanhar.

Imaginemos que a economista X, em uma reunião da Associação Industrial, elabora uma fala para defender a necessidade de diminuição da alíquota de impostos de importação do produto Z, porque este é insumo relevante para a indústria nacional. Ela sabe que conta com premissas que têm o consenso de seus ouvintes: que o sistema de impostos é necessário, que estamos diante de um Estado legitimamente constituído e, mais, que a indústria nacional necessita desenvolver-se. Sua fala necessitaria estender-se ao infinito, caso ela não elegesse premissas, porém a economista sabe que existem pontos de partida com os quais pode contar. Esses pontos de partida são *consenso* entre seus ouvintes, mas nem por isso são verdades absolutas. Se falasse para um grupo de anarquistas, provavelmente eles não consentiriam com a existência de impostos; se falasse a ambientalistas, talvez eles discordassem de qualquer fomento àquela atividade industrial específica. Ali, entretanto, são elementos que se apresentam como verdade.

O meio jurídico, para poder existir como tal, adota suas próprias premissas, a que estamos habituados. As presunções recheiam a realidade processual, e a dogmática é toda ancorada em conceitos que não se podem comprovar, mas que são admitidos como reais. Só para ter um exemplo que nos é bastante sensível, todo o sistema sancionatório do Direito Penal é baseado em uma decisão do imputado por enfrentar a norma jurídica, embora a neurociência ponha essa liberdade de querer, nos dias de hoje, em absoluto xeque. O livre-arbítrio é uma premissa verossímil do Direito, de que depende grande parte das teorias que explicam os sistemas de regulação do comportamento humano.

Em qualquer texto, essas premissas existem.

d) A progressão depende do orador.

Quando se argumenta se faz constante seleção de elementos linguísticos que podem vir a compor o discurso. Cogitamos o melhor argumento, as melhores palavras, as citações mais adequadas, formulam-se introduções, conclusões, prolongam-se ou encurtam-se exemplos. Tudo à livre escolha daquele que constrói seu texto, quer seja oral, quer escrito.

Claro que a tendência do discurso jurídico é a adequação a padrões que venham a permitir o julgamento em massa, inclusive, como teremos de tangenciar ao fim desta obra, por Inteligência Artificial. Mas aqui cuidamos menos dessas hipóteses de estandardização e muito mais da elaboração de raciocínios mais complexos e, portanto, com sua originalidade. Aliás, em um simples resultado de análise combinatória, quanto mais elementos de progressão existem em um discurso, maior sua probabilidade de ser original, criando-se soluções alternativas para casos que antes pareciam todos apontar para um mesmo padrão de sentença[xviii]. O domínio da técnica estará com quem melhor consegue construir essa progressão, como veremos no capítulo dedicado à coerência.

[xviii] É o que Coleridge diz quando cita a – mal traduzindo – "película da familiaridade", que faz com que nos acostumemos ao que já está, sem nenhum tipo de inovação, olhos que já não veem e coração que já não sente: "in consequence of the film of familiarity and selfish solicitude, we have eyes yet see not, ears that hear not, and hearts that neither feel nor understand" (WORDSWORTH, William; COLERIDGE, Samuel Taylor. *Lyrical ballads*. London: Pearson Education, 2007, p. 367).

e) As conclusões são controvertidas.

Ao contrário da lógica formal, a argumentação permite conclusões controvertidas. Se a multiplicidade de combinações de argumentos leva ao infinito as possibilidades de progressão, suas finalizações – as conclusões – também serão divergentes. Do contrário, não haveria, nos processos judiciais, sentenças dissonantes sobre o mesmo contexto probatório, ou seriam inúteis as câmaras de julgamento, pois que as decisões judiciais, monocráticas ou colegiadas, sempre chegariam a uma mesma resposta. Resultados confrontados são consequência necessária da natureza livre da retórica.

Quando existem decisões confrontadas, claro está que se pode buscar uma fissura na argumentação, como uma quebra em algum silogismo em um processo lógico. Mas não necessariamente é assim, porque, ao definir o percurso, o argumentante faz uma seleção dos elementos que comporão sua argumentação, a diferença entre esses elementos traz clara alteração de resultados.

Note-se então a disjuntiva: de um lado, é ilusão pensar que possa existir um resultado único e correto para uma argumentação. A multiplicidade de escolhas, de interações, de caminhos, tudo significa alteração de fatores, para conduzir a conclusões diferentes; de outro lado, é possível identificar desvios indevidos de rota em qualquer discurso, quando se tratar da contra-argumentação. Isso convence o ouvinte de que o discurso da parte adversa é equivocado ou, em termos mais adequados, é um discurso pouco coerente ou pouco verossímil. Grande parte de nosso estudo, neste livro, consistirá na análise de prováveis fissuras da argumentação contrária, a qual não necessariamente é desonesta: apenas é possível identificar que decisões o argumentante diverso tomou ao construí-la e, por meio disso, atingiu sua conclusão dissonante.

As cinco características anteriores são clássicas da chamada "nova retórica", e foram redigidas por meio da combinação de autores com sedimentada construção no tema, como Perelman e Reboul. Nossa construção, a partir de outras observações, propõe quatro novas características.

Características que somamos: magia, narrativa, estética e legitimação

Observações que fizemos durante os anos que cuidamos dos temas da argumentação e da narrativa nos permitiram apresentar quatro novas características aplicáveis ao discurso judiciário. Elas foram objeto de estudos[31] e, confessadamente, de nossa mais larga experiência com construção narrativa. Como premissas, as características estarão refratadas no corpo teórico-prático deste livro, mas aqui serão expostas em resumo.

Uma vez que, no subtítulo anterior, consideramos as características da argumentação na chamada "nova retórica", já um clássico, necessitamos um método para introduzir aqui nossa pequena contribuição – minimamente, como forma de atualização à realidade argumentativa atual. Para isso, temos que realizar uma ação que não é apenas uma soma, mas um breve processo de desconstrução e construção: retirar algo, para no lugar construir uma nova base. A desconstrução é o *pensamento mágico* e a construção, a *lógica narrativa*. A ambas somamos a estética e a legitimação do Estado, mas apenas como suplemento sistêmico.

Realismo: pensamento mágico revisitado

O aparente oximoro é significativo. Adotar uma perspectiva realista nos obriga a dizer que, em termos comparativos, utilizamos pensamento mágico, o que parece se opor ao realismo. O conceito de realismo mágico já foi explicado em outro contexto, mas o retomamos aqui, assim enunciando a característica que acrescentamos à argumentação:

f) A lógica argumentativa é baseada em "pensamento mágico", desde que bem entendida a locução.

Não vamos mais nos aprofundar nessa teoria, remetendo o leitor a seu estudo em outras obras, além das originais já citadas, de Frazer e Trías[xix], mas *grosso modo* significa admitir que, embora busquemos, o mais possível, o raciocínio lógico-formal para alcançar uma verdade intangível – a verdade do *justo* –, nosso pensamento argumentativo opera por linguagem e, daí, por aproximações que a mente produz. Essas aproximações não coincidem com a relação causal-naturalística para os fatos, nem com o desenvolvimento da lógica formal matemática para os elementos conceituais.

A argumentação é *mágica* porque segue um sistema de *frames*, de quadros, de aproximações que não são os fatos nem a linguagem em si mesma. Por exemplo: Se, num tribunal internacional, ouve-se o testemunho de um indivíduo que fora premiado com um Nobel da Paz por sua trajetória, decerto sua palavra terá grande crédito. Da mesma forma, caso se ouça, no Tribunal do Júri, o testemunho de uma freira devota, que apenas passava pela rua, a caminho de seu convento, quando assistiu à cena do homicídio. O prêmio internacional e a figura religiosa emprestam ao testemunho veracidade, mas essa é uma associação absolutamente desprovida de elementos fático-naturalísticos: o Prêmio Nobel pode mentir por pura vaidade, valorizando as ações que o levaram a ser reconhecido como figura mundial da paz, ou a freira pode estar sendo ameaçada ou simplesmente equivocar-se sobre o que vira[32], como tantas outras testemunhas visuais já o fizeram. Ou a freira pode querer mentir mesmo, por motivos que cabem a ela.

[xix] Veja-se o Capítulo I.

Em um mundo artificial, de raciocínio matemático, esses valores não existiriam por detrás de cada elemento linguístico lançado em um discurso; na argumentação, temos duas opções: ou cuidamos dessas influências como falácias, ou assumimos que todo nosso discurso é mágico. A grande desvantagem de assumi-lo como falácia – e aí está nossa crítica – é conceber que todo pensamento meramente aproximativo-associativo é *exceção*, quando na verdade é a regra. Como elementos de linguagem, estamos sempre a trabalhar com referências de intervenção, de simbologia, jamais com exatidão. Esse é o preceito da transferência mesma de raciocínio, que se faz por proximidade e associação: uma frase tem de remeter a um significado, seja ele um objeto ou um conceito, e este só existe, na mente do interlocutor, por experiência. Assim, quem observa uma pintura feita em tons escuros, que retrate uma noite no jardim de um cemitério, com destaque à figura de um corvo, é remetido para uma experiência sombria, de terror ou tristeza. Ainda que uma noite no cemitério seja, cientificamente, a mesma noite que ocorre em qualquer outro lugar, e o corvo – a 'gralha' do continente americano – seja uma ave tão relevante ao ecossistema como qualquer outra, e que, inclusive, tenha uma estética inegável. O pintor não teria como comunicar/transmitir o ambiente sombrio, entretanto, sem usar *algum* símbolo linguístico: a ave na noite do cemitério foi um caminho seguro. Sempre, note-se, por uma aproximação que, em geral, tem por base algumas convenções. Como em qualquer discurso argumentativo.

Base: a construção narrativa

g) A argumentação se utiliza da estrutura narrativa.

Nosso texto é aqui também baseado na ideia de que a progressão *argumentativa* tem uma estrutura idêntica à do texto *narrativo*, inclusive daquele de ficção. Os personagens interagem entre si e conduzem a trama a lugares distintos, do mesmo modo que os argumentos selecionados interagem, complementam-se ou se contrapõem à tese (como coadjuvantes ou antagonistas, respectivamente), e então conduzem a uma ou a outra conclusão, a depender do modo como se influenciam mutuamente. E, claro, assim como na narrativa, essa conclusão pode ser menos ou mais convincente ao interlocutor, a depender de fatores como escolha da interação, precisão das relações intertextuais, coerência e ritmo. Do mesmo modo que um leitor de, por exemplo, uma obra de Murakami pode se envolver por páginas e páginas de uma trama mágica, esperando cada movimento de um personagem, e que, de igual maneira, um espectador de *Star Wars* acredita – por alguns momentos – na realidade dos personagens pela qualidade da fotografia e dos efeitos especiais da produção, o interlocutor de um discurso jurídico também se envolve e se convence mais da veracidade da tese a partir da rota que se lhe apresenta e por meio da precisão da linguagem que é enunciada.

Essa comparação será feita em momento posterior com maior detalhe, mas é nosso modo de construção de uma teoria realista, prática e funcional para o estudo da argumentação jurídica hoje: pensamos narrativamente e, sob a impossibilidade de construir uma demonstração formal como a matemática, a coerência aproximativa é aquela que nos seduz.

A capacidade narrativa[33], se somada a bases conceituais claras, coincide em grande parte com a argumentativa.

A dimensão estética

h) A estética é parte da construção argumentativa.

Outra característica do texto argumentativo é que ele tem uma dimensão estética acentuada. Isso importa reconhecer que subsiste nele uma harmonia, talvez retirada das ciências naturais, a que estamos acostumados, que faz com que ele possa aderir à mente do leitor. Essa dimensão estará aqui refratada em todo momento em que expusermos sobre elementos enunciativos que comportam ordem e harmonia, como organização de parágrafos, aspectos coesivos, ritmo ou mesmo precisão vocabular. Distante de pregar uma linguagem preciosa ou o uso de jargão, a estética vai muito além disso[34]: todo aspecto de apresentação do discurso está amalgamado a seu próprio conteúdo e, então, como na música, no cinema ou na pintura, uma estética correta e intencional é capaz de convencer. Até a notação matemática, como vimos no exemplo das armas de fogo, pode ser introduzida como fator da mais perfeita estética de persuasão. Descobrir o que é o belo, naquele momento exato, onde está a harmonia na forma de enunciar, mesmo nos momentos mais formais, é tarefa de todo aquele que argumenta. Em outro capítulo, se verá que o domínio dessa capacidade pode ser considerado como um argumento em si mesmo.

Dimensão legitimadora do Estado

i) A argumentação legitima o Estado democrático, e portanto não pode ser utilizada para corrompê-lo.

A argumentação é o modo de fazer legítima a decisão e, assim, todo o processo decisório[35]. Nesse sentido, à argumentação, especificamente no Direito, agrega-se o ato de trazer todo o poder do Estado, o dito *enforcement*, à decisão. Sem querer adentrar às questões processuais, é pela argumentação que se garante um mínimo funcional à decisão do juiz; ademais, é nela que estão ancorados não só os direitos de defesa, mas todo o sistema recursal, que, em suas mais altas instâncias, está montado simplesmente como um sistema de cassação, ou seja, deve legitimar as decisões argumentativamente aceitáveis e desconstruir, retirando sua legitimidade, aquelas que não tenham um mínimo argumentativo.

Nossa experiência, claro, pode passar por uma perspectiva crítica. Porque também a dimensão argumentativa, e mesmo a estética (porque existe uma estética do poder por si mesmo) pode assumir a função de legitimar aquilo que não atende ao Estado. Em nossa visão hiper-realista, não se pode dispensar o fato de que sentenças advindas de motivações não democráticas sejam construídas a partir de progressões aceitáveis de ideias verossímeis, aproveitando-se de todas as características que antes colocamos: a progressão do próprio orador, a simples verossimilhança das premissas, a possibilidade de controvérsia das conclusões.

É claro que a argumentação pode ser utilizada para fins dúbios, mas esse é um dilema ético que, ainda que se refrate muitas vezes neste livro, aqui não é o momento de enfrentar. A dimensão axiológica da argumentação pode entrar no juízo valorativo de cada argumentante, mas isso não lhe retira a função de elemento legitimador do Estado, ao revés. Podemos resumir essa definição de finalidade e ética argumentativa neste modo simplificado: se a argumentação legitima o Estado, e este é por definição democrático e isonômico, qualquer argumentação que vá contra esses princípios é antiética. Ou, em sentido estrito, nem sequer é argumentação.

Cada momento de imposição de um argumento no texto jurídico é um momento em que se está construindo e legitimando um sistema institucional que, naturalmente, está baseado na democracia. Nas ditaduras, elementos diversos de convencimento e pacificação substituem os argumentos. Mas nem sequer merecem ser mencionados em um livro voltado à lógica e à linguagem.

Conclusão

A argumentação tem sua própria lógica, mas há que completar as características que lhes dão outros autores. É evidente que os atuais operadores da filosofia aristotélica têm muito o que redigir acerca do pensamento clássico grego, principalmente imaginando como o referido filósofo aplicaria atualmente seus postulados. Nossa proposta, portanto, não é reducionista, nem mesmo negacionista, quando afirma que entre os tipos de discursos da retórica clássica não está a comunicação publicitária, já que o consumo não tinha lugar na sociedade originária.

Para ser operacional ao jurista, há que se trabalhar com atualizações e revisões de todos os clássicos. Assim, optamos por somar à retórica, já bastante moderna, essas características da argumentação; pensamento mágico, narrativa, estética e legitimação do Estado têm de pertencer à operacionalidade e aos objetivos daquele que argumenta.

CAPÍTULO III

ARGUMENTAÇÃO E FUNDAMENTAÇÃO. PENSANDO NO OUVINTE

Até aqui já temos alguma diferenciação epistêmica entre a argumentação e o estudo do Direito em si. Sempre seguirá havendo alguma relutância no estudo autônomo da retórica, mas isso advém de um discurso moralista. Moralista, explica-se, no sentido de que tenta fazer espraiar por toda a atividade prática argumentativa os postulados dogmáticos do Direito, sabendo-se que essa tarefa é impossível. Esse moralismo, claro, difere muito da ética argumentativa.

O presente capítulo tem, então, um objetivo bastante prático: seguir marcando a fronteira entre o estudo do Direito e o da retórica, mas em dois elementos funcionais, que servem como base para toda construção comunicativa: conhecer o auditório e conhecer a própria perspectiva, na noção de ponto de vista.

O discurso de veracidade científica

O Direito não tem a sistemática exata da matemática nem *fórmulas* e *diagramas*[i], porém sua discussão não lhe retira a cientificidade.

---

[i] Cf. ECO, Umberto. *Como se faz uma tese.* 13. ed. São Paulo: Perspectiva, 1996, p. 21: "[...] Para alguns, a ciência se identifica com as ciências naturais ou com a pesquisa em bases quantitativas: uma pesquisa não é científica se não se conduzir mediante fórmulas e diagramas."

É claro que aqui não podemos dispensar a discussão epistemológica do que seja a ciência jurídica. Há aí uma definição imprescindível, porque mostra os limites do Direito e como se deve estudá-lo. Em uma sociedade cada vez mais complexa, os juristas são obrigados a definir limites para seu objeto de estudo, até para fins didáticos. Uma universidade, para diplomar alguém como bacharel em Direito, tem de decidir o que deve ensinar, e sob qual denominação. E o cientista, o estudioso do Direito, para atualizar e fazer evoluir essa ciência, deve delimitar seu objeto de estudo. Se nos permitem colocar nossa experiência como professor de programas de doutorado em mais de um país, há que se dizer que muitos estudantes, nos mais diversos graus, perdem-se em seu labor por simplesmente desconsiderarem questões de método, criação e organização de conhecimento[1].

Na universidade, as matérias dogmáticas são dotadas daquilo que um autor denominou *veridicidade científica*[2]. Com essa denominação, que aqui tomamos de empréstimo, desviamo-nos dessa discussão do Direito como ciência. Alternativa seria discutir a divisão entre *hard science* e *soft science*, que parece adequada em seu campo, mas que, para a coesão de nosso texto, também representaria um desvio, pois remeteria constantemente a uma disjuntiva que aqui queremos simplesmente superar.

Fato é que, ao absorver o Direito por meio de teses desenvolvidas pela veridicidade científica, alguns de seus operadores têm dificuldade em dissociar aquelas teses da aplicação do Direito aos casos concretos, quando se abandona, já como premissa, o caráter genérico do discurso de verificação.

Em termos mais simples: alguns operadores do Direito prendem-se por demais a opiniões prontas, a teses sustentadas na doutrina pela qual apreenderam a matéria e então deixam – sem consciência disso – de encarar a ciência como *instrumento importantíssimo* do argumentante, passando a entendê-la como único instrumento de *demonstração da realidade*. No momento em que se depara com um caso concreto para solucionar, para fazer com que o magistrado se convença, tenta transpor a linguagem de verificação científica para seu discurso, mas essa adaptação é impossível na integralidade.

Quando o argumentante confunde *conhecimento jurídico* com *convencimento científico*, encarando o que aprendeu no curso de Direito como verdade intransponível, está no caminho para se tornar um mau argumentante. Pode até ser um competente jurista por algum tempo, mas ainda assim sua capacidade de construção da própria doutrina, em texto escrito, não vai muito adiante, porque a redação de um *corpus* coerente na (assim chamada) ciência aplicada também depende de se assumir pontos de vista, de reconhecer que existem preconceitos de que se deve tentar livrar e intervenções na realidade que tentamos neutralizar mas não conseguimos.

O bom argumentante deve ter um excepcional conhecimento jurídico, conceitos bem firmados, mas não pode prender-se, na argumentação, ao convencimento puramente pessoal. Deve sempre ter em conta que, em seu trabalho de argumentação, não procura a *veracidade científica*, que se opera *erga omnes*, senão o convencimento de uma ou mais *pessoas determinadas* a respeito de uma tese que surge de determinada *situação fática específica*. Isso, apesar de tão evidente para o sistema anglo-saxão[3], no sistema latino-germânico ainda é causa de problemas, não apenas por não se fazer do caso concreto o centro do estudo, senão por buscar a antecipação, sempre, de um conhecimento teórico absolutamente estruturado, que anteceda alguma aplicação prática e que se estabeleça apartado de qualquer casuística. Perfeito como sistema, desde que se reconheça que isso cria um distanciamento da análise de elementos da realidade concreta. A esses elementos de realidade não conceituais, os chamamos fáticos[4]: pessoas e coisas.

Por isso, no discurso judiciário se utiliza da ciência do Direito como *instrumento* para o convencimento de um *alter*, um terceiro que se soma à relação autor (primeiro) e texto (segundo): o julgador (terceiro). E o trabalho que leva à persuasão desse terceiro não é idêntico ao que existe na demonstração de uma tese científico-social, tal como em uma dissertação acadêmica de mestrado, doutorado[ii] ou livre-docência. Ainda que, pessoalmente, acreditemos em uma estrutura comum, que se dirá a seu momento, há um diferencial com que trabalhar, e que altera toda sua composição: a existência de um ouvinte específico.

O destinatário: carta ao jovem advogado

Já se faz evidente, pelo até aqui dito, que não há, na argumentação, um auditório universal, e que, quanto mais informações houver sobre aquele a quem se destina o texto, mais elementos haverá para compor um discurso persuasivo. Proponho agora um pequeno exercício de leitura para alcançar outras proposições bastante práticas.

Adiante, recortamos um texto de nossa autoria, publicado em um jornal jurídico de grande circulação, em que, durante mais de 18 anos, escrevíamos narrativas que tocassem temas jurídicos. Os textos figurativos, que envolvem personagens, muitas vezes são mais efetivos para fazer o ouvinte aderir à opinião do discursante do que propriamente os que se chamam textos temáticos, feitos de conceitos e abstrações. Neste caso, trata-se de uma carta escrita por um advogado antigo a um advogado jovem. O leitor notará que o conteúdo da carta, apesar de aparentar mera exposição, é eminentemente argumentativo. Por um esforço de

---

[ii] Veremos que as teses têm sua própria estética, que guarda uma função eminentemente retórica. Esse é o tema de nosso livro *O ensaio como tese*, mas que aqui será abordado sob a perspectiva da argumentação.

raciocínio, o missivista, ou seja, o personagem-autor do texto, tentará *convencer* o interlocutor a respeito de algo. Se o leitor da carta se dá conta dessa intenção de convencimento e, em especial, das técnicas utilizadas para tanto, será outro problema. Muito provavelmente, nem sequer as notará, mas nisso está, em grande parte, o componente situacional da narrativa.

Proponho, assim, o exercício que consiste em ler o texto e identificar seus principais argumentos, que podem ser anotados em um papel para posterior comparação com nossos comentários, em seguida.

Carta ao Advogado de Sucesso[iii]

Estimado Colega,
Não tenhas medo, porque esta não é uma carta aberta. Tu a receberás selada em vermelho, à moda de alguém como eu, que acaba de cumprir muitos anos de idade. Setenta e quatro. E pela máquina que acabo de revisar e lubrificar, esta antiga Remington que registra no sulfite a pressão de meu humor. A grande arte da datilografia, aprendi há tempos, é fazer com que todas as letras apareçam padronizadas, o que implica a difícil tarefa de lançar a mesma força em cada dedo. Mas tu não te interessas por estes detalhes, porque és jovem, ao menos se comparado comigo.

O objetivo desta carta é comunicar o fim de minha prestação de serviços, sem qualquer ataque ou cobrança. Eu apenas me estou aposentando, portanto é meu dever comunicar a Vossa Senhoria a quebra do vínculo de confiança que há muito nos uniu. Ou, ao menos, da prestação contínua de serviços. Isso exige algum detalhamento.

Falar em confiança é algo mais complexo para alguém da minha idade, este velho que fica arraigado de valores antigos. Construo,

---

[iii] RODRÍGUEZ, Víctor Gabriel. "Carta ao advogado de sucesso". *Carta Forense*, fevereiro de 2018.

apenas a título de exemplo, meu relato sobre o que ocorreu recentemente. Na semana passada, para ser mais exato.

Deve-se lembrar bem. Espero que se lembre. Pois, na nova sala de reuniões do teu escritório, semana passada me chamaste de cachorro. "Cachorro", assim, como quem menospreza, o que é para mim um triste sinal de teu caráter. Se conhecesses mesmo os cães, saberias que teu impropério foi na verdade um potente elogio, porque, digo eu, fidelidade e coragem caninas são hoje as mais raras virtudes ao homem. O que até me lembra, nestes tempos conturbados, uma gafieira que nós bailávamos e que dizia... Não lembro exatamente o que dizia, mas era sobre cães.

Voltemos, se me permites, ao início da cena, da qual pinçarei dois aspectos, a meu arbítrio. Diante de teu cliente, apresentaste-me como "o criminalista", e fizeste os comentários de praxe nas apresentações, reveladores novamente de tua personalidade: que acabaras de pagar cerca de trinta mil dólares pela reforma e mobiliário daquela iluminadíssima sala de reuniões, e que tua esposa te trouxera, da Suíça, o reluzente relógio que cobria teu pulso. Logo depois, me chamaste de "cachorro".

Pois vou te contar uma história sobre relógios. Já reparaste no meu? Claro que sim: um velho relógio japonês, que vale muito pouco, o que indica que seu usuário não é um burguês como tu, conquanto te autoconsagres homem das esquerdas. Regressando: o relógio nipônico guarda um interessante segredo, jamais revelado. Presta atenção.

Décadas atrás estava eu na Colômbia, uma viagem para pacificar a desavença entre um cliente meu e seu sócio de lá, se é que me entendes. Eu, mais jovem, mas com terno puído, meu sapato desgastado, a gravata de crochê e um gordo maço de dólares no bolso. Em um almoço que tive por Bogotá, meu comensal retirou de sua maleta um pedaço de feltro negro que estava dobrado, parecendo conter algo dentro. Colocou o feltro sobre a mesa e o desembrulhou. Sobre o feltro, apareceu uma dúzia de diamantes, grandes. Eu admirei muito aquelas pedras, enquanto ele me fazia uma oferta. Disse que conhecia um relojoeiro o qual, se eu assim desejasse, encravaria dez diamantes daqueles em um relógio barato, o que me permitiria levar, ocultas, aquelas pedras para a Europa, e lá obter um lucro absurdo. [Antes que me prediques de 'contrabandista', lembra, nobre paladino da Ética, que o Rolex que trazes no pulso também suprimira todos os tributos de importação.]

Entendeste aonde chegarei? Talvez não, porque és um tanto obtuso. Eu comprei em Bogotá meu discreto relógio japonês e nele mandei incrustar sete diamantes. E o que fiz com os diamantes depois disso? Nada. Eles seguem há anos no meu pulso, sem que ninguém, a não ser eu e agora tu, o saibamos. O valor monetário de, ao menos, vinte relógios como o que exibes tu está atado à munheca deste... deste cachorro.

Algo análogo ocorre em meu escritório, que jamais visitaste porque fica no centro da metrópole, a cidade baixa. Pois em minha sala de reuniões, que coincide com minha sala de trabalho, há apenas uma mesa de jatobá maciço, que paguei a prestações quando recém-formado. E, atrás de mim, pende uma tela a óleo húngara, a qual, se vendida a um colecionador, pagaria algumas reformas como a que fizeste em tua sala de reunião, com teus milhares de dólares investidos para deixar aquele teu espaço com a qualidade estética de uma recepção de dentista, com assentos duros como Cadeira do Dragão. Não sabes o que é a Cadeira do Dragão, caro comunista? Não te preocupes: nada me deves por eu haver sentado nela algumas vezes, para garantir a democracia de que desfrutas hoje. Esta missiva não é uma carta de cobrança.

Bem dito, deixemos de lado as idiossincrasias do passado e falemos desse "hoje".

Hoje. Caso não o tenhas notado, meu aspecto empobrecido é parte efetiva do meu trabalho. Para ser teu cachorro, para ser o homem que anda nas delegacias e nos tribunais negociando malas e envelopes, devo aparentar austeridade. Do contrário, aumenta o preço do suborno que tu pagas às autoridades. Quem tem de demonstrar que necessita bancar uma vida de luxo é a parte contrária, com seu Camaro novo parado à porta do Distrito, ou a foto do gado na fazenda de Sua Excelência. Sinalizações propositais dos ganhos incompatíveis, que todos, à exceção da Corregedoria e da Receita Federal, notamos à distância.

Mas tampouco quero destilar rancores. Meu objetivo, como disse ao início, não ultrapassa o de notificar-te sobre minha aposentadoria, mas prevejo que ela te acarretará um problema importante. Porque, sem meu trabalho – salvo que tenhas que adotar uma única conduta, de que falarei depois – teu escritório está fadado à bancarrota.

Tu não o pensaste assim, mas creio que o intuis, porque és um homem do comércio também. Ainda que disfarces essa condição vomitando ladainha socialista, enquanto tua copeira-nordestina-uniformizada nos serve café suíço de cápsula, com aquele perfume de baunilha delicioso. Perfume do café, não da copeira. Tu de fato não cobras parte da propina, ordenas a teu cliente "acerte direto com o cachorro", mas sabes quanto lucras com a transação: a fidelidade de teu cliente, da empresa dele. Afinal, ele está feliz porque o inquérito contra seu filho, que atropelara o mendigo, evaporou-se, ou porque a sentença do magistrado veio, ao arrepio de qualquer previsão, favorável à empresa. Tudo culpa de autoridades corruptas, contra as quais lanças ofensas restritas ao interior de tua sala reformada. Como diria meu ruralizado pai, cavalo sabido não espanta boiada, correto?

Serás tu então, na minha aposentadoria, como na história do pároco que pede à cafetina para que suspenda a greve das prostitutas, quando se dera conta de que elas, as meninas, eram a garantia da moral na família cristã (Jorge Amado, que jamais leste). Implorarás para que eu volte ao trabalho, que eu siga recolhendo o lixo moral pela porta dos fundos de teu escritório. Mas não mais poderei fazê-lo, porque estou velho.

Restará então a alternativa que eu não quis enunciar antes. Na próxima vez que teu cliente empresário descer o braço no rosto da esposa, tu terás de ser o cachorro, o homem da mala. Deverias gostar disso, porque, em tese, segue tua tendência socialista: recolherás teu lixo com tuas próprias mãos. E, nesse dia, lembrarás desta carta, e eu estarei em descanso, em algum lugar da Costa Azul, discutindo Baudelaire e desfilando meu francês perfeito. Se quiseres, te dou minha gravata de crochê, que sempre funcionou muito bem, mas não te empresto meu relógio velho. Confiaria entregar meus diamantes a qualquer vira-lata, mas jamais a uma hiena.

Falando em animais, veio-me à memória a gafieira que eu bailava. Salvo engano dizia "em cachorro morto eu também bato" ou algo por aí. Mas se referia apenas ao centro do tamborim, de couro de cachorro, entendes? Sim, entendes. Nem sequer em cachorro morto sabes bater direito, seu covarde.

Te desejando o mais brilhante futuro,

Subscrevo-me.

O texto é argumentativo porque se utiliza de vários elementos linguísticos que procuram fazer com que o leitor ideal – o tal advogado bem-sucedido – aceite determinada conclusão. Note-se que não se trata apenas de narrar fatos, ou menos de expor o fato de que o missivista se está aposentando. Há algo mais. A partir disso, então, sugerimos uma nova tarefa, a de que se responda às seguintes questões:

1. Qual é a tese principal da qual o autor da carta procura convencer o advogado-leitor?

2. Qual a estrutura medular do texto, ou em que se concentram seus argumentos?

3. Quais são os motivos ou fundamentos que levam o autor a escrever a carta?

Refletir sobre a estrutura desse texto nos fará compreender bastante das estratégias argumentativas. Então, cabe uma advertência: temos de partir do pressuposto, quando analisamos um texto, de que ele é *perfeitamente intencional*. Portanto, não há falhas em sua construção e, principalmente, seus objetivos estão plasmados em cada fragmento de sua composição. Ao admitir tal *intencionalidade* como premissa[iv], nos permitimos compreender a estrutura real do texto. Esta não é uma advertência inútil, e a ela voltaremos algumas vezes: a todo momento que realizamos uma leitura – salvo com intuito de revisão ou crítica direta –, temos que admitir que existe um *esforço de composição* do objeto lido e, assim, que ele segue um percurso determinado pelo autor, ainda que não o notemos.

Voltemos à carta e, então, à nossa pergunta 1): qual a tese utilizada pelo seu autor? Aqui existem alguns pontos a considerar.

Não é em todas as construções suasórias que esta técnica pode ser utilizada, mas, no caso concreto, a tese que a carta deixa explícita ao leitor *não* é efetivamente aquela que o autor pretende comprovar. Em outras palavras, sua intenção é a de convencer o leitor de algo diverso do que está expresso.

O objetivo principal *enunciado* no texto é o de "comunicar o fim da prestação de serviços", como o autor diz no início do segundo parágrafo. Entretanto, se bem observarmos, para essa comunicação não seriam necessárias grandes digressões, especialmente as ilustrativas, ou seja, as que narram fatos quase aleatórios, que apoiam o percurso argumentativo. Para que se descubra a tese real, há que se construir outro tipo de pergunta: *de que* o destinatário deve estar convencido ao terminar a leitura da carta? É

[iv] A intencionalidade muitas vezes será mencionada neste trabalho, como chave da construção de qualquer texto.

por meio dessa interrogante que o intérprete consegue reconhecer a estrutura de muitos textos argumentativos. Novamente: de que se deseja convencer?

Quando alguém se dispõe a argumentar, sabe que terá de *transformar* o pensamento do destinatário em relação a um tema. Então, não há como escapar: elabora-se uma tese. Caso falte uma tese (que não significa que ela seja explícita), o texto não se sustenta. Se pensamos esta tese no caso concreto, vemos que tudo converge para um elemento: o *advogado jovem é o verdadeiro responsável pelos atos imorais* de seu escritório. Mas note que, se essa tese fosse assim enunciada no início do texto, a carta seria repulsiva a esse interlocutor específico, então este abandonaria a sua leitura de imediato. Ou, se não chegasse a abandonar a leitura, assumiria uma posição de rejeição a qualquer argumento que fosse apresentado. Portanto, jamais seria convencido.

Dessa tese principal derivam outras, secundárias: *o advogado jovem oculta de si mesmo* seus atos imorais; o advogado jovem deve aprender a não realizar julgamentos precipitados sobre outras pessoas; o advogado jovem mantém uma postura de defensor social que, no fundo, é bastante hipócrita, a contrastar com todas as suas atitudes.

A fim de convencer o destinatário dessas teses, principal e secundárias, o missivista recupera alguns elementos ilustrativos, fatos que na verdade funcionam como exemplos[v], mas que, ali, por meio das constantes comparações que o autor lança entre sua realidade e a do destinatário, assumem configuração temática, ou seja, são transportados à comprovação da tese. Então (e aqui respondemos à pergunta 2), a estrutura argumentativa da carta é a de utilizar as *ilustrações* para uma primeira estratégia: demons-

---

[v] Veja-se o Capítulo IX.

trar um paralelo, um comparativo, entre a condição do velho advogado e a do jovem. Com isso, o missivista desconstrói a primeira autoconcepção do advogado jovem, ou seja, de que somente ele seria bem-sucedido financeiramente: o relógio que leva diamantes ocultos, o quadro que vale muito mais que a reforma do escritório; paralelamente, o velho missivista consegue demonstrar que seu aspecto empobrecido é também uma estratégia de postura social, vetorialmente oposta à técnica do jovem, de aparecer sempre elegante e enriquecido. E segue a demonstrar, progressivamente, que seu leitor tampouco é tão intelectualmente preparado quanto pensa, ao menos não tão bem preparado como o velho missivista: pela intertextualidade[vi] negativa, ou seja, ao colocar em evidência que o leitor ignora conceitos e realidades que deveria conhecer (a Cadeira do Dragão, a letra de uma canção conhecida, a obra de Jorge Amado), ou ao sugerir que o jovem advogado não domina idiomas, como o francês.

Claro que o texto usa outras técnicas narrativas para manter a progressão e a expectativa do leitor pelo desenlace de suas ideias, mas revelá-las nos afastaria de nosso objetivo aqui. O texto transparece que a *motivação* do autor é também bastante diversa daquela que ele enuncia. O autor – o texto propositadamente o insinua – traz motivações pessoais para dar-se o trabalho de composição da carta: uma ofensa última (chamá-lo de "cachorro") estimulou o velho advogado a demonstrar a seu ofensor que o mundo que este enxerga é muito distinto da realidade. Nesse sentido, o texto, para que o leitor o aproveite, deixa aparecer um caráter subjetivo.

Para este momento de nossa análise, é importante aceitar como conclusivas três assertivas:

[vi] Veja-se o Capítulo IV.

1) O objetivo final de uma argumentação nem sempre é a que está mais aparente. Em alguns casos, a clara enunciação da tese real, que é aquilo de que o leitor deve estar convencido ao final do texto, pode afastá-lo da leitura e da aceitação dos argumentos. Nem sempre essa técnica, de que a tese esteja refratada em todo o texto, em lugar de concentrada em uma frase muito assertiva, é adequada. Nessas hipóteses, entretanto, serve-nos para alcançar o conceito de disjunção, de divisão entre as intenções do compositor do texto e aquilo que ele enuncia. Fazer essa divisão não implica confusão mental, desordem ou falta de sinceridade: trata-se apenas de saber que o foco da argumentação é externo, é a mente do ouvinte.

2) As motivações íntimas do argumentante também se descolam daquelas plasmadas no texto. *A construção argumentativa tem vida própria*, diferenciada da vida de seu autor, então os aspectos subjetivos deste devem estar apartados. No caso da carta, apenas por serem seu atrativo literário, as motivações pessoais do autor acabam florescendo: ele está pessoalmente ofendido e, por isso, quer demonstrar ao interlocutor que a visão que este tem de si próprio pode ser desconstruída pela realidade.

Quando um publicitário elabora uma campanha de marketing, enuncia argumentos para vender seu produto. Seu objetivo pessoal ao criar a campanha é promover a venda da mercadoria. Nada mais real, nada mais justo[5]. Entretanto, essa motivação jamais será evidente para quem assiste a seu anúncio: neste, aparecerão apenas os produtos, enaltecidas suas qualidades.

No campo jurídico deve ser o mesmo. Evidentemente, o advogado cria seus argumentos porque deseja ser bem-sucedido na causa, e um promotor de justiça também tem como motivação pessoal o sucesso em sua carreira, o cumprimento de seu dever profissional, também diverso da construção de um ideal de justiça. Claro que um acusador pode, como funcionário público, afirmar que sua convicção mais íntima coincide com a tese que transfere ao juiz e aos jurados, e o advogado também tem o condão de posicionar-se do mesmo modo: dizer que fala somente aquilo de que está plenamente convencido. Se o fizerem, trata-se, uma vez mais, de técnica argumentativa. Que funciona para os jurados populares e juízes menos experientes.

Mas o próprio autor não se pode confundir com sua criatura, portanto saberá que seu fluxo de pensamento é independente daquele que convencerá o terceiro; e com isso não insinuamos desonestidade intelectual, bem ao revés: cuidamos da conscientização de que o trabalho argumentativo é altruísta, é feito *para o outro*.

3) Os argumentos escolhidos são aqueles que funcionam *para* o destinatário. No caso de uma carta, o autor conhecerá quais são os elementos que se devem selecionar para convencer aquele indivíduo único. Estes, como também se verá no próximo capítulo, não funcionam para todos. Nessa carta específica, como texto literário, transparece a moral de que o homem mais velho, por sua experiência, realiza uma leitura muito mais ponderada e realista de seu interlocutor: desvela-o, mapeia seus equívocos (não para atacar o destinatário diretamente, mas apenas porque esses equívocos são objeto de sua demonstração), identifica as distorções de sua visão de realidade. E então começa a segunda etapa, de demonstrá-lo. Como exemplo, veja-se a primeira frase do texto: "Não tenhas medo."[6] O início já indicia, até em termos narrativos, que quem escreve sabe que seu leitor tem algum receio de estabelecer diálogo com ele.

Essas três características nascem de nossa primeira leitura. Agora a desenvolvemos em termos um pouco mais conceituais.

Argumentação × fundamentação: a distinção relativa

Toda decisão judicial deve ser motivada ou fundamentada[7].

A fundamentação da sentença é elemento essencial não só para o processo, mas também para toda a sociedade, que diante dos fundamentos ganha condições de saber se o Judiciário age com imparcialidade e se suas decisões são fruto da lei ou do arbítrio do prolator.

A Constituições garantem a fundamentação do julgado, que passam pela explicação a respeito do convencimento do juiz, das provas apresentadas e da lei aplicada, minimamente.

Quando o juiz faz sua fundamentação, elenca argumentos que devem convencer as partes de que seu raciocínio é o mais correto, é o decorrente da lei, e de que seu *livre convencimento* não provém da arbitrariedade, mas sim de uma boa avaliação de todas as provas e de todo o ordenamento legal.

Ao fundamentar, o julgador põe à prova seu *método* de raciocínio. Deve sempre arrazoar exaustivamente sua decisão, pois as partes merecem, de um lado, conhecer seu percurso racional; de outro, merecem receber a *prova* de que foram avaliados todos os elementos trazidos ao processo, incluindo-se nesses elementos os argumentos arguidos pelas partes, um a um.

Assim, a fundamentação deve ser exaustiva, deve revelar um percurso lógico bem detalhado, completo, que possa ser criticado em seu raciocínio pelos interessados em resultado diverso daquele proferido na decisão.

Quando fundamenta uma decisão, o juiz está preocupado em *exteriorizar* seu próprio raciocínio, em explicar – detalhadamente – os motivos pelos quais *ele* foi levado a determinada conclusão, seja na avaliação das provas, seja na avaliação das teses a ele expostas. Sua conclusão só pode ser sujeita a críticas fundamentadas na medida em que o decisor exponha de modo claro os meios pelos quais *foi levado a determinada conclusão*. Ao menos assim deveria ser.

Expondo as razões de sua decisão, o juiz põe à prova seu raciocínio enunciado. A avaliação das provas, a solidez das premissas e o percurso até a chegada a suas conclusões, as ideias invocadas como fundamentos, as estruturas lógicas, os elementos que podem vir subentendidos, os trechos do ordenamento jurídico invocados e aplicados ao caso em julgamento, os argumentos a ele lançados que fizera acatar e, principalmente, os elementos que fazem com que tenha deixado de aceitar a tese contrária ao direcionamento de sua decisão.

Em resumo, ao que nos interessa neste tópico, quem fundamenta explica, em tese, *sua própria decisão*. Veremos, adiante, que, em posicionamento mais aprofundado, pode-se acreditar que mesmo o julgador, em lugar de construir fundamentação, acaba convencendo-se por fatores muito diversos daqueles que enuncia, e isso aproxima seu trabalho da argumentação propriamente dita, na medida em que também pretende convencer as partes. Mas para esse comentário crítico remetemos à leitura posterior[vii], em que se cuida do chamado realismo jurídico e seus efeitos para a argumentação.

Quando lemos julgados ou participamos do estudo ou da produção científica do Direito, acostumamo-nos ao discurso da fundamentação, ou seja, ao discurso em que as partes explicam *suas próprias conclusões*. É bem verdade que esse discurso nunca aparece puro, e não é raro que mesmo em uma tese dotada da mais objetiva cientificidade, ou em uma decisão das mais fundamentadas e imparciais, haja inserções que busquem mais a persuasão que a demonstração, mas essa não é a regra.

[vii] Veja-se o Capítulo XIV.

Porém aquele que argumenta, que defende um ponto de vista *buscando primordialmente a adesão do leitor ou ouvinte* não o pode fazer como se construísse uma fundamentação, um arrazoado do caminho pelo qual se dirigiu seu convencimento.

A regra básica é que o argumentante não apenas explique *seu próprio motivo de convencimento*, mas pode até afastar-se dele quando se preocupa em conseguir a adesão daquele a quem sua *argumentação se dirige*. Para o advogado essa ideia é essencial: deve sempre ter em mente que *os raciocínios que o levam a determinado convencimento não coincidem necessariamente com aqueles que levam o ouvinte ou leitor a aderir àquele*.

Exemplo simples: um advogado pode estar convencido de que determinado cliente não é autor do crime, porque o conhece há anos, sendo testemunha de sua integridade. Esse é um motivo próprio e predominante, mas não lhe serve de argumento, pois não é o que convencerá o magistrado. Sendo realistas[9], talvez até o magistrado tenha preconceitos estabelecidos, em sentido contrário: a condição do réu, sua família, sua origem racial, tudo isso *pode* trazer ao magistrado um prévio conceito de imputação, com que o argumentante tem que lidar. Este, então, terá de conseguir provas nos autos, embora independa delas, em raciocínio próprio, para crer na tese que defende.

Argumentar, em sentido estrito, é algo mais que a construção do bom raciocínio jurídico para aqueles que operam o Direito. Argumentar significa *partir* do bom raciocínio jurídico e *preocupar-se com o conteúdo linguístico necessário para que o leitor o aceite como verdadeiro* (ou, ao menos, o aceite como o melhor dos raciocínios apresentados).

Quando um advogado, argumentando, cita trecho de um julgado de um tribunal qualquer, está utilizando-se de um argumento por analogia. Apoiando-se na equidade, pede que, em fatos análogos, o Judiciário aplique resultados idênticos. Ao lançar mão desse argumento – porque é argumento, e não *fundamento* –, não está dizendo que ele, advogado, tenha se convencido de sua tese por força do texto que recorta, mas sim que entende que aquele julgado funciona como fator de persuasão para quem pretende atingir.

O advogado, porque defende um interesse, não explica seu raciocínio, mas sim expõe um percurso que leva à adesão. Essa adesão depende *do interlocutor*, e por isso atende às peculiaridades, aos gostos e à visão de mundo deste.

Retomemos exemplos aqui já fornecidos nesse sentido. Na carta que introduziu o subtítulo anterior, o velho advogado, ao dirigir-se a um prepotente jovem que o ofendera, já tem claros a motivação e os fundamentos de seu texto. Mas eles não bastam: daqueles fundamentos, o enunciador tira a questão: "que devo fazer para convencer o jovem advogado a respeito da razão do meu ponto de vista, de minha tese (ainda que oculta)?" Ao formular-se essa pergunta hipotética, o enunciador desloca o centro da argumentação de si mesmo para o destinatário. Então percebe que os fundamentos que o convencem não são *argumentos eficientes* para persuadir o jovem petulante. Este exige, como argumento, um raciocínio bem diverso. O exemplo específico da carta, ademais, serve-nos para lembrar que, para convencer, não bastam os grandes argumentos: no texto estão as teses implícitas, os fatos relatados, a posição do autor, a forma como progridem, cada uma das palavras selecionadas para enunciá-los, em dimensão estética a que já nos referimos brevemente.

Em resumo, existe uma distinção entre argumentação e fundamentação, ao menos para fins didáticos. Mesmo que, em uma visão mais crítica, ambas sejam formas externas à mente do autor para comprovar um raciocínio, a fundamentação tem seu centro de gravidade naquele que fala, enquanto a argumentação se concentra naquele *a quem se fala*.

Esse centro de gravidade mais deslocado ao interlocutor funciona também como ponto de compensação de uma grande desvantagem: o ponto de vista comprometido.

Uma eterna desvantagem: o ponto de vista comprometido

É importante uma observação a respeito da atividade de argumentar. Vimos que quem argumenta procura atingir o leitor, o ouvinte, o destinatário de suas normas, e para isso não basta expor os motivos do próprio convencimento, mas transformá-los em algo agradável àquele.

Durante algum tempo, essa concepção pela qual a argumentação se molda ao interlocutor encontrou grande oposição, como já dissemos no capítulo anterior. Acreditava-se que o bom raciocínio deveria estar sempre mais próximo da fundamentação que da argumentação, pois esta levaria à falácia, ao engodo, já que se procuraria a qualquer custo o convencimento do ouvinte, sem se importar com a verdade.

A oposição é válida, mas parte de premissa errada. Nunca se procura, ao argumentar, o convencimento do ouvinte *a qualquer custo*. A argumentação depara com princípios éticos válidos e exigíveis, como a proibição de se levar ao engodo ou de se alterar os fatos em sua essência[viii]. O anunciante que divulga qualidades que o produto anunciado não tem ou o advogado ou promotor que afirma fatos que não existem nos autos abandonam o processo de persuasão e caem, agora sim, na falsidade[8].

Com a argumentação pretende-se valorizar um raciocínio *para determinado interlocutor*. E o que autoriza o argumentante a

---

[viii] Veja-se o Capítulo XIII.

buscar os elementos de persuasão específicos a este interlocutor – a quem se dirigem seus argumentos – é o fato de sua argumentação partir sempre de um ponto de vista comprometido.

Expliquemos.

Imagine que uma pessoa entre em uma concessionária de automóveis de uma marca específica, interessada em comprar um carro popular. Traz consigo seu filho de apenas 11 anos de idade. Na concessionária, encontra o vendedor. Como está em dúvida entre o carro que irá comprar, pois o modelo similar – de outra marca – também traz atrativos, o interessado pergunta ao vendedor, diante do automóvel ali posto à venda: *"Este carro é bom?"*

O filho, diante da questão levantada pelo pai, olha para ele e faz a interpelação: "Que pergunta boba, pai! Que acha que o vendedor vai dizer?"

O aparte do filho tem uma razão muito evidente. Em sua imaturidade, fez uma observação pertinente, a de que o vendedor, diante daquela questão, somente poderia dar uma resposta: a de que o carro é bom. Por isso, a pergunta seria totalmente dispensável, realmente inútil.

O que o menino observou ao pai é que a resposta do vendedor seria conduzida por um *interesse* evidente, que comprometeria a veracidade de sua resposta. Esta, por variada que fosse em sua formulação, apontaria um sentido único: aquele que atende aos *interesses pessoais* do interrogado. No caso, o interesse de vender o carro.

O vendedor é, portanto, parcial.

O que o menino talvez não tenha percebido é que o interesse do vendedor conduz e compromete sua resposta, mas não necessariamente a *corrompe*. Seu pai, ao perguntar ao vendedor se o veículo que este pretende vender é bom, não anseia apenas pela resposta, mas procura *fomentar uma argumentação*. Talvez pudesse questionar: por que devo comprar este veículo?

Encarregado da venda, o profissional lhe falará sobre as vantagens do carro, e terá de fazê-lo com argumentos, comprovando suas afirmações. O pretenso comprador, livre em seu senso crítico, filtrará cada assertiva, mas isso não dispensa seu interesse em ouvi-lo. Tal como o juiz que sabe que cada uma das partes lhe trará argumentos comprometidos, mas que isso não o dispensa de ouvir com atenção cada uma das construções que lhe são trazidas.

Em nosso exemplo, o fato é que o vendedor tem de buscar uma argumentação mais eficiente, como forma de compensação ao ponto de vista comprometido que traz. Assim, selecionará os elementos que surtirão mais efeito naquele comprador (se tem uma família grande, o espaço interno; se faz um trajeto longo todos os dias, o baixo consumo; se viaja nos fins de semana, o porta-malas).

Por isso é lícito ao vendedor que busque expor os argumentos que interessam ao comprador, ainda que não representem seus motivos pessoais para a aquisição do veículo (até porque é possível que, por convicção pessoal, o vendedor prefira a marca concorrente, mas isso não está em questão naquele momento).

O vendedor, porque é *parcial*, busca, na força dos argumentos, a compensação do inevitável desvalor que suas ideias sofrem no ouvinte pelo simples fato de partirem de um ponto de vista comprometido, atrelado a um interesse.

No Direito, a situação é análoga. Somente a *parcialidade* das partes é que pode garantir a *imparcialidade* do juízo. Se alguma das partes for efetivamente imparcial, o juiz perde sua condição de neutralidade. Processualmente, como se sabe, o acovardamento de uma das partes na defesa da tese pode invalidar toda a dialética: a parcialidade é elementar do funcionamento, se assim se quiser dizer, da Justiça.

Aquele que representa uma parte defende um interesse. Esse interesse implica um desvalor a todos os fundamentos lançados.

Ao defender seu cliente, o advogado não pode ocultar que seu ponto de vista é comprometido por um *sentido argumentativo*: aquele que interessa a seu cliente. O mesmo faz o acusador: o fato de que ele possa defender um interesse coletivo não implica que este não seja parcial.

Esse interesse não faz com que o advogado ou o promotor, *partes* enfim, sejam vistos aprioristicamente como dispostos a produzir falácias de raciocínio, em atenção a suas pretensões. Ao contrário, dá-lhes liberdade de buscar nas técnicas argumentativas (e não na pura fundamentação) a compensação ao incontestável desvalor a suas ideias que lhe impinge sua parcialidade funcional.

Aí fica, então, uma premissa relevantemente válida para nosso estudo, a de que não existe um único caminho correto na argumentação, nem verdade absoluta no Direito. Razoabilidade e força persuasiva são os conceitos principais com que o argumentante deve lidar.

Tempos de paternalismo: a parcialidade como novo risco a evitar

A argumentação tem como foco o terceiro, o interlocutor que forma parte da sociedade. Portanto, em termos gerais, este recebe a mensagem como fragmento de um contexto maior. Esse contexto maior é o único que permite, também, ao argumentante estabelecer as linhas gerais de sua mensagem, a partir mesmo do código que deve utilizar, o vocabulário e a gramática. Nesse sentido, o grau de persuasão de uma mensagem varia também de acordo com as regras sociais vigentes no momento, com o modo, de um lado, pelo qual é elaborada e, por outro, pela forma como é interpretada. Um mesmo texto de lei pode, como demonstra mais de um autor[9], assumir interpretação totalmente diversa, a depender do local em que vige. Com o discurso jurídico não seria diferente.

O espírito dos tempos tem, na contemporaneidade, exigido que os discursos em geral sejam menos incisivos, o que, em alguma medida, parece impor que eles sejam menos parciais. Ao menos, é o que se tenta. Em todo o mundo, as campanhas publicitárias sofrem uma série de restrições, as campanhas eleitorais são amplamente vigiadas, os rótulos de produtos vêm com uma série de alertas e *disclaimers*. Se, de um lado, estamos diante da reação de uma sociedade que já não tolera o risco, por outro aceitamos um Estado paternalista: este dita o que o leitor do jornal, o eleitor, o consumidor pode ou não ouvir, evitando que seja 'enganado'. O cidadão, em nome da segurança, confirma a teoria pela qual ele, cidadão individual, é incapaz de decidir por si mesmo quando diante de argumentos que exercem a dialética. Em outras palavras, o cidadão aceita ser protegido da *parcialidade* dos argumentos, como se isso representasse um grande risco. A pergunta seguinte, como sempre, é saber quem controla o controlador, quem decide qual argumento é exagerado, qual ideologia não se pode propagar, quais são os *standards* em que os debates podem ocorrer.

Pouco a pouco, essa intolerância ao risco argumentativo insere-se no Direito. Já não é raro escutar críticas a advogados por aceitarem *defesa criminal* de réus que (presumidamente) cometeram crimes hediondos. Em nome de uma democracia, instaura-se o paternalismo e rechaça-se a liberdade de expressão. Na educação do Direito, novamente, por causa desse movimento pendular, de valorização e desvalorização da técnica argumentativa, os cursos jurídicos novamente se recheiam de senões a ela, porque o domínio da técnica – aqui uma opinião nossa – traria o risco de que os estudantes imponham uma forma de ver as coisas de modo diverso, de lançar o olhar fora do já mencionado *film of familiarity* de que falava Coleridge.

Em tempos de maior moralismo e de grandes tendências paternalistas, nasce o perigo de que uma elite exerça pelas demais o direito de impor limites aos debates, o argumentante tem de armar-se de uma qualidade a mais: antes de demonstrar racionalmente sua conclusão, impor o direito de lançar seus argumentos. Saber fugir ao controle do *status quo* é uma das grandes artes retóricas, agora bastante necessária.

Segue: a licitude de um Direito comunicativo

A partir do prisma hiper-realista[ix] que sempre buscamos conceder a este livro, há que deixar fixado: o ponto de vista comprometido do argumentante é inevitável. Haverá vários recursos para neutralizar tal parcialidade necessária, mas a primeira delas deve ser, parafraseando Jhering, a luta pelo direito de exercer a argumentação. Nossa sociedade apenas se movimenta pelo processo comunicativo, e assim a produção argumentativa coerente é uma engrenagem imprescindível a qualquer processo de decisão. Ela é ontológica, faz parte do ser mesmo da decisão, portanto não é uma garantia formal da justiça apenas. O fato de a argumentação ser necessariamente parcial não retira dela o seu caráter material[x].

Desvalorizar o estudo da comunicação por conta dessa parcialidade assumida é, se nos permitem dizer, uma técnica covarde daqueles que desejam manter a capacidade de convencimento

---

[ix] Quando aqui nos atribuímos hiper-realismo, utilizamos a expressão no sentido retórico: adequar a observação da realidade jurídica. Não implica adotar o *realismo jurídico* como teoria, que tem outra carga semântica. Alguma vez, aqui, será mencionado o realismo jurídico, especialmente na construção da sentença em seu elemento de hermenêutica jurídica.

[x] Sabemos que essa afirmação é quase metalinguística, a partir do momento em que está voltada para a valorização da atividade mesma. Porém, como sabemos da nossa experiência, disso nasce a realidade de que muitos advogados sabotam seu próprio esforço intelectivo quando acreditam que sua parcialidade lhes retira a legitimidade argumentativa.

como um privilégio. E não é raro. Hoje até existe o convencimento de que o manejo das regras da gramática normativa ou a riqueza de vocabulário não são dignos de orgulho como habilidade pessoal. Enquanto isso, a publicidade se aproveita de cada alegada transformação social para, a partir de apuradíssimos estudos, vender seus produtos, enquanto as campanhas políticas, em análoga postura, utilizam-se de refinados recursos discursivos. Quando o profissional do Direito quer, a sua vez, proclamar o domínio da argumentação como exercício da liberdade e da garantia democrática, o sistema tende a fechar-se. O indivíduo que bem conhece a arte retórica será aquele que melhor sabe identificar a desonestidade e a manipulação de argumentos antidemocráticos, e isso deveria, por si mesmo, transformar grande parte de nosso estudo jurídico.

Por enquanto, vale-nos apenas a premissa: a parcialidade das partes é a garantia do funcionamento de todo o sistema de justiça, e uma paridade de armas realista, no Direito Processual, depende do domínio da comunicação por todos os atores envolvidos.

CAPÍTULO IV

INTERTEXTUALIDADE: ADESÃO DE ESPÍRITOS E MAGIA ELEMENTAR

Um advogado contou-nos fato muito ilustrativo: fora ele a uma sessão no tribunal encontrar alguns desembargadores. Lá estavam todos os três magistrados que participariam do julgamento da causa em que atuava. Trazia o advogado, dentro de um envelope grande, seus memoriais, um texto curto entregue como última oportunidade argumentativa.

Não desejando interromper a sessão, sentou-se e assistiu a uma parte dela. Observou, então, atentamente, o comportamento do julgador já sorteado como relator da causa de seu interesse, agendada para a sessão da semana seguinte. "Quando expunha seus votos", disse o colega com natural exagero, "para cada cinco expressões que dizia, três eram a locução '*contra legem*'. Desisti de entregar os memoriais e voltei para o escritório para redigir outros, mais adequados."

"Naqueles novos memoriais", contava, "fiz questão de indicar quase que somente o texto da lei em que se apoiava meu pedido. E disse, mais de uma vez, com grande realce, que aceitar o pleito da parte contrária seria desatender à lei positivada, seria referendar um resultado *contra legem*. Claro, o juiz me deu razão."[i]

---

[i] Para exemplos análogos, na Irlanda, veja-se o Capítulo IV da obra de BARRY, Brian M., *How judges judge*: Empirical insights into judicial decision-making. London: Routledge, 2021.

Teve razão, e não sem mérito. Percebera o profissional algo que, em grande parte, já expusemos nos capítulos anteriores: que a argumentação centraliza-se no *ouvinte*, no *destinatário*, e foi isso que fomentou a alteração que fez no texto já pronto. A descoberta de características novas no juiz que deveria ler os memoriais fez com que percebesse que estes teriam de ser alterados, pois identificou uma oportunidade de diálogo com as premissas do ouvinte.

Levar o interlocutor em consideração já não é para nós novidade, mas ficam as perguntas: como fazê-lo? E como firmar um diálogo intertextual com o leitor. Neste capítulo, avançamos em uma de nossas premissas da argumentação comentadas no primeiro capítulo: a retórica é intertextual.

Um público universal

Defendemos sempre que o discurso jurídico, por constituir matéria humana, carrega certa dose de subjetividade, e disso melhor cuidaremos no fim deste capítulo. Quando se busca a adesão do interlocutor a nossa tese, há que se aprofundar em suas características. O que não importa em afirmar que se tecerá um discurso *passional*, o que é bem diverso. Reconheça-se que encantos, gostos, preferências, aspectos culturais e idiossincrasias humanas estão em estrito diálogo no momento da efetiva persuasão. Um relógio que marque as horas com exatidão é um instrumento *objetivamente* útil e necessário, porém um Rolex traz em si um valor maior, eminentemente *subjetivo*, mas nem por isso menos importante, até porque acaba se refletindo em seu preço de mercado. Um Rolex ofertado como presente constitui, para alguns, um fino regalo, mas, se seu destinatário nem sequer conhece a marca, muito provavelmente o considerará um instrumento como qualquer outro (talvez mais caro e pesado?), e assim o presente, como oferta que deve ser apreciada pelo seu receptor, perde seu valor. Mais que isso, pode ser compreendido pelo receptor como um exagero, um gasto desnecessário ou, quem sabe, uma tentativa velada de suborno.

Aquele que ofertou o caro relógio a uma pessoa que não o apreciou certamente doou um *excelente* relógio, isso está fora de discussão. Um excelente relógio, mas um *mau* presente. Este depende menos da qualidade *objetiva* do bem e mais de uma *interpretação*, um *entendimento* que dele faça o receptor.

Pois tal como um objeto de qualidade nem sempre é um presente adequado, também uma ideia forte nem sempre constitui um bom argumento. Uma ideia, para que seja um bom argumento, necessita, além de seu conteúdo, de ao menos três fatores a ela exteriores: primeiro, a *compreensão* e o *entendimento* do intelocutor; segundo, a *coerência* com os demais argumentos elencados no texto; como terceiro, a *empatia* do intelocutor, que deve fazer uma identificação positiva daquilo que lhe é transmitido. Todas essas características, como se nota, são interdependentes, alimentam-se como vasos comunicantes.

Já se afirmou, *talvez* sem precisão, que todo discurso, na obtenção de sentido, é feito 50% pelo orador e 50% pelo receptor, pelo ouvinte[1]. Isto significa dizer que, ao ler (ou ouvir) um texto, o interlocutor passa a ser um coprodutor[2] do seu sentido, e o bom argumentante leva tal fator em alta consideração, caso contrário seu discurso pode cair no vazio. Em outras palavras, ele terá de prever esse fator e, sabendo que não pode evitar que grande parte do sentido seja atribuído pelo ouvinte, tem de direcionar o quanto possível esse processo, controlando a simbiose.

Pareça ou não, o todo de um discurso está repleto de lacunas, pois não se estende ao infinito. Trabalha com fragmentos de sentido, que são sempre complementados pelo leitor/ouvinte, para que ali se estabeleça coerência e, então, seu potencial de convencimento. Se o procurador da parte diz a um juiz que se deve aplicar o princípio do *contraditório* em determinado processo, evidentemente aquele, para compreender tal alegação, faz uso de um conhecimento prévio, armazenado em seu intelecto, que dispensa o emissor de lhe explicar de que se trata esse princípio. Caso tal procurador venha a construir uma longa explicação sobre esse contraditório, desperdiça em seu discurso precioso espaço em que poderia cuidar de trazer informações novas, provavelmente muito mais relevantes ao objetivo de persuasão. Pior, perde a atenção do leitor/ouvinte.

Tanto melhor é a argumentação quanto mais adere ao pensamento do interlocutor, quanto mais rápida e eficientemente as lacunas do texto são complementadas por aquele a quem o discurso é direcionado, e, em um nível mais refinado, quanto mais próximas são as ideias do próprio raciocínio desse interlocutor[ii].

A intertextualidade

O nome é complexo, mas o conceito é tão útil como simples[iii]: se nossa argumentação sempre depende da interpretação do receptor, a intertextualidade é o diálogo que nosso discurso faz

---

[ii] Para essa afirmação, é necessário um alerta: o leitor, aqui, saberá que aproximar-se das ideias do interlocutor não significa que este sempre queira ideias que repitam as suas. Muitas vezes o interlocutor se encantará com novos aprendizados, novas descobertas que estão no discurso a ele entregue.

[iii] MARTÍNEZ ALFARO, María Jesús. "Intertextuality: Origins and development of the concept". *Atlantis*, vol. 18, 1996, pp. 268-85. No texto, como em outros autores, Martínez Alfaro aponta a origem do termo no ensaio de Kristeva "Word, Dialogue and Novel" como "a mosaic of quotations; any text is the absorption and transformation of another. The notion of intertextuality replaces that of intersubjectivity, and poetic language is read as at least double." O texto original pode ser consultado em PDF na internet: KRISTEVA, Julia. *The Kristeva Reader*. New York: Columbia University Press, 1986. Veja-se também: CLAYTON, John B. *Influence and intertextuality in literary history*. Madison: University of Wisconsin Press, 1991; JUVAN, Marko, "Towards a history of intertextuality in literary and culture studies". *CLCWeb: Comparative Literature and Culture*, vol. 10, n. 3, 2008, p. 1.

com os outros textos que dele fazem parte, mas que podem não pertencer ao universo de conhecimento do receptor[3].

Todo discurso que um indivíduo compõe, como já temos adiantado, constitui-se de uma trama de outros textos diversos, perfazendo o raciocínio daquele que argumenta, perceba ele ou não. O nível de eficiência de cada argumento pode ser, *grosso modo*, medido também pela forma como o destinatário absorva e compreenda as relações intertextuais colocadas. Certa vez um amigo apresentou um discurso curto, mas procurou que fosse extremamente persuasivo. De grande erudição, articulou ideias que apresentavam a fragilidade do trabalho de um parecer técnico lançado em um processo; comparou-o a outros pareceres, muito mais fundamentados, demonstrando a disparidade entre o primeiro e os demais; e finalizou, como em um arremate conclusivo: *que não se compare Babieca a Rocinante.*

A frase final poderia ter se constituído em um excelente argumento. A imagem dos dois personagens é exemplo de diálogo intertextual: o discurso do colega invocou a presença de duas figuras da literatura espanhola: uma, símbolo de vigor e força; outra, de fraqueza e fracasso. A representação de um e de outro, na mente do autor do discurso, por certo importava em reforço extremamente persuasivo às ideias anteriormente apresentadas, e assim deveria fazer com que os ouvintes, acolhendo tal imagem, acreditassem em suas premissas.

Mas o efeito não surtiu como devido, porque os ouvintes não conheciam os personagens invocados. Babieca, a égua de "El Cid Campeador", forte e vigorosa, e Rocinante, o fraco e magro cavalo de Dom Quixote, foram personagens retirados de textos que eram do repertório do argumentante, mas pouco representavam (ao menos apenas pelo nome) aos ouvintes[iv], que não os reconheceram.

[iv] Nesse sentido, há aqui exemplo representativo de como a intertextualidade é efêmera, como se comentará mais adiante. Cervantes constrói, como poema, no

O diálogo textual foi ineficiente e, portanto, a argumentação mostrou-se fraca. A não ser que o argumentante tivesse a deliberada *intenção* de mostrar erudição e tornar inquietos os ouvintes, deveria ter considerado que aqueles textos de que retirara ambos os personagens para a construção de seu argumento não eram de conhecimento dos interlocutores, e então ali não surtiriam o efeito pretendido.

A ideia era corretíssima, mas, como argumento, debilitou-se devido ao mau diálogo intertextual. As lacunas do texto não foram devidamente completadas pelos interlocutores e, por isso, seu sentido ficou prejudicado.

O bom diálogo intertextual é aquele que compõe o discurso que não apenas faz sentido completo ao ouvinte, mas também que se lhe faz *próximo*. Um exemplo retirado de um fato recente e notório, a jurisprudência de um tribunal respeitado pelo leitor, a doutrina de um professor que conte com a admiração do interlocutor são sempre bons argumentos, desde que pertinentes ao raciocínio que se desenvolve.

Por isso o trabalho argumentativo depende também da consciência que se tenha a respeito daqueles a quem é dirigido. Não haverá argumentação perfeita a qualquer público, pois a compreensão e a proximidade dependem do leitor. Um juiz pode respeitar a opinião de um tribunal e ter pouco apreço pelos julgados de outra corte, aceitar como correto, às cegas, o posicionamento de um doutrinador e guardar restrições à teoria de outro, assim como um jurado pode acatar sempre como verdadeira a opinião de determinado sacerdote religioso e predispor-se a rejeitar sem-

---

Quixote, o "Diálogo entre Babieca e Rocinante", quando este se queixa de estar magro e com fome. Naquele tempo, Babieca era um dos cavalos mais conhecidos da literatura, ainda que de tradição oral. Hoje, claro, o cavalo de Dom Quixote tem muito mais reconhecimento.

pre o posicionamento de um representante de uma religião com a qual não simpatize.

Não se pode firmar a regra de que a ideia mais erudita resulte no melhor argumento. O argumento forte é o elemento linguístico que encontra bom *feedback* em determinados interlocutores. Grandes escritórios de advocacia trabalham com aprofundadas pesquisas quanto ao posicionamento de juízes, na busca de construir sua argumentação de acordo com as ideias e os textos mais facilmente aceitos pelos julgadores; sabem que é mais fácil convencer o interlocutor falando-lhe de modo mais próximo, com sua própria linguagem, seu mesmo trilho de raciocínio.

Quem se preocupa em conhecer o ouvinte dá grande passo para o discurso mais persuasivo.

A decisão intertextual

Nem sempre teremos as informações suficientes sobre nosso interlocutor para construir um texto perfeitamente adaptado às vontades intertexuais. Saber, sobre um juiz, quais são os doutrinadores que mais aprecia, aqueles em que mais confia, nem sempre é possível; além disso, nem sempre se tem acesso prévio à identidade desse julgador. Entretanto, a intertextualidade começa em etapas anteriores, mais delicadas, acerca do nível de *informações* que cada leitor necessita. O que ele precisa saber para que o texto possa ser dinâmico, assumir ritmo (limpando as informações sobrantes), mas sem perder sentido (pela omissão de informações relevantes), é algo que podemos compreender antecipadamente, o que nos ajuda no momento de construir a narrativa[v].

Comecemos com um fragmento de uma ficção contemporânea. Trata-se da obra de Haruki Murakami, *Killing Commen-*

---

[v] Veja-se o Capítulo VI.

datore[vi]. Note-se que Murakami é um autor japonês que, ao lançar este livro especificamente, já tinha renome mundial, com livros traduzidos em diversos idiomas e algumas merecidas indicações ao Nobel de Literatura. Neste fragmento, o protagonista relata o que sabe sobre um pintor, uma figura que lhe desperta grande curiosidade:

> O seu pai era um latifundiário, uma figura local influente, e a sua família era abastada. Sempre fora artisticamente talentoso e teve êxito ainda bastante jovem. Formou-se na Escola de Belas-Artes de Tóquio (mais tarde Universidade das Artes de Tóquio), e, com grandes expectativas para a sua carreira, foi estudar fora, em Viena, de 1936 a 1939. No início de 1939, antes do começo da Segunda Guerra Mundial, embarcou num navio de passageiros de Bremen e regressou ao Japão. Hitler estava no poder durante este período. A Áustria foi anexada pela Alemanha, o chamado *Anschluss*, ocorrido em março de 1938. E o jovem Tomohiko Amada estava ali mesmo, em Viena, nesses tempos turbulentos.
> [...]
> Com o ataque a Pearl Harbour em 1941, o Japão entrou em cheio na Guerra, e Amada deixou Tóquio e voltou para a casa dos seus pais em Aso.

A primeira vez que lemos o fragmento, podemos pensar que a frase "No início de 1939, antes do começo da Segunda Guerra Mundial" tem algum sentido ambíguo. Ao produzir o texto, o autor poderia querer informar algo que *não* seria de conhecimento comum: que o pintor embarcou de Bremen (Alemanha) para o Japão em 1939, porém *antes* do início da Guerra. Entretanto, após ler as demais informações, não resta dúvida: o autor,

---

[vi] MURAKAMI, Haruki. *Killing Commendatore*, p. 54. Random House. Kindle Edition, 2018. Tradução livre.

Murakami, decidiu, ao escrever o texto, *dizer* a seu leitor que a Segunda Guerra começou em 1939. Optou por inscrever essa informação. Depois, decidiu dizer que o Japão entrou completamente na guerra após o ataque a Pearl Harbour.

Tomamos como correta a escolha de intertextualidade de Murakami, também por questão de autoridade. Note-se como ele toma decisões sobre o nível informativo de seu *leitor mediano*. Talvez por uma questão geracional, talvez por seu grande sucesso em algum público específico, ele *decidiu* que deveria informar seu leitor que, em 1939, começara a Segunda Grande Guerra, a partir da Alemanha[vii], qual foi o ano de ascensão de Hitler e, principalmente, as consequências do incidente em Pearl Harbour. Este último fragmento nos denota, ao menos, que Murakami escreve para um público mundial, para além de seus primeiros leitores, japoneses. São decisões que o autor teve que tomar, entre vários fatores intertextuais[viii], dentre os quais, principalmente, está o de estabelecer o seu leitor médio. Para a maioria, claro, a informação sobra, mas talvez alguns destinatários não se situassem na leitura caso essas glosas não fossem insertas. Uma das tantas eleições que o produtor do texto tem de fazer a todo momento, e que jamais serão corretas para a integralidade dos destinatários.

Se quisermos, podemos nos aprofundar no exemplo, para nosso estudo, pois há outros fatores em jogo. Como se viu na

---

[vii] Poderia haver alguma novidade informativa, caso se quisesse sustentar que a guerra iniciara-se com a invasão japonesa à China, em lugar do referido *Anschluss* alemão, mas não é o caso.

[viii] Certamente se considera o ritmo de leitura, por exemplo. Em um texto longo (esse livro conta com cerca de 700 páginas), o leitor reduz sua atenção, porque espera que *todas* as informações lhe sejam passadas. Em um poema seria totalmente diverso, ou, aproveitando a referência nipônica, um *haikai*, um poema de poucas sílabas, cujo leitor sabe que tem de completar por si mesmo muito do que este lhe transmite.

nota imediatamente anterior, ele desenvolve maior velocidade quanto maior o volume de leitura. Também o tema do livro influencia na decisão: por ser uma história com toques de surrealismo, o leitor confia menos em situá-lo no contexto histórico real, esperando que o escritor construa seu mundo de modo mais independente. Portanto, voltar à informação sobre a guerra é algo que o leitor deixa nas mãos do autor. Entre tantos outros causantes. Quando o autor é consciente desses fatores envolvidos, o texto pode ficar mais próximo da perfeição, pode aderir mais ao leitor – ou ao menos a um leitor que ele decida ser o *standard*, o padrão.

Sempre é uma questão de tomada de decisão; nunca é uma questão de tomada de decisão *simples*. São múltiplos os fatores em jogo. No nosso caso: Quanto o juiz deseja saber? Quanto ele já tem em mente quando lê alguma alegação? De quanto ele se recorda? Qual a jurisprudência que ele já conhece? Ao falar de um processo ao juiz, o advogado vive o mesmo dilema de Murakami ao falar da Segunda Guerra. Sua única vantagem é a de que o juiz pode ser um pouco mais individualizado. Em tese.

Proximidade, adesão e magia

Em outros estudos que desenvolvemos ao longo de alguns anos, temo-nos preocupado com essa aparente cientificidade do Direito e o modo como ele recorta e reduz elementos do real. Essa redução já é estudada por quase todos os jusfilósofos que se preocupam com a racionalidade do discurso jurídico, e aparece desde o positivismo kelseniano até teorias mais abrangentes, como a redução autopoiética de Luhmann. O problema está em que essa redução é raramente *assumida* na prática do Direito, e veremos que há motivos para isso, bastante relacionados com a manutenção do poder e do necessário *status* do ordenamento. Isso significa que o filósofo do Direito busca alertar os operadores de que eles trabalham com uma interpretação reduzida da realidade, a qual, por isso mesmo, impede-lhes de alcançar um bom nível de certeza e verdade, senão de verossimilhança e aproximação. Kelsen, por exemplo, em uma visão genial sobre o que é, de um lado, a possibilidade narrativa na culpabilidade e, de outro, a necessidade normativa do Direito de pôr fim a conflitos, chega a afirmar que, se o juiz levasse em conta *todas* as razões que influenciaram o réu a cometer o delito, ficaria *obrigado* a perdoá-lo. Claro, o sistema jurídico admite um *recorte* da vida do criminoso, mas não pode considerá-la inteira. Sua integralidade, a compreensão de *toda* a sua pessoa, leva a pensar que ele somente poderia agir de um determinado modo, aquele como agiu. Assim, dito de modo mais ligeiro, não haveria como castigá-lo[4].

Então, para que os fatos da vida possam ser julgados, necessitamos de uma técnica *redutora*, que então é coincidente tanto no Direito como na linguagem. Sem poder abarcar a realidade, há apenas que representá-la, afastando-se dela. Uma das teorias que, em anos de estudo, encontramos mais adequada para explicar esse processo de redução no que concerne à comunicação e à construção do Direito como ciência é, como dito, a teoria do *pensamento mágico*, retirada diretamente da filosofia. Quando a invocamos pela primeira vez, em nossos escritos de Direito Penal, fomos duramente criticados, porém hoje, talvez por sua praticidade, o pensamento mágico é bastante retomado. Ele nos cabe perfeitamente para, melhor que qualquer outra teoria, trazer os elementos para conformar ao Direito as imprescindíveis técnicas de argumentação. Notar que a fundamentação jurídica é feita em grande parte *pelo pensamento mágico* nos permitirá, como já se havia adiantado, maior realismo ao lidar com argumentação e seu verdadeiro papel, especialmente na compreensão intertextual.

Como já apresentamos os breves pontos conceituais do pensamento mágico no primeiro capítulo, coloquemos aqui questões mais práticas, que talvez incomodem a dogmática[5] simplificante. Antes de aceitarmos a teoria do pensamento mágico como válida, trabalhemos com uma ilustração, um exemplo.

Imagine-se um juiz que tem de impor uma pena privativa de liberdade a alguém que cometeu um roubo. Ele, como julgador, pode até acreditar que, ao compreender as provas e o caso concreto, conhecendo a lei e lendo atentamente as razões das partes, está aplicando a justiça na integralidade. Se acreditar, estará enganado: existe uma série de elementos que lhe escapam, e que até mesmo são juridicamente relevantes no momento em que aplica a decisão. O juiz estará também em sua disjuntiva: ou desconhece essa sua incapacidade, ou não a menciona, a fim de que sua sentença adquira ou aparente ter segurança jurídica. Neste último caso, também será um truque retórico: ao simular segurança, ele traz legitimidade a sua sentença.

O juiz jamais conseguiria fundamentar, por exemplo, qual a real função da pena que aplica. Não porque ele seja ignorante, mas simplesmente porque o Direito Penal até o momento não firmou essa resposta. Ninguém consegue dar uma explicação *de todo* convincente sobre a função da pena, e não será o juiz, numa sentença específica, que conseguirá fazê-lo. Dentro dos limites do texto, ele impõe uma persuasão racional.

Essa racionalidade, entretanto, está longe de ser empiricamente comprovada, e tantas vezes é uma reconstrução discursiva sobre elementos de senso comum[ix] ou acerca de posições religiosas ou filosóficas que, como tal, não podem configurar-se como elementos nem sequer proximamente científicos. No caso da

---

[ix] Veja-se o Capítulo XI.

sentença condenatória, não existe nenhuma prova de que o cárcere seja capaz de recuperar o cidadão, nem mesmo de que possa diminuir a criminalidade. O mais certo, aliás, é que existam provas criminológicas que demonstrem o contrário. Porém, a força retórica da tradição e do merecimento do castigo, nos quais é historicamente baseada nossa cultura, justificará, com ares de naturalidade, que a consequência do crime mais gravoso seja o cárcere. De naturalidade científica. No mesmo contexto, nem sequer se sabe se o indivíduo é livre para escolher suas ações, e muitos neurocientistas vão, hoje, afirmar que o homem é determinado pelas condições de seu cérebro, em uma comprovação do determinismo, já que o livre-arbítrio é puramente metafísico. Assim, toda a racionalidade da pena é baseada numa suposição de que somos livres para escolher algo diverso do que fizemos, *ainda que* nosso conhecimento científico aponte o contrário.

Esse raciocínio poderia ser trasladado a todas as áreas do Direito, que retiram racionalidade de premissas verossímeis ou simplesmente de *dogmas* intransponíveis, que não se admitem como tais. Com essas verificações já se poderia, diretamente, passar à conclusão de que o Direito é baseado nos argumentos mais convincentes. O que o juiz tenta construir não é mais que um discurso coeso que decida a *quaestio* colocada com o menor número possível de pontos controversos. Para consegui-lo, faz uso de um conjunto de *aproximações* de realidade, que colaboram para essa *unidade* de significado, a qual tomou de empréstimo elementos textuais que o ouvinte/leitor aceita como verdadeiros. Portanto, questões dogmáticas como vigência ou não da norma, relevância da jurisprudência, propriedade da linguagem, veracidade da opinião do perito, senso moral de justiça a partir de resquícios de dogmas religiosos etc., são, para nós, todos eles, elementos de intertextualidade. Eles dão a completitude necessária, que o pensamento mágico dirá que existe por contato e contaminação, mas que aqui dizemos que é por mera proximidade: a aproximação das referências contamina de sentido algo que não pode ser demonstrado.

Estética absoluta e discursiva

Temos afirmado com frequência que uma das qualidades mais evidentes da retórica é sua noção de estética. Não podemos, aqui, nos trasladar a um estudo do que vem a ser *belo*, como fizeram tantos filósofos, com certo grau de divergência, mas com competência mais que suficiente para levar-nos a compreender que existe uma percepção de harmonia que leva o indivíduo a ser atraído pela beleza. Ulisses, na *Odisseia*, sabia que o canto da sereia seria tão bonito que o faria perder totalmente a liberdade de ação, então pediu para ser amarrado[6].

Rapidamente, porém, a mínima noção estética tem efeito persuasivo. Quem recebe um texto para leitura repara primeiro em sua forma: uma fonte pouco atrativa, um papel (em se tratando de discurso impresso) sujo ou mesmo um discursante que apareça mal trajado *podem* repelir a atração do destinatário, apenas por questões de forma, totalmente exteriores e, em alguma medida, nada objetivas.

Elementos clássicos da estética, como a ordem, as formas geométricas, o ritmo (que também é matemático), a padronização em geral, sempre serão objeto de análise do discursante. Sabe que não deverá repetir palavras, que retirará sons desagradáveis, que interromperá alguma frase longa, às vezes, menos por coesão e mais por manutenção de uma velocidade de leitura, que também deve ser programada a partir de uma métrica imaginária. Depois, virão outros elementos, como desacelerar o texto em momentos mais relevantes, inserir algum preciosismo intencional para desalinhar o vocabulário, ou, ao revés, usar da coloquialidade para demonstrar proximidade com algum tema. Ou, às vezes, inserir uma frase curta com significado mais obscuro, mas que altera o ritmo e a harmonia, rompendo o óbvio. São técnicas que pouco a pouco se aprendem, mas que pertencem todas à estética.

Nossa pergunta, num capítulo sobre intertextualidade, vai em sentido um pouco diverso: existiria uma construção estética válida para todo texto jurídico, ou mesmo o belo depende dos destinatários? Se existe essa relatividade estética, a próxima pergunta será saber se é possível reconhecer o que cada interlocutor aprecia como belo e, como consequência, adaptar-se o discurso a seus padrões.

Haverá interlocutores que apreciarão o formalismo na fala, a preciosidade na escolha das palavras; em discurso oral, as vestes mais tradicionais, os gestos mais comedidos, o tom de voz sereno. Mas o rompimento desse padrão estético pode fazer parte da atividade comunicativa, da mesma forma que um quadro modernista de Picasso consegue ter mais expressividade que muitos quadros realistas. Quando se trata – já que estamos nessa analogia – de uma pintura, a técnica é relevante, é essencial ao pintor. A alguns pintores modernistas, como dirá o personagem Ignatius[x], seria recomendável que começassem sua carreira aprendendo a segurar um pincel, talvez renovando a pintura das paredes da casa. Palavras do personagem. Em palavras nossas, a técnica é essencial, mas não para a construção de uma estética única, clássica. Geometria, harmonia, cores ou, no caso do texto escrito, a seleção vocabular, a escolha dos melhores argumentos, da posição de fala, são todos elementos estéticos que podem ser utilizados em vários graus de formalismo.

Após alguma consideração, bastante óbvia, de que o ambiente formal do Direito tem sua estética própria, e portanto existe um

---

[x] Veja-se o Capítulo X.

consenso em relação a alguns elementos sobre o *belo* e o *adequado*, a eficácia comunicativa dessa estética dependerá do que o interlocutor espera, do quanto lhe agrada. Nisso, estamos dando primazia à intertextualidade. Mas também dependerá da familiaridade que cada discursante tem com cada padrão estético e, a depender de sua técnica, de quanto consegue sustentar de cada um desses patamares. Utilizar uma linguagem preciosa ou uma linguagem mais jornalística ou talvez coloquial pode depender de quanto o argumentante a domina, e para isso é necessário rever sua idiossincrasia, a ponto de não sufocar sua originalidade, aquela que lhe faz dominar habilidades comunicativas; nesse ponto, transferimos o centro gravitacional da estética da intertextualidade para a *intencionalidade* do autor, que pode ser mais relevante.

A intencionalidade é tema para outro momento, mas sempre rondará nossos comentários sobre retórica.

Diz uma canção brasileira que "somos feitos de silêncio e som". Em livro nosso, com muito menos expressividade, fizemos afirmação parecida, citando um ditado que afirma que a distância entre os raios da roda da bicicleta é que a sustenta. O cálculo dos intervalos, dos silêncios, é tão importante quanto o que será expresso, porque esses intervalos são preenchidos pela intertextualidade, pelo quanto o leitor tem em si mesmo para completar a informação. E é muito mais pela maneira que os complementa que adere à tese, ou que a repele.

Por isso, temos bem claro que essa relação intertextual é a base da construção do macrotexto – sua composição e sua coerência. O conceito de relações intertextuais será lembrado muitas outras vezes neste livro, como base de técnicas aplicadas.

CAPÍTULO V

PROGRESSÃO DISCURSIVA E COERÊNCIA

A coerência

Para que uma ideia[1] represente um forte argumento, vimos ser necessário trabalhar a intertextualidade na real medida em que o argumento é complementado pelo destinatário. Esta foi a matéria do capítulo anterior. Mas há um segundo ponto, como ali se adiantou.

A boa informação deve ser *pertinente* a um percurso determinado, para que possa representar na mente do destinatário um passo mais em direção à conclusão que se pretende que ele aceite. Dito de modo simplificado, existe um *caminho* entre ideias que desfrutam de consenso entre os ouvintes (premissas) e a conclusão que se espera que estes aceitem. Assim dito, o argumento transforma-se apenas em apoio para um caminho a ser trilhado. É, portanto, a *ordem* e o nível de ligação entre esses "apoios", os argumentos, que fazem chegar à conclusão.

Se um advogado defende que o conceito de "clamor público" não é o bastante para fundamentar a prisão cautelar de um indivíduo, pode socorrer-se da jurisprudência. Esta, entretanto, somente vai se transformar em um argumento forte se convergir para essa mesma tese. Caso o advogado recorte um texto que, ao contrário, aponte que, em certos casos, o clamor público pode efetivar a motivação da prisão excepcional, este julgado – ainda que contenha excelente fundamentação jurídica – transforma-se em um mau argumento, por não conduzir à conclusão. É uma falha de coerência.

É hora então de introduzir o conceito que será explorado em muitos outros pontos de estudo: a *unidade de sentido*. Quanto maior o nível de coerência entre as ideias, mais valorizadas elas se tornam no texto argumentativo, o que importa afirmar que se fortalece seu efeito suasório. Tal como a intertextualidade, a coerência é um fator exterior à ideia enunciada, porque depende da inter-relação dela com as demais lançadas no discurso[2].

Entretanto, a coerência depende menos do universo de conhecimento de cada auditório, de cada receptor do texto argumentativo, se comparada com a intertextualidade como característica absoluta. É que a ligação entre ideias do texto é mais autônoma em relação à interpretação do leitor, com característica objetiva: a ruptura no percurso argumentativo ofende a construção de pensamento do interlocutor, e por isso – se ele a identifica – muito provavelmente rejeita a conclusão que o retor lhe pretende impingir. Se não a identifica, apenas não se convence da conclusão, porque não foi paulatinamente guiado a ela.

Trazemos como exemplo um texto que recentemente recebemos e que reproduzimos em paráfrase. Em teoria, uma missiva escrita por um conjunto de intelectuais:

> O governo do agora Candidato X, ao contrário do que dizem, não foi marcado pela corrupção. Não há quaisquer provas que liguem o agora Candidato X a algum ato concreto de corrupção. O governo do Candidato X, todos sabemos, teve como principal característica a garantia da democracia e dos direitos sociais.
> Ademais, o combate à corrupção não pode ser um fim em si mesmo. O combate à corrupção somente é válido se ele implica em maiores garantias de direitos à população.

A argumentação parecia perfeita a quem escrevia, mas há nela algo pouco convincente. Algo que talvez tenha passado na mente de quem compunha o texto, mas, ao omitir-se em enunciá-lo, demonstrou uma fragilidade – não em suas ideias individualmente consideradas, mas no fato como elas deveriam unir-se. A finalidade do texto era, evidentemente, convencer o leitor a votar no Candidato X, mas entre o primeiro e o segundo parágrafos aparece uma fissura de percurso. Afinal, o centro do primeiro parágrafo é a afirmação de que o Candidato X não é corrupto, que nada o enlaça com a corrupção. Se assim o assumimos, o segundo parágrafo ataca o anterior, pois, em outras palavras, está dito que a corrupção *pode ser compensada* com maiores garantias de direitos sociais.

Há que se notar, no texto, que o eixo gravitacional, ou seja, a ideia mais forte está no primeiro parágrafo: a negativa da corrupção. O autor pode ter tido a impressão de que a segunda ideia se somava (acabar com a corrupção não pode ser um fim em si mesmo), era um *plus*. Porém, desconsiderou que, como havia esse forte eixo gravitacional na primeira assertiva, qualquer ideia que a *relativizasse*, na verdade, a *corrompia*. A assertiva perdeu unidade de sentido quando se disse: o governo não é corrupto; mas, se for, fez algo pelos direitos sociais. São duas afirmativas que mereceriam, cada qual, suas ideias derivadas, mas não podem conviver em um mesmo trajeto.

No exemplo atrás, a coerência atingiu nível grave, a *contradição*. Entretanto, embora raras vezes se perceba um argumento contraditório num texto, a mera ausência de contradição não implica necessariamente boa coerência. Isto porque ela se desenvolve em diversos níveis no transcorrer do percurso argumentativo.

Coerência e recortes

O texto abaixo é fragmento do poema "I-Juca-Pirama", de Gonçalves Dias[i]. Nele, o velho Tupi guerreiro amaldiçoa seu filho ao saber que ele fora aprisionado pelos índios Timbiras e chorara diante da morte:

> Tu choraste em presença da morte?
> Na presença de estranhos choraste?
> Não descende o covarde do forte;
> Pois choraste, meu filho não és!
> Possas tu, descendente maldito
> De uma tribo de nobres guerreiros,
> Implorando cruéis forasteiros,
> Seres presa de vis Aimorés.
>
> [...]
> Sê maldito, e sozinho na terra;
> Pois que a tanta vileza chegaste,
> Que em presença da morte choraste,
> *Tu, covarde, meu filho não és.*

Irado com a revelação de haver o filho se acovardado diante do inimigo e ter sido "rejeitado da morte na guerra", o velho indígena passa a amaldiçoá-lo. Entretanto, para sustentar a gravidade de seus vaticínios, suas maldições, procura primeiro retirar-lhe a condição de filho e, para isso, argumenta afirmando que "não descende o covarde do forte".

Fora de seu contexto, o argumento é falacioso, pois adota uma ideia que parece falsa, embora com algum índice de probabilidade. É provável que um pai corajoso tenha um filho também

---

[i] GONÇALVES DIAS, Antônio, "I-Juca-Pirama", *in*: *Poesia indianista*. São Paulo: Martins Fontes, 2002, pp. 58-60.

valente, mas isso não autoriza dizer que um pai valente não possa, em hipótese alguma, gerar um descendente medroso.

A afirmação "não descende o covarde do forte" não tem valor fora do poema. Cientificamente não passa de um absurdo: em uma ação de investigação de paternidade, esta não poderia ser negada pela afirmação de não haver relação biológica entre covardes e destemidos. Mas no poema a ideia é perfeita e funciona como principal ou único *argumento*. Todavia, percebe-se claramente que a relação de *descendência* a que se refere o enunciador não é a relação *biológica*, mas sim a afetiva e ideal. Nessa relação, agora sim, é possível afirmar que um pai valente não tenha um filho covarde, pois nessas condições quebra-se o laço de afetividade, e é então essa a tese defendida pelo chefe Tupi. Se "não descende o covarde do forte" [...] "Tu, covarde, meu filho não és". É essa a tese que permite sustentar as maldições.

Se empurramos ao extremo, estamos no auge do pensamento mágico: a identificação entre pai e filho se dá pela transmissão das características espirituais daquele a este. Mas, claro, o sentido da frase não é literal, apenas conotativo: o pai deixa de reconhecer como filho um covarde, apesar do vínculo biológico.

Assim, a coerência depende da *criação de um universo* pelo próprio argumentante. Reforçamos, aqui, que é ele quem deve trazer os limites de sentido, estabelecer por onde o leitor deve guiar-se quando mescla seu próprio universo de conhecimento à aceitação da realidade que o discurso lhe propõe. Todo texto é fragmento do real, então tem de colocar suas regras de seleção e condução. É o que fez, no exemplo, o pai Tupi: demonstrou ao filho como *ele*, pai, interpreta uma relação de paternidade: no caso, a transferência das virtudes.

A coerência está presente desde o desenho da tese, das grandes ideias a serem expostas, até a extensão de cada citação, de cada vocábulo. Ou, mesmo, desde os momentos de silêncio e dos *não desvios*, ou seja, das considerações objetivamente boas, porém incabíveis no texto.

Estabelecendo a coerência

A unidade de sentido no discurso se estabelece, em primeiro lugar, pela não contradição. Se afirmo que um réu não foi o autor do disparo que matou a vítima, não posso, ao mesmo tempo, sustentar que a ação ocorreu em legítima defesa.

Podem ser nominados os graus de coerência, ao menos para fins referenciais, como veremos.

Um discurso não contraditório pode ser *incoerente*. Basta que, para tanto, o interlocutor não encontre unidade de sentido. Se digo que em determinado caso o réu agira em estado de necessidade porque não gostava de andar armado, o ouvinte vai achar incoerente o meu discurso, porque não observa relação direta entre *não andar armado* e agir em *estado de necessidade*.

Um discurso não incoerente pode ser *pouco coerente*, na medida em que nele não se encontrem relações bastantes de sentido que levem a uma perfeita *condução* do raciocínio do leitor. A coerência maior do texto ou do discurso persuasivo dá-se na combinação dos argumentos-chave, que representam os degraus principais do percurso. Vejamos como exemplo o texto abaixo, que é parte da fala do personagem Otávio Santarrita, de Dias Gomes[ii]:

> Quanto será que me resta? Dez, vinte anos? Isso só me preocupa porque ainda não terminei meu trabalho. Não que tenha medo da morte. Palavra que não tenho. Mas não estou preparado para envelhecer, essa é que é a verdade. Perder o vigor físico, a agilidade mental, a memória... isso me apavora. A velhice é uma tremenda

---

[ii] DIAS GOMES, Alfredo. *Meu reino por um cavalo*. São Paulo: Bertrand Brasil, 1989, p. 87.

sacanagem da natureza. Ou de Deus, quem sabe? *Também, o que se pode esperar de um deus que criou o universo provocando uma grande explosão? Deus é um terrorista!*

Queixando-se de sua falta de vigor físico, o personagem revolta-se contra a figura de Deus. Irritado, conclui a ideia afirmando que Deus seria um terrorista, e para tanto traz um argumento: Ele teria criado o universo a partir de uma explosão. Evidentemente, entre a ideia de o universo ter sido criado a partir do *Big Bang* e a conclusão de que Deus pratica o terror existe coerência que, ainda que possa ser depreendida, é falha.

No caso concreto da ficção, a falta de coerência direta é intencional. Como se trata de uma peça de teatro, a depender da forma como o ator a interpreta, pode até alcançar um fim humorístico. Mas a intenção principal não é essa: a fissura na coerência é um modo de demonstrar o desgosto do personagem, sua investida contra Deus, contra a vida. A falta de relação consegue, afinal, ser uma excelente descrição de um estado de ânimo, sem ter de enunciá-la explicitamente. Veja como algo muito parecido ocorre na conhecida introdução do "restaurante do fim do mundo":

> A História, até agora: no começo, Deus fez o mundo. Isso irritou muita gente e foi algo amplamente considerado como uma péssima jogada ("*a bad move*")[iii].

O resumo da "História" que o narrador constrói não tem nenhum fundamento, porque a criação do mundo não poderia ter irritado as pessoas, que nem sequer existiam. A quebra da coerência, porém, é intencional e dá o tom do restante do livro.

[iii] Cf. ADAMS, Douglas. *The restaurant at the end of universe*. Nova York: Ballantine Books, 1995. "The story so far: in the beginning, the universe was created. This has made a lot of people very angry and been widely regarded as a bad move." Tradução livre.

No discurso argumentativo, a pouca coerência prejudica a persuasão. Tal qual no exemplo atrás, em um texto de coerência comprometida o leitor compreende o texto, mas raramente é persuadido, pois percebe, de maneira consciente ou intuitiva, que o percurso é falho. No ambiente forense, em que a argumentação é contraditada pela parte adversa, o leitor é levado a preferir aquela que melhor conduz ao fim pretendido, e assim rejeita o texto em que as conclusões não derivam necessariamente das premissas estabelecidas.

As fissuras de coerência são muito mais comuns do que se imagina, quando nos dispomos a análises mais detidas dos discursos. Principalmente em textos mais extensos – e a facilidade do copia-e-cola dos computadores permitiu textos alongados –, a preocupação do argumentante está muito mais em colecionar informações e argumentos do que em estabelecer um percurso coerente. Uma das funções deste capítulo, deixamos bem enunciado, será a de desconstruir a ideia de que o texto persuasivo depende de completitude e extensão, salvo casos em que essa extensão esteja muitíssimo bem justificada.

Coerência e sentido: a dependência do mundo exterior

Vejamos o texto abaixo:

> Cachorro e burro são dois animais injustiçados. Burro é ofensa também. (Aqui entre nós, eu justifico. Conheci alguns burros mais burros que certos homens da minha carreira.) Entre esses homens, sou comumente conhecido como vira-lata, ou melhor, cão sem dono. De vira-lata me xingam. Mal sabem eles que, para um cachorro, chamar de "sem dono" é o maior dos elogios. Para o homem seria também...
>
> Vira-lata sou, com orgulho o digo. E adoro meus irmãos, com ou sem dono. Tenho aguentado muita injustiça pessoal sem reagir.

E vou aguentar ainda, com certeza. Mas à minha raça, na minha frente, não tolero ofensa.

É o início das *Confissões de um vira-lata*, de Orígenes Lessa[iv], um dos grandes autores da literatura brasileira. No trecho, o protagonista, cachorro sem dono, tece explicações sobre sua própria condição, a circunstância de ser xingado de vira-lata ou elogiado com o predicativo "cachorro sem dono". O texto procura estabelecer *coerência*, ligação entre as ideias nele expostas, a partir de seu próprio título: inevitável uma explicação preliminar para mostrar ao leitor quem é o "vira-lata", o protagonista. A partir desse início, o autor já estabelece a coerência com o título da obra e deixa fixada uma série de condições, que aparecem nesse primeiro trecho, imprescindíveis para que se atribua sentido à integralidade da obra, em especial no que concerne às circunstâncias do personagem e da narrativa: um cachorro antropomorfo, com capacidade de expressão, que fará observações, sob sua perspectiva, a respeito da condição humana. Tudo isso está, com excepcional enunciação, nesse pequeno trecho do texto.

Mesmo naquela obra de ficção, em que o autor não tem a menor obrigação de vínculo com a realidade, deve-se estabelecer coerência, fixar premissas que orientem o pensamento do leitor[3]. Então a diferença entre a narrativa literária e a argumentação é apenas que a primeira não tem necessariamente estreito vínculo com o mundo exterior, enquanto a argumentação exige constante diálogo com a realidade, como veremos ainda a seguir, em leituras de valor bastante prático.

Alijado da obrigatoriedade do vínculo com o mundo exterior, o narrador literário ainda assim zela, e muito, para que as

---

[iv] LESSA, Orígenes. *Confissões de um vira-lata*. São Paulo: Global, 2012, p. 14.

ideias de seu texto combinem-se sempre, não permitindo que o raciocínio do interlocutor possa encontrar fragmentação, não intencional, o que faz com que o discurso perca sua unidade e então deixe de aderir à mente do interlocutor (e tal adesão é objetivo da narrativa literária tanto quanto o é da argumentação). Veja como Machado de Assis[v] demonstra essa mesma preocupação, ao fazer com que Brás Cubas, narrador já morto, explique a coerência de seu escrito, respondendo à crítica de um leitor:

A um crítico

Meu caro crítico,
Algumas páginas atrás, dizendo que eu tinha cinquenta anos, acrescentei: "Já se vai sentindo que o meu estilo não é tão lesto como nos primeiros dias." Talvez aches esta frase incompreensível, sabendo-se o meu atual estado; mas eu chamo a tua atenção para a sutileza daquele pensamento. O que eu quero dizer não é que esteja agora mais velho do que quando comecei o livro. A morte não envelhece. Quero dizer, sim, que em cada fase da narração de minha vida experimento a sensação correspondente. Valha-me Deus! é preciso explicar tudo.

Diante do comentário a respeito do envelhecimento, o "crítico" questionara a coerência do texto (como pode um morto envelhecer?), o que fez merecer a resposta acima transcrita, já dos capítulos finais das *Memórias póstumas*. Ora, se o autor pretende *fazer crer* o leitor na verossimilhança de sua história (e nesse ponto a própria ficção assume caráter suasório), natural é que zele pela coerência *dos limites que ele próprio fixou* (em Machado de Assis, um defunto autor, que também critica as mazelas da humanidade).

---

[v] MACHADO DE ASSIS, Joaquim Maria. *Memórias póstumas de Brás Cubas*, Capítulo CXXXVIII.

Todo interlocutor é seduzido pelo bom raciocínio, e este é o que não se quebra, não se altera, não apresenta incoerência em nenhuma de suas fases, em nenhum grau, desde a mais absoluta contradição até seus níveis menos perceptíveis, como proporção e ritmo.

O próprio discursante estabelece parâmetros e fronteiras para seu mundo criado, e por eles deve se orientar, caso contrário quebra a coerência e assim perde a adesão do leitor. Machado pôde, com a liberdade narrativa, estabelecer o *defunto autor*, desde que mantivesse – como manteve – a coerência dessas condições, até mesmo quando apontou que o narrador-personagem, morto, sentia-se envelhecer. Na argumentação, esse mesmo princípio deve ser seguido: o autor fixa seus próprios parâmetros, suas próprias premissas, e deve segui-las para não quebrar a coerência.

A única diferença é que o texto argumentativo, longe da licença da ficção, *tem um estreito vínculo com a realidade*, com o mundo exterior. Claro que, se somos criteriosos, muitas vezes vemos que esses vínculos são tão frágeis que beiram o ridículo: um discurso de um candidato na política, especialmente no contexto latino, traz promessas tão inatingíveis que superam a realidade mágica dessas obras de ficção. Mesmo assim, salvo exceções que também são técnicas argumentativas, nenhum político dispensa promessas de campanha que somente cabem em pensamentos mágicos: um discurso messiânico, com influências de culto de personalidade[4], de promessa de tempos melhores.

No contexto jurídico, afirmamos que existe uma coerência *externa* e outra *interna*[5]. O argumentante que estabelece a coerência do discurso que deseja que seja compreendido trabalha com elementos, por mínimos que sejam, de fatores e informações que não estão no próprio texto, mas que fazem parte do mundo exterior, da realidade, e que sabe que o leitor leva em consideração.

Coerência e extensão da argumentação

Chegamos aqui, rapidamente, a um ponto relevante do estudo da argumentação, que não raro desperta a atenção dos operadores da retórica jurídica, principalmente na construção de textos escritos. Qual deve ser a extensão de um texto argumentativo?

Em nosso trabalho de advocacia notamos que a extensão dos textos depende muito do estilo de cada autor. O estilo é o conjunto de características que permitem atribuir individualidade a uma obra. Assim, alguns magistrados escrevem longas sentenças e outros redigem decisões curtas, o que por si só não representa melhor ou pior conteúdo de fundamentação. Do mesmo modo, observa-se nos advogados o mesmo diferencial, ou seja, alguns se estendem em digressões, enquanto outros, dissertando sobre o mesmo tema, utilizam-se de linguagem quase telegráfica. O que tampouco implica melhor ou pior conteúdo suasório, desde que prevaleça a intencionalidade[vi]. Aliás, o estilo e a subjetividade serão matéria de capítulo à parte (XVII)[6].

Mas reduzir a questão da extensão da argumentação a idiossincrasias seria furtar-se a conceder resposta à questão formulada. A extensão do texto relaciona-se diretamente à coerência, por isso tem de abordar-se aqui.

A princípio é preciso reconhecer que todo leitor ou ouvinte tem em si, ainda que não perceba, um princípio indeclinável: que o argumentante gastará mais seu tempo falando sobre o que é mais importante. Assim, a coerência do texto diminui quando o

---

[vi] Normalmente, uma denúncia acusatória trará descrição sucinta dos fatos, enquanto a defesa de um imputado será mais detalhada. Isso porque a acusação sabe que pode perder-se em contradições caso se concentre em circunstâncias, enquanto, para a defesa, são exatamente elas, as circunstâncias, que podem desfazer o núcleo da acusação: horários, datas, questões pessoais, hierarquias, tudo isso faz parte da resposta à construção minimalista do acusador. De modo não

argumentante consome muito espaço (ou tempo) explicando uma premissa que não tem valor grave para a conclusão que se pretende impor. Se em razões de apelação o argumentante se estende em páginas em torno a um conceito jurídico que já está arraigado no julgador, não apenas desperdiça espaço que poderia ser reservado a questões mais decisivas, mas também confunde o leitor, pois este entende, intuitivamente, que a questão em que mais se estendeu o argumentante seja a principal, porque assim *deveria ser*.

Para estabelecer um texto coerente é necessário levar em conta, então, este primeiro mandamento: estender-se sobre o que é mais importante. E o que é mais importante no texto argumentativo? O que melhor contribui para a persuasão.

Essa observação tampouco encerra a questão e, ao contrário, impõe a necessidade de novas considerações em busca de o que seja o ponto mais relevante da persuasão, no caso concreto.

Buscar a coerência é primeiro compreender em que medida o interlocutor necessita das informações e dos argumentos expendidos. Vejamos este exemplo, relativo à coerência narrativa:

a) O advogado dr. João não conseguiu chegar ao fórum porque o prédio pegou fogo.

Faltam informações para a boa compreensão, apenas nesse curto trecho de texto. Embora pudesse o narrador ter perfeita ideia do que falava, o interlocutor não consegue exatamente estabelecer unidade de sentido: afinal, qual foi o prédio que pegou fogo? Pode ser o prédio do fórum, o prédio do escritório do advogado ou algum outro. A não ser que o ouvinte contasse com outras informações subentendidas, seria preferível dizer:

---

intencional, como se comentará, erros de coerência espacial aparecem muito: páginas de doutrina ou de jurisprudência, que somente fazem retirar a atenção ao que pode existir de conteúdo no texto específico.

"O advogado dr. João não conseguiu chegar ao fórum a tempo porque o prédio dos Correios pegou fogo, os bombeiros interditaram a avenida principal e assim o trânsito ficou caótico."

Quanto mais extenso o texto – evidente –, mais detalhes cabem e, portanto, menor o risco de lhe faltarem informações. Mas o excesso é deletério.

No exemplo abaixo, a situação é distinta: as informações são poucas, porém suficientes.

b) O homem da mesa ao lado acendeu o charuto, e a fumaça incomodou-me.

O texto b) não indica qual é a "fumaça" a que se refere, mas o leitor, ao contrário do que ocorria no texto a), não questiona "qual é a fumaça", pois de imediato pode-se entender que se trata da fumaça exalada pelo charuto. Também se compreende, a partir de "mesa ao lado", que o cidadão estava em um restaurante ou algo análogo. Entretanto, exatamente qual o estabelecimento não interessa ao núcleo da narrativa, ou já havia sido anteriormente elucidado. Não é impossível, porém, especialmente a partir da linguagem detalhada que o Direito algumas vezes exige, que os juristas tendam a escrever, claro que com algum exagero nosso, deste modo:

> b) Estava no restaurante, quando o homem que ocupava [ou sentado à] mesa imediatamente ao lado da minha acendeu o charuto que trazia consigo e a fumaça que saía do charuto (retro) mencionado incomodou-me.

É justificável a tendência de descer às minúcias que temos, os operadores do Direito. Nossa linguagem tem de desfazer a todo tempo as ambiguidades, não pode deixar dúvidas, quando redigimos documentos. Aqui é hora de separar o que é a linguagem notarial, ou dos contratos, e a escrita persuasiva. Uma matrícula imobiliária ou um contrato de fusão de empresas necessita ser detalhadíssimo e, por mais cuidado que haja em sua redação, não é raro que apareçam ambiguidades. Trata-se de intenção. Mas, ali, não se trata de um texto persuasivo, senão quase integralmente um texto informativo-descritivo.

Então começa-se a estabelecer um critério mais objetivo para a extensão do texto argumentativo: ele deve conter as informações que contribuem para a persuasão e para a coerência, ou seja, para o estabelecimento de sentido desejado na progressão do discurso.

É importante que o argumentante tenha consciência da progressão da argumentação e de como a extensão de cada argumento é significativa para o contexto suasório. Pode-se comparar – sempre sem exatidão – o processo argumentativo ao econômico: se aparecem argumentos demais ou enunciados muito extensos, mais do que o conteúdo suporta, a argumentação como um todo se desvaloriza, tal qual um processo monetário inflacionário, no qual, com moedas demais sendo impressas, cada uma delas, por igual, perde seu valor. A economia que não sustenta muitas moedas é como o contexto que não suporta a extensão ou a quantidade dos argumentos: faz desvalorizar cada um deles. Em nosso contexto, então, por vezes é muito mais proveitoso que um texto apareça curto, porque isso pode implicar maior força em cada argumento. Assim, quando se citam vários julgados para comprovar uma tese em um recurso jurídico, cada um deles perde valor diante dos demais. Em um ou outro caso concreto pode ser mais valoroso citar um julgado único, porém absolutamente análogo ao caso que se expõe e à solução que se espera[vii].

[vii] Veja-se o Capítulo VIII.

A decisão está no centro gravitacional, o ponto para o qual cada fragmento argumentativo deve convergir. Ou, dito de modo mais intenso, o equívoco mais comum na construção jurídica é a falta de consciência de qual é *efetivamente* o fator mais persuasivo, e aqui novamente nos centramos no leitor. Muitas vezes, em uma peça jurídica longa, o argumentante gasta páginas em fundamentações de teses que não contam com a atenção do leitor-juiz, por diversos fatores. Entre eles, o principal é o de que teses jurídicas abstratas não são de interesse do magistrado, senão aquelas que estão efetivamente aplicadas ao caso concreto, o que, por sua vez, depende do vínculo entre a narrativa dos fatos e um ponto único a decidir, que dispensa uma professoral dissertação sobre a teoria jurídica como um todo. Assim, ao prolongar um texto com lições magistrais – argumentos de autoridade – acerca de temas mais efêmeros daquela área do Direito, o autor retira a atenção do leitor para aquilo que pode influenciar na decisão. É um momento de opção e planejamento, em um estado intermediário de coerência. Trata-se do momento de compreender qual é realmente o objeto da controvérsia, a partir da percepção do próprio autor e, de outro lado, voltar-se ao conhecimento intertextual[7] para satisfazer as necessidades cognoscitivas do leitor naquele caso concreto.

Texto e ritmo

Toda comunicação impõe seu ritmo, e o interlocutor, conscientemente ou não, busca-o para a compreensão do discurso que lhe é transmitido. Façamos uma analogia.

Quem assiste a novelas de televisão, tipicamente as brasileiras[8], que duram meses em episódios diários, sabe que elas guardam um ritmo lento de evolução. Por isso o telespectador adapta seu nível de atenção a essa lentidão: deixa de acompanhar fragmentos da novela, falando ao telefone, lendo, jantando, isso quando não perde capítulos inteiros; sabe que os trechos realmente relevantes ao enredo aparecem em certos momentos já determinados, e não raro são repetidos no dia seguinte. O autor da novela, consciente dessa falta de atenção, saberá dar realce a algum *plot twist*, a algum momento de giro relevante; porém, quando o telespectador assiste a um filme feito para o cinema, seu nível de atenção altera-se radicalmente: é quase impossível perder qualquer uma das cenas, algum diálogo, pois isso prejudicaria grande parte da sua compreensão, sendo difícil restabelecer a unidade de sentido; por isso o espectador se fixa na evolução do enredo com atenção elevada, e aí, no cinema, qualquer ruído que atrapalhe tal concentração é reprimido por um pedido enérgico de silêncio. Ou ao menos deveria ser.

O enredo de cinema não é por definição *melhor* ou *pior* que o de telenovela apenas por ser muito mais denso. Cada texto tem suas características, mas o autor de um e de outro deve ter consciência do ritmo esperado para cada qual. Assim, no enredo do filme um fato decisivo pode ser exteriorizado em uma cena curtíssima, talvez só sugerido com uma imagem breve (afinal, se o interlocutor tem um nível de atenção elevado, cria expectativas com maior concretude: um assassinato pode ser apenas sugerido com o levantar de uma arma e um corte abrupto da cena, porque ele se encarrega de completá-lo: apenas o homicídio complementaria o sentido do fragmento); na telenovela, o mesmo fato decisivo deve ocupar uma cena longa, com reflexo expresso nas demais, se possível, retomado no episódio seguinte, mesmo que de modo indireto.

Se esse ritmo for violado, o espectador frustra-se e perde o teor da mensagem. O filme que não traz progressão no conflito torna-se monótono, tal como a telenovela que exiba cenas relevantes em poucos capítulos poderá perder audiência, pois os espectadores, incapazes de acompanhar o desenrolar da trama, a perceberão confusa.

A argumentação também segue seu ritmo como um dos fatores determinantes de sua extensão. Longa ou curta, deve se regrar pelo estabelecimento de um *ritmo* determinado e criterioso. O interlocutor, na leitura de um texto argumentativo, adota um ritmo de interpretação e frustra-se se ele é violado.

Costumamos, em sala de aula, apresentar exemplo claro a respeito do modo como o leitor adota um ritmo de leitura do texto, seja quanto ao *macrotexto* – os argumentos principais e a coerência –, seja quanto ao *microtexto* – a estrutura das frases e sua coesão[9]. Um atleta é convidado a correr. Conhece os limites de seu corpo e então lhe é apresentado um ponto de partida: deve correr a partir dele. Mas isso não basta ao atleta, pois, antes de iniciar a corrida, ele tem de conhecer a extensão do percurso que terá de enfrentar. Só assim saberá qual *ritmo* impor a seu exercício, porque uma corrida de 100 metros não pode ser feita de modo semelhante a outra de 42 quilômetros. Quando algum interlocutor lê um texto, faz constantes medições para estabelecer o ritmo de sua leitura, não apenas avaliando inicialmente sua extensão (quantas páginas tem?), mas procurando saber qual a carga informativa de cada trecho e quanto é necessário estar atento para compreender o que lhe é transmitido. O mesmo ocorre a cada frase: por visão periférica, todo leitor encontra o fim da frase quando inicia a leitura na letra maiúscula – é isso que lhe permite dar sentido ao período com uma só leitura, sem ter de invertê-lo[viii].

A extensão de um discurso não interfere, como condição única, no fato de ele ser bom ou ruim, persuasivo ou não. Mas certa-

---

[viii] No idioma espanhol, um primeiro ponto de interrogação, no início da frase, anuncia que esta será interrogativa. No alemão, a posição do verbo na oração cumpre função análoga. São recursos interessantes de cada idioma, que entretanto não mudam a realidade de que o leitor estabelece seu ritmo buscando o fim de cada período no momento que o inicia.

mente é fator relevante para o estabelecimento da coerência. A extensão – estando bem consciente dela o argumentante – determina o espaço que deve ocupar cada argumento ou informação, bem como a pertinência ou não de ideias menores, que acabam por prolongar outras, maiores, que devem merecer esse complemento.

Dependendo da extensão e do nível de detalhes e informações novas expostas, o discurso adquire um ritmo que, como foi dito, impõe ao interlocutor um nível específico de atenção. Esse ritmo não deve ser quebrado, a não ser que se trate de um recurso intencional do autor. Em nossa opinião, na escrita em geral, o ritmo é um dos fatores preponderantes, pois é a harmonia em progressão. A harmonia informa ao próprio autor sobre o que ocorre no próprio texto, em um processo de *feedback*, de retroalimentação, como no jogo de xadrez: a harmonia geométrica é uma das grandes informações, para o jogador de xadrez, sobre sua condição de vitória. Um tabuleiro harmonicamente equilibrado informa ao jogador que ele está em condição de equilíbrio na partida, ainda que possa vir a ganhar ou a perder; também um time de futebol mostra-se menos distante de ser atacado quando seus jogadores estão em uma posição harmônica. A partir dessa posição, há como imprimir velocidade, menor ou maior, a cada uma de suas peças.

Como o ritmo, no micro e no macrotexto, não é apenas um detalhe, vamos voltar a ele algumas vezes.

O nível necessário de informação

Quando cuidamos de *ritmo*, não se trata especificamente da métrica, que está relacionada diretamente com poemas e a música. Mas tem algo a ver com isso, porque o ritmo imposto ao ouvinte de uma canção ou de um poema não deixa de ser uma parte relevante de sua coerência. O ritmo é o movimento a partir das posições assumidas – que devem ser a princípio equilibradas. Ele pode estar presente, por exemplo, em uma imagem, quando a repetição de elementos impõe movimento mais rápido ou então tédio, como no famoso quadro de Warhol, em que se sequenciam latas de sopa, ou nos quadros de bandeirinhas de Alfredo Volpi[10].

Saímos do exemplo das imagens e vamos para as letras, porém letras insertas em canções. Como se verá, são letras que conseguem criar um contexto pictórico, de imagens e outras informações do contexto, como a passagem do tempo. O primeiro caso, uma canção dos Ramones[ix], é toda uma narrativa. Na livre tradução que faço, muito se perde da métrica musical, mas o planejamento da narrativa ainda se preserva.

> Outra noite pelas ruas,
> Paro no meu lugar de sempre
> Oh, *bartender*, por favor
> Tankeray com tônica é minha bebida favorita
> Não gosto de nada colorido ali
> Apenas cheira a perfume, não é para mim

O autor constrói todo um contexto com mínimas explicações. Está de noite pelas ruas, entra e senta-se no "lugar de sempre[x]". Pede Tankeray com tônica, e aqui se nota, para a coerência, o uso da intertextualidade, porque não apenas o leitor tem que conhecer a marca da bebida, mas, como se verá, é importante que saiba mais sobre ela: o drinque de gim e tônica é claro como a água. "Não gosto de nada colorido (rosado) ali" (*I don't like anything coloured pink*).

[ix] "Somebody put something in my drink", canção de Richie Ramone, da banda de *rock* Ramones, álbum *Animal Boy*, 1986.

[x] No inglês, a carga de sentido é ainda mais direta, permitindo-se ser ainda mais sucinto. Literalmente, o narrador "para no seu assento de sempre" ('stopping for my usal seat'), que já denota que ele está no bar costumeiro.

O ouvinte da canção, com isso, já tem o necessário para desenhar mentalmente toda a cena: a noite, a solidão do indivíduo, o bar de sempre (então frequenta os bares), o pedido da bebida, e até algo mais específico de sua personalidade: a bebida com essências, que "não é para mim", já sinaliza o minimalismo típico do *punk*. Tudo preparado para a ação, que agora dará movimento ao ambiente:

> Parece que alguém colocou algo
> Alguém pôs algo na minha bebida
> Alguém pôs algo
>
> Alguém pôs algo...
> Visão embaçada e pensamentos sujos
> Estou descolocado, todo desfeito *(distraught)*
> Sentindo que algo virá...

A canção segue, mas aqui está o essencial. O personagem começa a perceber que algo vai mal com ele. E desconfia que alguém colocou algo em sua bebida. Quando se lê essa segunda parte, atribui-se grande parte do sentido à primeira, o que é uma das características da coerência: o autor não necessita explicar o texto anterior, porque a ação seguinte o fará. Neste caso, o personagem que apenas comentava não gostar de nada diverso de seu Tankeray com tônica habitual, aparentemente aceitou tomar algo diferente. Ele sugere haver bebido daquele drinque colorido que "não era para ele" e que então surte efeitos em sua mente. Quem deu a ele uma bebida diferente da usual? Já havia a intenção de colocar um "veneno" na bebida? Qual o motivo dessa ação? Não faz parte de seus planos dar a resposta, porque não as tem[11], mas a expectativa é criada.

Note-se mais ainda o ritmo, não só da canção: ele repete frases entrecortadas, e aos poucos as completa, como para dar o efeito da fala de alguém que tomou um alucinógeno. Isso também se efetiva na coerência, ainda que na liberdade poética da letra musical[xi], mas que, mais importante que isso, passa realismo à narrativa: ela incorpora, pelo ritmo da canção, a fala típica (externa) de quem está sob efeito de alucinógeno, sugerindo todo o caos (interno) da mente que impede alguém de expressar-se corretamente.

A partir daí todo o conflito está montado e a história já demonstra seu propósito, sua intencionalidade. Existe inclusive um argumento claro na narrativa, algo como um "não é minha culpa", que ao final também magistralmente se reforça[xii] em mínimas palavras: *alguém* colocou algo na minha bebida, por isso não te pude dar atenção (*'I couldn't care what you think of me'*).

Para obter coerência, então, há que se apoiar em elementos diversos do conhecimento de mundo do leitor, e é isso que faz possível a síntese: em menos de três orações, os Ramones foram capazes de descrever uma cena que se mantém na memória, tal qual fazem suas melodias diretas, de apenas três acordes e ainda assim densas em significado imagético[12].

Quando o autor despreza os elementos de interpretação interna e externa do leitor, provavelmente repete-se, seu texto não progride e o intérprete tem dúvidas sobre o seu percurso e a mensagem que se quer transmitir. Se, ao contrário, o autor explora os *frames* de conhecimento que o leitor já tem, é capaz de encontrar um retorno muito mais direto.

[xi] Aí está também a técnica de construir uma narrativa com o verbo no presente, que é algo trabalhoso. Ao fazê-lo, ganha-se o efeito de transmitir ao ouvinte o que está a ocorrer naquele instante, de modo que o personagem pode, nesse caso, expressar-se com as palavras e o ritmo de repetição que sugerem que está sob efeito de alguma droga oculta em seu drinque, que é parte de sua narrativa.

[xii] "I couldn't care what you think of me, 'cause somebody put something in my drink."

Veja como isso ocorre em outro exemplo, uma canção espanhola. Existe para ela, claro, toda uma letra, mas aqui nos importa somente o título, que coincide com o título do filme para a qual foi composta. Leia esta frase e diga se, apenas com ela, já não é possível imaginar grande parte do que se passa:

O que faz uma garota como você num lugar como este?[xiii]

A letra confirma o que essa genial frase do título já mostrava. O protagonista está em algum lugar que provavelmente é um bar, e encontra uma garota que está deslocada. A percepção da contradição entre ela e o lugar onde está já é suficiente para todo um conflito que, amparado pela melodia e outros elementos extratextuais[xiv], complementa toda a cena. O restante da letra da canção apenas aprimora o embate, a confirmar a percepção do narrador-personagem de que existe algo muito excepcional na presença daquela mulher naquele ambiente.

Claro que, no contexto jurídico a que nos dedicamos, este tipo de construção não encontra lugar. Ou, melhor dito, não encontra lugar *exatamente*, porque podemos fazer um paralelo entre as canções e nossa condição jurídica. Basta-nos formular algumas perguntas, quando construímos um texto jurídico: O que é realmente necessário para meu leitor? O que ele pode por si mesmo depreender, a partir de minhas informações? O que ele já sabe, a partir da condição, do local, do tempo e do espaço em que aparece meu texto? E, a partir disso: Como estruturar meu texto

---

[xiii] "*¿Qué hace una chica como tú en un sitio como éste?* É a música do grupo madrilenho Burning, composta diretamente para o filme de Fernando Colomo.
[xiv] Claro que existe uma série de elementos de intertextualidade interagindo na letra: o ritmo da canção, seus instrumentos, a época em que foi composta (início da chamada *movida madrileña*), tudo isso recheia de sentido a expressão "un sitio como este", um lugar como este. O autor da letra sabe disso, então dispensa quaisquer outros detalhes descritivos.

para que suas palavras sejam formadoras de um universo de sentido para o leitor? Essa é a clave da coerência: um universo de sentido, composto de fragmentos dialogantes – como numa canção dos Ramones.

Em uma ação de cobrança de aluguel, via de regra, estão subentendidas uma série de condições que não necessitam ser narradas, pois os dados do contrato de aluguel e da inadimplência bastam para situar o leitor em um contexto suficiente para a decisão. Em uma ação de cobrança de alimentos, longas narrativas sobre o histórico do casal que se divorciara não importam para o binômio de necessidade e possibilidade que afetam o pleito de pensão. Duas ou três frases situariam o leitor em todo o relato, pois ele recolhe informações a partir de elementos que, aparentemente burocráticos, já fazem parte da compreensão do macrotexto: o título "ação de alimentos" já elucida grande parte do que talvez o escritor imagine que necessita narrar.

As mensagens implícitas

No começo dos anos 2000, o então presidente do Brasil, em visita à Namíbia, disse a seguinte frase: "Quem chega a Windhoek não parece que está em um país africano. Poucas cidades do mundo são tão limpas, tão bonitas arquitetonicamente e têm um povo tão extraordinário como tem essa cidade." Questão política evidentemente à parte, o discurso, como enunciava um jornal, "provocou constrangimento na comitiva brasileira".

Porque a coerência depende, como já visto, sempre do conhecimento de mundo também do ouvinte, certo é que o sentido de um argumento pode ser ampliado àquilo que não foi linguisticamente enunciado. Portanto, quando se afirma que *uma cidade é tão limpa que nem parece a África*, certamente isso significa – ainda que não assim elaborado – que a África é, em geral, suja. Ainda que não o quisesse, o enunciante revelou a premissa que estava por detrás de sua fala, e esta tornou-se mais importante que a fala mesma.

Haverá, entretanto, alguns momentos em que essa mensagem subentendida é intencional, e faz parte de saber lidar com a coerência: para onde remete cada assertiva, a partir do conhecimento de mundo do interlocutor. Se, em um discurso, um advogado diz que "Esta Corte, como não é usual neste país, está composta somente de magistrados trabalhadores", está a transmitir uma mensagem sobre a classe de juízes que talvez seja mais importante que o elogio que supostamente pretendeu fazer.

O mesmo efeito ocorre nesta pequena frase, que inicia uma conhecida canção brasileira dos anos 1990[xv]:

> Às vezes eu quero chorar
> *Mas o dia nasce e eu esqueço*

Quando a personagem enuncia que "quer chorar", evidentemente está triste, mas imediatamente ela informa que o pranto não ocorreu. Mas a mensagem principal, no contexto da narrativa, está no *motivo* pelo qual ela deixou de chorar. Ao aclarar que "o dia nasce e eu esqueço", a mensagem é que a personagem passara a noite em claro ou, no mínimo, que sua tristeza a despertara antes do nascer do sol. A informação, secundária na estrutura frasal, por ser complementar à primeira afirmação, é idealmente a mais relevante.

Outros recursos mais usuais, como a ironia, são característicos dessa necessidade do ouvinte de atribuir coerência ao discurso e podem ser utilizados no Direito, desde que de modo muito comedido. Se alguém diz "eu jamais desconfiaria de que

---

[xv] "Não sei dançar", canção de Alvin L., gravada por Marina Lima em 1991.

o deputado João fosse capaz de apropriar-se do dinheiro público, porque os políticos em geral são muito honestos", está-se utilizando de um recurso que contrasta a coerência entre o senso comum de que políticos são desonestos com a ideia de que jamais se suspeitaria que um deputado específico fosse capaz de roubar. Uma das afirmações tem de ser eliminada, ou ter seu sentido trocado.

A desvantagem de usar a ironia não é apenas parecer arrogante, mas que talvez ela não seja compreendida pelo leitor. A vantagem é que, como aqui muitas vezes se pode dizer ou insinuar, um ouvinte sempre se sente atraído por estruturas de discurso mais elaboradas[xvi], mais calculadas, ainda que lhe pareça algo simples e direto. Novamente, o critério está em prever o efeito que um recurso como esse causará no leitor.

Ilustração: defesa de homicídio

Como ilustração para coerência e ritmo, utilizamos um texto por nós publicado há algum tempo em um periódico. Ele simula a fala de um advogado, porém mesclada à ficção. Sem a mesma arte da letra dos Ramones, busca demarcar a objetividade do relato – e, aqui, da argumentação – com o uso do tempo presente para o fluxo de pensamento da fala. Para despertar interesse no leitor, entretanto, é necessário que algumas informações sejam concedidas em ritmo determinado, tanto na fluência de cada frase quando nas informações sobre a história. Como veremos ao cuidar de narrativa, o ponto de vista sugerido pode ser mais persuasivo que propriamente afirmações temáticas assertivas. Nesse sentido, a fala é de um advogado que promove a

---

[xvi] Claro que, para tanto, é necessário que o leitor esteja envolvido em um nível de atenção que permita construção mais complexa. A ironia em comunicação imediata como as redes sociais muitas vezes não é compreendida e se transforma em fonte de desentendimentos.

defesa da mulher que matou o *Haustyrann*[xvii], o tirano do lar. Sua tese é de legítima defesa, mas para que seja estabelecida os argumentos aparecem gradualmente. Leia o texto para, depois, retirarmos quatro conselhos sobre coerência:

Esboço da mulher assassina[xviii]

O essencial é: um tiro no marido, dormindo. Quem dormia era o marido, claro, do contrário seria muito fácil, inimputabilidade e tal. Na testa. Mas agora visto sob aquele clichê grego de que ninguém toma banho duas vezes no mesmo rio, porque cada vez que se lê o processo parece que são outros personagens, é outra história. O essencial corre no mesmo, embora com outros matizes, o cadáver está sobre a cama, com um disparo na testa e a imagem assusta. Assustar não é bem o termo, porque o problema é que a imagem colorida do morto todo ensanguentado persuade, o jurado sempre pensa que o corpo, porque jaz sem vida, pertencia a um santo. Principalmente assim, estirado no próprio leito, mas o defensor tem que saber colocar-se acima dessas âncoras tão fortes pra acusação: as imagens do corpo e do sangue. Não é sem motivo que toda foto de cadáver traz pra memória o som – som mesmo – da voz retumbante de tribuno do meu primeiro mestre, Você sabe que está vindo para o gol do goleiro, não é? E apontava sua cadeira de defensor. O gol do goleiro é o campo pisado pelo elefante, é onde a grama jamais nasce. Estou no gol do goleiro, no picadeiro do elefante, e ali não se pode esperar que brotem flores. Tribuna da defesa é isso aí.

Mas tem os flancos e sempre penso assim, sorte que sou da Velha Escola, a que praticava estratégia e cálculo, de palavras amenas, e

---

[xvii] O tema é explicado, desde 2008, em nosso *Fundamentos de direito penal*, op. cit.
[xviii] RODRÍGUEZ, Víctor Gabriel. "Esboço da mulher assassina". *Carta Forense*, maio de 2018.

farejava fraquezas, e ponto de vista, e previsões de enxadrista, algo não acessível para quem passa a eterna adolescência dando tiros em Counter Strike, mas vai dizer pra eles. Não falo nada, simplesmente faço o que me ensinaram, ir lendo o processo e invadindo pouco a pouco a pele do réu, a ré no caso, e então quando o defensor começa a pensar e ver e escutar e cheirar como o acusado é que a metamorfose se aperfeiçoou. Então, por que matei, quer dizer, por que ela mataria o marido?

O marido chega em casa e vai bater na ora ré, é assim toda noite, então não seria diverso hoje. E dói apanhar, sabia? Álcool e as drogas, que tivemos dinheiro pra comprar, ele ficou rico em um golpe de comércio e agora estamos na miséria outra vez, que nossa fortuna voltou ao pó, como diz na Bíblia, que dela falo. Dizem aqui, as testemunhas: a ré é crente e lê a Bíblia, e eu agora noto que a ré é um paradoxo ambulante, porque é a crente que duvida, como pode? Porque talvez o grande erro dela é obedecer ao que o Pastor determina na teoria, mas na prática proíbe: que se leia aquele livro grosso do começo ao fim e se o interprete por si mesma, ela notou que se trata de uma coletânea encadernada de livros com uma história quase linear de heróis, maldições e muito sangue. E de heróis sanguinários, que cumpriram com seu dever.

Então eu me pergunto. Ela se pergunta, digo. O que é fazer o Bem, na exata situação em que ela está colocada? Porque agora o marido está lhe batendo, e dói (já disse isso?), e está drogado e aceso, mas como é praxe em algum momento ele vai apagar de vez, mesmo que durma rangendo os dentes e ameaçando-a de morte. Ele a ameaça de morte sim, ela pensa, e se o maldito cumpre a promessa, serei uma mulher a menos na Terra e um assassino a mais para sumir no mundo, ou ser preso até fugir e matar outra. E então seriam duas mulheres ceifadas. A grande pergunta teológica – esse adjetivo ela não usa, mas o compreende melhor que nós – é como agradar a Deus nesse momento, porque talvez o maior ato de amor, que o Criador espera dela, seja a coragem de agir em nome de um mundo terreno melhor.

Seguimos a teologia, no reverso. O que significa não reagir a esse agressor? Moralmente, martirizar-se resulta em Salvação? Não, significa ficar com a boca escancarada, cheia de dentes, esperando que o assassino cumpra a promessa, que da próxima vez ele me rasgue mesmo com a faca e seja fatal. Portanto, deixar de reagir, do ponto de vista da ré, implica suicidar-se. E isso Deus só permitiu pra Judas.

Claro, deixa eu voltar a ser advogado. Volto pro gol do goleiro, o que o promotor vai argumentar? Que a ré não teria que executar o marido com suas próprias mãos, que deveria ter procurado a Justiça, separar corpos na Vara de Família, sair de casa, colocar o pé na estrada 'like a rolling stone', como uma hippie rebelde e muito-muito anacrônica. Como se não se soubesse que ela não tem outra casa, desconhece a existência da Defensoria, que pra ela só existe um lar, e deixá-lo significa perder o teto, ela com os filhos, porque ela não vive num motor home, nem recebe Auxílio Moradia pra alugar uma casa de quatro mil reais por aí, claro que isso não é pra dizer. Nem é pra dizer que a polícia ali não chega rápido quando se chama, porque pra mim ela só corre pra matar vereadora. Fica quieta, moça, e fala só comigo. Como foi? Então... avisei pra ele assim simplesmente, Você um dia vai dormir e eu te dou um tiro. E quem não sonha com um fim como esse, dormir e jamais saber que não mais despertou porque seus miolos se espalharam pelo travesseiro? A decisão estava tomada, seria aquela noite mesmo, quando ele dormisse. Aí só falei:

– Meu amor, o pó está acabando.

– Como assim?

– O pó do café. Não tem mais café.

– Ahn. E pra que diabo você quer fazer um café esta hora da noite?

– Pra te dar mais uma chance.

Mas ele não quis café e ameaçou levantar da cama pra me bater de novo. Daí dormiu de repente, no mesmo ranger de dentes, aquele sono que implicaria acordar morto.

Agora, aqui do gol do goleiro, na leitura do processo, fico na dúvida se direi aos jurados algo que sei que ela pensou: apertar o gatilho era fazer um bem não pro mundo, mas pra ele mesmo, Vai rápido, vai acertar suas contas com o Cão, antes que o débito aumente. Corre, que ainda é tempo! Porque era simplesmente chegada a hora de retirar o revólver do pote de arroz e fazê-lo disparar uma vez.

Isso se chama, senhores jurados, executar a legítima defesa com a maior brevidade possível. Notem o 'possível'. Então esqueçam as figuras penais que o promotor lerá como se ela vivesse dentro daquele motor home imaginário, que pode dar partida a qualquer momento em busca do infinito, ou mesmo meu discurso sobre aquilo que se denomina 'estado de necessidade defensivo', e apenas se atentem à pergunta legal: o jurado absolve a ré?

Absolve, porque o mundo dela era o chão pisado do elefante. Ela vivia no gol do goleiro, lá, onde a grama não nasce.

Muitas observações se podem fazer sobre o método de construção textual, mas notamos principalmente que, apesar de narrativo, existe uma estrutura básica: uma tese apenas sugerida no fim do primeiro parágrafo, mas que ao final ganha sentido, na última frase do texto. Com essa estrutura, o defensor constrói sua fala como se ela não estivesse toda planejada, como se houvesse uma narrativa natural, métrica, que porém foi bastante pensada. Fechando-se no último parágrafo, na comparação entre a vida da ré e o chão pisado de elefante, o texto remete sua mensagem ao leitor, que, se bem acompanhou o relato, entenderá a mensagem como obrigatória: o jurado absolve a ré? Absolve.

A estrutura do texto nos ajuda a compreender algo relevante sobre o quanto se deve revelar da coerência estipulada para cada argumentação. Desenvolvemos no tópico seguinte, em alcance ultraprático.

Regras sobre coerência

Como dito, o destinatário da argumentação, ainda que jamais tenha estudado algo a respeito de coerência, adere mais às ideias que se lhe apresentam em um percurso bem formado[13]. Isso importa em aceitar que o enunciante deve se esforçar para que seus argumentos sejam encadeados da melhor forma possível, ou seja, que pareçam lógica e indeclinavelmente coesos.

Claro que quanto mais complexa for a argumentação mais ela vai exigir de trabalho e consciência dessa qualidade do discurso. Neste capítulo, ao exemplificarmos diversos percursos textuais, já em muito contribuímos para a coerência mais robusta. Como aqui tem sido nosso método, é melhor o leitor desta obra conhecer cada conceito e característica do texto do que regras estabelecidas a serem seguidas ou dicas enunciadas. Isto porque as regras e as dicas são genéricas e nunca darão conta de todas as situações argumentativas. A percepção pelo leitor das técnicas em cada exemplo deve transportar-se a sua própria prática de construção textual.

Abrimos exceção neste ponto específico apenas porque, mais que conselhos, o que apresentamos a seguir é a síntese de pontos que trabalhamos neste capítulo, e que em outros ainda serão mais elucidados.

1. Ousar *excluir* ideias e informações

Em primeiro lugar, aquele que constrói o discurso deve ter para si bem fixado que existem inúmeras possibilidades de progressão do texto. Por isso não é de estranhar que, no decorrer de sua criação argumentativa, confunda-se com qual será o melhor meio de construir seu discurso ou sinta-se de certa maneira irritado porque *todas as ideias que lhe vêm à mente não cabem em uma única progressão*. O processo de *decisão*[xix], sobre o qual tanto se poderia dissertar, é natural do momento da escrita. As dúvidas, os arrependimentos, a constante impressão de que haveria uma forma melhor de haver iniciado o texto, tudo isso é parte de qualquer processo de escrita mais longa.

Essa insegurança gera a vontade de trazer todas as ideias que se tem para o texto, mas isso é impossível e só gera confusão. A coerência é a arte de atribuir sentido entre elementos; logo, eles não podem ser infinitos. Cada qual requer seu *locus*, seu espaço, seus argumentos derivados, mas o discurso impõe limites para isso. Ele não se pode estender ao infinito, por mais lógico que seja.

Preocupar-se com espaço ou tempo existente para a enunciação do discurso é algo intrínseco à argumentação, diversamente do quanto ocorre com a demonstração. Um matemático, ao resolver um problema em sua área, não se aflige com o espaço que tenha para demonstrá-lo, mas um advogado a quem se concedem apenas quinze minutos para uma sustentação oral certamente tem no limite de tempo uma questão de coerência discursiva: encaixar os assuntos, as premissas e os argumentos que caibam naquele interregno determinado.

E a *exclusão* de muitas ideias desse contexto é consequência da necessidade de seleção de que tratamos, e evita confusão entre as duas partes: o arguente e o interlocutor.

[xix] Nossa formação do Direito Penal sempre fará com que tenhamos a inclinação a discutir o processo de decisão da mente. Para evitar outras citações aqui, veja-se nosso RODRÍGUEZ, Víctor Gabriel. *Livre-arbítrio e direito penal*. São Paulo: Marcial Pons, 2018.

2. Palavras de conexão não forçam a coerência

Decorrência dessa mesma não definição apriorística da progressão do discurso é nosso segundo conselho, pertinente ao encadeamento. Vimos anteriormente, como característica da argumentação, que a passagem de uma premissa para uma conclusão é meramente *verossímil*. Mas essa verossimilhança não implica dúvida ou insegurança nessa fronteira entre uma ideia e outra.

Assim dizemos porque, principalmente em textos escritos, é natural a preocupação do argumentante em enunciar elementos de ligação de ideias (principalmente entre os parágrafos) para que o lineamento de seu discurso pareça seguro. Recheia-se então o texto – em regra, o início dos parágrafos – de conectivos como: dessa maneira, assim sendo, da mesma forma, portanto, consequência disso, destarte, entre outros. Esse excesso de elementos de ligação expressamente enunciados acaba, se empregados de forma exagerada, tendo efeito reverso: denotam insegurança na condução do texto[14].

Lembre-se: as ideias estão coerentes, independentemente de virem no texto expressões como "destarte[xx]", "portanto" ou "desta forma". Nem sempre é necessário explicitar sua conexão, e deixar que o leitor o faça por si mesmo é um grande atrativo para sua percepção lógica. O exemplo anterior, da defesa da mulher homicida, é paradigma desse acerto: todos os fatos narrados convergem à tese sustentada, sem que seja necessário enumerar cada argumento ou indicar a passagem de um a outro. Ao revés, o autor esforça-se por destruir esses limites, tentando fazer com que não sejam tão marcados. Esta recomendação está mais relacionada à topografia gráfica do texto. Todo discurso tem proje-

---

[xx] "Cohesion is neither a nacessary nor a suficiente condition for coherence", SCHWARZ, Monika. "Establishing coherence in text. Conceptual continuity and text-world models". *Logos and Language*, vol. 2, n. 1, 2001, p. 21.

ção espacial, porque o leitor, como já se disse, sempre aguarda que se o entretenha mais naquilo que é mais importante. Isso conduz a um conselho bastante eficaz: o argumentante deve fazer um rascunho de seu discurso.

3. Planejar o discurso em tópicos

Quem inicia, por exemplo, as razões de apelação sem ter já planejado, ainda que *grosso modo*, o percurso de seus argumentos, dá um grande passo para a construção de um texto confuso e, assim, não persuasivo. Não raro terá, em meio à progressão de ideias, de enunciar longas informações que já deveriam ser premissa de seu discurso, mas que não foram ainda expressas no texto porque, antes de se invocar um novo argumento, pareciam dispensáveis. Terá então de interromper a progressão do discurso para relatar algo fático[xxi] e, assim, interrompe o raciocínio do leitor, como interrompeu o seu próprio.

Discurso e planejamento prévio, pois o tempo gasto em afiar o machado nunca é em vão. O intervalo que se gasta na elaboração de um bom rascunho ou plano será recuperado na facilidade de construção do discurso e em seu resultado em coerência. E essa regra não costuma ter exceções, e disso cuidaremos em capítulos posteriores.

Aliás, costumamos afirmar que a comparação final do texto com seu planejamento prévio dá boa noção do nível de intencionalidade e consciência de escrita de cada um. Quem gosta de arte sabe que as grandes pinturas dos melhores artistas são antecedidas de uma série de esboços, ou mesmo quadros inteiros que a seu tempo não aparentavam, mas depois se revelam como ape-

---

[xxi] Posteriormente, veremos como e por que as progressões temáticas e figurativas se repelem.

nas preparativos para a obra maestra, final. Quando elevamos nosso nível de escrita, melhor antevemos, ao fazer um rascunho, quantos subtítulos, parágrafos ou linhas serão utilizadas em nossa argumentação. Então, um bom planejamento de texto (rascunho, apontamentos, tópicos) serve, no mínimo, de elemento eficaz de treino.

Vamo-nos aprofundar no tema, quando cuidarmos de criação de argumentos, mas já se pode adiantar: o momento de construção de esqueletos do texto é, via de regra, aquele em que os argumentos se esclarecem, permitindo que os secundários sejam criados, porque encontram seu lugar; ou excluídos, porque não fazem parte da progressão.

4. Prever o que o leitor necessita saber

Outra recomendação para o estabelecimento da coerência vem, de novo, relacionado à intertextualidade. Nada prejudica mais a coerência do que explicações que surgem repetidas ou em excesso, ou, pior, explicações ou premissas que faltam ao leitor para a compreensão de um discurso. Para que se estabeleça a coerência, o argumentante deve *realmente* se preocupar em colocar-se no lugar do leitor e saber o que ele necessita para decodificar o texto, a fim de que o raciocínio do interlocutor acompanhe o percurso que lhe é intencionalmente traçado.

5. O quinto conselho é de um nível mais profundo. Tentaremos registrá-lo aqui sem nenhum tipo de arrogância, mas com a experiência de muita construção textual e leitura sempre guiada, por dizer-se assim, à engenharia reversa dos grandes textos: ou seja, compreensão de seu processo de construção. Bem por isso temos que afirmar que os textos mais convincentes disfarçam a sua sistemática. Não basta que a coerência exista, é necessário que seu estabelecimento não se faça notar.

Vamos compreender essa estrutura do fim para o início. Primeiro, os resultados: quem olha uma pintura de Velázquez ou de Goya não vê as linhas reitoras do desenho, os primeiros esboços que estão por detrás da tela, ou, ainda, os tantos estudos que foram feitos sobre outros suportes. Os pintores mantêm seu foco para a preparação do resultado final, e haverá inúmeras histórias de artistas que mantinham absoluto sigilo de suas obras em construção até o momento de sua apresentação ao público. Claro que muito desse comportamento encontra explicação no fator surpresa, na ideia de que o público se choque com a criação, como ocorre com as escolas de samba, que cobrem seus carros alegóricos e impedem qualquer captação de sua imagem: eles estão reservados para o momento mágico da travessia da avenida. Tal como os vestidos das *top models* antes de pisar a passarela.

Mas há um segundo fator: quando se revela muito claramente a estrutura por detrás de uma criação, como de um texto, demonstra-se seu processo de construção, e nisso pode haver um enfraquecimento argumentativo. Afinal, como temos afirmado, a coerência implica decisões entre o que será ou não incorporado ao discurso, sobre o que, pelos mais diversos motivos, se excluirá ou não do texto final. Essas decisões têm relação com a manutenção da *unidade de sentido* e, em pensamento mágico, com a proximidade com o ouvinte/leitor. Isso significa que, se colocamos de modo muito sistematizado cada um dos argumentos utilizados, explicitamos todas as técnicas e referenciamos cada processo de raciocínio, podemos seduzir pela estrutura, mas nasce o efeito reverso: revela-se concomitantemente o que *não* se colocou, quais são as lacunas da construção.

Por exemplo, no Tribunal do Júri há muitos argumentadores que, por medo da fala longa, enumeram ao ouvinte cada um de seus argumentos. Outros o fazem no papel ou mesmo em dispositivos digitais. Há que ter em mente que aquilo que pode ser didático nem sempre é convincente e, menos ainda, eficaz, quando se trata de texto submetido ao debate imediato, ao princípio do contraditório. A estrutura revelada permite que o leitor identifique cada momento em que a opção do argumentante poderia ser diversa.

Não se trata – vale a ressalva – de aconselhar que o texto não tenha jamais enumerações. Ao contrário, a depender de sua extensão e de seus objetivos, deve abusar de títulos e subtítulos, deve destacar sua condição ordinária. Mas isso não é o processo refinado de coerência: aqui cuidamos de discorrer sobre um tema sem deixar bem evidente em que consiste cada recurso de linguagem utilizado e o que motiva sua organização específica. O argumentante mais experiente conhece, ainda que de modo intuitivo, essa sua obrigação de mostrar seu texto ao leitor como um produto acabado e fruto de um raciocínio fluido, direto. Ainda que essa naturalidade lhe haja custado mil rascunhos[xxii].

A partir desse conselho, há que desfazer duas contradições aparentes: primeira, a existente entre a assertiva de que o interlocutor aprecia os discursos bem formulados e este conselho de que sua estrutura não seja expressa. A percepção de que existe uma preparação para o discurso, de que há um caminho a ser seguido, não é o mesmo que pontuar toda sua estrutura. Por exemplo, começar um discurso oral afirmando quais serão os tópicos abordados é um sedutor sinal de respeito ao ouvinte, que nota que seu tempo está sendo valorizado, pois não haverá perdas e desvios de rota. Mas isso não significa revelar a estrutura montada pelo próprio argumentante. Esta é muito mais detalhada e

---

[xxii] Em outra obra nossa, cuidando desse tema em específico, ilustramos: quanto ensaio e quanta força física são necessários para que o bailarino erga nos braços sua companheira de dança, com elegância, firmeza e – principalmente – aquele semblante de sorriso que nos convence de que não faz o menor esforço, como se estivesse a levantar uma taça de champanhe?

pode até, desde que com grande grau de intenção, desviar-se daquela enunciada a início, com o acréscimo de um argumento ou um tópico, que passa a ter cabida como aparente improviso, por causa de atração temática.

A segunda é parte do próximo conselho: não há contradição entre omitir-se em revelar toda a estrutura textual e a obrigação de delimitar o tema a ser discutido.

6. Delimitar o tema a ser discutido

Especialmente em textos mais livres, é imprescindível que o leitor/ouvinte tenha claro qual o *tema* do que lhe será transmitido. Além de toda a questão organizacional que essa delimitação traz, do ponto de vista do interlocutor a principal vantagem é não ter frustradas as suas expectativas. Pode haver exceções, em especial quando cuidamos de narrativas, mas a regra é que a pessoa que recebe o texto saiba o que esperar.

Quando cuidamos do texto de caráter científico, essa característica é proeminente. O autor, dentro das ciências humanas, é livre para tratar do tema que deseje. Isso faz com que tenha a obrigação ainda maior de construir uma delimitação exata do que será tratado, pois não pode abordar, em um artigo ou um livro, a história completa de uma nação, o desenvolvimento econômico de um continente, ou o Direito Penal globalmente considerado. Então, tem de dizer, como exemplo: "nosso objetivo, aqui, é rever as cartas existentes sobre as navegações espanholas nos anos 1630 a 1640 para tentar saber se havia comércio de pau-brasil e se isso representou relevância econômica naqueles tempos". Com isso, o leitor sabe o que encontrará e, como se dirá em momento posterior, não se frustrará em suas expectativas, o que também é uma característica da intertextualidade no processo de atribuição de coerência. No contexto narrativo, esses elementos serão bastante esclarecidos.

7. Deixar-se influenciar pelo próprio texto
Em determinado momento, vamos notar que o próprio texto é capaz de influenciar seu autor. E o autor tem de saber reconhecer o momento em que a coerência do que ele escreve o leva a alterar seus caminhos, talvez até suas conclusões. Esse, entretanto, é um tópico mais avançado, para momento posterior. Aprofundar-se nele agora somente geraria confusão[xxiii].

8. Manter um plano comparativo constante com as regras de lógica formal
Como temos aqui repetido, as regras de lógica formal não são suficientes para lidar com a construção argumentativa no foro, que depende de outros recursos exteriores a ela. No entanto, elas são a base fundamental de qualquer raciocínio que se faz mais complexo. Reconhecer relações de implicação, de igualdade e desigualdade, de fatores que interessam em resultado, de quantificadores, generalizações, aproximações, são todas tarefas imprescindíveis a quem escreve. Por isso, o bom argumentador relê seu texto também à caça de equívocos lógicos, ou, ao menos, de novas hipóteses que possam ser retiradas de seu texto, com perguntas que o destinatário faria a si mesmo, porque o leitor mais atento pode buscar novos caminhos para suas próprias conclusões, embora essa não seja a regra geral.

O autor do texto pode, com esse processo, descobrir que a estrutura de seu raciocínio tem de ser modificada, ou que, por não estar claro ao leitor, um pensamento mais formal, que estava

---

[xxiii] Veja-se o Capítulo XIV.

subentendido na progressão de argumentos, merece ser expresso, explicado, em momento de excepcionalidade.

Conclusão

O nível de coerência de um texto permite que o leitor transforme o que lê em algo que faz sentido para si e, então, motive-o a decidir de um modo ou de outro, aderindo (ou não) à tese que lhe é apresentada. Todos sabemos que, no Direito, o nível de complexidade de cada peça é bastante variável, desde um requerimento muito direto até a exposição de diversos fatores controversos, na realidade fática e nos valores jurídicos que se lhe devem atribuir, mas todos elas, as peças, têm de ser elaborados por um caminho bem objetivo.

A percepção do leitor de um discurso coerente é intuitiva, porque ele em regra não o lerá medindo ligações entre argumentos, o que não retira o mérito do redator: quanto mais oculto estiver o nível de coerência de um texto, mais convincente ele será. Teremos de aprofundar-nos nessa estrutura, a partir de nosso ponto de vista, que acreditamos bastante sedimentado: a estrutura narrativa rege a construção retórica, ainda quando apenas conceitos estejam em debate. É matéria para os próximos capítulos.

CAPÍTULO VI

A NARRATIVA DOS FATOS – TEMPO E ESTRUTURA

Até aqui, nos aproximamos da argumentação e definimos o argumento como o enunciado que quer conduzir à persuasão. Algumas vezes, temos nos referido às narrativas, sem entretanto avançar à sua conceituação e análise.

Por outro lado, temos fixado a premissa de que toda nossa expressividade tem essência narrativa. Isso implica aceitar que a argumentação que desenvolvemos, a partir de estruturas aparentemente formais de raciocínio, está pensada à semelhança do conflito e transformação de personagens. De nosso ponto de vista, a construção da lógica formal é narrativa em sua essência. Não poderemos usar esta obra, de viés mais generalista, como comprovação da tese, porém tampouco seria honesto repetir mitos sobre narrativa no âmbito judicial que estão em total desacordo com a lógica e com os fatos mesmos.

A solução aqui será expor a narrativa a partir de um ganho de complexidade: desde as construções mais simples, com princípios elementares, até as fórmulas mais detalhadas, estas evidentemente com maior capacidade de descrever os fenômenos estudados.

Narrativa elementar: os fatos como premissa

A concepção mais elementar da narrativa é aquela que direciona quase todas as premissas jurídicas: os fatos e o Direito. Essa noção advém de uma transposição bastante rudimentar do mundo real para o mundo jurídico. Em tese, estamos diante da diferenciação, que realmente existe, entre fatos e suas consequências jurídicas. Haveria, então, um mundo efetivo, fenomenológico, sobre o qual deve haver um efeito normativo, porque existiu um estado de desequilíbrio que merece ser compensado. Nesse sentido, a narrativa dos fatos representa esse mundo fenomenológico, terrenal; a apresentação do Direito, na peça jurídica, significaria então a incidência desse mundo etéreo, normativo, determinando a intervenção no universo fático para solucionar o desequilíbrio jurídico estabelecido. Transportando-se isso para o pleito jurídico, este se dividiria entre "os fatos" e "o Direito", tendo o primeiro o lugar narrativo. Essa narrativa seria de cunho naturalístico, objetivo, em que não caberiam os conceitos ou o direcionamento suasório.

A divisão entre esses dois mundos (fático/jurídico) seria perfeita se fosse possível apresentá-los ao juiz diretamente, sem a intermediação de um texto – oral, escrito ou visual. Como se, num exercício de ficção científica, se colocasse o mundo mesmo numa petição (os fatos), seguido de conceitos, de algum modo materializados, que seriam o Direito. Embora seja um excelente início de roteiro para uma narrativa fantástica – algo como fragmentar o próprio universo e apresentá-lo em uma réplica –, não é nada viável: o máximo que se pode oferecer, para o pedido do juiz, é uma *representação* dos fatos que criaram desequilíbrio e, em seguida, uma representação dos elementos normativos que se devem fazer incidir no caso. O primeiro seria uma estrutura tipicamente narrativa, o segundo, argumentativa. Mas ambos são linguagem e, claro, mesclam-se em suas características.

Dito isso, já se sabe que a função da narrativa é, primordialmente, a de informar sobre os fatos. É neste nível que estamos agora.

A figuratividade na narrativa

Aceitando-se esse primeiro nível de separação, a *figuratividade* é a principal característica da narrativa. Ela se diferencia da argumentação em si ao trabalhar com *figuras*, ou seja, *personagens* que *atuam sobre a realidade* de determinada maneira, transformando-a.

Veja como o texto abaixo é eminentemente narrativo:

> Fiquei imóvel por dez minutos, o suficiente para tomar metade da sopa e comer alguns biscoitos, depois fui para o telefone. Mordecai não tinha encontrado nada.
> Consultando os classificados, comecei a telefonar para corretores e serviços de locação de apartamentos. Depois pedi um carro com chofer, de uma locadora de automóveis. Tomei um longo banho de chuveiro para relaxar os músculos doloridos.
> Meu motorista se chamava Leon. Sentei na frente, ao lado dele, tentando não fazer uma careta cada vez que o carro passava por um buraco.[i]

O texto narrativo é representado por figuras, sejam elas *pessoas* (no texto acima, o protagonista, Mordecai e Leon) e *coisas* (sopa, biscoitos, telefone, classificados, automóvel).

Essas pessoas e coisas interagem para determinar a mudança de uma realidade[ii]. A mudança, ou seja, a alteração do *status quo ante*, representa o núcleo de toda a narrativa, e somente pode ocorrer pela ação e combinação das figuras apresentadas. Em um roubo consumado, existe a alteração da realidade anterior pela intervenção de personagens: alguém que tinha um relógio

---

[i] GRISHAM, John. *O advogado*. Rio de Janeiro: Rocco, 1998.
[ii] Assim, Todorov vai dizer que os dois princípios da narrativa são a *sucessão* e a *transformação*. TODOROV, Tzvetan. "The 2 principles of narrative". *Diacritics*, vol. 1, n. 1, 1971, p. 39.

de ouro perde, pela intervenção de um segundo personagem, esse bem, que, com determinada ação ameaçadora ou violenta, tomou-o para si[iii].

Quando narramos os fatos, então, mais do que nos concentrar em conceitos, apresentamos a relação entre as figuras. São elas o fator determinante do texto, e sua interação é que determina o percurso. Para o âmbito da retórica jurídica, aqui estamos em uma elementar relevante, pois a mescla não intencional da narrativa com digressões temáticas representa um dos mais comuns erros de coerência, porque retira o leitor do eixo progressivo: a passagem do tempo.

O eixo temporal

Os elementos da narrativa são os personagens e as coisas. Elas são apresentadas ao leitor de acordo com uma *ordem* também característica, qual seja, o *transcurso do tempo*. Entre uma ação e outra, determinantes das alterações operadas pelos personagens, há um lapso temporal, que deve ser indicado para o leitor como eixo principal da coerência narrativa.

A indicação do transcurso do tempo é essencial ao discurso narrativo e pode aparecer de modo explícito (como a determinação de data e hora), ou de modo implícito (a referência a um marco histórico ou a própria sequência das ações, que permita identificar o passar do tempo etc.)[1].

Assim, enquanto a progressão da argumentação é *lógica*, representando o encadeamento de ideias que se combinam, a pro-

---

[iii] Claro que o leitor mais atento já percebeu que incidem, nessa mesma narrativa, uma série de juízos que não são fáticos especificamente. Veja-se que, no tipo penal de homicídio, *"provocar a morte"* traz ao menos dois elementos valorativos que o Direito Penal debate como tema, não solucionado em milhares de páginas de doutrina: relação de causalidade e juízo de imputação (qual a causa real da morte de alguém e se essa causa pode ser atribuída a uma ação individual de alguém). Entretanto, como dissemos, encontramo-nos em um primeiro nível narrativo.

gressão da narrativa é *temporal*, pois, indicado ou não, o tempo é o único elemento que ordena as ações narradas.

Tal diferença entre os eixos narrativo e argumentativo é que fundamenta a *separação* usual no discurso forense escrito, ou seja, *os fatos* – a narrativa, e *o Direito* – a argumentativa. Não se trata apenas de construir uma separação organizacional, padronizada como uma praxe jurídica cristalizada, mas também de separar discursos que correm essencialmente por progressões diversas, na medida em que a argumentação não se rege pela passagem do tempo.

É claro que a distinção entre narrativa e argumentação é conceitual, pois não existe texto narrativo *puro* nem mesmo discurso argumentativo em que a narração não interfira. Quando, em argumentação, damos um exemplo, fazemos uma analogia ou mesmo relembramos fatos a título de argumentos específicos para determinado efeito suasório, recorremos à figuratividade e ao transcurso do tempo porque nos servem naquele momento. Quando isso ocorre, entretanto, passamos diretamente ao eixo progressivo temporal da narrativa.

Veja, como exemplo, o discurso abaixo, de Plutarco[iv]:

> O lavrador não pode tornar fecunda qualquer árvore, nem o caçador domar o primeiro animal que chegar; eles procuram, então, outros meios de tirar proveito, o primeiro, da esterilidade vegetal; o segundo, da selvageria animal. A água do mar é pouco potável e tem mau gosto; mas sustenta os peixes, favorece os trajetos em todos os sentidos, é uma via de acesso e um veículo para aqueles que a utilizam. Quando o sátiro contemplou pela primeira vez o fogo, desejou beijá-lo e abraçá-lo; então, Prometeu lhe disse:

[iv] PLUTARCO. *Como tirar proveito de seus inimigos*. 3. ed. São Paulo: WMF Martins Fontes, 2011.

"De tua barba de bode chorarás a perda."
O fogo queima quem o toca; mas fornece luz e calor, serve a uma infinidade de usos para aqueles que sabem utilizá-lo.

Para mostrar como o inimigo pode trazer proveitosos frutos, Plutarco recorre a exemplos e comparações que são figurativas: em seu núcleo, rege-se por personagens e coisas, e não por ideias em si. Desse modo, relata atitudes de diversos personagens (lavrador, caçador) e relembra a mitologia de Prometeu e seu diálogo com o sátiro, para comprovar sua tese. Entretanto, o autor bem sabe que, embora se utilize da figuratividade e daí, obrigatoriamente, do transcurso do tempo, ela é mero *auxiliar* de uma progressão argumentativa. Por isso os exemplos são curtos, e os diálogos, mínimos. Afinal, ele apenas se utiliza das figuras enquanto servem ao percurso argumentativo, pois sua intenção ali é argumentar, e não relatar fatos (o que ocorreria, em um discurso primordialmente *narrativo*, por exemplo, se a intenção do autor fosse contar o drama de Prometeu).

O texto argumentativo utiliza-se também do discurso narrativo porque é impossível a argumentação pura, mas mantém sua progressividade lógica, não se aprofundando no transcurso do tempo. O texto narrativo, por sua vez, tem o transcurso do tempo como fator regente principal, mas não único.

Por isso a técnica narrativa do texto assume sempre a progressão temporal. No momento da enunciação, o discursante atribui um marco de tempo a seu texto, um centro que tem como presente o instante do *momento da fala*, do momento da enunciação e, a partir dali, situa os fatos narrados como anteriores, concomitantes ou posteriores a esse marco. O ato de enunciação instaura um momento presente, que é fundamento de toda a relação temporal narrativa[2].

É que assim como a argumentação se utiliza da narrativa, esta se aproveita daquela, como veremos no tópico seguinte.

Função argumentativa da narrativa dos fatos: o ponto de vista

Grande parcela de razão têm aqueles que defendem que, em muitos procedimentos judiciais, importa mais no convencimento do leitor a narrativa *dos fatos* que a argumentação propriamente dita, ou seja, que em algumas petições o julgador dá maior atenção à narrativa dos fatos que à persuasão referente ao *Direito*. Mas isso não ocorre apenas em petições, em textos escritos do cotidiano forense. Muitas sustentações orais, profícuas, de advogados, concentram-se no *esclarecimento* de *fatos* ocorridos durante o processo, seguindo sua fala um percurso eminentemente narrativo, regido pelo transcorrer do tempo. Grande parte das vezes, a partir de uma narrativa, a consequência jurídica é quase intuitiva.

Por quê? Para responder, leiamos um trecho da defesa de Ferri[v]:

> Na pensão Dienensen está a Hamilton? Ali está. Dão-lhe o único apartamento disponível, bem próximo ao seu, no mesmo andar. A senhora tinha o quarto 33 e a ele coube o quarto 39.
> Diz que desejava tomar banho porque nos países do Norte o banho é um hábito muito frequente. E acabava de fazer uma viagem de 36 a 40 horas ininterruptas, tinha necessidade de tomar um banho. Mas a camareira disse que levaria meia hora para preparar-lhe o banho, e ele, atormentado pela pressa, renuncia ao banho. Faz então uma toalete rápida, arruma-se, sai, pergunta onde pode encontrá-la. Pergunta ao porteiro, que, como os senhores viram aqui, não tem uma estrutura gigantesca, seja corpórea, seja

---

[v] FERRI, Enrico. *Defensas penales*. Bogotá: Temis, 1974, p. 105.

por sua função na pensão. Ele responde: "Provavelmente no Hotel Regina, no Hotel Excelsior, lá servem um chá pela tarde." Vai, busca ansiosamente, não encontra; regressa à pensão; há quem tenha visto sua amada. Sabe que está por ali, sente-se de novo sob sua influência, sabe que respira seu mesmo ar, que seu tormento de amor está realmente próximo.

[...]

É somente no instante fatal e funesto da ação fulminatória que a ideia preordenada do suicídio evoca também de improviso a ideia da morte de outro, e o desesperado amante chega à ideia de suicídio, posto que turbada pelo homicídio, uma vez que os freios de sua vontade já não funcionam. Então ele, em um ímpeto que obscurece os sentimentos e a vontade, com a pistola à queima-roupa, com a luz acesa, dispara três tiros contra a mulher que se encontra nua sobre o leito.

Não é difícil perceber que o enunciador atua em defesa do réu, o qual, conforme o texto, acaba por cometer um homicídio. Não há, entretanto (ou aparentemente), argumentos lançados no texto, mas apenas elementos informativos, o que ocorrera com o personagem – o réu – até o momento do fato delituoso, o irrefreável instinto da vontade que culmina na morte da mulher. Aliás, será que não existem mesmo argumentos?

Os argumentos (como elementos linguísticos que visam à persuasão) estão no texto, mas *diluídos* de modo que não apareçam explicitamente. Explicamos. O texto acima é evidentemente *narrativo*, pois mostra a ação dos personagens, sua transformação no espaço e no tempo, buscando informar o ouvinte (no caso, os jurados) a respeito de fatos relevantes para o julgamento. Mas, como criação do intelecto humano, como ocorre com qualquer discurso, a narrativa assume um *ponto de vista* que parte de seu enunciador. Esse ponto de vista *rege* o percurso trilhado e determina que, ainda que o enunciador não o possa revelar explicitamente, a narrativa seja construída de acordo com uma interpretação pessoal. Tal interpretação pode ser uma tese a ser comprovada em outro momento, quando a argumentação propriamente dita iniciar-se, como acontece com frequência no discurso judiciário. Note-se que, inserto em meio a uma série de fatos, traz sua tese: o réu pensa em suicídio, mas, com a mente "turbada", arrebata-lhe a força para o homicídio. Evidentemente, são fatos controversos, que dependerão de prova, mas isso será em outra fase.

Ao construir uma narrativa, o enunciador transforma fatos em elementos linguísticos. Portanto, é obrigado a *selecionar* de uma realidade os fatos mais importantes *para um fim pretendido*. O narrador esportivo encarregado da transmissão, pelo rádio, de um jogo de futebol sabe que é impossível relatar ao ouvinte *tudo* o que vê (a ação de cada um dos 22 jogadores, o comportamento da torcida, do juiz, dos bandeirinhas, dos policiais, em atitudes todas concomitantes), por isso *escolhe* os fatos mais importantes. Em geral, ele seleciona narrar o comportamento dos jogadores que interferem na trajetória da bola. Note-se: ele não descreve a trajetória da bola, mas usa-a como centro de definição das ações que pretende narrar. Os personagens que estão próximos à bola, com potencial de desviar-lhe o rumo, são geralmente seu objeto de narrativa. Caso haja outro elemento que estabeleça o núcleo de sua narrativa naquele momento, ele fará essa alteração, porém de modo justificado: uma briga na torcida, um incidente com os treinadores à borda do campo etc. Colocando-se no lugar do ouvinte, sua arte é complementar as imagens e conceder ao jogo uma interpretação conflitiva, que vai muito além do nível informativo[3].

O bom narrador seleciona elementos da realidade que *conduzem* o interlocutor, no transcurso do tempo, a um ponto de vista que ele pretenderá demonstrar. No exemplo de Ferri, adstrito à verdade processual – ao que nela há de demonstrável –, ele seleciona os fatos que contribuem para o centro a que sua tese convergirá[vi]: a turbação mental do autor do crime, apaixonado, que deverá levar a uma reprovabilidade menor de sua conduta. Essa *tese* não é parte da narrativa, mas a simbiose de ambas é inequívoca: a tese a ser defendida contribui para a seleção narrativa, e a narrativa sustentará futuramente essa tese, temática.

Portanto, a narrativa, conduzindo-se pelo eixo temporal, não abre espaço a argumentos *explícitos*, mas eles perifericamente estão colocados.

Nesse raciocínio, duas considerações relevantes devem ser feitas a respeito do efeito suasório do texto narrativo. A primeira delas é que, se o enunciador, no relato, deixar transparecer o comprometimento de seu ponto de vista com a tese que posteriormente irá defender, sua versão na mesma medida perderá credibilidade. À primeira vista essa colocação pode parecer estranha, mas representa apenas mais um dos efeitos práticos da distinção entre argumentação e narrativa dos fatos.

A *argumentação* tem um ponto de vista explícito. Ferri, na defesa que aqui lemos, poderia dizer aos jurados: "Vou provar, com diversos argumentos, como a paixão e o ciúme podem tornar a pessoa absolutamente desconhecedora da gravidade dos eventos que provocara." Trata-se apenas de haver explicitado sua tese argumentativa. Porém imaginemos que Ferri dissesse: "Vou *narrar os fatos* de tal maneira que Vossas Excelências, senhores jurados, convençam-se de que o acusado estava de tal maneira entorpecido pela paixão que nem percebeu a gravidade de seu

---

[vi] Defendendo que o próprio autor do texto deve acreditar na narrativa que cria, veja-se: EGRI, Lajos. *The art of dramatic writing: Its basis in the creative interpretation of human motives*. New York: Simon and Schuster, 1972, especialmente p. 15.

ato." Com essa fala, condenaria todo o seu discurso, pois o jurado espera que a *narrativa dos fatos* seja meramente informativa, não comprometida com pontos de vista.

O ponto de vista existe, permeia toda a narrativa dos fatos, mas nela jamais deve ser revelado. Daí dizer que, ao contrário da argumentação, na narrativa o ponto de vista tem de ser *implícito*.

E é impossível que a intenção do autor deixe de influenciar no processo de criação, como no texto discursivo. Em sala de aula, trazemos um exemplo ilustrativo. Imagine que dois amigos, Pedro e Paulo, caminhando no centro da cidade, encontram um amigo comum que havia longa data não viam. Trata-se de Hermes, que estava vestido de paletó e gravata, esta meio frouxa no colarinho; bem mais obeso que da última vez que o encontraram, tinha a barba por fazer e, sorridente, descendo de seu Mercedes-Benz ano 1980, conversível, brilhando muito porque bem encerado, cumprimentou rapidamente ambos os amigos, deu-lhes um cartão da empresa em que trabalhava, pediu aos dois que não deixassem de visitá-lo, escusou-se por estar apressado, despediu-se também sorridente, entrou novamente em seu carro e foi embora.

Paulo sempre gostara muito de Hermes, mas Pedro – ninguém o sabia – tinha com ele uma desavença antiga, pois lhe roubara uma namorada, ainda nos tempos de colégio. Relatando o encontro com Hermes, Pedro e Paulo apresentaram versões diferentes.

Versão de Paulo:

> Encontramos Hermes. Estava muito bem, ficou felicíssimo em nos ver. Deve estar muito bem de vida! Gordo, corado, um ar desleixado, o protótipo do *big boss*, de quem está por cima mesmo: barba por fazer, gravata frouxa, *blasé*. Saiu de um Mercedes-Benz enorme, limusine mesmo, que brilhava de doer os olhos, bancos de couro que eu não via há anos. Demonstrou toda a satisfação

> com o encontro e, muito apressado – como todo homem de negócios –, insistiu bravamente para que voltássemos a nos encontrar.

Versão de Pedro:

> Encontramos Hermes. Foi bastante cordial quando nos viu, não muito mais que isso. Coitado, não deve estar muito bem de vida, não. Muito obeso e fora de forma, malvestido, a gravata frouxa. Barba por fazer, um desleixo que dava um mau aspecto. Saiu de um carro velho, daquelas banheironas, sabe? Tudo bem, tentou dar uma valorizada e, pra disfarçar, lascou tanta cera naquela lata velha que ela brilhava de doer os olhos. Rapidamente deu a desculpa de que estava apressado e saiu correndo, deu-nos o cartão e disse para ligarmos pra ele; aquela história, formalidades, nem insistiu muito.

Nenhum deles mentiu quanto aos fatos, e foram discretos ao expressar juízos de valor. Não revelaram expressamente seus pontos de vista, porque, se o fizessem, seu relato perderia crédito. Todavia, mostraram realidades totalmente distintas ao interlocutor, baseadas nos mesmos fatos. Na narrativa, pode estar presente a dialética, mas sempre de modo implícito[vii].

Segundo fato importante a se notar, a respeito do efeito suasório da narrativa, é decorrência do primeiro. Se a explicitação do ponto de vista prejudica a narrativa, esta, quando aparentemente informativa, encontra no interlocutor maior probabilidade de atenção que a própria argumentação.

O que nos é mais convincente: a propaganda política de determinado candidato em horário eleitoral ou um noticiário de televisão que, aparentemente independente de qualquer opinião política,

---

[vii] Este ponto será aprofundado, ainda no presente capítulo, como essência da narrativa mesma.

noticie fatos amplamente benéficos à imagem do mesmo candidato[4]? Evidentemente, a segunda hipótese. Qualquer candidato trocaria seus cinco minutos no horário eleitoral por um minuto de infiltração de suas ideias, diluídas em notícias, em conteúdo meramente narrativo em um telejornal de grande audiência.

Do mesmo modo, muito mais vale um *merchandising* inserto em uma novela, em que um personagem despretensiosamente use determinada marca de sabão em pó, visível ao telespectador, do que aparecer a mesma atriz, fora de seu personagem, em horário comercial, anunciando com vários argumentos as vantagens daquele mesmo produto de limpeza.

Sendo assim, o efeito suasório da narrativa pode ser menor, porque esse tipo de discurso não assume grandes enunciados argumentativos, mas traz a vantagem de atrair – desde que respeitados seus estreitos limites – a atenção do interlocutor.

Temos insistido, em vários trabalhos, que o efeito de persuasão da narrativa deve ser mais valorizado pelo profissional do Direito. A função de persuasão da narrativa dos fatos é de grande valia, e assim as técnicas de progressão desse tipo de texto merecem estudo mais aprofundado. A coerência narrativa representa um diferencial que o argumentante deve adquirir, pois a liberdade que existe na exposição dos fatos e sua característica nodal de *exposição da novidade* são elementos que despertam interesse no destinatário do discurso, e pode ser esse o momento principal da formação da opinião[viii].

Coerência narrativa

Sobre a narrativa e sua progressão há muito que dizer, mas aqui faremos um apanhado mais sucinto, novamente restringin-

---

[viii] Veja-se o Capítulo XVII, em que mais se expõe a respeito dos efeitos do discurso inovador.

do-nos à diferenciação entre a construção argumentativa e a narrativa e aos efeitos de uma sobre a outra.

A narrativa é figurativa e tem ponto de vista implícito, não revelado (ao contrário da argumentação, em que o ponto de vista tem, necessariamente, de ser explicitado para que o interlocutor compreenda o que dele se pede). A construção narrativa tem seu percurso regido pelo transcurso do tempo[5], o que implica diferenças graves no estabelecimento de sua coerência.

Todo interlocutor, conscientemente ou não, adota como eixo progressivo de uma narrativa o transcurso do tempo[6], por isso sempre está em busca de referências temporais em seu texto; quando um leitor inicia um romance ou quando o jurado ouve o relato do fato criminoso, quer, já a princípio, uma primeira orientação cronológica: quando ocorre o primeiro fato narrado?

As ações que compõem a narrativa se dispõem no tempo e por isso, em discursos mais longos, grande parte da falta de clareza pode ser atribuída à falta de referência temporal. Entretanto, antes de estabelecer a progressão temporal da narrativa, o enunciador deve se preocupar com quais fatos selecionar para a informação do ouvinte. Nesse momento, tal qual na coerência argumentativa, seleciona os fatos mais importantes e agrega outros, menos relevantes, apenas como forma de esclarecer ou dar maior realce aos primeiros. A narrativa que muito informa sobre aquilo que não é o cerne do conflito estabelecido também desconta a compreensão e o interesse do ouvinte. Desvaloriza a leitura, tal qual ocorre na argumentação em sentido estrito.

Costumamos, por didática, estabelecer quatro tipos de fatos na narrativa do discurso judiciário: a) os fatos *juridicamente relevantes*: são aqueles sobre os quais recai consequência jurídica direta, geralmente representando o cerne da argumentação; b) os fatos que contribuem para a *compreensão* dos juridicamente relevantes: são aqueles responsáveis pela criação do *contexto* para os primeiros, para que o ouvinte possa compreender o processo e as circunstâncias em que ocorrem os juridicamente relevantes. Representam condições mínimas para essa compreensão e, diz-se, para que uma narrativa possa ser minimamente entendida, deve incluir sete pontos: o quê?, quem?, como?, quando?, onde?, por quê?, por isso...; c) os fatos que contribuem para a ênfase de outros mais importantes: são aqueles que estabelecem circunstâncias com finalidade suasória, com vistas a uma argumentação; e d) os fatos que satisfazem a *curiosidade* do leitor ou despertam seu interesse: são aqueles que contribuem para a progressão de um conflito no discurso narrativo, que fazem com que o ouvinte anseie pelo seu desfecho, aumentando sua atenção. Geralmente estes últimos são adequados apenas à narração literária, mas alguns discursos jurídicos a admitem, quando mais longos. Ou, em textos mais curtos, podem ao menos lançar dúvidas sobre circunstâncias, ou seja, fatos que rodeiam o principal e que não serão narrados, o que também é uma espécie de embate, que cria expectativa; aliás, o que distingue a *narrativa* da *narração* é a presença, nesta, da consciente progressão de um conflito.

O estabelecimento dessa classificação serve para evitar, na seleção dos fatos, a menor coerência pelo agregamento de informações pouco úteis ou pela falta de circunstâncias relevantes. Diz-se então que somente podem ser enunciados os últimos fatos – que contribuem para a progressão do conflito – se os anteriores estiverem esgotados, como em uma cadeia de importância.

A exposição do transcurso do tempo, na narrativa, depende de dois fatores principais: a ordem de disposição dos fatos no discurso e a indicação dos intervalos entre as ações relatadas.

Diz-se que os fatos, no discurso, estão dispostos em *ordem cronológica* quando enunciados na sequência temporal em que ocorreram, ou seja, seguindo o decurso do calendário ou do relógio; e que estão os fatos em ordem *alinear* ou a*lterada* quando sua disposição, no discurso, não segue a disposição temporal.

Pergunta-se: Por onde se deve começar uma narrativa? Pelo fato mais importante? Pelo fato que ocorreu primeiro? A regra é que, na narrativa do discurso judiciário, sejam os fatos dispostos em ordem cronológica. Dessa maneira, fica fácil responder à questão: deve-se iniciar a narrativa expondo o fato que primeiro ocorreu e em seguida os demais. Se, fixado esse método, ainda não se sabe com que fato iniciar, o problema é outro: ainda não houve correta seleção dos fatos que devem ser expostos no discurso narrativo.

Mas excepcionalmente pode-se escolher ordem não linear para a narrativa dos fatos no discurso judiciário. Para que se permita a subversão da ordem cronológica, deve-se voltar ao ponto em que insistimos relutantemente: essa subversão tem de ser fruto de um processo consciente, de uma *intenção* determinada, aliás, muito bem determinada.

Quando a subversão da ordem cronológica não é intencional (e é comum isso ocorrer), é fruto de um mau planejamento do autor do discurso: esquecendo-se de haver narrado um fato anterior, apresenta-o em momento posterior, e isso quebra a coerência preestabelecida, não raro gerando confusão na mente do interlocutor.

Intencional, entretanto, a narrativa não cronológica traz vantagens discursivas, sendo a mais comum o propósito de dar pouco realce ao transcurso do tempo. Então, se a narrativa cronológica ajuda a orientar o ouvinte quanto ao transcurso do tempo, a alinear o *desorienta* em relação a esse mesmo aspecto. Às vezes o transcurso linear do tempo tem efeito deletério no fator argumentativo, como ocorre no discurso do advogado que, no Tribunal do Júri, buscando fazer valer a tese de que o réu agira em violenta emoção *logo após* injusta provocação da vítima, narra os fatos em ordem alterada. Com esse recurso, se sua intenção é impor, com sua carga informativa, menor relevo ao (longo) transcurso de tempo havido entre a injusta *provocação* e o crime, consegue fazê-lo com sucesso. Inverter a ordem cronológica transforma-se em método eficaz de informação.

Na narrativa pertencente à ficção literária, a narrativa alinear desempenha funções diversas, não só para a progressão do conflito (com a antecipação de um fato que crie expectativa no leitor), mas também revelando o *fluxo de pensamento*, ou seja, descrevendo os fatos na reflexão do personagem, como lá efetivamente ocorreriam: mesclados a lembranças mais remotas, permeados por fatos ocorridos recentemente, com noção de tempo alterada por emoções etc. Leia-se, como exemplo, trecho da ficção de Lygia Fagundes Telles[ix]:

> Voltei ao gravador, a gente sempre volta. Estou menos brilhante do que ontem, a saliva engrossando na boca, acontece a mesma coisa com os bichos, Rahul começa a salivar e lamber o focinho quando está com medo. Na manhã em que Gregório – enfim, naquela manhã de horror em que ele foi embora, enquanto eu corria de um lado para outro na atazanação do desespero, olhei para o Rahul, que estava na sua posição de esfinge. Lambia o focinho.
> E não sei por que me vem de novo a história do rio botando para fora aqueles peixes, talvez os melhores, os mais belos, os mais limpos. Mas ele viajou porque foi preciso ou?...– perguntou Ananta quando falei no assunto. Fiquei olhando com cara de idiota a sua cara idiota. Não, queridinha, ele saiu daqui ventando só para dar uma olhadela lá na Mona Lisa do Louvre, Ô meu Pai [...].

[ix] TELLES, Lygia Fagundes. *As horas nuas*. São Paulo: Companhia das Letras, 2010.

Houve vantagem evidente, no fragmento da autora, para seu fim específico, da inversão da ordem narrativa, a anacronia[7]. Aparece a verossimilhança do pensamento tal qual ele existe na mente humana, repleto de entrecortes, recordações e confusões. A desvantagem óbvia da não linearidade narrativa é a quebra da coerência, que diminui, sempre, o nível de compreensão do interlocutor. Toda vez que o enunciador desejar subverter a ordem cronológica, deve sopesar esses fatores.

Vejamos, como nova ilustração, o que ocorre no texto abaixo, de Gabriel García Márquez[x]:

> No dia em que o matariam, Santiago Nasar levantou-se às 5h30min da manhã para esperar o navio em que chegava o bispo. Tinha sonhado que atravessava um bosque de grandes figueiras onde caía uma chuva branda, e por um instante foi feliz no sonho, mas ao acordar sentiu-se completamente salpicado de cagada de pássaros. "Sempre sonhava com árvores", disse-me sua mãe 27 anos depois, evocando os pormenores daquela segunda-feira ingrata. "Na semana anterior tinha sonhado que ia sozinho em um avião de papel aluminizado que voava sem tropeçar entre as amendoeiras", disse-me.

O protagonista Santiago Nasar narra, como se vê, despertando no dia em que seria morto[8]. Mas essa cena constitui apenas o primeiro marco temporal do texto recortado. Perceba como o texto, nesse curto trecho, desloca-se entre tempos distintos: 1) o despertar, às 5h30min; 2) o sonho, marcado pelo pretérito anterior ("tinha sonhado"); 3) o retorno ao momento em que acordou ("mas ao acordar"); 4) a mãe do protagonista enunciando, em momento bem posterior ("27 anos depois"); 5) o retorno à

---

[x] MÁRQUEZ, Gabriel García. *Crônica de uma morte anunciada*. Rio de Janeiro: Record, 1981, p. 2.

primeira cena ("aquela segunda-feira ingrata"); 6) um tempo ainda anterior à primeira cena ("na semana anterior tinha sonhado"); 7) a volta ao tempo mais recente ("disse-me"); e 8) tudo isso enunciado por um tempo ainda posterior a todos eles, demarcado pelo narrador, já que, ainda descrevendo o último fato a que se refere (o que dizia a mãe), utiliza-se do tempo verbal pretérito.

O exemplo de García Márquez talvez ilustre o excesso de câmbio em relação ao tempo da narrativa que pode prejudicar a intelecção pelo leitor. Mas ao menos reforça a quase impossibilidade de narrativa estritamente cronológica e linear dos fatos; por isso a necessidade de fazer seguir o discurso narrativo com várias referências temporais, que deixem claro o percurso ao leitor. No exemplo, a intenção de García Márquez foi deslocar o conflito, retirando a expectativa sobre o futuro do personagem, cuja morte iminente era de todos conhecida, e, ao mesmo tempo, atrair os elementos conflitivos para aquelas poucas horas seguintes, as do tal "dia em que o matariam". Com isso, o autor também faz com que o leitor viva a mesma estranha expectativa que aqueles que convivem com o protagonista: eles sabem que ele será morto em breve e vivem esse compasso de espera, recriado pelo escritor.

Sendo, então, a ordem de enunciação dos fatos o primeiro fator de indicação da coerência temporal na narrativa, o segundo fator é a própria enunciação linguística de marcos temporais. Referências a datas, horas, intervalos expressamente enunciados (*uma hora, duas horas, um ano*...), advérbios ou locuções indicando tempo (*logo após, remotamente*...), alusões a marcos históricos (à época do governo Vargas...) são todos elementos que orientam de modo mais explícito o leitor quanto ao eixo de coerência narrativa.

Mais adiante, ainda neste mesmo capítulo, faremos outras considerações sobre a essencialidade do tempo. Isso nos servirá para perceber algo que talvez colabore para a compreensão narrativa:

embora seja o autor que construa a enunciação do marco narrativo, o tempo é essência de nosso pensamento, já que está no transcurso da nossa existência. Portanto, o conflito com a passagem do tempo é imanente ao texto. Mas é para outro momento.

O personagem

Temos dito que a narrativa é figurativa, ou seja, trabalha com *personagens e objetos*. Os personagens são geralmente seres humanos, mas alguma vez pode haver antropomorfização, atribuindo-se características de pessoa a animais ou objetos. O importante é dar a eles *capacidade de ação*, porque são aqueles que conseguem transformar o seu entorno.

No Direito, muitos desprezam a capacidade de construir os personagens, que são essenciais para que o juiz compreenda os fatos. Afinal, é a partir do sujeito que age que se podem atribuir valores e circunstâncias à ação. Não tenho estatísticas suficientes, mas, com base em meus anos no Tribunal do Júri, e no estudo da narrativa, podemos afirmar que a composição mental que o jurado faz sobre réu e vítima, como *personalidade* e *caráter*, é talvez mais determinante para sua decisão que a concepção que faz da ação mesma. Também no papel de julgador, por mais isento que se possa ser, o leitor, ao menos por completitude narrativa, quer saber quem exatamente está por detrás da ação, porque isso influencia sua decisão. Portanto, antes de cuidarmos da estrutura-base da narrativa, é de notar que a construção de cada *agente*, daquele que terá a capacidade de transformar o ambiente de modo juridicamente relevante, é essencial.

Um observador do mundo do Direito saberá que o Direito Penal busca julgar *fatos* e não *pessoas*, portanto dirá que a construção de cada personagem é fator menor na narrativa jurídica. No Direito Penal, qualquer consideração mais relevante sobre personalidade pode ser acusada de fuga ao normativismo para um desvio ao Direito Penal de autor. Esse porém é um ponto de vista que está adstrito à dogmática – que é utópica em grande sentido – e do qual aqui, por epistemologia, temos que nos desviar. Muito da decisão de cada juiz sobre a reprovação do ato de um acusado está em notar se aquela ação é ou não expressão de sua *personalidade*[9]. Para isso, deriva elementos, dito em termos narrativos, das informações que tem sobre o personagem para, então, encontrar sua contradição ou não contradição com o ato transgressor de que se lhe acusa. Assim, buscará o nível de *coerência* entre o personagem e a ação narrada, o que obriga o argumentante a configurar esse agente que cria o conflito.

Pode ser assim a princípio, mas a complexidade dos fatos, principalmente para a decisão do juiz, fará com que este busque informações sobre os indivíduos cuja conduta vai julgar. A criação do personagem é elemento relevante em qualquer tipo de narrativa, pois será daí que, ao menos parcialmente, se retirarão as informações necessárias a essa construção do indivíduo, da qual deriva o julgamento de seus atos em conformidade/desconformidade com sua personalidade.

Criação do personagem

Para criar um personagem, para descrevê-lo ao leitor, há vários desafios que se repetem no texto em geral. Em resumo, temos que *selecionar* elementos, dentro os tantos que existem, que possam dar indicações de quem é o personagem. Quais são esses elementos especificamente? Essa é uma pergunta difícil de responder, mas vamos tentar trazer algumas diretrizes.

Para tanto, leia-se o fragmento de um texto de nossa autoria, publicado como livro autônomo[xi]. Nele, faz-se a narrativa-des-

---

[xi] RODRÍGUEZ, Víctor Gabriel. *O grupo de extermínio*. São Paulo: Liber Ars, 2020.

crição de um vídeo gravado de modo oculto em uma reunião entre o Governador do Estado, seu Secretário de Segurança e um agente das forças militares. E, nesse fragmento, é introduzido um novo personagem, um senhor mais velho. Vejamos o texto com o objetivo específico de reconhecer o que conseguimos colher de cada personagem:

> *Alguém bate à porta. Duas batidas rápidas.*
> **Secretário:** *Adiante!*
> *O vídeo faz um close na porta. Quem a abre é o próprio Governador, um homem gordo, com cerca de sessenta anos, com terno azul-marinho e gravata de listras vinho e azul. Ele entra rápido para cumprimentar o Secretário, e todos se levantam quando o veem, surpresos. O Governador faz sinal para que duas outras pessoas o sigam. Um deles é o Coronel Pontes, 62 anos, que veste farda, e o outro será identificado como Professor Calatrava, que tem 91 anos, traja paletó xadrez de lã e calça de veludo bege. Usa óculos grandes com lente escurecida e anda com alguma dificuldade, valendo-se de uma espécie de muleta de metal leve que segura com a mão direita e que vai até o antebraço, na altura do cotovelo. O Secretário ergue os braços, em sinal de ovação, ao reconhecer o visitante:*
> **Secretário:** *Professor Calatrava! Vossa Excelência não é uma surpresa, é um presente divino!*
> *O professor vai se aproximando para abraçar o Secretário de Segurança Pública. Sua voz é baixa, mas muito grave.*
> **Calatrava:** *Ora, Júlio, deixe pra me chamar de Excelência quando eu for mais velho. Somos antigos conhecidos.*
> **Secretário:** *De toda a vida. O senhor é a minha referência jurídica. Tudo o que eu aprendi nos bancos da faculdade devo ao senhor!*
> **Calatrava:** *Não sei se isso é um elogio.*
> **Secretário:** *Professor, eu lembro cada palavra de suas aulas. E é incrível, o tempo não lhe passa, olha que jovialidade!*

> **Calatrava:** *E você não perde mesmo o vício de ser falso. Eu estou um caco. Fiz as contas ontem, e, para permanecer vivo, devo ingerir onze comprimidos ao dia. Rim infeccionado, músculo do coração com não sei o quê, coágulo não sei onde. Me olho no espelho e vejo uma múmia de muleta.*
> **Secretário:** *Mas se queixa com a energia de um jovem de quinze anos. Um cérebro lúcido, é o que importa.*
> **Calatrava:** *Isso é verdade. Cheguei ontem mesmo de Paris.*

Os personagens aparecem suficientemente construídos para os fins do texto[xii]. A primeira construção é externa: o autor aproveita-se de que descreve um vídeo para poder trazer aspectos que formam os personagens na mente do leitor. A idade, os trajes. Isso define bastante o que será a hierarquia de cada um. Mas o principal vem depois: é com o diálogo, *sugerido*, que aparecem as principais características ao leitor, e essa habilidade, para o jurista, talvez seja a técnica de maior interesse.

No curto diálogo, percebem-se algumas características que, depois, cobrarão sua relevância[xiii]. O "Professor Calatrava", com 91 anos de idade, pede para ser chamado de Excelência "quando for mais velho". Isso mostra que, ainda que venha a se queixar de seu corpo, leva sua idade com bom humor. O Secretário de Segurança Pública se apresenta como antigo aluno do Professor, mas, quando este contesta não saber se é um elogio, quando o ex-aluno diz que "tudo o que aprendi nos bancos da escola devo ao se-

---

[xii] Note-se que a estrutura, apesar de posta em diálogos, não está concebida para um texto dramático, ou seja, para ser representada por atores. No caso do texto dramático, conta-se com interpretação dos atores, o que retira a necessidade de informações. Mesmo assim, a estrutura do texto não pode escapar a um diálogo real, em que as palavras não fazem descrições de ambiente ou estados de ânimo, no máximo o sugerem.

[xiii] Como se trata de um exemplo de um caso concreto para decisão judicial, a composição de cada personagem traz consequências jurídicas.

nhor", revelam-se as características do Secretário como mau aluno, e do Professor como alguém sincero. Ao contar, o Professor, na última frase, que chegara no dia anterior de Paris, muito se indica sobre sua condição social, sua cultura, sua vitalidade.

Disso, no que tange à construção de personagens, retiramos alguns pontos elementares, que acreditamos bastante necessários a juristas. Note-se que as principais características dos personagens revelam-se por suas próprias ações, não por características estáticas e, menos ainda, por adjetivações. Fazer uma descrição do Professor Calatrava como "rico, inteligente, idoso, elegante, sarcástico" poderia formar uma imagem dele, mas esta não seria convincente. Aqui adentramos num outro ponto, que vamos aprofundar mais adiante: a distinção entre argumentação e narrativa é questionável em alguns sentidos, porque as características (às vezes apontadas como exclusivas) de cada uma delas se mesclam. De momento, frisamos apenas que o esforço do autor do texto é sempre o de *convencer* sobre as características de seu personagem, portanto afirmá-las não basta. Se, em um julgamento, a mãe do réu for chamada a depor, evidentemente vai dizer que o filho é trabalhador, dedicado, honesto e inocente. Os adjetivos não serão suficientes, e o advogado, para construir a *personalidade* do réu, recorrerá a elementos circunstanciais, porém objetivos: como age com as pessoas, como foi sua infância, a que se dedica, qual sua esfera de poder dentro do contexto em que houve o crime etc. A melhor descrição do personagem é preponderantemente objetiva, e essa objetivação conduz a efeitos normativos, que veremos em outro momento.

Outro ponto importante é que os personagens são baseados em *tipos*, mas não podem ser *arquétipos*. Isso merece ser compreendido com maior detalhamento.

Note-se, primeiramente, que é preciso situar os personagens dentro de alguma escala prototípica. Em sociologia esse fenômeno se cuida como o rol (ou papel) social, mas aqui temos um elemento muito mais prático: nosso entendimento do mundo é incapaz de compreender a complexidade de um indivíduo, de traduzir uma personalidade. Seriam necessárias páginas e páginas de um texto para descrever um indivíduo único, e ainda assim muito faltaria para a integralidade. Por isso, é natural, seja na comunicação, seja no Direito, que existam reduções desses indivíduos a alguns *roles* (papéis), a algumas *características elementares* principais, que nos permitem compreendê-los. Isso é parte da coerência e da intertextualidade, que já repassamos. No texto citado, por exemplo, há um Governador de Estado e há um militar. O cargo de cada um deles já delimita algumas características, que o leitor forma por si mesmo: o governador é um político, terá melhor discurso, será mais conciliador, mais prolixo e certamente menos assertivo que o militar. Ao menos no desempenho de sua função; o velho professor será mais lento ao falar, terá mais erudição e decerto contará com uma compreensão muito diferenciada do conflito que se inicia. Precisamos trazer esses *frames*, esses quadros de informação sobre cada personagem[10].

Veremos, adiante, que esses *tipos*, por si mesmos, são incompletos, porém são ferramentas úteis. Entretanto, o problema mais grave do narrador iniciante, ou que não faz bom controle da intencionalidade de seu texto, é o de confundir *tipos* com *arquétipos*. Existe um mínimo de flexibilização[11] dentro de cada tipo, que sugere que existem características únicas, peculiares de cada indivíduo. De não ser assim, e aqui nos apoiamos num determinismo como o de Leibiniz, todos os personagens agiriam da mesma forma e, portanto, todas as histórias seriam iguais. No exemplo do diálogo acima, algumas dessas pequenas surpresas acontecem: o Secretário de Segurança Pública é um mau aluno, o Professor, apesar de ser chamado como uma autoridade científica e – como dirá a história – em uma situação conflitiva, tem bom humor e parece muito relaxado. O que, claro, já agrega algo distinto ao conflito.

Não deixam de ser um *tipo*, mas há neles diferenciais que o afastam do arquétipo. Desde pequenos somos acostumados a um arquétipo narrativo e a arquétipos de personagens. O herói, o vilão, a princesa que necessita ser salva, o lobo mau, os meninos ingênuos perdidos na floresta etc.; contudo, como diz Burgess, em um contexto bem mais complexo, "não há ninguém completamente mau, nem completamente bom"[xiv]. Há grandes estudos que são referência em identificar esses arquétipos que foram pouco a pouco sendo sedimentados na nossa cultura, a cultura humana em geral. Existe uma proximidade estreita com o *pensamento mágico* no fato de que as agrupações humanas desenvolvem mitos e personagens que representam quase sempre o mesmo papel, não sendo impossível demarcar algumas características de todos eles. É o que fez Joseph Campbell em sua obra *O herói de mil faces*, em que busca desvelar, entre tantos mitos da humanidade, qual é o arquétipo de um herói. A obra, que influenciou histórias de enorme impacto, como *Star Wars*, constrói o conceito de *monomito*, a coincidência de uma série de características na jornada de todos ou quase todos os grandes personagens heroicos. A chamada a uma aventura, a primeira recusa, o convencimento, a viagem iniciática, a negativa a desistir de sua missão, o retorno com poderes que, depois, poderá transferir àqueles que o seguem. Incluindo, em boa parte dos casos, haver nascido de modo não ortodoxo, como, tal como diz Campbell, Buda, que teria descido dos céus ao ventre de sua mãe em um elefante branco;

[xiv] "It is as inhuman to be totally good as it is to be totally evil." BURGESS, Anthony. *A clockwork orange*, citado em nosso *Livre-arbítrio e direito penal*, op. cit.

ou Sinilau, uma lenda de Tonga, que reuniria várias das características do nascimento do herói: nascimento de uma virgem, luta pelo pai, desafios e calvários, redenção de seu próprio pai, coroação da mãe e, finalmente, triunfo celestial dos bons filhos, enquanto os falsos são castigados[xv].

Em um contexto jurídico, não vamos cuidar da construção de heróis, mas é extremamente útil conhecer os arquétipos, especialmente para que se note quando, em lugar de trazer ao processo um personagem real, ainda que um personagem-tipo, não se está criando um arquétipo.

A grande tarefa de compor, na narrativa jurídica, indivíduos-personagens, é retirá-los da ideia arquetípica. Se, em grande medida, os papéis sociais estão determinados para o juridicamente relevante – como o inquilino, o devedor, o cônjuge que pede alimentos –, e em grande parte são *tipos* ou *arquétipos* que não necessitam narrativa, quando esta existe sua função deve ser a de destruir as ideias preconcebidas. Assim, o réu no processo de homicídio não é um assassino, mas uma pessoa que tem uma vida como a de todos, e que merece ser julgado a partir de um fragmento de sua ação. Se algo importa em sua biografia, será o que puder alterar a visão que tem o jurado de *qualquer um* que se senta no banco dos réus: alguém com a personalidade voltada para o delito.

[xv] Nas palavras exatas de Campbell: "This tale is of particular interest, not because of its extreme absurdity, but because it clearly announces, in unconscious burlesque, every one of the major motifs of the typical life of the hero: virgin birth, quest for the father, ordeal, atonement with the father, the assumption and coronation of the virgin mother, and finally, the heavenly triumph of the true sons while the pretenders are heated hot." CAMPBELL, Joseph, *The hero with a thousand faces*. New Jersey: Princeton University Press, 2004, pp. 288-89. Mais modernamente, como coletânea, veja-se CAMPBELL, Joseph. *Myths to live by*. New York: Joseph Campbell Foundation, 2017. Também em coletânea, analisando os mitos religiosos como metáforas, veja-se CAMPBELL, Joseph. *The inner reaches of outer space*: Metaphor as myth and as religion. Novato: New World Library, 2002.

Todo personagem, para atingir o mínimo de complexidade, criar interesse no leitor e, em nosso caso jurídico, trazer um resultado diverso do paradigmático, tem de desviar-se da construção arquetípica. Como na matemática, se o argumentante deixa que seu cliente entre como um fator já determinado em uma equação, não pode queixar-se do resultado desfavorável dela: ele já o conhece. Ao contrário, se o resultado tende a ser desfavorável (a condenação do réu), a reação do argumentante deve ser tentar mudar o arquétipo, alterar o paradigma.

A ficção tem seus exemplos de personagens que fogem muito ao conceito que se fazia a seu tempo, ou ao que deles se esperia em um primeiro momento. E a partir dessa alteração surgem os conflitos. Dom Quixote, como se sabe, é um deles, ao frustrar totalmente o que se esperaria de um herói de capa e espada, de um cavaleiro andante[xvi]. Em muitas histórias em quadrinhos contemporâneas, também, os antigos heróis invencíveis vão adquirindo as fraquezas humanas, os vícios, e isso os faz mais realistas e complexos. Um exemplo do que aqui desenvolvemos está no paradigmático[12] romance *O estrangeiro*, de Camus, com sua conhecida introdução:

> Hoje minha mãe faleceu. Ou talvez tenha sido ontem. Recebi um telegrama do asilo: "Sua mãe faleceu. Enterro amanhã. Nossas condolências." Mas não significa muito. Talvez tenha sido ontem.

Sem que se revele a trama, o leitor saberá que existe toda uma construção jurídica por detrás dessa concepção de personagem: diferente dos demais, ao narrador não lhe afeta a morte da própria mãe, o que o destoa de todo arquétipo de herói e, mesmo, da

---

[xvi] Quixote assume ser louco, mas sua loucura passa. É genial como Cervantes dá fim ao personagem, deixando claro que sua morte não se trata de um delírio.

ideia de homem comum. Essa indiferença ou apatia, entretanto, termina por trazer consequências graves ao personagem: sua estranha personalidade acaba transformando-se em único fator interpretativo de um ato reputado criminoso, que, entretanto, não deveria ser considerado antijurídico. Em outras palavras, sua personalidade complexa acaba lhe trazendo consequências jurídicas em meio a um conflito.

Em muitos espaços, a narrativa jurídica perde na descrição dos personagens. O leitor tem de retirar de cada *agente* do seu relato uma série de características objetivas que formem a ação que vai ocorrer, mesmo quando essa ação é antropomorfizada, quando o personagem não é uma pessoa natural. Assim, quando se começa a descrever uma empresa informando-se o número de funcionários que emprega, quantos empregos indiretos gera, o desenvolvimento regional que provoca ou a quantidade de impostos que paga, se está demonstrando que sua ação – por exemplo, um acidente ambiental – não é sua característica principal. E então se prepara o julgador para uma compreensão contextualizada da ação que virá. Uma ação, como diremos, sempre conflitiva.

Existência de conflito e progressão imanente

Aqui começamos um estudo um tanto mais complexo acerca da narrativa, que terá efeitos diretos na maneira mesma como se concebe uma argumentação. A estrutura narrativa tem sempre de convergir para um conflito, e esse conflito tem várias funções. Ele não apenas é determinante para chamar a atenção do leitor, mas, principalmente, ele é a razão da existência da própria narrativa. As pessoas apenas começam a relatar fatos se eles representam um problema, um conflito e, claro, uma solução.

Existe, então, um padrão de narrativa, a que nenhum narrador consegue fugir, sob pena de que todo o texto se desestruture.

Isso não significa que os conflitos sejam todos iguais. Veja-se, por exemplo, esta passagem de uma obra de Agatha Christie[xvii]:

> A expressão de Monsieur Bouc dava-lhe o que pensar. Era evidente que havia ocorrido algo inusitado.
> – O que ocorre? – perguntou o detetive Poirot.
> – Coisas muito graves, meu amigo. Primeiro, a neve que nos deteve este trem. E agora...
> Fez uma pausa, e o encarregado do vagão deixou escapar uma espécie de gemido.
> – E agora o quê?
> – E agora um passageiro aparece morto, repicado a punhaladas.

O conflito desatado está muito claro: existe um homicídio, não se conhece o autor e, pelo que a obra já insinua, será tarefa do detetive Hercule Poirot desvendar o mistério e levar o verdadeiro autor do delito ao alcance da lei. Mas há outros conflitos que não aparecem tão claramente e vêm diluídos no texto – o que pode ser arriscado no caso de um leitor menos atento – mas ainda assim estão presentes. Veja-se agora este fragmento de Carver:

> Meu marido come com enorme apetite. Mas eu não creio que ele esteja com fome, mesmo. Ele mastiga, com os braços sobre a mesa, e dirige sua mirada a algo do outro lado da sala. Ele me olha e depois desvia o olhar. Ele limpa sua boca com o guardanapo. Encolhe os ombros e continua comendo.
> "Por que você está me olhando?" ele pergunta. "O que foi?" e põe o garfo à mesa.
> "Eu estava olhando?" eu digo, e balanço minha cabeça.[xviii]

[xvii] CHRISTIE, Agatha. *Asesinato en el Orient Express*. Barcelona: Planeta, 2021, p. 44. Tradução livre.
[xviii] CARVER, Raymond, So much water so close to home, in: *What we talk about when we talk about love*. London: Vintage Random House, 2009, p. 37. Tradução livre.

O fragmento é o início de um conto que sugere um conflito psicológico. A mulher, no *locus* narrador-personagem, está insatisfeita com o marido, e isso se percebe pelo modo como o descreve. O conflito, na história, apesar da intervenção de outros personagens, não *aparenta* progredir para o que se poderia prever em outro tipo de narrativa: uma agressão, talvez um homicídio pela própria mulher insatisfeita, ou alguma grande ocorrência que, ao contrário, determinasse que o casal voltasse a se amar. Porém, para o propósito específico da narrativa, o fato de que, apesar de outros acontecimentos circunstanciais, não se desate um grande câmbio na relação já é, em si mesmo, um elemento conflitivo. Mais lento e sutil, claro, que um homicídio em Agatha Christie, mas não por isso menos intenso[13] a médio prazo.

A existência de um conflito tem de ser bastante clara a quem escreve a narrativa. Algum embate vai ocorrer, que deixará os personagens em lados opostos, ou que lhes criará um problema comum que deve ser solucionado. Esse embate *progride* para uma solução, mas isso ocorre pouco a pouco. Uma das funções dessa progressão é a de criar no leitor uma *expectativa* pelo desfecho, o que não é apenas uma função literária: é da natureza da narrativa, qualquer que seja, que o desfecho ocorra solucionando o conflito, então, do ponto de vista do leitor, essa expectativa é intrínseca à narrativa. O leitor espera pelo desfecho, porque este põe um fim ao problema, porém, antes que ele venha, o conflito progride. Do ponto de vista do escritor, essa expectativa lhe serve para orientar seu texto em relação ao que deve ser selecionado: entram no texto narrativo as informações que criam no leitor maior expectativa.

Outra função da progressão é mais básica: ela é o contingente de todas as informações que são necessárias para o texto. Recorde-se que, quando narramos, é porque desejamos transmitir uma série de informações a nosso ouvinte. É elemento funcional da narrativa expor uma sequência de fatos: o jornalista tem que reportar o que está ocorrendo em sua área de cobertura, o advogado tem de dizer ao juiz qual é o problema fático, o economista tem de contar qual é a evolução do mercado naquele momento, e os números não falam por si. Ao contrário do que muitos pensam, entretanto, essa funcionalidade não pode ser imediata, ela tem de aparecer no decorrer do tempo. Por isso, o conflito progride aos poucos, e deve utilizar uma linha do tempo para que as informações imprescindíveis possam aparecer na hora certa.

Lembrem-se do exemplo anterior, do texto em que há uma reunião entre o Governador do Estado, o Professor, e o Secretário de Segurança Pública. Quem começa a ler o texto não pode simplesmente receber de pronto a informação de que todos eles serão chamados a decidir uma questão relevante: no caso, se atendem a um pedido do crime organizado ou se organizam uma guerra urbana para combatê-lo, cobrando muitas vidas. Caso isso fosse feito, o momento do conflito iria se perder, não por um momento literário, mas porque o conflito mesmo *depende* de informações anteriores a ele, informações que o anunciam, porém de modo *imanente*. Insere-se uma informação com a função de fazer a narrativa progredir para o conflito, mas ao mesmo tempo é isso que a faz uma informação necessária como informação mesma. Veja-se o fragmento seguinte daquele diálogo, em que um dos personagens começa a dissentir dos demais:

> **Secretário de Segurança:** E quando o Professor vai me convidar para tomar o tal vinho e ver essa famosa coleção de canetas? Eu nem sabia dela!
> *O ancião pensa um momento. O Governador já come os biscoitos.*
> **Professor Calatrava:** Bom, depende de dois fatores. Primeiro, de que você goste de canetas e estude algo delas, senão pensará

que são velharias. Depois, precisa esperar um pouco porque o móvel em que eu as mostro está restaurando. A apresentação é importante. Eu as mostro em um baú que ganhei do Professor Meleno, quando me fiz Catedrático. É do século XVI, com uma pintura da guerra da Reconquista. Eu pus um vidro dentro, então quando acendo a luz que está sobre o baú e o abro, aí estão todas as canetas. Ao fundo, som de Mahler. É todo um ritual.
Coronel Pontes: É bonito ter uma coleção assim. Infelizmente, inacessível para o soldo de militar.
Professor Calatrava: Pois não pense que gastei tanto nelas. Ganhei a primeira do meu pai, quando me formei, então fui comprando uma a uma. É uma arte. Individualmente, ainda mais há sessenta anos, elas não valiam muito. O que vale...
Governador do Estado: *(Interrompendo)* Professor, poupe suas palavras ao Coronel. Ele simplesmente está insinuando que ganha pouco, pra eu aumentar o soldo. Como se me fosse possível, com esse orçamento...
De imediato batem à porta e entra a copeira, uma senhora de idade, com dois bules de prata e diversas xícaras, pequenas e grandes.
Copeira: Café, café com leite? Acabo de passar, em coador de pano. Como Deus manda.
Coronel Pontes: Como uma militar: instrumentos velhos, pouco eficientes, mas muito amor à causa!
Governador: Sentamos todos aqui para o cafezinho, pode ser?
Secretário: Que tal se fizermos a reunião já nesta sala? Meu material está por aqui, eu mando preparar a mesa.
Governador: *(Com a boca cheia)* Por mim, perfeito.
A secretária entra e arruma a mesa para a reunião, o Governador senta-se à ponta, ao lado do Coronel e do Professor. Sobre a mesa, apenas folhas e o jornal do dia.

Como se trata de uma parte introdutória da narrativa – nesse caso em discurso direto –, ainda se está em uma fase de conformação dos personagens. O leitor, entretanto, intui que algo está por ocorrer, porque, claro, uma reunião entre autoridades, com a inusitada presença de um professor que não faz parte do grupo, é algo que *indicia* um conflito. Nessa fase de apresentação, as características dos personagens são passadas objetivamente, como comentamos: a coleção de canetas, um governador que fala com a boca cheia de comida, então parece mais informal e conciliador. Mas o conflito já se inicia, quando um dos personagens, por duas vezes, queixa-se levemente de sua condição: diz que o soldo dos militares está baixo e, depois, de modo indireto se queixa do armamento de que dispõe, quando o compara à cafeteira velha. Importante revelar, neste caso, essa imanência da conflitividade: a situação, como existe, revela o embate, porque ele é a própria razão da narrativa[14].

Imagine-se, então, que esse conflito não progredisse pouco a pouco. Ou seja, se, na história, o militar já não demonstrasse seu desconforto desde o começo da reunião. Sendo assim, quando, mais adiante, ele se opuser com veemência aos demais, no clímax do conflito, o texto faltará em coerência: o personagem parecerá uma pessoa irascível, desequilibrada, entre outros elementos. É, então, intrínseco à própria narrativa que o personagem desde o início demonstre sua posição, e que ela se vá agravando à medida que os problemas colocados à decisão de todos se façam mais delicados.

Por isso, o conflito tem de progredir até seu clímax. A progressão do conflito e a expectativa pelo desfecho são, ambas, estruturais e funcionais da narrativa.

Estrutura do pensamento narrativo

Em outras obras de nossa autoria, temo-nos aprofundado em revelar a função narrativa no próprio Direito. Sem nenhuma necessidade de adentrar em elementos psicológicos, mas apenas no estudo estruturante do texto e, daí, do próprio Direito, temos uma conclusão bastante assertiva: nós pensamos *narrativamente* não apenas quando narramos. Em outras palavras, a estrutura narrativa é a do nosso pensamento, mesmo quando imaginamos construir uma argumentação puramente conceitual, como uma doutrina jurídica. Essa afirmativa pode parecer contraditória ao dito a princípio do capítulo, em que ressaltamos que existiam características próprias do texto narrativo: personagens, coisas, alteração do *status quo ante*, transcurso do tempo.

De fato, existem elementos da narrativa *stricto sensu*, mas eles são todos emprestados à construção lógica informal. Para melhor explicar, vamos tratar da estrutura-base do texto narrativo.

O texto narrativo tem essa estrutura da qual não se foge: apresentação de uma situação aparentemente harmoniosa; ocorrência de um problema, que vai progredir ao conflito; clímax do conflito; solução.

Um anúncio publicitário, quando não é meramente estático[15], é um exemplo quase arquetípico de narrativa: 1. a família feliz está diante do café da manhã (*status quo* definido), 2. a criança se queixa de que deseja algo saboroso para comer, o pai reclama que tem de ser algo saudável (conflito enunciado); 3. a mãe aparece com o novo cereal "C", que é gostoso e tem nutrientes (conflito solucionado com o produto que se deseja vender). Mas também qualquer roteiro de filme, qualquer novela, todos guardam algo dessa estrutura, ainda que possa ser muito mais complexa[16]. Veja-se, apenas como mais um exemplo, o início do romance *Anna Kariênina*, de Tolstói. Trata-se de uma das mais completas obras sobre o drama humano e, ainda assim, logo em seu capítulo inicial, já mostra uma situação conflitiva, que necessita solução.

"Todas as famílias felizes se parecem, cada família infeliz é infeliz à sua maneira.
Tudo era confusão na casa dos Oblónski. A esposa ficara sabendo que o marido mantinha um caso com a ex-governanta francesa e lhe comunicara que não podia viver com ele sob o mesmo teto. Essa situação já durava três dias e era um tormento para os cônjuges, para todos os familiares e para os criados. Todos, familiares e criados, achavam que não fazia sentido morarem os dois juntos e que pessoas reunidas por acaso em qualquer hospedaria estariam mais ligadas entre si do que eles, os familiares e os criados dos Oblónski. A esposa não saía dos seus aposentos, o marido não parava em casa havia três dias. As crianças corriam por toda a casa, como que perdidas; a preceptora inglesa se desentendera com a governanta e escrevera um bilhete para uma colega, pedindo que procurasse um outro emprego para ela; o cozinheiro abandonara a casa no dia anterior, na hora do jantar; a ajudante de cozinha e o cocheiro haviam pedido as contas."[xix]

Desnecessários mais comentários para desvelar essa estrutura. O conflito da família progredirá e, ainda que não seja o cerne do romance, mostra que há muitos problemas de que se cuidará na narrativa. Note-se que não foi preciso nenhuma adjetivação: bastou a descrição objetiva de alguns fatos aparentemente corriqueiros.

Se mantemos essa estrutura, estamos prontos para demonstrar duas questões: primeira, a de que mesmo o texto argumentativo segue essa mesma estrutura narrativa. Depois, que o próprio Direito tem por estrutura o pensamento narrativo, a solução da conflitividade mediante a intervenção do Estado como personagem. Esse elemento é mais complexo e, talvez, para tanto, necessitemos apenas uma referência.

[xix] TOLSTÓI, Liev. *Anna Kariênina*. Trad. Rubens Figueiredo. São Paulo: Cosac & Naify, 2005.

Aproximando-se da argumentação

É algo controverso, mas cremos ter argumentos suficientes para comprovar que a narrativa é a estrutura primeira de qualquer outro gênero textual, aí incluída a argumentação[xx]. Ou seja, a seguinte estrutura: existe um *status quo ante*, que é alterado por um conflito proposto, que progride e se define.

Essa estrutura básica está presente também nos textos aparentemente argumentativos puros, de raciocínio abstrato dogmático, desde aquele que constrói um discurso de quinze minutos a ser oralmente exposto ante um tribunal, até o indivíduo que trabalha anos redigindo uma tese de doutorado no Direito. Considerar esses discursos como uma narrativa é, na minha opinião, a forma mais realista de progredir em sua estrutura.

Para fazê-lo, em um primeiro momento se pode desconstruir algo das diferenças sobre narrativa e argumentação que os professores de escrita e redação, desde os primeiros anos de escola, nos colocam repetidamente. Assim, vamos relativizar alguns pontos específicos dessas fronteiras. O compromisso com a realidade, a diferença entre figuratividade e tema, o eixo de progressão temporal, o ponto de vista oculto, são todos elementos que podem ser reinterpretados para essa aproximação estrutural que aqui propomos.

Comecemos com o compromisso com a realidade.

Em textos narrativos, o aparente menor compromisso com a realidade faz mais patente o vínculo entre a progressão do texto

---

[xx] Essa afirmação aqui será defendida, mas, há que se dizer, advém da análise primeira de nossos próprios textos, em um trabalho ininterrupto de escrita de textos científicos, literários e argumentativo-forenses. Talvez pensar narrativamente não seja útil a todo e qualquer produtor de textos jurídicos, mas acreditamos ser o método mais útil de aproximação da estrutura do próprio pensamento da concepção do texto argumentativo.

e a vontade do autor. É este que escolhe livremente as figuras (pessoas ou coisas) que compõem seu texto, na presunção de que todas elas seguem sua intencionalidade, pois a história inventada é sempre formada de significados. Note-se que, quando utilizamos o adjetivo "inventada", referimo-nos a um relato que pode ser ficcional ou não. A invenção da história pode ser fiel à realidade, mas não será ela mesma. Portanto, a própria narrativa (ficcional ou não) é limitada pela imediação à realidade, entendida como a realidade que o autor consegue fazer crer ao leitor, caso contrário este se desconecta da história: quanto mais se distanciar do mundo comum, mais elementos convincentes o autor deverá trazer para construir seu próprio mundo; depois, na argumentação ou mesmo na escrita científica, a conexão com a realidade tem muito de mera aparência: no labor de reflexão, a invocação de uma ideia pelo compositor adquire mais força, mais significação, que um dado real não selecionado na composição do texto.

Retomemos algo relevante: o autor – da defesa jurídica, da doutrina ou da narrativa, ficcional ou não – está de qualquer modo impossibilitado de abarcar a realidade. Pode reconstruir algo próximo a ela, ou melhor, algo linguisticamente representado. Algo que, no ponto final da cadeia, que é o cérebro do leitor, permita a recomposição de uma memória verossimilhante. Essa é a arte de todos que se expressam, tal como ocorre com a arte do pintor. Saber que aquilo que ele vê como um borrão de tinta transformar-se-á, à devida distância e em composição com os demais traços do quadro, em uma figura cheia de sentido é um exercício de consciência e previsão – muito mais que de inspiração e firmeza de traço – que pouquíssimos dominam. Na arte da fotografia não é muito diferente.

Por tudo isso é que, nesta nossa parte mais aprofundada do capítulo, estamos tão à vontade para comparar a construção de uma ideia reitora de um discurso, sua tese, à constituição de um personagem de ficção. E as relações com as ideias – que se combinam e se transformam ao final em uma conclusão – também na interação e convivência dos personagens que são chamados ao texto.

Sigamos: no mundo próprio que o texto do autor narrativo cria e mantém, os personagens são aqueles capazes de promover a transformação necessária para que o enredo siga adiante. E o que é o enredo? Do ponto de vista dos personagens, é sua combinação e interação com os demais componentes da trama, ainda que sob a perspectiva de seus pensamentos. Apenas a cointeração desses atores e a destes com o ambiente é que permite que o texto avance, que progrida em um percurso minimamente coerente. Se esse percurso é linear ao seguir o tempo, ou se o autor elege para seu texto outra lógica interna de expressão, trata-se de problema diverso. Não há como haver narrativa sem um personagem que a conduza, geralmente entendido como protagonista, para onde converge ainda que parcialmente o eixo da narrativa. E se o excesso de personagens fizer com que não se possa apontar um protagonista específico, a coerência interna da narrativa indicará um personagem coletivo (como acontece no romance brasileiro *O Cortiço*, ou no espanhol *La Colmena*, entre tantos outros).

A história da literatura indica um movimento de relativização das características dos personagens de ficção, que se afastam dos arquétipos que já discutimos, a iniciar pela oposição bem/mal de protagonista e antagonista, bem como pela assunção de papéis previamente definidos na progressão da trama, dos personagens de segunda linha: a amante, o banqueiro, o político, que no passado faziam um papel jogralizado de progressão pronta, previsível, conquanto enriquecida pelos milhares de possibilidades combinatórias, tal qual o jogo de xadrez com sua infinita rede de combinações, a partir de personagens estigmatizadas. Os personagens da literatura atual se complexificam.

De modo quase idêntico à progressão narrativa, identifica-se que a progressão do texto dissertativo importa uma série de liberdades de escolha da progressão pelo narrador. Como já vimos, ainda que os melhores discursantes façam parecer que sua argumentação segue um percurso compulsório, imutável como a solução de uma equação, sua atividade é uma constante e interminável tomada de decisões. Como o personagem, o *argumento* que estrutura o discurso também tem de aparecer bem definido. Somente pode ser invocado ao texto dissertativo com intenção clara no enredo, ou quando há uma função metalinguística, também argumentativa[17]. A inscrição de um argumento sem pertinência à progressão das ideias não é diferente da aparição de um personagem sem lugar na narrativa, do mesmo modo que a tese sem novidade redunda na mesma falta de qualidade da narrativa conflitiva porém previsível. Somente um bom argumento, solidificado e composto de vários outros pensamentos, tridimensionais (ou seja, com profundidade), é que pode transformar e fazer evoluir uma tese. Os grandes argumentos de um discurso, principalmente se mais extenso, combinam-se, interagem, discutem, encontram-se e se desencontram, afastam-se e fazem as pazes, atraem-se e se apaixonam diretamente ou se repelem à morte embora inconscientemente se desejem, como protagonista e antagonista. Apenas a construção do personagem-argumento é que faculta esse enredo que interessa ao leitor além do meramente expositivo; ao mesmo tempo, somente o enredo é que permite o personagem, que não existe fora dela. O argumento alijado da tese tampouco serve de algo, ou nem sequer pode como tal ser definido.

E a competência do escritor para construir um personagem consistente não se diferencia daquela que deve ter o operador do Direito ou o doutrinador (cientista humano) para compor suas ideias-chave. Algum conceito totalitário, preconceituoso ou reducionista, desses que abundam nas dissertações ou peças jurídicas de má qualidade, não é outra coisa senão uma simplificação (pretensiosa) do real, tal qual um personagem arquetípico, de que aqui já tanto cuidamos, é uma redução indevida do ser humano. Uma ideia totalitária ou preconceituosa, generalizante, é incapaz de interações eficazes, tal qual um protagonista que somente faz o bem é inapto a travar uma relação interessante com outro personagem, e faz-se inverossímil de tão prognosticável.

A tendência histórica de aquisição de complexidade dos personagens se faz também na construção das ideias-chave ou dos conceitos que orientam a tese e o discurso. Os conceitos se fazem abstrusos e multifacetados porque os aspectos de compreensão da realidade vão-se densificando, então um conceito fechado, não flexível à mudança, é infantil como uma bruxa de contos de fadas incapaz de qualquer atitude que não seja uma grande maldade. E a profundidade de um conceito, de uma ideia-chave, traz como consequência, em efeito cascata, por assim dizer, a necessidade de uma série de revisões dos conceitos que se combinam, porque para um personagem-argumento complexo suas relações de interação são infinitas, diversificadas e interpretáveis sob diversos aspectos. Um bom personagem contemporâneo é um sem-fim de reações imprevisíveis e não diretamente classificáveis como virtuosas ou viciadas, apenas humanas; um conceito ou argumento científico contemporâneo, sem perder a coerência, pode imprimir rumos muito originais (inesperados) a uma tese jurídica, do mesmo modo que um personagem complexo haverá de surpreender um leitor com uma reação virtuosa ou hedionda, sem com isso sacrificar seu perfil. Quem tem trabalhado na atividade forense vê essa complexificação em efeito cascata de modo muito mais evidente: são chamadas a qualquer lide questões que antes passavam despercebidas, que não entravam no discurso. Em uma lide criminal, por exemplo, discutem-se questões sobre liberdade de querer, influência do entorno, comportamento das empresas, respeito ao meio ambiente e, não raro, até mesmo situações políticas. Foi a sociedade que se fez mais intrincada e isso se transfere para o Direito, em um sem número de combinações que hoje encontram seu espaço dentro dos fóruns. O operador do Direito que não faz uso dessas novas interações está desperdiçando possibilidades de êxito – ou então ignora essa gama de novos elementos externos por não serem do interesse de sua tese, logo com presente função argumentativa.

Também é comum, como vimos no capítulo referente à coerência textual, que algumas teses mais longas não tragam um eixo único de progressão *explícito*, e nem por isso, exceto em uma interpretação mais rasa, abdicam à coerência. Ao contrário, são mais convincentes, em uma transposição de pensamento mágico, porque envolvem o ouvinte sem dar-lhe oportunidade de contradita imediata. Assim, um discurso argumentativo pode abandonar grandes ideias-eixo explícitas, preferindo analisar vários aspectos de um tema de forma aparentemente independente. É um modo arriscado de se construir o texto argumentativo, porém harmônico com a constatação de que, conforme já tratamos, a coerência do texto não se consegue enunciando, mas *encadeando*[xxi] temas. Assim é possível que, por exemplo, uma tese acadêmica que pareça à primeira vista conter informações pouco mais densas que um manual, em uma segunda ou terceira leituras de-

---

[xxi] Assim se pode identificar um erro tão comum no cientista iniciante quanto no escritor de ficção jejuno, pois, para bem descrever um conceito, pode ser mais útil visitar suas relações, suas adjacências, que repeti-lo constantemente. As raríssimas aparições de Darth Vader nos episódios do *Star Wars* não tiram dele o posto de personagem dos mais fascinantes do cinema.

monstre conter um eixo de progressão anteriormente invisível, decerto de enunciação dispensável na opinião do autor, mas que o norteia. O protagonista de uma tese pode ser um ente coletivo, como nas narrativas modernas, um ente de que se capta apenas fragmento, porém fragmento que preenche a tese como um todo – ainda que isso só seja perceptível numa segunda leitura. Claro que, em discursos muito longos, a depender do interlocutor, essa posição será arriscada.

A antiga distinção entre o texto narrativo como *representativo* e o texto dissertativo como *interpretativo* está também de algum modo sentenciada à morte. A narrativa leva à interpretação da realidade a partir de um tema que, de tão bem narrado, coloca-se diante do público como um tema de todos, como diz Vargas Llosa. Ou, numa magistral frase da escritora Rosa Montero, "o bom escritor fala dos outros quando fala de si e o mau escritor fala sempre de si mesmo quando fala dos outros."[xxii] A universalização da (boa) narrativa é sempre uma de suas características. Não são necessários grandes exemplos para mostrar que o mero apresentar dos fatos pelo narrador – seja o texto ficcional ou não – já pressupõe uma interpretação, algumas vezes mais apurada que a do cientista, embora permaneça velada. Não fosse assim, os bons escritores de ficção não seriam cultuados até mesmo no meio acadêmico como entre os mais competentes intérpretes da condição humana.

E a argumentação, por sua vez, tem o mesmo *status* da narrativa: também é a representação de um conceito principal que assume no início uma missão, a de interagir, combinar-se e sobreviver, como o herói arquetípico de Campbell, aos extremados desafios que lhe serão impostos, aos desafios da dialética. Mais uma vez, o roteiro argumentativo aproxima-se do narrativo: se é

[xxii] Entrevista ao jornal *El País*, em 29 de novembro de 2010.

pressuposto de toda narrativa a interpretação da realidade antes de ela ser reconstruída por via da linguagem, também é pressuposto de qualquer exposição interpretativa o domínio de uma técnica de narração. Evitemos aqui simplificar a narrativa, dizendo que ela é apenas uma introdução, um clímax e uma solução, porque, como vimos, ela tem seus subconflitos. Porém a estrutura básica é, sim, a que já indicamos. A esta se somam, em um trabalho mais denso, a expressão de sentimentos, interpretações, vazios, interações – personagens e vozes. A boa narrativa é polifônica como uma música de grande harmonia; de modo análogo, ao estabelecer o tema de sua argumentação, o autor identifica um *conflito* principal a ser solucionado pelos diversos subconflitos que ele próprio inventa (na medida em que os traz para seu novo mundo textual), a fim de começar uma progressão que, embora aparente ser descritiva, estática em relação a espaço e tempo, pressupõe a reavivação de constantes embates.

O bom discurso argumentativo, tal qual uma novela, tem sua progressão determinada não por um único conflito, senão por diversos que se interligam, mas que em determinado momento têm de ser dispensados do enredo, pois o texto não pode terminá-los todo. Construir e comprovar uma tese argumentativa significa conseguir traçar o caminho de uma ideia específica, que comparamos a um personagem-protagonista, em um mundo que se autorrecria, com suas paisagens e combinações, mas que presume uma infinidade de outros elementos textuais, que, ainda que não visitados, compõe o seu universo quase infinito. Limitações de tempo e espaço no discurso forense, claro, farão com que o autor recorte a exposição desse universo para seu *locus*, para o espaço de que dispõe, como já tratamos muitas vezes.

À diferença do texto narrativo, é bem verdade, a progressão da argumentação não é regida pela passagem do tempo. Os personagens-argumento encontram-se e se desencontram de acordo com uma progressão que não pode ser indicada cronologicamente. A definição de que a argumentação tem uma progressão ideológica, enquanto a narrativa depende em essência do transcurso do tempo, é algo que, em nossa visão, tampouco é capaz de determinar a cisão entre os dois tipos de texto. Aqui apresentamos dois motivos principais:

a. A indicação do tempo como fator reitor da narrativa é um estigma que já se encontra quase de todo superado. A teoria narrativa há muito indica formas distintas de mostrar (ou de não mostrar) ao leitor a passagem do tempo, como modo literário de, na maioria das vezes, manter a perspectiva mais subjetiva do texto: tal qual ele interessa ao narrador.

Como vimos anteriormente, a inversão da passagem do tempo é muitas vezes intencional, e nas narrativas mais elaboradas isso ocorre reiteradamente. No discurso forense o uso dessa técnica é mais raro, mas não inexistente.

Ao desprezar o transcurso do tempo, ou alijá-lo a uma segunda dimensão, inferior, na ordem discursiva, o narrador dá (ainda mais uma) mostra de que seu texto vem interpretado, direcionado por fatores elementares seus, que nem sequer são os coeficientes temporais. Diz, então, que a narrativa já segue em busca da supremacia do conceitual, não do figurativo.

b. Se o tempo deixa de ser fator reitor da narrativa, o discurso argumentativo também tem uma dimensão cronológica, como em grande medida já apontamos aqui.

A pouca indicação do transcurso do tempo no texto temático, como a argumentação, não significa que se possa retirar dele toda uma ordem temporal. Mesmo quando um discurso não dialoga com seu presente, isso já o situa no tempo. Até mesmo o pensamento mais conceitual terá sempre por trás de si uma *nar-*

rativa de sua evolução, um conflito cronológico que aparece implícito, por mais que se o tente esconder. Um texto de doutrina terá sempre uma contextualização histórica e uma defesa nos tribunais, e por mais conceitual que procure ser quase sempre incidirá sobre um contexto fático específico.

Mesmo quando existir um texto meramente conceitual que não dependa da passagem do tempo, é ínsito a ele uma opção sequencial. Porque ele determina uma *ordem* naquilo que se demonstra, simplesmente porque o texto escrito não pode ser uma fotografia, em que o leitor pode escolher por onde começar a observar, ainda que essa mesma fotografia imponha um foco.

A linearidade em sentido formal (pois o texto é composto de linhas) do discurso escrito causa uma nova distribuição temporal: o que vai ser lido obrigatoriamente antes, o que será lido compulsoriamente *depois*, tal qual uma música, que sempre parte da relação com o tempo, a começar pelo compasso selecionado. Assim, quem compõe qualquer texto escrito traz *formalmente* uma relação de tempo. Essa é a formalidade do tempo, que traz ritmo à leitura, algo que aqui já se cuidou e no que vamos insistir como elementar.

Narrativa e argumentação *stricto sensu* encontram então a dissipada fronteira entre figuras e temas, personagens e conceitos, que, embora sobreviva, tende ao perecimento. Remanesce em ambas, isso é verdade, uma noção de ritmo, de velocidade intratextual, que não tem relação direta com o transcurso do tempo materialmente, mas com o tempo formal, como concluímos.

Como síntese, a divisão que se faz entre texto argumentativo e narrativa tem sua razão de ser[xxiii], evidentemente, mas a estru-

---

[xxiii] O argumentante sempre seguirá tendo de diferenciar, em seu texto, quais são os fatos controversos, para estruturar sua primeira narrativa. Logo, identificar as questões probatórias, que incidem sobre os fatos. Depois, os temas jurídicos que

tura narrativa é a base da evolução lógica da argumentação. A problematização inicial, o desenvolvimento com a dialética dos argumentos e o desfecho, que *satisfaz* a curiosidade do interlocutor por uma conclusão, são todos, por dizer assim, *oriundos* da arte narrativa e análogos a ela. Isso porque nossa razão funciona nessa expectativa de criação e solução de conflitos, e de ordem e passagem do tempo, ainda que internamente.

Se evoluirmos ainda mais – embora essa teoria esteja guardada para um momento posterior –, a maior habilidade do argumentante está em fazer com que o ouvinte acompanhe a progressão de suas ideias, como se tivesse a capacidade de adentrar na sua mente. Essa chamada ao compartilhamento retira o tom professoral da fala e permite que o ouvinte seja convidado a raciocinar com quem lhe expõe a tese, não apenas concedendo empatia ao texto mas, principalmente, ordenando a demonstração para que se alcance uma conclusão que, embora seja apenas verossímil, aparente ser única. Essa é também uma arte importada das grandes narrativas, principalmente das mais contemporâneas, em que o narrador convida o leitor, de modo tácito ou explícito, a ser parte de sua narrativa, a fazer parte da história e até a julgar seus atos e suas conclusões. Para o leitor brasileiro talvez sobre relembrar como tal convite a acompanhar o narrador é colocado em *Dom Casmurro*, logo nos primeiros momentos da novela[xxiv]. Recortamos:

> O meu fim evidente era atar as duas pontas da vida, e restaurar na velhice a adolescência. Pois, senhor, não consegui recompor o

---

incidem sobre os fatos e, se houver, as divergências de interpretação jurídica retroalimentadas, quer dizer, existentes em si mesmas. Cada uma delas demandará sua própria estrutura e seus eixos não se mesclarão. Entretanto, sua base é narrativa.

[xxiv] MACHADO DE ASSIS, Joaquim Maria, *Dom Casmurro*. 1. ed. Rio de Janeiro: H. Garnier Livreiro-Editor, 1899, pp. 4-6. Disponível na biblioteca digital do Senado Federal: <www2.senado.leg.br/bdsf/>. Acesso em: 03 nov. 2023.

que foi nem o que fui. Em tudo, se o rosto é igual, a fisionomia é diferente. Se só me faltassem os outros, vá; um homem consola-se mais ou menos das pessoas que perde; mas falto eu mesmo, e esta lacuna é tudo. [...] É o que vais a entender, lendo.

Note-se como o narrador convida a uma compreensão e solução de seu próprio conflito e, sem dizê-lo exatamente, incumbe o leitor da responsabilidade de "atar as duas pontas da vida". Claro que apresentará sua versão dos fatos e a partir daí convidará ao julgamento do leitor.

A argumentação, nos tribunais, em um *standard* mais apurado, também funciona com a mesma estrutura: um convite daquele que discursa a que seu ouvinte aceite uma versão específica dos fatos, como se acompanhasse seu raciocínio. Ao transformar, entretanto, essa tese já pronta em um discurso que progride e que aparece ao ouvinte como se ele estivesse participando da progressão, o discursante se utiliza da estrutura narrativa, ainda que intuitivamente.

O Direito em clave narrativa

Para nossos estudos, a estrutura narrativa como modo pelo qual o Direito é pensado adquiriu relevância ao longo dos anos. Este livro não é exatamente o espaço para dissertar sobre o tema, porque demandaria a demonstração de uma tese. Entretanto, neste capítulo sobre narrativa, é interessante uma mínima visão desse poder estruturante da narrativa. Originariamente, pensamos essa estrutura para o Direito Penal, mas ela pode ser transposta a outras áreas.

Basicamente, temos defendido que, desde Beling no Direito Penal, houve a tendência de definir, no Direito, a *tipicidade*. Há autores, hoje, que falam em tipicidade processual ou mesmo civil. Esse é um tema que demanda longa evolução e que muito provavelmente o leitor desta obra pode dominar, o que, por intertextualidade, evita que tragamos grandes explicações. Em síntese, o conceito de tipo está em que ele não seja o artigo de lei ou uma frase. O artigo de lei é uma unidade da **codificação** e a frase é uma unidade linguística do **idioma**. Mas o tipo é sim uma **unidade linguística**, que utiliza o idioma como instrumento de expressão, mas evidentemente **não coincide** com ele. Como unidade linguística, o tipo tem sua própria **gramática**[18] e, dentro da gramática, sua **sintaxe**, que tampouco é a sintaxe do idioma.

Portanto o tipo é uma **unidade linguística** que se expressa – porque não há outra maneira de fazê-lo – por meio da linguagem natural[xxv] do idioma. E o idioma, já o dissemos, abre flanco para conteúdos equívocos, pouco definidos, mas também ricos e flexíveis em interpretação, que pode e deve ser conduzida *pro reo*. Diante dessa unidade linguística **própria** que o tipo significa, temos que assumir a premissa de que, conquanto o conceito de tipo esteja pacificado (ou, melhor dito, a existência de um conceito de tipo, ao menos na seara penal, seja pacífica), alguns ou muitos elementos dessa sua gramática **não** foram definidos. O que – não em termos científicos mas em termos práticos, aos cidadãos, juízes e jurisdicionados – é de se lastimar, porque o papel mais relevante de uma gramática (mesmo a do idioma natural) é formar um consenso sobre as regras de comunicação[19].

As questões podem parecer insistentes ou bizantinas, mas há que se compreender que, se o tipo não se consolidar como uma unidade linguística própria (portanto autônoma e com suas próprias regras), perde sua razão de ser e se rebaixa a um artigo de

---

[xxv] Chomsky apresenta uma definição básica de linguagem (natural ou artificial): "Linguagem é um conjunto (finito ou infinito) de orações, cada uma delas de longitude finita e construída por uma concatenação a partir de um conjunto finito de elementos." CHOMSKY, N. *Estruturas sintáticas*. Petrópolis: Vozes, 2015.

lei qualquer, ainda que descritivo. E a complexidade da aplicação do Direito demanda uma abstração muito maior que a do artigo, ao menos para que seja contingente de pensamentos mais complexos.

Propusemos[xxvi] então que o diferencial do tipo para o simples artigo de lei é que aquele *sugere a narrativa de um conflito*. Então, primeiro, o modo narrativo, que tanto já expusemos anteriormente: o tipo penal é essencialmente *figurativo*, trabalha com personagens e coisas que interagem para alterar um *status quo ante*. Ou seja: o tipo sempre proporá um estado inicial de coisas, que, em seu transcurso, se altera pela ação de alguém. Esse alguém atua, age, transformando esse *status quo*. Tal transformação, evidentemente narrativa, não é *necessariamente* conflitiva, mas é bem verdade que o tipo a *sugere*. Quando, no Direito Penal, se diz *matar alguém* ou *apropriar-se de coisa alheia móvel* existe um conflito *sugerido* de um modo-padrão, ou seja, um modo *típico*[20]. Assim, evoluímos para afirmar que o *tipo* não é apenas uma unidade linguística, mas uma unidade *narrativa*, em que está sua estrutura básica: personagem, ação, conflito, clímax. E solução (desfecho).

Negamos, desse modo, dentro do Direito Penal, o tipo como um construto temático puro, que se combina como em um silogismo, na dialética ou em um ensaio filosófico: ideias e conceitos que se combinam (interagem), transformam-se e se concluem, independentemente da passagem do tempo. Não. Como elemento figurativo, o tipo é guiado por um transcurso do *tempo*, necessário para que o estado das coisas se altere. No relato, esse tempo não aparece enunciado (até porque muitas vezes pouco

---

[xxvi] Veja-se nosso *Fundamentos de direito penal brasileiro*. São Paulo: Atlas, 2010, especialmente o subtítulo 5.10. Aprofundando a versão do tipo como narrativa, veja-se MACRI JÚNIOR, José Roberto, *O engano típico no estelionato*. Tese de Doutorado – Faculdade de Direito, Universidade de São Paulo, 2022.

importará sua definição), mas está presente. Tal interpretação se pode trasladar a qualquer outra área do Direito, pois a descrição fática, o conflito e a norma que o soluciona são elementos comuns a todo o universo jurídico.

Entenda-se que dizer que o tipo é eminentemente figurativo não importa em afirmar que ele só pode *descrever* questões materiais-concretas, como, no auge do empirismo naturalista, propôs seu criador no Direito Penal, Beling. Ao contrário, ele pode utilizar-se de elementos imateriais, subjetivos, carregados de valor. Mas observe-se que o *conflito* em si é sempre sugerido (implícito), porém presente. Através de uma narrativa eminentemente objetiva, insinua-se um conflito que é *temático* e sugerido. Ou seja, como em toda narrativa, ele não vem expresso. Porém, o que vem expresso, como consequência essencial do *provável conflito*, é seu desfecho. No caso do tipo penal, o desfecho é a pena. Em outras situações-tipo, descritas em outras áreas do Direito, o desfecho é o preceito secundário, a consequência legal: o dever de pagar, a obrigação de fazer, a dissolução do contrato, a anulação das eleições etc.

Todo preceito primário da lei, o comando legal, é então a sugestão de um conflito narrativo. E, quando há um conflito, este demanda uma solução, que é a sentença. Portanto, a *expectativa pelo desfecho*, por esse desfecho que é a aplicação da norma, é o que *legitima* a sentença. O leitor, aqui, se lembrará que o papel fundamental da argumentação é dar legitimidade a todo o Direito, que ele não se faça como uma imposição de um raciocínio autoritário, senão persuasivo, lógico e, mesmo quando da aplicação de uma norma dogmática, que seja uma norma dentro de limites razoáveis.

Por isso podemos dizer que, quando o juiz decide fundamentadamente, mais do que interpretar o preceito primário da lei em abstrato (o tipo), busca explicar a existência do conflito. Quem se atentar para uma sentença de primeiro grau, que analisa provas, notará que todo juiz (ou todo bom juiz) incomodar-se-á não em justificar uma adequação legal apenas na interpretação linguística, mas irá além: descreverá *como* a ação típica nos fatos concretos constituiu o conflito, atingindo um clímax de embate. E ainda, ao descrever a solução, justificará como ela põe fim àquela situação de desestabilização exposta pelas partes. No Direito Penal, em caso de condenação, a conduta do agente desestabilizou o ordenamento e o clímax é a adequação dos fatos à norma descritiva; na mesma hipótese, mas sendo o caso de absolvição, demonstrará que o conflito não existiu, e que a pena não seria então o epílogo de um clímax criado por sua ação, mas um castigo desencaixado da progressão do contexto. Portanto injusta.

Em outros escritos, explicamos mais sobre a estrutura conflitiva do Direito. E, também, sobre os momentos em que o juiz decide que a situação exposta a ele *não* representa um conflito, ou ao menos um conflito digno de intervenção legislativa. Nessas hipóteses residem os mais debatidos tópicos jurídicos, como a responsabilidade, a imputação, a relação de causalidade ou mesmo as ações que, apesar de danosas, não contrariam o Direito, tal como, no caso penal, as chamadas causas justificantes.

Entender o processo de aplicação da lei como um processo narrativo nos ensina muito sobre como funciona a norma, além de explicar um hermetismo interno do sistema, porque, ademais da hermenêutica tradicional, demonstra o motivo pelo qual a argumentação e a fundamentação são necessárias para legitimar o sistema, cada qual também com sua estrutura conflitiva.

Se, nesta obra, para zelar pelo ritmo e pela coerência, não há *topos* para o aprofundamento nesse tema, ao menos o leitor anima-se a conhecer cada vez mais a fundo os recursos da narrativa, tamanha sua aplicação no Direito.

A estrutura figurativa complexa: macro e microtexto

Nessa progressão de complexificação, já se pode dissertar com maior liberdade sobre a falta de pureza dos textos narrativos e suas consequências. Agora, é bastante mais simples aceitar que uma argumentação pura não existe, porque ela sempre retomará fatos, figurativos, ainda que para relembrar a realidade sobre a qual incidem os temas, ou mesmo para ilustração; tampouco é difícil notar que a narrativa puramente informativa não existe, porque ela nasce de um ponto de vista. Neste subtítulo, vamos nos aprofundar em duas técnicas de construção desse ponto de vista implícito: no macrotexto e no microtexto. Leia este recorte de texto de Vargas Llosa[xxvii].

> "Eu preciso de uma bebida", pensou ele. E ele se afastou dos que queriam abraçá-lo, seus ouvidos atormentados por gritos de 'Viva!' e alto-falantes cantando seu nome. Sussurrou para María Vilanova – "Tenho que ir ao banheiro" – e abriu caminho através das pessoas na varanda, de volta ao Palácio. Correu para o gabinete que tinha ocupado como ministro da Defesa de Arévalo. Depois de trancar a porta, dirigiu-se ao armário atrás de sua mesa, onde mantinha oculta sua garrafa de uísque. Sua pulsação acelerou incontrolavelmente, abriu-a e encheu meio copo com a bebida. Seu corpo estava tremendo, especialmente suas mãos. Ele teve que agarrar o copo com os dez dedos para evitar que ele caísse e espirrasse uísque sobre suas calças. "Você é um alcoólatra", pensou ele, assustado. "Você está se matando, você vai terminar como terminou seu pai. Você não pode deixar isso aconte-

---

[xxvii] VARGAS LLOSA, Mario. *Harsh times*. London: Faber & Faber, 2021, pp. 27-8. E-book Kindle. Tradução livre.

cer". [...] Assustou-o o fato de ter passado toda a cerimônia de vitória obcecado em tomar uma bebida. "Já sou alcoólatra?" perguntou a si mesmo novamente. Com todo o trabalho que ele tinha pela frente! Ele iria desapontar o povo com seu desejo miserável pela bebida? E mesmo que não conseguisse beber, também não conseguiria despejar o copo de uísque que segurava, em suas mãos um pouco trêmulas, na pia.

No texto de *Tempos ásperos*, de Vargas Llosa, constrói, a partir de algum personagem principal, a narrativa sobre alguns presidentes militares da Guatemala, além de outros envolvidos com o poder naquele país. Entretanto, de *todos* os presidentes, o autor prefere *um* deles para trazê-lo como o mais competente, o mais injustiçado pelo comportamento dos demais. Não o transforma em um arquétipo, em um herói, e nem sequer é o personagem de que mais se ocupa. Entretanto, a narrativa assume um ponto de vista: Jacobo Árbenz era, dentre os homens de alto poder da Guatemala, aquele de melhor caráter, o mais adequado para assumir o comando da nação, na visão do autor do livro. Tal ponto de vista, entretanto, deve aparecer de modo sutil, porque, do contrário, comprometeria toda a narrativa, que se transformaria em propaganda (ou em uma tese não sustentada por fatos e documentos). Para um leitor mais ilustrado, qualquer exagero na exposição do ponto de vista faria do texto narrativo o que os ingleses chamam de *"biased"*, quer dizer, *parcial* por sua própria origem.

Qual a técnica utilizada pelo Prêmio Nobel para esse protagonismo? De modo muito sutil, cria um subconflito em que o personagem trava uma luta contra a dependência alcóolica. O personagem consegue motivação para vencer o vício, o que, como tal, exige um esforço sobre-humano, porém muito mais que isso: supera-o em nome de um bom governo para sua Guatemala.

A motivação está no pensamento, nesta obra, de que seu povo merece um líder com corpo, mente e honra íntegros, e isso implica estar longe da bebida. Com esse pequeno fragmento, esse mínimo subconflito diante de tantos problemas que o livro levanta, o autor logra colocar sua perspectiva, o centro moral de sua narrativa, que sempre será despretensiosa[xxviii].

No macrotexto, então, a progressão narrativa caracteriza-se pelo equilíbrio. O autor levará em conta o auditório e perceberá o quanto ele suporta de seleção das informações que sustentam esse ponto de vista. Se seu auditório é extremamente simpático a sua ideia, como nas narrativas de heróis, ou nos comícios políticos para correligionários, as virtudes de um personagem podem ser enaltecidas na objetividade de seus atos de modo menos velado. Se, ao contrário, os leitores ou ouvintes buscam por isenção, o modo para seduzir ao ponto de vista do discursante tem de ser mais refinado, mais constante porém com uma série de concessões. No exemplo, a mera relação do presidente com o álcool, talvez totalmente ficcional, foi uma técnica excelente.

Talvez o mais relevante a se notar, no que se refere à narrativa, é que esse ponto de vista existe de qualquer modo: ninguém relata um fato apenas por finalidades informativas, mas porque deseja comprovar uma tese, uma *maneira* pela qual ocorreu a sucessão de ações e quais as causas do resultado. Contudo, de modo aparentemente paradoxal, é a forma de ocultar esse ponto de vista – e não de o revelar – que caracteriza a maior arte do narrador. A ausência de objetividade pura do texto narrativo é de sua natureza.

Porém, essa falta de objetividade não se ancora apenas da macroestrutura, na construção do ponto de vista. Ela se encontra

---

[xxviii] No livro, especificamente, Vargas Llosa opta por construir um epílogo, como um capítulo final apartado da narrativa, que explica algo de sua posição política. Dispensável, em nossa opinião.

na impossibilidade mesma de que a linguagem reflita a objetividade. É o nível do que chamamos de *microtexto*. Poucos autores o percebem, mas essa consciência, em nossa opinião, é essencial, em um primeiro plano, para a intencionalidade na composição narrativa, e, em um segundo plano, para a compreensão, na atividade forense, do lugar jurídico da narrativa dos fatos.

Para compreendê-lo, veja-se o texto abaixo. É o fragmento inicial de um clássico contemporâneo de Javier Cercas, *Soldados de Salamina*[xxix]:

> Fue en el verano de 1994, hace ahora más de seis meses, cuando oí hablar por primera vez del fusilamiento de Rafael Sánchez Mazas. Tres cosas acababan de ocurrirme por entonces: la primera es que mi padre había muerto; la segunda es que mi mujer me había abandonado; la tercera es que había abandonado la carrera de escritor. Miento. La verdad es que, de esas tres cosas, las dos primeras son exactas, exactísimas. No así la tercera. En realidad, mi carrera de escritor no había acabado de arrancar nunca, así que difícilmente podía abandonarla.

Em uma interpretação da narrativa a partir da conceituação mais primária, nota-se que ela trabalha com figuras, que são pessoas e objetos. E as coloca em um sentido de evolução temporal. No caso do texto, a evolução temporal está bastante marcada: aparece o ano (1994) e o momento enunciativo (seis meses depois do verão de 1994). Perfeito. Mas, agora, observem-se os objetos. O autor diz que "três coisas aconteceram". Parece mais do que evidente que ele se referirá a três elementos muito palpáveis, porque a palavra "coisa" (o *res* do nosso Direito) é a concretude por antonomásia. Mas o que são essas "coisas": morte do pai, abandono pela mulher e fim da carreira de escritor.

[xxix] CERCAS, Javier. *Soldados de Salomina*. Barcelona: Tusquets, 2008, p. 13.

Com essa observação, já se pode notar aonde queremos chegar: não são coisas, nem sequer fatos em sentido estrito, mas fatos sobre os quais obrigatoriamente incide um *juízo de valor*. Dizer que a mulher o abandonou é todo um processo, que, novamente, depende de relações de causalidade e, principalmente, de imputação (a quem/que se pode atribuir a separação do casal?). Em seguida, abandonar a "carreira de escritor". Tiramos agora a imputação de lado (ele abandonou a carreira?) e então nos colocamos um novo juízo: o que é uma *carreira de escritor*? Magistralmente, o autor usa dessa própria necessidade de juízo de valor para, a partir dela, abrir flanco para contar outros fatos sobre a vida do narrador-personagem. E, em metalinguagem, coloca a pergunta: mas o que se pode chamar de uma "carreira de escritor"?

Não se trata apenas de carga semântica, de significado da palavra em si. A palavra "maçã" e a locução "carreira de escritor" têm, ambas, função substantiva, mas a segunda depende necessariamente de um juízo que se faça dela. Nossa crítica, aqui, é que os cultores do Direito, que deveriam ser os mais versados em conhecer a imprescindibilidade dos juízos de valor incidentes em cada momento, são os que, antes que outros, exigem uma narrativa objetiva, como se fosse possível fazer alguma narrativa (ou "contar qualquer história") apenas recorrendo a objetos concretos: máquina de escrever, computador, papel, livros, que evitariam o juízo "carreira de escritor". E a isso se somaria, para uma carreira de escritor, o dinheiro que se recebe pela escrita, que não se pode chamar de "remuneração", porque nesta palavra já existe um juízo.

O Direito Penal, sabemos, teve de enfrentar exatamente esse dilema de linguagem. Porque o Código Penal é obrigado a descrever com exatidão, ainda que sem definição de personagem e de detalhes circunstanciais, a conduta que será punida. A princípio, por um pensamento físico-naturalista, de todo utópico, imaginou-se que o chamado tipo penal poderia ser descrito com ações que incidem sobre objetos, como se fora descrever uma bola de boliche que atinge os pinos e os derruba: verbo e substantivos concretos, nada mais. Uma análise mais detida fez cair essa ilusão, e o jurista assumiu que, por mais objetiva que seja a descrição, ela traz elementos normativos obrigatoriamente. Os penalistas dirão que temas como "documento falso", ou, de modo evidente, locuções adverbiais como "sem justa causa" serão elementos normativos. Entretanto, ante o que já vamos dominando sobre a narrativa, é simples reconhecer que palavras como "vida", "violência", "ameaça", todas elas dependem de juízos de valor. Nos dias atuais – e diz-se apenas para comprovar a necessidade de adaptação cultural – até mesmo o substantivo "mulher" depende de uma carga ideológica muito densa.

Esse nível de detalhamento se faz para nós relevante, como adiantamos, não apenas para domínio de nossa construção narrativa, mas para desconstruir uma ilusão de muitos na prática forense: a narração objetiva de fatos não existe, porque, para remeter a fatos de maior complexidade, são necessários elementos linguísticos que dependem de juízos. E esses juízos podem ser verdadeiros ou falsos. Novamente, numa relação de simbiose, os juízos emprestam sentido à narrativa e a narrativa é o que permite a compreensão do alcance do juízo de valor. Caso se corte essa relação, não há como construir uma narrativa, por mais informativa que se a pretenda.

O que é ter uma "carreira de escritor"? O que é "agir com violência"? O que significa "matar" alguém? São elementos narrativos que, a partir de agora, já sabemos que remetem necessariamente a planos temáticos. Sem mais ilusões.

O tempo imanente: projetar-se para o futuro

Neste momento, entramos em algo que talvez interesse menos aos que buscam regras práticas para a construção narrativa, porém que interessa ao estabelecimento da relevância narrativa no Direito. Muito menos que o *storytelling*, para o qual muitos derivam na escrita hoje, o que pretendemos deixar claro é que o estabelecimento da razão do tempo – que, no fundo, rege a narrativa – é da natureza mesma da argumentação. Talvez não esteja no estabelecimento da retórica aristotélica porque, para os filósofos, é a partir de Hegel que se fixa a relevância do tempo como construção da própria consciência. Somos sempre projetados para o futuro, numa expectativa de passagem do tempo, dirá Hegel. Por aí, insistimos, pensamos sempre o tempo como eixo condutor, ainda que abstratamente.

Se nos permitem relembrar algo de filosofia clássica, a leitura de *Fenomenologia do espírito* dá conta de que Hegel concebeu uma divisão da mente, como em etapas, para chegar ao Saber e à consciência do Espírito Subjetivo. O que retiramos para nosso interesse, reduzindo muito, como eixo central de sua dissertação, é a dialética própria da mente, que busca conhecer a filosofia em seu *movimento* constante. Para Hegel, a consciência, que busca o saber, e a autoconsciência, o saber de si mesmo, não conseguem apreender-se a si se não por *figuras* da consciência, que não são o saber absoluto senão o saber em um de seus momentos. Diante do conhecimento desses momentos[21], a consciência se *impulsiona* em um movimento dialético, que se confirma sempre em um instante futuro[xxx]. Sendo assim, a própria consciência, quando se der conta de que todas as suas experiên-

---

[xxx] Como observa Marías, "cada estadio encuentra su verdad en el siguiente". MARÍAS, Julián. *Historia de la filosofía*. Madri: Alianza Editorial, 2014, p. 311.

cias são *momentos* de um movimento, estar-se-á encaminhando para o conhecimento puro, a ciência em si mesma. Nesse sentido, buscamos sempre um conhecimento abstrato, mas ele está ancorado em momentos específicos.

Importante notar que, para Hegel, o espírito é então a consciência, e esta, absoluta, é portanto obrigada a desdobrar-se em momentos distintos. No espírito subjetivo está a autoconsciência e no espírito objetivo a ética, de que o espírito é substância que se enfrenta a si mesmo para chegar à imutabilidade, pois "o espírito é a substância e a essência universal, igual a si mesma e permanente, seu fim e sua meta"[xxxi]. É a partir dessa interpretação que Hannah Arendt em grande parte assume a tese de Koyré, pela qual o indivíduo somente se afirma no futuro, e este significa a primazia do indivíduo. Ou seja, existe no futuro uma proeminência sobre o passado, e isso, segundo Arendt, inverte grande parte da lógica do pensamento dos contemporâneos a Hegel[xxxii]: antes dele, o passado se impunha ao futuro. As consequências dessa projeção para o porvir no próprio espírito humano interessam a nosso tema: o indivíduo passa a ser um eterno "já-não", que Arendt denomina o "eu desejante" (*willing ego*, que na tradução para o espanhol aparece como "el yo volente"), o que transforma o homem em algo como um futuro antecipado, porque o presente é um lapso de tempo efêmero em que o homem *não* é, porque ele projeta seu próprio futuro em um Agora[22], em uma relação de reciprocidade[xxxiii]. Nesse sentido, o tempo é também

---

[xxxi] HEGEL, G. W. F. *Fenomenología del espíritu*. México: Fondo de Cultura Económica, 2007, p. 259. Adiante, na mesma página, conclui: "El espíritu es, así, la esencia real absoluta que se sostiene a sí misma. Todas las figuras anteriores de la conciencia son abstracciones de este espíritu. Son el analizarse del espíritu."
[xxxii] ARENDT, Hannah. *The life of the mind II*. San Diego: Harcourt Publishing, 1981, p. 40.
[xxxiii] Idem, p. 42.

essencial na dissolução de todos os entes, dissolvendo-os em não entes e então revelando-se como elemento negativo do mundo sensível[23]. É o tempo que mostra a presença do Outro em cada conceito, esse outro que, para Hegel, é tão relevante para a compreensão do próprio sujeito, que nessa alteridade se reconhece.

Essa interpretação já nos permite compreender como Hegel concebe a mente humana: a partir da consciência de um fim antecipado, que se pressente como um fim absoluto, os projetos da vontade são objetos de pensamento[24], e então o homem se faz um constante pensador de seu próprio futuro. Consciente da dialética, da instabilidade, o homem não apenas pensa seus atos, mas é o próprio **futuro antecipado**, em uma constante interpretação do que ainda está por ocorrer mas que por isso mesmo já existe[25].

Os filósofos de inspiração hegeliana deram sempre grande importância à passagem do tempo como figura necessária à compreensão de qualquer fenômeno. Para nós, na narrativa, importa notar que sempre nos projetamos para uma resolução futura de um problema, então a narrativa é o funcionar da própria consciência: uma incessante rede (ou linha) de conflitos que desencadeiam outros. Esse conflito existe pela eterna interpersonalidade, quer dizer, apenas conseguimos nos entender a partir do outro, e isso impulsiona a mente a uma eterna comparação com figuras terceiras, assim como um personagem somente assume sentido quando outros se agregam a ele, e assim criam um conflito que se resolverá em momento futuro. A narrativa é, para nós, a técnica de demonstrar esse eterno conflito com a passagem do tempo[26], mesmo quando os elementos são os mais estáticos[27].

Nesse sentido, qualquer representação textual é uma representação narrativa, mesmo quando pareça mais abstrata, porque é da mente do indivíduo, de nosso aprendizado, colocá-la em tal

Velázquez, *A túnica de José*, 1634. Mesmo em uma pintura estática sugere-se um conflito futuro. No quadro de Velázquez isso se nota com maior distinção. Retomando a cena bíblica, José foi vendido a mercadores por seus irmãos, que lançaram sangue de cordeiro sobre sua túnica a fim de dizer que José fora morto em um ataque de lobos. O quadro revela o momento exato em que a túnica é mostrada ao patriarca, Jacó, que está assustado. O quadro obriga a uma ordem de leitura, a partir do jogo de perspectiva e luzes e sombra. A cena se divide em duas metades, de um lado os que chegam do deserto; de outro, os que estão na confortável casa. No centro, a túnica. Logo, um giro pela cena. Da esquerda para a direita, começa um conflito: o irmão, de chapéu, parece não crer totalmente na história; a seu lado, outro dirige um olhar ao pequeno cachorro, que, no canto inferior do quadro, parece ser capaz de desvelar toda a mentira. O desvelar da mentira projeta a um momento futuro.

condição. Uma pintura (por ex., *A túnica de José*, acima), ou uma fotografia, por mais que pareçam estáticas, serão indicativas de um porvir, algo que na mente humana se projeta para o futuro, e o futuro é o tempo em seu transcurso. Em outras palavras, quem oferece uma representação que pareça estática – como parece estático o texto puramente conceitual –, ou que simplesmente reflita o passado, está a projetar um tempo futuro, porque sabe que o receptor sempre imaginará um conflito que se solucionará *depois*, com outra ação.

Conclusão

Pensamos narrativamente, como temos dito. Então, conhecer as técnicas de desenvolvimento de personagens, de evolução do conflito, de imposição de ritmo e de detalhamento de circunstâncias é algo que nos vale para toda a aplicação jurídica.

Bem é certo, entretanto, que existe um momento de narrativa em sentido bastante estrito, em que a figuratividade é mais presente, mas as regras de construção seguem as mesmas: todas mirando a um desfecho.

Se, nas páginas seguintes, estudamos os padrões argumentativos em sentido mais clássico, não nos desviamos do que já afirmamos: de que cada um deles cabe em uma coerência narrativa. As ideias progridem, transformam-se e vão a um desfecho conclusivo, como personagens; estes, por sua vez, apenas são descritos a partir de uma relação de dependência com ideias, conceitos e valores que jamais serão puramente naturalísticos. A diferença é o eixo de progressão: a passagem do tempo e as figuras *mais* concretas dão o tom do texto narrativo. Ele, como se viu, tem muito maior força de persuasão do que se costuma afirmar nos trabalhos de retórica forense.

CAPÍTULO VII

ARGUMENTO DE AUTORIDADE: A PERSUASÃO DA DOUTRINA

Apresentação: os tipos de argumento

Até aqui trouxemos questões genéricas da argumentação jurídica: a apresentação da função do argumento, a estrutura do texto, sua coerência, a intertextualidade e a narrativa, todos pontos importantes que compõem a base discursiva. Então agora podemos prosseguir abordando maiores detalhes.

É hora de apresentar *tipos de argumento* usuais àquele que discursa no meio forense. Somente nos é necessário, nesta introdução, dedicar algumas palavras ao método de seleção desses tipos e à utilidade de seu estudo.

Sendo os argumentos meios linguísticos de persuasão, sua classificação pode aproximar-se do infinito e assumir resultados distintos, a depender do referencial teórico e do método utilizado para sua validação. Ademais, argumentos são construídos a todo instante, e haverá sempre quem, diante de um novo exemplo inserto em um discurso, estará disposto a conceder-lhe autonomia classificatória.

Nosso método, aqui, seguirá um caminho singelo: apresentaremos os tipos de argumento mais comuns, usuais no Direito, buscando realçar seu primeiro aspecto prático. A partir disso, podem ser retiradas algumas abstrações teóricas, ou indicações bibliográficas, apenas para que exista um ponto de partida para aprofundamento pelo leitor.

Também os exemplos que buscamos não estarão aqui simplesmente para ilustrar, mas para que o leitor ganhe a oportunidade de treinar sua análise de discurso. Isso faz com que cada nova leitura ou atividade de escrita, em outros momentos, possa transformar-se em mais uma prática para a aquisição dos próprios recursos. A diversificação de argumentos e a aquisição de técnicas novas é o que faz o texto mais persuasivo, evitando-se repetição e previsibilidade.

Tampouco se cuidará de distinguir argumentos e falácias, como fazem alguns manuais bastante antigos. Uma técnica argumentativa, por ser linguagem mesmo, somente se aplica por pensamento mágico, pela aproximação, como tanto já fundamentamos. Pela verossimilhança, por sua sustentabilidade[1]. Com essa premissa, buscamos que cada argumento acrescente à coerência discursiva o quanto seja capaz de fazê-lo: caso esteja sobrecarregado, caso haja um uso exagerado de sua capacidade, deixará de convencer ou, ainda, será desonesto. É o que se aproxima do relevante estudo das *falácias informais*. Elas se baseiam no fato, aqui tanto comentado, de que há um vínculo de plausibilidade com o real na argumentação cotidiana, e esta forma sua própria realidade[2]. Observaremos que a fronteira entre o argumento válido e sua falácia não se pode aferir senão mediante a comparação com o destinatário da mensagem: o quanto ele aceita como provável como contaminação e extensão de cada prova externa ao percurso inserta no texto que se lhe apresenta.

Iniciamos, então, com o argumento de autoridade. Este merecerá considerações mais aprofundadas, aqui por duas razões: primeira, porque traz fundamentos que se aplicam quanto a outros tipos dele dependentes, que veremos adiante; segunda, por tratar-se de um dos mais relevantes argumentos do discurso judiciário contemporâneo.

A autoridade

Muitas das *verdades* que aceitamos estão baseadas no conhecimento de autoridades. Se procuramos saber a previsão do tempo, confiamos na opinião de autoridades, de experts em meteorologia, para que nos construam um diagnóstico que, sozinhos, com nosso conhecimento leigo, não somos capazes de obter. Do mesmo modo, se temos um problema de saúde, consultamos um médico especialista, em busca de suas conclusões e recomendações diante do quadro clínico que ele nos estabelece após pedir exames, que, por sua vez, foram submetidos à avaliação de outros especialistas. Acreditamos na opinião do médico e do meteorologista porque, em alguma medida, confiamos em que eles somente venham a lançar manifestações oriundas de observações científicas aplicadas à realidade posta à sua frente: o corpo do paciente, as condições climáticas de uma região a uma época específica.

Dentro desse conceito, em um mundo em que, cada vez mais, nosso conhecimento estreita-se em aprofundamento sobre áreas tão mais específicas, muito do que acreditamos nos foi passado por meio de manifestações de autoridades. Quando crianças, experimentamos sensações diversas, desconfiando das afirmações que nos são transmitidas por quem já viveu diferentes situações: colocamos o dedo na tomada e sentimos o primeiro choque, e é rara a criança que teme cachorros sem que algum já não lhe tenha ao menos ameaçado um ataque. No transcorrer do tempo, entretanto, vimos, pela impossibilidade de experimentar e conhecer todas as áreas do saber humano, repousando nossa fidelidade em pronunciamentos estabelecidos por aqueles que são, no senso comum, reconhecidos como ungidos de conhecimento que autorize a convincente manifestação de opinião a respeito de assuntos determinados.

Na retórica, entretanto, um conhecimento técnico baseado *apenas* em declarações de autoridades consegue, refletindo em um panorama mais amplo, criar uma verdadeira *ditadura de autoridades*. Por um lado, o saber humano amplia-se e, por outro, reduz-se o tempo das pessoas para que possam adquirir conhecimento e colher dados suficientes a respeito das origens de cada matéria ou problema abordado, restando a cada interessado a alternativa de estabelecer premissas ou conclusões baseadas naqueles que sejam donos de uma experiência arraigada, ou que tenham reconhecidamente se dedicado a estudar determinado assunto. São eles os especialistas ou *expertos*. Em nossa sociedade complexa, não há alternativa: é impossível checar todas as informações, por isso interpretamos a realidade a partir da confiança de que há especialistas que estão por detrás de cada interação social.

Como apontam autores bastante especializados no tema[3], o estereótipo do problema da autoridade tem sido composto pela figura do Big Brother, a criação de Orwell, em que uma oligarquia fixava pensamentos e conceitos, por um sistema de controle ferrenho, ditando às pessoas o modo de agir e pensar. Exageros à parte, a força que tem o conceito das autoridades estabelecidas, por influência de fatores como ciência, religião, mídia, redes sociais e cultura de massa contemporânea, faz com que o argumento de autoridade esteja hipertrofiado, supervalorizado.

Antes, porém, de seguir com tal crítica, é necessário alcançar o conceito de argumento de autoridade.

Argumentum ad verecundiam

Argumento de autoridade é aquele que se utiliza da lição de pessoa com alta reputação em determinada área do saber para corroborar a tese do argumentante. Ele é também chamado de *argumentum magister dixit* ou *ad verecundiam*. Esta última denominação foi criada por John Locke – portanto, no século XVII. Ele o definiu como uma espécie de argumento utilizado para fazer prevalecer seu posicionamento ou silenciar um opositor[4]. Significaria utilizar-se da opinião de uma terceira pessoa, que "construíra seu nome" e ganhara sua reputação no senso comum como pessoa de certa autoridade. Segundo o filósofo, uma pessoa, quando constrói certa reputação na sociedade, realça a modéstia dos demais, que pouco questionam o posicionamento daqueles que têm essa qualificação específica. Dessa maneira, qualquer um que não conhecesse a *opinião das autoridades* poderia ser reconhecido, em uma discussão, como imprudente ou ignorante, fazendo com que um discursante adverso gozasse de maior crédito, se de acordo com a opinião daqueles que construíram bom nome. Utilizar-se do *argumentum ad verecundiam* significa trazer, em uma discussão, a opinião de um expert, que se presuma tenha conhecimento aprofundado sobre determinado assunto.

A *citação da doutrina* representa o uso mais comum de argumento de autoridade em nosso discurso forense atual. Reconhecendo-se professores com vasto conhecimento e obras de notório valor jurídico, buscam-se manifestações suas que estejam de acordo com a tese estabelecida pelo argumentante, de tal modo que prevaleça sua opinião contrária em relação à parte adversa.

Quando se estabelece essa coerência entre a tese proposta pelo autor (ou ao menos um ponto forte que se deseje comprovar) e o posicionamento da autoridade, o argumento *ad verecundiam* aperfeiçoa-se.

Mas cabe a pergunta: em que se fundamenta seu efeito suasório, sua capacidade de convencer?

Grosso modo, a autoridade invocada apresenta um *aval* para a veracidade do posicionamento sustentado pelo argumentante.

Supõe-se que os pensamentos da autoridade e do argumentante convergem, mas aquela lhe empresta maior peso, o da especialidade. Mas não é só.

Há outra vantagem no uso do argumento *ad verecundiam*, e ela se aplica muito mais especificamente ao discurso judiciário – ainda que pouquíssimos autores do Direito se valham disso. Trata-se da *presunção de imparcialidade*. Toda vez que um autor expõe seu argumento na dialética processual – já o dissemos –, parte de um ponto de vista comprometido com os interesses que defende, porque assume a condição de *parte*. Isso não condiciona sua argumentação à desonestidade, mas sempre faz com que o interlocutor, que deve ser convencido, vincule de certa maneira essa parcialidade à possibilidade de existência de uma argumentação que leve ao engodo. Quando o argumentante se vale do posicionamento de uma autoridade, em grande medida desfaz tal negatividade, pois sabe o interlocutor que aquela opinião, defendida pela autoridade, não atende a interesses outros que não a veracidade científica[5]. Ou, ao menos, está desvinculada daquele interesse particular.

Portanto, o fortíssimo efeito suasório do *argumentum ad verecundiam* repousa em um duplo efeito: de um lado, a presunção de conhecimento e, de outro, a *presunção de imparcialidade* da autoridade e de seus posicionamentos acerca da tese que se pretende comprovar.

Ciência e verdade

O que se busca no (bom) argumento de autoridade é, principalmente, que ele seja reflexo de um pensamento confiável e, dentro do possível, científico. Em nossa sociedade contemporânea, os modelos científicos estão espalhados por todas as áreas do conhecimento, e as reflexões subjetivas, ainda que sorrateiramente apareçam em considerações de lógica informal, são rechaçadas como depoimentos apaixonados, de pouca técnica. Descartes procurou modelos geométricos de raciocínio, iniciando com premissas indubitáveis e representando inferências unicamente por etapas que não poderiam levar do certo ao falso; assim, um raciocínio poderia tender ao infinito sem que se afastasse de uma veridicidade comprovada[6].

Ocorre, aparentemente, que, em nossa técnica diária, não temos tempo, espaço ou conhecimento hábil para desenhar essas mesmas etapas, então nos contentamos em fixar raciocínios já prontos, de *fontes seguras*. Não é difícil, entretanto, imaginar que essas fontes seguras, as autoridades, ainda que representem o raciocínio científico tão ansiado por nossa sociedade imediatista e tecnológica, podem constituir uma falácia: a de impor como verdadeira uma conclusão apenas porque ela provém dessa fonte.

Mas, ainda que estejamos longe dela, persegue-se a exatidão científica, como já discutimos. As ciências humanas estão em franca desvantagem nessa busca, porém continuam na batalha. Por isso é natural que o raciocínio do magistrado guie-se, na atividade jurídica e na interpretação do Direito, pelo raciocínio que se aproxime da construção científica e, daí, da segurança de resultados. Ou, se fosse possível reduzir a complexidade dos fatos a uma hipótese matemática, à exatidão das conclusões. Nenhuma destas é plenamente alcançada, ao menos no Direito, mas o argumentante, quando lhe aprouver, defenderá a exatidão do raciocínio científico-jurídico e, não podendo reconstruí-lo todo, etapa por etapa, até a premissa mais remota do ordenamento, apresenta um texto com presunção de método científico.

No Direito, a opinião do denominado "jurista renomado" acaba sendo inevitavelmente necessária, mesmo nos textos acadêmicos. Aqueles textos que, em tese, deveriam questionar e fugir do que não fora a observação e a prova. Mas essa fuga é impossível: como ciência humana, as interpretações e reinterpretações são imprescindíveis e os chamados "referenciais teóricos" tampouco se podem dispensar. São bases necessárias para começar qualquer pensamento mais complexo, que não tem possibilidade de nascer do zero, de descrever todas as premissas e de refutar as críticas a elas.

Invocar autoridades é imprescindível, nessa expressão, dizemos nós com maior realismo, de pensamento mágico: a autoridade tem a magia de ser aquela que dita a verdade, ou, porque seu conhecimento, por pura contaminação, passa ao fragmento de sua assertiva. Sempre, buscando a racionalidade, tentaremos diminuir tal efeito mágico, mas também é da mesma racionalidade, em nosso caso, assumir que ele existe. Estabelecer os limites entre a magia que – temos defendido – é indispensável na argumentação e a falácia que conduz ao engodo é algo que sempre teremos que evitar[i].

A confiabilidade da opinião da autoridade: *quia nominor leo*

Conta-se que um leão estava faminto e procurava caçar a zebra, mas não conseguia. A zebra embrenhava-se na mata, corria e corria; volta e meia a caça, na fuga, invadia o rio, onde, com pernas mais longas, escapava do rei da floresta. Furioso, o felino, sob os conselhos sábios da leoa, propôs ao crocodilo uma união de esforços: o crocodilo e sua esposa espreitariam a zebra na água, enquanto o leão e a leoa a perseguiriam em terra. Não ha-

---

[i] Nosso leitor já percebeu que é no limite máximo entre a força da autoridade e sua falácia que está a potência do argumento. O limite do quanto ele encanta e convence e aquele em que ele pode ser desmascarado como apenas uma afirmação que vale por uma origem que, entretanto, não se transfere ao percurso lógico a ser comprovado.

veria escapatória. Com a tática, a fuga foi realmente impossível, e a zebra sucumbiu à boca do crocodilo. Chegou o momento, então, de dividir a presa entre os quatro caçadores, e o leão anunciou: "Dividimos a zebra em duas metades. A primeira metade será dividida igualmente: um terço ao crocodilo, por ter matado a caça; outro terço a sua esposa, por ter feito a tocaia; o último, à leoa, por haver planejado tudo com perfeição; e a outra metade é minha, *porque meu nome é Leão*."

Quia nominor leo[ii]. A autoridade do leão determinou-lhe a razão, ainda que sua explicação não fosse lá a mais razoável. Se pensarmos em argumentação como modo de levar à persuasão a qualquer preço, podemos nos aproveitar de uma única opinião de um autor consagrado para sustentar nossa tese, com absoluta dispensa de nos aprofundarmos no que levara a autoridade a concluir desta ou daquela maneira.

Essa ilustração nos vale para dar início a considerações necessárias sobre a extensão e os limites do argumento de autoridade. Se um médico consagrado me prescreve certo remédio, eu o tomarei sem questionar: uso o remédio porque me foi recomendado por um profissional reconhecido da medicina. Mas, se ele não me solicita nenhum exame, clínico ou laboratorial, se sua consulta é rapidíssima e eu posso perceber que nem sequer se deu conta de meu estado de saúde, eu, ainda como paciente leigo, posso questionar o diagnóstico do *expert*. Talvez não consiga refazer esse diagnóstico, colocar algo em seu lugar, mas tenho condições de pô-lo em dúvida.

A desconfiança sobre autoridades alastra-se na contemporaneidade, quando meios de comunicação ou redes sociais coroam

---

[ii] Uma versão dessa expressão é documentada em: LAVAL, Ramón Arminio. *Del latín en el folk-lore chileno*. Santiago de Chile: Cervantes, 1910.

a sabedoria de indivíduos que estão longe de ser equiparáveis a outros especialistas, estes com alto gabarito e conhecimento em suas áreas de estudo e atuação. Não é raro que os reais especialistas sejam preteridos por outros que tem maior *background* mediático: o médico, o advogado, o professor, o nutricionista que mais aparece na televisão ou que é mais divulgado pela editora por ser autor de *best-sellers* da área técnica, com pouquíssima originalidade científica. Isso, em minha opinião, é uma elevação da falácia da autoridade, portanto dela derivada: como sociedade, necessitamos de especialistas e, para buscá-los, vamos à segurança do reconhecimento público, mesmo sabendo que este não é necessariamente o mais recomendável[7].

Por isso, ainda que seja absolutamente funcional na argumentação, no uso do apelo à autoridade, aproveitando-se da humildade do interlocutor a reconhecer seu desconhecimento, ou, ao menos, um conhecimento menor a respeito da matéria sobre a qual a autoridade disserta, devem ser observados alguns princípios para que não se tome (apenas) a fonte como absoluto meio de atribuição de valor a uma conclusão, já que até essa fonte pode ser duvidosa.

Quando o argumento de autoridade desvirtua-se de sua função de presunção razoável de certeza da opinião de um verdadeiro *expert* para que se dê maior crédito a uma tese, passa a constituir a mencionada *falácia da autoridade*. Não é algo simples conhecer os limites entre o que é o argumento de autoridade e o que é a sua falácia, porque não são faces opostas. Existe uma fronteira muito esfumada entre um e outra, que ainda se tenta definir. Um raciocínio simplista alocaria esta fronteira como o limite entre a verdade e a mentira, mas aqui nem sequer cuidamos de fatos, mas de mera incorporação de um elemento linguístico ao discurso, com remissão a um *status* de poder, advindo da autoridade. Se assumimos que a autoridade por si mesma já não é demonstrativa, senão *mágica* por contaminação, entende-se que já se pode constituir uma falácia de *per se*; entretanto, sua imprescindibilidade para o discurso jurídico a revela como força não necessariamente falaciosa, mas útil no nível de abstração que tem o discurso, que é linguagem natural.

Nesse jogo de estirar e afrouxar, de fortalecer ou quebrar o argumento de autoridade, não há resposta correta, senão relacionada com o auditório: ou ele o aceita como persuasivo, como neutro, ou como falacioso. No último caso, seu efeito é reverso.

Estabelecendo a validade do argumento

Basicamente, a regra de validez desse tipo de argumento é que uma afirmação é válida porque provém de uma autoridade. Claro que essa regra é frágil para um discurso de maior solidez, em especial aquele que terá confrontação, que enfrentará o contraditório.

Douglas Walton, em obra de referência sobre o tema, estabeleceu seis critérios de validade para o argumento de autoridade. São seis perguntas que, se respondidas todas de modo positivo, estabelecem que tal argumento é válido. Concordamos com os critérios e vamos aqui reproduzi-los, entretanto com *duas ressalvas*: a primeira, de que esses critérios são, cada um deles, inseguros em si mesmos, porque as respostas a eles tampouco são exatas. Portanto, temos que reconhecer que, se descemos a um nível mais aprofundado de informações, as questões padecem da mesma relatividade que a pergunta em geral e, desse modo, seriam reproduções de sua incerteza. Essa semitautologia parece-nos clara, mas há que se reconhecer que o estabelecimento de critérios incorpora uma dimensão analítica: quando se lançam questões de validade a um argumento, pode-se mais claramente identificar suas virtudes e debilidades, como a identificarem-se os pilares de um edifício. Ao menos esse argumento está mais localizado e permite maior confrontação.

Nossa segunda oposição aos critérios de Walton está em algum reducionismo de sua parte, o que não é necessariamente uma crítica, senão a observação de um aspecto suplementar. Walton estabelece seis questões que estão centradas na relação entre a autoridade e sua afirmação. Falta, no argumento, a relação entre a autoridade e o próprio enunciador, ou seja, aquele que invoca a autoridade e a introduz no seu discurso. Em outras palavras, os seis critérios de Walton servem para que o *enunciante* conheça a validade de um potencial argumento de autoridade que vá utilizar, mas não avança no que o interlocutor, o destinatário do *argumento como argumento*, deve questionar ao recebê-lo. Assim, acrescentamos três critérios que, embora sejam apenas complementares, permitem continuidade analítica. Ousamos, como consequência, nominar como *seis critérios primários*[iii] os de Walton (da relação afirmação/autoridade) e acrescentar apenas *três critérios secundários*, por nossa observação, centrados na relação afirmação-autoridade/argumentador. Eles completam a nossa análise.

Critérios primários de análise do argumento de autoridade

Imaginemos que um experto (**E**) apresente determinada afirmação (**A**), que é aproveitada em discurso de um arguente, em consonância com sua tese. Um argumento de autoridade, para que seja válido, deve ter respondidas afirmativa ou satisfatoriamente todas estas questões, conforme Walton:

[iii] Entenda-se o termo "primário" como mais essencial e relevante. Acrescentar uma segunda marcha, uma segunda dimensão a tais critérios não significa que sejam melhores ou mais evoluídos – apenas os complementa.

1. Questão do experto: Qual é o crédito de E como uma fonte científica?
2. Questão da área: E é experto na área em que se encontra A?
3. Questão da validade da opinião: O que E disse realmente implica A?
4. Questão da confiabilidade: E é pessoalmente confiável como uma fonte?
5. Questão da consistência: A está de acordo com as afirmações de outros expertos?
6. Questão das provas: A assertiva A é baseada em provas?

A resposta a essas questões primárias garante a validade do argumento *ad verecundiam*, afastando-o da falácia, do engodo do pronunciamento sem validade científica. Analisemos rapidamente cada uma delas. Somente depois acrescentaremos nossos outros critérios.

Questão do experto

Qual é o crédito do experto como uma fonte científica? A autoridade há de ser credenciada como tal. Nas citações de doutrina na argumentação jurídica, sempre se deve procurar uma autoridade cientificamente autorizada, ou seja, em geral um professor universitário de gabarito. Parece natural, pois, que, se o fundamento do argumento de autoridade é a presunção de razão em virtude da boa fonte do pronunciamento utilizado, mais forte será o argumento quanto melhor for tal fonte.

Esse ponto, entretanto, permite algumas observações.

É fato certo que, em questões teóricas do Direito, o estudo universitário é o maior fator de crédito da autoridade. A ciência jurídica tem seu melhor desenvolvimento, técnico e mais preciso, dentro das universidades. Elas são o campo autorizado para o crescimento do conhecimento jurídico propriamente dito, portanto é sempre preferível utilizar-se da autoridade que tenha reconhecida atividade acadêmica. Ela, presume-se, foi posta à prova várias vezes e galgou seu conhecimento com a amplitude e o aprofundamento necessários para que não construa teses ou pensamentos com desconhecimento de fatores imprescindíveis a suas manifestações[8]. Isso, evidentemente, como presunção, porque o ambiente acadêmico também tem suas mazelas.

Com a certificação do crédito do experto como autoridade, principalmente acadêmica, afasta-se o primeiro grande risco da falácia do argumento *magister dixit*: o de que se escolham como autoridade pessoas de sucesso, de renome em determinada área, mas que não se possam considerar, tecnicamente, na qualidade de autoridades, porque não dispõem do devido credenciamento para tanto, ainda que sejam de larga fama.

Esse tema já foi abordado no tópico anterior: os interesses mediáticos que levam ao engodo de pessoas de não tão vasto conhecimento em sua área serem afamadas como grandes conhecedoras. O crédito de autoridade não se alcança, ou melhor, não se deveria alcançar por meio de propaganda, aparição reiterada na mídia, redes sociais ou venda de produtos que levam seu nome. Sem generalizações, claro: a fama pode também advir de uma iludível competência técnica e científica, mas é esta que deve valer à autoridade.

Cabe ressaltar ainda que não se deve confundir a autoridade técnica com o *poder*. No ambiente jurídico, em que essa confusão é muito comum, costumamos afirmar que autoridade *jurídica* não é o mesmo que autoridade *judiciária* ou autoridade *legal*. Um cargo público bem elevado e reconhecido ou uma carreira de sucesso na advocacia não *determinam* a autoridade jurídica no pronunciamento científico. Somente se pode confiar na autoridade do pronunciamento pela experiência ou pelo cargo se a matéria abordada, como se verá adiante, for específica dessa mesma experiência, como se um desembargador de notável carreira escrevesse sobre o ofício de julgar, ou um governador do Estado se pronunciasse sobre a árdua tarefa de comandar um governo.

Vale, apenas a título de ilustração, citarmos aqui o discurso de Sancho Pança, que, conduzido ao cargo de governador insular, assenta, com os ditados populares característicos de suas falas, que sua autoridade, recém-adquirida, acobertará sua ignorância e fará prevalecerem suas opiniões: "[...] ao deter o poder e a vara, farei o que bem queira; [...]"[iv] É um dos grandes momentos da literatura, como o homem simples, dotado de poder, é tentado a transformar-se em tirano[9], mas não apenas por dar ordens, senão por ser visto como alguém que tem razão[10].

Mais uma vez, é claro que a autoridade também depende em certa medida do público a que se dirige. As palavras do romano pontífice para os católicos são sempre dotadas de razão[11], porque proferidas pelo legítimo sucessor de Pedro, e nem por isso seus pronunciamentos deixam de conter raciocínio lógico e fundamentação desenvolvidos. A autoridade religiosa sabe que sua condição de líder supremo, que não é pouca, não basta para eliminar a necessidade de arrazoar cada um de seus pronunciamentos, seja porque quer convencer a cada um de seus ouvintes, seja porque suas palavras sempre serão alvo de críticas. Do mesmo modo, a prescrição de um médico a um paciente que se sujeita a ele e aceita seu tratamento raramente será contestada, ainda que outro possa entendê-la incorreta, pois ao *paciente* seu médi-

---

[iv] "[...] y teniendo yo el mando y el palo haré lo que quisiere; cuanto más que el que tiene el padre alcalde, seguro va al juicio y siendo yo gobernador, que es más que alcalde, llegaos, que la dejan ver!" CERVANTES, Miguel de. *El ingenioso hidalgo Don Quijote de la Mancha* (Capítulo XLV, tomo I).

co representa ali a máxima autoridade em sua saúde. Outro médico, entretanto, talvez discrepe frontalmente do diagnóstico encontrado e do tratamento prescrito.

A primeira questão, então, de validade do argumento de autoridade investiga o arcabouço *científico* daquele que se apresenta como especialista. Enganos há aos montes, com autoridades que se apresentam como tal mas não o são. Resta sempre lembrar que, quanto maior a representatividade daquele invocado como *expert*, mais forte é o argumento dele retirado. Todavia, apenas a autoridade não determina o argumento.

Questão da área

Exemplo pouco técnico, mas bastante esclarecedor:

Três sábios cientistas chegam de carro a uma cidade do interior em que jamais estiveram. Eles participarão de um importante congresso no salão nobre da prefeitura local, mas não têm a menor ideia de onde seja a sede do governo municipal. Perguntam, então, a um munícipe que por eles passa, um caboclo iletrado, que carrega espigas de milho em um balaio de palha. Certamente, o homem saberá responder-lhes onde é a prefeitura.

Naquele momento, qual dos quatro personagens é a autoridade? Evidentemente, o camponês. Qualquer resposta que ele proferir (a não ser que diga que a sede do governo é em Marte) é digna de todo o crédito, pois naquela matéria – a topografia da região – ele é entre todos o único especialista, e não há que se dizer que haja no grupo alguém mais indicado que ele para proferir a resposta.

Caricaturas à parte, é evidente que não basta a credencial científica da autoridade para que ela possa ser aceita como fonte segura para a manifestação em qualquer assunto. A autoridade é especialista em sua área de conhecimento e, fora dela, tem opinião como outro qualquer, ou seja, opinião que carece de fundamentação ampla, pois não se presume que seja expressão de seu reconhecido conhecimento.

Conta-se que Albert Einstein, que como cientista alcançou grande sucesso ainda vivo, era procurado pela imprensa para manifestar-se continuamente sobre questões políticas e sociais, nas comunidades norte-americana e europeia. Evidentemente, Einstein era autoridade na física, mas não em questões políticas, em que deveria funcionar apenas como comentarista leigo, não obstante contasse com inteligência privilegiada, visão de mundo perspicaz e uma admirável história de vida.

Na televisão, em programas de meio de tarde, artistas de novela são chamados a discutir questões nacionais, como se fossem grandes especialistas em economia ou sociologia; nas redes sociais, os chamados *influencers* opinam diariamente sobre temas mais diversos e, fazendo jus à denominação, sua opinião tem alto impacto. Claro, apenas alguns poucos dão crédito àquelas opiniões como se emanassem de alguém que faça presumir serem verdadeiras todas as suas manifestações, de tal modo que a influência (às vezes surpreendentemente grande) dos juízos de um artista famoso é de tal maneira subjetiva que deve ficar a cargo do estudo dos publicitários ou psicólogos sociais[12].

Mas no discurso judiciário não é raro ocorrerem desvirtuamentos da manifestação da autoridade, que aproximam o argumento da falácia. Algumas autoridades em determinada área do Direito, em pareceres e outras manifestações, por vezes opinam em matérias que em nada se aproximam daquelas em que são realmente expertos. São raros os casos, mas às vezes algumas autoridades aproveitam-se de seu reconhecimento público para intrometer-se em áreas que, de fato, *conhecem pouco*, ou conhecem menos que um verdadeiro especialista no assunto, porém de renome menor. Nesse caso, o argumento perde seu valor, porque, como dizia a máxima romana, o sapateiro não deve julgar mais do que as sandálias *(Ne supra crepidam sutor iudicaret).*

O tema das especialidades na área do Direito é algo em que, aqui, buscando apenas o efeito argumentativo, não vamos avançar muito. É pertinente apenas fazer a ressalva de que, embora as especialidades e as disciplinas do Direito estejam em constante crescimento, alguns renomados juristas, por seu amplo conhecimento do ordenamento legal como um todo, podem atrever-se a opinar em área diversa, conservando seu *status* de fonte credenciada, porquanto seguem, em campo estreito, um raciocínio jurídico mais amplo que efetivamente dominam. Mas é necessário cautela.

Se alguém é credenciado experto em determinada matéria e se sua afirmação diz respeito a ela, o argumento de autoridade já ganhou grande força. Caso contrário, perdeu um de seus sustentáculos. E há outros.

Questão da validade da opinião

O que **E** disse realmente implica **A**?

Essa, em nossa opinião, é a questão mais importante do argumento *ad verecundiam*, a validade da opinião da autoridade. Questão complexa, porque envolve diretamente o conceito desse argumento: sendo a autoridade realmente especialista em determinada área do conhecimento, e se for seu pronunciamento atinente a essa mesma área, importa em que todos os ouvintes aceitem como verdadeiro esse pronunciamento, porque se *presume* que a autoridade não se equivoca naqueles limites. Porém, ainda que provindo de uma boa fonte, será melhor o argumento em que forem acrescidas outras razões, pela própria autoridade.

Assim, a autoridade não está dispensada de demonstrar o percurso de seu raciocínio, de mostrar seus fundamentos, ao menos por uma questão de humildade. Ela tem de saber que suas conclusões devem derivar de outras premissas, em uma progressão lógica ou de causalidade, a que é submetida qualquer argumentação[13].

Quando, na atividade forense, invoca-se a doutrina, até por uma questão topográfica, de tamanho do próprio texto que se constrói, resume-se a citação às conclusões do doutrinador, da autoridade. Quando isso ocorre, claro, o reducionismo é imputável a quem cita a autoridade, e não a esta mesma. Isso nos remete, uma vez mais, à reserva do possível no texto: cada argumento tem seu espaço limitado, então mesmo um pronunciamento de autoridade que, originariamente, o fundamenta para buscar o convencimento do leitor, é transportado à argumentação em um elemento bipartido, consistente apenas na autoridade e em seu pronunciamento. A típica citação que tem grande potencial de ser falseada ou descolocada, mas que, por outro lado, pode também atender à própria essência do argumento *ad verecundiam*: resumir um fundamento buscando apoio na palavra do experto, pela necessidade de seguir adiante, de progredir o discurso.

Questão da confiabilidade

O experto E é pessoalmente confiável como uma fonte?

A questão é bem esclarecedora, e o bom leitor já a intuía, motivo pelo qual há pouco a dizer. A autoridade, o experto, tem características objetivas que o fazem figurar nessa condição, e isso já foi analisado. Mas parece indispensável que a autoridade tenha retidão de caráter, e isso é uma característica subjetiva. A honestidade, não apenas no sentido de corrupção financeira, mas a honestidade moral, a retidão de manutenção da própria opinião e posicionamento científicos são características importantes da autoridade.

Se o argumento *ad verecundiam* é o argumento do humilde, da veneração àquele que merece o *status* de autoridade, sem dúvida há entraves em questionar, de um mestre, sua confiabilidade, exatamente porque argumentante e auditório, para que bem funcione o argumento, respeitam ao máximo o especialista cujo posicionamento é invocado. Mefistófeles, em *Fausto*[v], de Goethe, adverte sobre a decepção que pode haver diante do mestre:

> Nem que a verdade alguém aos jovens leve,
> A que um fedelho desses não subscreve,
> Mas que, após anos, talvez se revele,
> Quando a sente arranhar-lhe a própria pele,
> Julga que o próprio miolo a luz encete.
> Asserta então: "O Mestre era um pateta."

É, pois, da natureza do argumento *magister dixit* que não se questione a retidão de opinião daquele que é reconhecido como mestre. Mas, ao argumentante, em sua dialética, desde que não recaia em ofensas pessoais, denominadas *ad hominem*, é absolutamente lícito questionar a respeito da confiabilidade da autoridade.

Nullius addictus iurare in verba magistri[vi], dizem os que advogam a autonomia intelectual. É muito raro, mas às vezes os mestres falham em sua personalidade, e isso provoca uma mancha em sua reputação, que deixa dúvidas quanto à retidão do pronunciamento daquela autoridade.

Um pronunciamento fundamentado de uma autoridade em determinada área do saber pode ocasionalmente não refratar seu verdadeiro conhecimento. Em tempos de opiniões polarizadas, a autoridade pode ceder a pressões das mais diversas, não apenas

---

[v] *Fausto*, p. 274.
[vi] "Ninguém é obrigado a jurar sobre as palavras de um mestre" – citação de Horácio, *Epístolas*, Livro I.

econômicas, mas também à necessidade de participação em determinados grupos, à defesa de ideologias gerais, sem querer reconhecer suas falhas. Não é tão rara a corrupção do pensamento.

Quando esta se comprova, a autoridade cai em descrédito, e assim o argumento perde seu valor. Quem depara, por exemplo, com um parecer de um jurista, geralmente recorre à sua doutrina escrita, buscando saber se o posicionamento sustentado no parecer é reflexo de sua doutrina, com coerência. Se não o for, diz-se que a autoridade tem *forked tongue*, língua bifurcada, a língua de cobra.

A autoridade pode cair em contradição também quando não se aprofunda no estudo da matéria sobre a qual se pronuncia, talvez por desídia, excesso de trabalho etc. As contradições são, sempre, causa de descrédito à fonte. Exemplo é a narrativa literária do julgamento de Jim Williams, no romance de John Berendt[vii]. Em plenário, no quarto julgamento do caso, o advogado Seiler ganha a causa desacreditando os peritos: "Seiler ridicularizou a promotoria pelas inconsistências nos depoimentos dos peritos chamados por eles – principalmente no do dr. Larry Howard, diretor do laboratório estadual. Num dos julgamentos, o dr. Howard tinha afirmado que Williams não poderia ter dado todos aqueles tiros em Hansford de detrás da escrivaninha; num outro, disse que Williams poderia ter feito isso. Em momentos diferentes, Howard dissera que a cadeira de Danny Hansford ora caíra para trás, ora para o lado, ora para a frente [...]."

Evidentemente, como já vimos, todo experto ou cientista pode mudar de opinião, valores e conceitos no decorrer de sua experiência, mas deve ser claro ao registrar essa transformação, como sendo sedimento de seu conhecimento, e não da anulação desse.

[vii] *Meia-noite no jardim do bem e do mal*. São Paulo: Objetiva, 1995, p. 391.

A confiabilidade da fonte, então, aparece mais nas características subjetivas da autoridade, mas não deixa de ser quesito importante para a validade do bom argumento, desde que bem respeitados os estreitíssimos limites que a honrada argumentação impõe às questões de cunho subjetivo. Na contemporaneidade, também por causa das redes sociais, a já comentada *cancel culture* abandonou seu caráter primeiro de poder impor reação a pessoas antes inatingíveis, e passou a ser meio de demonização de alguns indivíduos, apenas por manifestarem uma opinião que não converge com a que os donos do poder das mídias sociais desejam. Afetados pela pressão de mercado, canais de mídia, redes sociais ou patrocinadores ajudam na promoção dessa nova espécie de ostracismo ao 'cancelado'; por pressões políticas, o sistema universitário, que deveria ser o que mais investiria na pluralidade de pensamento, cancela opositores, o que lhes reflete no posicionamento como autoridade; por pressões mais etéreas, grandes artistas e pensadores têm suas obras revisitadas, sem a menor preocupação do observador-censor de trasladar-se ao tempo e contexto de produção da obra. As obras são desqualificadas e canceladas, como se não fossem um passo importante da humanidade na criação da contemporaneidade com a qual nos expressamos e da qual dependemos.

Em outras palavras, a confiabilidade da fonte tem de ser analisada, acrescentamos nós, a partir de sua atitude profissional, sem deixar que interfiram atitudes de sua vida privada e, principalmente, analisada com tolerância. Uma autoridade com pensamento contrário ao meu ainda é uma autoridade.

Questão da consistência

A afirmação **A** está de acordo com as afirmações de outros expertos?

A ciência não se faz isoladamente, e a divergência é, nas matérias humanas, algo corriqueiro, para o bem da argumentação. Porém todo pronunciamento é mais consistente quanto mais uníssono for em relação a outros do mesmo gabarito. Quando se trata de uma matéria que dominamos, como o Direito, é fácil pesquisar e saber se o pronunciamento de uma autoridade é convalidado por outras de saber igual ou maior.

Unanimidade não pode haver; é rara e, como disse o dramaturgo..., burra. Mas a comparação do pronunciamento da conclusão de uma autoridade com o de outras serve, no mínimo, para fomentar o debate, comparar pontos de divergência e criar um contra-argumento. Ou então validar ainda mais o posicionamento da autoridade.

Quem depara com um argumento *ad verecundiam* articulado pela parte adversa deve sair em busca de outros que digam o oposto, sendo-lhe, por consequência, favorável. Aquele que tem a seu favor um bom argumento de autoridade, caso depare com outra autoridade que advogue tese distinta, não está obrigado a citar, pois diminuiria a coerência de seu texto. Ademais, citar a doutrina contrária é trabalho da parte adversa, que deve encontrá-la e trabalhar com ela em seu proveito, caso contrário não haveria uma argumentação, mas certamente um texto apenas informativo ou didático, tampouco a investigação científica.

Quanto maior for a aclamação do mesmo princípio por várias autoridades, de maior força reveste-se o argumento; este, assim, é, em tese, mais consistente quanto menos isoladamente aparecer.

Claro que esse pensamento não pode ser tomado em consideração de modo absoluto. Conforme analisaremos quando cuidarmos da jurisprudência, a quantidade não traz certeza, por uma série de motivos. Principalmente porque, em grande medida, a técnica da argumentação recomenda transformar os fatos sobre os quais se disserta em um caso ímpar, em algo que merece atenção distinta. Algumas vezes, essa atenção especial significa trazer uma solução *dissonante* da maioria, apenas porque as premissas são diversas: de volta à nossa comparação narrativa, sabemos que personagens diferentes, com enredo diverso, não encontrarão sempre um mesmo final. Nesse caso, a autoridade é invocada exatamente porque sua conclusão é diversa das demais, então o peso do argumento como tal se transfere da possível unanimidade de suas assertivas para as razões inovadoras que a autoridade aporta.

Não se pode negar, entretanto, que mesmo nas ciências exatas ou demonstrativas o número alto de autoridades que comprovem a tese é persuasivo, e tem de ser mostrado. Afinal, se a comunidade científica apoia uma ideia, ela deve ser real, porque se *presume* que ela esteja certa. Nem sempre, claro. Sobre essa questão de quantidade, cuidaremos em outro capítulo.

Questão das provas

A assertiva **A** é baseada em provas?

Para que um argumento *ad verecundiam* seja eficiente, deve também fazer prova material de suas conclusões. A prova, na metodologia jurídica, significa a citação de documentos que permitam ao leitor comprovar as fontes de todo o raciocínio desenvolvido. Assim, se faço uma citação de livro de doutrina, devo indicar com detalhes de onde a retirei: nome da obra, lugar da edição, nome da editora, ano da publicação, página em que se encontra no livro. Somente com isso permito que o leitor e a parte contrária façam prova, se quiserem, da veracidade daquilo que utilizei para comprovar o raciocínio.

Do mesmo modo, se um perito criminal, que é autoridade em sua área de conhecimento, atesta que determinada substância que lhe fora enviada para exame é droga ilícita, deve guardar parte dessa substância para posterior contraprova. Permite, então, que seu *parecer magister dixit* seja submetido ao devido questionamento.

O trabalho probatório é, também, requisito do bom argumento de autoridade, para que se evite a falácia e o engodo.

Neste último ponto, vale polemizar um pouco, assentando-se que existem citações falsas, fruto de trabalho equivocado ou maldoso de alguns argumentantes. Essas citações podem se perpetuar pela desídia de argumentantes posteriores de pesquisar a fonte primária do texto citado já de segunda mão.

Aliás, a falsidade das citações não é algo novo. Sabe-se que, no século V d.C., os imperadores romanos Teodósio II e Valentiniano III, em virtude das citações falsas (ou ao menos não devidamente documentadas) que os litigantes levavam a juízo, constituíram a chamada *Lei das Citações*. Ali se estabeleceu que somente poderiam ser invocados em juízo os escritos de cinco jurisconsultos (Gaio, Papiniano, Ulpiano, Paulo e Modestino). Mas as opiniões dos jurisconsultos poderiam ser divergentes entre si e, quando isso ocorria, prevalecia a opinião da maioria desse assim chamado "Tribunal dos Mortos"[14]. Havendo empate, entretanto, prevalecia a opinião de Papiniano. Claro que, para nós, sempre sobrará a pergunta de por que a opinião de Papiniano era eleita como prevalente, o que o alçava como autoridade entre as autoridades. Mas o fato é que, mesmo ali, já havia dúvidas quanto à veracidade das referências, por isso a restrição ao número de autoridades citadas, para permitir algum controle de autenticidade.

Mesmo com os meios de busca que hoje as redes de computadores trazem, ainda há várias citações não verdadeiras, mas isso constitui um extremo que um livro de estudo de argumentação nem sequer necessita alcançar. Outro ponto, mais relevante, e não tão distante da citação falsa, é a citação descontextualizada, referida apenas para dar ao texto um ar de sustentabilidade documental e erudição. Sobre esse ponto, trataremos mais adiante.

Aqui, basta dizer: uma opinião de autoridade deve ser submetida a um exame probatório, a essa "questão das provas", como qualquer argumentação. Nenhuma afirmação deve prevalecer apenas por sua fonte. Nem mesmo a de Papiniano.

Se a resposta é positiva a esses seis critérios de aferição do argumento de autoridade, estamos diante de um argumento de autoridade bastante resistente, em via de ser persuasivo, mesmo em discursos mais complexos. Mas há mais.

A relação entre afirmação da autoridade e argumentador

A relevância do argumento de autoridade exige que se possa inquirir mais sobre sua validade em determinado momento. É certo que, se temos uma visão ampla do que é um argumento, sabemos que a citação da autoridade é um elemento linguístico a mais dentro de um discurso, apenas um. Entretanto, a autoridade tem tal polo atrativo que chega, muitas vezes, a ser o polo decisivo de todo o discurso.

O discursante que invoca o *ad verecundiam* tem de ser extremamente cuidadoso com esse abuso da autoridade. Salvo nos casos em que o faça de modo absolutamente intencional, o argumentante não pode perder as rédeas de seu discurso, trasladando-as a autoridades. Ele tem que demonstrar que conhece os exatos limites da afirmação da autoridade, invocando-a com pertinência a seu percurso. Caso contrário, na ilusão de que o ouvinte se persuade com o *magister dixit*, o argumentante perde atenção. Dito de um modo bastante coloquial, há que ter a consciência de que o argumento traz todas as vantagens elencadas, entre elas a imparcialidade, mas isso não dispensa o retor de apresentar *sua* construção ao interlocutor. No discurso jurídico, aliás, não raramente o juiz já conhece o posicionamento das autoridades citadas, de modo que, por si mesmo, o texto da autoridade não é persuasivo. Ele só se faz *argumento* a partir do trabalho coerente do autor do discurso. Acerca dessa relação argumento/argumentante, versam nossos três quesitos complementares (ou secundários).

Questão da consciência do argumentante

A primeira questão que se há de saber é se o argumentante conhece os limites da autoridade. Ele deve demonstrar que conhece a autoridade com que está trabalhando, e o momento em que ela aparece. Por exemplo, dizer *por que* é aquela autoridade invocada, e não outra, ou em que momento o texto citado foi escrito, porque a autoridade pode haver mudado de opinião. Em suma, o argumentante deve inserir em seu discurso o motivo pelo qual aquela autoridade é introduzida. Do contrário, soará que o único critério pelo qual a citação é trazida é o apoio à tese.

Não há nada menos persuasivo para um discurso do que demonstrá-lo como uma coerência de opiniões alheias, colhidas apenas sob o critério de serem aquelas que apoiam a opinião ou tese sustentada. O argumentante deve *enunciar* motivos pelos quais aquela autoridade está sendo invocada.

Em alguns momentos, todavia, o argumentante pode ter a sinceridade de dizer que pouco conhece a autoridade, mas que ela vale por ser externa, alheia ao fato em julgamento. Quando o faz nesse contexto, joga ainda mais atenção às palavras da citação, às ideias que estão ali. Não raro, a leitura de um romance ou novela em que se reflita sobre o estado de ânimo de uma pessoa que é ameaçada, por exemplo, vale mais que uma autoridade em si. Quando se trate de um grande escritor, não deixa de ser um argumento de autoridade, em que se confessa a não especialização técnica do autor (não é psiquiatra, por exemplo). Entretanto, é uma autoridade em revelar percepções humanas, e a forma como essa percepção é enunciada o qualifica como autoridade.

O argumentante que saiba demonstrar a consciência desse vínculo perceberá que para o leitor/ouvinte importa menos a citação e mais a forma como os argumentos se encaixam um a um.

Questão da isenção absoluta da fonte

A técnica recente, quer tenha vindo das formas de governança[15], quer tenha vindo da pulverização das notícias na internet, dando lugar a possível desinformação, inovou muito na compreensão do que sejam opiniões comprometidas. Em síntese, atenuaram-se os contornos do que sejam mentiras ou verdades na fala de uma autoridade, ou do que significa estar comprometido com um ponto de vista ou impedido de pronunciar-se sobre um tema.

Os critérios para encontrar uma afirmação como *biased*, como não totalmente isenta, têm sido os mais variados. Uma empresa auditora pode querer supervalorizar o ativo de uma empresa auditada não por ela mesma, mas porque sua principal cliente é da mesma área; um cientista pode pronunciar-se pela validade de um experimento apenas porque fez parte de uma equipe que tenta buscar financiamento para uma experiência análoga, sem deixar de ser uma autoridade no assunto. Aliás, ao contrário: é por *realmente* ser essa autoridade, que figura como forte candidato ao financiamento, do mesmo modo que um excelente professor de Direito, por essa mesma excelência, pleiteia um cargo público no governo e, daí, seu parecer será sempre acrítico em relação a algum posicionamento desses governantes. As autoridades não são mentirosas, são *biased*. Em outras palavras, estamos em um momento em que os critérios para o comprometimento do ponto de vista estão apurando-se, incorporando maior rigor e, assim, exigindo distanciamento efetivo da autoridade sobre o pronunciamento.

O mundo jurídico tende com facilidade à polarização. E, assumido um polo, dificilmente a autoridade revê sua posição, mesmo que agora ela seja contrária à tendência assumida. A mudança de opinião, mesmo quando se está convencido de algo diverso, virá com a passagem de muitos anos, ou talvez não virá jamais. Nesse sentido, não é nada incomum que alguns autores já tenham previamente posição assumida sobre pontos distintos, apenas porque sua conclusão é harmônica com o polo adotado. Como se trata de uma ciência que independe de experimentos e não tem possibilidade demonstrativa matemática ou naturalística, sua posição aparece alijada de qualquer fundamento mais denso.

O advogado, por exemplo, já sabe em que doutrinador buscará a opinião quando estiver advogando *contra* o sistema bancário ou *a favor* dele. De forma análoga, os autores que são pró condenação e os que são pró defesa, terão seus escritos já pré-formatados para opinar sobre cada tema. Por um lado, claro que essa é uma forma de coerência, mas se trata de uma coerência travada de um ponto de vista ideológico, o que significa algo mais próximo da suspeição que da regularidade de opinião.

Quando uma autoridade é introduzida no discurso, o argumentante tem que demonstrar conhecer esse nível mais detalhado de sua origem, limpando-a de qualquer outra condição suspeita. Alguma vez será necessário compará-la com outras autoridades e dizer de sua isenção ou do modo ideologicamente livre com que aquela específica trabalha. Tudo isso dependerá, claro, do espaço argumentativo, mas não deixa de ser uma relação necessária entre o argumentante e a autoridade invocada.

A conclusão da pertinência ao momento discursivo (*placement*)

Bastante próxima ao critério de Walton sobre saber se existe uma relação entre a fala da autoridade e a conclusão defendida, nosso questionamento apenas muda o foco. O argumentante deve demonstrar que conhece especialmente o *lugar* daquela citação na progressão do discurso, o que significa ter o domínio de que a doutrina da autoridade não tem nenhuma razão de ser quando alijada da argumentação em si; *contrario sensu*, quando ela é incorporada ao discurso, há que se demonstrar sua relevância naquele momento específico.

Em geral, como temos dito, a coerência entre argumentos é algo que não necessita ser enunciado, mas aqui temos que abrir uma muito relativa exceção. Por se tratar de invocar a autoridade, existe um momento em que o argumentante tem de demonstrar o domínio sobre aquela citação, saber o exato *locus* em que ela se encontra. Do contrário, novamente parecerá um retalho de opiniões concertadas por um sentido vetorial, porém sem – no que concerne a este quesito – a pertinência necessária ao discurso e à sua posição. Ao funcionar como um grande atrativo de atenção, há o risco de que a autoridade, por ela mesma, destaque-se da progressão argumentativa. É tarefa, portanto, de quem a convida ao texto, demonstrar que ela está alocada em um momento pertinente, como um personagem que tem seu lugar específico dentro do enredo narrativo.

No contexto das teses acadêmicas, é comum verem-se opiniões de autoridades somadas, em notas de rodapé, como um sustentáculo que está entre o quantitativo e, como diremos adiante, o estético. No discurso forense, por sua parte, não é incomum que o argumentante termine o subtítulo com a enunciação da doutrina. A doutrina é a palavra final. Quando age assim, salvo casos excepcionalíssimos, o texto demonstra perder o domínio exato da convergência da citação para a tese, como se, num texto narrativo, o autor inserisse um personagem no final de uma cena sem nenhuma função no enredo. Estamos quase cuidando do nível estético do texto, mas ainda não: o argumen-

ARGUMENTO DE AUTORIDADE: A PERSUASÃO DA DOUTRINA · 249

Crédito: Raj Valley / Alamy / Fotoarena

O grafite acima, atribuído ao artista Banksy, colocado no muro de uma penitenciária de Londres, mostra que uma expressão não vale por si mesma: ela deve ter um momento e um lugar específico para aparecer. No argumento de autoridade ocorre fenômeno semelhante: não é qualquer pronunciamento doutrinário, por verdadeiro que seja, que cabe no texto. É do argumentante a obrigação de demonstrar que o colocou em seu lugar correto.

tante deve trazer em seu discurso a demonstração de que suas ideias *regem* o percurso e a autoridade é um acessório. Só assim o argumento é válido *como argumento* e não como lição professoral. A consciência do tempo e do espaço do argumento de autoridade transforma-o de um convencimento potente a algo que sobra e, assim, prejudica o ritmo e a coerência.

Formas específicas do argumento de autoridade

A utilização da doutrina jurídica é o principal argumento de autoridade no Direito. Ela traz a vantagem, como já dito, para além da reputação do experto, da isenção, porque redigida sem destinatário específico. É um instrumento para demonstrar imparcialidade na discussão jurídica. A desvantagem, claro, está em seu caráter genérico, por isso o argumentante deve tentar sempre comprovar sua adequação ao caso concreto. A doutrina citada foi construída em um momento distante do caso concreto e jamais será exatamente adequada a ele.

Outros dois espaços do argumento de autoridade são as perícias e os pareceres. Estes, ao contrário da doutrina, são específicos.

As perícias em geral

As perícias em geral são modo de produção do argumento *ad verecundiam*. O perito profere manifestação fundamentada a respeito da matéria que, presume-se, domina, aceitando-se daí como verdadeiras suas conclusões. Não obstante, seu laudo deve trazer fundamentação suficiente para permitir contraditório. No Brasil, a lei processual civil avançou[viii] ao exigir da perícia uma fundamentação "com coerência lógica, indicando como alcançou suas conclusões", o que revela a necessidade de uma argumentação analítica. Ademais, a questão da consistência científica também aparece no texto, ao se afirmar que deve haver "a indicação do método utilizado, esclarecendo-o e demonstrando ser predominantemente aceito pelos especialistas da área do conhecimento da qual se originou". O objetivo da lei, nesse momento, é o de submeter o argumento de autoridade a critérios mais seguros que o simples *quia nominor leo*.

[viii] Art. 473 do Código de Processo Civil (CPC) vigente.

Entretanto, principalmente na América Latina, há que se reconhecer que as perícias das autoridades públicas, e mesmo as perícias privadas de confiança prévia do magistrado, contam com presunção de veracidade muito mais fortes do que o bom senso, a lógica e, especialmente, o processo democrático deveriam recomendar. Seja pela covardia patente que a própria autoridade pública tem em enfrentar o Estado[16], seja pelo comodismo em fazer todas as conclusões repousarem em uma prova única, ainda que não totalmente fundamentada, qualquer contradição ao trabalho do perito guarda resistência extremada. Contestar esse excesso de confiança nos agentes do Estado demandaria muitas linhas neste estudo, mas não se pode deixar de dizer que, embora com todo o respeito aos profissionais expertos, é compulsório que o Estado de Direito exija a apresentação de provas de cada uma de suas afirmações, rejeitando a atribuição de *status* de veracidade apenas por sua origem. O esvaziamento das presunções deve ocorrer não apenas porque todo agente, estatal ou privado, está sujeito à corrupção, mas também porque a realidade é complexa, o acesso à informação é falho e os métodos de análise são variados e, muitas vezes, controversos entre os próprios peritos.

Assim, a perícia pode ser um grande *locus* do argumento de autoridade, respeitadas todas as questões aqui colocadas como fundamentais.

Os pareceres

Com relação aos pareceres, já aludimos a eles várias vezes, pois representam, no dia a dia forense, modo comum de utilização do argumento de autoridade.

O parecer é a opinião do experto, aplicada. Deve ser fundamentado e contar com provas, confiabilidade e consistência, como requisito de todos os argumentos de autoridade válidos, conforme já explanado nos tópicos anteriores. É usual que professores de Direito, em geral doutrinadores, sejam contratados pelas partes para proferirem pareceres em processos específicos. Assim, seu escrito transforma-se na aplicação da doutrina ao caso concreto.

O parecer espelha-se na solução de um caso específico, em geral mais complexo e intrincado. O consulente formula perguntas, questões à autoridade parecerista, que, objetivando responder a elas, estuda o problema em um prévio arrazoado. Então, um parecer com redação técnica é aquele que traça, em sua fundamentação, percurso que dá aporte às interrogantes que ainda estão por ser respondidas. É necessário que o parecerista apresente seu currículo, se este já não for reconhecidamente público (questão do experto); demonstre de início ou diluída em todo o texto sua experiência com o tema sobre o qual disserta (questão da área); exponha, em percurso lógico-argumentativo, todos os pontos sobre os quais se baseia sua opinião (questão das provas); confronte seu resultado com a doutrina de outros expertos (questão da consistência) e, mais, demonstre que seu posicionamento já fora adotado por ele próprio em outras ocasiões (questão da confiabilidade).

Mas o consulente que encomenda um parecer, pretendendo utilizá-lo como *argumento* de autoridade, obviamente conhece o sentido para o qual as respostas do parecer devem apontar. Por isso, não é raro, para que não se diga que é extremamente usual, que as questões formuladas nos pareceres que têm por objetivo a argumentação *magister dixit* sejam todas *perguntas retóricas*, ou seja, aquelas cuja resposta, em linhas gerais, já é conhecida do inquiridor. Com respostas fundamentadas, que atendam aos quesitos do bom argumento *ad verecundiam*, o parecer transforma-se em excelente argumento e passa a contar com as vantagens típicas do *magister dixit*: a presunção de conhecimento (de veracidade) e a presunção de imparcialidade.

A presunção de imparcialidade do *magister dixit* perde terreno em alguns – alguns, diga-se bem – casos em que o próprio parecerista deixa de *fundamentar* para *argumentar em sentido estrito*. Seu interesse ultrapassa o *primordial* (porque nunca o é *puro*) discurso científico, a fundamentação, para lançar-se a um trabalho puramente argumentativo, ou seja, centrado no próprio leitor/ouvinte. Nesse sentido, como já vimos no Capítulo III, o parecerista abandona a exposição de seu próprio *convencimento* para expor as ideias que tenham maior efeito suasório em seu interlocutor específico, seja o imediato (o consulente), seja o *mediato* (o juiz de Direito ou a autoridade administrativa, no caso de pareceres formulados para serem juntados aos autos).

Se esse desvirtuamento ocorrer, ao parecer passa a faltar *imparcialidade*, que é uma das forças argumentativas do *magister dixit*. Afinal, diferentemente do que ocorre com a citação em uma peça de doutrina copiada de um livro ou revista posta à publicação por puro interesse científico, o parecerista revela-se, nesses casos desvirtuados, como pessoa com um ponto de vista comprometido, já que defende um interesse. Não se pode dizer – como nunca se diz em matéria de argumentação – que o parecerista esteja pronto para mentir ou enganar, mas é certo que o ponto de vista comprometido com um interesse a ser defendido retira o pilar da imparcialidade, que é um (embora não o principal) dos que sustenta o argumento *ab auctoritatem*.

Mas essa falta de imparcialidade não aparece por presunção, devendo ser comprovada por aquele que pretende demonstrar ou corromper a validade do pronunciamento *magister dixit* no parecer. Caso mais delicado ocorre quando o parecerista, em seu pronunciamento específico, contradiz posicionamento anteriormente escrito em sua doutrina. Quando o faz, corrompe a autoridade do pronunciamento quanto à *confiabilidade* (veja-se subtítulo retro), e, desse modo, o parecer, como argumento, perde seu valor, deixa de persuadir.

Alguns operadores do Direito, no lidar diuturno com os pareceres jurídicos encartados em autos de processo, apontam para a possibilidade não rara de pronunciamentos em falta de coerência com a opinião prolatada na doutrina anterior do parecerista. E têm, para tanto, um argumento convincente: o de que seria dispensável contratar o parecer de uma autoridade se ela já tivesse, em sua doutrina, exposto a tese que deve ser defendida, porquanto bastaria copiar, em citação, o excerto da doutrina pertinente ao caso concreto. Argumento convincente que realça o alerta para a validade dos pareceres, que muitas vezes inflam processos com considerações tomadas pela parte.

Todavia, é necessário muito cuidado quando se tenta desvalorizar uma autoridade, pois o dever de coerência constante de opinião daquele que fundamenta (e não meramente argumenta) é observado pelos sábios. É indispensável averiguar se o caso concreto não traz peculiaridades que tornem diversa a opinião do parecerista em relação a uma hipótese genérica ou a outro caso concreto sobre o qual proferira pronunciamento. Como é difícil, aliás impossível, que dois casos concretos sejam idênticos, suas diversidades podem implicar conclusões muito diferentes, como comentaremos depois em relação aos argumentos por analogia. Somente, então, depois de se constatar que existe discrepância de opinião fora dos aspectos peculiares da discussão[17] do caso concreto, é que se pode demonstrar que a autoridade, em seu parecer, utiliza falácia *tu quoque*[18], a língua bifurcada.

Nesse sentido, o argumentante tem de saber fazer uma boa transposição do parecer ao seu discurso, pois somente aí temos um elemento linguístico destinado ao convencimento. As nossas questões auxiliares devem ser respondidas: se o argumentante tem pleno domínio de por que está ali aquela autoridade. Se o argumentante pode garantir a isenção absoluta da fonte, na qual se baseia, no caso do parecer, a consulta feita mediante honorários; se o argumentante sabe exatamente o momento, o ponto da argumentação em que aquele parecer é pertinente, sem delegar seu percurso às palavras do parecer. Assim, atenderá aos quesitos que propomos para a qualidade do argumento, na intersecção entre o pronunciamento da autoridade e o discurso daquele que invoca a autoridade, sempre como *fragmento*, como *um* dos apoios à sua tese.

Exageros e mau uso do argumento

Quando se estuda um tipo de argumento, deve-se conhecer seus pontos fortes e fracos.

Ao longo deste capítulo, diluímos vários modos de desvalorizar esse tipo de argumento, principalmente afirmando que, no discurso judiciário, ele tem sofrido hipertrofia indevida, ou seja, tem se dado maior crédito à fonte que aos fundamentos de sua afirmação, quando, evidentemente, deveria ser o contrário.

Em resumo, dois caminhos distintos existem para destruir um argumento *magister dixit*. O primeiro deles é desvirtuar a discussão da pessoa da autoridade para seus próprios fundamentos: a autoridade não pode, apenas por seu conhecimento notório, livrar-se do ônus de fundamentar todos os seus pareceres, sob pena de, por assim dizer, ser uma "autoridade arbitrária". E isso não se admite, ao menos na área científica.

Não apenas no Direito elegem-se *autoridades* que passam a fazer pronunciamentos que são supervalorizados. Com o "poder" da autoridade, muitos doutrinadores, cientistas, professores passam a se manifestar sem não mais se preocuparem em demonstrar os fundamentos de suas conclusões. E mesmo assim persuadem, porque o pronunciamento autoritário é consequência do poder. Como gostamos de ilustrar[ix], lembramos a história de Carpaccio, contada por Luis Fernando Verissimo. Carpaccio era um bobo da corte de um reino medieval e famosíssimo por sua competência.

Fazia rir aos bichos e às pedras, como se dizia. Tinha, por conta disso, todas as mordomias do reino a seus pés, talvez mais que o próprio rei. Certo dia, insatisfeito, expõe ao rei que ele, o bobo Carpaccio, pretende ser a própria majestade, que estava cansado de ser bobo. Seguiram-se então, na pena de Verissimo, no diálogo entre o rei e o palhaço, estas ilustrativas palavras[x]:

> O rei ergueu-se e abriu os braços.
> – Eu estou lhe oferecendo um reino. O meu reino. Com todas as vantagens...
> Carpaccio fez a sua cara de pouco-caso, famosa em toda a Europa, que todos julgavam ser uma máscara cômica e era a sua cara mais real. A boca parecia a de um grande peixe triste.
> – Que vantagens?
> – Riqueza, servos, mulheres. Um lugar na mesa com os nobres. Um lugar certo no céu. Por que mais alguém quer ser rei?
> – Para decidir. Para mudar as coisas, para decretar que pedra é bicho e bicho é pedra. Para tirar a História do nariz.
> – Mas isso é a desvantagem do poder!
> – Isso é o poder. O resto até um bobo consegue, se viver bastante.

A autoridade, por maior que seja, não pode se acomodar na presunção da boa fonte de seu pronunciamento. Assim adquire o poder e pode vir a dispensar razões necessárias a muitas de suas

---

[ix] Veja-se as funções da ilustração, como dar concretude ao texto, no Capítulo IX.
[x] VERISSIMO, Luis Fernando, "Bobos II", in: *Outras do analista de Bagé*. Porto Alegre: L&PM, 1986, pp. 58-9.

assertivas, ou, pior, pode ser tentada a inovar, sem humildade científica, a cada pronunciamento seu (em hipérbole, a "dizer que pedra é bicho e bicho é pedra", como na ilustração anterior). Por isso a possibilidade de aquele que deparar com o argumento *ad verecundiam* encontrar uma falácia *ab auctorictatem*.

A estética estruturante das notas de rodapé

Especialmente nos textos acadêmicos, o argumento de autoridade encontra novamente uma supervalorização. Conscientes de que usamos uma genérica metonímia, podemos dizer que as notas de rodapé acabam sendo hipertrofiadas, substituindo-se ao próprio corpo argumentativo. Não é difícil, no meio acadêmico, encontrar textos que pouco se sustentam por sua própria construção, mas que se acreditam sólidos porque apresentam enorme gama de citações. Em outro momento, temos cuidado mais a fundo como essa verdadeira compilação de referências pode prejudicar o texto principal, mas aqui vamo-nos centrar no que realmente influencia a argumentação na atividade jurídica em si. Em um contexto em que a atividade acadêmica já está bastante disseminada no cotidiano dos que operam o Direito nos foros, em alguma medida estas considerações servem também para a retórica forense. As diferenças serão pontuadas em momento posterior.

Podemos pensar numa pintura de uma grande batalha da Idade Moderna, com cavalaria, como tantas que existem, criadas para enaltecer os feitos heroicos de comandantes vitoriosos ou soldados caídos. A pintura, como já vimos, deve ser intencional e levar, por uma série de efeitos (proporção, perspectiva, sombreamento ou mesmo o modo de esfumar paisagens que estão fora de foco) a um centro de olhar. Possivelmente, esse centro será um herói específico, que comanda – como Napoleão em seu cavalo –, ou algum guerreiro em plena ação. Se pensamos em um herói-comandante, sabemos que ele necessita ter seu exército. Portanto, nessa grande pintura que imaginamos, estarão vários personagens compondo o cenário: soldados, cavalos, armas, corpos caídos: uma centena de objetos e personagens distintos, para dar magnanimidade ao quadro. Se olharmos a pintura como corpo íntegro, notaremos que todos esses personagens têm seu papel específico, para sugerir uma narrativa, mas seu papel principal é inegável: dar sustento à figura principal. Sobre eles, sobre todos eles, ergue-se a figura do protagonista da imagem.

Antes de adentrar em funções argumentativas, temos que considerar esta estética: todo texto acadêmico apoia-se, quase literalmente, nas citações. Estas funcionam como alicerces do corpo do texto, a partir da proporção e do foco, tal qual na pintura: a primeira (e às vezes única) avaliação que faz o interlocutor do texto acadêmico é observar a quantidade e diversidade das notas de rodapé. Se são muitas, entende que o percurso do texto se sustenta. Sendo poucas, pensará que ao texto falta base de sustentação. Um pensamento mágico, por pura associação, pelo qual se entende que o texto vale por suas referências, que raramente serão lidas em detalhe.

A necessidade e o problema da ditadura de autoridades não começaram há pouco. Talvez o livro mais revolucionário de todos os tempos, que conseguiu romper com todo um *status* de valores dominantes e de escrita sem ter de apelar para neologismos e quebra de regras gramaticais, inicia-se com uma enorme lição sobre o (falso) valor das autoridades e a facilidade que existia em compilá-las e inseri-las como nota do texto para demonstrar erudição. No Prefácio à obra tantas vezes aqui citada, Cervantes relata uma conversa com um crítico dos originais de sua obra. E se refere ao conselho de que, para fazer citações relevantes, basta buscar "um livro que as recolha todas, de A a Z", e assim selecionar as que pareçam mais importantes. Isso já no século XVII. E diz que, se as citações não forem de todo úteis, "ao menos aquele grande catálogo de autores servirá para dar, de improviso, autoridade ao livro[19]". Diz o autor, em sua metalinguagem, que a obra pode adquirir autoridade mediante citações de Aristóteles e Cícero, mas que ele deve se concentrar na história, nas reações do leitor, e menos no "citar nas margens os livros e autores de onde tiraste as frases e os ditados que colocaste na tua história". Sim, desde ali existia o problema, e Quixote queria quebrar *também* essa corrente.

Assim estamos: de um lado, a percepção estética – equivocada, porém presente – de que o texto se apoia em suas notas de rodapé; de outro, a facilidade em buscá-las como pressuposto falso, ou seja, de que a citação não é a base mesma do corpo do texto, mas apenas uma complementação em busca dessa estética. Pensamento mágico, uma vez mais.

Claro que essa condição não é a ideal e nossa posição é extremamente crítica à supervalorização das notas de rodapé, principalmente na construção da ciência. Esse abuso das referências conduz a uma longa cadeia de consequências deletérias, que classificamos em dois níveis: o do próprio texto e o extratextual, em especial a ciência jurídica em si mesma. Resumidamente, no texto, estão (**a**) a falta de coerência e ritmo do discurso, porque ele desvia o foco de sua própria argumentação à reprodução de outros textos; (**b**) sua falha em originalidade, porque a reprodução da leitura de outros, ainda que importante, freia qualquer evolução. Afinal, qualquer pensamento original não encontrará, por sua própria essência, antecedentes para serem citados, e, nessa lógica, tal ausência de referências será interpretada como falta de razão; (**c**) como consequência direta de ambos (a e b), a desvalorização das ideias do texto todo, como uma questão topográfica: o leitor tende a passar rapidamente os olhos por *qualquer* texto que lhe pareça uma reprodução, uma catalogação de outros textos, principalmente nestes momentos tecnológicos, em que o computador é capaz de, sozinho, encontrar em base de dados as referências praticamente prontas. Nesse ponto, a relação do leitor com as notas de rodapé é ambivalente, para não dizer esquizofrênica: ao mesmo tempo que exige sua presença, nessa estética impressão de que o pé de página grande e sólido é que sustenta o corpo do texto, evita a leitura do próprio texto em si, porque sabe que ali não estão mais que reprodução do que ele já conhece. Por outro lado, o autor é quem conhecerá seu auditório e, infelizmente, muitas vezes será mais apropriado que sua construção textual assuma mais a fachada de uma grande reprodução de textos já publicados que propriamente a construção de um percurso próprio, capaz de alterar a visão de mundo, de transformar o pensamento do leitor.

Para a ciência em si, o efeito da supervalorização das referências, como em uma retroalimentação, é também grande parte de sua causa. A capacidade do cientista é medida pelo impacto de suas publicações, e tal impacto, por sua vez, **(d)** mede-se pelo número de citações que as redes encontram de seus textos. Assim, os cientistas demandarão por referências[xi] e tenderão a desvalorizar os trabalhos que não citem seus textos ou de seus companheiros, criando verdadeiras bolhas de conhecimento, em fenômeno muito análogo ao que ocorre nas redes sociais. O grupo se autorreferencia e o valor do texto científico se mede por esse movimento circular e centrípeto, que aponta para um mesmo núcleo referencial, desconsiderando-se todo um universo de pensamento que poderia ser explorado. Os mecanismos de medição

---

[xi] Veja, de modo realista: KHOKHLOV, A. N. "How scientometrics became the most important science for researchers of all specialties". *Moscow University Biological Sciences Bulletin*, vol. 75, n. 4, 2020, pp. 159-63.

de impacto contribuem para agravar o problema, atribuindo relevância às novas publicações a partir dessas referências que ela busca, em nova reinflação do sistema; (e) como mais grave problema, os próprios autores, na luta por serem citados, buscam sempre escrever sobre os mesmos temas, porque são os mais buscados para publicação[20]. Nesse sentido, toda a ciência se direciona a temas que entram em moda, citando os textos que já são os mais relevantes (em uma tendência a reproduzir seu ponto de vista), o que destrói temas menores e impede o crescimento de cientistas com opiniões divergentes. Se somarmos a isso o fato de que as línguas menos difundidas cientificamente não encontram leitores, em nível global praticamente se sepulta o futuro dos textos que busquem estudar problemas locais, ou impor como relevantes os problemas que não sejam vistos como tal pela comunidade científica dominante. Essa espiral é muito próxima do que já se chamou de *assassinato* epistêmico.

Tudo isso vai convergir para a ditadura de autoridades, que nos importa essencialmente na retórica.

Evidentemente, partimos aqui dessa visão crítica para a argumentação. O risco de que dissertar pela diminuição de citações seja interpretado como simples modo de evitar a leitura e as referências já foi, em nossa experiência, concretizado[21]. As notas de rodapé e a citação de várias obras têm muitas funções relevantes e imprescindíveis. Colocamos quatro aqui, sucintamente: (a) ofertar prova documental do que é afirmado, evitando plágios; (b) permitir ao leitor que consulte as fontes primárias como complementares para aprofundar-se no tema; (c) demonstrar, no contexto geral, que aquele que escreve o texto fez uma leitura completa sobre o tema; (d) como consequência, livrar-se da chamada Síndrome de Adão, ou seja, imaginar que se é o primeiro a aventar determinada tese ou ideia, como se fosse o primeiro ser criado no planeta. Muito provavelmente, uma ideia que um autor entende original já pode ter existido, haver sido trabalhada e talvez superada por outros autores. Assim, na ciência, as referências a outros autores têm de ser constantes, já que o texto científico não é, à diferença de Quixote, "uma grande invenção"[22], que dispensa antigos referenciais.

Por isso, aqui nos referimos ao *abuso* das notas de rodapé, e não a seu uso regular, especialmente em ciências. Mas, se constatamos, como já dito, que o discurso acadêmico está-se introduzindo na retórica forense, e que também esta obra equipara em grande medida a produção científica humana, a retórica e a narrativa, essas observações alcançam sua pertinência.

Nossa crítica ao excesso das notas de rodapé, apesar do reconhecimento de sua função, serve como ponto de reflexão para o leitor, ao menos para que tenha claro que a construção de um texto fluente é mais relevante que as referências, mas, principalmente, que saiba que, ainda que opte por rechear seu texto dessas citações circunstanciais, não pode delegar-lhes a sustentação total deste. A argumentação não se pode apoiar apenas na autoridade, como não pode usar a nota de rodapé como sua base: trata-se de um complemento. Por outro lado, como tratamos de técnicas de persuasão, nossa crítica não se pode sobrepor a uma realidade dominante: como regra, as notas de rodapé são valorizadas pelo leitor, como eram ao tempo de Cervantes, trazendo legitimidade ao texto. Se essa legitimidade é falsa ou real, caberá a cada leitor discernir.

O maior intelectual do mundo: a pertinência da autoridade

As questões relacionadas ao problema das autoridades nas ciências humanas nos trazem uma série de questionamentos sobre o uso das citações na retórica forense. O problema de fundo, basicamente, está em conhecer o quanto do que dizem as autoridades se aproxima da verdade, ou o quanto de sua própria construção, ainda que de modo jamais admitido ou nem sequer consciente pelo próprio *magister*, se transforma em distância do aceitável e do razoável, de modo contrafático, exatamente para demonstrar a autoridade. Em outras palavras, alguém que domina uma área do saber, em determinado momento, exerce a autoridade *como* autoridade quando se afasta de todos os critérios de razoabilidade.

Ouso utilizar uma ilustração que a muitos de meus companheiros parecerá familiar. Nos últimos anos de meu curso de Direito, eu trabalhava em uma escola dando aulas de escrita a adolescentes. A Faculdade de Letras e Filosofia da universidade que eu cursava chamou para uma palestra um determinado linguista, cuja obra eu já parcialmente havia lido e que de fato era muito interessante. Mas todos os professores da escola em que eu trabalhava organizavam-se para assistir à palestra, o que parecia estranho: éramos do direito, da gramática, da biologia, da geografia e da história, por que estaríamos *todos* interessados em ouvi-lo? As vagas eram disputadíssimas, mas a escola dispunha de alguns ingressos.

Estávamos, os professores das diferentes disciplinas, interessados em assistir à palestra porque o palestrante não era um linguista qualquer, mas um professor que todos intitulavam o "maior intelectual do mundo". Para nós, que tínhamos todos pretensões intelectuais, assistir ao "maior do mundo", seja lá o que isso representasse, era oportunidade imperdível.

Fui à palestra, auditório lotado. Dito com todo o respeito, pensei que fosse um sujeito brilhante, mas logo identifiquei alguns jogos retóricos, já que eu elaborava o rascunho do que, poucos anos depois, seria a primeira edição deste livro. A deferência da plateia ao intelectual era quase religiosa, e ele não a decepcionava: como um semideus, apresentava soluções para todos os problemas do universo. Não desconsidero que ele tenha de ser, muitas e muitas vezes, referenciado por sua visão de mundo, sua capacidade intelectual – que é imensa –, sua erudição e sua disciplina em pesquisar e construir seu próprio *corpus* teórico para a linguística. Porém não encontrei fundamento para que suas frases fossem, como dito, dogmas para os ouvintes. De um lado, sua intitulação como "maior intelectual do mundo" não deve ter sido promovida por ele próprio – como na conhecida figura de Napoleão se autocoroando –, mas, por outro, também estava claro que nosso personagem, ao contrário do que recentemente fez Bob Dylan ao rejeitar que se lhe alçassem ao Nobel de Literatura, não abdicou ao título de rei dos intelectuais. Sua palestra, apesar de retoricamente interessantíssima, desbordava muito da área em que aquele intelectual era realmente brilhante.

Estamos há quase trinta anos dessa façanha, e o dito professor ainda ostenta o título de "maior intelectual do mundo". Uma busca pela internet mostra que, atualmente, a imprensa brasileira ainda abre espaço para que se diga "Professor dá soluções para o futuro do Brasil". Ouvem-se suas soluções e, novamente, ainda que sejam proferidas por alguém excepcionalmente inteligente, não nos parecem inovadoras. O maior intelectual do mundo, se assim o fosse, teria uma única solução, que jamais alguém haveria cogitado, como um enxadrista campeão do mundo cria uma jogada que nunca ser humano algum foi capaz de calcular. Aproveitando o tema, remanesce a pergunta que eu me fazia naquele tempo: por que o maior intelectual do mundo não é Bob Fischer, no xadrez, Vargas Llosa ou algum outro escritor latino, ou algum antropólogo chinês cuja obra nem sequer acessamos?

Não se trata apenas de rebelar-se contra a arbitrariedade desses títulos, que existem aos montes. O problema está no caminho que deve galgar o intelectual para conseguir sua notoriedade, e, a partir daí, o que pode ser prejudicial, no nosso campo do Direito, que ainda é muito mais proclive às relações de poder que outras áreas. Em síntese, não é nada difícil perceber que um dos ingredientes para que o intelectual se destaque entre os de sua classe e assuma a posição de monarca é sua capacidade de criar polêmica. Assim, levar seu ideário a extremos é a fórmula para encontrar-se com a mídia; os extremos também agradam aos estudantes porque os elevam a pontos utópicos, altamente sedutores. E são do gosto dos que produzem ciência, porque trazem um motivo para debater, como um farol que brilha para atrair as críticas ao mesmo tempo que lhes dá um norte. A situação se agrava em momentos de superprodução de conhecimento, em que as polêmicas têm de ser criadas, para dar margem a discussão contínua, por desejo dos próprios cientistas. A ciência humana necessita polêmica incessante, como, exagerando, os jornalistas desportivos precisam das partidas de futebol todas as quartas e aos domingos, sob pena de perderem assunto. As colunas sociais também demandam casamentos, divórcios e possíveis infidelidades conjugais. Tudo isso é parte da grande engrenagem da sociedade, em que também está a atividade forense. Como alguma vez disse um poeta, "se não fosse o crime, muita gente morria de fome"[xii], também temos, quando na posição de doutrinador – que não é o caso aqui – de criar polêmicas ou tentar solucioná-las, para manter a discussão jurídica em movimento. Preferencialmente, em um movimento de aprimoramento, mas não sempre.

[xii] Referência à letra do sambista Dicró: "Se não fosse o crime, muita gente morria de fome. O vagabundo é quem garante o pagamento dos homens. Porque um preso dá vários empregos, você pode acreditar: é um policial pra prender, um delegado pra autuar, um promotor pra fazer a caveira, um juiz pra condenar, um carcereiro pra tomar conta e um advogado pra soltar" (Álbum *Dricó no piscinão*. Universal Music, 2002).

Conclusão

No discurso forense, entretanto, a espiral de criação descrita no subtítulo anterior tem de ser cortada, porque o juiz tem de tomar uma decisão definitiva sobre diferentes casos a cada momento. Trata-se também de um exercício de criação/manutenção de uma coerência discursiva, mas com, no mínimo, duas grandes diferenças: primeiro, que o juiz deve descer à realidade da casuística, do caso concreto, e então suas soluções são postas imediatamente a teste, em confronto com o mundo real e todas as suas pressões; segundo, que ele não pode selecionar recortes, problemas específicos e desconsiderar outros elementos, num processo de purificação comum à doutrina. O juiz é obrigado a decidir o que se lhe coloca integralmente, por isso o viés prático de seu texto é uma grande qualidade, como é a daquele que tenta influenciar em sua decisão.

Nossa conclusão segue a mesma: a autoridade, como doutrina, ao interferir no texto jurídico deve fazê-lo guiada pelo discurso do argumentante. Do contrário, o risco de desviar-se da solução pretendida, com efeito reverso, é alto.

CAPÍTULO VIII

ARGUMENTO POR ANALOGIA: O USO DA JURISPRUDÊNCIA

A analogia e a ilustração

Na mitologia grega, Prometeu rouba o fogo da humanidade e, querendo brincar de deus, recebe um cruel castigo. Uma lenda que sempre ilustrará a figura de todos aqueles que ousarem meter-se no processo de criação da vida, Mary Shelley resgatou-o como subtítulo de sua obra: "Frankenstein: ou o Moderno Prometeu". Fora da mitologia, conflitos marcantes como os de *Hamlet* ou de *Romeu e Julieta* são reinventados em diversas obras da contemporaneidade, o que fará com que sempre se repitam as perguntas sobre Shakespeare: se ele foi um criador de obras universais que merecem ser atualizadas e traduzidas para a contemporaneidade, ou se simplesmente (entenda-se bem o 'simplesmente') soube captar os grandes conflitos da humanidade, sistematizando-os e compilando-os em suas obras teatrais. Alguém já disse que, depois de Shakespeare, não há novidades na dramaturgia[1]: todas as obras são revisões daquelas estruturas.

García Márquez conseguiu levar ao extremo essa relação cíclica. Grande parte da magia de sua obra mais consagrada reside na repetição dos destinos dos personagens, até chegar ao ponto mágico em que pode narrar, como se ocorressem simultaneamente, fatos de personagens que se separam por gerações distintas. Em outras palavras, a obra é calcada na realidade de que os fatos se repetem[2], se não de maneira idêntica, de modo similar.

Agora, vamos ao Direito, guardadas as devidas proporções, utilizamos a mesma premissa: os problemas levados ao Poder Judiciário são complexos fáticos, narrativas de conflitos[i], como temos insistido. A existência desse conflito, no plano da realidade, desata um novo embate, judicial, que deve ser solucionado mediante a sentença. Mas esses complexos fáticos são forçadamente semelhantes a outros que já houve no passado, porque, como num catálogo shakespeariano, os dramas e conflitos humanos aproximam-se muito em sua essência. Tanto o autor da obra literária quanto o juiz podem escolher em que sentido vai o desfecho do seu conflito, mas o juiz está *mais* apegado a uma regra[ii]: os conflitos análogos devem ter solução idêntica.

Com isso, já entendemos que o *argumento por analogia*, no Direito, está essencialmente ancorado no uso da jurisprudência ou, melhor dito, nos precedentes da Corte. Também, que a grande arte de construir a analogia estará em demonstrar que existe uma relação de similaridade, ponto a ponto, entre o caso paradigma e o caso concreto em que o argumento deve incidir.

Jurisprudência: analogia e autoridade

O uso da jurisprudência transforma-se em argumento *a simili* (ou por analogia) na medida em que determinado julgado é

---

[i] Na proximidade narrativa da jurisprudência, inclusive com análise dos fatores estéticos, veja-se o já clássico WEST, Robin. "Jurisprudence as narrative: An aesthetic analysis of modern legal theory". *New York University Law Review* + vol. 60, n. 2, 1985, p. 145.

[ii] O autor literário, apesar de sua liberdade, está, por coerência, atrelado a determinado desfecho. Ou, ao menos, a sensação que se dá ao leitor é a de que, ainda que surpreendente, o desfecho não poderia ser outro, na boa narrativa. É uma análise *ex post* de qualquer obra, mas sempre eficaz.

utilizado como parâmetro ou paradigma para o resultado que se pretende alcançar.

Mas a jurisprudência reveste-se também, em certa medida, da força da autoridade. Não a autoridade jurisdicional apenas, mas a *autoridade científica*, tal qual exposto na lição anterior, sobre o argumento *ad verecundiam*[3]. Ela tem também, como fator suasório, a presunção de que o relator do julgado invocado como paradigma bem conheça o Direito e, como consequência, tenha pouca probabilidade de construir um mau pronunciamento em questões jurídicas.

Conforme se sabe, tem em tese maior efeito suasório um julgado de um tribunal superior que a decisão de um único magistrado de primeiro grau de jurisdição, porquanto *presume-se* (como ocorre quase sempre em matéria de argumentação) que o arcabouço científico-jurídico do ministro do Judiciário seja maior que o do magistrado em início de carreira. Claro, uma presunção.

Quando consideramos o aspecto de *autoridade* da jurisprudência, há uma vantagem desta sobre a citação da doutrina, algo já insinuado no capítulo anterior: a jurisprudência nasce do caso concreto, portanto seu vínculo com a realidade, a plausibilidade da aplicação dos ditames nela postos já é comprovada. Não se trata de um experimento ou de uma utopia, como pode ser uma doutrina mais avançada. Claro que existem desvantagens da jurisprudência, entre as quais está a de confundir a *autoridade* argumentativa com a autoridade judicial, e assim transplantar o que há de menos arrazoado e mais arbitrário para o mundo das ideias jurídicas. Mas sobre isso cabe menos dissertar[iii].

Mais nos interessa, neste momento, é estudar o uso dos precedentes judiciais, no texto jurídico, como argumento de analogia.

[iii] Remetemos toda a questão do argumento de autoridade ao texto do capítulo anterior.

A comparação entre um e outro conflito os identifica, pedindo a mesma solução final. É o chamado argumento *a simili*.

Uso da jurisprudência: quantidade e qualidade

Parece ser bastante real a história que se conta que tem Albert Einstein como protagonista. Quando explanou a Teoria da Relatividade, o físico colecionou, como se sabe, muitos detratores. Cientistas que não acreditavam em suas inovações[4], ainda que a realidade quântica já fosse em grande medida aceita por muitos. Aproveitando-se dessa polêmica em seus inícios, o editor Hans Israel fez publicar, em 1931, o livro *Hundert Autoren gegen Einstein* (Cem autores contra Einstein), em que muitos cientistas escreveram e alguns outros foram referenciados, até completar uma centena, como opositores do gênio alemão. Até aí estamos muito bem documentados, pois o livro existe e pode ser consultado em várias reimpressões. Conta-se, no entanto, que Einstein, recebendo a obra em mãos, teria declarado: "mas, se eu estiver errado, basta um cientista".

Gênio, como sempre, essa sua resposta, se não é real, é bem inventada. Ao ver que se coletava uma centena de opositores, Einstein os desafiou para que eles rompessem sua razão, e não que se juntassem em grande número para desmenti-lo. A quantidade de opositores tira a razão de um argumento. Ao contrário, oprime e demonstra que a unanimidade existe para ser rompida e, quando o é, decerto provoca reações conservadoras naqueles que não querem que existam mudanças. Se pensamos no ano em que era lançado esse livro (1931), quando o antissemitismo na Alemanha preparava já mais um holocausto, a reação ao fato de que um judeu pudesse fazer a humanidade avançar a cálculos e dimensões antes inimagináveis era quase previsível.

Einstein estava certo – claro, se considerado o mundo científico puro. Apenas uma demonstração seria suficiente para desconstruir sua hipótese, seja com base em cálculos, seja a partir de algum experimento. Entretanto, nesse universo do "pensamento mágico", em que se move a argumentação, não é assim: a reunião de várias autoridades da ciência contra um único cientista, em grande medida incompreendido, era fator de imposição e intimidação. Hoje em dia, ainda se lançam livros assim, mesmo no meio jurídico: vários autores que defendem um ponto de vista; ou mesmo manifestos e cartas que unem autoridades para, muito mais por quantidade que por argumentos, tentarem impor uma verdade.

Se trasladamos à prática forense, a jurisprudência[5] traz *muito* dessa crença de pensamento por imposição da maioria. São abundantes os textos jurídicos que fazem coleção de julgados no mesmo sentido, como se a quantidade impusesse a verdade[iv]. Essa estratégia, ainda que possa ser persuasiva ao leitor mais desavisado, perde valor na contemporaneidade, por uma série de fatores. Alguns deles: (a) o leitor sabe que os julgados colecionados passaram pelo crivo de seleção do argumentante. Por isso, ainda que o número de julgados indicie uma 'esmagadora maioria' da jurisprudência em harmonia com a tese defendida, a quantidade não é tão representativa como fora em outros momentos; (b) os mecanismos de busca no computador promovem quase infinitas

---

[iv] É bastante certo que alguns métodos, principalmente norte-americanos, visam a demonstrar a razão de um julgado por quantidade de precedentes, mas nesse sentido se trata de uma medição quantitativa com vários critérios de aferição, não apenas o enunciar, no texto, de um sem-número de decisões, ausente a demonstração da proporcionalidade com o número real de decisões em sentido contrário. Aqui, a quantidade não é determinante, senão a aderência. Assim, no método proposto por Baker: "When the arguments of one party are convincing, the judge would rule in that party's favor on the basis of closeness with the set of precedents presented; when a definite conclusion is unclear, the judge would invest additional resources to discover which sets of precedents govern." BAKER, Scott; MEZZETTI, Claudio. "A theory of rational jurisprudence". *Journal of Political Economy*, vol. 120, n. 3, 2012, p. 520.

interações para minerar esses julgados, portanto se sabe que a jurisprudência, se genérica, é bastante sortida; (c) a enunciação do resumo dos julgados (ementas), geralmente as que cabem nas citações, ocultam detalhes que seriam decisivos para marcar a pertinência ou impertinência da analogia pretendida; (d) a quantidade de julgados esfuma dados mais relevantes para a analogia, como a pertinência do Tribunal que a declara ou a data em que houve. Essa relação de poder é importante para o caso concreto.

Ela persuade pela *autoridade* do órgão prolator (tribunal mais respeitado – como argumento de autoridade), por sua *atualidade* e pela *proximidade* entre foro e tema, em que estas últimas características (*atualidade* e *proximidade*) são valores intrínsecos ao argumento por analogia[6].

Precedentes e *Common Law*

Quando analisamos a jurisprudência como argumento por analogia, hoje consideramos a tendência, nada oculta nos sistemas latinos, de aproximação ao *common law*[7]. A admiração que existe pela técnica de precedentes traz, em nossa opinião, uma motivação contraditória ao sistema que o inspira: em palavras superficiais, pretende-se utilizar os precedentes para fechar o espectro argumentativo, quando sua grande vantagem é a necessidade de ampliação da narrativa e do método analítico[8].

Ao menos a partir do sistema brasileiro, têm havido esforços, pelo legislativo, para atribuir força aos precedentes. A legislação adjetiva almeja estabelecer uma hierarquia de decisões superiores que os juízes de instrução deverão seguir[v], enquanto alterações constitucionais se empenham para permitir que o Poder Judiciário crie enunciados que, na prática, complementam a lei e

---

[v] No caso brasileiro, art. 927 do CPC vigente, mas também art. 489, § 1, e arts. 976 a 987, todos do mesmo diploma.

restringem o potencial de criação de novas interpretações pela dialética argumentativa. Esse, infelizmente, é todo o contrário do argumento por analogia, mesmo da jurisprudência no *common law*: não estando ancorado em lei detalhada, recorrer aos precedentes importa *maior* argumentação pelas partes e mais extensa fundamentação do Poder Judiciário. O juiz tem que, em seu método persuasivo, repensar e refazer possibilidades de analogia, em aproximações e distinções (*distinguish*[9]), algo que a lei positiva do sistema latino, em grande medida, dispensa.

Portanto, o uso dos precedentes como argumento, a que ora nos referimos, é extremamente eficiente e não pode ser confundido com o sistema vinculante, que está muito mais próximo do exercício da legislação pelo Judiciário: ele cria pequenos enunciados que evitam que se coloquem temas em nova apreciação e discussão, já que estes não estão aclarados na norma positiva. Qual o cabimento, a extensão e a aceitabilidade dessa generalização pelo Judiciário não nos interessa aqui revisar, até porque isso varia conforme o país.

A única vantagem, em termos de liberdade argumentativa, que nasce desse movimento de desvirtuada aproximação ao *common law* é seu real apreço à cultura dos precedentes. Se estes se valorizam, quando corretamente usada, a análise jurisprudencial vem a ser persuasiva. Vale ressaltar, sempre, que estamos bastante distantes do *common law*, inclusive pela prática: no sistema latino, o mesmo tribunal tem precedentes em sentidos diametralmente opostos e os utiliza quando entende mais adequado. Infelizmente, essa é a prática. Uma transição efetiva ao *common law*, o que não seria errado, implicaria conceder à jurisprudência um trato analítico do qual estamos muito distantes. No entanto, como argumento é extremamente persuasivo.

Segue: valor e uso da jurisprudência

Portanto, o melhor elemento do uso da jurisprudência é o nível de proximidade entre *foro* e *tema*, ou seja, entre o caso que se discute e a solução que a ele se pretende dar, refletida em um acórdão paradigma. Ementas em quantidade, já visto, não são persuasivas, a não ser nos casos em que se faça um estudo quantitativo de decisões, o que é raro no discurso forense.

As ementas são resumo do julgado que geralmente vêm em letras em destaque nos acórdãos dos tribunais. Permitem, e bem, a *pesquisa* para o interessado, mas raras vezes são eficientes no discurso argumentativo em si, salvo em situações especiais. Em geral a ementa de julgado torna-se recurso persuasivo em dois casos diversos: quando o julgador é leigo e não se interessa por entender mais que o superficial necessário para sua decisão (no caso de questões eminentemente jurídicas no Tribunal do Júri) ou quando a questão é tão incontroversa que não merece, na coerência do discurso, maior aprofundamento, reservando-se então mais espaço para temas de menor certeza para o interlocutor. Nesse sentido, ela representa mais um ganho de coerência e ritmo para o texto e menos um argumento por analogia.

Mas um ponto discutível para aquele que usa a jurisprudência é a questão de sua extensão. Se, pois, desaconselha-se o uso de meras ementas e recomenda-se gravemente a comprovação da estreita relação entre *tema* e *foro*, ou entre caso concreto e acórdão paradigma, entende-se que o julgado paradigma deva ser transcrito na íntegra, ou, ao menos, que se transcreva um longo trecho deste, para que se possa compreender a relação de paralelismo atinente a esse tipo de argumento. Essa ideia seria uma contraposição a uma grave recomendação dos professores de redação, que sempre aconselham que se evitem longas transcrições. Técnicas de formatação, como as notas de rodapé ou a juntada da decisão paradigma, mesmo em plataforma eletrônica, podem ser alternativas para a perda da coerência.

Dosar a citação na jurisprudência é mais um trabalho de coerência argumentativa. Se muito curta, ela perde seu valor de analogia e não persuade o interlocutor. Se longa, desestimula a leitura ou a atenção do ouvinte, e, por mais detalhada que seja, cairá no vazio (muito provavelmente, no texto escrito, o leitor não terá o menor escrúpulo em saltar o trecho correspondente, partindo para o próximo texto).

O mais recomendável, no uso da jurisprudência, é que se escolha o acórdão paradigma e este seja transcrito em detalhes, ou, ao menos, o quanto for imprescindível para a comprovação do paralelismo. Mede-se essa necessidade pelo nível de aproveitamento que as ideias copiadas têm no próprio discurso do argumentante, antes ou depois da citação.

Caso, em momento futuro, o sistema latino realmente adote o sistema *common law*, esses termos de comparação analítica podem alterar-se. Afinal, em um Direito baseado nos precedentes, muitos julgados se tornam tão conhecidos que basta a citação do nome do caso para que este seja imediatamente trazido à memória do destinatário, em um trabalho clássico de intertextualidade. Mesmo que o interlocutor não tenha de memória cada julgado, as obras jurídicas direcionam-se a compilá-los e comentá-los, de modo que existe todo um trabalho remissivo: a partir do julgado, remete-se ao inteiro teor da decisão e à doutrina, que comenta técnica, valores e mesmo limites analógicos de cada decisão. A comparação com outros precedentes, sua atualidade, sua eventual superação por outros tribunais, a distinção entre esse caso e outros análogos, tudo isso passa pelo comentário jurídico da jurisprudência no *common law*. Esse *background* é o que dá segurança ao argumentante para simplesmente citar o nome de julgados conhecidos, mantendo célere o ritmo de seu discurso, sem necessariamente travar-se a uma comparação analítica.

Combatendo o argumento de analogia

Para combater o uso da analogia deve-se desconstituir para o ouvinte o paralelismo entre foro e tema que a parte contrária apresenta. É o que o *common law* denomina trabalho de *distinguishing*[vi]. Os elementos materiais em que se baseia caso paradigma e julgado não são idênticos, portanto não necessariamente a conclusão será a mesma.

Pode-se assim proceder ao cobrar-se da parte contrária demonstração eficiente do paralelismo que esta pretende comprovar. Quem recorta jurisprudência em ementas raramente estabelece a proximidade suficiente, isto é, que deve existir, entre caso e paradigma para que se aceite o julgado. Todavia, essa ausência de requisitos suficientes tem de ser mostrada àquele que deve ser persuadido, caso contrário, por inércia da argumentação oposta, a analogia acaba se perfazendo em eficiência.

Também é possível, em busca da desconstituição daquele paralelismo, demonstrar a própria disparidade entre *foro* e *tema*. E isso não é nada raro: há excesso de recortes de julgados que se aproximam tão pouco do efetivo conteúdo do argumentante que não é difícil demonstrar que há mero tangenciamento ou até mesmo contradição entre o julgado citado e a tese que se pretende fazer prevalecer. Se, por exemplo, um autor recorta uma jurisprudência que diz: "Age em estado de necessidade quem, sem maus antecedentes, necessitando de calçados, subtrai um par em um estabelecimento comercial", traz efetivamente poucos dados

---

[vi] LAMOND, Grant, "Precedent and analogy in legal reasoning", 2006. *The Stanford Encyclopedia of Philosophy*. Disponível em: <https://plato.stanford.edu/archives/spr2016/entries/legal-reas-prec/>. Acesso em: 30 out. 2023.

para permitir a analogia, pois não informa se o *necessitar de calçados* do julgado significa *não ter o que calçar* ou então *necessitar de calçados mais novos, em melhores condições*. Se o julgado, na íntegra, esclareceu ser lícita a primeira interpretação e o retor pretendia comprovar a segunda (calçados mais novos), evidentemente estabeleceu falha em sua argumentação.

Outro meio de se combater o argumento *a simili* é encontrar outra analogia que possa fazer frente à primeira. No exemplo da jurisprudência, vários julgados existem defendendo posicionamentos díspares, e os bons repertórios já preparam suas antíteses. É um meio desgastado, porém útil, indicando que também deva ser hora de realçar o aspecto *ad verecundiam* de que se reveste a jurisprudência. Essa segunda forma regressaria ao tema da imprescindibilidade de que a organização judiciária tivesse um mecanismo célere de decidir qual é seu posicionamento diante de julgados em sentido oposto, o que nos países latinos, em geral, não tem sido viável. Isso, claro, confere ainda maior relevância ao argumento *a simili*, já que há de se somar razões circunstanciais detalhadas para conduzir o juiz a seguir determinado precedente das cortes, ainda que haja outros em sentido contrário.

Alterando a jurisprudência: o *overruling*

Existirá o momento em que o argumentante terá, como melhor tese, a necessidade de mudança do posicionamento tradicional da Corte a que se argumenta. Trata-se de uma situação mais excepcional, porque – sem mencionar outros problemas de cunho menos objetivo – a alteração do precedente atenta contra a lógica intrínseca deste: a função de seguir-se um precedente é a estabilidade. A jurisprudência vem para evitar o efêmero e o provisório.

Mas a característica da perpetuidade está longe de pertencer à natureza humana e, ainda menos, à posição dos tribunais. Portanto é bastante compreensível que sempre se prevejam caminhos para que ocorra o que, no Brasil, a lei decidiu denominar "superação do entendimento"[vii]. Tal superação é uma grande prova de que todo o sistema jurídico é narrativo-argumentativo, quando se compreender que a mente humana está sempre em superação de conflitos que se recriam, logo quando se pensa que estão decididos. Os motivos da mudança expressa de posicionamento dos tribunais são tão variados quanto a capacidade mental humana de fazer novas associações, mas é possível enunciar três causas principais: a mudança do contexto social, a mudança do entendimento sobre esse contexto ou a própria experiência, a demonstrar que o entendimento anterior teve efeitos deletérios. Claro que outros motivos, de cunho político-ideológico, também podem ocorrer em função da composição de cada Corte, mas, em termos realistas, será difícil que a Corte *enuncie* que deseja alterar seus precedentes apenas porque mudaram as pessoas que a compõem, e que militam posicionamentos distintos. Na vida real, todos sabemos, essa alteração *ad persona* é mais do que comum.

A ciência jurídica norte-americana é, por motivos óbvios, mais experiente em lidar com os critérios para que se altere um precedente. E também mais realista, mostrando que, para tal potencial de alteração, devem-se considerar os juízes que estão dispostos à alteração por arrazoado e aqueles que são ideologicamente presos a seus ideais (*biased*). São experiências diferentes para cada um deles.

A primeira resistência que o argumentante encontrará na tentativa de superação do julgado é assumir a necessidade de mudança. Isso passa pela afirmação da autoridade do Tribunal,

---

[vii] Art. 489, VI, do CPC.

que quase nunca desejará assumir que seus posicionamentos são efêmeros. Afinal, por detrás desse reconhecimento estão muitos outros, como a necessidade de mudar uma série de posições derivadas daqueles e de, possivelmente, ter de rever outros julgados (com teses como a da retroatividade da jurisprudência). Ou simplesmente porque isso abre caminho para outros questionamentos, apenas porque, em um sistema apenas imaginário, a revisão demonstra fragilidade[10]. Mas também há elementos pessoais, que antes já expusemos: mudar um precedente necessita revisão mais apurada do processo, maiores fundamentos, suportar críticas de pares, de partes ou mesmo da doutrina[11].

O maior obstáculo ao *overruling*, entretanto, está na sua consequência para os demais casos. Afinal, o tribunal terá que decidir o que fazer com os casos decididos a partir da orientação jurisprudencial anterior, que naquela decisão se altera[12]. São elementos de ordem processual, que não interessam a nosso campo de argumentação e retórica a não ser em um único ponto: o de que, na prática, é bastante mais simples fazer com que o juiz reconheça que existe uma diferenciação, em lugar de uma superação de precedentes, em face do julgado paradigma. Pedir uma ou outra solução é algo que o argumentante deve decidir sopesando a realidade do seu tribunal, a capacidade de influência e, claro, o espírito dos tempos.

Nossa experiência, trabalhando em algum tribunal ou apenas observando-o, demonstra que a alteração da jurisprudência dominante é extremamente contaminada por fatores que estão distantes do controle dos meros elementos linguísticos. Em outras palavras, ao estudarmos argumentação, apontamos as decisões havidas por relações de poder, mas não as controlamos, e isso já foi comentado nesta obra. O momento da mudança de decisão é direcionado por fatores múltiplos, que aqui não cabe dissertar. Fato é que, ao menos sob a escusa da estabilidade, o argumentante encontrará resistência.

Conclusão

O argumento por analogia, principalmente ao invocar os precedentes de cada tribunal, traz a vantagem de ser um mecanismo de acoplamento, de aplicação à realidade concreta. À diferença do argumento de autoridade, o uso da jurisprudência é demonstração direta de que a similaridade pleiteada é possível, porque já utilizada por outros tribunais. Os critérios do estudo da *jurisprudência* como área do conhecimento autônoma estão multiplicando-se, com diversos estudos que buscam trazer critérios para a fixação de uma similaridade racional, ou seja, que cada tribunal não venha simplesmente a decidir *qual* precedente aplicar, utilizando-o como autorreferente. Se assim for, cada precedente permitirá que a fundamentação do caso concreto seja substituída por uma mera remissão a um julgado anterior que pode ser aleatoriamente selecionado.

À medida que nosso sistema latino-germânico aproxime-se de fato do *common law*, os estudos para o correto uso do precedente como vinculante serão devidamente criados – ou, melhor dito, importados – e então devem constar como estrutura da argumentação. De momento, a demonstração analítica da similaridade é a melhor técnica do uso do argumento por analogia.

CAPÍTULO IX

EXEMPLO, FIGURATIVIDADE E ILUSTRAÇÃO DO DISCURSO

O exemplo

O argumento pelo exemplo é largamente conhecido. É comum que, nas discussões que mais envolvem o senso comum, os discursantes procurem exemplos. Em conversas populares, ou em discursos improvisados, é usual ouvir-se a locução "por exemplo".

Aquele que faz um discurso sabe, ou ao menos intui, que o exemplo serve para confirmar a regra, a qual talvez ele nem sequer consiga enunciar. O exemplo, nesse uso mais coloquial, ocupa o lugar da conceituação.

Mas há momentos em que o exemplo, como argumento, pode assumir maior força, desde que representativo. Um livro de nossa autoria, *O ensaio como tese* (pp. 30-2), em estilo ensaístico, começa com uma série de exemplos e ilustrações. Com o perdão da citação do nosso próprio texto, propomos fazer o exercício da leitura com a missão de identificar onde estão os exemplos e qual sua função. Assim, a primeira página do livro:

> I. Pierre Bergé conta que **Yves Saint Laurent** somente em um único dia escapava da depressão: o do desfile anual de suas criações. Nos demais, relata, era um completo infeliz. Não será o esti-

lista **nem o primeiro nem o último homem** que faz criações por uma necessidade, um impulso expressivo que, quando chega ao ápice de sua realização – no caso dele, o tempo efêmero da passarela – já prenuncia ao autor o regresso ao profundo abismo. Abismo do qual muito provavelmente tentará fugir com novo repente de produção artística, quando quer que ele venha.

Minha sensação ao publicar um livro ou ver minha tese redigida e encadernada, pronta para submissão à banca examinadora, não é substancialmente diversa à do estilista. E revelo duvidar daqueles que, vivendo essa situação, afirmem ter experiência distinta: um momento de excitação pela obra finda, que nada tarda em converter-se em decepção, em rebote mais doloroso que a ansiedade que antecedia o trabalho acabado. É o fruto do amor-ódio que surge não apenas pela alternância de sensações de ultrainteligência e, em outros momentos não muito distantes, incapacidade mental – que acredito só parcialmente advinda da imaginação do cientista – mas também da inconstância da percepção que se forma no autor acerca de sua própria criação. O texto produzido ora lhe parece uma obra genial, ora um plágio infantil de pensamentos alheios mais avançados, formulações que seu intelecto não consegue sequer atingir, quanto menos superar.

A relação amor-ódio está difusa durante todo o processo de criação, sendo essa **depressão puerperal** apenas um pico de força – a crista dos gráficos de ondulatória, que revelam um processo contínuo –, mas que acredito ser um indicador positivo: apenas os autores medíocres admiram suas obras depois de acabadas, relendo-as (ou escutando-as, ou observando-as) quando já não se pode alterá-la, **como a fera que lambe a cria**. Os bons criadores, sabe-se, rejeitarão retornar a esse contato, a não ser para uma hipótese crítica, ou seja, de recriação. Nessa ocasião podem até deparar-se com um texto de qualidade surpreendente, mas será um momento excepcional: em regra, rever a obra é um tormento a seu autor. Então a **agonia do personagem de Monteiro**

Lobato, Aldrovando Cantagalo, que morre ao descobrir um erro de colocação pronominal em seu livro editado não advém, acho, do erro em si, mas do estágio de decepção pelo excesso de expectativa. Tratava-se de seu primeiro livro, coitado.

Não é recomendável, no texto jurídico, o abuso de exemplos, mas aqui temos um caso menos regular. Era intenção do autor do texto iniciá-lo com uma série de ilustrações, para demonstrar a tese que viria em momento posterior: de que as experiências pessoais fazem parte das hipóteses e das respostas no processo de criação da, por assim dizer, ciência humana. Por isso, o texto já ilustra uma ocorrência, sem grandes detalhes fáticos e complementada com juízos de valor, sobre uma ocorrência pontual com o estilista Yves Saint Laurent. Ainda que o leitor não conheça sua figura, como o próprio autor do texto não a conhecia, o nome traz certa representatividade e generalização: um criador que se esforça muito para o momento da passarela e só naquele momento é feliz. Nos demais, o sentimento mais comum é sofrimento.

Primeiramente, note-se que, logo em sequência, o texto diz que Saint Laurent não será "nem o primeiro nem o último homem" que vive uma relação de amor e ódio com seu processo de criação, enquanto se insinua, em metalinguagem, que o próprio autor do texto o vive. Porém, mais relevante que isso, o autor expande o exemplo do estilista, demonstrando que o exemplo é mera referência a algo muito mais amplo. Não se trata de uma exceção, mas de uma regra. De resto, o caso de Saint Laurent é, sim, um elemento sem maior concretude que a própria representatividade do famoso artista, em termos do que chamamos de "ilustração": um rápido recurso à figuratividade, para dar concretude ao texto. Seja por comparação, por metáfora, metonímia ou antonomásia, outras figuras aparecem no fragmento recortado e situam o leitor, evitando a pura conceituação: "depressão puerperal" equipara o lançamento da obra ao parto e à relação entre mãe e filho, do mesmo modo que a expressão "fera que lambe a cria". No mesmo parágrafo ainda, o resgate de toda a história de Aldrovando Cantagalo, que talvez não soe familiar ao leitor em um primeiro momento, mas que joga com a intertextualidade a partir de um destinatário que, nos dias de hoje, pode rapidamente encontrar a referência por redes virtuais, se assim o quiser[1]. No primeiro caso, do estilista, estamos diante do exemplo propriamente dito. Nos casos posteriores, de ilustrações. Elas são próximas.

Um exemplo é a espécie de argumento que vai do fato à regra[2]. É, então, modo de argumentação diferente da analogia, porquanto esta compara dois casos para destes extrair uma pretensão ou regra final. O exemplo será mais persuasivo quanto melhor for sua representação e aderência ao caso concreto. São os requisitos de que vamos cuidar em seguida.

Requisitos do exemplo

O exemplo exige que exista falta de consenso em relação à regra que se pretende comprovar, caso contrário deixa de ser exemplo para ser mera ilustração, embora a linguagem corriqueira chame ambos pelo mesmo nome. 'Regra' e 'ilustração' são assim conceitos diretamente ligados ao que chamamos de exemplo no discurso[i].

Assim como a ilustração, o exemplo é figurativo[ii], ou seja, apresenta um fato concreto e não apenas a relação entre conceitos. Por isso diz-se que é argumento que vai do fato à regra.

A questão mais natural que se coloca a respeito do exemplo é se ele pode mesmo confirmar a regra. As ciências geralmente

---

[i] A primeira definição de exemplo no *Oxford Languages Dictionary*, disponível na internet, é: "a thing characteristic of its kind or illustrating a general rule".
[ii] Veja-se o Capítulo V.

procuram, antes de formular um postulado qualquer, selecionar uma série de exemplos distintos, para que se possa buscar uma generalização que evite a falácia[3]. Veja-se como é formulado o exemplo no texto abaixo, na conhecida (e brilhante) argumentação de Luis Fernando Verissimo[iii]:

> Respondi que a linguagem, qualquer linguagem, é um meio de comunicação e que deve ser julgada exclusivamente como tal. Respeitadas algumas regras básicas da gramática, para evitar os vexames mais gritantes, as outras são dispensáveis. A sintaxe é uma questão de uso, não de princípios. Escrever bem é escrever claro, não necessariamente certo. Por exemplo: dizer escrever claro não é certo, mas é claro, certo? O importante é comunicar. (E quando possível surpreender, iluminar, divertir, comover... Mas aí entramos na área do talento, que também não tem nada a ver com gramática.)
> A gramática é o esqueleto da língua. *Só predomina nas línguas mortas, e aí é de interesse restrito a necrólogos e professores de Latim, gente em geral pouco comunicativa. Aquela sombria gravidade que a gente nota nas fotografias em grupo dos membros da Academia Brasileira de Letras é de reprovação pelo Português ainda estar vivo.* Eles só estão esperando, fardados, que o Português morra para poderem carregar o caixão e escrever sua autópsia definitiva.

Verissimo aproveita o consenso de que *a gramática é o esqueleto da língua* (argumento de senso comum) para desvirtuar a argumentação: o esqueleto, como imagem de *estrutura*, passa a ser imagem de morte, pois só predomina em *línguas mortas*[iv]. Assim

---

[iii] VERISSIMO, Luis Fernando, "O gigolô das palavras", in: *O nariz & outras crônicas*. São Paulo: Ática, 1999, p. 77.

[iv] Veja-se o Capítulo XIII, em comentário sobre o mesmo texto em relação à argumentação sofismática.

chega a seu exemplo principal, que se desenvolve *contrario sensu*, a confirmar sua regra: gramática não é essencial à comunicação. Exemplo: *professores de latim* são excelentes gramáticos, mas péssimos comunicadores.

Ao utilizar o exemplo dos *professores de latim*, o enunciador confirma sua regra. Claro que o tom humorístico do texto permite-lhe deixar de apresentar dados mais concretos, que mais pertenceriam à ciência, como uma pesquisa que demonstrasse que efetivamente os professores de latim mal se comunicam. Talvez aqui esteja o ponto tão mais relevante quanto controverso do efeito do exemplo: o autor não dispõe de dados concretos sobre a falta de comunicação dos professores de latim, mas o fato é que a toma por correta e, apesar da generalização, foi extremamente funcional. Não como ciência, mas como exemplo, foi persuasivo[v].

Todavia, o exemplo que efetivamente confirma a regra, no discurso judiciário, deve ser mais que uma ilustração, que uma observação da realidade fugaz, hipótese em que será facilmente desconstituído. Para que ele funcione como fator de persuasão eficiente, a principal recomendação é que venha seguido de vários outros, que indiquem o mesmo sentido. No texto sobre Saint Laurent, ainda que não haja muitos exemplos enunciados, o autor escreve a possibilidade de que eles possam ser revelados: não faltam exemplos análogos, diz o texto, e o leitor propriamente saberá disso[4]. Claro, a afirmação de que existem outros exemplos, sem necessariamente nominá-los, mas invocando-os do repertório intertextual do leitor, é por si mesma um argumento.

---

[v] Na sequência, Verissimo coloca-se também como exemplo, dessa vez positivo, a confirmar a mesma tese: "[...] E adverti que minha implicância com a gramática na certa se devia à minha pouca intimidade com ela. Sempre fui péssimo em Português. Mas – isso eu disse – vejam vocês, a intimidade com a gramática é tão dispensável que eu ganho a vida escrevendo, apesar da minha total inocência na matéria." VERISSIMO, L. F., op. cit., p. 78.

Representatividade do exemplo

A questão principal do argumento pelo exemplo é saber se ele é capaz de confirmar a regra que se propõe. Se proponho como exemplo, real, o fato de *fulano de tal*, pobre e analfabeto, ter se tornado milionário encontrando um bilhete de loteria premiado ou sendo descoberto pela mídia e se transformado em um *popstar*, não posso apresentar a regra segura de que nossa sociedade dá a todos a oportunidade de alcançar excelente padrão de vida. Posso, isso sim, confirmar com esse exemplo que alguns têm muita sorte, ou que há casos interessantíssimos de grandes fortunas que surgiram do zero. Não mais que isso.

Pois todo exemplo tem seu nível de representatividade. Ele não pode extrapolar seus limites, ou seja, o alcance de determinada regra, pois, se assim for, chegará à falácia, podendo ir às raias do absurdo ou do preconceito.

Nesse contexto, o grave conselho de que o exemplo, salvo na hipótese de grande representatividade, não deve vir isolado de *outros tipos de argumentos* que confirmem a proposição trazida, a não ser que o nível de coerência o permita, como temos sempre revelado, concedendo-se menor importância à regra proposta.

Falando em ilustração

O ouvinte trabalha com imaginação e, já dissemos, com um ritmo de interpretação dos elementos que lhe são lançados. Toda a atenção, em certo momento, esvai-se, pois o ser humano tem como uma de suas misérias o cansaço, com a consequente distração. O que se faz por demais abstrato cansa e dificulta o entendimento[5].

O professor que leciona a matéria sabe que seu aluno se distrai depois de certo tempo de explicação, e o advogado do Tribunal do Júri tem conhecimento de que as duas horas que tem para a primeira sustentação não podem ser gastas integralmente na explicação do processo; é necessário variar, distrair.

Um dos modos de rapidamente entreter o auditório ou o leitor é a ilustração. A ilustração é a parte figurativa da argumentação que, sem se afastar do tema defendido, porque intrinsecamente ligada a ele, fortalece-o, *sem que necessariamente comprove uma regra*. Vejamos como isso ocorre em Machado de Assis[vi]:

> **Curto, mas alegre**
>
> Fiquei prostrado. E contudo era eu, nesse tempo, um fiel compêndio de trivialidade e presunção. Jamais o problema da vida e da morte me oprimira o cérebro; nunca até esse dia me debruçara sobre o abismo do Inexplicável. Faltava-me o essencial, que é o estímulo, a vertigem...
>
> Para lhes dizer a verdade toda, eu refletia as opiniões de um cabeleireiro, que achei em Módena, e que se distinguia por não as ter absolutamente. Era a flor dos cabeleireiros; por mais demorada que fosse a operação do toucado, não enfadava nunca. Ele intercalava as penteadelas com muitos motes e pulhas, cheios de um pico, de um sabor...
>
> Não tinha outra filosofia. Nem eu.

Brás Cubas quer demonstrar a seu leitor que jamais se preocupara com a morte, porque lhe *faltava o estímulo*. Até aquele momento, não pensava esse ilustre personagem em questões filosóficas. Poderia descrever amplamente essa situação de ceticismo ou despreocupação com várias palavras, mas preferiu uma *imagem*. Descrevendo a figura do cabeleireiro de Módena e sua ocupação estrita com o trabalho, a ilustração transmitiu (está certo que com a arte descritiva machadiana), também como em uma analogia bastante imperfeita, mas muito eficiente, a pouca inquietação do personagem com a morte. Era esse o objetivo do texto.

[vi] MACHADO DE ASSIS, Joaquim Maria, *Memórias póstumas de Brás Cubas*, Capítulo XXIV.

No discurso machadiano, a imagem do cabeleireiro de Módena teve, então, dupla função: a *didática*, de facilitar o entendimento, o que traz por consequência direta o poupar de outras explicações mais conceituais e portanto lentas, caso a imagem não ficasse arraigada diretamente no leitor; e a segunda função – também muito comum à *figuratividade* do discurso – o próprio entretenimento do leitor, que subjetivamente tem muito maior estímulo para imaginar a peculiar figura do cabeleireiro que para receber explicações objetivas ou técnicas sobre o estado de espírito do cético narrador-personagem. Aliás, essas duas características refratam-se no próprio título do capítulo, denominado "Curto, mas alegre". *Curto* porque a imagem do cabeleireiro tornou possível melhor coerência, dispensando o narrador de dizer mais a respeito de seu estado à época, e *alegre* porque, efetivamente, sabia ser inesperada e, assim, digna de humor a figura de um barbeiro discreto e sem opiniões, o que é, no mínimo, muito raro.

Talvez o mais importante de se perceber em relação à figuratividade ou ilustração do discurso é que ela, apesar de assemelhar-se ao exemplo e à analogia, que são argumentos mais complexos, *não tem as mesmas pretensões*. O exemplo do barbeiro lacônico de Brás Cubas não comprovou, à evidência, que os barbeiros são pessoas que têm pouca opinião a respeito do mundo, pois a generalização era impossível. Mas foi relevante, caso o leitor da novela o acredite como real, para demonstrar que pode existir alguém que não está ocupado com cavilações filosóficas sobre o mundo, apenas ocupado em cumprir sua função. Se o leitor aceita o paralelismo, transfere aquelas características à figura do narrador, o que era sua intenção.

Ilustração e argumento

A importância didática e, por assim dizer, lúdica da ilustração, como vimos no exemplo de Machado, também está presente na argumentação. Mas a boa ilustração assume importância ainda maior quando utilizada com senso de oportunidade. Um exemplo mais complexo e, daí, mais relevante, está no capítulo XXXI do segundo tomo de *Dom Quixote*. Em resumo, o protagonista e seu fiel escudeiro são convidados por um casal de nobres a uma refeição. Dom Quixote adverte Sancho várias vezes para que não fale muito, porque as palavras do escudeiro eram cheias de equívocos. Sancho vai ao quarto vestir boas roupas que se lhe emprestam e, ao regressar, observa que o nobre pede a Dom Quixote que se sente à cabeceira da mesa. O cavaleiro recusa e então Sancho pede para contar uma história que ele conhece, sobre sentar-se à mesa. A história era bastante próxima à cena que estavam vivendo: conta Sancho que um fazendeiro rico, que ele bem conhecia, convidara um lavrador para jantar[6]. O lavrador recusava-se a sentar-se à cabeceira da mesa. Quixote estava furioso, porque Sancho descumpria sua promessa de manter-se calado[7], mas o escudeiro garantia que sua história era pertinente e ilustrativa. E Sancho conclui a cena, com sua brevíssima narrativa:

> "– Digo, así – dijo Sancho –, que estando, como he dicho, los dos para sentarse a la mesa, el labrador porfiaba con el hidalgo que tomase la cabecera de la mesa, y el hidalgo porfiaba también que el labrador la tomase, porque en su casa se había de hacer lo que él mandase; pero el labrador, que presumía de cortés y bien criado, jamás quiso, hasta que el hidalgo, mohíno, poniéndole ambas manos sobre los hombros, le hizo sentar por fuerza, diciéndole: 'Sentaos, majagranzas, que adondequiera que yo me siente será vuestra cabecera'. Y este es el cuento, y en verdad que creo que no ha sido aquí traído fuera de propósito."

Sancho arremata que o conto não foi dito "fora de propósito" e estava correto. Sem que Sancho soubesse, sem ele ser capaz de conceituar, sua ilustração é uma das grandes representações das relações de poder disfarçadas de cortesia: onde quer que se sentasse o patrão, ali se transformaria na cabeceira da mesa, ainda que originalmente não o fosse. Como a intenção de Sancho era dizer que eles estavam ali em uma posição de servos, ainda que disfarçada de grandes honrarias, não haveria argumento mais persuasivo.

A ilustração, repita-se, não é tão criteriosa como o exemplo, porque não pretende credibilidade ou representatividade, mas apenas *alcançar o leitor* para que ele aceite com maior ênfase uma ideia que conta com maior consenso, mas necessita ser reforçada e compreendida. E a compreensão[8] é um elemento essencial no discurso, porque, enquanto não existe o entendimento de uma ideia que deva ser fixada como premissa, o argumentante não pode passar ao elemento efetivamente persuasivo, que atinge aquilo que em seu discurso goza de menor consenso.

Daí que a ilustração é um excelente meio de estabelecimento de coerência no texto argumentativo. Ela prepara o ouvinte para a apreensão de outros argumentos mais específicos, e o interlocutor pode trazê-la à tona toda vez que for preciso para estabelecer a imprescindível ligação com os elementos que compõem o percurso argumentativo.

Quem desperdiça o efeito suasório das imagens renuncia a grande parte da adesão que é pretendida na argumentação. Os paradoxos, as antíteses, as comparações, as sinestesias são recursos corriqueiros na argumentação, que têm valor ilustrativo evidente e aproximam o texto da realidade do leitor, fazendo-o compreender e aceitar o que lhe está sendo proposto. Nos discursos orais, os momentos de ilustração, como em uma comparação, servem ao interlocutor em grande medida, pois é principalmente ao ouvir a ilustração que o ouvinte mais manifesta, em sua expressão corporal, o nível de aceitação do quanto lhe está sendo transmitido: ri, assente com a cabeça, abre mais os olhos ou permanece impassível. Esta última reação, claro, é mau sinal.

De qualquer modo, aquele que argumenta deve levar em consideração que tem a seu alcance *opções expressivas* diferentes. Tais opções passam pela escolha das ilustrações do texto, das diversas maneiras de se expor uma mesma ideia, de modo mais ou menos concreto, menos ou mais próximo da mente de cada leitor, de cada ouvinte. Essas opções de expressão refletem-se tanto na importância da ilustração (efeito da concretude)[9] quanto na possibilidade de variação semântica, com o acesso a um léxico diferenciado e criterioso, o que é tema do Capítulo XI.

Tendência atual da figuratividade

Não são necessários grandes esforços para notar o quanto a figuratividade tem tomado conta dos discursos atuais. Ela ocorre, entretanto, em patamares bastante diversos.

Primeiramente, são poucos os textos que trabalham com nível conceitual apenas. As ilustrações são constantes e os textos mais curtos são como crônicas. Seu conteúdo pode ser eminentemente temático, porém não dispensam as figuras de onde sair, onde inicia e termina o texto. Se não houvesse essa história inicial certamente o destinatário se desinteressaria de lê-la; o recurso de que se utiliza o escritor, para defender uma ideia e ao mesmo tempo atrair para a leitura, é o de inserir a figuratividade no texto, iniciando-o, por exemplo, com a narrativa de um fato ocorrido com ele mesmo[10].

Em obra publicada sobre redação, defendemos gravemente que não se deve buscar a literatura no discurso jurídico, mas deve-se utilizar dos recursos necessários para convidar à leitura ou à audição atenta do discurso, mesmo aos que tenham constitucional obrigação de apreciar todos os pedidos relacionados a possível lesão ou ameaça ao Direito.

Por isso recomendamos o uso do texto figurativo, da ilustração no discurso jurídico, dentro de seus estreitos limites, como fixado no tópico anterior. É a saída que o jornalismo e a literatura científica e filosófica encontram na crônica e no ensaio e que, embora não sejam gêneros novos e possam ter tipologia pouco definida, representam efetivamente uma tendência. Ora, se é atraente ao interlocutor, é eficiente argumento.

Questão distinta é a reflexão acerca de qual seria a importância do recurso de linguagem oral e principalmente escrita ante à primazia das imagens. Em tempos nos quais os indivíduos trazem no bolso aparelhos que gravam vídeos com qualidade melhor que muitas câmeras de cinema de algumas décadas atrás, a comunicação pela palavra perdeu espaço. A literatura persiste como arte, mas é incapaz de competir com as ficções seriadas de *streaming*. Raríssimo é, como já temos dito, que alguém se dedique à leitura e interpretação de textos mais aprofundados. Muitas vezes, o estudo do Direito pela leitura é substituído por lições que estão disponíveis, às centenas, em vídeo, e que evidentemente são muito mais simples de compreender que um texto impresso.

O problema está na falsa impressão de que é possível trabalhar no Direito só com imagens. Conforme já expusemos, um discurso oral ou um vídeo, ou um bom filme, todos têm por detrás um trabalho de literatura, de escrita. Assim mesmo, a sustentação oral perfeita, ou o discurso de cinco minutos capaz de alterar a história da humanidade, ainda que lhes caiba alguma improvisação, são todos pensados e estruturados em texto escrito. É impossível planejar a realidade discursiva sem a escrita.

Outra questão importante é que o argumentante, no texto escrito, tenha em conta a intertextualidade, que considere o modo de interagir com o texto imagético. Pode-se exemplificar a partir deste texto mesmo: ao mencionar, no parágrafo anterior, discursos que mudaram o rumo da humanidade, sei que tenho um leitor que facilmente pode acessá-los no original, possívelmente em vídeo, revivendo mais intensamente aquelas palavras[11], com outro tipo de experiência. A progressão dessa possibilidade audiovisual é irrefreável, tanto porque os meios tecnológicos vão-se aprimorando, como porque o acervo das gravações cresce exponencialmente.

Não se trata, na retórica forense, de tentar competir com as imagens. Elas são imbatíveis no seu campo de força. Um político, para ser reeleito, sabe que é muito mais eficaz uma fotografia sua inaugurando qualquer obra, ou abraçando determinado apoiador, que discursos sobre ter feito grandes investimentos em seu governo e melhorado a vida dos cidadãos. Ele passará o dia alimentando as redes sociais com imagens, porque sabe que é essa a linguagem atual de seus eleitores.

As imagens encontram sua própria significação, a semiótica dos símbolos, e é muito proveitoso que o argumentante a domine[12]. Perceba-a, interprete-a. Veja o *layout* de uma página de notícias na internet: onde estão as fotografias, quais são as manchetes, para o que se quer chamar a atenção?

Fazer uso das imagens ou do conteúdo audiovisual deixou de ser um problema tecnológico. É possível produzir uma petição com imagens, inclusive com vídeos, mas saber articulá-las não é simples. Da mesma forma que uma ilustração em um livro literário, a imagem traz a vantagem de fixar e dar grande concretude ao que se propõe: a fotografia de um prédio que desabou, das lesões de um acidente laboral, do carro destruído no acidente, todas podem economizar páginas de texto descritivo e, mais, com muito maior grau de persuasão[vii]. Por outro lado, para além de raras vezes contar com uma inserção estética recomendável[13],

---

[vii] Relevante a pesquisa de PISTORI, Maria Helena Cruz. "Discurso jurídico e imagens". *Filologia e linguística portuguesa*, vol. 17, n. 2, 2015, p. 597-618. Os exemplos ali demonstram como a fotografia na petição pode realmente ser persuasiva, economizando texto escrito.

ela desvia a leitura, apresentando-se como um grande foco de atração, o que nem sempre é interessante. O compositor de um discurso escrito tem de calcular (estar consciente de) o quanto esse desvio para a imagem é relevante para ele, como também o faz o orador que projeta apresentações na tela: como manter o equilíbrio entre a imagem que orienta o discurso e a que retira a atenção do ouvinte, que desvia seu olhar do discursante para a tela? Trata-se de cálculo de risco.

Em resumo, a figuratividade é relevante e, hoje, ela se renova com os discursos audiovisuais que cabem até mesmo no suporte criado essencialmente para a escrita, como os textos no computador. Lembrando que elas não substituem a redação, o cálculo de suas vantagens depende da intertextualidade. Destas, uma das mais relevantes é a presença.

A imagem e sua importância: a questão da presença

Dizem alguns médicos que a dor mais forte que existe no corpo humano é a dos rins; outros, a dor do parto. O psicólogo dirá diferentemente: a dor mais forte do corpo humano é a dor que *eu* estou sentindo. Grande lição para todo o contexto argumentativo, pois a força da argumentação está em trazer o problema discutido para a presença do ouvinte. O mundo está repleto de guerras, de pessoas que choram no cárcere, de pessoas com fome ou sofrendo agressão e tortura, mas a retórica tem de transformar a decisão do ouvinte/leitor no maior problema do universo naquele momento.

No júri, o acusador mostra para os jurados fotografias, evidentemente chocantes, do cadáver, do corpo da vítima do delito que está em julgamento. Não é uma ação muito ética, mas o acusador entende necessário que o jurado saiba que aquele não é um delito *a mais*: foi a ação de alguém que transformou uma vida naquele corpo putrefato, furado a balas, que os jurados veem naquele momento. Existe o risco de que o jurado se entenda desrespeitado por ter de olhar figuras chocantes, teoricamente dispensáveis[14], mas um bom arrazoado oral lhe mostrará que as fotografias guardam a função de materializar aquela discussão. A sensação de fazer justiça (leia-se ali, vingar-se) em nome daquele cadáver, presente, aflora no julgador.

Desnecessário raciocínio muito elaborado para concluir que uma guerra entre nações é praticamente irracional, mas a foto da capa de jornal que mostre uma mãe chorando ao ver o lar e a família dizimados por um ataque militar; ou a imagem de uma criança correndo nua, fugindo das armas químicas; ou o disco do cantor americano que traz como tema o desmatamento da Amazônia, floresta que ele mal sabe onde fica – todos comovem o mundo: fazem a realidade, que existe independentemente da ilustração, presente ao interlocutor. Motivam uma reação mais forte de todos os cidadãos. Mais ainda um anúncio publicitário, como em um *outdoor* na beira da estrada: ele transforma a necessidade de comprar o produto anunciado, que antes nem sequer existia, em talvez a maior prioridade do consumidor. Não raro, desperta-lhe a fome que ele não sentia, ou a sede, e então o interlocutor-motorista desvia-se de sua rota, a fim de parar no restaurante e pedir um sanduíche como aquele que estava no *billboard*. Natural.

Por isso a argumentação pode ser encarada também como a arte de tornar presentes na mente do interlocutor os elementos mais importantes. Não se trata apenas de imagens visuais. Um recurso linguístico, uma citação literária, um toque de humor, uma fotografia, os documentos que são reunidos, embora possam dizer o que já se sabe (existe uma vítima de homicídio, o sacrifício é cruel, a guerra é injusta, a segregação racial é inaceitável...), podem, sem que o interlocutor note, aumentar-lhe a presença de

EXEMPLO, FIGURATIVIDADE E ILUSTRAÇÃO DO DISCURSO · 297

Crédito: Roberto Casimiro/ Fotoarena

Um anúncio de rede de pizzaria na paisagem tem função, mais do que de enaltecer as qualidades do produto, de fazê-lo presente ao interlocutor, que, sem a imagem, nem sequer se lembraria de sua existência.

determinado argumento e, assim, torná-lo preferível a um arrazoado da parte contrária, o qual, ainda que correto, não se encontra tão arraigado no momento da sua tomada de decisão.

Exagero da imagem e do exemplo

Como se verá adiante, o exemplo e a imagem são argumentos relevantes, porém sem a força necessária para um convencimento racional, isoladamente. O argumentante deve ter em conta que o exemplo desvia o eixo de progressão do texto. Embora defendamos que a estrutura de fundo de todo texto, mesmo retórico, é a narrativa, no momento em que se introduz qualquer figuratividade, o eixo de progressão do texto está nela: nas pessoas, nas coisas, naquilo, enfim, que compõe o exemplo. Quando se trata de uma imagem visual, a regra é a mesma, porém agravada: a ilustração pode ser um ponto de atração, mas é figurativa.

Ademais, ao trazer ao texto outro elemento sensorial, o argumentante pode desviar a atenção do leitor, que se centra mais na imagem (evidentemente mais atrativa, por seus próprios recursos) que no texto. Então, seu efeito é reverso: em lugar de trazer ao leitor a simpatia e a presença, apartam-no daquilo que era discutido e desviam o eixo progressivo. Além disso, tal como no texto científico, o Direito está pouco preparado para vencer a "aura de dignidade"[15] que lhe confere o texto escrito e daí, *contrario sensu*, o problema da informalidade e possível vulgarização[viii] da imagem.

Tudo, sempre, uma matéria de risco a calcular, em que nos aprofundaremos quando cuidarmos de argumentos fracos.

Conclusão

O exemplo confirma uma regra, e por isso é submetido a condições de validade; já a ilustração tem outros atrativos (como ser didática, aumentar a presença de outros argumentos na mente do leitor, fazer pausa em discussão que se torna enfadonhamente temática, permitir a retomada após explicações paralelas ou mais aprofundadas etc.), mas sozinha não consegue confirmar uma tese, pois lhe falta representatividade.

Ambos são figurativos e parecem muito próximos, mas têm funções verdadeiramente distintas, que não podem ser confundidas.

Para combater o exemplo, o melhor é atacar sua representatividade, tratando-o como caso isolado, o que não é raro. Assim, achar um contraexemplo, ou seja, um caso diferente que não confirme a regra, é o melhor meio de fazê-lo. Também se pode afir-

---

[viii] Como metalinguagem, considere este próprio livro: da mesma forma que uma imagem atrai o interlocutor e faz a compreensão mais concreta, pode em algum momento afastar o leitor mais tradicional. É um risco da enunciação.

mar – o que não é mentira – que em termos meramente formais um exemplo tem representatividade nula, porque não confirma nem desconfirma uma hipótese. Nem sequer é capaz de implicar qualquer progressão lógica. Mas esse combate direto ao valor do exemplo pode roubar tempo precioso do argumentante, então há que calcular sua pertinência.

Nos dias atuais, com a possibilidade de inserção de elementos audiovisuais em qualquer suporte para argumentação forense, como as petições, é bastante necessário ter em conta, também, suas possíveis desvantagens, ao funcionar como elemento atrativo, que se desvia do percurso temático principal.

CAPÍTULO X

ESTRUTURA LÓGICA E ARGUMENTO: *A FORTIORI, AD ABSURDUM* E RIDÍCULO

O argumento jurídico

Não se pode dizer que exista um *argumento jurídico* propriamente dito, porque, como meio linguístico que busca a persuasão, todo tipo de argumento pode ser utilizado no discurso forense. Entretanto, há construções criadas e fomentadas com maior intensidade no embate judiciário, seja por se relacionarem ao trabalho probatório, seja por se fundamentarem em princípios jurídicos, da interpretação da norma.

O argumento de autoridade e o argumento *a simili* tinham também sua especificidade no discurso judiciário, mas nesta lição procuramos agrupar técnicas argumentativas um pouco mais específicas e também usuais. Os raciocínios *contrario sensu*, *a fortiori* e *ad absurdum* são corriqueiros do discurso forense.

Entretanto, nosso próprio método se faz uma demonstração de intertextualidade: com já passamos por algumas lições sobre natureza e função dos argumentos, aqui podemos acelerar o ritmo da exposição, evitando repetições. Os próximos tipos de argumentos serão enunciados de modo mais breve, deixando-se referências e aprofundamentos no rodapé, caso seja de interesse do leitor. Nesta fase em que estamos, o leitor já é capaz de, por si mesmo, inferir algumas desvantagens ou potenciais de cada instrumento retórico. A apresentação de cada argumento será, então, mais como um exercício, oportunidade de análise do discurso, a qual, feita de modo sistemático, é a melhor forma de construção da própria retórica.

Ademais, alguns argumentos que se enunciam como 'propriamente jurídicos' confundem-se com a estrutura das normas e sua hermenêutica. Por causa disso, alguns autores – em nosso entender, de modo equivocado – invocam para a retórica temas que são mais próprios da hermenêutica jurídica em si. As teorias, por exemplo, do desfazimento dos conflitos normativos são todas aprofundadas por uma teoria hermenêutica, com tal conhecimento acumulado que, se aqui tentássemos reproduzi-la, faríamos uma simplificação quase ridícula. Alguns manuais de retórica, repetimos, caem nesse erro, e então reduzem uma área do conhecimento que tem seu próprio método e seu objetivo específico. Assim, os argumentos propriamente jurídicos não são a técnica hermenêutica em si.

Se traçamos o estudo da retórica comparado ao da dogmática, vemos que esta desenvolveu-se e capilarizou-se, ocupando um lugar no currículo da carreira de Direito muito maior do que em tempos passados; ao contrário, o estudo da linguagem, da linguística e do discurso foi diminuindo, como também se fez mais débil a formação em língua e literatura do ensino médio em geral. Logo, se imitamos o programa de retórica antigo, ou então imitamos as referências desde Aristóteles ou mesmo da Idade Moderna, caímos em um equívoco metodológico tremendo: cuidamos como elementos de retórica as *técnicas* da dogmática para solução de conflitos normativos, como se elas fossem estruturas nascidas na lógica informal. Como epistemologia, têm lugar melhor na hermenêutica, que indicará o que é tecnicamente mais lícito para a solução de cada conflito.

Aqui se apresentarão os argumentos como enunciação dos principais elementos hermenêuticos, mas não em substituição a eles.

O argumento *contrario sensu*

Tem como principal fundamento o conhecido princípio da legalidade, que em nossa Constituição encontra-se no inciso II do artigo 5º: "Ninguém está obrigado a fazer ou deixar de fazer alguma coisa senão em virtude da lei."

Sua origem como argumento, no âmbito judiciário, está na invocação ao interlocutor de que, se a norma jurídica prescreve uma conduta e à sua transgressão uma sanção (direta ou indiretamente), devem-se excluir de sua incidência todos os sujeitos que não sejam alvo literal daquele preceito. Dessa maneira, se o artigo 29 do Código Penal dispõe que "quem, de qualquer modo, concorre para o crime incide nas penas a este cominadas...", tem-se, *contrario sensu*, que quem *não concorre* para o crime não pode incidir nas suas penas.

O argumento *contrario sensu* (de interpretação inversa) não é utilizado apenas para interpretar dispositivos legais, pois ele pode ser articulado quando afirmações em sentido inverso são invocadas em favor da tese que o argumentante precisa comprovar. É usual o raciocínio *contrario sensu*, como forma de persuasão, no aproveitamento da doutrina e da jurisprudência, quando são tratados casos distintos, de sentido oposto à pretensa analogia. Assim, se a jurisprudência afirma *ser lícita a prisão cautelar quando houver fortes indícios de autoria*, pode-se defender, *contrario sensu*, que, à ausência desses fortes indícios, a prisão cautelar torna-se ilegal.

Assim também no exemplo abaixo:

> A testemunha afirmou em plenário que, porque não tivera aula naquela noite, chegara cedo a sua casa. Disso infere-se, *contrario sensu*, que era seu costume chegar tarde a sua casa nos dias de aula.

Entretanto, a validade do argumento *contrario sensu* deve ser aferida caso a caso, pois não raro ele pode tender à falácia, sendo o que torna seu poder de persuasão muito menor. Veja como isso ocorre no caso abaixo:

> O Código Penal dispõe que os menores de dezoito anos são penalmente inimputáveis. Assim, *contrario sensu*, os maiores de dezoito anos são criminalmente responsáveis.

Correto o raciocínio? Não[i]. Nem *todos* os maiores de dezoito anos são penalmente imputáveis, pois os doentes mentais inteiramente incapazes de entender o caráter ilícito de seus atos, ainda sendo maiores de dezoito anos, também são agraciados pela inimputabilidade.

> Diz um respeitado autor que "o funcionário público que se apropria de bens, móveis ou imóveis, comete crime". Portanto, aquele que se apropria de bens alheios, não sendo funcionário público, não comete crime.

Novamente inaceitável o raciocínio. Somente o funcionário público, na definição criminal do termo, comete o crime de peculato, o que não significa que a atitude de apropriar-se indevidamente de bens alheios somente seja *conduta criminosa* para o agente funcionário público.

O *reducionismo* é falácia comum ao argumento *contrario sensu*, e deve ser evitado, pois o interlocutor que percebe a falácia não é persuadido. Consiste o reducionismo em se retirarem da argumentação elementos essenciais a ela[i], imprescindíveis à sua validade, pois o discurso argumentativo tem, como já se expôs, um sério comprometimento com a realidade: ainda que a inter-

---

[i] Veja-se o Capítulo XIII.

pretação dos fatos observáveis nunca possa ser abrangente o bastante para descrever e considerar *todos* os fenômenos atinentes a eles, pode-se ofender o interlocutor caso se deixe de considerar elementos que, como premissa, já entenda essenciais.

Portanto, o raciocínio *contrario sensu* é válido recurso argumentativo, até porque tem comprovada origem lógico-formal, desde que não tenda ao reducionismo e atenda à possibilidade de a norma ou o preceito interpretados trazerem possibilidade de leitura reversa, a que algum autor chamou de "bicondicional"[2].

O argumento *ad absurdum*

O argumento do *absurdum* é outro típico do discurso jurídico. Também denominado argumento *apagógico*, é aquele que procura demonstrar a falsidade de uma proposição estendendo-se seu sentido e aplicando-lhe regras lógicas do Direito até que se alcance um resultado que o interlocutor entenda como impossível. A impossibilidade do resultado faz com que o interlocutor rejeite sua gênese, o que é o principal objetivo do discursante.

Exemplifica-se com o texto abaixo um tipo de argumento *ad absurdum* de construção bem singela:

> O réu está preso por porte ilegal de arma de fogo. A acusação quer que se lhe negue o direito à liberdade provisória, pois afirma que o crime é grave e a lei não lhe permite o benefício. Mas, pensemos: estatística recente assenta que perambulam, nesta cidade de São Paulo, aproximadamente 1 milhão de armas ilegais. Se existem 1 milhão de armas ilegais, há a mesma quantidade de pessoas cometendo o mesmo delito que o acusado. Sendo a justiça igual para todos – e isso parece inegável –, deveria haver, neste momento, 1 milhão de paulistanos presos cautelarmente, sob a mesma acusação. Isso importa em afirmar que, pelo mais sensível e banal princípio jurídico, nem se o maior bairro de São

Paulo fosse transformado em um presídio haveria como alocar todos os presumidos detentos!

A argumentação é pertinente. Percebe-se que, submetendo a proposição da parte contrária (a prisão cautelar do réu devido à gravidade do delito) à aplicação de outras regras lógicas e de elementos verossímeis da realidade, induz-se a um resultado absurdo, que o interlocutor não aceita (que se transforme o maior bairro da cidade em presídio para alocar aqueles que praticam o mesmo delito). Trouxe-se ao discurso uma premissa verossímil (embora não comprovada em um texto oral) de que existam em São Paulo 1 milhão de armas clandestinas. Logo em seguida, protestou-se pela aplicabilidade do princípio jurídico básico de que a justiça deve dispensar privilégios, sendo aplicável a *todos* que cometeram o delito. O resultado desse raciocínio, como lá construído, é inaceitável: a prisão de quase dez por cento da população da metrópole[3].

A construção é persuasiva, porque, ao menos por intuição, o ouvinte nota que existe algo bastante equivocado com a premissa que se quer desconstruir. Ela, se levada a extremos, alcança resultado absurdo. Note-se que o ouvinte não tem de crer na plausibilidade da conclusão, simplesmente porque é absurda. Mas existe uma tese que o argumentante quer comprovar, que, no caso, nem sequer foi expressa: que o delito de porte de arma não é assim tão intolerado[4]. Há algo de errado em sua criminalização.

Exemplo literário bastante ilustrativo, nesse mesmo sentido, é a chamada "greve do balaio fechado", na novela *Tereza Batista cansada de guerra*, de Jorge Amado. Na narrativa, cuja estrutura sempre recuperamos como modelo argumentativo, as prostitutas da cidade são hostilizadas pelas autoridades e pelos moralistas e a protagonista, Tereza Batista[5], insufla essas profissionais para que comecem uma greve. Então são as próprias autoridades, que tanto criminalizavam a atividade, que atuam para obrigar a que as prostitutas voltem ao trabalho, pois a cidade não se sustentaria, ou iria ao caos, com os prostíbulos fechados. Na estrutura narrativa de Jorge Amado está um argumento *ad absurdum*: ainda que a greve conte com a pouca verossimilhança de quem tangencia o realismo mágico, ela supõe uma situação que, ao existir, revela os extremos, o absurdo[6]. Esse extremo, porque inaceitável, desconstitui a realidade como um todo. Percebe-se que o leitor não crê na viabilidade do resultado absurdo, mas certamente é levado a concluir que a premissa que se pretende destruir é pouco razoável.

Essa questão é aqui colocada com maior ênfase porque é na argumentação apagógica que o ouvinte (e a parte contrária, no caso da dialética produção de sentido do discurso judiciário) questiona-se sobre a validade das premissas que lhe são expostas, porquanto depara com um resultado que lhe ofende o bom senso (resultado, aliás, em que repousa toda a força do argumento).

Claro, a força do argumento apagógico está mesmo na pouca aceitabilidade do resultado que se propõe como final. Entretanto, o interlocutor deve estar suficientemente convencido de que é o percurso apagógico lícito para conduzir àquele resultado inaceitável, ou, em outras palavras, que o que há de inadmissível no raciocínio é a premissa inicial, e não qualquer daquelas ideias acessórias que levam ao resultado, pois todas elas são verossímeis e logicamente encaixadas.

A progressão do argumento *ad absurdum* é matéria de grande atenção também do interlocutor, pois, ao perceber o resultado inadmissível, sua primeira reação é procurar no percurso argumentativo um dado não verdadeiro que tenha permitido o desvio do raciocínio. No exemplo das armas ilegais, o interlocutor questionaria os números apresentados e, se fossem patentemente exagerados, rejeitaria o argumento por completo. A possibilidade de construção de silogismos contínuos, como em uma verdadeira demonstração científica aproximando-se do raciocínio exato, é a maior arma daquele que argumenta ao absurdo.

Embora a argumentação como um todo tenda a trabalhar mais com a verossimilhança que com a verdade (apesar de esta última aparecer em dados indubitáveis no discurso argumentativo, como quando alguém diz: *o homem é mortal*) e mais com o provável que com a certeza, já foi dito que a aparência de demonstração exata sempre permeia o discurso. Por isso, o cuidado ao *enunciar* o argumento *ad absurdum* deve ser redobrado, fixando-se com vagar todas as premissas utilizadas, com ritmo lento, para que o interlocutor perceba sua verossimilhança, que lhe soe como absoluta verdade. O raciocínio lógico sempre seduz, ainda que possa desviar-se da demonstração absoluta.

Novamente o exemplo da posse ilegal de arma. Perceba-se que há dados que podem tornar-se pouco verossímeis, ainda que o argumento como um todo seja excelentemente persuasivo: o número de 1 milhão de armas parece exagerado e, se houver, muitas delas devem estar sem condições de uso; algumas pessoas podem ser proprietárias de mais de uma dessas armas, o que diminuiria sensivelmente o número de criminosos; ademais, algumas delas podem nem sequer ter dono, estando à deriva ou nos depósitos oficiais, de modo que tampouco seriam computadas para o fim que se lhe pretendeu. Tampouco é função do Direito Penal acabar com todos os delitos, mas apresentar uma expectativa de controle. Entretanto, essas ideias não puderam aparecer na construção do discurso, pois são de responsabilidade da parte contrária, e assim o raciocínio tornou-se forte[7].

A argumentação *ad absurdum* é, por fim, excelentemente persuasiva. No discurso judiciário há predileção pelo raciocínio que parece bem conduzido, mas verdadeira ojeriza à possibilidade de chegar a resultados inaceitáveis, que ofendam a *lógica jurídica*, ainda que esta seja fruto da criação suasória do argumentante[8].

Deve-se, entretanto, cuidar para que todas as premissas pareçam verossímeis, pois fora disso toda a construção argumentativa enfraquece ou mesmo desaba.

O argumento ao absurdo pode encontrar um nível simplesmente consequencialista, teleológico. Isso significa, *grosso modo*, elevar uma proposição a consequências hipotéticas que são inaceitáveis, não necessariamente absurdas[9]. No Brasil, por exemplo, conta-se que o sanitarista Oswaldo Cruz, para combater a disseminação da peste bubônica, ofereceu um pagamento para os cidadãos que comprovassem haver matado um rato cuja pulga transmitia a peste. Uma medida, à primeira vista, eficaz para dizimar os roedores. O resultado (a consequência) da medida foi, entretanto, reversa: ou porque se oferecia muito dinheiro, ou porque o famoso sanitarista não contou com a situação de miséria da população, houve uma multiplicação dos ratos na metrópole. Por quê? Resposta evidente: muitos cidadãos fizeram verdadeiros criadouros de ratos, para depois levá-los mortos às autoridades e cobrar sua recompensa.

O exemplo é extremo, porém real e documentado[10]. Serve, hoje, para uma série de situações em que se estabeleça qualquer tipo de desequilibrado assistencialismo dos governos.

A diferença entre o *absurdum* e o argumento consequencialista está em que este não traz reducionismo, ainda que sua consequência possa ser inaceitável; o fato de que a consequência exista de fato, como no caso da criação de ratos no Rio de Janeiro, é apenas lateral, mas claramente ajuda: se uma consequência indesejada tem como comprovar-se, é muito mais eficaz o argumento.

Para combater o argumento *ad absurdum*, talvez seja útil conhecer sua estrutura na lógica formal. Ele funciona em um *argumento por indução*, muito útil aos matemáticos. Significa dizer que, para generalizar uma assertiva válida para um número (natural), basta comprovar que ela é válida para o número (natural) seguinte. Basicamente, os passos são os seguintes:

a) Existe uma característica C válida para um número qualquer dentro do conjunto N, que é formado de uma série de outros números naturais N {n, n+1, n+2... ∞}.

Comprova-se essa característica C, em um número específico *n*.

$$C_{(n)}$$

b) Logo, estabelece-se a hipótese de que, se a característica vale para o *n*, *forçosamente* ela se aplica ao número seguinte (n+1).

$$C_{(n)} \Rightarrow C_{(n+1)}$$

c) Comprovando-se isso, para qualquer número do conjunto N (n+x) existe a característica C. Por regra, até o infinito.

$$\forall n \in N \Rightarrow C_{(n)}$$

Entretanto, uma regra que se aplica, na matemática, a alguns números, não necessariamente vale para todos (por exemplo, se a regra for "ser divisível apenas por 1 ou por si mesmo", que implica ser um número *primo*, ela vale para o n=17, mas não vale para n+1, o 18). Isso importa em reconhecer que a própria *indução matemática*, apesar de desejada por muitos, porque generalizante, nem sempre é possível, por uma série de limites e condicionantes da própria natureza dos números. Transportando o fato para a lógica informal, pode-se dizer que é *natural* que algumas regras que valem para, por exemplo, algumas quantidades, não se apliquem a todas. Assim, a política penal implementada em uma cidade de 100 mil habitantes pode não ser aplicável em uma cidade de 10 milhões de habitantes, não apenas por questões quantitativas, mas pelas características do que seja uma metrópole por si mesma. Logo, demonstrar que uma regra usada em X (uma cidade pequena) não se aplica em 100 · X (uma cidade grande) não significa *necessariamente* que a regra da cidade pequena seja falha ou inoperante.

O uso da ridicularização

O uso do argumento *ad absurdum* leva-nos a uma breve referência ao uso da ridicularização também como meio de persuasão. O raciocínio ridículo é aquele que merece a reprovação do riso[11], porque se eleva a um nível de não aceitabilidade humorística. Quando existe consenso ou verossimilhança em determinada afirmação, qualquer outro raciocínio que a contrarie pode levar ao ridículo.

O ridículo leva ao riso, e o riso é humorístico[12]. *Ridendo castigat mores*, aponta a máxima latina, e então o humor é eficiente meio de repreender aquilo que não se deseja desafiar frontalmente, seja por ser cansativo, seja por não se poder fazê-lo por temor ou por não se desejar, na coerência do discurso, prolongar-se naquilo que não é tema central.

Elevar ao ridículo é parte do argumento *ad absurdum*, e pode-se dizer que o humor bem colocado tem o condão de ser mais persuasivo – pela questão da presença, que já tratamos – do que críticas longas à argumentação da parte contrária, pois, *grosso modo*, o ouvinte que tem seu humor elevado pela argumentação sempre tende a aderir ao orador que o alegra[13].

Para ilustrar, leia um trecho da crônica "Fábula dos dois leões", de Stanislaw Ponte Preta[14]. O cronista começa contando que dois leões fugiram do zoológico, sendo encontrados tempos depois. Um, magro e maltratado, e o outro, gordo e vigoroso, voltaram ao cativeiro e então se encontraram. O fragmento que segue é o trecho final da crônica, o diálogo entre os dois animais[ii]:

> Mal ficaram juntos de novo, o leão que fugira para as florestas da Tijuca disse pro coleguinha: – Puxa, rapaz, como é que você conseguiu ficar na cidade esse tempo todo e ainda voltar com essa saúde? Eu, que fugi para as matas da Tijuca, tive que pedir arrego, porque quase não encontrava o que comer, como é então que você... vá, diz como foi.
> O outro leão então explicou: – Eu meti os peitos e fui me esconder numa repartição pública. Cada dia eu comia um funcionário e ninguém dava por falta dele.
> – E por que voltou pra cá? Tinham acabado os funcionários?
> – Nada disso. O que não acaba no Brasil é funcionário público. É que eu cometi um erro gravíssimo. Comi o diretor, idem um chefe de seção, funcionários diversos, ninguém dava por falta. No dia em que eu comi o cara que servia o cafezinho me... apanharam.

Qualquer um que leia o texto percebe a crítica à ineficiência do funcionalismo público com grande efeito de persuasão, talvez maior que um discurso repleto de estatísticas e de repetição de informações conhecidas sobre o mau sistema burocrático. Com o humor, a argumentação ultrapassa o que seria o teor meramente expositivo para alcançar o resultado do convencimento.

Existem momentos em que a fronteira entre, de um lado, elevar a regra às suas últimas consequências para alcançar um resultado inaceitável e, de outro lado, ridicularizar a tese contrária é bastante tênue. Afinal, o argumento ao absurdo tem como fundamento mais remoto a ridicularização. Note-se o exemplo de J. K.

[ii] STANISLAW PONTE PRETA (Sérgio Porto). "Fábula dos dois leões", in: *Primo Altamirando e elas*. São Paulo: Sabiá, 1968, p. 154.

Toole, que resgatamos como, em nossa opinião, uma das grandes obras literárias da contemporaneidade.

O escritor J. K. Toole cria um protagonista, que, repleto de contradições com seu tempo, como um Dom Quixote, revolta-se contra a decadência moral do mundo. Ignatius, mimado e alienado, dentro da sociedade dividida, preconceituosa e racista de New Orleans[15], é um homem nada afeito ao trabalho, porém intelectualizado e grande leitor. Em uma breve pesquisa que promovemos, o protagonista, mesmo na terceira pessoa de um narrador onisciente, refere-se catorze vezes à expressão "*taste and decency*", gosto e decência[16]. Esse é o perfil do protagonista Ignatius[17], que se aproxima do estereótipo do 'grotesco'[18]. Em determinada passagem, ele se depara com uma exposição de arte, que está entre arte moderna e mostra de artistas amadores. Enfurecido, ele lança críticas vorazes a todos os quadros expostos, dizendo que aqueles artistas deveriam, primeiro, fazer aulas de como pegar num pincel. Talvez não estivesse errado. Sendo expulso da tal exposição de rua, o protagonista Ignatius lança sua imagem final: "*Se vocês, 'artistas', fossem incumbidos de pintar a Capela Sistina, hoje ela pareceria uma estação de metrô do subúrbio.*[19]"

A comparação não é mentirosa, mas tende ao ridículo: realmente, muitos artistas da pintura contemporânea teriam até orgulho de transformar a decoração da Capela Sistina em algo parecido com os grafites das estações de trem, mas isso é um juízo de valor que cabe a cada um. Como texto quase confessadamente humorístico, Toole narra a cena como para demonstrar o inconformismo conservador do personagem, mas não há dúvida de que lançou um argumento consequencialista: estenda-se essa 'arte' aos grandes monumentos e temos um resultado levado (ao menos na cabeça do personagem) ao extremo mau gosto. Construção consequencialista, absurda ou ridícula: no caso, esse limite está por decidir-se. O inegável é o efeito humorístico *pela* ridicularização. Em um discurso, se não houvesse uma rápida resposta, a defesa da pintura moderna estaria vencida: a Capela Sistina moderna teria uma estética suja como a estação do metrô.

No discurso judiciário, o papel do humor é bastante discutível, e talvez estes breves estudos não possam ousar aconselhar quando o toque humorístico pode ser eficiente, e em qual ambiente. O que se pode dizer é que o ar sorumbático de alguns operadores do Direito não se justifica, pois o bom humor, por si, nunca retira a seriedade de qualquer trabalho; entretanto, o aprofundamento e a respeitabilidade do ambiente em que se desenvolve o discurso judiciário autoriza reprovação severa a bobices que sejam inoportunas, que surjam como verdadeira fuga a uma discussão mais aprofundada da matéria colocada sob a dialética suasória. Ademais, a generalização é a grande tendência do humor, e, assim, pode ir de encontro a princípios éticos seguros, o que nunca é desejável. Não é difícil que qualquer ridicularização *use* da pessoa do *ex-adverso*, da parte contrária, para o efeito humorístico, o que é inaceitável em termos éticos e pode retirar do discurso todo seu equilíbrio.

Mal colocado, o ridicularizador torna-se ridículo[20].

O argumento *a coherentia*

O argumento *a coherentia* é, nos dizeres de Perelman, aquele "que, partindo da ideia de que um legislador sensato – e que se supõe também perfeitamente previdente – não pode regulamentar uma mesma situação de duas maneiras incompatíveis, supõe a existência de uma regra que permite descartar uma das duas disposições que provocam a antinomia"[21]. O argumento pretende demonstrar que, na existência de duas normas jurídicas que aparentemente regulam o mesmo fato, deve haver um diferencial que faça com que apenas uma delas incida sobre um caso concreto. Evidentemente, o argumento tende a demonstrar que a norma jurídica que incide sobre o caso é aquela mais benéfica à parte cujo interesse se defende.

O efeito persuasivo desse tipo de argumento é contundente, na medida em que, até subjetivamente, nenhum operador do Direito está predisposto a admitir que qualquer legislador caia em contradição. É tarefa hermenêutica dirimi-la, pela unidade e harmonia do ordenamento. Desse modo, qualquer argumento que invoque justificativa para configurar como ilusória a contradição do legislador, reforçando a coerência do ordenamento jurídico, é persuasivo.

Tem-se como máxima jurídica que quem exerce direito seu a ninguém prejudica. Desse modo, denunciar um delito cometido por alguém não pode constituir dano moral ao delinquente, pois, se a denúncia é direito garantido pelo ordenamento, este mesmo não pode impor-lhe sanção, ainda que meramente civil, uma vez que se presume seja o ordenamento coerente, e qualquer antinomia ou conflito entre normas é mera aparência, passível de ser resolvida por regras gerais de hermenêutica ou princípios gerais de Direito. Trata-se de um raciocínio *a coherentia*.

Claro que tal tipo de argumento está, como afirmamos no início deste capítulo, muito mais voltado ao estudo da hermenêutica que propriamente à argumentação como lógica informal. Autores que, na filosofia do Direito, proclamaram o ordenamento como corpo único e, assim, ontologicamente capaz de dar uma reposta a cada situação fática (a exemplo – entre tantos outros e salvadas as distâncias – de Kelsen e Dworkin), têm muito mais a dizer sobre esse argumento. O que vale, em termos de persuasão, é dirigir a proposta da antinomia ao ridículo, ou ao absurdo de que duas normas incidam sobre o mesmo tema, de que haja uma contradição. Isso conduz o interlocutor a encontrar uma saída distinta para a incidência normativa e, então, convencido de que a solução comumente apontada não é verossímil, aceita ser guiado pelo argumentante a um outro caminho, que desfaça a antinomia. Aí, sim, estamos em argumentação, a que os autores mais clássicos pouco remontam.

Argumento *a fortiori*

Este tipo de argumento é típico do raciocínio jurídico porque impõe a distinção entre normas proibitivas e permissivas e é muito difundido, pois é comum na dialética forense. *A fortiori* significa *com maior razão*. Argumentando *a fortiori*, o discursante impõe uma analogia com um *plus*: o de que seu raciocínio tem ainda maior razão para valer do que aquele que seria fruto da analogia perfeita. Veremos casos mais concretos.

O argumento *a fortiori* divide-se em dois tipos distintos: o argumento *a minori ad maius* e o *a maiori ad minus*. Em ambos há o mesmo princípio de que, se uma norma jurídica impõe uma conduta a alguém, com ainda mais razão determina uma conduta que tenha as mesmas características, mas com ainda maior intensidade, gravidade ou razão[iii].

O argumento *a minori ad maius* aplica-se no caso de prescrições negativas. Formulemos a seguinte hipótese: se uma lei prescreve que não se pode trafegar à noite com os faróis do veículo apagados, *a fortiori* deve-se entender que é proibido trafegar à noite com um veículo sem faróis[22]. Se a lei proíbe o menor, evidentemente deve proibir o maior.

O argumento *a minori ad maius* tem aplicação prática quando se investiga a jurisprudência e a doutrina e se encontra em julga-

---

[iii] É, na lógica formal, uma questão de teoria dos conjuntos. A característica do Conjunto A permanece a todos os membros do conjunto B, se B ⊂ A.

dos ou em obras da literatura jurídica, posicionamento ainda mais incisivo que aquele que se pretende demonstrar. Se a lei entende que um documento em que conste uma assinatura não autenticada em cartório não tem valor jurídico, um documento com assinatura *não identificada*, com maior razão, deve ter anuladas suas consequências legais[iv].

O segundo tipo de argumento *a fortiori* é o argumento *a maiori ad minus*, o qual é bem enunciado no brocardo *quem pode o mais pode o menos*. Seu raciocínio é análogo ao tipo exposto acima, mas com aplicação para normas permissivas em vez de proibitivas[23]: se a lei concede certo benefício a alguém, com certeza concede um benefício menor, que está contido nele. Se uma jurisprudência recortada em um discurso defende que aquele que cometeu crime com abuso de violência possa responder a processo em liberdade, *com mais razão* deve ser solto aquele que cometeu o mesmo delito sem o uso da violência.

Para combater o argumento *a fortiori* basta buscar imperfeição na analogia, já que é a analogia seu primeiro substrato. No exemplo da distinção entre vias de fato e lesão corporal leve, basta recorrer ao princípio da reserva legal para demonstrar-se que os favorecimentos jurídicos devem ter interpretação estrita e, assim, se a lei não fizer exata alusão às vias de fato, aquele que as praticou não merece o favor *iuris*. Mas isso não descarta a validade e a força persuasiva do raciocínio lógico desse tipo de argumento.

O córax

O argumento do córax é aquele que, conforme Reboul[24], consiste em dizer que uma tese ou um fato é inverossímil por ser

---

[iv] O argumento *a minori ad maius* pode ser aproximado à ideia de comprovação por indução na lógica formal. Poderíamos formular a proposição, em notação formal, neste sentido: $(\forall n|n=x)[P(n) \Rightarrow P(n|n>x)]$ em que, para qualquer número n, existe uma propriedade P, que, ao existir em n, existe no número *natural* seguinte (n+1).

verossímil demais. Argumento corriqueiro para os operadores do Direito Penal, embora sobreviva em outras searas.

Os operadores do Direito que têm experiência em lides forenses sabem quão complexa é a produção probatória, como é difícil encontrar uma construção de uma versão sólida em meio a provas que apontam para sentidos às vezes diametralmente opostos. Documentos que faltam, versões diferentes para cada testemunha, insegurança em reconhecimentos, lapsos de memória, intimidações, troca de números, tudo isso forma lacunas preenchidas pela argumentação, pelo raciocínio lógico, pela razoabilidade.

O argumento do córax[25] procura demonstrar que, à ausência dessas lacunas, aparece a imperfeição da versão apresentada. Paradoxal, porque a *perfeição* acaba sendo a causa da *imperfeição*, mas na verdade a pseudoperfeição é apenas o modo pelo qual se manifesta o engendramento do ser humano, manipulando a própria realidade.

Não foram nem serão poucas as vezes que os defensores do Tribunal do Júri demonstrarão que depoimentos prestados em delegacia por várias testemunhas foram escritos pela mesma pena incriminadora, apenas porque descrevem o mesmo fato sem nenhuma contradição. De tão pouco contraditórios, os depoimentos passam a ser inverossímeis; em outras palavras: de tão verdadeiros, são falsos.

Não deixa de ser curioso que a perfeição torne-se alvo de crítica, mas o córax fundamenta-se na vaidade e na ganância da mente humana, tão complexa e impenetrável que sempre representa material argumentativo riquíssimo ao argumentante: quando existe a simulação ou a mentira, aparece a tendência da hipervalorização do aparente, que supera a própria realidade. Assim, o relógio falso é – aos olhos do leigo – mais bonito que o verdadeiro, mas essa beleza denuncia ao *expert* a falsidade do produto, do mesmo modo que a testemunha que relata detalhes extremos daquilo que diz ter presenciado mais parece, na verdade, não ter visto absolutamente nada. A experiência no cotidiano do foro criminal, por exemplo, infelizmente nos faz confirmar as desconfianças das ficções de Agatha Christie: as acusações perfeitas, as cenas muito definidas, as pistas deixadas de modo muito inocente, todas elas levantam a suspeição do mais experiente de que a estrutura não é real. Transmitir essa desconfiança sobre *probabilidade reversa*[26] ao interlocutor é o córax.

Neste ponto do texto nos permitimos colocar algo que neste livro deve vir como exceção: nossa experiência pessoal explícita[v]. Como começamos a trabalhar com processos criminais ainda no estágio da graduação, tardou menos que o normal para que aprendêssemos algo que alguns operadores do Direito tardam a aceitar, especialmente se vão diretamente a gabinetes, em lugar de frequentar as extremidades do Direito: a ação dos policiais, dos assistentes sociais na periferia, as delegacias de polícia, ou mesmo o competitivo ambiente corporativo. Enfim, a experiência de que a mentira e a manipulação são constantes em muitos desses ambientes, como também na imprensa ou no próprio Judiciário. Há ambientes de conspiração na Academia, nas altas autoridades, nas sociedades secretas, nos restaurantes que apenas alguns podem frequentar, entre outros. Talvez por isso nos tenhamos dedicado, nos últimos anos, ao estudo dos *delatores*, que tem uma razão a mais para mentir nos processos: acusam em nome de sua própria liberdade. Mas não são apenas eles: os interesses pelo cargo político, pela indenização trabalhista, pela manutenção das estatísticas de combate ao crime, pela ocultação da própria corrupção, pela incriminação de terceiro em lugar de si próprio, todos esses são motivos que *sobram* para que as provas

---

[v] A experiência pessoal de um autor está em todas as linhas que ele escreve, porém de modo implícito.

sejam forjadas. E, algumas vezes, o fato de que elas apareçam de modo muito seguro e perfeito é, de fato, como nos romances policiais, o maior indício de que não sejam verdadeiras. Como dizemos mais de uma vez, algumas esferas de poder jogam com um tabuleiro mais amplo que o de um advogado recém-iniciado no caso, e ele tem de estar preparado para fazer frente a essa realidade. Mas isso é apenas um depoimento pessoal sobre a plausibilidade da efetividade reversa.

Para combater o argumento do córax cabe apenas reforçar as provas perfeitas, demonstrando que o argumentante que invoca o córax o encontrou como única saída, falaciosa, diante da contundência da prova que deveria enfrentar. Mas não se pode negar que, em certos casos peculiares, ele é muito persuasivo, em especial ao interlocutor menos deslumbrado. Se nos permitem a opinião subjetiva, a experiência ensina que falsificações, mentiras, montagens, às vezes muito perfeitas, são corriqueiras no ambiente jurídico e fora dele.

Conclusão: a hipótese narrativa

Aqui procuramos dar às questões de lógica mais comuns no Direito sua dimensão enunciativa. Novamente, pensamos que um dos grandes equívocos do ensino da retórica é tentar transformá-lo em repetições da hermenêutica. Se isso ocorre, será uma repetição falha, porque os estudos hermenêuticos-dogmáticos avançaram, enquanto, pelos motivos aqui tantas vezes demonstrado, o mesmo não ocorreu com os estudos ou, melhor dito, com as habilidades linguísticas, que tendem a diminuir muito com o passo das gerações. Apesar de não só serem eficazes, mas estarem na essência do Direito mesmo, como já discutido[vi].

[vi] Reiterando o posicionamento de Atienza: "Ninguém duvida que a prática do Direito consista, fundamentalmente, em argumentar, e todos costumamos con-

Alguns dos argumentos apresentados neste capítulo, ditos tipicamente jurídicos, são realmente inspirados nas regras de lógica formal, mas nos interessa sua dimensão enunciativa. Mantendo nosso paralelo entre argumentação e narrativa, estes argumentos funcionam como uma técnica de narração em retrospectiva. Como se, no começo de um livro ou filme, o interlocutor fosse levado a uma realidade que ele não quer aceitar, um *outcome*, uma consequência que lhe parece absurda. Se isso acontece, ele cria naturalmente a curiosidade-narrativa de desvelar como se chegou àquele resultado pouco aceitável. Se o resultado é corriqueiro (não absurdo), evidentemente essa curiosidade não ocorre.

No romance mais conhecido da literatura brasileira, que já citamos neste livro, o autor usa essa técnica: revela que é uma pessoa sorumbática, mal-humorada, até o ponto de lhe terem apelidado "Dom Casmurro". Logo explica que nem sempre foi uma pessoa assim, então o leitor sente a curiosidade de conhecer a causa de seu desgosto: o próprio leitor pede pelo *flashback*. O mesmo ocorre com *Cem anos de solidão*, com sua famosa frase de abertura: "Muchos años después, frente al pelotón de fusilamiento, el coronel Aureliano Buendía habría de recordar aquella tarde remota en que su padre lo llevó a conocer el hielo". A situação extrema do pelotão de fuzilamento coloca o leitor, de modo muito imediato, a querer saber o motivo da condenação à morte e, mais, por que justo aquela lembrança ocorre ao personagem em momento tão significativo. Não há como evitar que a curiosidade seja alçada e dirigida a esses outros momentos, que é exatamente a intenção de quem escreve.

---

vir em que a qualidade que melhor define o que se entende por um 'bom jurista' talvez seja a sua capacidade de construir argumentos e manejá-los com facilidade." Apenas não compartilhamos como correta a afirmação 'ninguém duvida' (de que a prática do Direito é a argumentação), pois, como visto desde o primeiro capítulo, há detratores desse posicionamento. ATIENZA, Manuel. *As razões do direito*. São Paulo: Landy, 2000, p. 19.

Quando um argumentante usa de um processo *ad absurdum*, sua técnica assemelha-se ao *flashback*. O ouvinte descarta o resultado absurdo, mas se pergunta: como se chegou a isso? Então, sua curiosidade narrativa faz com que se abra para a solução razoável do conflito proposto, que significa, da parte do argumentante, voltar à discussão e apresentar uma alternativa verossímil. Essa alternativa é a finalização do conflito, que o ouvinte aceita como correta, se mantiver sua indignação com o absurdo. O argumento do córax segue a mesma regra: a perfeição levanta a suspeita e acusa que exista um conflito, uma nova narrativa por detrás de tudo o que é apresentado.

CAPÍTULO XI

ARGUMENTAÇÃO FRACA: FUGA E SENSO COMUM

A argumentação corriqueira

A argumentação tem altos e baixos. Existem momentos tópicos da construção de um discurso, em que ideias complexas se combinam para levar o interlocutor a aceitar determinado resultado: temas encontram-se e se separam, convergem para uma mesma conclusão por um mesmo caminho ou por trilhas diversas, dependendo da estratégia do orador. Por vezes, percorrem raciocínios complexos, como o córax ou o *argumentum ad absurdum*; mas também há momentos em que o discurso não pode pretender alcançar grande profundidade, por desviar-se da pretensão do discursante.

Os argumentos fracos, objeto deste capítulo, não vão persuadir por si mesmos, mas podem ser auxiliares para o ritmo do texto, para o desvio de uma rota argumentativa, ou para não ter de se enfrentar muito diretamente as convincentes razões da parte adversária.

Tal qual em uma narrativa, não é a todo instante que um filme terá cenas fortes e decisivas, como – para ficar nos estereótipos – a morte do vilão ou o casamento do protagonista com sua amada. Outros elementos têm de ser agregados ao enredo, que entretanto façam convergir para esses momentos mais fortes do discurso. Os personagens secundários ou as cenas aparentemente menos pretensiosas não são, por definição, menos importantes para o enredo, quando considerado como algo integral. Assim, o jantar que tem lugar com o protagonista, sua mulher e filhos, todos no restaurante, em ritmo lento, enquanto se aguarda com suspense pela possibilidade de que algum assassino entre no estabelecimento e o execute é também, dentro do contexto, nuclear[i]: seu possível assassinato ocorrido repentinamente, sem essa lenta dança do diálogo em família, faz esvair a relevância e o sentido da morte mesma, se considerada toda a progressão do conflito. Desde que colocados com intencionalidade. O objetivo do estudo e da análise do discurso como um todo é o de alcançar esse nível máximo de intencionalidade, em que nada escapa ao autor e cada elemento ganha sentido. Igualmente na narrativa quando no texto temático, dada a proximidade que aqui tanto insistimos.

Por isso, a definição de argumentos 'fracos' que aqui se insere é uma generalização, relevante e meramente didática. Como toda generalização, tem de ser interpretada com cuidado: um argumento fraco pode ser decisivo para abrir caminho a um argumento forte. É essencial, no entanto, ter muito presente a dimensão do argumento na progressão, reconhecendo sua impotência para, isoladamente, ganhar um discurso.

Argumento *ad hominem*

Toda argumentação, porque direcionada a um auditório, ainda que não determinado especificamente, pode-se dizer dirigida *ad hominem*, aos homens, a não ser que se trate de uma argumentação *ad humanitatem*, buscando-se um auditório universal. En-

---

[i] Fazemos aqui alusão a uma clássica cena da série televisiva *The Sopranos*.

tretanto, diz-se argumento *ad hominem* aquele que busca criticar mais determinado homem do que as ideias que ele profere[1].

Muitos autores assentam ser esse tipo de argumento uma falácia, porquanto os ataques pessoais não desqualificam suas fontes, e, assim, não se poderia construir uma argumentação sólida com base em agressões verbais às pessoas que proferem argumentos fortes. Os argumentos valem por sua materialidade lógica e seu confronto com a realidade[2], não pelas boas ou más características do orador que os profere.

Entretanto, quando tratamos longamente do argumento *ad verecundiam*, fizemos várias recomendações a respeito da propriedade de se questionar, da autoridade, suas qualificações pessoais para figurar em tal posto, de modo a poder presumir-se que seus pronunciamentos são todos corretos. Ora, então a argumentação *ad hominem* pode ser licitamente levantada em um discurso sem que importe, de imediato, em conduzi-la às raias da ofensa pessoal e da falta de brio, como ocorre corriqueiramente nos debates políticos mais acalorados.

Walton divide tal tipo de argumento em três classes diversas, e aqui vamo-nos apropriar de sua escala. Nenhuma escala, sabe-se, é perfeita, porque classificar elementos de linguagem sempre importará uma zona cinzenta, com uma série de relativismos que se tem que considerar. O primeiro deles, o argumento *ad hominem* abusivo, em que se centra o ataque diretamente à pessoa do argumentante, incluindo-se o vilipêndio de sua confiabilidade como pessoa ou de seu próprio caráter. Esse tipo de argumento é aquele em que se tende à ofensa pura, como que puxando à discussão elementos que efetivamente nela não cabem, como nacionalidade, gênero, origem étnica de algum argumentante. É corriqueiro no (mau) discurso político, quando se ouvem falas como "Você é um ladrão e, portanto, não deveria sequer falar de corrupção na política", como se a má reputação do arguente fosse causa bastante para apagar toda uma série de razões objetivas que demonstram uma efetiva denúncia da corrupção. Ou então colocações do tipo: "um candidato que foi traído pela mulher não merece meu voto", furtando-se a discutir ou ouvir seu programa de governo, ou "quem é aquele professor, bêbado famoso, que acha que pode me ensinar Direito, se não sabe nem zelar pela própria bebedeira?", como se o alcoolismo afastasse totalmente a possibilidade de ser uma autoridade em determinada matéria.

O argumento *ad hominem* abusivo[3] – pode-se perceber por sua própria denominação – não se justifica em nenhuma hipótese que não a retorsão a uma ofensa pessoal. Nós entendemos, entretanto, que nesse caso não estamos cuidando de argumento propriamente, porque existe uma fronteira ética que separa o que é o estudo da argumentação da discussão primária. Esta não tem lugar em qualquer estudo retórico.

O segundo tipo de argumentação *ad hominem*, na concepção de Walton, é o argumento *ad hominem* circunstancial. É aquele em que se infere ou se demonstra que a posição do argumentante não é compatível com o teor das ideias ou argumentos que ele apresenta. Nessa circunstância, o argumento *ad hominem* passa a conter algum valor, sem que constitua ofensa grave, em termos de discurso. Assim, em um debate político recente, um candidato ao governo foi confrontado sobre sua situação pessoal de endividamento. O adversário expunha a situação de ultraendividamento pessoal do candidato entrevistado, que se queixou dizendo que as contas de sua vida privada não deveriam ali serem levantadas, pois não eram pertinentes ao debate político. A resposta da parte adversa foi evidente: o candidato que propõe cuidar das contas de um Estado deve, ao menos, haver demonstrado saber administrar a economia de sua própria casa. Claro que não se trata de um argumento elegante, mas tem sua função.

Pode haver, em algumas ocasiões, o argumento *ad hominem* justificável. Isso acontece quando o envolvimento pessoal do orador é diretamente ligado ao argumento. Em alguns momentos, no Judiciário, o argumento *ad hominem* é rechaçado como forma de evitar-se polêmicas e manter-se a regularidade dos debates, o que em certa medida é desejável. Entretanto, há momentos em que o senso de realidade e o direito à Ampla Defesa têm de superar os protocolos e os escrúpulos desmedidos. No contexto – há que se dizer – latino-americano, muitos nos deparamos com autoridades corruptas, ou até mesmo envolvidas em casos graves, como os de tortura, promovendo discursos e redigindo sentenças que, por sua própria origem, estão corrompidas. Ou juízes que, levados a seus postos por indicação política, não são parciais desde o início[ii]. Nesses casos, em que deveria funcionar o incentivo à denúncia, a *speak up culture*, o argumentante não pode deixar de demonstrar e denunciar os fatos que estão por detrás do tema daquele que fala, ainda que isso envolva a vida aparentemente privada deste[4].

O argumento de senso comum

O argumento de senso comum é aquele que se aproveita de uma afirmação que goza de consenso geral, não sendo contestada por nenhum dos interlocutores.

O senso comum é aquele conhecimento amplo e genérico que não possui lastro científico aprofundado, mas que está amplamente difundido no seio da sociedade. Portanto, se alguém diz que a função do Direito é distribuir justiça ou afirma que sem a educação o país não vai adiante, está usando do senso comum.

[ii] Veja-se sobre refinamento dos critérios de *biased position*, que comentamos no Capítulo VII.

Tal senso comum transforma-se em argumento, então, quando é aplicado no discurso para fundamentar determinada ideia. Uma tese, ou seja, a ideia principal que se pretende comprovar, não pode ser de senso comum, pois dispensa argumentos, já que é aceita por unanimidade em qualquer auditório.

A vantagem do argumento de senso comum é essa qualidade que ele tem de ser absolutamente incontestável. É sedutora a ideia de utilizar-se de um argumento que não admite contradita, pois, realmente, seu uso não comporta retorsão: quem pode dizer que a educação não é solução para o país? Qual argumentante pode afirmar que o Direito não visa à justiça? Diante desse argumento, a parte contrária, à primeira vista, deve calar-se.

É bem verdade que o argumento de senso comum não admite contraditório específico, mas isso é compensado (sempre há uma compensação) por sua pouca força. Esse tipo de argumento é sempre muito brando, vago, obtuso, e por isso são raras as vezes que sua colocação em um discurso opera a vitória, exclusivamente. Por outro lado, é também certo que, em momentos de pertinência, principalmente no discurso oral, a exposição de algo que é puro senso comum pode fermentar ideias a ponto de torná-las próximas da aceitabilidade geral, e assim impingir ao interlocutor – por vezes em construção que beira à falácia – uma ideia contestável como se inconteste fosse[5].

Não é difícil que, de tão obtusa que é, a argumentação por senso comum valha para ambas as partes oponentes no discurso. Desse modo, o político de ultradireita e o de esquerda radical se opõem na discussão de seus planos de governo. O comunista, dizendo espelhar-se na experiência soviética, propõe: "Darei prioridade à educação, pois, para mim, sem ela não se forma o país." O político fascista, por sua vez, dizendo imitar a sociedade austríaca, advoga o mesmo: "Eu também só me preocuparei com escolas, pois elas formaram a Europa como ela é hoje." Percebe-se que o que existiu não foi apenas um consenso entre ambos, mas sim *uma argumentação em que, ainda que se digladiando, os oponentes trouxeram ideias idênticas*. Invocaram, cada um, o consenso a seu favor, e por isso foi inevitável a concórdia. Para o eleitor mais atento, claro, a discussão foi absolutamente infrutífera, pois os argumentos são fracos: importaria saber quais são os planos de cada um para intervir pela boa educação no país.

Os argumentos são fracos, mas, mesmo assim, bastante corriqueiros no discurso político. Por quê? Porque às vezes, como dissemos na Introdução, é preciso dizer o óbvio, ou melhor, *é frutífero enunciar o consenso*. Pensemos no mesmo debate de políticos candidatos ao governo, em que um deles assim enuncie:

> O que nosso país faz com os aposentados é uma vergonha! Idosos, que contribuíram a vida toda para a construção da história de nosso Brasil, passam dias nas filas do Seguro Social, esperando por uma aposentadoria irrisória, vergonhosa até. Maltratados, morrem em filas de hospital, não têm direito sequer a remédios e são as pessoas que, matematicamente, mais pagaram impostos ao governo, o mesmo governo que nem sequer os assiste. Essa situação precisa mudar, pois, além de insuportável, representa a maior das injustiças.

O argumento é evidentemente apenas ilustrativo, mas pode ser relevante em determinados momentos. Nesse caso específico, o argumentante disse o óbvio, mas com isso pode haver ganho muitos votos: os eleitores que dependem do seguro social foram convencidos de que a aposentadoria será uma prioridade em seu governo. Essa pequena mudança na mente do ouvinte era a tese subjacente ao senso comum, que pode ser assim traduzida: eu, como candidato, vou dar minha atenção ao problema das baixas aposentadorias, tal qual ocupei meu tempo de discurso em fazê-lo. Não é exatamente o argumento mais convincente, pode ser apenas outra promessa política, mas tem grande potencial nesse caso. No senso comum se apoiam os populismos, mas também se apoiam as grandes causas, relevantes, para torná-las presentes em um discurso.

É bom ressaltar, antes de continuarmos a ver a força do argumento do senso comum na arte de realçar o incontestes, que muito da força suasória desse tipo de argumento pode repousar em sua expressividade, na adesão àquilo que tem, como maior qualidade, a sua forma. É assim, por exemplo, que os provérbios e refrões

A frase "vidas negras importam" é exemplo paradigmático de que um argumento de senso comum pode ter relevância em um discurso. Se somos todos iguais perante a lei, a vida de todos importa de modo idêntico. Entretanto, é exatamente porque diz o óbvio – enunciando o que não deveria ser necessário dizer – que a frase consegue chamar tanto a atenção para a cruel realidade do racismo.

populares ganham corpo quando invocados em contexto que os sustente, como grande reforço da persuasão de um discurso. Uma vez mais, usamos de Cervantes:

> Voy a parar – dijo Sancho – en que vuestra merced me señale salario conocido de lo que me ha de dar cada mes el tiempo que le sirviere, y que el tal salario se me pague de su hacienda, que no quiero estar a mercedes que llegan tarde, mal o nunca; yo quiero saber lo que gano, poco o mucho que sea; *que sobre un huevo pone la gallina y muchos pocos hacen un mucho, y mientras gana algo no se pierde nada* (op. cit., Capítulo XX, tomo I).

Sancho Pança, como personagem, representa a sabedoria popular, a forma de pensar do iletrado que, ainda assim, alcança resolver dilemas morais complexos. Nesse exemplo, para defender seu salário, enfileira três ditados populares que lhe dão razão: *sobre um ovo põe a galinha; muitos poucos fazem um muito; enquanto se ganha alguma coisa não se perde nada*. O valor expressivo é inegável e todos sustentam seu pedido.

A argumentação baseada *exclusivamente* no senso comum, como se sabe, não ultrapassa a mera exposição, e assim não persuade, mas a invocação da ideia do consenso a favor de um conjunto lógico mais representativo pode significar ponto decisivo do discurso, até mesmo daquele articulado no ambiente forense. Nas petições jurídicas, eles são utilizados mais para dar reforço, ênfase a determinada colocação mais específica, como um recurso retórico. Fora do contexto jurídico, os argumentos de senso comum são menos raros, estão presentes em discursos políticos demagógicos ou em propagandas que dizem o óbvio. Vejamos mais alguns exemplos:

a) Nosso partido tem consciência de que *o país deve olhar por seu povo*.

Efeito persuasivo muito pequeno, salvo se o ouvinte já é simpatizante do partido, que faz discurso vazio de sentido. Como ênfase ou complemento, o argumento de senso comum assume efeito persuasivo: Propomos sejam os recursos públicos ora utilizados para pagamento de juros externos desviados para a construção de moradias para os desabrigados. *O país deve olhar primeiro para seu povo.*

Realçando o que é evidente, mas invocando, pelo reforço dos outros argumentos menos abrangentes, porém mais incisivos, o senso comum cresce na persuasão, pois o argumentante traz para si o monopólio da preocupação com o povo, o que era sua verdadeira intenção.

b) *Para que pagar mais? O consumidor deve escolher o melhor produto com o menor preço.* Compre nossa marca.

É senso comum que o consumidor deve escolher o melhor. Aliás, sempre, em qualquer situação, o ser humano busca escolher o melhor. Argumento pouco persuasivo. Entretanto, utilizado como ênfase ou conclusão, tem efeito persuasivo: Nossa marca, apesar de menos famosa, tem maior qualidade, por vários motivos. Em vez de comprar a marca, *o consumidor deve escolher o melhor produto.*

Abaixo, um argumento jurídico:
c) É essencial que o juiz seja equânime.

Afirmação evidente, pouco persuasiva. A pergunta é: em que consiste a equidade? O argumentante deve evitar esse tipo de construção.

Prefira: Como foi demonstrado, o magistrado deu muito mais oportunidades de manifestação para a parte contrária do que para a parte ora requerente. Isso desequilibrou o processo, *sendo necessário que se garanta a equidade dos atos.*

Não se pode afirmar que o argumento não continue dizendo o óbvio, mas agora o faz em reforço (em conteúdo e em forma) ao que anteriormente foi sustentado, com argumentos mais sólidos. Outros argumentos *arrazoaram*, pode-se dizer pouco tecnicamente, enquanto o senso comum, bem invocado, *persuadiu*.

As oportunidades para utilizar o argumento de senso comum devem ser observadas pelo discursante, mais uma vez tendo em conta a coerência de seu texto e a aceitação do auditório. Para argumentações de ritmo mais lento, esse tipo de argumento torna-se muito pertinente, pois permite a reflexão sobre outros temas ou informações que podem se somar e se tornar confusos na ausência de reforço a princípios e premissas que já são de conhecimento do interlocutor, mas que lhe chegam fortalecidos como se fossem conclusão.

No percurso argumentativo, então, o argumento de senso comum aparece quase como petição de princípio, ou seja, o erro em se esforçar em argumentar ou comprovar uma tese que o interlocutor já admitiu. Quem vem pedir "*justiça!*" em um discurso perante um representante do Poder Judiciário cai, se não reforçar sua tese com um objetivo mais específico e contestável, em petição de princípio, pois quer convencer o interlocutor daquilo que ele já está plenamente convicto: que deve ser justo. De algum modo, o argumentante se alinha com a maioria do pensamento, pois o senso comum é o construtor do sentido dominante (pode haver alguém que entenda que a *injustiça* é importante em algum caso, mas isso será mais raro) e nos une enquanto sociedade[6]. Por isso, enunciá-lo nem sempre é um desperdício[7].

É difícil combater o argumento de senso comum porque sua natureza é a de invocar aquilo que é absoluto consenso. O que se recomenda fazer é demonstrar como a amplitude do argumento o faz fraco: o Direito determina que se dê a cada um o que é seu, mas, afinal, o que é de cada um? O ditado diz que o burro precavido morreu de velho, mas o que significa ser precavido? Quando, ao contrário, é necessário ousar? São exemplos de contradita, mas são fracos, sendo mesmo o melhor não se aprofundar na resposta ao que já não é aprofundado.

Argumento de fuga

O enxadrista sabe que, ao salto do cavalo, o rei parte em fuga.

A figura do xadrez é ilustrativa: estando o rei sob xeque imposto por qualquer uma das pedras inimigas, pode proteger-se deslocando para o meio do caminho um dos outros personagens de seu reino: o bispo, a rainha, um peão. Mas, se o rei sofre xeque do cavalo, tem de se mover, pois este, com seu estranho campo de ação, pula qualquer outra pedra. Diante dele, ao rei resta somente fugir; mas nem por isso todo xeque do cavalo é xeque-mate[8].

Em alguns momentos, o argumentante coloca-se como o rei diante do cavalo: desvia o assunto, pois não pode enfrentá-lo diretamente. De modo mais ilustrativo, veja-se a cena descrita neste fragmento de uma importante canção do grupo de *rock* brasileiro da década de 1980:

> Será que vai chover?
> Eu fico pedindo atenção
> Cachorro fazendo graça
> você não diz nem sim nem não
> Faz que não entende disfarça
> E me pergunta com essa cara
> Será que vai chover?[iii]

A narrativa – mais uma vez, por ritmo e precisão vocabular – concentra-se no drama vivido em função da forma como a mu-

---

[iii] VIANNA, Herbert. "Será que vai chover?" *D (ao vivo)*, Os Paralamas do Sucesso. EMI-ODEON, 1987.

lher finge ignorar as intenções amorosas do protagonista. Para fugir à solução da expectativa do protagonista, ela simplesmente pergunta "Será que vai chover?", e a indagação cumpre seu papel, porque lhe anula qualquer reação. Ao deixar claro o potente conflito do personagem que aguarda uma resposta, os versos realçam a forma sutil com que a fuga ocorre.

Em essência, a fuga não é diversa daquela que faz o advogado do Tribunal do Júri, quando discute a razão da pena que pode advir do veredito dos jurados: expõe os prós e os contras da pena mais grave, o que o acusado pode vir a tornar-se se for para o cárcere, a família que dele depende, seus filhos, o emprego que deixará. É evidente que foge à discussão do cerne do processo – a autoria do delito –, mas assim, bailando em questões periféricas, tem condições de ser mais persuasivo do que seria ao procurar enfrentar uma discussão mais específica, por exemplo, ao negar a existência de uma qualificadora para cuja configuração aponta todo o contexto probatório. O argumento de fuga não é por definição inidôneo, apenas é fraco.

Há certos momentos em que desviar a discussão é necessidade do argumentante, pois também a parte contrária sempre vai buscar que o percurso argumentativo inclua aqueles elementos que lhe são mais favoráveis, sobre os quais não há bons argumentos do adversário. Imaginemos, então, o seguinte diálogo:

Defensor: A testemunha Tício disse, ao depor em juízo, que não reconhecia o acusado como autor do crime: "Não parece ser a mesma pessoa que vi sacar a arma", afirmou Tício, em mais uma evidente mostra de que o réu não é o verdadeiro homicida.
Promotor: Um aparte, doutor. Na delegacia, no calor dos fatos, a mesma testemunha reconheceu positivamente o acusado. O senhor poderia ler aos jurados o depoimento de Tício no distrito policial?
Defensor: Não, não poderia. A acusação teve sua oportunidade de falar e de replicar, e o nosso processo penal, justo ao menos na

teoria, concede a mim, como defesa, o mesmo tempo que teve o senhor, só que agora para articular aquilo que vem *em favor* do meu cliente. Oxalá tivéssemos nós, sempre, uma sociedade tão igualitária como é a distribuição de tempo no Tribunal do Júri, a mesma oportunidade de exposição para todos os interesses em conflito como a temos nós, tribunos, no plenário. Não farei o papel que lhe incumbe, doutor, porque, se assim o fizer, me transformo em um mau advogado, de um mau advogado em um mau profissional, de mau profissional em um ser inútil socialmente e, de inútil socialmente, em breve em um criminoso. Seu pedido, doutor, é impossível de ser atendido, me perdoe.

Evidentemente, a fala do advogado, no discurso final, fugiu ao que lhe fora proposto, porque não lhe interessava dar continuidade à argumentação tal qual pretendia direcionar a acusação, promovendo o aparte. A igualdade no processo penal não era objeto principal de discussão, e seria amplamente favorável ao defensor se pudesse trazer outros argumentos que dessem continuidade à exposição probatória do processo, mas, como ele próprio afirmara, se o fizesse estaria minando seu próprio percurso argumentativo.

A fuga é lícita na argumentação, desde que o tema desenvolvido pareça ao interlocutor, ainda que em mínimo grau, pertinente à discussão (como, no exemplo dado, o advogado desenvolve seu discurso articulando um tema o mais próximo possível daquele que pretende evitar, algo acerca do processo penal no Tribunal do Júri). Porque é o argumentante quem cria seu percurso temático, tem sempre o talante de eleger o melhor tema, desde que não ignore o cerne da discussão. Porém o destinatário da mensagem, ao notar que o argumentante não enfrenta a questão que lhe é proposta, *pode* entender que ele assume sua falta de razão ou, ao menos, tê-lo como um argumentante desonesto. Portanto, fuga é um recurso momentâneo: voltando à nossa ilustração, o rei ameaçado pelo cavalo não pode fugir de seu ataque mais que um passo.

Conclusão

O argumento *ad hominem*, o argumento do senso comum e o argumento de fuga não figuram como os mais eficazes da argumentação jurídica, mas são de uso reiterado. Desde que representem verdadeira intenção do argumentante, servem no mínimo para estabelecer boa coerência, prolongando um argumento mais importante e complexo ou, ao contrário, desviando a atenção daquilo que não interessa que o interlocutor compreenda profundamente. São técnicas válidas, se prevalecer a temperança.

Infelizmente, os argumentos fracos, que têm o senso comum como antonomásia, são hiperexplorados nos discursos atuais, efetivamente por falta de estrutura e de pesquisa. Mas também são o fundamento da grande maioria dos recursos visuais de hoje, dentro e fora do ambiente judiciário, e isso de modo intencional. Quando um político faz um vídeo para sua campanha que mostra imagens do país, ou imagens suas beijando criancinhas na rua e sendo abraçado pelo povo, sabe que qualquer discurso por detrás não pode ser complexo ou contundente, pois confundiria o interlocutor. Então, recheará o texto de elementos fracos como "homem honesto", "cidadão de bem", "amigo dos mais vulneráveis", que nada reflete como convencimento, mas abre espaço para as imagens fazerem seu efeito.

Também se vê nos tribunais os advogados que passam grande parte do tempo reservado à sua fala saudando os juízes, remetendo a sua honestidade, suas virtudes, suas realizações no serviço público. Enquanto o fazem, outros elementos – talvez sua própria imagem – exercem sua persuasão. Se o tiver calculado, não deixa de ser uma técnica coadjuvante em seu objetivo.

CAPÍTULO XII

QUANDO A LINGUAGEM É ARGUMENTO

Predisposição à argumentação

Todo discurso tem por base um acordo mínimo entre o discursante e seu interlocutor. Para que exista argumentação efetiva é necessário que alguém se disponha a enunciar suas ideias e, evidentemente, outra pessoa esteja disposta a ouvi-las ou lê-las. Se consideramos que a predisposição a ouvir representa um início de persuasão é porque aí já existe um flanco aberto ao discurso.

Conseguir a atenção do interlocutor, entretanto, não é tarefa simples: esforços gigantescos são opostos pelos publicitários em busca de fazer-se notar em meio a tantos outros comerciais, em uma sociedade saturada de argumentos de venda. As narrativas interessantes, os corpos belos, as imagens intrigantes, a novidade estética, todos são modos de tentar captar esse primeiro passo de atenção. No contexto jurídico, como já observado, seria muito rasa a observação de que a obrigatoriedade do provimento jurisdicional dispensa recursos para ganhar a atenção do interlocutor, incrementando sua capacidade de absorver os argumentos e informações que se lhe devem transmitir. Aliás, um dos maiores obstáculos para o aperfeiçoamento da capacidade argumentativa é a crença do argumentante em que algum juiz é obrigado a ouvi-lo ou, pior, a ler o que ele escreve. Essa pseudo-obrigação não pode ser considerada em qualquer discurso. Se assim fosse, para levar o exemplo ao extremo, todos os generais contariam, por causa da disciplina militar, com a atenção total dos seus comandados, enfileirados, em posição de sentido e em absoluto silêncio; de modo análogo, também o padre que discursa na igreja, pela compulsória crença de seus fiéis. E isso não evitou que generais e sacerdotes hajam criado discursos que mudaram a vida de seus discípulos, entrando para a história da comunicação.

Aceita a ideia da necessidade de se alcançar bons níveis de atenção do interlocutor, o que demanda técnicas das mais variadas. Para o orador, a roupa apresentável, os gestos firmes e adequados, a entonação de voz pertinente, um ou outro recurso mais extravagante para chamar a atenção, como a simulação de um esquecimento, de um "improviso" antes tão planejado, dentre outros; para o texto escrito, sempre é eficiente a utilização de uma boa formatação e, em caso de um texto impresso, bom papel e limpeza. Isso já se sabe.

Mas é no uso da linguagem no microtexto, nas palavras e sua estrutura, que vai repousar o melhor modo de trazer o ouvinte para si. Quando alguém se dispõe a ouvir (ou ler) determinada argumentação, atenta primeiro à forma e depois ao conteúdo, e isso é bastante natural: antes de experimentarmos um prato, sentindo seu gosto, reparamos em sua aparência, em como ele nos é apresentado; do mesmo modo, aquele que está diante de um discursante repara na maneira como ele se apresenta para falar, ou na forma que seu texto escrito assume[i]. Depois, continua levando em consideração a forma, pela absorção da linguagem do discursante. Sabe que o conteúdo lhe será transmitido, mas *por meio* da linguagem, daí a importância desta em todo discurso.

---

[i] Veja-se o Capítulo XVI.

É diferencial do ser humano a admiração do *belo*. Um animal pode ter instintos e afetos, mas não repara na beleza de uma obra de arte. Um quadro de Goya exposto em um ambiente, ao olhar de um animal, não é mais que mera parede. O belo é da natureza, mas apenas o ser humano o reproduz intencionalmente. Assim, a seleção das palavras, a forma de expor o raciocínio procura ordem e harmonia. Um tanto lírico, porém verdadeiro.

Este pequeno trabalho não tem por objetivo tratar de linguagem ao leitor, sendo esta matéria específica dos bons manuais de redação. Mas a linguagem nos importa, na medida em que é argumento, por isso há um mínimo de exposição sobre as consequências de seu uso. Do momento em que a boa linguagem, adequada, serve de meio para fortalecer uma ideia, sua abordagem no estudo da retórica passa a ser relevante. Daí se dizer que existe um *argumento de linguagem*. Quer dizer, todo argumento é linguístico, mas a linguagem, a exploração do código usado, é um argumento em si próprio.

Palavra

Todo discurso tem, como aponta Plantin[1], um fundo cognitivo, ou seja, um modo de exercer um pensamento justo, de revelar informações, noções a respeito da realidade. O discurso é feito de palavras, e a palavra evidentemente informa porque é meio de produção de conhecimento.

De fato, todos os nossos pensamentos atuais são expressos por palavras. Quando um cientista descobre alguma novidade em seu meio, tem como primeira atitude batizá-la, dar um nome àquela novidade. Somente a partir de seu nome é que, com ela, vão se construir novos pensamentos, novos conceitos, que se combinam para chegar a conclusões importantes[2]. A apreensão de novas palavras, nesse contexto, implica a apreensão de novos raciocínios *antes* de significar, sem dúvida, um novo recurso para expressar-se com maior clareza. Quando um leitor consulta um verbete no dicionário, vocábulo cujo significado desconhecia por completo, não apenas acrescenta recurso a seu modo de expressar-se, mas, principalmente, soma a seu raciocínio o *conceito* que aquele termo novo traz consigo. Esse conceito poderia estar até adormecido na mente dessa pessoa, mas desperta por meio do conhecimento do novo vocábulo, porque é por intermédio de seu nome, e somente dele, que um conceito pode compor qualquer pensamento lógico de um ser humano[3]. Assim, um leigo em Direito que aprenda o que é uma *nulidade* não apenas traz aquele termo para seu vocabulário passivo, mas, principalmente, pode articular raciocínios usando esse conceito novo e pode entender o que é um processo nulo, uma nulidade relativa ou absoluta, uma causa de nulidade, ou a nulidade que ocorrera no processo em que ele é parte.

Não são necessárias grandes pesquisas para demonstrar que são mais capazes de reunir maior número de elementos contextuais aqueles que têm maior vocabulário ativo, que sabem trabalhar com palavras distintas, inclusive com idiomas estrangeiros. Haverá aqueles que conseguem bons discursos com pouca leitura, mas a situação é excepcional e, como já dito muitas vezes, seus textos não alcançam maior complexidade. Uma repetição vocabular em um discurso raso, simples, popular, pode significar simplesmente falta de estilo; essa mesma repetição em um discurso mais complexo, ao contrário, é uma evidente falha estrutural: o discurso não se sustenta, porque o argumentador deveria buscar uma expressão mais abrangente e complexa[4], porém não o fez.

A posse de vasto vocabulário é fator diferencial não só para aqueles que se aventuram pela literatura, mas para todos os que trabalham com as matérias humanas e, como se disse, não apenas na desenvoltura ao exteriorizar raciocínios, mas também na apreensão e elaboração destes. É fácil então concluir por que reparamos tanto nas palavras daqueles que nos direcionam um discurso, no modo como expressam e articulam suas frases, antes mesmo de nos atermos com interesse ao conteúdo: *o bom vocabulário faz presumir conhecimento*, e é nesse sentido que ele se transforma em argumento. Não estamos tratando aqui de erudição geral, senão de um domínio do tema sobre o qual se disserta. De tal aspecto, cuidaremos no decorrer deste capítulo.

Conteúdo e forma

O argumento de competência linguística é aquele em que conteúdo e forma misturam-se para levar à persuasão. Na medida em que todo discurso é transmitido por meio de palavras, pode-se dizer, *grosso modo*, que a boa escolha delas é também um tipo de argumento, e por isso se imiscui no próprio conteúdo, em um amálgama difícil de ser desfeito, pois argumentação é fusão contínua de raciocínio e expressividade, ou, em outra variante, *retórica* é união íntima entre estilo e argumentação.

Os operadores do Direito estão habituados a valorizar a forma e distingui-la do formalismo, tema que gera discussões infindáveis no plano jurídico, todas importantes. A forma é instrumento de garantia para uma série de direitos substanciais. Não resguardada a forma, a substância, o que há de material, raras vezes seria igualmente preservado ou exercido, pois ela dá validade ao ato; trata-se de questão jurídica na qual não necessitamos nos aprofundar, mas há um estreito paralelo entre esse valor essencial da forma no Direito e a forma na argumentação.

Para entender, é interessante a leitura deste fragmento do discurso de Rui Barbosa, ainda no Império, em defesa da eleição direta[ii]:

[ii] Discurso proferido na Câmara dos Deputados do Rio de Janeiro, na sessão de 21 de junho de 1880. BARBOSA, Rui. *Escritos e discursos seletos*, Rio de Janeiro: Fundação Casa de Rui Barbosa/Nova Aguilar, 1995.

Mas não mudou; porque acima das nossas dissidências jurídicas quanto à forma, reunia-nos a mais unânime unanimidade num pensamento superior, numa convicção política; e era que faltaríamos ao nosso dever pondo na forma a nossa questão; era que cumpria-nos aceitar a forma, fosse qual fosse, contanto que se salvasse a substância; era que, fosse por constituinte, fosse por lei ordinária, o nosso empenho definitivo e essencial consistia na eleição direta.

"A forma é uma grande questão, a forma é tudo", responde-nos, porém, uma voz do Senado. Senhores, não nego que, nos *provarás* de um jurista, toasse deliciosamente esse apotegma; mas, na boca de um homem de Estado, é monstruoso; é a negação de tudo quanto, nestes assuntos, se tem aprendido; porque, particularmente em coisas políticas, ou na mente de toda a experiência acumulada pelo gênero humano, ou a grande questão é sempre a questão de moralidade, a questão de utilidade, a questão de necessidade, e a forma não passa de um acidente, modificável segundo as exigências de uma ocasião.

Mas, insistem de lá, a forma é a Constituição. E a Constituição que é? A Constituição, segundo as impressões sentimentais de um nobre senador, é uma frágil individualidade, cuja vida pende do fio dos nossos punhais.

Rui Barbosa é tomado como mestre da oratória, não sem razão[5]. Discute, nesse fragmento, a superioridade, no contexto político, da substância à forma, sendo esta reservada às discussões jurídicas. E inicia seu discurso com argumento que procura angariar a simpatia de seu amplo auditório: colocando-se como ente que, em nome de seu ideal – as eleições diretas –, busca superar as divergências jurídicas, que seriam todas formais. Procura dispensar a forma, porque ela não pertenceria ao contexto político, mas à seara jurídica, objeto então de estudo dos cultores do Direito (entre os quais, naquele momento, ele não se incluía).

Mas o curioso é perceber que, embora dispense a forma (jurídica) da discussão política, é pela *forma* (linguística) que seu discurso se realça. Seus recursos, depois da leitura do texto, não necessitam ser em grande número apontados ao leitor: a seleção de palavras, os trechos hiperbólicos, as imagens. Não se pode dizer que as ideias políticas de Rui Barbosa fossem todas inovadoras, nem que argumentos semelhantes aos seus não houvessem sido invocados com frequência por seus pares, mas o modo, a *forma* pela qual aqueles argumentos são transmitidos é ímpar, daí a força do discurso do Águia de Haia, lembrado até hoje como símbolo da argumentação eficiente. Coesão, palavras precisas, linearidade na evolução para a conclusão.

Claro que a boa linguagem tem de ser considerada em seu tempo. As palavras do século XIX não podem ser as mesmas de hoje, a atenção dos ouvintes é diversa, a importância que se dava a um discurso parlamentar é totalmente distinta. Se repararmos bem, não apenas os vocábulos são vetustos (antigos), mas também tiveram seu significado alterado: o que é a *forma*, a partir dos estudos de processo e procedimento constitucionais, além de teoria do processo, alterou-se muito.

Portanto, a boa retórica, a argumentação contundente não é apenas aquela que constrói bons raciocínios, mas também a que os externaliza, enuncia-os de modo eficiente. Como essa enunciação também contribui para a persuasão, é argumento. E dos mais decisivos.

A linguagem adequada

Certa vez um vendedor de pneus nos disse, com muita propriedade, que não compensava o investimento em qualquer peça de um automóvel se não se cuidasse, antes, de comprar bons pneus. "Os pneus são a única parte do carro que toca no chão", dizia, e, como exclusivo ponto de contato, sempre representavam um bom investimento. De que adianta um motor potente se os pneus não o segurarem?

Pois, em comparação bastante imperfeita, todo o nosso raciocínio é exteriorizado por palavras, e nelas qualquer investimento é bem recompensado. Um raciocínio perfeito que culmine com um vocabulário imperfeito ou com uma palavra mal empregada pode ser tão trágico quanto o carro potente com pneus gastos, cujo potencial ao desastre nosso zeloso vendedor procurava evitar.

Quando construímos um discurso jurídico, temos de selecionar palavras adequadas para exteriorizar nossas ideias e argumentos. Os vocábulos são vários, e muitos deles podem ser postos em uso para expressar um mesmo significado, ou, mais tecnicamente, significados muito próximos. O trabalho de *seleção vocabular* é, então, tarefa essencial do retor.

As boas palavras são aquelas que revelam competência, e mais atingirão o interlocutor quanto mais próximas forem de sua compreensão. As palavras são o ponto de contato do raciocínio do autor do discurso com seu interlocutor e, para continuarmos nos aproveitando da imagem já formada, ao auditório devem *aderir* com grande propriedade. Para nos aprofundarmos, vejamos o texto abaixo, uma letra antiga do grupo Racionais MC's:

Eu sou 157

Uma pá de bico cresce o zoio quando eu chego
Zé povinho é foda, ô! Né não, nego?
Eu tô de mal com o mundo
Terça-feira à tarde
Já fumei um ligeiro com os covarde
Eu só confio em mim, mais ninguém, cê me entende?
Fala gíria bem, até papagaio aprende

Vagabundo assalta banco usando Gucci e Versace
Civil dá o bote usando caminhão da Light
Presente de grego, né, cavalo de Troia
Nem tudo que brilha é relíquia, nem joia, não
Lembra aquela fita, lá?
(Ô, fala aí, jão!)
O bico veio aí, mó cara de ladrão[iii]

A letra da canção reproduz a fala da periferia da Zona Sul de São Paulo[6]. O autor consegue manter a expressividade, mesclando elementos da periferia a referências pertencentes ao contexto da classe alta (Gucci e Versace) e até alusões mais eruditas (Cavalo de Troia)[7]. Se nos voltamos à narrativa que ali começa, nota-se um indício de conflitos, com elementos que adquirirão sentido em momento posterior: "fala gíria bem, até papagaio aprende." Ele então revela que pode existir um "*undercover*", o risco de que, na quadrilha de roubos a que o protagonista pertence, esteja infiltrado um agente policial. Essa desconfiança é alentada pela percepção do personagem que diz que aquele que se aproxima com a oferta do roubo tem "cara de ladrão", enfim, não deve ser um policial. Aparentemente. Nada dessa narrativa, entretanto, seria nem sequer verossímil se o agente não falasse com as palavras típicas da juventude da periferia; no caso, da periferia ligada ao crime. A seleção do vocábulo não erudito, com a aquisição da linguagem local[iv], é essencial para transmitir a mensagem[8].

O vocabulário varia, dependendo de quem se pretende atingir, principalmente nos idiomas latino-americanos[9], em que a diferença entre a linguagem culta e a popular é acentuada. No

---

[iii] RACIONAIS MC's. *Sobrevivendo no inferno*. São Paulo: Companhia das Letras, 2018.
[iv] Nesse sentido, a frase "fala gíria bem, até papagaio aprende" é metalinguisticamente irônica.

contexto jurídico, predomina a linguagem culta, de modo que ela é a única que, em regra, tem valor como argumento de competência linguística.

O discurso jurídico em vocabulário

Em alguns aspectos, nosso mundo atual dá grande valor à linguagem. Do mesmo modo que se desvalorizam as regras do idioma e pouco se atende à precisão linguística no discurso do dia a dia, a denominada linguagem científica vai assumindo cada vez maior valor. Como se expande a tecnologia, expande-se essa linguagem técnica: conforme dito, a cada nova descoberta, a cada novo conceito, surge um nome.

A observação é curiosa e útil para nosso estudo de argumentação: paradoxalmente, quanto menos se valoriza a linguagem e expressividade do idioma, a linguagem aparentemente técnica, com alguma hipérbole, vale ouro nesta sociedade de informação: desconfiamos do médico que não utiliza o vocabulário médico[10], tal como do economista que fale com grande clareza, pois pode ser entendido como pouco técnico; ou do jurista que não se utilize da linguagem *específica* de seu meio, porque passa a imagem de alguém que desconhece a matéria sobre a qual deveria comentar. Aquilatar se alguém domina a linguagem de seu meio, ademais, é muito mais fácil e mais imediato do que aferir se tal pessoa conhece a matéria de fundo, e assim as palavras e a técnica – que não necessariamente são o mesmo – colaboram entre si em simbiose tão intensa que chega um momento em que é difícil distingui-las.

Em síntese, conhecer a técnica é conhecer sua linguagem específica. Conhecer a linguagem que deve ser utilizada em determinado discurso é, então, bom argumento, na medida em que o interlocutor sempre *presume* que aquele que tem melhor linguagem, ou seja, que constitui melhor enunciação de suas ideias, conhece com mais profundidade a matéria sobre a qual disserta.

Essa *presunção* de que aquilo que assume melhor forma é o que tem mais conteúdo constitui a verdadeira força do argumento de competência linguística. E está baseada em inequívoca observação do real: não se compra um livro pela capa, mas presume-se que o livro mais bem-acabado, com edição mais cara, tenha merecido maior atenção da editora que investe em bom conteúdo. Do mesmo modo, aquele que melhor articula seus argumentos faz presumir ao interlocutor que conhece mais a matéria sobre a qual disserta, e isso é facilmente observável. Quem há de negar que, por mais culto e ilustrado que seja um expositor, se ele gagueja e tem pouca intimidade com a fala em público, desagrada em sua exposição? A razão desse desagrado por parte do público é evidente: ainda que todo o auditório saiba que a timidez e a tartamudez não guardam nenhuma relação com o conhecimento da matéria, o tímido gago *parece* inseguro em sua exposição, e essa insegurança é imediatamente transportada pelo ouvinte ao presumido (des)conhecimento da matéria que está sendo exposta[11]. Quando vemos – e vemos – um líder de advogados cometer equívocos gramaticais dos mais elementares, temos dificuldade em crer que ele possa ser um defensor tão capacitado como se autoproclama: no mínimo, é paradoxal que alguém diga conhecer todas as regras do Direito, complexas e imbricadas, enquanto ignora uma dezena de normas elementares do idioma.

Por isso dissemos, logo de início, que o vocabulário do discursante é objeto de imediata atenção do interlocutor, que o tem como cartão de visitas.

O vocabulário técnico-jurídico é, no discurso judiciário, então, o mais importante a ser dominado, embora não o único. Bem articulando a linguagem técnica do Direito, a denominada terminologia jurídica, o bom orador já traz em seu discurso, ainda que diluído em toda enunciação, um portentoso argumento, a presunção de bom conteúdo por meio da forma eficiente.

Mas (sempre existe um *mas*) confundem-se muito aqueles que especificam, como boa linguagem jurídica, determinado *jargão jurídico*. Este não constitui argumento de competência linguística, sendo, então, necessárias algumas poucas palavras para explicitar essa distinção.

Linguagem técnica × jargão

Quando um interlocutor se impressiona com a capacidade de articulação de palavras técnicas de determinado orador, por certo não o está julgando pela habilidade em colecionar e repetir *jargões*.

Jargão é a gíria profissional, a linguagem que se desenvolve como meio distintivo de determinada classe. A gíria nós conhecemos principalmente lembrando-nos do exemplo dos jovens, que têm sempre uma linguagem específica de seu grupo, como modo de diferenciar-se e, por vezes, de fazer com que os adultos e outros estrangeiros ao grupo não os compreendam. O jargão tem exatamente essas mesmas funções: diferenciar aqueles que o conhecem daqueles que o ignoram[12] e de evitar que estes últimos compreendam a mesma linguagem.

Um exemplo simples de jargão jurídico:

A *exordial ministerial* assenta que o condutor da viatura dera voz de prisão ao meliante, o qual *empreendeu fuga do local dos fatos, saindo em desabalada carreira*, ingressando em um *estabelecimento comercial de venda de roupas; ato contínuo*, quando o meliante *fazia menção de entrar em embate corporal com um popular*, o condutor disparou a arma, alvejando a perna do meliante, *que passou a claudicar*, motivo pelo qual teve de ser imediatamente conduzido ao *nosocômio* mais próximo, onde o facultativo de plantão *passou a fazer-lhe intervenção cirúrgica imediata*.

O jargão jurídico é constituído por aquelas palavras que não têm nenhum fundamento técnico, constituindo apenas um meio específico de os profissionais dessa área se expressarem. Talvez nem fosse necessário, ao leitor mais atento, mostrar que algumas substituições de linguagem seriam extremamente cabíveis para deixar o discurso mais claro sem prejudicar-lhe minimamente o sentido original, como:

> *Exordial ministerial* = denúncia.
> *Empreendeu fuga do local dos fatos* = fugiu dali.
> *Empreendeu fuga do local dos fatos + saindo em desabalada carreira* = fugiu dali correndo.
> *Ingressando em um estabelecimento comercial de venda de roupas* = entrando em uma loja de roupas.
> *Fazia menção de entrar em embate corporal com um popular* = ia brigar com alguém.
> *Passou a claudicar* = passou a mancar.
> *Facultativo de plantão* = médico de plantão.
> *Passou a fazer-lhe intervenção cirúrgica imediata* = submeteu-o à cirurgia.

Afinal, o que há de tecnicamente jurídico em chamar de *exordial* a denúncia? E de *nosocômio* o hospital? Evidentemente, a verdadeira linguagem jurídica, como argumento que faz presumir o conhecimento da matéria, passa longe desse tipo de *jargão*. A linguagem técnica, essa sim, é linguagem que nasce na teoria[13], ou seja, que tem arcabouço teórico aprofundado, porque seu uso invoca desde logo um conceito científico recheado de sentido. Ela se compõe de um corpo funcional, ou seja, um conjunto de ferramentas para lidar com o ente abstrato que é o Direito. Portanto, vocábulos como "culpabilidade" ou "dolo" podem parecer preciosismos àqueles que não pertencem ao campo jurídico, mas não há como evitar utilizar-se deles em uma defesa, uma sentença ou uma doutrina que discuta elementos do injusto. Do crime.

Linguagem técnica é aquela que vem recheada de sentido científico[v], de conceitos, *e isso a autoriza a diferenciar-se, na argumentação, da linguagem corrente*. O jargão, ao contrário, representa uma diferenciação da linguagem corrente sem nenhuma justificativa técnica, e por isso seu uso não aparece como competência linguística, salvo nos casos em que o discursante o faça intencionalmente.

O que costuma ocorrer, como erro grave da argumentação, é a utilização dos jargões como se fossem linguagem técnica. Assim, em lugar de representarem argumento, prejudicam a expressividade e tornam-se cansativos, mais afastando o interlocutor do que trazendo-o para o necessário contato que deve haver com o argumentante[14]. O discurso recheado de jargões torna-se chato, pouco coeso e, pior, nada técnico.

Sobre o tema, (mais uma vez) é impossível deixar de lembrar a percepção de Machado de Assis, com seu talento inesgotável, a respeito da importância da linguagem jurídica, quando o personagem Brás Cubas dedica-se a recordar o tempo de seu bacharelado. Acompanhe o texto, para dele retirar conclusões[vi]:

> Não tinha outra filosofia. Nem eu. Não digo que a Universidade me não tivesse ensinado alguma; mas eu decorei-lhe só as fórmulas, o vocabulário, o esqueleto. Tratei-a como tratei o latim; embolsei três versos de Virgílio, dous de Horácio, uma dúzia de locuções morais e políticas, para as despesas da conversação. Tratei-os como tratei a história e a jurisprudência. Colhi de todas as cousas

---

[v] HYLAND, Ken; TSE, Polly. "Is there an "academic vocabulary"?" *TESOL Quarterly*, vol. 41, n. 2, 2007, pp. 235-53.

[vi] MACHADO DE ASSIS, Joaquim Maria. *Memórias póstumas de Brás Cubas*. Capítulo XXIV.

a fraseologia, a casca, a ornamentação. Talvez espante ao leitor a franqueza com que lhe exponho e realço a minha mediocridade; advirto que a franqueza é a primeira virtude de um defunto.

Brás Cubas afirma mais de uma vez que estudou Direito muito mediocremente, e que recebera, como uma grande "nomeada de folião", o grau de bacharel "com a solenidade de estilo, após os anos da lei"[vii]. O trecho não é menos que genial. Ele demonstra que, para terminar a faculdade, bastou-lhe apreender algo de sua linguagem, e, desde algum momento, isso até hoje se prolonga nos cursos jurídicos: fraseologia, casca, ornamentação é muito do que o estudante retira do curso de Direito.

O problema aqui, permitam-nos a sinceridade, é o da autoilusão. Muitos dos cultores do Direito creem de fato que seu domínio discursivo está no uso desse dito palavreado, e assim deixam de estudar as técnicas de construção discursiva que poderiam levar seu texto a um nível superior, mais convincente, direto e, ainda, com maior técnica. A boa notícia, se é que existe, está em que essa alucinação da gíria profissional não está apenas no Direito: jornalistas, administradores, religiosos, médicos, analistas políticos, todos têm o potencial de apresentar em suas falas a gíria travestida de tecnicidade.

Para livrar-se dela, há que identificá-la, como tentamos fazer em seguida.

Competência linguística e linguagem corrente

Muito comum na linguagem jurídica é que se utilizem os denominados *preciosismos*, com destaque para uma espécie, que é o *arcaísmo*. Preciosismo é a linguagem desnecessariamente rebuscada, que assume ares de culta, mas não o é.

[vii] Idem, Capítulo XX.

Palavras raras, de pouco uso diário, não significam diretamente competência linguística, pois a boa argumentação é aquela que se transmite com fluência, com objetividade, e não, ao contrário, com vocábulos que dificultem a compreensão[viii]. Quem abusa das palavras preciosas está a um passo de quebrar a coerência interna do discurso e, aí, cair no ridículo: se pretendemos compor um texto em linguagem que demonstre excessiva erudição, pelo conhecimento de vasto vocabulário, temos de mantê-lo no mesmo nível durante todo o percurso; de nada adianta meia dúzia de palavras escolhidas a dedo no dicionário, com nebuloso significado ao interlocutor, em enunciação permeada de erros gramaticais e impropriedades lexicais. A prática da leitura do discurso forense, ao menos em todos os países de língua latina, revela-nos essa realidade.

No Direito, competência linguística implica – ou *deve* implicar – linguagem precisa, direta, culta e clara. O patamar da linguagem culta, entretanto, diferencia-se da linguagem preciosa, da falsamente pomposa. O vocabulário empregado deve ser rico, vasto, mas da linguagem corrente, que não cause confusão ou, como dito, não destoe da integralidade do discurso. Todo termo mais raro deve contar com *sustentabilidade* na enunciação, ou seja, deve-se inserir em contexto adequado. Isso é importante que seja ressaltado, pois muitos autores confundem linguagem culta com uso de termos inusitados, antigos, arcaicos e de significado pouco preciso para o leitor médio. Vejamos, para exemplificar, o texto abaixo, retirado da obra *Ensaio sobre a cegueira*, de José Saramago:

> Um estômago que trabalha em falso acorda cedo. Alguns dos cegos abriram os olhos quando a manhã ainda vinha longe, e no

---

[viii] *"Proicit ampullas et sesquipedalia verba"* – Rejeita o estilo empolado e as palavras de pé e meio.

seu caso não foi tanto por culpa da fome, mas porque o relógio biológico, ou lá como se costuma chamar-lhe, já se lhes estava desregulando, supuseram eles que era dia claro, então pensaram, Deixem-me dormir, e logo compreenderam que não, aí estava o ressonar dos companheiros, que não dava lugar a equívocos. Ora, é dos livros, mas muito mais da experiência vivida, que quem madruga por gosto ou quem por necessidade teve de madrugar, tolera mal que outros, na sua presença, continuem a dormir à perna solta, e com dobrada razão no caso de que estamos falando, porque há uma grande diferença entre um cego que esteja a dormir e um cego a quem não serviu de nada ter aberto os olhos[ix].

Perceba o leitor que as palavras utilizadas no texto, de autor português, são variadas e assumem sentido preciso e bastante claro, não obstante o estilo próprio de Saramago, de frases longas, com mescla de pensamentos distintos. Aqui não nos interessa o estilo literário dele, mas simplesmente a seguinte observação: existe alguma palavra, no texto recortado, arcaica, rebuscada ou de sentido obscuro? Seguramente, não. Todos os vocábulos utilizados são de linguagem corrente.

Não se pode dizer que o autor trabalha linguagem pouco culta, coloquial, e muito menos que seu texto não é eficiente, pois não foi gratuitamente que o conjunto de sua obra mereceu o Nobel de Literatura. Na verdade, o que determina a eficiência e o estilo do texto não é o emprego de algumas poucas palavras raras, mas sim a seleção constante de termos precisos para enunciar a ideia que se quer transmitir.

Ademais, a linguagem corrente implica certa flexibilização, até mesmo das regras gramaticais mais rígidas. Se o leitor obser-

---

[ix] SARAMAGO, José. *Ensaio sobre a cegueira*. São Paulo: Companhia das Letras, 1995.

var um texto de jornal, poderá ver, por exemplo, algumas colocações pronominais afastadas da norma culta, mas que respeitam a sonoridade e a proximidade da linguagem oral. No discurso jurídico não se deve afastar a gramaticalidade formal, mas a existência de uma norma culta que em muito se distancia do discurso coloquial é fator a ser considerado.

Carga semântica

Como vimos, a boa enunciação significa também um argumento, pois o interlocutor é levado a presumir que a ideia mais bem enunciada, mais bem transmitida, é a que conta com maior razão. Por isso, forma e conteúdo não são independentes no contexto argumentativo.

Mas há que se realçar, ainda, que na vastidão vocabular da língua portuguesa (como em qualquer idioma contemporâneo) o conhecimento da força das palavras é fator também relevante àquele que argumenta. A cada vocábulo (conjunto de letras que, nas línguas ocidentais, representam sons) é acoplada uma ideia, certo significado. Esse vocábulo, jungido a seu significado, denomina-se *termo*. Os vocábulos que têm significado análogo são chamados de sinônimos[x], e o dicionário, conjunto ordenado de vocábulos de um idioma, é responsável por listá-los todos, ou ao menos indicar essa coincidência de significados. Variar as palavras de mesmo significado (ou, mais tecnicamente, de significados parecidos) não implica apenas questão estilística. A carga de significado de cada termo tem sua importância argumentativa, da qual o discursante não pode descuidar.

Quando um ministro afirma que, com o aumento do preço do petróleo no contexto mundial, pode haver *flexibilização* dos

---

[x] Veremos, adiante, que não existe sinonímia perfeita. O uso da palavra "sinônimo", aqui, atende apenas a um momento didático.

valores das tarifas públicas em geral, certamente está se utilizando de um argumento de enunciação de competência linguística. Ainda que *flexibilizar* possa significar *tornar flexível*, ou seja, aumentar ou diminuir, no caso está evidente que é impossível a diminuição das tarifas públicas; descartada essa hipótese, somente se pode entender que as tarifas públicas, conforme o discurso do ministro, irão *aumentar*[15].

Flexibilização e *aumento* têm o mesmo significado? Podem levar mensagem semelhante ao interlocutor, mas o discursante, ao utilizar o primeiro termo, não ignorava que seu discurso seria mais persuasivo (menos áspero, já que transmitia más notícias) ao evitar a qualquer custo a odiosa palavra *aumento*. Quando o defensor, no Tribunal do Júri, afirma que seu cliente *transgrediu a lei*, enquanto o promotor diz que o réu *assassinou* ou, ainda menos tecnicamente, *chacinou* três pessoas, referem-se ao mesmo ato, mas a carga de significado de cada uma das expressões *acompanha* seu contexto argumentativo.

Diferentes denominações servem a diferentes pontos de vista argumentativos, e por isso os nomes devem ser utilizados adequadamente. São conteúdo do próprio argumento, em simbiose conteúdo/forma. Certamente, se um historiador refere-se a determinada cruzada como "batalha contra os *infiéis*", demonstra seu ponto de vista apenas pelo vocabulário que utilizou para enunciar o fato, sem necessitar, para isso, revelar explicitamente, pelo conteúdo de sua tese, qual será seu posicionamento: contra ou a favor das batalhas de fundamento religioso. Do mesmo modo, o rico industrial dirá que sua atividade é a de *gerar lucro*, enquanto o sindicalista representante de seus empregados falará em *acumular capital*; alguém que é favorável ao aborto chama-o de "interrupção voluntária da gravidez", e assim evita aquele primeiro nome.

Ultimamente, uma luta pelo "politicamente correto" tem aumentado a atenção sobre a carga semântica. Nesse sentido, não mais seria correto dizer "favela", senão "comunidade", ou "morador de rua" senão "pessoa em situação de rua", dentre tantos outros. Essa realidade demonstra que se reconhece o valor ideológico que pode existir no processo da seleção vocabular, e isso é altamente relevante. A crítica está em que essas palavras sejam impostas por um grupo, que se vale da *cancel culture,* a cultura do cancelamento, para impor uma forma de fala que ainda não teve tempo de se acomodar e não tem consenso social. Os próprios ditadores de nova linguagem têm dúvidas sobre muitos desses termos que impõem, notadamente sobre se é preferível um *softening*, uma linguagem leve para evitar a ofensa, ou, por outro lado, uma linguagem contundente, para descrever situações e circunstâncias mais realisticamente. Assim, a troca do vocábulo "favela" por "comunidade", ao mesmo tempo que retira o horrível estigma do "favelado", alivia a dura realidade: um prédio de luxo também é uma "comunidade". A linguagem deve ser sempre transformada e debatida, mas jamais imposta[16].

Sobre a linguagem do 'politicamente correto', há muito aqui que se poderia discutir, mas não coincide exatamente com nosso tema. O argumentante tem apenas que notar vantagens e desvantagens da utilização de cada palavra, em que sentido ele a insere em seu texto, sopesando como o leitor a interpretará.

De outro lado, dominar a chamada linguagem politicamente correta pode servir como simples jargão. Utilizar-se das expressões que atualmente são aceitas por certo grupo impositor concede, menos do que precisão, apenas a sensação de pertencimento, de aderência. Portanto, não dispensa o domínio do vocabulário como um todo, a fim de conceder-se capacidade expressiva em pensamentos mais complexos. Tal como o jargão, o potencial ilusório da linguagem politicamente correta é elevado.

Expressões latinas e brocardos jurídicos

Ao tratar de carga semântica, de força do significado das palavras, pode-se cuidar, no contexto jurídico, do valor dos chamados *brocardos jurídicos* e das expressões latinas. Qual seu verdadeiro sentido no contexto da argumentação?

Permita-nos uma digressão. Há algum tempo, recente, era corrente a recomendação de que, no exame de admissão para a carreira de advogado, o candidato fizesse uso de, no mínimo, três expressões latinas. Sem termos nenhum conhecimento do que envolve o exame da Ordem, tratávamos de desmentir – sem nenhuma autoridade para isso, já que ignorávamos seus métodos – aquela recomendação. Não se poderia medir a capacidade de redação jurídica (e muito menos de argumentação) pelo uso de uma língua morta. Na dúvida, e esse era o ponto mais interessante de toda a história, os candidatos que impropriamente nos consultavam, não querendo correr nenhum risco de ser reprovados, revelavam-nos a inteligente recomendação que lhes davam os tutores, especialistas: que utilizassem três expressões latinas genéricas que cabem em qualquer peça. Geralmente, disse-me um deles, usamos *data venia, ab ovo* e *ex positis*; quando muito, um *rebus sic stantibus*. Pronto: requisito cumprido.

Ao selecionar as expressões genéricas apenas para cumprir um hipotético requisito da prova, enunciavam-se expressões absolutamente *vazias de sentido*. O problema é que esse erro se repete no cotidiano do Direito: peças e sentenças permeadas de expressões latinas que nada acrescentam a seu equivalente em vernáculo, apenas tornam a linguagem pouco objetiva.

Como argumentação, as expressões latinas podem ter duas funções: como demonstração de competência linguística, têm o efeito persuasivo de mostrar ao interlocutor determinado domínio da matéria jurídica que o faça presumir autoridade na enunciação da tese. Esse efeito, entretanto, cai por terra quando essas expressões são genéricas e, antes de revelar algum conhecimento mais aprofundado da ciência jurídica ou, ainda menos, do latim, mostram apenas que o discursante usa algumas expressões latinas como *jokers*, curingas, na intenção de tornar mais culto um discurso que não sustenta o arcaísmo da língua morta.

A segunda função da expressão latina é a de revelar que determinado princípio é tão antigo e amplamente aceito que deve ser interpretado como *senso comum*. É nesse sentido que apresentamos, em rodapé, algumas delas, quando pertinentes ao contexto. *Grosso modo*, a expressão latina carregada de sentido mostra que determinado princípio é tão antigo que se cristalizou em língua morta; a isso soma-se um mais claro argumento de competência linguística, já que a expressão carregada de sentido revela erudição do discursante. As expressões carregadas de sentido são os denominados *brocardos*, os axiomas jurídicos, as máximas que revelam princípios amplamente aceitos, por isso sua proximidade com o argumento de senso comum. Essas expressões não são exclusivas da área jurídica, mas é no discurso judiciário que mais aparecem. Podem ser extremamente persuasivas, se bem encaixadas no contexto do discurso, sustentadas, sem que pareçam pedantes. Assim, se alguém, ao pedir o indeferimento da oitiva de uma testemunha, porque medida somente protelatória, já que todas as provas já estão no processo, argumenta que *Ursi cum adsit vestigia quaeris* ou que *In silvam ligna feras*[17], sem dúvida invoca para si a linguagem como meio de persuasão, já que as pequenas sentenças valem muito mais que longas explicações a respeito dos motivos pelos quais deve haver o indeferimento[18]. Senão, no mínimo, reforçam com grande capacidade de adesão os argumentos já enunciados. Claro, são argumentos fracos, não convergem a uma tese, mas chegam a ser decisivos em uma contenda muito disputada.

Evidentemente, o latim é uma língua ainda viva no Direito, ademais de ser a estrutura não apenas de nosso vernáculo, senão o modo original como se expressaram vários de nossos institutos jurídicos. Entretanto, o risco de que seja utilizado como mero jargão que antes polui o texto e lhe retira significado é bastante alto, essencialmente na contemporaneidade.

Análogas considerações podem ser feitas com outros estrangeirismos, principalmente em língua inglesa: ao mesmo tempo que podem significar excelente poder de comunicação, demonstrando domínio do nome original de cada instituto – muitas vezes ainda nem sequer traduzidos – outras vezes seu uso não ultrapassa o *status* de gíria profissional, pouco adequada em textos mais formais, em argumentações mais prolongadas.

Sinônimos e polissemia

Há um conto de Carver que tem um dos títulos mais parafraseados da história. Porque realmente é excelente. "*De que falamos, quando falamos de amor*[19]" começa com a cena de uma semidiscussão entre dois casais. Como é usual nos contos desse autor, os casais não estão em perfeita harmonia, sempre permeados por traições, divórcios, depressões de meia-idade etc. Um dos protagonistas conta então a história de um casal que realmente se ama e narra um fato específico, que envolve um acidente, e, logo, o que a mulher é capaz de fazer pelo homem amado, e vice-versa. Aquele ato dela, em toda a história, é, para o protagonista-narrador, a definição de amor. Sem aquela história, insinua ele, a palavra não tem sentido. É disso que se fala, quando se fala de amor[20].

A palavra *amor* é polissêmica. Seu sentido varia, como varia, em nosso meio, o das palavras *justiça*, *culpa*. Ou, dentro do Direito Penal, das palavras "castigo[21]", "pena", "retribuição"[22]. Defini-las como conceitos abertos não é de todo suficiente, mas ajuda a compreender que se trata de palavras que demandam maior carga de sentido, que haverão de retirar de seu contexto: bem seja a remissão a determinada doutrina, a algum posicionamento filosófico ou, como no exemplo de Raymond Carver, a um conjunto de fatos, que, ao mesmo tempo, ilustra e concede sentido ao termo amplo.

Mas o leitor mais atento, ou mais criterioso, verá que mesmo as palavras de sentido mais fechado têm certo grau de polissemia. Portanto, quando, num texto, procuramos evitar a repetição de vocábulos, uma das soluções é buscar sinônimos. Um bom dicionário de sinônimos facilita a compreensão, mas sempre temos que ter em mente que nenhuma sinonímia é perfeita. Ofenderia a razoabilidade – e isso é muito estudado em hermenêutica jurídica – que houvesse duas palavras para o mesmo significado[23]. Se elas existem distintas, sua função é rechear-se de sentido diverso. Mesmo, entretanto, que sejam sinônimas, sua própria condição de haverem sido insertas para evitar repetição lhes altera o sentido no microtexto: se, em determinado *locus*, uso a palavra "diverso" em lugar de "diferente", para evitar reiteração desta, "diverso" e "diferente" naquele *locus* não teriam o mesmo significado, porque "diferente" soaria como repetição, enquanto "diverso" assume o papel de variação vocabular[24]. O dicionário de sinônimos é sempre útil, mas a sinonímia perfeita é inexistente.

Mais que isso, como veremos ao cuidar de *coesão*, o conhecimento do interlocutor, previsto em intertextualidade pelo argumentante, remete a pequenas variações de sentido pela referência ao mundo externo. Nesse sentido, de momento estamos proclive a expor a existência, em textos mais longos, do que alguns autores têm chamado dualidade monossêmica (*monosemical bias*), que aparece no microtexto. Um exemplo simples: quando falamos de *prisão*, ela pode projetar ao interlocutor a imagem de um cárcere específico. Aí não se trata de uma polissemia, sobre a grande diferença de significados entre pena, castigo ou prisão como restrição da liberdade em abstrato. Porém, se falamos de prisão na América Latina, ou de um cárcere feminino, estamos cuidando do mesmo tema, mas que remeterão a realidades concretas distintas. Essas realidades estão no mundo externo ao texto, mas são chamados a fazer parte deste. Nesse sentido, quando o autor consegue, com uma palavra, especificar elementos do mundo externo do destinatário, usa dessa polissemia diminuída, dessa dualidade, e pode tentar fazer com que ela alcance um sentido monossêmico puro, o que é bastante difícil, mas possível.

¿Por qué no te callas?

Na reunião de chefes de Estado latino-americanos, em 2007, o então presidente Hugo Chávez debatia com o presidente do governo espanhol, Rodríguez Zapatero. Em síntese, Chávez chamava de "fascista" o presidente anterior da Espanha. Zapatero, em defesa de seu homólogo, pedia respeito ao mandatário venezuelano, mas este seguia em seus ataques. Questões ideológicas à parte, era fato que Chávez não permitia que Zapatero falasse, interrompendo-o a todo momento, enquanto este pedia calma e respeito. Isso é fato. Ao lado, o então rei da Espanha, Juan Carlos I, assistia a tudo.

Em certo momento, enquanto o mandatário da Venezuela interrompia a fala do espanhol, seguindo a pronunciar o predicativo de "fascista", o rei da Espanha dirigiu a Chávez este questionamento: "Por qué no te callas?", que seria bem traduzido como "Por que não cala a boca?"[xi]. A frase até hoje é lembrada, para o

---

[xi] Acreditamos que seja o equivalente semântico. Afinal, a expressão, em espanhol, tem a nota de rudeza e de quebra de protocolo de usar o "tú" em lugar do "usted" como tratamento. O que, numa reunião de chefes de Estado, é bastante inusual.

bem e para o mal, em toda a América hispânica. O monarca ibérico levantou-se e deixou a conversa, em sinal de protesto. Chávez, tempos depois, diria não ter escutado a frase que o rei lhe dissera, esse mandado de calar-se.

Não vamos analisar a questão do ponto de vista material, apenas a forma. O rei, chefiando o Estado, ali ao lado de seu chefe de governo, decidiu-se por um pronunciamento fora de protocolo. E, para tanto, usou de uma fala coloquial, curta e direta. Não se pode dizer, em minha opinião, que haja sido um momento de irritação, não calculado, bem ao revés: a fala coloquial, totalmente (em condições normais) inadequada a um chefe de Estado, ali soou como fim de discussão: um ponto final de quem queria encerrar o pretenso diálogo sem baixar às ofensas sobre fascismo, já àquele tempo bastante desgastadas.

Naquele instante, o rei somou ao menos dois fatores em sua frase: de um lado, a sinalização de que os atos protocolares para tentar abrir a palavra como resposta às ofensas já se haviam mostrado ineficazes; de outro, deslegitimar a posição de Chávez com um rebaixamento de sua condição de chefe de Estado, dirigindo-se a ele como em um diálogo de botequim. A fala, em termos de discurso, surtiu efeito, pois foi notório o apoio dos demais chefes de Estado – ainda que todos ideologicamente alinhados a Chávez – à parte opositora, ofendida.

A quebra da linguagem foi argumento de competência linguística. E, ali, permitiu ao argumentante retirar todo seu Estado de uma condição subalterna, de receber ataques frontais de outro chefe de Estado. Novamente, questões ideológicas à parte, a fala funcionou muito bem. No Direito, como nas relações internacionais, são raros os momentos em que o rebaixar da linguagem e a quebra de protocolo se recomendam, mas não deixa de ser um ponto a se considerar.

Conclusão

A criação do discurso é ato personalíssimo. Se construímos um texto, oral ou escrito, em determinado dia, ele é essencialmente diferente daquele que seria enunciado se deixássemos para fazê-lo no dia seguinte. Tratando-se de linguagem, os meios de enunciação são infinitos e influenciam muito na persuasão. Aqueles que defendem o raciocínio puramente lógico desprezam o resultado suasório de uma frase de efeito, de palavras bem colocadas, de um discurso fluente. Muitos ignoram, também nesse sentido, a capacidade criativa, a necessidade de adaptação a alguns ambientes específicos. Outros, mais rebuscados e gongóricos em suas falas, deixam de considerar, mesmo, que às vezes se dirigem a juízes mais jovens, a clientes empresários, que não valorizam termos arcaicos e, às vezes, nem captam seu significado. Se somamos a isso o notório fato de que os *standards* de linguagem, na contemporaneidade da ultracomunicação e das redes sociais, estão-se alterando em uma velocidade jamais vista, a busca pela precisão da linguagem deve ser cada vez mais intensa.

Então há que se desfazer o engano de que buscar melhor linguagem seja voltar-se para o vocabulário raro: o esforço deve ser maior para que o interlocutor, como diremos ainda outra vez, não note que o discurso está muito bem pensado e calculado para atingi-lo. O momento em que será melhor usar termos mais eruditos, dando ao discurso competência e diferenciando o orador dos demais, ou a hora em que apenas uma frase coloquial é suficiente para desconcertar o adversário, sem que, com isso, se perca a posição de liderança, tudo isso tem de ser estudado e observado por quem está construindo uma carreira no Direito. Afinal – não sobra dizer –, todo seu trabalho, como o trabalho dos chefes de Estado, será baseado no discurso.

CAPÍTULO XIII

ORDEM E MOMENTOS ARGUMENTATIVOS

No capítulo anterior, com a competência linguística, terminamos nossa exposição sobre os tipos de argumentos mais comuns. É importante que eles sejam sempre variados, pois, como veremos, serão maiores as probabilidades de persuasão.

A taxonomia, classificando os tipos de argumentos, sempre pode ser estendida, mas, como metalinguagem, esta obra também tem de tomar decisões sobre seu espaço, sua extensão e seus objetivos. Assim, vistos os tipos principais, é hora de voltarmos a utilizá-los na estrutura da argumentação, como em um movimento espiralado: regressamos ao ponto da coerência, porém avançado, com um objetivo determinado, o de encontrar a discursividade mais perfeita.

Ordem dos argumentos

A disposição dos argumentos é questão de relevante interesse na prática do discurso judiciário. Em sala de aula, muitos alunos questionam *por onde iniciar* a argumentação, e não há dúvida de que este é ponto crucial na análise do discurso.

Entretanto, essa pergunta traz consigo uma dubiedade que se há de desfazer. Quando se pergunta *como* começar um discurso, muito provavelmente se está querendo saber *qual a primeira etapa no processo construtivo*. Em outras palavras, como trabalhar com a folha em branco. Um arrazoado, uma escrita para uma sustentação oral no tribunal, tudo isso começa com uma folha (de papel ou virtual) que está em branco. Colocar ali as primeiras palavras não significa fazer um *introito* ao discurso. Portanto, nunca se há de confundir o que é o início "para o interlocutor" e o que é o início "para o argumentante".

Se estamos a pretender uma regra bastante prática, claro está que um argumentante jamais inicia a construção do discurso por sua introdução. Mas, quando o faz, é porque sua experiência lhe autoriza criar *mentalmente* uma estrutura. Assim, um desenhista de revista em quadrinhos pode, de tanto repetir o desenho de um personagem, começar um trabalho sem fazer um rascunho sobre estruturas, proporções, anatomia e perspectiva de um movimento corporal, mas não é a regra. A regra é que ele inicie a obra por um desenho de estrutura, que depois será apagado, mas que lhe dá condições para que seu trabalho final não tenha erro de posições ou proporções. O mesmo ocorre com a escrita de um texto qualquer: ele deve se iniciar pelo corpo principal, talvez títulos e subtítulos, talvez um lembrete de cada argumento, de suas conclusões.

Como já temos dito, é a mesma estrutura usada pelo roteirista de uma novela ou pelo autor de um conto: desenha os personagens, entrevista-os[i], conhece seu potencial, sabe como vai acabar o texto, então os direciona para aquela conclusão, a partir de suas características. Se é necessário acrescentar algum personagem, ou retirá-lo, ou introduzir mais uma ação sua, isso se verá no decorrer da construção, depois que existir uma estrutura mínima.

Mas deve-se tomar em conta que, neste momento de nossa obra, trazemos essas comparações com a liberdade de quem sabe

---

[i] Sobre o processo de criação de personagens a partir de uma "entrevista", como se fosse uma pessoa real, veja-se REY, Marcos. *O roteirista profissional: televisão e cinema*, São Paulo: Ática, 1995.

que o leitor já conhece as diferenças que existem entre narrativa e argumentação, principalmente em relação a seu eixo progressivo: o tempo. Então, embora não sejam o mesmo, ambas se aproximam, e muito, no processo construtivo. Também o leitor sabe que o autor trabalha com regras de aproximação e contato, daí que consegue deixar intervalos de sentido para que ele os complete, desde que o faça de acordo com a progressão que se pensou.

Na questão estrutural, apenas *aconselho* que o autor construa estruturas que aos poucos se detalharão. Essas estruturas têm nomes diferentes nas diversas áreas do conhecimento (no desenho, um *sketch,* um *croqui*; na dramaturgia, o *plot*, depois o *rough*), mas o relevante é que se tenha bastante bem definido cada caminho que se pretende traçar. E, principalmente, como diremos, que o argumentador esteja *seguro* de que ele conduzirá o leitor. Esse é um poder a que ele não pode renunciar[ii].

No exercício desse poder, é bom relembrar que a argumentação não é uma demonstração formal. Na argumentação é desnecessária (e quase sempre impossível) a construção de uma cadeia causa/consequência absolutamente linear, e isso leva a maior liberdade de construção de discursos, podendo-se iniciar com a exposição do posicionamento e da tese principal ("A defesa provará, nestes minutos de fala, que o réu *agira em legítima defesa*, e isso será categórico aos senhores jurados quando mostrarmos todas as provas do processo sobre as quais ora passamos a dissertar...") ou reservar para o desfecho esse mesmo pedido ("A defesa, neste processo, tem visão bastante diversa daquela acusatória.

[ii] O autor de um texto notará que, em determinado momento de construções mais complexas, o texto se imporá por si próprio. Ele se construirá. Mas isso não significa que se perca o controle da argumentação, ao revés: são sinais de que existe uma coerência intencional. Comentaremos no próximo capítulo, em complementação ao aqui dito.

Antes, entretanto, de adiantarmos aos senhores jurados qual será o pedido, é necessário que apresentemos provas que a acusação, atendendo a seus interesses, deixou de informar a Vossas Excelências"). Entretanto, qualquer que seja o raciocínio formulado, indutivo ou dedutivo, a combinação argumentativa é estabelecida pelo autor. Seu maior erro, se nos permite dizer como experiência, é pensar que existem fórmulas lógicas rígidas, que se impõem a seu próprio pensamento: essas regras, inexistentes para quem domina a construção discursiva, são mitos que constrangem, intimidam e, principalmente, desviam o caminho do argumentador não tão experiente. Já demos bastantes exemplos dessa questão aqui.

Que um discurso bastante pensado e rascunhado *pareça improvisado*, isso é uma arte que se desenvolve com o tempo. As 'aparentes improvisações' sempre farão parte de um discurso intencional.

Momentos principais da argumentação

Fixamo-nos na segura asserção de que a ordem dos argumentos depende da coerência preestabelecida pelo discursante. Entretanto, alguém já disse que o discurso assemelha-se ao voo do avião, que gasta a maior parte de sua energia no momento da decolagem e do pouso, sendo o transcorrer do voo sempre mais econômico, calmo e seguro. Verdade que o piloto que fez boa decolagem tem menor preocupação com a aeronave no transcorrer de sua rota. Assim é também na argumentação, oral ou escrita: seu exórdio, seu início bem colocado, economiza energia com esclarecimentos e recursos de manutenção de atenção posteriores. Todo interlocutor, seja leitor, seja espectador, guarda grandes expectativas para o início do discurso, como se guarda para qualquer texto. Aquele silêncio antes do início do discurso oral (ou a margem e o cabeçalho do papel no discurso escrito) dele faz parte[1], e então funciona como criador de expectativa no interlocutor, assim como a que existe antes do começo de um filme: De que se trata? O que se pretende transmitir?

Damos ênfase a essa noção de expectativa pelo exórdio porque, não raro, a prática dos discursos forenses a que assistimos, principalmente em sustentações orais – permita-nos dizer –, *desperdiça* essa oportunidade. Sustentações que se iniciam com longas saudações em nada realçam o começo efetivo da argumentação, lançando mão de chavões, lugares-comuns insossos para essa introdução do discurso, acabam por não criar no interlocutor o menor interesse em ouvir o que se tem a dizer. Talvez por insegurança, talvez por falta de ousadia ou, pior, por nem sequer refletir a respeito, os textos (orais ou escritos) fazem pouco uso de boas construções introdutórias. Ora, um avião que queira poupar combustível na pista de decolagem por certo não sairá do chão[iii].

Se é imprescindível (e efetivamente é) no discurso judiciário que se façam saudações extensas, por vezes surgidas de um exagerado protocolo, em texto oral ou escrito, o discursante pode, depois deles, estabelecer *claros* que delimitem o início efetivo do discurso original, apartado já do que é compulsório: um subtítulo no texto escrito, um breve intervalo de tempo entre as saudações de praxe e o início da argumentação propriamente dita, no texto oral (este último recurso bastante utilizado pelos advogados do Tribunal do Júri, mas, aparentemente, pouco explorado por aqueles que fazem as sustentações orais regimentais, de aproximadamente vinte minutos). Esse *claro* permite a criação de um início *real* do discurso, a introdução que prenda a atenção do interlocutor, esclarecendo os motivos que o convidam a atentar para o discurso.

[iii] *"Portam itineri dici longissimam esse"* – Dizem que numa viagem o percurso mais longo é o da porta.

Vários são os modos de prender a atenção do interlocutor ao discurso, aproveitando a expectativa que ele tem pelo exórdio, no texto escrito ou oral. O fato, entretanto, de que o início do discurso deva prender a atenção do interlocutor não significa que ele seja nuclear, pois nem sequer está em condições disso: o leitor precisa conhecer a proposta que se lhe apresenta, familiarizar-se com o que será contextualizado, adquirir curiosidade. No discurso oral, as saudações são imprescindíveis, mas as primeiras palavras podem conceder uma noção geral sobre exatamente o que se vai dizer. Não é um trabalho simples saber, na introdução, o quanto se pode invadir diretamente o tema, ou a pergunta-problema, porque existe uma questão de ritmo: o leitor/ouvinte tem um determinado intervalo para entender de que se está falando. É o argumentante, em nova lição de intertextualidade, que deve medir o quanto o interlocutor necessita de informações. O famoso discurso de Martin Luther King, em 1963, ao contrário do que se costuma divulgar nos fragmentos, não se inicia com "Eu tenho um sonho" (*I have a dream*). O genial discurso deteve-se à obrigação, antes, de saudar os presentes, realçar as condições de divisão e de racismo, para logo chegar a uma real introdução. O "*I have a dream*", na verdade, era já um semiclímax em relação a quanto se diria[2].

Na literatura, as grandes introduções são as que trazem o leitor para dentro do que será contado, não necessariamente de forma impactante, mas de forma *problematizadora*. O leitor tem de se sentir convidado a participar de algo que ele até então ignora e querer entrar naquele universo. Citamos, já neste livro, as magníficas introduções de *Dom Casmurro* e de *O estrangeiro*, mostrando como ambas chamam a atenção para um conflito que vai se desenvolver. Logo nas primeiras linhas. As duas obras estão autorizadas pela licença da ficção, mas encontram fórmula equilibrada de despertar interesse de modo suave porém rápido. Quando um advogado, ao iniciar seu discurso, fala algo como "Vossas Excelências podem pensar que vim aqui repisar o que já está escrito no processo, mas não: há novidades, muito capazes de fazer com que o que os senhores já pensam seja totalmente reformado", por exemplo, capta o ouvinte sem necessariamente desperdiçar o clímax de sua fala.

Há editores de livros de ficção que dizem que, para decidir sobre a edição ou não de uma obra, leem suas primeiras dez linhas. Talvez vinte. O bom escritor sabe que é ali o momento decisivo de captar a atenção.

No Tribunal do Júri, a primeira saudação já pode conferir o tom a todo o discurso. Quando se trata da primeira fala, acusatória, o jurado necessita compreender que o caso do dia é relevante, que deve acompanhar a narrativa, e para isso o discurso há de iniciar-se pela enunciação da diferença, do toque de originalidade: "este caso é trágico, e a tragédia não é como todas as outras". A defesa, em sua fala inicial, tem de alcançar um modo de, caso possamos assim dizer, romper a muralha do discurso acusatório, certamente construído para não se abrir a contra-argumentos. Um confronto direto, diz nossa experiência, não é a melhor forma de tentar essa ruptura, como um aríete que enfrenta a parte mais robusta do muro. Encontrar-lhe uma fissura depois de rodeá-lo, em uma linguagem gráfica. Isso implica que o discurso se inicie com concessões: reconhecer razões na parte contrária, ser empático com seu entendimento da realidade, para logo dissentir no principal.

De qualquer forma, fazer do primeiro momento do discurso o lugar atraente.

Algo sobre o desfecho

O desfecho de uma petição deve ser muito objetivo. Há que se dizer o que se pretende, há que ser, valha a redundância, conclusivo. O juiz tem de olhar para o fragmento final da petição e saber exatamente o que dele se deseja. Assim mesmo, o jurado.

Nos discursos mais longos, entretanto, há que se pensar em termos de coerência do macrotexto. O quanto se pode admitir de emoção, os limites em que aquilo que foi dito sustenta a conclusão. Em outras palavras, o desfecho, pelo simples fato de o ser, não autoriza que se crie um *gran finale*. Principalmente na linguagem contemporânea, em que nasce a inequívoca tendência de que o interlocutor seja mais ativo, esteja convidado a ser parte atuante naquilo que se lhe deve convencer. Isso não implica renunciar à condução efetiva do discurso, bem ao revés: atrair o leitor ou ouvinte para compor a conclusão é uma forma de manter-se no comando, de não perder sua atenção em uma quebra de coerência.

Em um texto nosso, publicado em obra sobre redação científica, fizemos uma reflexão sobre desfechos inconclusivos, que são típicos da ensaística. A principal explicação, que dão os teóricos, para que o desfecho do ensaio não imponha conclusões específicas é o fato de ser provisório, de ser um fragmento de texto. Discordamos um pouco, porque essa provisoriedade é aparente: o fato de não querer concluir de modo dogmático pode ser uma tática do autor, para não soar impositivo. Em uma breve narrativa, feita naquele texto, tentamos demonstrar essa tese: para fugir à quebra de ritmo e de coerência de um discurso, ser inconclusivo pode ser o melhor término, atraindo o leitor a convencer-se por si mesmo. Com alguma transformação de eixo (usando a primeira pessoa), relato aqui uma experiência, com uma importante remissão ao *Masters of the Universe*:

> Como advogado, trabalhei alguns anos com um dos grandes mestres do Tribunal do Júri em São Paulo, era um orador e tanto, com o sugestivamente literário nome de Doutor Fausto. Doutor Fausto como defensor conduzia, ao final de suas falas de tribuna,

quase sempre um ou outro membro do Conselho de Sentença às lágrimas, o romântico estilo que hoje creio haver sido completamente abandonado na prática forense. Mas lhe ajudavam os ingredientes: era especializado em defender os então famosos "justiceiros", matadores que tinham em geral uma história de vida novelesca. E que também se extinguiram. Como escudeiro eu acompanhava Doutor Fausto todos os dias, a todos os julgamentos, ouvindo-lhe integralmente os discursos, conhecendo-lhes as palavras, as entonações. A harmonia, por complexa que fosse, para mim era uma repetição. Eu assistia a seu doce discurso porque guardava expectativa pelo resultado, algo sempre mudava, mas em grande parte era para mim tudo previsível, e eu só me dei conta depois, quando olhei a folha de papel que eu rabiscava, que certa vez enquanto ele preparava seu *gran finale* – arrematar sua fala de defesa com uma lacrimejante história – eu havia desenhado o Gorpo. Quantos anos eu não via o Gorpo? Talvez aqui o leitor não se lembre desse personagem dos desenhos animados, mas eu explicarei adiante. Sinto não ter guardado aquele despretensioso rabisco.

Anos depois publiquei um texto chamado *O emocionante discurso de Gorpo*, que foi reproduzido em mais de um jornal jurídico e passeou bastante pela internet. Ali – sem revelar a origem da observação porque Doutor Fausto, ainda vivo, era meu mais querido leitor – destaquei minha comparação com o *Masters of the Universe*, para ridicularizar os românticos: "*Porque ao fim de cada episódio de He-Man, cujo roteiro raras vezes escapou à ideia de um plano frustrado de Esqueleto para conquistar Etérnia, vinha, como um apêndice, uma ridícula lição de moral, em geral protagonizada pelo Gorpo. O feiticeiro engraçadinho surgia após o eufemístico mata-mata, querendo tirar da pedra do roteiro o leite de um final feliz e didático: 'Não julgue os outros', dizia Gorpo, 'Ajude os amigos', 'Não fale mentiras', dentre outras que não lembro, porque não me surtiram nenhum efeito pedagógico.*"

A comparação não era muito erudita, mas para mim tinha um significado relevante: mostrar que sempre me incomodaram os desfechos incongruentes, porque eu falava de Gorpo sem ver algum episódio do *Masters of the Universe* havia quase duas décadas. Subconscientemente eu deveria invocar o pequeno feiticeiro a cada vez que assistia a um dos tantos filmes que marcaram minha adolescência, como o *Exterminador do futuro* ou *Karate Kid*, que de modo semelhante sempre terminavam com um fundo lacrimejante quando o sentimentalismo passara longe de todo o roteiro.

Transportar para o campo jurídico diretamente esses conselhos não será simples, mas se pode fazer isso buscando-se um elemento em comum: tanto em uma petição como em um discurso do júri, em um ensaio acadêmico ou em uma narrativa, o desfecho deve ter *sustentabilidade*. Ele tem que estar amparado nos argumentos anteriores, sem avocar para si a responsabilidade de transformar todo o estilo anterior, mas apenas para marcar o ponto final. Em muitos casos, o final existe por si mesmo, como o fim da página, o espaço em branco no fim do capítulo, o limite do arquivo já aberto na tela do computador, ou um mero gesto corporal de despedida de um orador ao fim do tempo a ele concedido.

Mostrar consciência e intencionalidade no fim do texto não implica ter de retirar do fragmento final mais do que ele pode conceder. Uma tentativa de supervalorização do final concede, invariavelmente, um tom de que a argumentação por inteiro não se sustentou, salvo raríssimas exceções[iv].

[iv] Em textos epidícticos, como os de celebrações e homenagens, ou em discursos políticos para plateia correligionária, muitas vezes o desfecho é um valor emocional descolado da progressão discursiva. E ainda assim funciona. Mas são situações excepcionais.

Argumentar ou mostrar erudição?

No próximo capítulo, cuidaremos de excessos argumentativos, mas aqui cabe especificamente a pergunta do subtítulo: os limites da demonstração de erudição. É bastante marcada a tendência, entre argumentadores, de começar demonstrando domínio de algum tema e, à falta dele, terminar por uma demonstração de pseudoerudição[v]. Pode, sim, haver momentos em que seja necessário que a plateia seja levada a reconhecer a superioridade intelectual de quem fala, mas esses momentos são raros.

Algo bastante diverso é a precisão vocabular ou o jogo constante com a intertextualidade, de que já cuidamos bastante. No subtítulo anterior, como ilustração, invocamos um personagem dos desenhos animados, e isso a alguns pode tornar o discurso mais fluido, a comunicação mais próxima, a intelecção mais direta. E a referência não é, nem de longe, uma demonstração de erudição.

Quem observa o decorrer do discurso dos escritores jurídicos notará que seu trajeto quase sempre é abandonar a referência erudita, ainda que com isso se transmita mais conhecimento, e preocupar-se com questões mais técnicas de seu texto, como o diálogo efetivo de suas referências com o leitor e o ouvinte, a partir mesmo da escolha do vocabulário.

Conclusão

Além dos tipos de argumento, a atividade suasória depende de outros fatores para seu sucesso. A coerência, a intertextualidade, que já havíamos estudado, e, aqui, a honestidade e a boa disposição dos argumentos. Pensar em ser leal com o interlocutor e com a parte contrária não é apenas um princípio ético, já que

---

[v] *"Altissima quaque flumina minimo sono labi"* – Quanto mais profundos os rios, menos ruidosa a correnteza.

tem seu efeito pragmático: basta lembrar que não há *mentira* que se sustente por muito tempo ou que seja irredutível para uma mente mais crítica.

Quanto à ordem dos argumentos, o essencial é lembrar que ela depende de cada discurso, mas que seus momentos principais não podem ser desperdiçados. Utilizar um lugar-comum para o exórdio ou a conclusão do discurso apenas para ter *como começar* ou *terminar* pode representar o insucesso de um contexto de argumentos altamente persuasivos.

CAPÍTULO XIV

ESPAÇO DA ARGUMENTAÇÃO JURÍDICA: SENTENÇA E TESES SUBSIDIÁRIAS

Eu tenho o resultado. Só não sei como chegar a ele[i].

Carl Friedrich Gauss

Depois de analisadas as técnicas argumentativas gerais, reservamos este capítulo para alguns breves comentários sobre duas questões peculiares do discurso jurídico que entendemos não poder deixar de lado quando se cuida de discursos jurídicos. Primeiramente, conhecer algo do método de redação da sentença[1], seja para que o leitor-juiz possa analisar seu próprio processo de escrita, seja para que o argumentante tenha novos parâmetros para adaptar seus argumentos ao destinatário. Em um segundo momento, derivado deste, analisamos uma realidade quase exclusiva do Direito: o valor das teses subsidiárias.

Vale dizer que estas reflexões seguem o caminho da atividade argumentativa, sem se desviar para o estudo do Direito Processual, que demandaria outras premissas e um sem-número de referências, a desviar-nos de foco.

---

[i] "I have the result, but I do not know yet how to get it", citado em BORWEIN, Jonathan. *Aesthetics for the working mathematician*. Queen's University Symposium, abril de 2001, p. 3. Disponível em: <wayback.cecm.sfu.ca/personal/jborwein/apaper.pdf>. Acesso em: 30 out. 2023.

Sentença como espaço argumentativo

No Capítulo III, cuidamos da diferença entre fundamentação e argumentação. *Grosso modo*, lembramos que a fundamentação tem seu centro na pessoa *que* enuncia, enquanto a argumentação tem como cerne a pessoa *a quem* se enuncia. Quando o juiz fundamenta, explica seu próprio raciocínio segundo as provas apresentadas, os motivos que o levaram a decidir, ao passo que quem argumenta, além de constituir um raciocínio logicamente aceitável e persuasivo, preocupa-se em enunciá-lo com elementos linguísticos, de conteúdo e de forma, que facilitem a *aceitação* do interlocutor sobre a tese que procura fazer valer.

A sentença é, pois, discurso decisório. Quem julga decide, e decide pelo melhor. A fundamentação da sentença é, então, a justificativa *arrazoada* da decisão, e deve ser bem detalhada, para explicar às partes sobre sua razão, também manifestando aos jurisdicionados, como já se disse, que ela não é fruto de mero arbítrio, em nenhum de seus trechos, senão de um raciocínio lógico e justo de aplicação da lei ao caso concreto. A sentença pode decidir em qualquer sentido, desde que use da razão e da coerência. Como já comentamos, apenas uma sentença *coerente* se legitima. Tal coerência tem de levar em conta muitos fatores, internos e externos ao que está no processo – provas, alegações, ordenamento jurídico, realidade de mundo –, e sua combinação, já o aprendemos, pode tender ao infinito. Nessa possibilidade infinita, nos chamados mundos possíveis que a sentença pode criar, apenas as coerentes se legitimam.

Se mantemos nosso foco de que toda argumentação, daí também a decisão judicial, tem uma estrutura comparável à narrativa, adentramos em um ponto relevante dessa legitimidade. Os argumentos das partes *ex-adversas* no processo são então como personagens, que entram em uma relação conflitiva e esperam por uma solução. Isso significa que elas mesmas – ou os argumentos do litígio – interagem, convivem, transformam-se. Assim sendo, a decisão final necessita, para que tenha essa coerência mínima que a norma exige, levar em consideração *todos* esses argumentos, tal como o desfecho de uma narrativa, ainda que de modo mínimo, tem de dar desfecho a todos os personagens. O fim de uma novela que não põe termo a todos os subconflitos criados, aos seres que interagiram, é tão insatisfatório como uma sentença que não finaliza todas as linhas argumentativas trazidas pelas partes.

Em outras palavras, seria simples o ato decisório se consistisse em apenas reproduzir os motivos de anuência com um dos discursos argumentativos das partes litigantes. Afinal, se o discurso de uma das partes não for contraditório (e essa contradição é muito rara), bastaria ao texto decisório parafraseá-lo, e então, só por isso, já nasceria uma decisão judicial perfeita. Perfeita em seu teor interno, porém ilegítima quando posta como fim de um conflito, como a ponta final do processo. Em termos mais jurídicos, o grande trabalho do ato de decisão fundamentada, a nosso ver, é a explicação à parte *perdedora* (ainda que ambas sejam sucumbentes) dos motivos pelos quais cada uma de suas alegações não foi aceita. Isso é decidir.

Ao juiz é lícito deixar de considerar argumentos das partes *nos trechos em que houver dado provimento* ao pedido a tais alegações, por decorrência do sentido de seus demais fundamentos. Entretanto, como um escritor que finaliza um roteiro, o juiz tem de tomar para si a rota da finalização do texto e responder às expectativas de desfecho que o próprio processo criou. Assim, seria arbitrária toda decisão judicial que não justificasse os motivos de não haver acatado cada grande argumento da parte. Só essa conduta dá coerência ao desfecho; só essa conduta, digamos, legitima a sentença como poder não arbitrário.

Teses subsidiárias e efeito argumentativo

Certa vez, em sala de aula, provocamos com um exercício uma proveitosa discussão, que, se resultou em uma pesquisa com critérios tão imperfeitos que não nos possibilita usar suas conclusões, ao menos fomentou boas reflexões acerca de um tema com o qual os operadores do Direito amiúde deparam, mas pouco comentam[ii]: a pertinência e os fatores persuasivos da tese subsidiária.

O exercício era um caso criminal em que os alunos deveriam apresentar por escrito as alegações finais. O réu, denunciado por latrocínio, queria participar de crime menos grave, o de roubo, e, pelo que a prova apontava, não podia prever a morte da vítima, executada por seu comparsa; aliás, sua participação, até no roubo, era de menor importância. Se as alegações conseguissem provar essa tese, a pena do acusado, em comparação com a pretendida na denúncia, seria bastante reduzida.

Entretanto, havia no processo provas seguras (embora não irrefutáveis) de que o mesmo réu *não haveria participado do crime*, pois, naquele caso fictício, nenhuma testemunha o reconhecia pessoalmente; existiam outros indícios que apontavam sua culpa, mas não vem ao caso mencioná-los. A negativa de autoria, se aceita, era, sem dúvida, mais favorável ao réu, todavia era difícil – mas não impossível – comprová-la.

O problema era evidente, havia que decidir entre duas teses de defesa: dever-se-ia sustentar a negativa de autoria ou a participação de menor importância? Optar pela mais vantajosa ao réu (negativa de autoria), porém com menos provas, ou pela menos interessante (participação de menor importância), com maior conteúdo probatório? Ou ambas deveriam ser articuladas?

[ii] Veja-se "O assalto ao posto de gasolina" no nosso *Laboratório de direito penal*. São Paulo: Almedina, 2014.

Neste último caso, nada incomum em nosso Direito, a evidente falta de coerência entre as teses: se o réu não cometeu o crime, porque não haveria participado da cena criminosa, como dizer-se, depois, que sua participação – que não existira – era de menor importância? Parece uma argumentação autofágica, em que uma tese destruiria a outra; daí, a grande probabilidade de que nenhuma delas fosse aceita pelo julgador.

Nesse contexto, a negativa de autoria seria a tese principal, mais vantajosa, e as demais como teses subsidiárias, ou seja, aquelas que apenas devem ser levadas em consideração no caso de a principal ser descartada. As perguntas, então, anteriormente articuladas, são comuns a todos os casos de *tese subsidiária*, até mesmo na enunciação de questões preliminares antes de se adentrar ao mérito da causa.

No intuito de enfrentá-las, do ponto de vista argumentativo, algumas primeiras considerações se devem fazer.

Argumentar é pôr em dúvida

Para iniciar a análise, invoquemos um texto argumentativo. Trata-se de fragmento de artigo do intelectual Noam Chomsky, respondendo à imprensa sobre a política estadunidense haver ou não dado causa ao atentado no World Trade Center[2], no ano de 2001:

> *Os EUA não pediram por esses atentados? Eles não são uma consequência da política americana?*
> Os atentados não são uma consequência direta da política americana. Mas, indiretamente, são: *não há mínima controvérsia a esse respeito*. Parece haver pouca dúvida quanto ao fato de os responsáveis virem de uma rede de terrorismo que tem suas raízes nos exércitos mercenários que foram organizados, treinados e armados pela CIA, Egito, Paquistão, pela inteligência francesa, pelos fundos provenientes da Arábia Saudita e similares.

O discurso de Chomsky é bastante exemplificativo: afirma, primeiro, que não há nenhuma controvérsia a respeito de a política americana haver indiretamente sido responsável pelo ataque terrorista em território norte-americano; todavia, ao mesmo tempo que assenta de forma expressa não haver tal dúvida a respeito, disserta longamente sobre a política norte-americana de formação de um corpo mercenário, ao qual aquele apontado como principal responsável pelo atentado às torres gêmeas ter-se-ia juntado em 1980. Com qual intenção Chomsky desenvolve esse conteúdo informativo? Apenas para ensinar ou mostrar sua erudição? Não é o razoável.

Chomsky disserta a respeito da política norte-americana porque, apesar de afirmar não haver controvérsia sobre a ligação entre ela e o atentado de 11 de setembro de 2001, *quer comprovar essa mesma ligação a seu interlocutor*. E então a conclusão é inevitável: se o discursante pretende mostrar esse vínculo, persuadindo o interlocutor sobre sua existência, é porque tal vínculo – ao contrário do que o autor enuncia – *não é incontroverso*[iii]. Sobre o que é incontroverso não são necessários argumentos, e todo interlocutor sabe bem disso[3].

Quando se começa uma argumentação, portanto, já se deve saber a desvantagem a partir do quanto enunciamos. Toda argumentação começa – queira ou não o argumentante – por mostrar uma dúvida a respeito daquilo que se pretende comprovar, e em certas ocasiões isso pode ter efeito deletério – aqui, sim, vale toda a carga semântica da expressão latina "*excusatio non petita, ac-*

[iii] No discurso, a afirmação de Chomsky de que "*não há mínima controvérsia a esse respeito*" significa "nenhuma controvérsia entre os especialistas", mas há controvérsia em relação ao ouvinte, caso contrário a argumentação seria absolutamente desnecessária.

cusatio manifesta"[iv] –, por exemplo, quando os argumentos não são mais fortes ou persuasivos que o pressuposto da dúvida de quem começou a defesa de determinada tese. Algumas vezes, muito coberto de certeza (com o cuidado de não parecer arrogante ou desrespeitoso), o melhor discurso que pode fazer um advogado é manter-se em silêncio, a dizer que seu pedido não necessita argumentos para que se sustente. Ele é incontroverso.

Quando Chomsky iniciou seu texto a favor da tese que predicou como incontroversa, ela imediatamente passou a depender dos argumentos que ele expendia, e então já não podia adotá-la como premissa absoluta, mas apenas como fato que necessitava sustentação argumentativa, ainda que mínima. Obviamente, trata-se de uma estratégia bem elaborada: Chomsky levava em conta que seus argumentos iriam reforçar sua tese, ainda que esta seja expressamente negada, como de desnecessária comprovação. É possível construir um texto com o propósito de sedimentar uma tese não explícita, como aqui já vimos.

Por cuidar-se de coerência – e aqui a temos abordado continuamente –, não se pode dizer que a abundância nunca é prejudicial. Argumentos supérfluos podem afetar a coerência e, o que é pior, implantar dúvida a respeito daquilo que já estava a caminho de parecer ao interlocutor premissa indiscutível. Levantar um argumento a mais pode significar uma confissão de fragilidade, que não havia quando esse argumento não fazia parte do *corpus* da argumentação. Como na narrativa, pode também haver uma questão de ritmo: incluir um personagem ou um subconflito a mais na narrativa, como para "complementar" um enredo, pode ser interessante em termos informativos, mas interfere no enredo como um todo, retirando a importância do

---

[iv] "*Excusatio non petita, accusatio manifesta*" – Quem se desculpa sem razão, acusa-se a si mesmo.

desfecho ou obrigando a mais informações para concluir aquilo que parecia ser apenas uma informação integrativa.

Agora, sim, podemos voltar às teses subsidiárias.

Tese subsidiária e aceitabilidade em juízo

Pela teoria da argumentação já se percebe o posicionamento sobre as teses subsidiárias em juízo, ainda que implique pequeno raciocínio *contrario sensu*: por mais que se usem artifícios de enunciação como *por amor ao argumento*, "na absurda hipótese de não aceitação da tese principal (de negativa de autoria, de ilegitimidade de parte, de falta de justa causa, de exoneração da fiança, de inexistência de dívida...)", a mera enunciação da tese e sua argumentação levam logicamente ao interlocutor a densa possibilidade de a tese subsidiária ser provável, e por vezes até mais forte que a principal: se esta valesse de todo, o argumentante não se daria o trabalho de articular outra, sobressalente.

A enunciação da tese subsidiária enfraquece a principal, por passarem ambas a sustentar-se por argumentos diversos, competindo entre si, o que abre a possibilidade de a subsidiária aparecer como mais bem fundamentada e equilibrada.

Mas isso é muito diferente de afirmar que existe incompatibilidade lógico-jurídica entre tese principal e subsidiária, ainda que ambas apontem para caminhos distintos, que não se coadunem. Todo magistrado conhece, ou deveria conhecer, o princípio de que o defensor tem por obrigação sustentar todas as alegações que sirvam aos interesses a que atende, dentro de princípios éticos. Assim, o que pode ser incompatível perante a impropriamente denominada lógica comum, no contexto jurídico deve ser aceito naturalmente, sem nenhum prejuízo. Seria uma afronta ao Direito de Petição, existente em todas as democracias[4].

No caso comentado no início do presente capítulo, então, parece claro que a tese de negativa de autoria e a participação de menor importância, à primeira vista incompatíveis, podem ser sustentadas em paralelismo, sem que isso importe enfraquecimento de nenhuma das duas teses. Ao menos ao magistrado técnico; diante do jurado popular, seria gravemente recomendável que o discursante sustentasse apenas uma delas e deixasse a outra de lado, como se não existisse, pois será difícil explicar todo o percurso da subsidiariedade ao jurado com matéria de prova mais importante a ser discutida. O arguente deve tomar sua decisão.

Em outras palavras, a tese subsidiária, em nosso conceito de texto coerente, basicamente associado a uma rota de solução de conflito, é extremamente prejudicial. Entretanto, trata-se de uma possibilidade narrativa aberta por um direito fundamental, a Ampla Defesa. Assim sendo, o interlocutor é obrigado a desconsiderar eventual discrepâncias lógicas em nome desse direito e, se o faz, saberá separar enredos paralelos, aceitando o que mais lhe pareça correto.

Sentença: fundamentação e realismo jurídico

Em relação à fundamentação da sentença, pode-se colocar questão relevante ao estudo argumentativo. Garantida a fundamentação de todos os julgados por força constitucional, e sabendo-se que ela atende a princípios de construção de discurso, com língua natural, premissas verossímeis e percurso selecionado pelo argumentador, pode-se impor a questão: o texto motivador da sentença representa efetivamente o caminho que o magistrado trilhou para chegar a sua conclusão? Ou, por outro lado, trata-se de um discurso criado para dar arrimo a uma conclusão já formada, talvez por motivos que não coincidem com aqueles que serão expressos no texto fundamentador?

Essa discussão está acoplada à eventual confirmação das teorias do realismo jurídico[5]. Na década de 1930, Llevellyn demonstrou que a visão de um ordenamento jurídico completo e destituído de moral não tinha aplicação prática, pois os magistrados decidem a partir de valores internos, descolocados do ordenamento. Ou seja, a letra pura da lei, com sua interpretação lógica, não era a razão da decisão. Décadas depois, em 1983, Hart entendeu por predicar, nas tendências de realismo daquele tempo, o "pesadelo" de que simplesmente não houvesse mais nenhum tipo de razão jurídica, de interpretação coerente no ordenamento. As decisões seriam tomadas por valores extralegais, por impressões pessoais, e o texto da sentença não seria senão uma forma de ratificar, de dar forma àquelas impressões que surgiram sem nenhuma conexão direta com o ordenamento. Em outras palavras, o juiz imaginaria um resultado "justo", por critérios que somente ele conheceria, e então utilizaria argumentos jurídicos para fazer com que sua decisão fosse persuasiva, porque essa persuasão levaria à legitimação do seu julgado.

Sobre esse tema, há que se fazer algumas considerações. A primeira delas é que, no cotidiano forense, não será raro que algumas sentenças sejam parciais obras de ficção. Infelizmente. Advogados, no dia a dia, principalmente em sistemas jurídicos em que a legalidade é frágil (e aqui incluímos nosso país natal), deparam com fundamentos na sentença que apenas formalizam ilegalidades ou influência de relações de poder que jamais constarão do texto jurídico. Nossa tendência, como afirmamos, sempre realista[6], não deixará de apontar para tais possibilidades, e isso já foi comentado nesta obra: corrupção, laços de amizades, favores em sociedades secretas, tudo existe e está presente em grande parte do sistema de justiça[7].

Entretanto, esses fatores corrompidos são minoritários, ou ao menos excepcionais. Eles não podem levar a admitir, na retórica, que todas as condicionantes de uma decisão são corrompidas ou extralegais. Nossa experiência, havendo trabalhado no Poder Judiciário, é que as provas e as razões *são* levadas em consideração e não apenas influenciam na tomada da decisão final, como são parte integrante dela, em uma relação de narrativa e intertextualidade, que se dirá adiante.

Mas, para além desses fatores de corrupção do sistema, está o modo como a mente humana toma decisões. Se acreditamos em um ser humano não livre em seus preceitos (visão determinista), não significa que o juiz não possa ser influenciado pelas razões; ao contrário, se a mente humana não tem liberdade[8], trata-se de uma razão a mais para que se argumente: a razão do argumentante *obriga* a decisão do juiz; caso se entenda o ser humano como livre em suas decisões, os argumentos das partes seriam, se não uma condicionante obrigatória, um dos elementos para tomar em consideração na liberdade mental de buscar o mais justo. Daí, as diatribes sobre os processos de decisão nos parecem inócuas aqui, embora belíssimas para as justas pretensões filosóficas de buscar nossa essência como seres humanos.

O texto mais forte que o autor

Nossa solução sobre o realismo jurídico e a construção da sentença segue a mesma linha que aqui temos defendido. É possível, como dizem os realistas, que o juiz de fato tenha um *hunch*[9], uma inclinação, quando leia as provas. É uma primeira etapa, que entretanto remonta ao que dissertamos no parágrafo anterior: o tal *hunch*, a inclinação pode ser composta, sem que se note, pelo próprio ordenamento jurídico, que o juiz traz na memória desde seus tempos de faculdade de Direito, ou pelas razões apresentadas pelas partes. Entretanto, esse é apenas o início do processo de decisão, porque logo vem o mais relevante: a construção do texto.

E aqui nos colocamos diante do que nos parece mais relevante em toda a questão: como já adiantamos, o texto tem potência para construir-se a si mesmo. Ao menos, o bom texto. É o argumentante que tem de saber por onde conduzi-lo, mas, nessa condução, o texto, principalmente escrito, impõe sua coerência, e isso muitas e muitas vezes transforma a ideia inicial do autor, que é convencido por seu próprio processo de construção textual, em um sistema de *feedback* constante, de retroalimentação. Isso importa reconhecer que, mesmo em uma argumentação que parece predestinada, porque existe um ponto de vista a ser sustentado, o juiz pode alterar suas conclusões, quando perceber que, na montagem de seus fundamentos, suas pré-conclusões não se sustentam. Se um juiz é minimamente disposto a exercer sua atividade de modo isento, a invocação da lei, da jurisprudência, a resposta aos argumentos das partes, quando insertos no texto, podem conduzi-lo a conclusão diversa, por indução da lógica interna de sua construção textual. Em palavras mais fortes, o texto que o juiz escreve convence a ele mesmo[10].

Esse processo – novamente em nosso paralelo – ocorre frequentemente com aquele que escreve textos narrativos ficcionais. Ao construir o personagem, desenha-lhe um final, mas esse mesmo personagem, ao assumir novas características, a partir das interações que realiza ao longo do tempo (e essas interações, sabemos, são idênticas às dos argumentos), altera o desfecho que o autor lhe havia planejado. Ele, então, convence o próprio autor, toma sua força a partir da coerência com as interações que houve.

No processo argumentativo das partes, caso dos advogados, essa alteração de conclusão não pode haver em regra, porque o argumentante tem de alcançar uma tese favorável ao cliente. Mas também há momentos em que a própria construção argumentativa do advogado o convence a que altere seu percurso. Mais comumente, entretanto, ocorre o processo inverso: o advogado retira ideias que não colaboram com sua tese, alija-as de seu percurso, para que não interfiram em seu próprio pensamento. Por isso, dizem tanto que a argumentação do advogado terá muito mais de borracha que de lápis, muito mais de tesoura que de caneta. São todos elementos que demonstram a influência que o texto exerce no próprio autor[v, 11].

Para o juiz, é diverso. É realmente possível que ele queira chegar a determinado resultado e, então, corte todas as ideias que não se coadunem com este, mas, novamente, esse não é o método ordinário. Ordinariamente, ao menos em causas mais complexas, não será tão raro que o juiz altere sua opinião – e daí o dispositivo de sua sentença – ao instante em que procede à fundamentação, ao consultar a jurisprudência, ao responder ao argumento das partes. Tal como o trabalho de um escritor de ficção, e ainda que um juiz não esteja consciente disso, até o momento de redigir a sentença seu dispositivo será sempre um processo *in fieri*, não terminado, à espera de fatores que o modifiquem.

Neste ponto mais avançado em que estamos, de nossa obra, podemos fazer notar que a inserção das ideias no texto e, principalmente, da fundamentação – que deve responder a argumentos das partes – é livre, mas não tanto quanto parece. Um jogador de xadrez sabe que as combinações de jogadas que ele pode fazer tende ao infinito, mas isso não significa que qualquer movimento seja aceitável: a hipermultiplicidade de opções não implica que elas sejam *aleatórias*, o que é muito distinto. Do mes-

---

[v] A ideia de que o texto influencia o autor é contraintuitiva, porque enfrenta o princípio de que a causa não pode ser mais potente que seu efeito. Esse é um princípio muito explorado pelos filósofos. Entretanto, no caso concreto, essa influência se dá porque o texto é uma parte do autor que se protrai no tempo, enquanto o autor tem memória, capacidade de criação e (mesmo) personalidade instantâneas. Sobre o tema, veja-se: LLOYD, A. C. "The principle that the cause is greater than its effect". *Phronesis: A Journal for Ancient Philosophy*, vol. 21, n. 2, 1976, pp. 146-56.

mo modo, na redação da sentença: o juiz tem uma infinidade de caminhos a seguir, mas muitas vezes esses caminhos se impõem, sob pena de, ao não serem trilhados, deslegitimarem a decisão como um todo.

Conclusão

No filme *Os bons companheiros*, um clássico de Martin Scorsese, Robert de Niro, interpretando um gângster famoso, chefia um assalto muito bem-sucedido. A toda sua equipe de ladrões paga o combinado: grande soma em dinheiro e outras recompensas pelo sucesso da operação criminosa, menos a um deles, que insiste a todo momento em receber sua parte. De Niro não verbaliza, mas deixa claro que o outro personagem não recebe seu dinheiro apenas porque o pediu muitas vezes. Talvez o fato de tanto insistir revele que, no fundo, o personagem não se ache tão merecedor de sua satisfação; ou, simplesmente, o chefe dos gângsteres, interpretado por De Niro, se sinta ofendido por ser várias vezes lembrado de sua própria responsabilidade. Fato é que, se o bandido coadjuvante não insistisse tanto, teria sua paga.

Coisas de gângsteres. Todo interlocutor consegue perceber quando o excesso de argumentação prejudica, mas o bom operador do Direito não pode agir como o personagem do cinema, desprezando aquele que, por excesso de zelo, excede-se no pedido.

Quando se trata de argumentação jurídica, deve-se levar em conta o interlocutor principal, o juiz de Direito. Como juiz, conhece seu dever de provimento jurisdicional. Por isso, exige dos responsáveis pelo julgamento atenção à argumentação expendida, e isso se faz por meio da fundamentação, com a apreciação de todas as teses articuladas. As subsidiárias, ainda que possam tender ao excesso, não representam elementos aptos a prejudicar teses principais, mesmo que logicamente incompatíveis. Ao menos, no contexto jurídico, deveria ser assim. O argumentante mais cauteloso, claro, trabalhará com todos os riscos de sua atividade, inclusive o de ser indevidamente castigado ao insistir em todas as possibilidades de sua defesa.

O argumentante deve ter em conta que seu texto será um dos fatores que convencerá aquele que deve decidir. E, se essa pessoa sentencia com acuidade, os argumentos a ele lançados se transformam em composição obrigatória de sua decisão, aumentando a possibilidade de que ele se conduza ao dispositivo desejado.

CAPÍTULO XV

PECULIARIDADES DO DISCURSO ORAL

Discurso oral e discurso escrito

As formas de comunicar-se, como sabemos, são bastante diversas. Aliás, qualquer ação humana tem um sentido comunicativo, desde que transmitida em um comportamento social; até a omissão humana, a inércia, também pode ser encarada como um omitir comunicativo, o "silêncio eloquente" de muitos discursos.

Variando os meios de comunicação, as formas de comunicar-se, diversificam-se também os argumentos, já que estes, como anteriormente definido[i], são *elementos linguísticos* destinados à persuasão do ouvinte. No discurso judiciário, algo se questiona a respeito da forma que os argumentos assumem, do modo como são transmitidos. Ainda que entre nós esteja vigente o princípio da *oralidade* nos processos[i], é certo que a praxe leve a que a maioria das razões expostas no discurso judiciário apareça em texto escrito[ii]. Sobre a técnica da produção desse tipo de texto, o escri-

---

[i] Veja-se o Capítulo II.
[ii] A tecnologia permitiu, nos últimos anos, que todas as provas testemunhais fossem gravadas, fazendo parte do processo. De início, imaginou-se que o discurso oral suplantaria todo o escrito. Depois se notou o contrário: ler é mais cômodo, mais direto e até mais rápido que escutar um vídeo. Voltaremos a esse tema na conclusão deste capítulo.

to, se comentará no próximo capítulo. Quanto ao discurso oral, representa matéria atinente à oratória, uma das vertentes do estudo da argumentação.

Não se pode definir qual seja o *melhor* meio para a exposição da argumentação. Cada qual tem seus próprios recursos e suas próprias limitações. Por exemplo: se, de um lado, na argumentação escrita há a grande desvantagem de o leitor poder ser convidado a uma leitura menos atenta, "saltando" muitos trechos, por outro, há a vantagem de que a *predisposição* do interlocutor seja maior, na medida em que ele mesmo está propulsivo à leitura, posiciona-se diante do texto escrito e regula sua própria concentração. Entretanto, a impossibilidade de o discursante acompanhar as reações do interlocutor faz com que seu discurso não possa variar de acordo com a aceitabilidade de cada argumento; por outro lado, embora não permita o improviso, o texto escrito possibilita muito maior pesquisa, completitude e perfeição.

Para cada meio, sua forma peculiar. O diretor de cinema pode pensar ser impossível realizar uma boa peça de teatro por não poder recorrer aos efeitos especiais; o diretor de teatro pode achar dificílimo gravar um filme pela impossibilidade de contato do ator com a plateia, acreditando que os recursos técnicos apenas dificultam a comunicação. É evidente, entretanto, que a forma influencia o conteúdo, e este deve ser sempre planejado de acordo com os instrumentos e técnicas disponíveis e adequados a seu suporte. Os argumentos alteram-se de acordo com a sua mídia, de modo análogo às mudanças radicais no enredo de um livro que um escritor deve promover quando tenta transformá-lo em roteiro de cinema. Cuidaremos disso adiante.

Discurso oral, papel e evidência

Toda vez que discursamos, constituímos uma relação interpessoal. Nessa relação, travamos discussões que são regidas por normas de condutas sociais, pois a sociedade aguarda de cada um de seus componentes certo tipo de comportamento, com o qual o homem se conforma. Fugir às regras, salvo a exceção dos momentos em que há uma intenção muito calculada, leva a reações comunicativas indesejadas.

A ação humana, no contexto social, tem qualidades *dramatúrgicas*, representações que determinam situações-padrão aos ouvintes. Por exemplo, o vestir branco do médico, o terno e a gravata sóbrios do parlamentar ou até mesmo o sotaque regional de um candidato a governo que pretende com ele a identificação de sua origem, idêntica a muitos de seus eleitores etc. Quando o orador busca a aceitação de seu discurso e de sua imagem, pretende não apenas ser aceito, mas ser aceito *de determinada maneira*, que infere das regras sociais, ou, no mínimo, de seu próprio auditório.

Em qualquer ação humana, em virtude da necessária adequação social, encontram-se certos padrões de estilo que a aproximam – é lícito dizer – da representação teatral[2]; essa representação está presente em nosso comportamento, na medida em que a todo momento representamos determinado *papel social*: advogado, juiz, pai, aluno, professor, vendedor, comprador, cliente, visitante, anfitrião etc.

Grosso modo, diante das convenções sociais, e conscientes de sua existência e seus limites, representamos a todo momento, não como forma de fingimento, mas sim de adequação a normas de convívio, em um agir conforme o que a sociedade espera. Bem, se o objetivo da argumentação é que o interlocutor *aceite* nossas ideias e opiniões, a regra (que, como tal, tem exceções) é que o argumentante busque o *cumprimento* dessas mesmas normas, tentando aumentar a permeabilidade da mente do interlocutor às ideias e opiniões que profere. Em tempos de "politicamente correto", é difícil falar em representação de papéis, pois muitos defendem "ser um só todo o tempo", como uma sinceridade que faz parte até mesmo da ética empresarial. Mas essa alegada sinceridade não intermitente é, em nossa concepção, mais uma mentira. Os papéis sociais nos impõem ações que refreiam nossa vontade de que cada ato nosso seja a melhor tradução de nossa personalidade e modo de ver o mundo. Assim, cumprimos normas de conduta a partir de cada contexto[3], que cria expectativas determinadas na sociedade[4].

O cumprimento dessas normas aparece no texto escrito: desde a boa linguagem, observação das regras gramaticais, o texto que procura fazer cômoda sua leitura, até o tamanho quase padronizado, no texto impresso, do papel. Porém é no discurso oral que o cumprimento, por vezes dramático, dessas normas de adequação social torna-se mais claro, porque o discursante é posto, como imagem de indivíduo, em evidência.

Observadas todas as regras relativas à argumentação aqui já expendidas, na enunciação do discurso oral deve o discursante, como primeiro ponto, levar em consideração que será posto em *exposição individual*, ou seja, à observação livre de todos os seus interlocutores. Se o discursante pretende fazer com que os ouvintes assumam seus pensamentos, deve desejar despertar a atenção de todos eles, e é essa atenção (o pôr-se em evidência) que traz peculiaridades a seu discurso.

Ter para si direcionados olhares atentos importa, então, em grandes diferenças entre o *falar* comum e o *discursar oralmente*, ao menos se se pretende um discurso fecundo. Quando a figura, a imagem do corpo transforma-se em objeto de análise visual do interlocutor, este principia a observar formas em que antes jamais houvera reparado: uma pessoa que tende a inclinar a coluna, a ter uma postura pouco adequada quando discursando, colocada à apreciação pública, pode, se não cuidar de se endireitar, transmitir a seu ouvinte a imagem de pessoa fraca, quando não dar a ideia de uma deficiência física grave, que nem sequer existe. Se existir, não há nada errado ou prejudicial, mas há que se tomar isso em conta. Um pequeno gaguejar, uma roupa pouco limpa ou apertada demais[5], tudo se transforma em objeto de apreciação do espectador, já que assiste a um discursante exposto como indivíduo. Quantas vezes não reparamos, ao vermos pela televisão um entrevistado, que o nó de sua gravata está torto, que ele tem determinada dificuldade de fala, que repete sobremaneira uma palavra em cacoete? Muitas. Quantas vezes reparamos nesses mesmos detalhes em uma simples conversa de negócios, em um almoço ou reunião com alguém? Muito poucas, com certeza.

O discurso oral do argumentante deve ser muito mais cuidadoso e alerta quando este se coloca na evidência a que nos referimos. Sem que o espectador possa perceber, ele se torna muito mais crítico à imagem que lhe é posta em foco, e isso deve fomentar transformações graves no discursante, no orador. O advogado, quando se posta diante dos jurados, pretende tomar-lhes a atenção durante, no mínimo, o tempo de sua primeira fala, de aproximadamente duas horas. Durante esse lapso, estará à observação pública, e será, gesto a gesto – assim é o que pretende – atentamente acompanhado pelos olhos de sua plateia. Tendo consciência disso, deve cuidar dos detalhes que, em razão da magnitude da atenção que passa a ter de seus ouvintes, constituem elementos decisivos para sua comunicação: apresentação, dicção, movimentos, expressão facial.

A magnitude da atenção permite também expressividade mais exacerbada: os gestos mais amplos, mais firmes, como os de um político acostumado a inflados discursos, que, diante de uma plateia diminuta, como a reunião de uma empresa ou uma audiência em pequena sala no fórum, podem parecer ato de absoluto desequilíbrio. E, *contrario sensu*, exigem do orador maior compenetração e cálculo (intenção) em seus gestos e suas palavras: um discurso pouco inflamado, adequado a uma calma exposição a uma banca ou a poucos ouvintes, pode parecer, diante de um público mais numeroso, falta de segurança, de coragem ou de personalidade do ouvinte; talvez, timidez.

Intencionalidade na fala

No texto oral, com imagens – o que é o mais comum nestes tempos em que os vídeos são produzidos por qualquer celular –, o orador deve ter tanto domínio de toda sua imagem quanto um escritor tem das palavras escritas em seu texto. Mas, claro, controlar as imagens é tarefa muito mais difícil, em virtude de sua complexidade, de sua relação com tempo e espaço.

Permitam-me relatar um fato ocorrido há mais de duas décadas. Na defesa de um caso perante um elevado tribunal, a equipe contratou um advogado específico para o momento da alegação oral. Eu estava bastante entristecido com tal contratação (portanto, vê-se meu ponto de vista bastante comprometido na narrativa), porque esperava que o contratado fosse eu mesmo, afinal, eu tinha trabalhado em toda a defesa, elaborado tudo o que deveria ser dito. Mas o cliente decidiu que a alegação oral deveria ser realizada por terceiro, e tinha seus motivos: o tal discursante era ex-juiz daquele mesmo colegiado a quem se dirigia. Questões éticas à parte, era a razão pela qual o discursante estaria ali, diante de seus ex-homólogos.

Pois bem, iniciou-se sua sustentação oral. Ele tinha direito a quinze minutos de fala, mas o ideal é que não se use mais do que oito ou nove. Enfim, quinze minutos, em minha experiência, é muito mais do que o necessário para prender-se a atenção dos interlocutores. O discurso de Gettysburg, de Abraham Lincoln, tinha algo como trezentas palavras e não deve ter durado mais do que três minutos; as falas de Churchill não só ficaram marcadas na História, como mudaram o destino do mundo, encorajando os Aliados na Segunda Guerra, e creio que não alcançaram cinco minutos. Bom, a comparação é injusta com o tal advogado (novamente, meu ponto de vista), cuja oratória não era a de Churchill, como a minha tampouco é.

Meu ponto é que, ao iniciar-se sua sustentação oral, aos quatro minutos – que não foram mais que cansativas saudações – o tal discursante pediu aos auxiliares um copo de água. Transcorria o tempo do discurso, os juízes em teoria tinham toda a atenção voltada a suas palavras, mas nosso discursante tinha a garganta seca. Bebeu a água e seguiu o discurso. Minha história é só essa: ele bebeu deliciosamente sua água durante seu tempo de fala.

A história é essa, mas não é pouca, tanto que, se ainda permitem minha intervenção em primeira pessoa, o fato segue-me marcado como exemplo de uma das piores argumentações que já presenciei: em uma fala que é preparada durante *dias*, em um momento em que todos estão atentos a cada palavra do que é dito, cortar a atenção dos ouvintes porque se tem *sede* é algo inadmissível. Nos tempos de hoje, em que há excesso de vitimizações, pode ser que alguém diga que ele não era obrigado a passar sede, mas não é essa a mensagem: a mensagem que ele passou é que não se daria ao sacrifício de aguentar quatro ou cinco minutos mais com sua necessidade corporal apenas porque tinha que pronunciar um discurso. Imaginei, naquele momento, um boxeador que interrompa o *round* na metade porque se sente desidratado: perderá a luta com um golpe do adversário, e mais ou menos foi o que aconteceu naquele julgamento. Perdemos.

Não descarto que a intenção do argumentante haja sido a de demonstrar tamanha intimidade com seus ex-pares, os juízes que tinham que julgar o caso, que tomaria uma água propiciada pelo copeiro que sempre lhe servira quando ele era membro do tribunal. Ou, quem sabe, construir uma pausa para o pensamento. Mas nada disso funcionou: o ato foi tomado como desrespeitoso, porque ele não se preparara para falar, porque parecia nervoso ou porque acreditava que todos os olhares deveriam voltar-se para sua maravilhosa figura sorvendo água. Ao tentar retomar o discurso, já devidamente hidratado, claro, os olhares dos interlocutores já não se voltavam para ele.

Repito, minha visão sobre o caso não é neutra, mas serve como experiência: a preparação do discurso oral, sua interação com o ambiente, com a passagem do tempo, com o corpo e as atitudes não se descolam do conteúdo do texto. Por isso, suas peculiaridades são inúmeras.

Predisposição à argumentação no discurso oral

Em relação ao texto escrito, costuma-se apontar a vantagem do discurso oral, por ser este mais estritamente dialógico. Isto significa dizer que aquele que argumenta tem como direcionar seu discurso à plateia, fazê-lo de acordo com suas reações, em uma estrita interatividade. Essa ideia, entretanto, nem sempre corresponde à realidade, pois existem muitos auditórios hostis, que não se encontram em nada predispostos a sequer escutar o orador, quanto menos a alterar determinado posicionamento que já tenham assumido por causa de argumentos que lhe sejam lançados oralmente.

Conquistar um auditório apenas com palavras não é tarefa fácil e depende muito do fator ilocucionário do discurso, ou seja, daquilo que não é expresso: o poder do orador e o interesse que cada ouvinte possa ter no tema desenvolvido. Certamente, um deputado terá maior facilidade em conquistar a atenção dos ouvintes quando a matéria sobre a qual discursar for controversa, assim como o advogado consegue maior atenção dos desembargadores para quem sustenta razões se sua tese trouxer alguma novidade, ou se a causa que defende contar com grande interesse público ou acadêmico. São todas questões com as quais deve contar o orador, e que não se apresentam necessariamente no texto escrito de modo tão dinâmico.

O interesse na matéria objeto da sustentação deve ser fomentado pelo orador[iii], que, para tanto, lança mão não apenas da entonação de voz e da gesticulação, mas de argumentos que procuram realçar ao ouvinte a necessidade de conceder-lhe atenção, como o fato de que aquele discurso traz, em si, alguma *novidade*, porque é esta que seduz o intelecto do interlocutor.

Se o orador partir apenas do pressuposto de que seus ouvintes são passivos e merecem tão somente ideias prontas, fáceis de entender, porque assim não gerará nenhuma dúvida ou questão e poupará seus ouvintes do exercício de raciocínio (e muitos defendem esse tipo de construção, em uma utópica defesa da *clareza* do discurso oral), poderá estar utilizando técnica equivocada ou mesmo deletéria, em virtude do maior caráter dialógico do texto oral: diante da possibilidade de interagir, ou ao menos de perceber a presença física do orador, o ouvinte encontra-se sujeito a maiores estímulos a seu próprio raciocínio. Sem sentir-se estimulado, o ouvinte tende a imaginar como óbvias ou repetitivas as palavras do discursante, o que lhe reduz a atenção. Beber água no meio do discurso, como narrado, pode ser fatal para a persuasão.

Por isso, no Tribunal do Júri, o defensor que sabe que, em geral, no início de sua fala, conta com pouca atenção dos jurados

---

[iii] Winston Churchill bem enunciou a dificuldade de prender a atenção da plateia com palavras: "Dez mil pessoas na plateia? Dez vezes mais viriam a meu enforcamento." Citado na revista *Veja*, 14 ago. 2002, p. 82.

– pois a *expectativa* pelo conhecimento dos fatos relativos ao processo já se esvaiu, com toda a produção probatória em plenário, seguida da exposição da acusação –, sempre procura trazer elementos *novos* a seu discurso, expondo expressamente aos jurados que fatos serão narrados de forma diversa daqueles revelados durante toda a instrução e exposição anteriores. Assim, estimula os jurados à interação dialógica, e, ainda que estes não possam se manifestar sobre o mérito da causa, expressam concordância ou dissentimento em relação ao discurso da defesa, o que é melhor que demonstrar apatia ou desatenção.

Para o Tribunal do Júri, o problema da falta de atenção ao debate não é novo. Bettyruth Walter, estudiosa norte-americana, elaborou pesquisa a respeito da influência dos debates nos jurados, desejando saber, em suma, se estes, antes de se retirarem para a sala secreta para votar, tinham estado atentos à produção probatória e aos debates ou se apenas àquela primeira fase, seguida da acusação. A intenção da pesquisadora, se assim fosse possível, seria produzir, em um caso real, dois tipos de julgamento: um em que os jurados fossem apresentados às provas do processo, assistissem a todos os atos do plenário, exceto aos debates, e outro ouvindo todos os debates, na íntegra, como acontece normalmente, para que se comparasse a divergência de resultados. Um caso real desse tipo de pesquisa seria impossível, mas, por outros métodos (perguntando aos jurados o que acreditavam que os debates de acusação e defesa representavam), trouxe conclusões bastante significativas[6], e talvez nada animadoras ao argumentante.

Das várias conclusões importantes que a pesquisa alcançou, aqui vale destacar esta última. Foi perguntado aos jurados: "Você mudou sua opinião após ouvir os debates de promotor e advogado?" As respostas foram:

	Promotor	Defensor
Sim	14%	11%
Não	82%	85%
Não me lembro	4%	4%

Esmagadora maioria, então, dos mais de 250 jurados ouvidos, apontou não haver mudado de opinião após ouvir as razões dos discursantes. Claro que dois fatores devem contar para orientar quaisquer conclusões a partir dos números acima: o primeiro, de que isso é o que os jurados *julgam* haver acontecido, e o segundo, de que o fato de *não haverem mudado de opinião* não significa, necessariamente, que não tenham estado atentos.

Não é tarefa fácil influenciar ouvintes, mesmo no discurso oral. Entretanto, pode-se aproveitar da interatividade, do diálogo travado à presença do ouvinte para testar suas reações e estabelecer a coerência do discurso (que já estudamos) de acordo com o que mais lhe provoca interesse. Diante das conclusões da pesquisa citada, está claro que menos influenciado será o ouvinte que for comodamente deixado em sua passividade, enquanto será fonte de atenção aquele que for convidado, estimulado à participação, pois, ainda que não possa se manifestar, criará ao menos a expectativa de ser levado a uma conclusão diferente. Nesse ponto, de estimular o ouvinte, muito do conteúdo argumentativo do discurso oral pode inovar. O bom orador deve saber que o núcleo de seu discurso não é a transmissão de sua tese em uma ordem lógica impecável, como se faz na redação de uma dissertação científica; o orador sabe que, se não despender seus esforços para a captação da atenção, argumentos brilhantes poderão cair no vazio. O professor que dá aula apenas expositiva vai percebendo que, por mais perfeita que seja a matéria exposta em seu discurso, não logra motivar seus alunos, os quais, salvo raras exceções, desconcentram-se com grande facilidade. Por isso, para todos os oradores, a necessidade de pausas calibradas, gestos diferentes, movimentação (quando possível) comedida mas presente, entonação de voz intencional, e não monocórdica[7]. Mas não só: a necessidade, também, de um conteúdo que motive a participação, o raciocínio: as perguntas retóricas, a leitura de textos, a demonstração de imagens e de figuras, com vistas a estimular, ainda que não seja esse propriamente o melhor caminho lógico do discurso.

Exemplos dessa interatividade não são raros[8]: o promotor que percebe um jurado menos atento em plenário não pode lhe pedir que leia uma peça do processo, mas entrega os autos às mãos desse desatento, rogando-lhe que *acompanhe sua leitura*; o professor, diante do aluno menos interessado, utiliza-o como exemplo, faz-lhe uma pergunta fácil, porém estimulante, que concede ao estudante a oportunidade (ou ilusão) de demonstrar conhecimento; o advogado, diante do desembargador menos atento, cita trecho de seu livro ou de seu acórdão, ou ao menos menciona seu nome, para que ele se motive à participação; ou até mesmo (acontece) aquele advogado ou promotor que simula um tropeço ou a queda de uma caneta ao chão, fazendo uma pausa importante para a retomada de seu discurso, agora já com outro ritmo. São os modos de explorar os recursos do discurso oral que, obviamente, acabam por alterar o conteúdo planejado de alguns pronunciamentos.

Para compensar a falta de atenção do ouvinte, esses recursos são válidos e, desde que intencionais e respeitosos, podem aumentar, e muito, as possibilidades de efetivos resultados no discurso oral.

Discurso parlamentar e discurso político

Porque falamos em política e em discurso oral, cabem aqui algumas considerações sobre o discurso parlamentar.

Os discursos parlamentares têm por natureza o discurso epidíctico ou deliberativo[9]. Se comparados aos da sustentação inicial do Tribunal do Júri, que dura mais de hora, os discursos parlamentares são geralmente curtos, tendo, via de regra, duração entre cinco e vinte minutos[10], em que se discutem questões de livre escolha de cada parlamentar ou discursa-se sobre assuntos predeterminados na ordem do dia. Ao manter-se diante de seus pares para discursar, o parlamentar sabe que dividirá a atenção a seu pronunciamento com outros elementos que possam atrair a atenção de seus ouvintes: outros trabalhos, conversas paralelas, desatenção eventual. Portanto, deve tornar seu discurso interessante ao ouvinte, seja pelo conteúdo (a matéria sobre a qual deve se pronunciar), seja pela forma – a enunciação que busca a atenção maior do leitor.

Nos parlamentos latinos, infelizmente, a capacidade de persuasão dos discursos no plenário é bastante baixa, talvez porque as alianças para votos – o verdadeiro convencimento dos parlamentares – está feita nos bastidores. Os leitores brasileiros talvez se lembrem da histórica primeira fala do deputado Clodovil Hernandes: como seu primeiro pronunciamento diante dos seus pares, criticou todos os parlamentares, dizendo que, enquanto ele falava, estes lhe davam as costas em conversas paralelas. "Isto aqui parece um mercado"[11], disse, e com isso manteve a atenção de seus homólogos durante longos 18 minutos.

Para seus pares, o parlamentar deve manter a postura coerente com a imagem que firmara: o jovem empreendedor, o representante das classes mais baixas, o elitista progressista etc. Para o eleitor, o argumentante busca o discurso coerente – além de sua imagem já formada em relação à representatividade que anseia – com a capacidade para a *função pública*[12]. Implica afirmar que o anseio pela função pública impõe ao político um discurso coeso à imagem que o eleitor faz do ideal do poder público: honestidade, serenidade, higidez. Para isso, muito mais que o discurso e as promessas – que são cada vez mais amplas e de menor valor –, cabem cuidados com a construção de protótipos de empatia, anteriormente analisados, mais afeitos ao trabalho do publicitário e do assessor de imprensa do que propriamente do argumento jurídico.

Aquele que constrói discurso parlamentar deve levar em consideração a distinção que existe entre o discurso escrito e o oral. Assim como um bom livro não necessariamente resultará em um bom roteiro para o cinema, um discurso escrito interessante pode não importar em uma fala brilhante do parlamentar, mesmo que ele não o leia. Se o fizer, será diretamente ainda pior. As diferenças circunstanciais entre a expressão escrita e a oral[13] devem contaminar o conteúdo do texto. Um discurso feito na formal linguagem escrita, com seus fatores de coesão e coerência, pode soar artificial e pedante quando recitado sob as características de um orador. Do mesmo modo, um excelente discurso oral, que emociona multidões, e assim é extremamente eficiente, pode parecer bobo e piegas quando reduzido a termo, no papel.

São questões de momento e oportunidade. Apenas para facilitar a análise do discurso, vejamos estes dois fragmentos, traduzidos livremente, extraídos de dois discursos de Winston Churchill[14] perante o Parlamento e que eles foram capazes de transformar a história da humanidade:

I

Senhor, formar uma Administração desta escala e complexidade é um empreendimento sério em si mesmo, mas é preciso lembrar que estamos na fase preliminar de uma das maiores batalhas da história [...]. Espero que qualquer um dos meus amigos e colegas, ou antigos colegas, que foram afetados por essa reconstrução política, sejam compreensivos com a falta de cerimônia com que tive de agir. Diria à Câmara, como disse àqueles que aderiram ao governo: "Não tenho nada a oferecer senão sangue, labuta, lágrimas e suor[15]." [ou "sangue, suor e lágrimas"]

II

A gratidão de cada lar na nossa Ilha, no nosso Império, e mesmo em todo o mundo, exceto nas moradas dos culpados, vai para os aviadores britânicos que, destemidos diante dos riscos, desesperados no seu constante desafio e perigo mortal, estão a inverter a maré da Guerra Mundial pela sua habilidade e pela sua devoção. Nunca na história dos conflitos, tantos deveram tanto a tão poucos[16].

Todo discurso político pode soar como promessa vazia. Evidentemente, esses discursos agora são analisados *ex post*, pelo seu êxito: Churchill ganhou a Segunda Guerra que livrou o planeta de um domínio nazista, portanto cada palavra é resgatada com mais heroísmo. Mas, ainda assim, foram textos pensados e bem construídos, que não saíram da improvisação. Quem tiver curiosidade, consulte outros no mesmo sentido, como o discurso de Barack Obama como pré-candidato, quando afirmou que seu pai, imigrante, escolhera-lhe um nome muçulmano (Barack) acreditando que os Estados Unidos da América eram um país de diversidade. Com isso, foi selecionado como candidato de seu partido, tornando-se o primeiro presidente negro dos Estados Unidos.

Pode ser, aqui, momento importante de escrever algo sobre as características do discurso político, embora este não seja necessariamente oral. Existem estudos sobre política, sobre os grandes discursos, tanto na linguística como na ciência política. De todas as características que marcam esse tipo de discurso, o caráter genérico e eufêmico, imortalizado em um ensaio de Orwell[iv], é para nós o de mais oportuna exposição. Primeiramente, o caráter genérico: o político em geral depende de votos, então não pode desagradar segmentos. Ao contrário do advogado, que assume em seu discurso a defesa de um único ponto de vista, o político normalmente tem de fazer mais obtusa, mais aberta sua fala. Portanto, evitará respostas contundentes, específicas, não porque seja inseguro por si mesmo, mas porque sabe que tomar alguma posição pode desagradar a muitos. Como disse um tribuno brasileiro, analisando a recusa dos deputados em votar temas polêmicos: "Efetivamente, os atores políticos têm ciência de que são mais facilmente responsabilizados, perante seus eleitores, por suas ações do que pelas respectivas omissões.[17]" É realmente característico do discurso político evitar o confronto e, enquanto puder omitir-se em seu posicionamento, o político o fará. A tomada clara de posição, a exemplo dos discursos de Churchill, é excepcional.

Por outro lado, o discurso político é obrigado a cuidar de temas sensíveis, de que muitas vezes não se pode fugir: a guerra, a violência, o cárcere, a tortura, ou até mesmo o aumento de preços ou a impunidade. Nesse mesmo sentido, de não fomentar hostilidade diante do público, se o político se vê obrigado a adentrar no tema, usará de constantes eufemismos, a evitar usar o vocábulo corrente para alguns elementos. Assim, para os tempos de guerra (o ano era 1946), Orwell escreveu, no ensaio referido acima:

> "Linguagem política tem de consistir em grande parte de eufemismos, perguntas abertas e respostas nebulosas. Vilas indefesas

---

[iv] ORWELL, George. "Politics and the english language", in: *Why I write*. London: Penguin Books, 2004.

são bombardeadas, os habitantes deslocados de seus lares, o gado metralhado, as cabanas queimadas por balas incendiárias: isso é chamado pacificação[18]."

Ao fim do ensaio, Orwell conclui com uma frase que, a seu tempo, muito repercutiu: "a linguagem política – desde os conservadores aos anarquistas – é desenhada para fazer com que as mentiras soem como verdades, o assassinato pareça nobre e se conceda aparência sólida ao vento[19]." Claro que sua visão é imagética e algo hiperbólica, mas não deixa de ter algo de sensivelmente prático: ao ter de transformar-se em obtusa na divulgação de temas delicados e sensíveis, eufemismos e generalizações são corriqueiros[20]. Infelizmente, tampouco é monopólio da política: a imprensa, ao aderir às teses de determinados partidos, reproduz a mesma fala eufêmica, quando era momento de conceder os nomes verdadeiros aos fenômenos. *"Call a spade a spade"*, como dizem os ingleses, já que os mencionamos.

Esse *"softening"*, esse alívio eufêmico da linguagem, não é exclusivo do discurso oral, tema do presente capítulo, mas é um ponto específico a mencionar aqui, já que, nos dias de hoje, a maioria das falas políticas são feitas nos parlamentos e diante das câmeras.

Discurso no Tribunal do Júri

A instituição do júri representa o auge da argumentação e da oratória. Poderíamos dedicar capítulo inteiro ao tema, mas decidimos permear a obra com seus exemplos diluídos em nossas lições. Justificamos esse comportamento, aqui, com poucas palavras, de cunho pessoal, em exposição mais livre.

Temos nos especializado na atuação com o Direito Penal[21], como o leitor já deve ter percebido, uma vez que a maioria dos exemplos aqui prolatados tangencia essa área do conhecimento. Portanto, entendemos que discorrer puramente sobre a argumentação no júri sem alcançar o vínculo estreito com as teses ali defendidas, que são todas pertencentes ao Direito Penal, seria repetição, apenas sob um novo nome.

Mas isso não significa que as lições aqui apresentadas, principalmente as referentes à intertextualidade e à oratória, não sejam de todo proveitosas para o discursante no Tribunal do Júri. Diante do julgador leigo e do vasto tempo (em relação ao reservado a outros discursos) disponível para a argumentação, o tribuno depara com alguns pontos a considerar sobre a matéria.

O primeiro deles, já aqui tratado, é a pouca atenção dispensada ao discurso pelo interlocutor. Ouvindo, ainda que aparentemente atentos, as palavras dos debatedores, poucos jurados creem ser influenciados efetivamente por suas falas. Essa reação é natural: (re)produzidas todas as provas possíveis em sua presença, é certo que os jurados tendem a dispensar comentários sobre o que já conhecem, sobre o que já sabem. Isso acontece de forma mais acentuada durante a fala do defensor, subsequente a uma longa e detalhada exposição dos fatos, delineados pela parte acusadora. Assim, são necessárias as técnicas já aqui apresentadas: a inovação, ainda que por vezes tênue, na apresentação dos fatos, enunciada inequivocamente ao jurado. Se o jurado não pensar tratarem-se as considerações do discursante de ideias novas, que estimularão seu raciocínio, sua reação natural é a desatenção e a percepção do discurso repetitivo apenas como uma ladainha cansativa. Em geral, há que se trilhar um novo caminho, um percurso diferente, para a narrativa já exposta, e essa diferença tem de ser enunciada desde o início. O que, na verdade, não é diferente para qualquer texto que queira captar a atenção do interlocutor, até mesmo um artigo acadêmico: "a história todos já conhecem, mas temos um ponto de vista diferente, que talvez mude bastante o que se tem pensado até aqui, alterando radicalmente as conclusões. Basta ouvir com atenção." Algo nesse sentido, que, longe de ser uma fórmula pronta, é a realidade enunciativa de um discurso baseado em escolhas de premissas e progressões distintas, seja no eixo figurativo, com a passagem do tempo, seja no temático, com a relação tempo-lógica.

O segundo ponto é o menor critério do jurado na valoração da prova, o que nos parece indiscutível. Levado por outros elementos de convicção, os jurados tendem a valorizar argumentos distintos daqueles sopesados e considerados pelo julgador togado. Imagens, frases de efeito, pequenos enlaces e desenlaces de discussões atravessadas no meio do debate, aparência de testemunhas e do próprio réu são mais valorizados pelo julgador leigo, desabituado ao critério de valoração da prova e à necessidade de persuasão racional de seu convencimento, até por ser desobrigado de qualquer fundamentação a respeito dele. Esses fatores não transformam o júri em um *teatro*, como dizem aqueles que pretendem desfazer-se da instituição, mas obrigam o orador a repensar toda a sua estrutura argumentativa para trilhar aquela que consiga se aproximar do jurado, com seu raciocínio, seus sentimentos e idiossincrasias[22].

Não, o júri não é teatro. Mas a visão técnica que aqui se apresentou a respeito da argumentação dá-nos a faculdade de poder dizer que seus meios argumentativos e seus métodos de atribuir presença na mente do interlocutor têm que ser planejados bem diversamente do que se faz quando se trata de direcionar um discurso a um julgador não leigo. Outro discurso, outro raciocínio.

Conclusão

O Direito, com as transformações tecnológicas, tem rumado para o audiovisual. Mídias digitais que se agregam aos autos, videoconferências diretamente com o magistrado, depoimentos gravados que podem ser acessados a qualquer momento.

A princípio, a novidade das mídias digitais, pelo discurso oral, empolgou quase todos. Parecia mais fácil "simplesmente falar", ou "consultar diretamente a gravação do vídeo do depoimento", mas a experiência demonstrou ser todo o contrário. A leitura é mais rápida, mais direta e objetiva. Ademais, preparar um discurso oral não é tão fácil quanto parece, não é apenas "falar", por mais desprendido e desenvolto que seja o orador. Um político pode repetir muitas vezes um discurso em palanque, variando a partir de seus chavões, e agradar ao público; mas a fala que de fato pode representar uma mudança em sua carreira, como o citado discurso de Obama, que o conduziu a candidato por seu partido, é muito mais pensada, revisada, em texto escrito. No Direito, o discurso realmente decisivo tem de passar por uma estrutura escrita, e lidar com isso não é tão simples como possa parecer à primeira vista.

As peculiaridades da oratória são para especialistas, mas a estrutura do discurso – oral ou escrito – é matéria da argumentação. No capítulo seguinte, cuidaremos da peculiaridade do texto escrito, e então se seguirá a análise das discrepâncias e complementaridades entre um e outro. Nesse ponto, acreditamos, temos maior especialidade: a transcrição da oralidade para o texto escrito, suas possibilidades coloquiais, sua referência de tempo e de espaço, os elementos auxiliares imprescindíveis com que se deve contar. O discurso oral pode ter sua definição em maior contraste com a escrita, especialmente aqui, que, por se tratar de um livro, somente podemos dispor deste último tipo de registro linguístico. O que, na verdade, não é pouco.

CAPÍTULO XVI

PECULIARIDADES DO TEXTO ESCRITO

Um capítulo não é o bastante para abordar o que a escrita, como ferramenta e técnica, aporta para o tema da argumentação. A linguagem escrita tem um potencial quase infinito para estudo, desde seu elemento mais básico, as letras por si próprias, até a gramaticalidade, a expressividade, sua imagem e seu suporte. Quem lê uma poesia concretista, por exemplo, realizada para o computador, dá-se conta de que a escrita tem expressividade diversa a depender do meio em que se difunde. São infinitas suas potencialidades, e aqui se apresenta algum resumo delas.

Ao não adotarmos, neste livro, a *redação* como tema central, conseguimos aqui expor algumas peculiaridades do discurso escrito, e remetemos os interessados aos livros específicos de construção de texto escrito, em seus respectivos idiomas. Já existem obras bastante relevantes nesse sentido. Apenas alertamos para a necessidade de que sejam atualizadas: os códigos e a expressividade alteram-se muito, em especial neste mundo digitalizado, e a comunicação é também um exercício de contemporaneidade: notar o tempo, o local e a oportunidade.

No nosso recorte, de retórica e argumentação, iniciamos rememorando a impossibilidade de separar-se conteúdo e forma. Já temos insistido que os grandes argumentantes são, à sua maneira, literatos, e que o operador do Direito é um profissional da comunicação. É ousado demais dizermos, em uma obra como esta, que o grande equívoco da retórica é aproximar-se da hermenêutica e não das técnicas literárias e linguísticas, que, no fim, dão o tom da expressividade. Temo-nos mantido sempre presos ao sentido de que, como ciência humana, a transmissão do Direito depende da expressividade. Como, em geral, essa expressividade é escrita, é na evolução desta que se deve buscar o caminho para a reconstrução do Direito, que, tal como a percepção da linguagem, deve sempre atualizar-se. Em um segundo ponto, a lógica informal, a única que tem aplicação efetiva nos embates jurídicos, é, conforme temos defendido, baseada em uma estrutura que se reaprende das narrativas, em um grau de complexidade que somente o texto escrito possibilita.

Não nos escapa que algum crítico dirá que estas nossas palavras tentam transformar ciência em arte, direito em poesia ou qualquer equiparação análoga, mas essa própria crítica seria figura retórica. O fato está em que o Direito se embate em conflitos, partindo de estruturas dialéticas porém evoluindo a partir de *frames* típicos da narrativa. Neste capítulo, fazemos apenas um recorte do estudo da linguagem escrita em si mesma, o que não é mais que um ideário sobre práticas da redação e ideias de composição literária. Afinal, por estarmos em um livro, toda nossa linguagem, mesmo quando nos *remetemos* à oralidade, foi escrita: até mesmo as remissões a ilustrações visuais ou à música se deram por palavras escritas.

Uma premissa: quem lê o que escrevemos?

Assumindo o risco de parecermos reducionistas – porque a arte da escrita revela muito mais do que o quanto adiante se dirá –, fixamos como premissa, para a argumentação, esta característica generalizante sobre o texto escrito: de que nunca aquele que argumenta redigindo terá a garantia de que seu texto será lido, ao menos com atenção.

Explica-se: quando se constrói um discurso oral, quando se está na presença do ouvinte, pode-se exigir dele que ouça o que lhe é proferido. Diante dos jurados, o advogado e o promotor têm certeza de que eles estão ouvindo seu discurso. Vá lá que talvez não lhe concedam a devida atenção, abstraiam-se em seus próprios pensamentos, como já estudado, mas o escutam. Sua distração pode, por outro lado, ser notada pelo arguente, que cuidará de repetir parte importante de sua fala, dessa vez com recursos argumentativos que lhes roubem a atenção.

Mas o mesmo não ocorre no discurso escrito. Nunca se pode garantir que um leitor lerá com devido tento o que foi redigido, por mais que se possam garantir meios para que ele venha a comprovar a realização da leitura. Tratando a respeito da argumentação, não nos alcança a assertiva de que o juiz, para o devido provimento jurisdicional, tenha a obrigação de ler integralmente o que lhe argumentam as partes em uma lide. Está-se aqui em patamar discursivo superior: mesmo diante de excelentes razões de recurso, nada obsta que, muitas vezes sem perceber, o leitor salte fragmentos de texto ou evite conceder atenção a uma frase muito longa, a um texto com pontuação confusa, com repetições constantes, com estrutura frasal ruim. Teste, leitor, consigo mesmo: quantas vezes, em seu estudo, acelerou a leitura em trechos que lhe pareciam menos importantes? Quantas vezes não observou, nesta obra, subtítulos dos capítulos, para saber se lhe interessava ou não a leitura do trecho de texto? Pois então, essa realidade é comum a todos, e o argumentante que redige deve estar preparado para lidar com ela e disso tirar proveito.

Tal alerta é necessário por dois motivos principais. O primeiro deles é que o estilo da argumentação jurídica difere do estilo literário. Não teríamos nenhuma autoridade para desprezar este último porque somos muito ligados a ele. Mas deve-se observar que quem constrói literatura goza de um grande interesse do leitor, que se dispõe à interpretação, o que não ocorre necessariamente com aquele que tece argumentação jurídica. James Joyce estende-se por dezenas de páginas com apenas uma frase, García Márquez e Camilo José Cela confundem o leitor menos atento com uma miríade de personagens com aparente pouca intervenção direta no enredo, Olavo Bilac utiliza palavras preciosas que forçam a consulta ao dicionário, e, no entanto, todos produziram ou produzem – cada um a seu tempo, estilo e com seus objetivos – excelente escrita. Todos, entretanto – e aqui voltamos à intertextualidade –, assim o fazem porque direcionam seu texto a um público cujas características conhecem: aquele que se dispõe a experimentações e que, ao ler uma obra literária, nutre por ela natural interesse. O leitor de literatura sempre será atento, porque, se a leitura lhe desagrada, deixa de ser leitor.

Tal consideração conduz à segunda parte de nosso alerta: se o leitor da argumentação não tem tamanha disposição e interesse, é natural que o arguente-redator sempre considere que deve, ao redigir, *convidar o interlocutor à leitura*. Um capítulo muito extenso, uma frase longa e excessivamente entrecortada, uma cópia desnecessária de artigo de lei, uma remissão fora de lugar funcionam como grande desestímulo à leitura, porque proporcionam dificuldade de intelecção. E de que adianta o bom argumento se nem sequer for considerado pelo leitor?

Pode-se ilustrar com um exemplo simples: um estilo de fonte muito pequeno em uma petição em papel pode ser um grande desincentivo ao leitor e pode fazer com que observe o texto com a menor atenção possível, já que a leitura dos caracteres minúsculos cansa-lhe a vista. Caso se trate de um leitor com mais dificuldade para ler, o empecilho é ainda maior.

Em outras edições deste livro, nos estendemos mais em alguns conselhos para escrita e formação de frases, mas aqui preferimos retirar ao máximo essas assim chamadas "dicas". Nas sucessivas edições da obra, com o perdão da metalinguagem, foi-nos ficando claro que o método de análise do discurso é muito mais produtivo do que enunciar uma regra e observar como ela é utilizada em alguns exemplos. Isso propicia ao leitor, talvez, retirar regras de escrita, mas também aquilatar seus momentos de exceção.

Como decorrência desse princípio, em vista da ausência de garantia de que alguém leia nosso texto em sua integralidade, adotamos dois pontos de análise: o macro e o microtexto.

No macrotexto: extensão e orientação

Certa vez, lendo um texto acadêmico que se estendia por centenas de páginas, recomendamos ao autor que definisse melhor os subtítulos e, ao final, fizesse um resumo das principais ideias, ou, ao menos, que redigisse conclusões. À nossa recomendação, a reação do autor foi negativa, porque, em sua opinião, se houvesse subtítulos claros ou tópicos conclusivos, o leitor iria diretamente a eles, e não se ocuparia do texto na íntegra.

Alguma razão existia na afirmativa, e novamente tratava-se de um jogo de risco. Haverá, sim, aquele leitor que irá diretamente para as conclusões, é verdade. Mas, naquele caso, eu tentei argumentar com o autor que, se suas conclusões fossem bem construídas, elas teriam o efeito reverso: convidariam o leitor ao corpo do texto, a suas extensas páginas, para saber como elas tinham sido alcançadas, em que exatamente se sustentavam; de modo análogo, na mesma intensidade em que um subtítulo, se bem descritivo de seu conteúdo, pode fazer com que o leitor salte o fragmento, já sabendo do que se trata, existe a força vetorialmente oposta: o subtítulo pode ser o mais potente convite à leitura. Tal como a manchete de jornal: ela tanto pode ser uma frase suficiente para compreender a notícia e gerar desinteresse pelas explicações, como pode ser o ponto de atração para uma leitura atenta. Dependerá da força do tema, do interesse do leitor, do seu tempo e disponibilidade. Claro, a redação pode ajudar bastante.

Vejamos um exemplo hipotético. O jornal de segunda-feira tem de noticiar algo de esporte. Ele sabe que tem leitores para isso e, em algum caso, poucos que nem sequer sabem o resultado dos jogos do domingo. Então, ele escreve como manchete "São Paulo e Corinthians empatam em zero a zero". Pergunta-se: a escrita do texto atrai à leitura do conteúdo ou repele? Já se sabe: depende do leitor. Aquele que quer buscar o resultado do jogo apenas, tem nessa *headline* tudo de que necessita, e já está satisfeito (não necessariamente feliz) com a informação: o jogo terminou empatado. Alguém mais fanático por futebol, que tenha até assistido ao jogo, espera algo mais do texto, mas para isso a manchete pode ser mais atrativa. Se o texto dissesse "Sob críticas dos torcedores, São Paulo e Corinthians empatam sem gols", o leitor se sentiria mais atraído: Quais são os torcedores que criticam? Criticam o juiz ou o time? Ou o técnico? As críticas dos torcedores coincidem com as minhas?

O segundo título tem mais qualidade. Talvez atraia à leitura até mesmo aquele que só queria saber o resultado da partida. Mas quem escreve deve ter o cuidado de não frustrar o leitor: se promete que, no corpo do texto, haverá críticas ao time, terá de descrevê-las, e de modo satisfatório. Não pode, a todo momento, criar interesse em algo que não existe. No caso, se houve um empate sem gols em um jogo sem conflito, é melhor aproximar-se dos fatos: não houve nada, na partida mesma, digno de alguma resenha, e a partir daí mostrar outras reflexões: O que acontece no futebol para que não haja gols? Por que times tão poderosos fizeram um jogo sem ataque?

Com o texto jurídico ocorre o mesmo. Seja ou não atraente o que está dentro de cada capítulo, a melhor forma de comunicá-lo é sendo sincero com o leitor: descrevendo do modo mais exato o seu conteúdo. Por exemplo, um fragmento, no Direito Penal, com o enunciado "as provas da negativa de autoria" ou, no Direito Concorrencial, "a impossibilidade de monopólio no mercado do café" tem o potencial de atrair a atenção do julgador, com a mesma intensidade que pode repeli-la, mas não será em vão. O juiz que ler o subtítulo vai ter duas informações relevantes: primeira, a do subtítulo como subtítulo, ou seja, como afirmação mesma; no segundo caso, saberá que, no mercado do café, é impossível monopólio, e isso, para o texto, já é muito; no primeiro caso, saberá que as provas não sustentam a autoria do crime. Como segunda informação, saberá que aquele fragmento de texto que segue – o desenvolvimento do subtítulo – traz detalhes sobre esse tema, o que também se bifurca em duas subexposições: de que o texto, lido ou não pelo destinatário (o juiz, no caso), faz parte da estrutura do raciocínio do argumentante, de um lado; de outro, que ele, como juiz, quando quiser, terá acesso àquela informação.

A divisão do texto em subtítulos é fator orientativo que somente a escrita traz, e é relevante. Os capítulos são parte formativa do raciocínio e em sua definição está envolvida intertextualidade, estética, ritmo, e até mesmo dialética.

Em textos mais extensos, como monografias ou mesmo petições que necessitam longas páginas de exposição e argumentação, produz-se um índice. O escritor mais detalhista sabe que o destinatário de seu texto vai ao índice e o vê como uma estrutura própria: os títulos e subtítulos, sem a redação a que remetem, têm de transmitir uma mensagem autônoma: organização, ritmo, harmonia e, claro, lógica que leve à persuasão. A partir daí, o leitor *seleciona* o que lê, e grande parte dessa escolha não está sob controle ou interferência do autor do texto: o leitor tem seu próprio interesse, elementos que ele já conhece, disponibilidade de tempo. É possível, em alguns momentos, convidá-lo a um ponto com especial veemência, via escrita de um título específico, mas isso não pode ser realizado sempre. As chamadas à leitura têm de ser excepcionais.

Bastante diversa, entretanto, é a arte de organizar o texto topograficamente, para que o leitor possa, mesmo saltando fragmentos, compreender o principal. Saber qual é a parte relevante, aquela sobre a qual se trazem mais detalhes, e conhecer o que é mais periférico, quais são as informações dispensáveis: assim se ajuda o leitor em seu processo seletivo. Trata-se de realismo.

Se nos é permitida uma opinião por observação simples, grande parte daqueles que escrevem não aceitam a ideia de que seu texto seja lido parcialmente. Pode ser que essa rejeição advenha da vaidade, reforçada por uma credulidade fantasiosa que a experiência agrava: ninguém jamais lhe disse, nem lhe dirá, que sua petição não foi lida, porque era longa. O juiz sempre afirmará – até porque a obrigação de provimento jurisdicional não pode apontar para outro lado – que leu atentamente suas alegações, na íntegra. Como a escrita é um processo de criação pessoal, seu autor não suporta o desprezo a seu texto, e isso é natural. Mas há que se fazer o exercício de escrever com detalhamento, com a máxima perfeição possível, a cada linha, a cada palavra, mesmo sabendo que o leitor pode a qualquer momento abandonar a leitura, ou passar a outro tópico.

Aceitar que há textos lidos apenas em fragmentos não significa irrealidade ou fantasia. Começar por reconhecer que nós lemos trechos de livros, selecionados pelo índice, e que ainda assim podem ser fragmentos ótimos, que nos deixaram atraídos à leitura (jamais concretizada) da obra completa é um bom passo. Imaginar um jornal sem *headlines*, que contasse que o leitor tem a obrigação de ler a edição da primeira à última linha, sem selecionar tema, é algo utópico. Como na narrativa, o leitor tem o direito de acompanhar uma progressão, de buscar os elementos conflitivos e sua solução[1].

No microtexto: coesão textual

Todo texto, mas com muito maior ênfase o escrito, deve ser dotado de coesão, que pode ser definida como o nível de ligação entre as *palavras* que o compõem[2,3].

Quando se constrói um texto escrito, ao contrário do quanto possa parecer, as palavras não se encontram preenchidas de sentido e dependem das outras para que se aperfeiçoem como elementos de significação, ou seja, como fatores de comunicação[4].

Note-se um exemplo simples: todos sabemos o que significa a palavra "pai". Sabemos tanto que é difícil defini-la. Todavia, quando incluída em um texto, ela somente ganha sentido na dependência de outro elemento, outra palavra: no caso, a indicação do "filho". Enquanto não aparecer o filho ou a filha, a palavra "pai" é vazia de sentido. Pai de quem? Pai somente em relação a um filho, que deve vir determinado no texto.

Da mesma forma, um verbo transitivo (fazer) apenas assume sentido na frase se lhe aparece um complemento (fazer o quê?), com um sujeito (quem fez?). Ou, se escrevo o nome "João", este só adquire sentido se lhe atribuo, no mais das vezes, uma ação (verbo): João comeu a maçã.

O texto coeso é aquele que permite leitura rápida, porque as relações de sentido formuladas entre as palavras na frase estão sempre *evidentes* ao leitor. Em frases curtas, a relação de sentido é clara, mas em construções frasais mais complexas (de que necessitamos para argumentar), essa imediaticidade passa a ser mais difícil de estabelecer. Um texto escrito com ambiguidade, com frases longas, com erros de pontuação, com uso equivocado de pronomes tende a não ser coeso, e assim tornar a leitura menos fluente, mais difícil e confusa.

As relações de anáfora e catáfora (retomada e antecipação[5] de sentido, respectivamente), estão em toda a composição: a transitividade do verbo remete ao objeto, os substantivos têm pronomes, os adjetivos e advérbios devem incidir especificamente sobre uma palavra. Também as relações extratextuais, que já estudamos, fazem parte da coesão, a partir do momento em que são imprescindíveis para que o texto assuma um ou outro sentido.

Para elaborar tudo isso, não se pode dispensar o reestudo das estruturas gramaticais, algo que a muitos juristas já lhes escapa e este talvez possa ser o momento de revisar, aprofundando-se no estudo.

Coesão elementar

O nível de coesão de um texto pode ser, didaticamente, definido em patamares distintos. Neste subtítulo, vamos usar dessa disjuntiva e expor a coesão em dois níveis, elementar e avançado. O primeiro pode ser compreendido com algumas regras; o segundo depende de maior análise do discurso.

Em um nível básico, a coesão concede significado a vocábulos, que, por sua vez, retiram sentido do próprio texto ou do exterior, e então acabam por remeter sentido de um momento a outro à estrutura frasal. Quem se dedica a traduções nota esse fenômeno de modo muito claro: ao se alterarem as regras gramaticais, de um idioma a outro, os sentidos das palavras se alteram também. Assim, é falta de coesão a frase "O policial e o bandido entraram na loja quando ele disparou". Claro, o pronome "ele" pode referir-se tanto ao policial quanto ao bandido. Em um caso concreto, já tivemos uma denúncia criminal anulada porque trazia uma construção mais ou menos assim: "Joaquim entrou dois minutos depois, porque Hermes foi o primeiro a entrar na casa. O primeiro foi quem fez os disparos, o segundo, ao que disseram as testemunhas, deu ordem para que ninguém usasse das armas." Ao escrever a frase, o autor do texto cometeu de início o erro de não narrar os fatos em ordem cronológica, invertendo a ordem de entrada. Relatou antes a ação que ocorreu depois (note-se aqui a distinção entre tempo textual e tempo cronológico, de que já cuidamos). Com isso, gerou a ambiguidade no termo "primeiro", que assume um sentido caso seja uma anáfora relativa à ordem do período (o primeiro sujeito da frase), ou outro, se remeter à ordem cronológica (o primeiro a entrar). Os pontos elementares da coesão estão na gramática e na ligação dos pontos dentro da oração, dentro da frase. Ainda que elementares, eles são imprescindíveis para tornar a leitura rápida e, mesmo que não exista a possibilidade de ambiguidade, são fatores de clareza na leitura. Caso se repitam elementos que interrompam a fluidez, o leitor desiste do texto. Assim, novamente invocamos Orwell, refletindo sobre sua própria escrita, levantando seis questões acerca da escrita *em cada sentença* (microtexto)[i]:

> Um escritor escrupuloso, em cada frase que escreve, fará a si próprio pelo menos quatro perguntas, portanto: O que estou querendo dizer? Que palavras o expressarão? Que imagem ou

---

[i] "A scrupulous writer, in every sentence that he writes, will ask himself at least four questions, thus: What am I trying to say? What words will express it? What image or idiom will make it clear? Is this image fresh enough to have an effect? And he will probaly ask himself two more: Could I put it more shortly? Have I said anything that is avoidably ugly?" ORWELL, George. "Politics and the english language", in: *Why I write*. London: Penguin Books, 2004, p. 113.

expressão idiomática o tornará claro? Esta imagem é suficientemente clara para comunicar? E o escritor fará mais duas perguntas a si próprio: Poderei enunciar de modo mais curto? Disse algo esteticamente inadequado, que possa ser cortado?

Esse é o nível primeiro, de cada frase. Para dominar esse primeiro ponto, ousamos aqui trazer ao leitor uma pequena remissão à estrutura frasal. Não é exatamente nosso objetivo rever gramaticalidade e, se o leitor já se sentir preparado no nível elementar da sintaxe, pode – aqui como metalinguagem – abandonar a leitura dos dois próximos tópicos. Porém, ao menos com o objetivo de tomar de consciência do que se deve conhecer, ela será de proveito a alguns leitores.

Gramaticalidade e pontuação

Para atribuir a um texto escrito a qualidade da coesão, permitindo a leitura fluente, várias condições devem ser notadas. Não nos aprofundaremos em todas elas, mas podemos ilustrar, por exemplo, com a boa seleção vocabular. Quem diz que *"A colheita do que fora plantado pelos agricultores não esteve a contento dos mesmos porque caiu uma tormenta muito forte"* tem uma frase menos coesa do que aquele que enuncia que *"A colheita não foi satisfatória porque geou"*, apenas por inadequação na *seleção vocabular*. Em um discurso oral talvez as falhas passassem despercebidas, mas no escrito é imperdoável: se houve colheita é porque se plantou; se existe tormenta, ela só pode *cair*, porque não se há de imaginá-la *subindo*. Alguns elementos mais detalhados de coesão podem explicar a opção pela redundância, mas agora não chegaremos a isso[ii].

[ii] Note-se: a palavra "gear" é muito curta para um fenômeno raro. Então, o escritor, às vezes inconscientemente, tenta dar maior realce, alongando a frase no que há de mais relevante. Pode fazê-lo com adjetivos e advérbios, (geou fortemente, houve forte geada), o que evitaria o pleonasmo. Este demonstra pouco domínio da linguagem e, claro, repele o leitor, à exceção de espaços muito informais de fala.

Todavia, ainda que outros fatores de redação importem em boa ou má coesão textual, um deles aqui merece realce: a pontuação. Consideramo-la especialmente por pura experiência, pois muitos alunos julgam ser o *uso da vírgula* o grande fator de dificuldade da escrita.

E, no intuito de aperfeiçoar a pontuação, procuram na gramática normativa, na gramática oficial do vernáculo, várias regras de uso da vírgula, como se assim solvessem seus problemas. Encontram, surpreendentemente, *poucas* regras a esse respeito, estudam-nas, memorizam-nas, mas ainda têm dificuldade. Por quê?

Porque as regras de vírgula são realmente muito parcas e, se estudadas isoladamente, de nada adiantam. Elas dependem do conhecimento e efetivo uso de outras noções gramaticais, em especial das estruturas sintáticas. Não nos aprofundaremos nelas aqui, mas talvez caiba uma noção – cuidando da peculiaridade do discurso escrito – a título de estímulo ao estudo.

Intimamente ligada à coesão, a vírgula é uma pausa, como todos sabem. Todavia, não é uma pausa "para respirar", como afirmavam, à nossa época, algumas professoras de primeiro grau. É uma pausa de pensamento. É uma pausa para marcar ao leitor que uma estrutura a que ele está acostumado está sendo rompida.

Quando lecionávamos especificamente o tema, preferíamos dizer que a vírgula é como um degrau. Um degrau existente, por exemplo, entre a sala e a cozinha de um apartamento não surge por si só: ele foi colocado ali porque, entre aqueles dois cômodos, existe uma descontinuidade do piso. Assim, estudar a vírgula como mera separação entre pequenas palavras é tão míope quanto procurar entender a presença de um degrau sem considerar qual o desnível de piso que ele marca.

A vírgula marca, via de regra, o rompimento de uma estrutura que o leitor espera. E essa estrutura é a ordem direta da oração ou do período, a qual tem natureza, antes de tudo, gramatical.

É, assim, na *estrutura sintática* da oração e dos períodos que estão os principais aspectos a considerar para a boa pontuação e, consequentemente, para a coesão textual. Não se vai afirmar que o fator mais importante de todo processo comunicativo é a correção gramatical; todavia, aquele que pretende boa construção de frases não deve se iludir: ela é o primeiro fator da pontuação. Porque aqui não vamos nos estender em tema de gramática normativa, resta apenas o conselho: não se deve tentar começar a construção da casa pelo telhado. Falseia a verdade quem diz ter boa construção de frases e pontuação perfeita sem fazer uso do conhecimento de temas de gramática formal do idioma. Em outros tempos, não tocaríamos neste tema, mas recentemente passamos a achar que talvez seja útil rememorar a estrutura gramatical, que resumimos adiante e que tem de estar na mente daquele que escreve a *todo* momento, pois ele pode ser chamado a identificar esses elementos. Ele não tem de ser um rigoroso corretor gramatical, mas deve saber que sua frase (escrita) somente será fluida se sua intuição lhe estiver indicando, minimamente, a composição destas estruturas:

a) frase, oração (conjunto de palavras em torno de um verbo), período (conjunto de orações);

b) termos essenciais da oração (sujeito e predicado);

c) ordem direta da oração (sujeito – verbo – complemento verbal – adjunto adverbial);

d) relação de coordenação e de subordinação entre as orações do período;

e) orações subordinadas com função de substantivo (subjetivas, objetivas diretas e indiretas, predicativas, completivas nominais e apositivas);

f) orações com função de adjetivo e sua distinção (restritivas e explicativas);

g) orações com função de advérbio (temporais, causais, consecutivas, condicionais, comparativas, conformativas, concessivas, proporcionais e finais);

h) orações reduzidas de particípio, gerúndio e infinitivo;
i) orações coordenadas sem conjunção;
j) orações coordenadas sindéticas (aditivas, adversativas, conclusivas, explicativas e alternativas);
k) uso de uma conjunção por outra etc.

O estilo e as intenções, o ritmo, os casos facultativos, todos podem ocasionalmente determinar o uso da vírgula. Entretanto, o alicerce da pausa no discurso escrito, ao contrário do discurso oral, não é o ritmo da fala, mas sim, a princípio, a estrutura sintática da oração e do período. Depois dela, o resto é acréscimo, não por isso menos importante.

Assim se mostra em grande medida a diferença entre a argumentação oral e a escrita. Nesta, o ritmo é, em suma, determinado por uma sintaxe[6], a qual, embora esteja presente no discurso oral, não é lá tão determinante em sua fluência, em sua progressão, concebida pelas estruturas menores, as palavras.

A fluência da leitura, pelo interlocutor, depende, em grande medida, da noção de gramaticalidade da frase pelo autor do texto escrito. Identificar, ao escrever, os blocos sintáticos que se estão introduzindo é o único meio de determinar com segurança a existência da pontuação, lembrando-se sempre que, para o leitor, uma pontuação mal elaborada é sempre fator de confusão[7], ainda que ele quase nada se lembre das regras do uso da vírgula.

A pontuação não é então causa da estrutura frasal, mas seu efeito. Talvez seja essa a regra não escrita mais importante da fluência do texto.

Elementos básicos de construção

Tendo consciência da estrutura gramatical que forma o período (conjunto de orações que se estende da letra maiúscula ao ponto final) e a oração (palavras ligadas a um núcleo verbal), podem ser enumeradas algumas pequenas dicas, muito didáticas, sobre questões da enunciação escrita. É interessante que o estudante acompanhe essa enunciação, mesmo que somente para ter a ciência de como o estudo da redação traz matérias peculiares que devem ser revistas por aquele que pretende boa argumentação. Veja algumas dicas em relação ao período:

a) Procure colocar a ideia principal do período como *oração principal*.

Compare os dois períodos:

O juiz Tício, que é muito honesto, deferiu a nossa liminar.

O juiz Tício, que deferiu a nossa liminar, é muito honesto.

Ambos os períodos trazem ao leitor duas informações distintas:

– que o juiz Tício é muito honesto;
– que o juiz Tício deferiu a liminar.

Todavia, embora os períodos tragam exatamente as mesmas informações, é certo que as expressam de maneira diversa. Nesse período composto por apenas duas orações, a diferença de expressão pode até não ser muito relevante, mas ela se torna maior quanto mais complexo for o período.

Na primeira frase, a ideia de que "*o juiz Tício deferiu a liminar*", por constituir a oração principal, tem maior realce que a ideia de que "*Tício é honesto*", uma vez que essa se apresenta como oração subordinada (adjetiva explicativa). Na segunda frase, ao contrário, a ideia de que "*Tício é muito honesto*" assume maior realce por ser oração principal. Assim, o conhecimento das relações de subordinação é essencial para atribuir sentido e coesão ao texto.

Veja, nos exemplos abaixo, como as ideias que constam das orações principais (em negrito) assumem, para o leitor, maior relevo.

Porque chovia muito, **não consegui chegar ao fórum.**
Chovia tanto que não consegui chegar ao fórum.
Quando a vítima morreu, **o acusado encontrava-se em viagem ao exterior.**
A vítima morreu quando o acusado se encontrava em viagem ao exterior.

Portanto, ao construir períodos compostos, procure estabelecer, em primeiro lugar, a oração principal, formada pela ideia central. A partir dela, seu sentido complementar pode ser conferido pelas orações subordinadas.

b) Evite, em regra, as inversões nos termos da oração. As inversões são muito comuns no discurso forense. Entretanto, nem sempre elas trazem um resultado eficiente em relação à coesão. Sem intenção determinada, apenas prejudicam a fluência da leitura, a exemplo de:

Pede o perito sejam elaborados quesitos mais claros.
Disse a promotora de justiça que não cabe suspensão do processo no presente caso.
Antecipa o requerente sua falta de disposição para firmar acordo.

Nota: A colocação das palavras deve observar a clareza. Não raro a colocação pouco criteriosa traz ambiguidades. Vejamos:

O policial efetuou a prisão do fugitivo portando uma metralhadora.

Quem portava metralhadora? O policial ou o fugitivo? Para evitar ambiguidade, deve-se preferir colocação diversa.

O policial, portando uma metralhadora, efetuou a prisão do fugitivo.
O policial efetuou a prisão do fugitivo, o qual portava uma metralhadora.

Veja outro exemplo:

> A apelação da sentença de primeiro grau, que está quase ilegível nos autos, foi protocolada a destempo.

Afinal, o que está ilegível: a sentença ou a apelação? Note-se, entretanto, que a ordem das palavras na oração pode implicar significado ou expressividade distintos, como no exemplo abaixo:

> O velho advogado sustentou sua tese.
> O advogado velho sustentou sua tese.

Portanto, a colocação de palavras deve observar, no mínimo, a clareza e o significado dos termos da oração. Via de regra, as inversões da ordem direta da oração são pouco recomendáveis, pois tendem a trazer menor clareza ao período. Quando feitas tais inversões, devem seguir uma intenção clara.

c) Evite os ecos na escrita.

O poeta pode rimar. O texto *poético* permite a repetição de sons que tornam belo o ouvir das palavras em combinação. Mas no texto em prosa, no texto técnico, a repetição de sons é pobreza de estilo, porque não intencional, e torna a leitura estranha. Faz parte do trabalho de selecionar palavras, também, a seleção de sons que não se repitam, de modo a evitar os chamados ecos, ou seja, a rima no texto em prosa. Então, evite construções como:

> Juridicamente, não há fomento para o aumento da verba honorária.
> Sua cliente, astuciosamente, buscava outros meios para a solução da questão.
> Mal alfabetizada, a empregada foi encorajada a frequentar uma escola especializada em ensino básico a adultos.
> Não pode haver verdade maior que essa.

Nesses casos, sempre há um modo ou outro de evitar inconveniente rima:

> Juridicamente, não há estímulo para a majoração da verba honorária.
> Com astúcia, sua cliente buscava outros meios para solucionar a questão.
> Com parca alfabetização, a empregada motivou-se [ou *motivaram a empregada*] a frequentar uma escola especial para ensino básico a adultos.
> Não pode existir verdade maior que essa.

d) Evite o excesso de informações em um só período. Este ponto merece atenção especial. Quando construímos um texto, temos várias informações a passar. Na argumentação em sentido estrito ou na narração procuramos organizar uma série de elementos, figurativos ou temáticos, que têm de ser incluídos no texto. Na frase, cabe apenas parte dessas ideias. Mas qual parte? Ou, em outras palavras, quando é hora de iniciar e quando é hora de terminar um período?

A resposta para tal questão não é simples, mas subsiste em todo aquele que escreve. Como toda questão atinente à redação, não se lhe pode dar uma solução segura, mas há como desenvolver algumas diretrizes para a adoção de um estilo claro quanto à extensão dos períodos. A princípio, deve-se refletir sobre um fator: a leitura.

Se me proponho a ler um texto em voz alta e nele há uma interrogação, dou acento específico de pergunta à frase. Mas impõe-se uma questão: se leio aquele texto pela primeira vez, como entonarei a pergunta, se tenho de iniciar o processo de entonação no meio da frase e o ponto de interrogação somente aparece em seu fim? Porque, mesmo sem perceber, eu, leitor, ao iniciar a leitura de uma frase, procuro e encontro seu fim. Já o vimos em ritmo de texto, quando tratamos de coerência.

Assim como um praticante de atletismo, ao iniciar a corrida, quer saber o tamanho do percurso que deve enfrentar, para poder calcular o ritmo de suas passadas, o leitor mede seu ritmo de leitura de acordo com os intervalos que lhe são impostos.

Isto significa afirmar que, via de regra, impõe-se a frases mais longas menor esforço de intelecção, e às frases mais curtas, maior atenção.

Em resumo, pode-se construir frases mais longas quando o assunto é de fácil entendimento pelo leitor; ele até as prefere porque tornam a leitura mais fluente, sem grandes ou frequentes interrupções.

Mas deve-se construir frases mais curtas quando se tratar de temas mais complexos, pois, caso não o faça, o leitor, no esforço de compreender o período que se lhe coloca, terá de criar por si pausas que não estão demarcadas no texto, o que poderá ser fator de confusão.

Novamente, como em todo tema de argumentação, não há regras seguras, mas um grande sopesar que depende do conhecimento do auditório – do leitor ou conjunto de leitores – a que se direciona o discurso.

Coesão avançada

Em um nível mais aprofundado, o autor notará que a estrutura da frase, ademais do *locus* gramatical da palavra, tem uma ligação muito mais intensa com a produção de sentido que o leitor consegue fazer a cada momento, com elementos mais distantes em seu texto (novamente, a noção espaço/tempo, mesmo no texto temático). Disso depende uma série ainda maior de fatores, como, por exemplo, o quanto o leitor já conhece daquilo que lhe é dito. Quando a construção de sentido é antecedente – quando o leitor já tem muitas informações prévias sobre o que lhe é dito

– a necessidade de conectores, que têm por função diminuir a polissemia e atribuir exato sentido a palavras, e mesmo de nomes (substantivos e adjetivos), diminui sensível e progressivamente. Em nosso entendimento, somente se pode aquilatar o nível de coesão de uma frase a partir daquilo que o leitor nela reconhece; assim não se pode dizer que exista falta de coesão *per se*, em alguns casos[iii]. Veja-se um texto, retirado de livro de ficção:

> Cervejinha não tem não? Pedrinha boa é a que bate rápido, Traga-tum, direto no cérebro, tudo legal, dor no ombro que passa, cabeça que voa em pensamento, todos alegres, se dá raiva é raiva boa. Pessoal do Partido tudo filho da mãe porque deixaram eu mesmo sem arma nenhuma, com pistola de brinquedo pistola sem bala que era pra matar eu depois e não demorou nada pra tentarem fazer o serviço porque aquele tiro no ombro podia dar quase certeza que não tinha vindo de polícia coisa nenhuma era aquele maldito cara do lado dele no banco que no meio do tiroteio já aproveitou pra fazer o serviço dele que era o de zerar eu mesmo depois no descampado onde trocamos o carro mas como vinha tiro de tudo quanto é lado o comédia adiantou o serviço ali no carro e achou que eu não podia colaborar nada naquela hora porque minha pistola não funcionava mas ela funcionou porque era outra e acabou foi com os polícias e agora fica todo mundo me tratando de rei com cama e bom de-comer mas da grana do pedágio não falaram nada e se eu bobear da próxima que eu falar em grana eles me matam sem dó nenhum porque as coisas estão ficando claras que Claudeir não está muito aí pro Partido não que não responde ao convite deles e se o velho se treta com o crime organizado certo que eu morro também por-

---

[iii] Por exemplo, dizer que "A mulher segurava a galinha quando ela botou um ovo" pode ser interessante para algum lance humorístico, mas fora isso não tem ambiguidade: a mulher não bota ovo, então a segunda ação tem de ser atribuída ao animal.

que sou unha-e-carne com ele. Peruca tentava puxar pela memória muitos momentos que tivera com Claudeir, onde esteve mais seguro, ou pelo menos assim se sentia. O velho era canalha mas me ensinou pra caramba e eu fico sofrendo que fico sentido que o pessoal do Partido não gosta dele não mas sabe que ele é sempre útil pra eles porque tem clientes e planos bons e está sempre envolvido pra levar uma nota e o plano deles é me zerar mesmo pra ter o Claudeir sozinho foram esses caras que estiveram na Zona Norte pra matar o Apagão e mataram e sabem que Claudeir sem ter quem mate por ele acaba abrindo as pernas de vez pro Partido mas não vão me matar agora porque o velho está sabendo que eu fui baleado e agora quer saber se eu vou melhorar e eu vou mas quando estiver melhor eles me enfiam em outra que eu morra e aí aquele advogado-de-porta-de-cadeia convida ele pra participar de tudo com eles e Claudeir não vai ter como resistir e nessa história quem roda sempre sou eu que não levo um nada de grana e vou morrer na mão de um deles uma hora porque tá é muito ruim do Claudeir sair da cadeia com aquele se eu der as caras fico preso também e o negócio é eu abandonar essa história de delito e cair fora dessa vida que a Lissa diz que eu não falo direito que sou burro e sou burro mas não falo bem mas sei pensar porque pensando de pedra eu vejo as coisas só não consigo falar e a decisão está tomada e pronto.

Não voltaria atrás.

Nota-se como, no fragmento, as palavras se repetem, e os sinais de pontuação quase não existem. Um período que seria longo e ininteligível se trouxesse uma informação nova, se descrevesse fatos específicos. Entretanto, trata-se da memória de um personagem: ele repassa fatos que o leitor da obra já conhece um a um. O leitor, no momento em que capta esse fragmento, conhece todas as cenas a que se faz referência, assim aquele que escreve pode ser muito mais rápido e direto na escrita, preocupando-se menos com as referências intrafrasais, pois o sentido já está pré-constituído. O único elemento novo, que projeta a expectativa do leitor, é a "decisão" que o personagem toma, depois de todo esse *flashback,* que inaugura um novo conflito, uma expectativa do leitor: qual a decisão que ele tomara? Como essa decisão não faz parte dos elementos já informados, o texto interrompe seu ritmo rápido e sua coesão branda, para voltar a gramaticalidade, com uma frase curta: "Não voltaria atrás".

Claro que assim se comporta o texto na literatura, mas a regra geral da escrita se mantém: quanto maior o nível de informação externa, quanto mais o leitor puder preencher de sentido cada vocábulo, mais diretamente a frase poderá ser formada, não sendo preciso usar remissões constantes. Voltamos, como já se nota, ao ponto da intertextualidade: há que se conhecer o nível informativo do leitor, além de – no caso da ficção – o quanto ele guarda na memória. Em certos momentos, a repetição de informações será imprescindível, porque o leitor nem sempre as retoma de imediato. Assim se complementa o sentido da frase, com remissão ao próprio texto, mesmo que em pontos bastante anteriores, como capítulos primeiros de um mesmo livro.

Mas a complementação de sentido pode ser externa ao texto, e ainda assim poupar as referências frasais para resgatá-lo.

Um bom exemplo de complementação de sentido *exterior* é a conhecida história do Papa João XXIII. Um jornalista, para insinuar que o Sumo Pontífice empregava muita gente na sede da Igreja, perguntou-lhe: "Santidade, o senhor sabe quantas pessoas trabalham no Vaticano?" João XXIII, de que se dizia ser dotado de excelente humor, respondeu: "Sei, sim: a metade". Resposta genial, claro. Note-se que a pergunta do repórter não havia sido ambígua em um discurso corrente, mas o inquirido aproveitou-se da polissemia do verbo "trabalhar" (ter um emprego/trabalhar efetivamente) para transformar o sentido da "quantidade de pessoas". Ele não sabe a quantidade de pessoas em número, mas sabe que é a metade da quantidade a que o repórter se referiu. Assim, a resposta foi dada efetivamente, utilizando-se a mesma referência externa em que o repórter se apoiara, porém desviando-lhe o sentido internamente.

A coesão avançada supera a fronteira da gramaticalidade normativa e, ao contrário do que se pode pensar, não é exclusiva de textos literários. A escrita jurídica tem níveis de coesão avançada que estão para muito além das normas do vernáculo: repetição de palavras, (quase)sinonímia, extensão de frases e parágrafos, ordem das palavras, estrutura das ideias dentro de cada parágrafo, modo de início de cada estrutura (oração, período, frase, parágrafo), seleção vocabular em geral, e muitas outras técnicas que aqui já foram de algum modo referidas.

Análise da escrita persuasiva

Quando, anteriormente, se tratou de argumento de competência linguística, notamos que a dissociação real entre conteúdo e forma não existe, em um elemento de contaminação bastante evidente do que, algumas vezes, invocamos sob o nome de pensamento mágico. A forma contamina o conteúdo, como se fossem um só, como se a expressividade concedesse razão lógica ao argumento, e dissociar esses elementos – impedir a chamada contaminação – é quase impossível. Ao menos no que se refere à linguagem.

Aqui não vamos cuidar de todos os temas tão interessantes da redação, mas cabe lembrar que o texto escrito tem suas peculiaridades. Elas passam principalmente pela exigência de uso mais estrito da coesão e da gramaticalidade, para que, para muito além de enunciar corretamente o texto, este faça um constante convite à leitura. Hoje não se pode ignorar que a escrita, sobretudo por causa dos textos de internet, tem perdido grande parte de seu formalismo. Há alguma vantagem nisso, porque fazer a escrita mais fluente, mais próxima do discurso oral, não é a princípio condenável. O problema está em confundir o coloquialismo, ou a linguagem direta, com o desconhecimento das técnicas que tornam o texto coeso e inteligível em qualquer uma de suas apresentações. Ausentes os recursos da fala, como a ênfase, a repetição, a gesticulação, e ainda com um distanciamento típico do texto plasmado no papel ou na tela, o exercício de intelecção do texto escrito é mais árduo, por isso sua construção tem de seguir preceitos mais rígidos, simplesmente porque resultam em um direcionamento mais exato de significado. Em textos mais complexos essa coesão é essencial, o que talvez seja dispensável na maioria das composições escritas do mundo virtual, porque trabalham sobre contexto já bastante direcionado (simplificado) pelo *layout* do espaço, pelas fotografias, ou mesmo por recursos audiovisuais, que hoje estão mesclados ao texto escrito de modo cada vez mais natural.

Não é verdade que o mundo virtual venha a ser responsável pelo fim da escrita. A produção de textos escritos ainda ainda prevalece e o acesso facilitado às publicações – distantes de todos os inconvenientes do suporte físico de papel – permitiu que se escreva muito. A escrita ainda é o fator comunicativo preponderante, mesmo para os que têm acesso a outras mídias: os aplicativos de comunicação nos *smartphones* permitem comunicação em vídeo e áudio perfeitos, mas ainda assim preponderam as mensagens escritas, que no inglês curiosamente criaram novo sentido a um verbo: "*to text*"[8]. Nunca se escreveu tanto como atualmente.

Nunca se escreveu tanto, mas, há que se dizer, nunca se escreveu tão mal. Uma notícia de jornal, mesmo de bons jornais, poucas vezes resiste a uma análise lógica, uma revisão de técnicas de coesão, alguma nova seleção vocabular, sem preciosismos. Em grande medida, por falta de tempo, porque a produção do texto que vai aos jornais tem de ser imediata. Mas não só: também ocorre por ausência de cuidado.

Se nos transportamos ao mundo jurídico, o quadro é um tanto pior. Algumas vezes, em trabalho na Suprema Corte, lidamos com trabalhos escritos que mal podiam ser compreendidos – que se dirá de sua persuasão. A estrutura adequada da escrita é o maior ponto de persuasão, e chegamos a ela através de repetição de construção e exercícios: mas também, durante a leitura de qualquer texto, da compreensão de suas qualidades, de sua estrutura.

Percepção textual: oralidade e escrita

Se, no nível mais básico, a escrita se treina a partir da revisão da gramaticalidade, do vocabulário e das regras de coesão, no nível mais avançado há que se trabalhar com sua expressividade: em que momento escrever, em que ritmo, com quais palavras, em que nível de sinonímia, quando possível. Até que ponto meu texto pode deixar de ser ambíguo, ser mais direto?

Uma das melhores formas de treinar a escrita é traçar seus limites com o discurso oral. No momento de escrever, já com a estrutura do texto definida, iniciar imaginando como alguém contaria a história oralmente, e, a partir de então, transcrevê-la ao texto escrito. Ao menos, é uma técnica que temos utilizado constantemente: pensar como se *contaria* a história (sempre reiterando que argumentação é também narrativa) e, a partir daí, transformando-a em um texto escrito, e que, para nós, funciona. Mas essa transformação tem uma técnica. Ao menos, a técnica que usamos. Nesse sentido, muitos escritores contam experiências bastante diversas, como Haruki Murakami, que relata que seu estilo de escrita deveu-se a tentar escrever em língua estrangeira: o fato de deter pouco vocabulário em idioma estrangeiro (o inglês, para ele), obrigou-o a ser direto, evitar adjetivação e buscar objetividade e clareza. Com esse primeiro rascunho, de poucos recursos linguísticos, passava-o depois a seu idioma materno, o japonês, mas com a estrutura já contaminada pela objetividade. Parece bastante convincente[9].

Quando se anota o que seria um discurso oral e se tenta passá-lo para texto escrito, há que se ter a noção do que se *perde* ao dispensar obrigatoriamente a imagem e o som. A questão espacial, os gestos, a feição, as pausas. As referências de local, de espaço, de pessoa, de interlocutor, que estão todas ausentes quando se coloca um texto no, em sentido lato, papel. Ao identificar o que se perde, constrói-se um discurso escrito mais coeso. Note-se bem a diferença entre o que propusemos no capítulo anterior e no presente: antes, propusemos que todo discurso oral seja antecedido de um texto escrito. Mas esse texto escrito não tem preocupação de estrutura coesiva tão grande, nem de expressividade, porque se tem em mente as ferramentas disponíveis no momento da enunciação oral. Agora, o caminho é inverso, mas também funcional: quais são os recursos da escrita, só da escrita, que devem substituir a expressividade perdida do áudio e dos gestos?

Com uma noção intuitiva dessa transformação, alguns juristas transportam diretamente suas entonações ao texto escrito: negritos, sublinhas, pontos de exclamação, letras grandes, elementos que nada têm que ver com a linguagem escrita em si mesma. Há que se ter em conta que não se trata de uma transposição meramente, de uma "fotografia" do texto oral, mas de outro tipo de expressividade, com recursos diferentes, com estrutura diversa. Mais ainda em nosso idioma, no Brasil, em que o nível de coloquialidade da linguagem oral difere muito da escrita.

Propomos, apenas para não ficar na pura abstração, a análise de um texto completo. Trata-se de um diálogo de uma série que, durante anos, escrevemos em um jornal jurídico. Um diálogo que, entretanto, está em linguagem escrita. Como um texto adaptado para que a ele se agreguem discursos visuais. Nesse tipo de construção, está mais fácil identificar: Quais são os recursos que o autor utilizou para captar o diálogo e transformá-lo em um texto escrito? Existem elementos de oralidade inadequados, caso não fosse um texto preparado para representação? Ou, ao contrário, sua estrutura seria a mesma?

O leitor pode, então, responder a estas perguntas:

a) O que existe de discurso oral.

b) Quais os recursos de escrita que apontam para elementos que, na oralidade, seriam dispensáveis.

c) Quais os recursos de escrita que o texto oral não teria.

d) Qual o conflito principal do texto.

e) Qual a intenção do autor na revelação do texto.

> **Roteiro para curta-metragem:**
> *Centro de São Paulo. Começa a escurecer na rua em que se vendem drogas. O homem de meia-idade, com paletó de couro* **MARROM**, *baixa à rua. Vira a esquina, e é surpreendido por dois policiais fardados, que fazem ronda a pé. Nota-se que* MARROM, *apesar de sentir a pistola quase colada ao rosto, está calmo. Breves palavras, que não se escutam, e os policiais baixam as armas. Agora são eles que se afastam, em direção ao centro da boca de fumo.* MARROM *para na esquina a observar os policiais caminhando. Eles andam alguns passos, esperam um pouco. Até abordarem um jovem de camisa de flanela xadrez que virava a esquina.* MARROM *atravessa a rua, em direção ao foco da câmara. Agora nota-se que a câmera simulava o ponto de vista do homem* **AZUL**, *um rapaz negro de seus trinta anos, de*

jeans e moletom vermelho, que mirava tudo desde a outra esquina. Filma-se agora o diálogo entre os dois, que não se conhecem. MARROM *aproxima-se de braços alçados, sinalizando não oferecer perigo.*
Marrom: Eu só disse pra eles que moro no prédio ali. Não sou polícia, não. Sou advogado.
Azul: Bom ter falado. Já não estava gostando. Mas a polícia deixa mesmo em paz quem mora no teu castelo. Vocês passam, a gente não se mete, eles não se metem. [*Como cortando o diálogo*] A gente não tem que trocar ideia, nós dois.
MARROM *tira o paletó de couro e o põe na calçada. Senta-se sobre ele, com as costas apoiadas ao muro, quase aos pés do AZUL. Observa os policiais, que ainda retêm o jovem de xadrez, e fala:*
Marrom: Senta aí, Disciplina! E me conta, vocês chamam meu prédio de "castelo"? [*Apontando aos policiais*] Estão liberando o menino. Sem uma moeda no bolso.
Azul: É.
Marrom: Não quero te encher com minha conversa, só observar. Porque eu escrevo, sabe? Não, não sabe. Olha como é interessante: o polícia toma o dinheiro do menino, que na verdade era pro tráfico. Pro policial não é um roubo, é uma apreensão do dinheiro que alimentaria o crime, a bandidagem. Ele só não declara, e não se sente bandido.
Azul: [*Dobrando o joelho devagar, até sentar-se*] Declara o quê, irmão?
Marrom: Não repassa o dinheiro pra Polícia, pro Estado. Pegam pra eles. Mas, no fundo, na cabeça deles, não são corruptos. Ladrões, digo. Eles apreendem o dinheiro do tráfico, assim diminuem o Fluxo. E a vida segue. [*Gesticulando, com o indicador na testa*] É natural do ser humano, eles aliviam a autorreprovação. A consciência dói, acusa, entende?
Azul: Eu tenho que ficar com cinquenta reais no bolso. Quando não tenho, é canseira. Se tenho, vão logo embora. Ali na frente,

no Fluxo mesmo, é diferente: quatrocentos no bolso por vez. De manhã e de noite. Se não, a coisa esquenta. Alopram os meninos. Baixa viatura, pegam mercadoria. Sem ideia.

Marrom: [*Rindo*] Eu sabia disso, só não sabia que estava tão caro. Mas eu me interesso mesmo pelo processo, pela consciência. Nenhum diálogo, nenhum acerto expresso. E com isso a mente de todos funciona bem. Como se tudo fosse condição da natureza.

O homem AZUL olha bem o interlocutor. Em close, a câmera mostra seu rosto desconfiado, sua dúvida, até que ele relaxa, mas ainda cauteloso. O homem MARROM tira do bolso do paletó, sobre o qual estava sentado, uma caixinha prateada, que traz cigarros, e oferece ao AZUL. Ele aceita e começa a fumar. Tudo muito lento. Quando a fumaça sobe, ele fala:

Azul: Essas coisas de culpa, não é?

Marrom: Consciência, é. Diz, você tem algo pra contar. Fuma mais. Olha, a polícia tá subindo a rua. Voltam mais tarde.

Azul: Minha mãe era da igreja. Eu era da igreja, mas sem muita crença. Sou dessas coisas de Deus, não. Minha mãe, fanática. Mas eu ia com ela, porque no culto tinha muita mulher bonita. Conheci uma dessas, menina. Engravidei a moça, daí tive que trazer ela pra morar comigo.

Marrom: Justo. Você tinha que cuidar do teu filho.

Azul: Filha. Quando nasceu, a coisa ficou ruim de vez. Minha mulher não trabalhava, minha mãe e ela não saíam da igreja, e eu tendo que botar comida na casa todo dia. Comida, leite, fralda, talco.

Marrom: Você fala bem. É bom contar essas coisas. Alivia a gente.

Azul: Suave. Aí era só humilhação pra mim. Humilhação, humilhação. Porque eu não tinha grana, atendente de padaria. E me mandaram embora, porque eu tava dormindo no serviço, e aí foi pior, as duas me xingando, minha mulher queria celular. Disse que o Pastor mandou ela ter celular, pode?

Marrom: São os dias de hoje.

Azul: Humilhação, humilhação. E ofende, e fala, e compara com o vizinho, com o ex-namorado. Com meu irmão, que sumiu. Foi aí que entrei no movimento do pó. Mas entrei de vez, porque tenho jeito pra vendedor, peguei uma moto e distribuía muito, dia e noite, pedra e tudo. Muita pedra, dentro do tanque. E na madrugada ainda fazia o meu por conta. Enchi minha casa de grana.

Marrom: Então parou a humilhação.

Azul: Isso. Minha mulher com o celular dela ficou um doce, minha mãe quando ganhou TV disse que me amava, só minha filha ficou igual, de bonita. Lindona. E tinha uma gaveta na cozinha, que eu enchia de dinheiro. Que minha mãe pegava, pra igreja.

Marrom: Claro. Entendi agora por que você me conta essa história exatamente. Sua família usava o dinheiro, que sabia que era do tráfico, e não reprovava tua atividade, né?

Azul: Em nome de Jesus. [*Ri*] Não falavam nada. Mas sabiam que não era dinheiro de chapeiro de padaria, né? Juntei um saco de grana que escondi no quintal. Aprendi: cano de PVC, plástico, entulho e pode enterrar. Dinheiro e arma cara.

Marrom: Pro futuro.

Azul: E aí eu vou preso e quem aparece pra me visitar? Ninguém. Quase ninguém. Porque no CDP vieram dois: primeiro, meu irmão, que eu não via fazia mais de dez anos. Voltou pra dizer que minha mãe chorava de vergonha de mim, que minha mulher não ia vir me ver nem trazer a menina. Que eu sou um bandido, que eu tenho que saber meu lugar. [*Tosse*] E adivinha quem mais...

Marrom: Imagino.

Azul: O Pastor! De Bíblia e gravata, pra falar que se envergonhavam de mim. Mesmo papo: que minha mãe chorava e orava, porque tinha me criado para ser um trabalhador. [*Acende outro cigarro. No close, nota-se que em seus olhos formam lágrimas, que ele retém*] Eu só disse pro sujeito que ele não viesse me reconver-

ter, não. Porque minha mãe me humilhava, mesmo, quando eu era trabalhador, quando eu virei bandido era tudo só felicidade. Inclusive pra igreja, que levou dízimo do que eu meti em casa.
Marrom: E ele fingiu que não escutou essa parte.
Azul: Malandro demais, falou que minha filha passava fome, e eu na grade. Pode? Foi embora, e me aparece na semana seguinte, depois de sete dias que eu só pensava na minha lindona. Covardia, né? [*Chora, cabisbaixo*] Fiz a bobagem: falei da grana no quintal.
Marrom: *Affe!*
Azul: Aí sumiu todo mundo de vez. Mãe, mulher, filha, pastor, dinheiro, arma, tudo pra casa do diabo.
Marrom: [*Sorrindo*] É, acho que o pastor pegou sua grana.
Azul: E minha mulher, pelo que sei. Se é que já não está de olho na minha filha. [*Faz uma pausa, baixando o olhar*] E quem é o bandido da história? [*Entreolham-se, em* close] O bandido tá aqui, que tem que andar com salvo-conduto no bolso.
Marrom: Salvo-conduto e cinquenta reais.
Azul: É. E os cinquenta reais. Pra isso, pra aliviar a culpa dos outros. Cuidar da... Como você falou mesmo?
Marrom: Consciência. Eu disse "consciência".
MARROM acende um cigarro, lentamente. Duas meninas, de menos de nove anos, passam brincando com uma corda. A cena finaliza, em fade, *ao som de um* rap *qualquer.*

[Fim]

Da leitura não vamos ofertar grandes conclusões, a não ser que é possível, na escrita, conservar algo da dinâmica e do ritmo do discurso oral, sem necessariamente haver de elevar-se vocabulário. No entanto – aí sim – os elementos de coesão estão mais afrouxados no discurso oral, e um texto longo, com a estrutura oral, cansaria o leitor, porque ele tem que estabelecer relações de sentido contextuais, que lhe poderiam ser facilitadas com conectivos em períodos mais longos. Também os recursos orais, apesar de mais imediatos e expressivos, são muito menos precisos que os do discurso escrito, por isso textos orais não suportam construções mais extensas. Cansam, não permitem pausa e consulta, não sustentam complexidades, como ainda se falará adiante.

É bastante perceptível o quanto um discurso oral realmente suporta. A expressão escrita tem seus próprios recursos, que são excepcionais. Claro, alguns têm maior dificuldade em desenvolvê-la, sendo-lhes mais objetivo o discurso oral, porém esses obstáculos são todos sanáveis, a depender do nível de estudo de cada um. Se os cursos jurídicos têm ou não se dedicado a entregar essas habilidades aos alunos, esse é assunto bastante distinto.

Papel em branco: micro e macrotexto

São muitos os que relatam ter certa dificuldade em começar um texto, em lidar com o papel em branco, e esse tema, quando se cuida de retórica, deve ser abordado mais de uma vez, quando couber. Ao estudar escrita especificamente, com mais razão o assunto tem de ser levantado. Cuidaremos rapidamente de duas hipóteses distintas: as dificuldades do microtexto e aquelas do macrotexto.

Às vezes, a dificuldade em produzir o texto escrito advém da falta de domínio dos elementos do microtexto: variação e precisão vocabular, estrutura frasal, pontuação. Isso significa que uma revisão constante das regras da gramática e, depois, de alguns tópicos idiomáticos mais avançados, pode colaborar muito nessa tarefa de transposição do pensamento para a linguagem escrita[10].

Mas a dificuldade na escrita em si pode ser apenas aparente quando alocada no macrotexto. Basta constatar que, como temos reiterado, o texto escrito é o suporte para as ideias mais complexas. Portanto, é absolutamente natural a sensação de que um discurso que aparentava ser totalmente estruturado para o plano oral (ou o plano mental, pensado como uma fala) pareça frágil no momento de escrever. Em outras palavras, a sensação de que grande parte das ideias, no instante da transposição à escrita, está fugindo é meramente ilusória. Não existe essa "fuga" de ideias no momento da redação, porque essas ideias, esses argumentos nunca existiram. Trata-se da complexidade natural do meio, que somente é vencida com a complexificação do pensamento em si mesmo – o que, uma vez mais, não significa usar jargões e palavras difíceis –, com a elevação do texto a um plano superior, o que exige outro grau de elaboração das ideias. Se nos permitem a comparação, é como se uma música feita em acordes de violão tivesse de ser executada por um pianista, sozinho, com seu grande instrumento: ela soará pobre, naturalmente. Para transpor a canção dos acordes no violão para os recursos do piano, é necessário que se façam novos arranjos. E, ao fazê-lo, o músico não poderá fugir à regra: a partitura será mais detalhada, necessitando novos recursos, porque o meio é outro. Não se pode dizer que o violão seja melhor que o piano, tampouco o contrário: cada qual tem sua gama de possibilidades e, ainda que com o mesmo material (a música, os sons, as notas), convivem com estruturas e funcionalidades distintas.

Caso tenhamos que transportar um conto da tradição oral, popular, a um texto escrito, como uma novela ou mesmo um conto literário, sabemos que o enredo há que ser mais detalhado[11]. Intervirão outros personagens, ou haverá mais detalhes descritivos, ou subconflitos. Não há outra forma.

Nossas observações não significam que a linguagem escrita seja um obstáculo intransponível, bastante ao contrário. Apenas indicamos que, talvez, o primeiro passo para iniciar a redação de um texto seja estruturá-lo com um nível de argumentação, de conflitividade, clímax e solução suficientes para que a execução do texto possa fluir com naturalidade, de forma que nenhum entrave seja atribuído à forma de expressão em si mesma, mas à adaptação prévia da composição a esse meio.

Conclusão

A escrita tem sua própria lógica. Gramática normativa, organização, potencial de impacto. O que não implica que ela tenha de elevar-se em formalismos. Basta conhecer seu método. Em um nível mais avançado, a transposição do discurso oral ao escrito evidencia que recursos deste representam vantagem sobre aquele, e a partir daí um primeiro rascunho de um texto escrito pode vir do pensamento que se aproxime do discurso oral. Ambos convivem, relacionam-se e se retroalimentam, e isso é o mais interessante da expressividade.

No momento atual do Direito, começamos a viver, num movimento pendular que sempre se reitera, a volta da valorização do texto escrito. A facilidade dos recursos audiovisuais trouxe uma primeira impressão de que os textos orais seriam primazia: alegações das partes, que se podem gravar por celular e juntar-se às plataformas eletrônicas; audiências gravadas em vídeo que dispensam transcrição das falas; depoimentos também em vídeo, que em tese permitem analisar a reação corporal de cada testemunha em suas respostas; ou mesmo decisões judiciais pronunciadas oralmente em audiências registradas por câmeras. Tudo isso se mostrou, apesar de cômodo a princípio, inviável em um segundo momento. A escrita é mais objetiva, suporta maior complexidade e, principalmente, permite orientação e compreensão rápidas de sua força ou de sua fissura lógica.

Isso tem facilitado que os operadores do Direito notem o que aqui se insiste desde os primeiros capítulos: o texto escrito tem sua orientação espacial e temporal: também nos orientamos nele a partir de suas referências, de sua extensão, seus espaços escritos e seus brancos.

Evidentemente a tecnologia tem suas grandes vantagens, que acabamos de mencionar: as audiências virtuais agilizam o trabalho de todos, e a produção probatória reconstrói a realidade. No campo criminal, as câmeras de vigilância, o registro de operações financeiras e as localizações registradas no celular colocam à disposição as provas de qualquer cena do crime. A tecnologia é uma realidade invencível, mas não é o fim da escrita, bem ao revés. Dela há que se realçar a quase desnecessidade do uso de papel pelas plataformas de julgamento. Portanto, quando nos referimos à escrita, não falamos em impressoras jogando tinta sobre, como disse algum poeta, árvores mortas. O papel é apenas um dos suportes possíveis da escrita, mas ela continua como a ferramenta principal do Direito.

CAPÍTULO XVII

ESTILO E CRIATIVIDADE

Se a argumentação por si só é um elemento de *pensamento mágico*, no sentido em que assumimos que não se trata de ciência no sentido estrito, quando cuidamos de estilo[1] e subjetividade, os elementos de insegurança são ainda maiores. Por mais que muitos estudos, por exemplo, da psicologia possam trazer alguns indícios sobre matéria de persuasão e interação pessoal[2], eles não nos seriam suficientes. Não apenas nos afastariam de nossa especialidade, como jamais poderiam alcançar utilidade segura na construção argumentativa.

O presente capítulo está dividido em duas partes: a primeira, a compreensão de estilo e, decorrente dele, as técnicas de criatividade. Ambos, estilo e criatividade, coincidem em ao menos dois elementos. Primeiro, são expressão da própria personalidade, a exigir exercício constante de recriação e autopercepção; segundo, são elementos de projeção para o futuro, o que justifica estarem, na topografia deste livro, quando já caminhamos para seu final. Eis como o futuro argumentante deve pensar deste ponto em diante, a fim de manter-se no caminho do aprimoramento pessoal.

Na primeira parte, utilizaremos métodos triviais de análise do discurso para demonstrar a aplicação da lei da contaminação no momento da escrita: algo do discursante passa a seu discurso, mas em via de mão dupla, pois tanto ele transforma o discurso, como também o discurso acaba por transformá-lo. Ter consciência de quanto o argumentante forma parte de seu próprio texto, de quanto sua figura influencia no que diz é um trabalho que demanda tempo, também em um duplo viés: (a) primeiro, somente a experiência dirigida é capaz de fazer com que reconheçamos o quanto nosso produto final argumentativo depende de nossa personalidade. Isso distingue o que é um estilo sedimentado do que são apenas vícios da expressividade; (b) segundo, a criação de um estilo próprio depende desse exercício de produção, até para que exista quantidade suficiente de textos que permitam reconhecer características comuns, características exclusivas de seu autor. Um novo sentido de retroalimentação.

Para iniciar, leiamos este pequeno fragmento de *Momo e o Senhor do Tempo*, de Michael Ende[i]. Na narrativa, Momo é uma menina que vive sozinha, isolada em uma pequena praça, nas cercanias de uma cidade da Europa. Os moradores da cidade aproximam-se dela e, procurando saber de sua vida, travam este diálogo:

> – Quer dizer, você não precisa voltar para casa?
> – Minha casa é aqui – respondeu ela, prontamente.
> – Mas de onde é que você veio, menina?
> Momo fez um gesto vago na direção do horizonte.
> – Então, quem são seus pais? – insistiu o homem.
> A menina olhou para cada um deles, com ar perplexo, e encolheu os ombros.
> Todos se entreolharam, suspirando.
> – Não precisa ter medo – continuou o homem. – Não vamos mandá-la embora. Queremos ajudá-la.
> Momo meneou a cabeça, calada, sem muita convicção.
> – Você disse que seu nome é Momo, não é?
> – É.

---

[i] ENDE, Michael. *Momo e o Senhor do Tempo*. 2. ed., São Paulo: WMF Martins Fontes, 2012, pp. 6-7.

– É um nome bonito, mas que eu nunca tinha ouvido antes. Quem lhe deu esse nome?
– Eu mesma.
– Você mesma?...
– É.
– Quando você nasceu?
Momo pensou um pouco e, finalmente, disse:
– Tanto que eu me lembre, sempre existi.

Perceba como a menina Momo, que vivia isolada de seus pares, quando questionada sobre sua idade, responde: "*Tanto que eu me lembre, sempre existi.*" Um pensamento e tanto, não? Efetivamente, de seu ponto de vista, ela existe desde sempre. Antes de seu nascimento, impossível a ela aquilatar se havia existência: de seu ponto de vista, o mundo nasceu a partir dela, e não o inverso.

Pois toda vez que descrevemos uma realidade, transformando-a em ponto de partida de um discurso, imprimimos a ela nossas visões pessoais, queiramos ou não. Quando enunciamos um texto argumentativo, é de má técnica utilizar enunciações de subjetividade, a exemplo de "na minha opinião", "eu acho", "do meu ponto de vista", mas é certo que qualquer enunciação ou construção discursiva, porque são frutos do raciocínio de um sujeito, sempre refratam sua opinião, seus anseios, preconceitos e experiências.

Não é apenas na literatura. Onde um juiz, em julgado seu, afirma que "a doutrina diz que essa é a interpretação válida do texto legal", deve-se ler, à evidência, "a doutrina *que eu conheço* (ou *que eu li*) diz que essa é a interpretação válida do texto legal". Por mais objetivo que se pretenda o julgado, ele trabalha com as informações e experiências de uma mente humana determinada – ou com aquelas que o cérebro consegue acessar naquele momento – a partir de seus sentimentos e de seu conhecimento de mundo, tão pequeno se comparado ao todo do saber humano.

É bem verdade, então, que o argumentante não deve se enunciar diretamente no texto, revelando seu eu, com suas limitações e defeitos, pois o ideal, sempre, é que a argumentação alcance a maior objetividade possível. Entretanto, em nosso nível de estudo do tema, podemos claramente afirmar que o fato de essa subjetividade não aparecer enunciada não significa que não deva ser *considerada*, em qualquer exercício discursivo, pelo argumentante.

Pois é do caráter subjetivo da argumentação – e do alerta para que o argumentante se aperceba dele – que trazemos duas consequências diversas como pontos de reflexão em nosso estudo: a construção do estilo e a humildade do argumentante.

Os dois pontos que seguem podem, então, parecer contraditórios, se o futuro argumentante não lhes conceder o devido valor. Sopesar – como em toda matéria humana – as vantagens e desvantagens do quanto será exposto, considerando seu nível atual de trato com a construção do discurso, é responsabilidade, obviamente, de cada um.

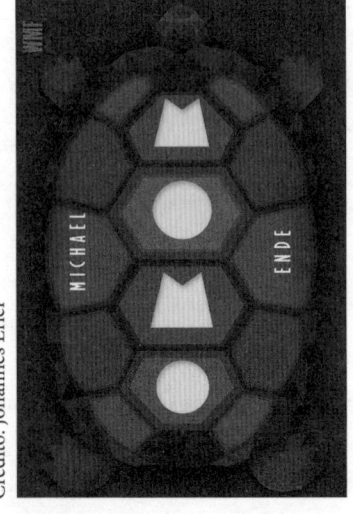

Questionada sobre sua idade, a menina Momo responde: "Tanto que eu me lembre, sempre existi". Uma excelente forma literária de demonstrar que, desejando ou não, a origem de nossos pensamentos depende da individualidade do ponto de vista. Essa aparente limitação pode ser convertida em diferencial do texto.

Crédito: Johannes Erler

Construir um estilo, edificar uma imagem

A primeira consequência da subjetividade é o evidente fato de a pessoa do argumentante ser indissociável de seus argumentos. Mesmo que o interlocutor jamais tenha refletido especificamente acerca deste tema, certo é que associa o conteúdo das ideias que lhe são lançadas àquele que as profere, como notamos ao trabalhar com a argumentação *ad hominem* e, de certa maneira, com o argumento de autoridade.

O interlocutor concebe essa associação indivíduo-ideia porque busca coerência no todo da construção discursiva. É, portanto, obrigação do arguente preocupado com a eficácia de seu discurso *estabelecer tal coerência*, que vem de sua autoimagem, da imagem de si que ele próprio constrói.

Observe, a título de ilustração, o pertinente comentário de Schwartzenberg[ii]:

> O homem político vem procurando cada vez mais impor uma imagem de si mesmo que capte e fixe a atenção do público.
> Essa imagem é uma reprodução mais ou menos fiel dele mesmo. É o conjunto de traços que ele preferiu apresentar à observação pública. É uma seleção, uma recomposição.
> Esta maquete reduzida constitui portanto uma representação figurada da realidade. E, ao mesmo tempo, uma reconstrução da realidade.
> Essa reconstrução lembra o trabalho do artista. Mas desta vez o artista toma a si mesmo como material de trabalho – como na autobiografia, no autorretrato. Mas, desta vez, o escultor esculpe sua própria estátua. Amassa a sua própria argila. É ao mesmo tempo artista e modelo, criador e criação.

[ii] SCHWARTZENBERG, Roger-Gérard. *O Estado espetáculo*. São Paulo: Difel, 1978, p. 3.

Não se prega aqui o narcisismo e o culto da personalidade, própria dos políticos e estadistas. Mas é certo que, ao longo do tempo, a construção de uma imagem que pareça coerente ao interlocutor é fator de persuasão complementar, a que um estudo argumentativo não pode deixar de fazer menção. Se um argumentante se faz suficientemente conhecido porque muitas vezes escreve textos ou faz discursos orais defendendo determinados posicionamentos, o interlocutor passa, em sua intertextualidade, a contar com aqueles outros discursos para complementar o sentido daquele que lhe é proferido.

Certa vez um advogado do Tribunal do Júri, de larga competência, sentindo que os jurados estavam comovidos com seu discurso, percebeu que poderia enunciar tese de legítima defesa em favor de seu cliente, sendo que houvera planejado pedir o benefício da violenta emoção. Demoveu-se da ideia mais radical, apesar da possibilidade de, com alguma justiça, absolver seu cliente. Depois, explicou: "Correria grande risco se o fizesse. Não apenas de sair perdedor, mas de firmar minha imagem como advogado que faz pedidos inverossímeis. Isso me seria altamente prejudicial." Verdade: o advogado considerou que um dos jurados que o assistisse, em próxima defesa sua, poderia usar do pedido desarrazoado de legítima defesa para constituir uma má predisposição para o novo discurso: a imagem do argumentante como falseador da razoabilidade, que, indissociável de seu novo discurso, não se renova facilmente.

Mais uma faceta da coerência e da intertextualidade.

Pois o nível de intencionalidade na construção da própria imagem também é parte do discurso e da técnica argumentativa de cada um. Como é impossível deixar de gravar traços de personalidade em todo discurso que constrói, o argumentante utiliza esses mesmos traços como fator de coerência, demonstrando, *intencionalmente* – ainda que de modo não explícito –, que tais marcas pessoais seguem no mesmo sentido que os argumentos efetivamente enunciados.

A tarefa de edificar uma imagem coerente nada tem, no Direito, de criticável: na publicidade, o gordo não será chamado para fazer comercial de adoçante, nem o careca para anunciar tônicos capilares. Deseje-se ou não, a associação de imagens individuais a mensagens é algo corriqueiro, e o indivíduo não pode fugir de todo a sua realidade ontológica. O que ele aparenta depende em grande medida do que realmente é. No exemplo dos comerciais de televisão, essa imagem é visual, corpórea, mas não necessariamente é assim no Direito: um jurista pode criar sua imagem apenas pelos seus textos escritos, que conformam um ideal na mente do leitor, e que nada tem a ver com a forma corporal daquele que argumenta.

A subjetividade aparece também na construção do *estilo*. Ao longo do tempo, as convicções, idiossincrasias, a seleção vocabular e a própria imagem constituem traços de pessoalidade discursiva, que podem ser identificadas pelos interlocutores. Esse estilo, quando bem utilizado, é marca característica que funciona como fator de persuasão, na medida em que representa um diferencial com o qual o destinatário pode identificar-se e que pode servir de fator complementar de sentido a um texto.

De qualquer modo, para nossos objetivos, o relevante é que esse fator seja trabalhado com intencionalidade e consciência. A coerência em relação à formação da imagem e do estilo pode ser fator excelente de persuasão, se consideradas todas as circunstâncias que envolvem essa técnica.

Subjetividade e consciência

Contraponto do quanto estudado é o fato de que a experiência individual, em lugar de construir um estilo, que perpassa a argumentação como pensamento mágico, seja um elemento impeditivo para que o argumentante exerça sua alteridade, pois sabe que exerce um argumento que tem o foco em terceiro. Algo parecido ao exercício da humildade científica, de não se colocar como o centro gravitacional de todo o discurso, que, porém, vai bastante além.

Em nossa opinião, a experiência com o próprio texto leva seu autor a manter dele certa distância, ou, o que dá mais ou menos no mesmo, a saber o momento em que o indivíduo pode inserir-se na própria criação, mesmo que de modo não explícito. A frase, já mencionada, de Rosa Montero, que afirma algo como "o escritor jovem fala de si mesmo, ainda quando fala dos outros; o escritor experiente fala dos outros, ainda quando fala de si mesmo[3]" enuncia bem o que pretendemos dizer: o processo de conhecimento da subjetividade leva à intencionalidade. A subjetividade que estiver desacompanhada de um processo de consciência pode ser deletéria, levando o argumento a momentos de autorrepetição e, mais, de centralização na pessoa do discursante, com o risco de produzir um discurso não transcendente. Isso, no Direito, ocorre a muitos: sua visão de mundo, seu compromisso com o caso, seus preconceitos ou mesmo sua indignação com a injustiça da lide guiam a construção de texto em um patamar deletério, um nível em que existe uma subjetividade pouco consciente e, portanto, fora de intencionalidade.

Na primeira parte do romance *O maravilhoso mágico de Oz*, o Homem de Lata, que busca ter um coração, enuncia para si mesmo um brilhante lamento. Tem que seguir a estrada dourada, como seus companheiros, mas a caminhada lhe custa muito esforço. Se fosse capaz de ter sentimentos, teria intuição, e então não necessitaria preocupar-se tanto em seu caminho[iii]. O frag-

---

[iii] "You people with hearts," he said, "have something to guide you, and need never do wrong; but I have no heart, and so I must be very careful. When Oz gives

mento é magnífico, e de nosso ponto de vista, refrata alguma ilusão do personagem, que também é a ilusão dos outros: Leão, Espantalho e Homem de Lata dão grande importância àquilo que não tem, mas que é apenas parte da individualidade. No caso deste último, ele supervaloriza os sentimentos[4], porque não os tem, mas talvez a obra insinue, cremos, que a confiança em seu próprio caminho, essa chamada intuição, não seja papel do coração que deseja, mas da experiência e da racionalidade. Deixar-se levar, na metáfora, pelo coração pode ser bastante útil em alguns instantes, mas é a frieza para racionalizar o próprio eu que empurra para a construção de um estilo, este que guiará as escolhas enunciativas.

De tanto repetir um movimento correto, o jogador de futebol não "raciocina" antes de seu chute; ademais, ele mantém uma noção espacial tão constante que faz com que qualquer grande jogada pareça, a um terceiro – e até a ele próprio –, intuitiva. Fruto de muito treino, de repetições e correções. O jogador de xadrez conhece tanto os movimentos básicos no tabuleiro, já calculou tantas vezes as possibilidades a partir daquela posição de jogo que elas lhe estão guardadas na memória, então suas jogadas também parecem um movimento reflexo, inspirado por uma mão invisível. Nem por isso um e outro deixam de ter um *estilo* próprio, ao contrário: é ao superar os elementos fundamentais que o indivíduo sobe um patamar, o da originalidade. No fundo, os atletas do xadrez e do futebol sabem o que funciona melhor para eles, mas não como repetição, senão como uma espiral evolutiva.

Na argumentação não é diverso: quem ainda batalha com a gramática ou com os primeiros discursos pode *talvez* ter um es-

---

me a heart of course I needn't mind so much." BAUM, Frank L. *The wonderful wizard of Oz*.

tilo, algo transcendente de sua personalidade, mas isso nos parece pouco provável. O que se sabe é que esse estilo, se já existe, tem de ser modificado, reformado a todo tempo, através de autocrítica, de visão externa.

Do estilo à criatividade

Uma canção famosa diz que "não há dois sem três". Frase mais do que real, que, na canção, foi transportada, com precisão poética, para as questões de relacionamento, insinuando, cremos, uma infidelidade conjugal. Pode ser. Mas o fato é que a visão triangular é a base de toda observação, a perspectiva. Somente se pode observar dois pontos desde um terceiro; então qualquer desenhista, quando concebe um quadro, cria imediatamente seus referenciais de dimensão: dois pontos que serão desenhados e um terceiro, obrigatório, que nada mais é que o ponto de vista. Sem o três, como dizia o poeta, um e dois não podem existir.

Esse terceiro ponto de vista é o que transforma o argumentante. Ele deve notar que existe uma perspectiva tridimensional, que tem de permitir afastar-se a todo momento de seu próprio papel. Ver-se desde a exterioridade, para exercer sua autocrítica e intervir no debate a partir de um ponto de vista objetivo. É isso, paradoxalmente, que lhe permite construir sua subjetividade. Do contrário, verá o mundo como o personagem Momo, que lembra ter exisitido desde sempre.

Essa consciência de que há um meio de criar um estilo pessoal traz, ao longo do tempo, o aprimoramento completo e contínuo de sua capacidade argumentativa. Junto com a imagem do argumentante, define-se a coerência entre o discurso e diversos outros fatores – entre eles, outros discursos – que vão se sedimentando para a atribuição de sentido pelo interlocutor. Trata-se de um fator para ser pensado mais a longo prazo, em exercício também constante.

Mas a definição de um estilo e de uma imagem não pode implicar soberba. O estilo se conforma, forja-se, se tiver sempre como foco principal o interlocutor. Ele é quem deve ser atingido pelo argumento e é para ele que se constrói o discurso suasório. Rememorando, quem elabora um texto tendo como foco o próprio raciocínio está a um passo de fazer um belo exercício, mas uma péssima argumentação. A criação argumentativa parte da consciência de suas próprias capacidades, aliada à necessidade de evoluir para atingir a mente do interlocutor.

Em outras palavras, o grande risco da criação do estilo é que o autor tente comunicar-se consigo próprio. Tal ato seria, como na frase da escritora, falar sempre de si mesmo, mesmo quando se fala ao outro.

A criatividade

Se compreendemos a argumentação como atividade comunicativa dentro do Direito, e a forma de argumentar como aquela que envolve técnicas de persuasão, sujeitas a alguns aspectos que tangenciam a subjetividade, como a competência linguística, o estilo e a intertextualidade, certo é que o tema da criatividade pode aparecer, se não como fundamental, ao menos como muito pertinente. Evidentemente há barreiras na criação do texto jurídico, porque ele não é livre como a poesia ou a literatura: está adstrito a questões formais e, principalmente, à funcionalidade do resultado pretendido.

Mesmo assim, no atual estágio já se conhece que, mesmo dentro dessa funcionalidade, há um elevadíssimo grau de liberdade na construção do texto, especialmente na formulação e na seleção dos argumentos. Depois, como na narrativa, no modo pelo qual interagem e se transformam, tal qual já expusemos reiteradas vezes.

O que seria, então, criar um novo texto?

Se há medo de mudanças

O criativo é diferente.

Mas parece instinto natural do ser humano a repulsa ao que é diferente, porque gera insegurança. Um instinto de preservação indica que o desconhecido é sempre perigoso. O ser humano tem a tendência de preservar costumes e tradições porque eles, comprovadamente, mantêm-se dentro de padrões que importam o afastamento de riscos, como ilustra o chamado mito da caverna.

Mas o mundo contemporâneo – ou pós-moderno, como preferem alguns – trouxe como uma de suas consequências a volatilização das relações humanas. Nesse processo, como em qualquer processo humano, há vantagens e desvantagens, sobre o que cabe refletir, ainda que brevemente, nos estreitos limites que interessam à argumentação.

"Tudo que é sólido desmancha no ar" (Alles Ständische und Stehend verdampft). A frase, conhecida, é do *Manifesto Comunista*. Ideologias à parte, em 1848 Marx e Engels bem descreviam o que representaria a modernidade, quais seriam seus valores principais. Marx destacava que a revolução incessante, a constante transformação, era regra da sociedade que então se instalava:

> A burguesia só pode existir com a condição de revolucionar incessantemente os instrumentos de produção, por conseguinte, as relações de produção e, com isso, todas as relações sociais. [...] Essa revolução contínua da produção, esse abalo constante de todo o sistema social, essa agitação permanente e essa falta de segurança distinguem a época burguesa de todas as precedentes. [...] Tudo o que era sólido e estável evapora-se, tudo o que era sagrado é profanado e os homens são, finalmente, obrigados a encarar com serenidade suas condições de existência e suas relações recíprocas.[iv]

[iv] MARX, K. e ENGELS, F. *Manifesto do Partido Comunista*.

As relações sociais "tornam-se antiquadas antes de terem um esqueleto que as sustente" – essa era a afirmação de Marx, já a seu tempo.

No ano de 1981, Marshall Berman recupera a frase de Marx e Engels em sua obra *Tudo que é sólido desmancha no ar*. Nela, o autor observa o niilismo da sociedade moderna em sua busca por desenvolvimento, e o paradoxo, em sentido um pouco inverso ao de Marx: querer mudar, mas também querer conservar-se diante de todo o desfazimento do mundo à nossa volta:

> Ser moderno é viver uma vida de paradoxo e contradição. É sentir-se fortalecido pelas imensas organizações burocráticas que detêm o poder de controlar e frequentemente destruir comunidades, valores, vidas; e ainda sentir-se compelido a enfrentar essas forças, a lutar para mudar o seu mundo, transformando-o em nosso mundo. É ser ao mesmo tempo revolucionário e conservador: aberto a novas possibilidades de experiência e aventura, aterrorizado pelo abismo niilista ao qual tantas das aventuras modernas conduzem, na expectativa de criar e conservar algo real, ainda quando tudo em volta se desfaz.[v]

No mundo do Direito fazemos algo parecido. Ao mesmo tempo que colaboramos para as mudanças, tentamos manter um nível de segurança, de conservação do que se conhece, para poder instrumentalizar as decisões, legitimando-as, ao menos, com o véu da tradição. Essa seria uma discussão que iria para grandes distâncias em termos filosóficos, e que gostaríamos de construir, principalmente para o que, em outros textos, temos denominado, em alusão à obra da literatura italiana, o *gatopardismo*. Mas aqui nos mantemos em uma observação mais instrumental, mais útil

---

[v] BERMAN, Marshall. *Tudo que é sólido desmancha no ar*. São Paulo: Companhia das Letras, 1982, p. 12.

para nós: manter a liturgia e alguma tradição, a fim de não perder a legitimidade do Direito, não significa ter de repetir soluções de modo autômato, nem deixar de questionar em que momento se pode fazer o *twist*, o giro argumentativo, que toma de surpresa todos os ouvintes, ou o juiz, e os obriga a decidir acerca de uma nova realidade. Ou de uma realidade que já existia, mas que somente naquele momento, por uma argumentação inovada, lhes foi revelada e posta à decisão.

Pode haver erros na inovação e no processo criativo, e isso será discutido em momento posterior, como contraponto. Agora, de momento, é hora de citar a reflexão idiossincrática, porém tão ilustrativa, do narrador-personagem de Clarice Lispector.

> E não me esquecer, ao começar o trabalho, de me preparar para errar. Não esquecer que o erro muitas vezes se havia tornado o meu caminho. Todas as vezes em que não dava certo o que eu pensava ou sentia – é que se fazia enfim uma brecha, e, se antes eu tivesse tido coragem, já teria entrado por ela. Mas eu sempre tivera medo de delírio e erro. Meu erro, no entanto, devia ser o caminho de uma verdade: pois só quando erro é que saio do que conheço e do que entendo. Se a "verdade" fosse aquilo que posso entender – terminaria sendo apenas uma verdade pequena, do meu tamanho.[vi]

Sem dúvida, a criatividade, na argumentação jurídica, encontra o entrave do medo de enfrentar o erro, o exagero. Mas não seria demais dizer que, na pesquisa que promovemos já há tempos lecionando esta matéria, os argumentos mais persuasivos são aqueles inusitados, surpreendentes[vii]. A novidade tem maior

---

[vi] LISPECTOR, Clarice. *A paixão segundo G. H.* Rio de Janeiro: Editora do Autor, 1964, p. 109.
[vii] Não deixamos de considerar que existem relações de poder nessa criatividade. Na doutrina e na ciência, alguns professores, mais renomados, ganham a 'licença

poder de atração, e isto talvez compense a repulsa natural que tem o operador do Direito a raciocínios ainda não consolidados, a argumentos não cristalizados em doutrina e jurisprudência.

Daí que a ousadia[5] e a criatividade, em certa medida, caminham juntas. As reflexões sobre a modernidade, que aqui são feitas a título de introdução, no mínimo fomentam a questão: não seria imprescindível, mesmo no Direito, um esforço constante do profissional atualizado em alterar sua realidade e rever formas e argumentos? Disto tratar-se-á adiante.

Criatividade e informação

Estudar a criatividade importa liberdade no trato com o tema. Acompanhe o fragmento de *A história sem fim*, do autor que já citamos neste capítulo:

> Havia ali um grande grupo de pessoas, homens e mulheres, novos e velhos, todos vestidos das maneiras mais estranhas, mas sem falar. No chão havia um montão de grandes dados, que tinham letras nas seis faces. Aquelas pessoas jogavam continuamente os dados e depois observavam-nos fixamente durante muito tempo.
> – Que estão fazendo?, murmurou Bastian. Que jogo é aquele? Como se chama?
> – É o jogo do acaso, respondeu Argax. Acenou aos jogadores e gritou: Muito bem, meus filhos! Continuem! Não desistam!
> Depois voltou-se outra vez para Bastian e murmurou-lhe ao ouvido:
> – Já não são capazes de contar histórias. Esqueceram a fala. Por isso lhes inventei esse jogo. Para passar o tempo, como você vê. E é muito simples. Pensando bem, temos de concordar que, no

---

poética' de inovar, mesmo quando sua inovação não é tão nova como aparenta e já fora usada por outros operadores do Direito, os quais, no entanto, quando não figuram no topo dessa escala de poder, têm suas inovações criativas interpretadas, pelos interlocutores, como digressões não funcionais.

fundo, todas as histórias do mundo se compõem de apenas vinte e seis letras. As letras são sempre as mesmas, só a sua combinação varia. Com as letras formam-se palavras, com as palavras, frases, com as frases, capítulos e com os capítulos, histórias. Olhe o que aquilo deu:

Bastian leu:

H G I K L O P F M W E Y V X Q
Y X C V B N M A S D F G H J K L O A [...]

– Sim, gargalhou Argax, é quase sempre assim. Mas quando se joga este jogo sem parar durante muito tempo, durante anos, algumas vezes formam-se palavras por acaso. Podem não ser muito significativas, mas são palavras. Por exemplo, "espinafre amarelo" ou "salsicha-escova" ou "pinta-pescoços". Porém, se se continua a jogar este jogo durante centenas, milhares ou centenas de milhares de anos, é provável que alguma vez, por acaso, se obtenha um poema. E se se jogar eternamente, terão de surgir todas as poesias e todas as histórias do mundo, e também todas as histórias das histórias, e até mesmo esta história em que estamos os dois conversando. É lógico, não acha?

– É horrível, disse Bastian.[viii]

O texto faz aguda crítica à falta de criatividade: o personagem Bastian depara com aqueles que "já não são capazes de contar histórias"; logo, não são criativos. Sua capacidade criadora é aqui também deixada à sorte, nos dados com letras em suas faces. Na narrativa de Ende, em perfeita harmonia com o título da obra, a lógica exata do número infinito é que recebe o encargo da atividade criadora.

A crítica que está por trás do fragmento é sagaz. A capacidade criadora, diferencial do intelecto humano, surge da combina-

---

[viii] ENDE, Michael. *A história sem fim*. São Paulo: Martins Fontes, 1993, pp. 338-9.

ção de elementos, como a matéria bruta para uma escultura, ou os tijolos para um muro. Não há nenhuma ideia que possa brotar do nada. Até o mundo, na descrição do Gênesis, teve início no Verbo. Mas o excesso de material informativo, como os dados lançados exaustivamente no "jogo do acaso", não cria por si só as grandes ideias. Pode afigurar-se como um paradoxo, mas também pode ser extremamente coerente o fato de o excesso de informação funcionar mais como um fator de confusão que como uma catálise à criação. Nesse sentido, a crítica de Ende coincide com a metáfora de Coleridge, de que nos apropriamos no primeiro capítulo desta obra: muitos elementos à disposição do ser humano, que configuram evolução tecnológica constante mas que não necessariamente ativam o intelecto e a criação. Ao contrário. Basta exemplificarmos com Aristóteles, que nem sequer deveria saber que o sangue corre dentro de veias ou com Cervantes, que ainda estava por aceitar a realidade, então já comprovada, de que a Terra é um planeta redondo. Informação mínima, mas ainda assim os problemas da alma humana, da justiça, do Direito e – no caso de Cervantes, até da linguagem – estavam solucionados, em suas obras, de modo mais coerente que muitos manuais jurídicos de hoje. À mente humana cabe o uso dos elementos informativos para seu aproveitamento no discurso. As formas de adquirir a informação, bem como os meios mentais de adaptar, na linguagem, o aprendizado contínuo, são infinitos. A impressão de que, na construção de um texto persuasivo, os argumentos acabaram não é mais que ilusória[6], porque a linguagem faz uma reprodução constante na sociedade, e a atividade de criação humana é incessante.

A renovação da informação, da linguagem e, por consequência, dos recursos argumentativos é sempre constante: se ela vem para bem ou para mal, trata-se de um juízo de valor que aqui não é lugar de registrar.

Intertextualidade criativa

Aqui nos permitimos algo de maior liberdade. De um lado, alguns chamados manuais de criatividade trazem uma série de exercícios para o processo criativo; de outro, neurocientistas e filósofos da mente procuram, de modo incessante, explicar de onde vêm as ideias, como analisaremos no próximo capítulo. Seria até possível, aqui, construir algumas ilações sobre o modo como os pensamentos são criados, a partir de observações dessas duas áreas de conhecimento, nas *hard sciences*, experimentais, e na filosofia, que trata de trazer observações coerentes, em pensamento mágico, de aproximação e contaminação, para que o indivíduo compreenda a realidade neurocientífica. As ciências experimentais se transformam em linguagem e, então, as compreendemos e utilizamos.

Mas, aqui, confiar nas *hard sciences*, por paradoxal que pareça, gera uma indefinição. A filosofia da mente, ao criar várias correntes de interpretação da origem do pensamento, em grande medida a partir de teses biológicas sobre o funcionamento cerebral, tampouco comprovadas integralmente, nos leva a infinitas hipóteses sobre como ocorre o processo criativo humano. Assim, também para sermos coerentes com o que temos desenvolvido, trazemos aqui o processo criativo a partir das relações intertextuais. Para ilustrar, leia este fragmento de uma obra de alguma pretensão literária em que dois personagens conversam sobre a aquisição de conhecimento e o sentido das ideias. Os dois personagens se encontram na biblioteca e, logo, saem do local para travar este diálogo:

> – As pessoas levantam das mesas de leitura e deixam os livros por ali onde estão. Os livros só podem ser guardados pelo bibliotecário. A maioria deles pode ser emprestada, mas só por algumas horas, nesse momento que eu uso pra tomar meu café. Depois eu

volto e me sento, mas eu nunca leio o mesmo livro. Eu não os termino, porque eu gosto de saber as histórias dos leitores. É assim.
– Como, saber as histórias dos leitores?
– Eu entro aqui e observo o máximo possível das pessoas que estão lendo. Sempre gente rara, porque, pensa bem, quem vem hoje ler ficção em biblioteca? Vejo como se vestem, vejo seus traços, a cor dos cabelos, a idade que eu tento adivinhar. E quando eles terminam de ler o livro e o deixam sobre a mesa, vou diretamente mirar o que estavam lendo, então tenho uma dupla história: no livro lido e em quem o lia. Há muitas histórias em um livro que não são o conteúdo que o autor pretende dar-lhe, no exemplar do livro mesmo há tantas histórias que podem ser mais interessantes que o que originariamente se imprimiu ali. Você já pensou nisso?
Eu, claro, respondi que não.
– Pois é. Mas existem. Como eu dizia, trate primeiro o livro como objeto. Se você tiver a sorte de o leitor ter esquecido nele um marca-páginas, já saberá o que mais lhe interessou, ou ao menos quais foram as últimas palavras que leu. Com isso saberá o que está na sua mente, porque o bom leitor não interrompe a leitura quando decide que o texto está maçante ou porque crê que acabou o tempo exato que ele tinha para dedicar-se à leitura, de modo algum.
– Não?
– Do bom livro, não. O leitor espera chegar a um ponto que lhe demanda reflexão, para abandonar a biblioteca refletindo sobre aquele fragmento específico. Pois bem, descobrir esse fragmento significa para mim ganhar a alma daquela pessoa, ao menos naquele momento.
– Como um vampiro? – perguntei, mas ela ignorou o comentário.
– Se a pessoa não deixa um marca-páginas, tampouco é difícil descobrir onde parou a leitura. A viragem das folhas deixa uma marca no livro, porque se desacomoda na lombada, então a última

folha desacomodada corresponde à página mais recentemente lida. Isso, no aspecto particular, mas tem o geral.

[...]

– Assim é que aprendo idioma. Captando a mente de alguns cidadãos locais. Um idioma não é uma questão de correspondência de códigos, é bem mais que isso. Porque na verdade é o idioma que formou o livro que estou lendo e a pessoa que o lê, ou, no caso, que o lia. Só que no caso daqueles que leem ficções, principalmente ficções em biblioteca, existe algo muito mais interessante, que acho que só eu notei. Já comentei com algumas pessoas, como faço contigo, mas provavelmente ninguém entendeu. Pensa comigo: quem lê uma obra de ficção na verdade busca um sentido para a vida. Tem no fundo sempre a esperança de que um personagem lhe diga o que fazer, procura uma cena análoga à que o coloca tanto em dúvida neste mundo real, admira alguém (admira o personagem) e então quer seguir seus passos ou, ainda, pensa que é obrigado a segui-los, e nesse sentido a ficção é um grande oráculo. É como se escutasse uma música para querer dançá-la e assim há que se entrar na mesma vibração e, depois que se entra, ela te conduz durante aqueles instantes, com a ficção é a quase igual só que mais difícil porque na verdade a vibração segue se reproduzindo, talvez a vida toda.

– Eu nunca li um livro assim.[ix]

Do nosso ponto de vista, a criatividade nasce da capacidade de combinação dos textos que conhecemos[7]. Não basta, claro, conhecer muitos textos, porém ter a percepção, como narra o personagem, de quais são aqueles fragmentos[x] que conseguem

---

[ix] RODRÍGUEZ, Víctor Gabriel. *O caso do matemático homicida*. 2. ed. São Paulo: Almedina, 2016, p. 79.

[x] Aqui coincidimos com Bohm, que parte do questionamento sobre o que é a criatividade científica para ressaltar o papel da arte nesse estímulo. BOHM, David. *On creativity*. London: Routledge, 2004, especialmente o Capítulo 2.

direcionar nosso pensamento, ou, melhor dito, que em algum futuro serão capazes de formar novas percepções em nossa mente e, daí, gerar reações originais diante de problemas, incluídos os de enunciação e expressividade. Assim se pode falar em uma **intertextualidade criativa**, no sentido de que a nossa criação é feita em parte da linguagem mesma, em algo que tangencia a *autopoiese* de linguagem, criando a própria linguagem, porém com um grande diferencial: o ponto central é o indivíduo, que combina essas expressões de acordo com seu intelecto. Ou seja, os textos se recriam a si próprios, porém mediados pela capacidade individual de intelecção.

Nossas soluções de expressão são, em grande medida, soluções retiradas de outros textos, que temos a capacidade de interpretar e recriar, para um momento certo de influência em terceira pessoa. Esse nosso ponto de vista também explica o processo de **decisão**: o juiz, ao ter de criar uma decisão, adere, por seu intelecto, ao texto que se parece mais àqueles que fizeram parte de sua formação, e então, como tem que recriar um novo texto (a sentença), toma de empréstimo as conclusões daquela argumentação que for mais próxima às ideias de sua formação individual. E aí temos um processo de convencimento.

A sentença do juiz é, então, a finalização de um processo criativo dele mesmo, em que ele se utiliza de seus próprios textos para adaptá-los à problemática que se lhe oferece. Finalizando a sentença, como diz Luhmann, em um sentido binário, mas, dizemos nós, a partir dos textos que lhe estão mais próximo, a argumentação das partes. Mas note-se que essa *proximidade* tem um triplo nível: é mais próxima no tempo, porque é o texto que ele acaba de ler; é mais próxima no tema, porque está direcionada diretamente a seu processo decisório; é mais próxima na intertextualidade, porque conversa mais diretamente com aqueles textos que o formaram, e assim mais facilmente se amolda ao processo criativo que ele tem que exercer naquele momento.

Essa explicação nos parece bastante objetiva e funcional, evitando dizer que há espíritos que se aderem, indivíduos que simpatizam, psiquês que buscam resgatar ou compensar momentos traumáticos ou neurônios que se combinam num processo físico-químico comum ao funcionamento de qualquer partícula do universo. Nada disso é necessário: nosso processo de criação é um processo de resgate de textos a partir de nossa capacidade de conhecer seu sentido e seu *potencial* no momento em que os absorvemos; o processo de decisão é uma forma do processo criativo, em que a pessoa que precisa se expressar decide o que resgatar, resgatando o que tem de mais útil para criar seu processo de fundamentação.

É por isso que explicamos, em momento anterior, que a redação da sentença, que sua composição, é um processo único de compreensão da realidade *com vistas a* obrigar à fundamentação. Trata-se de resgatar os textos que lhe vão possibilitar mais coerência na elaboração do texto de decisão, que nada mais é do que a segunda etapa de um texto que já se formara, com palavras, para o processo decisório. Não é possível tomar uma decisão jurídica sem palavras, pois, nesse caso, ela nada teria de racional.

Criação e decisão são o mesmo processo, nominados apenas, respectivamente, contingente e conteúdo, e não o reverso. Por outro lado, temos proposto que a combinação desses textos segue uma expectativa de solução de conflitos, como em qualquer narrativa, mas sobre isso já dissertamos o suficiente, no capítulo próprio[xi].

[xi] Veja-se, essencialmente, o Capítulo VI.

Novidade, segurança e habilidades

Se entendemos como processo de criação essa relação intertextual constante, haverá aqui dois elementos úteis para estudar o tema em que estamos. Primeiro, que a criatividade se adquire em um duplo processo de introjetar constantemente novos textos (*input*), não necessariamente literários: podem ser textos visuais, palavras, gestos, construções, figuras de linguagem, um ou outro elemento vocabular que se destaca em sentido. Ou, claro, novas e potentes teses jurídicas.

Em segundo lugar, mas não menos importante, está a compreensão do criativo: nem sempre um argumento inovador é algo *descolocado* do que se pode tradicionalmente argumentar ou decidir. Se a inovação é a combinação de textos[8], argumentos podem ser tremendamente inovadores e criativos se buscam o amálgama de elementos linguísticos *daquele* processo, combinando o processo pessoal de criação[9] às circunstâncias específicas ao juiz determinado. Assim, um alfaiate pode ser extremamente criativo se consegue adaptar uma roupa a um indivíduo específico, para utilização em um evento determinado, sem com isso ter de construir uma roupa indiscreta ou que chame exageradamente a atenção. Do mesmo modo, o escritor que compõe uma ficção não precisa de grandes fantasias, nem neologismos constantes para produzir um livro grandemente original: basta contar a própria história de maneira diferente das demais já contadas, e os milhares de combinações de palavras e ideias farão com que a obra seja única, original, e talvez influencie leitores como nenhuma outra.

Esse é o alerta que já havíamos antecipado: muitos têm a impressão de que criatividade significa *grandes* inovações, e essa pretensão pode ocultar uma aguda falta de intencionalidade, de consciência do que é o próprio texto. Ele é elaborado em limites de expressão e coerência que são criativos, sem serem necessariamente revolucionários. Há argumentos revolucionários, porém, no mais das vezes, eles não passam de uma quebra de coerência discursiva.

Conclusão

Os grandes argumentos são realmente inovadores, mas há que se compreender essa inovação a partir das fronteiras colocadas pela necessidade enunciativa daquele momento[10]. A melhor forma de inovar é conhecer seus próprios instrumentos[11], e aí está o constante estudo da argumentação: dar nomes às possibilidades, às estruturas, analisar e reconhecer os recursos de cada texto lido ou criado, identificar erros e definir objetivos momentâneos. Esse é o exercício constante que nos acompanha.

CAPÍTULO XVIII

INTELIGÊNCIA ARTIFICIAL: ARGUMENTAR PARA O COMPUTADOR

O filme data de 1968. O diretor, Stanley Kubrick, junto com o autor Arthur C. Clarke, produz uma das cenas mais antológicas do cinema, conhecida como "O Alvorecer do Homem"[1]: uma tribo de primatas trava batalha contra os inimigos, mas com uma notória vantagem: eles usam armas para o ataque. Empunham ossos grandes como clavas, com as quais golpeiam os adversários, e estes sucumbem. Um dos primatas vencedores, a modo de celebração, joga sua arma para o ar, que então, no efeito visual do cinema, vai-se transformando em satélite artificial em órbita da Terra, exemplo da mais avançada tecnologia no então imaginário século XXI. A primeira cena de *2001: uma odisseia no espaço* mostra a gênese de toda a evolução tecnológica, alertando para seus riscos, daí o seu sentido: aquele antecessor da espécie humana descobre uma extensão para seu próprio corpo, a primeira ferramenta[2].

O osso usado como clava era uma extensão para o braço daquele primata guerreiro, como, milhares de anos depois, a bicicleta ou o automóvel funcionam para potencializar a capacidade de locomoção já existente em pernas e pés do *Homo sapiens* contemporâneo, ou os teares da Revolução Industrial, que são prolongamentos mecânicos de nossas mãos. Ou ainda o avião, para as asas que, como demonstra Ícaro, sempre sonhamos ter. Nesse caminho de extensão de nossas próprias capacidades, não demoraria para que se buscasse um substituto para o cérebro: alguém que pense por nós. O computador, em suas mais diversas apresentações, culmina esse processo e, claro, hoje tem efeito direto no processo de argumentação.

Neste livro, sempre tangenciamos as transformações que o computador inflige àquele que argumenta: textos mais longos, possibilidade de mineração de dados como jurisprudência, leitura em suporte diferente do papel, produção de audiovisual em lugar do texto escrito. Agora é momento de inverter a polaridade, de modo mais desafiador: o momento em que a máquina decide.

Quem, naqueles anos do fim da década de 1960, diante da obra Kubrick-Clarke, pensava inverossímil a ficção, agora percebe o quanto a humanidade superou prognósticos em poucas décadas. Assim, um olhar prudente ao mundo que nos cerca desenhará uma *foresight*, uma previsão realista: em muito pouco tempo, os computadores analisarão textos, sopesarão argumentos, com capacidade de dar sentenças que, a depender da programação da máquina, podem ser bastante equilibradas.

Diante dessa perspectiva, colocamos três perguntas, em ordem de convergência a nosso tema. A primeira questão é: (1) A capacidade de decisão humana é diferente da decisão da máquina? Ou ela nos igualará perfeitamente? (2) Como sequência: caso não nos alcance em perfeição, ou mesmo que esse emparelhamento ou superação ocorram, existirá um Direito a ter decisões a nosso respeito tomadas exclusivamente por humanos? Assim, orientamo-nos a nosso tema: (3) Como a argumentação deve adaptar-se a uma decisão por máquinas?

Sentenças artificiais

A Inteligência Artificial (IA) já está em nossos tribunais. Está presente e em uso, embora aplicada com bastante temperança, se comparado ao potencial tecnológico existente. Os *softwares* que filtram argumentações, identificando temas, repetições e até mesmo estruturando (o que serão) decisões judiciais[3], de acordo com uma interpretação literal das petições, encontram-se em operação, porém com funções restritas – o que também significa que vivemos o tempo de debates sobre os limites éticos da IA no cotidiano forense[4].

Há que compreender como funciona a IA e compará-la minimamente à decisão humana, para, então, tirarmos conclusões sobre suas possíveis alterações na retórica e argumentação.

Inteligência Artificial

Primeiro, é preciso saber que nem todo *software* é Inteligência Artificial. Buscar ou, por analogia, minerar dados dentro de outros dados é uma das primeiras funções dos computadores mais incipientes, ainda do século XX. Esse processo de filtro, claro, aprimorou-se muito, mas pode ser que não ultrapasse, qualitativamente, um procedimento de organização de dados.

Um computador somente se converte em uma IA quando aprende. Assim, uma afirmação segundo a qual a Inteligência Artificial seria "a ciência de fazer máquinas capazes de realizar tarefas que necessitariam de inteligência se fossem realizadas por humanos"[5] somente pode ser entendida como correta se se compreenda *inteligência* como dotada de razoabilidade, criatividade e aprendizado[6]. Encontrar *soluções* para além da programação. Por isso, é mais fácil adotar definições que associem a Inteligência Artificial com o processo de aprendizado da própria máquina (*machine learning*).

Existe então uma série de programações avançadas, no que se chama *machine learning*, o processo pelo qual a máquina consegue solucionar problemas continuamente, criar novos caminhos, que a mente humana não seria capaz de encontrar por si mesma. Ou seria, mas de modo não tão rápido. No campo da engenharia, o funcionamento de máquinas, a logística, os veículos autodirigidos, que já são uma realidade; os computadores que – como vamos retomar aqui algumas vezes – jogam xadrez demonstraram ser capazes de vencer *qualquer* ser humano; ou tecnologias mais avançadas, as quais, tentando imitar o cérebro animal, como as *artificial neuronal networks* (ANN), promovem o *deep learning*, potencializando seu próprio processo de aprendizagem, seja a partir das experiências alheias, seja dos próprios "erros"[7]. Nos dias atuais, processos de criação de textos muito avançados, inclusive com alto grau de criatividade, já estão ao alcance de qualquer usuário[8] e há notícias de que sentenças foram redigidas por esses instrumentos[9].

Quem não aposta no potencial do *deep learning* para o futuro próximo está, em nossa opinião, distante da análise do que ocorre no campo tecnológico, não apenas em relação ao potencial das máquinas que já se constroem, tal como os computadores quânticos, que têm habilidade de escapar ao sistema binário de funcionamento, como também no que já está sendo realizado, a exemplo de computadores que criam textos longos e até mesmo livros inteiros, ou vídeos realistas, apenas por comando de voz.

Outro tema, bastante diverso, é que se creia, ou não, que uma inteligência artificial superpotente possa vir a sobrepassar a humanidade, dela emancipando-se, como já previa Asimov, em sua obra de 1956. Ali, as máquinas já se colocavam em dilema ante as leis da robótica, que, em resumo, vedavam que elas de alguma maneira se sobrepusessem à vontade humana. Ao que parece

Alan Turing, um dos criadores do sistema computacional na década de 1950, venceu aqueles que se contrapunham à sua previsão de que o computador poderá *raciocinar*. E se, digo eu, repassamos a máxima de Descartes, "penso, logo existo", não é difícil cogitar que o computador possa vir a ter personalidade. Mais ainda, se abandonar o sistema binário e operar pelo caos aparente, homólogo ao do cérebro humano, como os computadores quânticos.

Um computador quântico que consiga operar aprendizado de modo tão rápido que supere a nossa lógica de escolha pelo sim ou pelo não, quer dizer, que abandone a base binária do legal-ilegal, ou do justo-injusto que está, de Kelsen a Luhmann[10], no mais lógico da solução de controvérsias, é algo não distante de nossa realidade tecnológica, porém apartado do que sejam as teorias de ficção científica hoje. Essa distopia, agora sim, assusta: os processos de *machine learning* por computadores quânticos, que ultrapassam o pensamento do sim *ou* não, do binário como conhecemos. Portanto, se lhes dermos a capacidade de apreender o mundo, terão melhor compreensão deste do que o próprio cérebro humano, talvez entendendo plenamente o universo multidimensional que a ciência apenas começa a imaginar, com hipóteses plausíveis porém não comprovadas. Um cenário que, apesar de interessante, foge a nosso tema. Mantenhamo-nos, ainda que em uma projeção para o futuro, na realidade presente dos *softwares* de decisão e redação de sentenças dos computadores que já utilizamos ou que já temos tecnologia para construir, sem necessidade de algum avanço, mesmo que previsível.

Reservamos para este último capítulo essa diferenciação: uma argumentação para o indivíduo e para a máquina para poder ter a liberdade de algum grau de especulação a respeito do tema. Ainda assim, temos percurso bastante ortodoxo: primeiro, repassamos as claves do processo humano de decisão. Depois, os comparamos com o processo das máquinas, que já está em funcionamento.

Decisão humana: liberdade de querer

O processo humano de tomada de decisões é objeto do estudo de muitas ciências. O Direito tem que se preocupar com ele, porque a atuação do indivíduo (e, portanto, sua prévia forma de decisão de como agir) é seu fundamento. Assim, grande parte do Direito Civil depende do acordo de *vontades*, que é um processo decisório, mesmo se realizado no marco das pessoas jurídicas; também o Direito Eleitoral dá voltas em torno da capacidade humana de escolher. Entretanto, no Direito Penal, a questão é mais sensível, pois da decisão individual por cometer o delito nasce um processo de reação estatal, em uma retribuição legitimada. Por isso, ao menos em tese, essa área do Direito deveria preocupar-se com tudo o que se descobre sobre a forma como o cérebro humano opera.

Muitos escritos de Direito visitam as neurociências, para saber se já se encontra ali alguma resposta tanto para a causa (processo de decisão do indivíduo), quanto para a eventual reação estatal. Caso o funcionamento cerebral seja realmente desvendado, as propostas curativas do infrator serão aquelas mais adequadas a um Estado de Direito. Para isso, entretanto, caberia às ciências médicas explicar o cérebro de modo muito mais detalhado, e isso não parece ocorrer de momento. No entanto, podemos importar um pouco do que se tem dialogado entre processo de decisão nas neurociências e no Direito Penal para trazer resposta à nossa primeira questão: existe algo na decisão *humana* que a diferencia em essência do que uma máquina pode imitar?

Tal interrogação significa o mesmo que perguntar se a vontade humana é *livre*. Se existe livre-arbítrio, a vontade de querer. Talvez uma das perguntas mais antigas da filosofia.

Temos alguns escritos mais robustos sobre a liberdade de querer, mas aqui voltamos a seu uso argumentativo. A partir daí, teremos uma ideia de como devemos pensar a argumentação a um juiz artificial. Então, a questão-problema pode agora ser assim enunciada: existe um diferencial de liberdade no pensamento humano, que nenhuma máquina é capaz de imitar?

Nosso cérebro: algo sobre experimentos das neurociências

Os médicos que estudam o cérebro, claro, já tentaram explicar como se processa a decisão humana. Mesmo que não sejam totalmente atuais, os experimentos mais referidos[11] pelos juristas são os desenvolvidos por Benjamin Libet, que teve a ideia de monitorar as ondas eletromagnéticas do cérebro do indivíduo no momento em que este deveria tomar uma decisão. *Grosso modo*, sua experiência consistia em colocar os participantes da pesquisa sob eletroencefalograma enquanto eles observavam um cronômetro bastante preciso[12]. Quando estimulados, em momentos distintos e incertos, decidiam-se por (no seu controverso '*urge to move*') um movimento do punho e logo anotavam o tempo exato em que tiveram consciência dessa vontade. Ou seja, o próprio sujeito da pesquisa, então, apontava, para depois reportá-lo, o instante em que tivera consciência de sua decisão, a decisão de mover-se.

Via análise do eletroencefalograma, o médico californiano comprovou que o cérebro humano entra em atividade, para exercer um movimento, centésimos de segundos *antes* de que o indivíduo se dê conta de sua decisão por movimentar-se. Isso significa que o processo consciente de escolha é *posterior* a uma decisão inconsciente, anteriormente tomada; portanto, a consciência de decisão é ilusória. Um dos primeiros estudos de Libet publicados nesse sentido, em 1983, conclui, após a análise de dados de dois grupos de três pessoas cada, que "a iniciativa cerebral de um ato livre e espontâneo pode começar inconscientemente antes de qualquer consciência de que a decisão já se iniciou no cérebro"[13].

Esses estudos reforçaram as teses de que o cérebro decide por si mesmo, independentemente de uma vontade que esteja fora dele.[14] Passados mais de quinze anos desse primeiro experimento – mais exatamente em 1999 –, Libet o retoma e o refaz, a fim de revisar conclusões. Então já reproduziu suas experiências com técnicas mais avançadas, e volta a confirmar que as livres decisões são precedidas de uma alteração elétrica específica no cérebro, 550 microssegundos antes da ação[15], e cerca de 200 microssegundos antes da própria tomada de consciência de que se deseja agir. Tempo mais do que bastante, portanto, para seguir afirmando que o processo de decisão pelo movimento é anterior à consciência desta – ou seja, a decisão seria inconsciente. Libet, década e meia depois, repete o experimento com maior acuidade e retoma a possibilidade de que o cérebro atue de modo mecânico, mas que o indivíduo possa *livremente* vetar a ação[16]. Para ele, seriam inaceitáveis as *consequências* sociais da declaração de que o homem não é livre ao decidir[17], mas essas considerações extrapolavam o que ele havia observado.

Novas técnicas foram desenvolvidas[18], especialmente por aqueles pesquisadores que, ao contrário de Libet, não estavam tão dispostos a rever conclusões para confirmarem o "*free will*", o livre querer. No ano de 2008, Haynes *et al.* reproduzem análogo experimento[19, 20] a partir de novas tecnologias. Ithzak Fried e sua equipe também o refizeram[21], agora com introdução de eletrodos para monitoramento de neurônios de pacientes de epilepsia, e concluíram quase o mesmo[22]: há atividade do cérebro antes da consciência da decisão.

Os estudos neurocientíficos seguirão sempre na linha de que o sistema cerebral antecipa decisões. Não se encontrará local como o chamado Teatro Cartesiano, um lugar no cérebro em que as decisões são livres para ocorrer. Isso não significa, entretanto, que sejamos o *automaton materiale*, a *materielle Maschine* a que se referia Kant. A filosofia, aliás, vai relativizar muito essas questões.

Interpretando a liberdade de decisão

Ainda que em algum momento o neguem, os neurocientistas têm como objetivo comprovar o determinismo, ou seja, o fato de que todos os nossos pensamentos e decisões seguem uma regra físico-química, pela qual funciona o corpo humano e todo o universo vivo conhecido.

Esse determinismo biológico, por mais avançada que seja a tecnologia usada nos experimentos, será objeto de várias críticas no campo da filosofia, pois o livre-arbítrio é o que há de mais fundamental a se considerar para a autoconsciência do indivíduo como responsável por seus atos.

Entre os milhares de críticas às precipitadas conclusões deterministas, humildemente se colocam as nossas, que aqui resumimos para os objetivos deste capítulo[23]. A primeira delas (1) é que experimentos tão simples como os de Libet não alcançam, nem em hipóteses remotas, o processo humano real de decisão. Eles cuidam de escolhas acerca de apertar botões, o que é muito diferente de prolatar uma sentença. Meditar a respeito, por exemplo, do fato de uma pessoa ser acusada de difamação em plena campanha eleitoral, que obriga a refletir sobre limites da liberdade de expressão, direito à informação em tempos de eleições, exigência de linguagem, legitimidade e consequências da pena, tudo de modo concomitante, não é o mesmo que apertar um botão. Assim, a existência de atividade mental anterior à consciência não anula a liberdade de escolha – onde quer que ela se esconda.

Como consequência, (2) a combinação dos fatores que intervêm na decisão é muito maior do que aquela que se pode monitorar, e sobre isso temos opinião um pouco mais taxativa[24]. Significa que identificar grandes áreas do cérebro em atividade e associá-las à indução a comportamentos desviados não representa desvelar como esse órgão funciona para todos os tipos de decisão. Somos condicionados por elementos físico-químicos, mas não só: nossa memória, nossa formação (os textos que conhecemos e reproduzimos), nosso próprio caráter, a natureza e o funcionamento de tudo isso ainda não foram desvendados.

É interessante o contra-argumento de que a distância entre esses experimentos de laboratório, que identificam a atividade de grandes áreas cerebrais, e a total compreensão das tomadas de decisão humanas é uma simples questão quantitativa: caso se processem mais dados, ainda que quase ao infinito, se conhecerão todos os elementos que se combinam para determinar o funcionamento do cérebro humano. Isso permitiria, para o que nos interessa, recriar totalmente, em uma máquina, a forma pela qual um indivíduo toma uma decisão. O que seria um juiz eletrônico perfeito.

O argumento não é aceitável, e resumimos dois motivos para essa nossa negativa. Primeiro, o número de combinações cerebrais é muito maior do que aquele que qualquer máquina consegue controlar. Não são apenas vibrações, mas vibrações influenciadas por uma combinações de elementos, em que está envolvido todo o Universo: as combinações químicas do corpo certamente serão influenciadas por todo o meio, inclusive pelos planetas[25]. Se a posição da Lua determina as colheitas e as marés, decerto terá efeito em nossas decisões. Bilhões de neurônios, em reações multidimensionais, com os demais fatores de todo o Universo, tudo isso faz com que nenhum computador jamais alcance a complexidade real do cérebro.

Se fizermos um paralelo, tão a nosso gosto, com um jogo de xadrez, a questão fica mais clara. Por mais avançados que estejam os computadores de hoje, que fazem sucumbir qualquer jogador humano em uma disputa no tabuleiro, nenhuma dessas máquinas conseguiu "fechar" o jogo (*solve the game*), ou seja, calcular todas as suas possibilidades. Isso significa que um computador sempre pode ser superado por outro mais potente, mas para nós isso tem uma implicação a mais: se é impossível calcular completamente o funcionamento de um simples jogo bidimensional, com apenas 32 pedras movendo-se por 64 posições, o que dizer da combinação entre alguns bilhões de neurônios com todos os demais elementos do universo[26].

O terceiro ponto (3) é que a física quântica tem demonstrado que as possibilidades binárias, de sim e não, são superadas quando se alcança a dimensão subatômica. Isso significa que nesse nível, apesar de assim não se desejar, existe, se não uma situação de caos, uma realidade impossível de se conhecer, porque qualquer observação dela, por teoria, a altera substancialmente. Em outras palavras, se o funcionamento do cérebro, em algum momento, invade o "reino" da mecânica quântica em lugar da física newtoniana, isso quer dizer que as reações que ali ocorrem são *cientificamente não observáveis*, como no dilema do gato de Schrödinger, ou dependem de um emaranhado que envolve, em ação e reação, partículas (sem exagero) do Universo, como na teoria do entrelaçamento quântico. Esta sim, já comprovada.

A esses três pontos tenho de somar apenas mais um (4), tão mais rudimentar como difícil de responder. A assertiva circular de Cohen, segundo a qual "se o nosso cérebro fosse simples o bastante para ser compreendido, não seríamos inteligentes o bastante para compreendê-lo"[27]. Entender nosso pensamento significa, dizemos nós, criar outro pensamento, que demandaria nova compreensão, e assim ao infinito.

Em síntese, sem diminuir de alguma maneira a relevância das neurociências, elas não alcançarão compreender integralmente o processo decisório do indivíduo, que é diferente do processo do cérebro como órgão formado por bilhões de neurônios em constante interação. A tomada de decisão está atrelada a muitos processos concomitantes, que, por forças metafísicas ou por caos combinatório, resultam no livre-arbítrio. Este, ainda que ilusório em certo plano dimensional, está muito além do que qualquer computador, por potente que seja, conseguirá processar.

Direito à decisão não artificial

Não é difícil compatibilizar duas posições que aqui temos assumido, aparentemente contraditórias. De um lado, dissemos que os computadores já aprendem, são capazes de criar (para o que nos importa) textos bastante direcionados. Talvez, melhor do que o ser humano[28]. De outro, insinuamos que eles não igualam, embora imitem e em alguma medida ultrapassem, a capacidade humana de uma decisão justa, o que não é o mesmo que escrever uma sentença formalmente perfeita.

Um computador pode criar decisões a lides judiciais baseadas em tantos critérios que reproduziria sentenças com maior perfeição que as elaboradas por juízes humanos. Seriam melhores na forma, estatisticamente mais equânimes, inclusive com variações estéticas, o que não necessariamente implicaria justiça. Entre os tantos argumentos que se podem levantar para essa falta de justiça, um nos parece mais elementar: o computador pode usar infinitos parâmetros para uma decisão, mas jamais poderá escolher com *quais* deles deve operar em um determinado momento. E, caso desenvolva um modo de fazê-lo, essa escolha não será humana, o que levará ao questionamento de quais critérios ele pôs em prática *para* a escolha de seus critérios, em uma espiral de questionamentos que, uma vez mais, tenderá ao infinito, sem oferecer respostas. A decisão humana tampouco pode ofertar esses critérios, porque nosso cérebro pode decidir, como diria Frankfurt[29], o que quer, mas não querer o que quer. Assim, as motivações *de fundo* de qualquer decisão humana jamais poderão ser apresentadas, porque o indivíduo não estará consciente delas. O marco diferencial, entretanto, repousará em que se trata de uma decisão humana, idêntica à dos argumentantes e das partes no processo.

Em outras palavras, um computador pode imitar a inteligência humana, e se sair até melhor que o próprio ser humano, mas nunca a igualará. Como um falsificador pode pintar um Van Gogh mais identificável como Van Gogh que um autêntico[30], que, porém, jamais seria um quadro original. Se um colecionador decidir que quer um Van Gogh, pintado pelo próprio holandês, uma imitação mais que perfeita nada vale. O motivo pelo qual um colecionador quer um quadro *original* é aparentemente um axioma, ou seja, algo que é tão evidente que não se deveria questionar. Porém somente o pensamento mágico o explica: querer a obra original de Van Gogh, e não outra mais perfeita que a dele, implica relacionar-se com o fato de que cada movimento do pintor está marcado no quadro e, de algum modo, se transfere para quem o observa ou, mais, para quem o adquiriu. Mesmo menos perfeito tecnicamente que sua réplica, o original é o objeto do desejo.

Nosso paralelo já está sedimentado: é direito do indivíduo ter uma prestação jurisdicional feita por humanos, ainda que tecnicamente menos apurada que a do computador. De modo tácito, assumimos que qualquer imperfeição judicial é da regra do jogo, e deve ser corrigida, mas a questão filosoficamente vai além: o ser humano é o fim último de toda norma e, mesmo que se o pense como coletividade, esta não inclui pessoas eletrônicas. O indivíduo, como centro do ordenamento jurídico, tem o direito de ser julgado por um homólogo.

E o fundamento para essa exigência é, sem nenhum exagero, tudo o que se apresenta nesta obra: o cidadão-indivíduo necessita um semelhante como juiz porque é com ele que sabe dialogar, é a ele que consegue dirigir seus argumentos, de modo que uma defesa colocada diante da máquina, por perfeita que seja, não será uma defesa, mas uma guerra de capacidade de cálculos entre *softwares*, como ocorre quando dois megacomputadores enfrentam-se em programas de xadrez: bonito de ver como embate tecnológico ou até como lição para futuras técnicas a serem adotadas por humanos, mas totalmente inválido nos parâmetros do jogo como esporte. E, se nos permitem esticar um pouco mais o paralelo, esse mesmo esporte, ainda que seja um dos grandes temas para desafios de cálculo a computadores, só tem funcionalidade como um entretenimento com grande valor histórico, não como cálculo em si. Em outras palavras, ele sai dos tabuleiros e é inserto nas máquinas como forma de ilustratividade para o humano; mas dentro do computador, não será senão um conjunto de algoritmos programados e aplicados, porque a máquina jamais compreenderá seu paralelo com a realidade, com a guerra entre reinos, o poder guerreiro da rainha, o movimento enviesado dos clérigos, os saltos do cavalo ou a função de retaguarda das torres. Também a literatura: o computador hoje constrói um poema ou uma redação com senso de estilo, mas não será literário porque lhe faltará a interação, o senso de observação que conduz à criação. Da mesma forma o Direito: ele (como dogmática) pode ser inserido na máquina, sim, como um conjunto de regras, mas jamais existirá um processador eletrônico com senso de justiça. Este apenas vai devolver o que lhe foi programado, ou que aprendeu que seria o correto por esse mesmo programa; o fato de que, em *machine learning*, o computador apreenda elementos de decisão, e que tais elementos sejam, de tão complexos, inacessíveis aos seres humanos, não significa que sejam justos. A complexidade do cálculo, que desperta nossa admiração, não importa na distribuição de justiça.

Para se ter uma ideia mais prática, os estudiosos do que hoje há de mais avançado em engenharia de linguagem ressaltam três pontos fracos principais para a linguagem artificial: (a) em textos longos, em algum momento existirão falhas de coerência; (b) podem estar recheados de preconceitos, e não haverá como filtrá-los; (c) podem trazer informações falsas, já que se desconhecerão suas fontes[31], o que no dia de hoje já é um fator de risco bem concreto. Pode-se, usando o exemplo dos autores, pedir ao computador a construção de um texto sobre supremacia de determinado grupo étnico sobre outro, e ele o construirá. Evidentemente, baseado em mentiras, mas será uma argumentação formalmente perfeita. Não é preciso ir muito além para dizer que ela não deve ser admitida pelo Direito.

Poderíamos prosseguir com questões mais filosóficas, dizer especialmente que a inteligência artificial, embora seja capaz de aprendizado muito maior que o humano, jamais conseguirá formular *perguntas* a si mesma, nem saberá *o que* deve resolver, porque não é afligida pelos dramas e pelos problemas que regem a criação, inclusive no Direito. Também se haverá de questionar o quanto se admitirá que o computador intervenha por si mesmo em uma decisão, já que, como sabemos, todo conhecimento social é participante, quer dizer, o próprio observador é parte dele. Mais que isso, todo conhecimento jurídico é propositivo (propõe interpretações e mudanças), daí que se questione qual interesse um computador-decisor protegeria.

Nesse ponto, entretanto, identificamos um grande paradoxo, quase um oximoro, para o qual gostaríamos de encontrar propostas de relativa solução. Em resumo, a justiça somente será feita pela inteligência artificial através de um algoritmo cujo processamento nosso cérebro não será capaz de compreender, devido à sua complexidade. Aí está uma primeira parte do paradoxo, típica da informática: o ser humano é capaz de criar uma máquina exatamente para que ela processe muito mais dados do que a inteligência do criador consegue alcançar, como no exemplo dos programas de xadrez, mas isso está superado. Nosso oximoro[i] nuclear reside na transparência[32]: diferentemente de uma decisão judicial humana, cujo senso de justiça, por mais racional que possa ser, tem um núcleo impenetrável (livre-arbítrio), a decisão por computador tem um algoritmo programado e cujo desenrolar, em acoplamento com os dados que colhe dos fatos do processo, das informações que tem sobre os indivíduos em seu banco de dados, ademais do ordenamento jurídico completo, até chegar à decisão judicial final, estará todo registrado, passo a passo. Entretanto, apesar de todo esse registro de combinação e acoplamento, esse verdadeiro *rastro digital*, por tão complexo que é, quando se trata de um *deep learning* da máquina, jamais será compreendido pelo ser humano. Portanto, *as razões* de decidir, direito fundamental do jurisdicionado, **são tão meticulosamente registradas que passam a não existir**, porque nossa razão não a alcança. Caso se peça que um computador desvele suas razões de decidir, das duas uma: (a) ou ele apresentará seu próprio algoritmo, indecifrável aos operadores do Direito, ou (b) criará, por outro algoritmo de inteligência artificial de texto, um escrito que fundamenta a decisão em linguagem humana. O caso (a) implica a inexistência prática de fundamentação, já que a explicação das razões de decidir são o algoritmo mesmo. Portanto, o fundamento é o próprio computador, como se um juiz humano nos dissesse, à moda de Luís XIV: "as razões da sentença são meu cérebro e minha alma. O fundamento da sentença sou eu"; (b) no segundo caso, a razão

---

[i] Oximoro como, no caso, com alguma licença poética, dizermos que se trata de uma *transparência opaca*, ou uma *total desinformação, devido ao excesso informativo*. Algo que no Direito Tecnológico já não é novidade.

de decidir seria um texto criado *ex post*, no pior sentido do realismo jurídico, em uma farsa pré-programada, porque não corresponde ao algoritmo, senão a um construto descolado da realidade digital, mas que agrade aos jurisdicionados, ao imitar a sentença judicial humana. Em outras palavras, seria um estelionato programado[33]. Uma solução nada impossível seria, quando a IA atingisse patamares de real aprendizado, que o Judiciário fosse obrigado a demonstrar a solução do decisor-robô, para que então o juiz humano acompanhasse ou dissentisse da decisão eletrônica[34]. A IA funcionaria então como um elemento de pesquisa e de opinião, a trazer ao juiz informações e raciocínios que talvez lhe escapem, e a funcionar como instrumental para a segurança jurídica, em momentos em que ela tanto faz falta. Isso demandaria, evidentemente, a aceitação de um mesmo sistema de IA para todo o Judiciário, além de outras questões administrativas que aqui não merecem aprofundamento, até pelo eminente risco de desatualização.

O direito a ser julgado por um ser humano não implica deixar de crer na possível perfeição de uma sentença de computador: menos sujeita a erros, a desigualdades, talvez até a preconceitos. Entretanto, toda sentença traz um juízo moral, e será difícil aceitar que um computador tenha autoridade moral sobre seres humanos, por mais falhos que sejamos.

Como síntese: **(a)** o centro do ordenamento jurídico é o ser humano, individual ou coletivamente pensado; **(b)** como tal, tem o direito de ser julgado por outro indivíduo, porque somente pode travar diálogo com seu homólogo – e esse diálogo é o que exerce sua defesa; **(c)** sempre existirá a questão de que qualquer consideração jurídica, mesmo que formal, parte de um ponto de vista do observante, do sujeito cognoscente. Uma sentença artificial dá ao computador o direito de ser conhecedor e decisor da sociedade, mesmo na construção do texto mais formal; **(d)** um computador traz em seu processamento todas as razões de decidir, mas não consegue transmiti-las ao ser humano, o que impossibilita qualquer tipo de contraditório; (**e**) é por meio dos direitos fundamentais que se evitará que computadores, ainda que capazes de construir textos tecnicamente perfeitos, redijam sentenças; (**f**) algo totalmente distinto é que os juízes utilizem da IA para orientar sentenças, e até mesmo tenham um aconselhamento obrigatório de um robô, do qual podem dissentir, desde que com fundamentos claros.

Como persuadir um computador?

Caso se formule essa pergunta a um entusiasta da inteligência artificial, de todos seus algoritmos de decisão, ele responderá que a grande vantagem do computador-juiz é que, perante ele, será desnecessário argumentar. Talvez essa "desnecessidade" esconda algum eufemismo para a assertiva de que seria *inútil* argumentar, porém isso é mera especulação nossa. Entretanto, já debatemos o tema com alguns especialistas e, com poucas variações, a resposta é essa: ao computador basta alimentá-lo com *informações*. Com dados, e não com conceitos ou ideias, porque, por mais surpreendentes que sejam os resultados das operações de Inteligência Artificial, ela ainda funciona por comparação de *padrões*, criando soluções a partir deles.

Agora, aos fatos.

Já se faz uso de inteligência artificial, na seleção de argumentações, em nossos tribunais[35]. Segundo os elaboradores do *software*, de momento, ao menos nos países ibero-americanos, esses computadores limitam-se a aglutinar dados para interpretar petições e, a partir deles, recolher jurisprudência e formular minutas, rascunhos de decisão. Isso, em nossa opinião, é quase afirmar que eles estão fazendo o julgamento por si mesmos, dada a prática de que os recursos repetitivos pouco são lidos pelos magistrados. E, sobre essa pouca leitura dos recursos repetitivos, o afirmamos com alguma cátedra.

Caso se aceite, talvez em uma eufêmica ilusão, que esses processos são meramente auxiliares, podemos fixar outra premissa: a de que o computador *transforma* a argumentação da parte – em seu amplo direito de acesso ao Judiciário – em um resumo a ser apreciado pelo magistrado. Nesse sentido, todo o grau de encadeamento de argumentos, de expressividade, de ordem, organização, coesão e coerência são transformados, no interlocutor mecânico, em uma *nova gramática*, quer dizer, em um novo conjunto de regras que lhe atribui sentido.

Caso o limite da Inteligência Artificial seja de fato aglutinar temas para interpretar pedidos, ela desenvolve um sistema de regras que não é o da gramática normativa (recursos ao uso de vírgula e o tamanho de sentenças, portanto, de nada importariam) e, principalmente, uma valoração semântica reduzida e diferente daquela da linguagem natural. A (quase) sinonímia, por exemplo, estaria praticamente excluída de sua interpretação, primordialmente quantitativa, já que o computador – conforme elucidam os tribunais – faria uma leitura da argumentação da parte, iria à caça de palavras repetidas, enquanto o recurso semântico-estilístico utilizado pelo argumentador seria exatamente o de fugir à repetição. Isso sem contar os regionalismos, as peculiaridades fáticas de cada caso, entre outros. Com o *machine learning*, o computador pode solucionar essas imperfeições, mas essa complexidade de análise cria novos problemas.

De todos os modos, como a comunicação tem de ser um conjunto de regras, quando o computador abandona essa gramática e essa semântica da língua natural, o mínimo que deverá existir será a informação sobre esse conjunto de regras de linguagem, que nada mais são que uma gramática (normas de organização da linguagem) e uma semântica (atribuição de sentido a vocábulos e formações em geral) também artificiais.

Quando essas regras forem integralmente demonstradas aos argumentantes, decerto eles poderão criar seus próprios *softwares*, que transformarão a linguagem natural da petição naquilo que for mais persuasivo pelos critérios da máquina. Será algo como um *software* de contrainteligência artificial, como, novamente no mesmo paralelo, computadores que se enfrentam para jogar xadrez: com regras claras, as inteligências não exatamente competem, mas se complementam, com uma velocidade e com uma linguagem que até podemos compreender *a posteriori*, mas que somos incapazes de recriar e interpretar em seu momento. No Direito, um robô do Judiciário atuaria em simbiose colaborativa com outro, ainda que este o confrontasse, e ambos convergiriam para a facilitação da tomada de decisão pelo ser humano.

Por exemplo, o que se informa sobre o sistema hoje vigente no Tribunal Superior brasileiro é que, ao recepcionar os chamados Recursos Especiais (que superam o duplo grau de jurisdição), a inteligência artificial aglutina o número de trinta palavras-chave da argumentação ofertada pela parte, e a partir daí seleciona qual decisão deve ser tomada, inclusive com recortes dos precedentes da Corte. Essas trinta palavras da argumentação ofertada são, pelo que se informa, apenas por quantidade, por serem as trinta palavras mais frequentes[36].

Superadas as questões levadas ao computador – se usada a IA apenas como filtro – remanescem todas as necessidades ligadas ao processo de convencimento na argumentação.

Em nossa visão, entretanto, depois de analisar a tecnologia hoje à disposição, há que se afirmar que tal *software* colocado em prática pelos tribunais é bastante rudimentar. Não significa que o *software* seja mau, simplesmente que a técnica atualmente disponível no mercado para ler petições e criar decisões, automaticamente, encontra-se muito mais avançada que essa mera varredura de palavras para identificar previamente o tema principal da argumentação da parte. Esse conjunto tecnológico já disponível obriga a uma limitação ética do uso de instrumentos que já poderiam ler petições, avaliar provas e redigir sentenças, com estilo, como já dito, bem melhor que o da redação de muitos respeitados juristas.

A solução seria manter níveis de IA sob controle, restringindo-a a aplicações basilares e, sempre, informando ao jurisdicionado como a máquina opera, para que ele possa exercer seu Direito de Petição com um mínimo de efetividade.

Se comparamos o sistema de inteligência artificial às questões jurídicas, não fugimos de um relevante paradoxo: se o computador operar em um sistema muito *simplificado*, ele ofende o Direito de Petição e a Ampla Defesa[ii]. Afinal, não conseguirá interpretar todos os argumentos que lhe são lançados, ainda que simule fazê-lo. De outro lado, se operar com informações mais complexas, no auge de sua capacidade de *machine learning*, sua decisão pode ser aperfeiçoada, porém jamais alcançaremos o *tracking* real, quer dizer, o modo *como realmente* a IA tomou sua decisão. Isso significa que qualquer fundamentação que ele crie será falsa. Quer dizer, nessa última hipótese, ofende-se o Direito à fundamentação da sentença[iii].

Conclusão

Como alertado desde o início, o tema da inteligência artificial e da liberdade humana é, para nós, muito caro. Nós nos dedicamos muito à compreensão filosófica do tema, o que não cabe tanto aqui, a não ser em um caminho tangencial: argumentar é trabalhar comunicativamente para a tomada de decisões. E, até o momento, pensamos em resoluções humanas.

[ii] No Brasil, incs. XXXV e LV do art. 5º da Constituição.
[iii] No Brasil, art. 93, IX, da Constituição.

Daí, nossas perguntas do início do capítulo podem ser respondidas: (1) a capacidade de decisão humana é qualitativamente diversa da decisão da máquina, ainda que esta possa ser, a depender do critério, mais perfeita; (2) se o Direito é pensado para servir o ser humano, nasce a obrigação democrática de que as decisões mais relevantes sejam tomadas por nossos homólogos, ainda que auxiliados por qualquer computador; (3) a adaptação da argumentação às máquinas dependerá de um esforço dos Poderes para que revelem os critérios integrais de funcionamento dos robôs-juízes, inclusive com possibilidade de simulação prévia. Caso contrário, o direito à prestação jurisdicional – de todas as Constituições democráticas e que é fundamento da argumentação mesma – estará violado; (4) se, de outra parte, utilizar-se a inteligência artificial em seu ápice, ela pode criar para si própria, por imitação, fundamentos de sua decisão, mas eles seriam falsos. Nos dias de hoje, aliás, a criação de informação falsas pela IA, no cumprimento das tarefas a ela indicadas, não é uma novidade, sendo portanto factível. Essa hipótese, como um todo, ofende o princípio da fundamentação das decisões judiciais, que também é âncora do Estado de Direito; (5) uma futura justiça em que o juiz seja obrigado a consultar a decisão da inteligência artificial para o caso concreto, fundamentando a partir dela, não seria ofensivo a direitos, se comprovado que o robô é um mero coletor de informações que auxiliam a segurança jurídica.

Tal qual na cena de Kubrick, o ser humano chegou a tal ponto de ampliação de seu corpo que construiu um cérebro eletrônico. E, como são todas as máquinas, um cérebro muito mais potente que o humano. Porém, o ser humano ainda é o centro de decisão de todo esse maquinário. A capacidade de comunicação voltada para o senso de justiça, para a condução da sociedade, ainda é humana, e o uso de inteligência artificial não pode alterar esse processo.

EPÍLOGO: UM PROGRAMA DE ARGUMENTAÇÃO JURÍDICA

Nossa intenção, em especial a partir da sétima edição deste livro, é a de lograr um Programa de Argumentação Jurídica. Para isso, há duas tarefas primordiais: (**I**) definir as habilidades que se pretende que o leitor adquira ao entrar em contato com a obra e, depois, (**II**) planejar meticulosamente os meios de aquisição dessas habilidades. Como se trata de um livro, isso implica definir o que o leitor deve conhecer e o que, depois e por si mesmo, deve exercitar.

No processo de escrita de uma obra com essa pretensão, espontaneamente nascem duas tarefas secundárias, que temos aprimorado: (**III**) para fugir às falácias e à insegurança epistemológica, forma-se um *corpus* teórico. Porque, ao tratar-se de uma, por assim dizer, *ciência humana*, esse *corpus* teórico depende da presença do observador, temos desenvolvido e firmado algumas posições filosófico-dogmáticas que, muitas vezes, estão em outros textos de nossa autoria. Aqui, em brevíssimo resumo, o reconhecimento do pensamento mágico – ou de outro nome que se dê à percepção por atração e similaridade – como parte da arte argumentativa, sem deixar de buscar uma pureza racional. E também a compreensão da aplicação do Direito como forma narrativa, o que está ainda em desenvolvimento em outros textos nossos de Direito Penal; (**IV**) a outra tarefa secundária, consequência da anterior, é a posição crítica diante de algumas obras reconhecidas da argumentação que se aproximaram ao Direito. Ou bem porque se limitaram a reproduzir clássicos da Antiguidade que, apesar de excelentes, não tem a amplitude necessária para dar conta do espectro comunicativo da contemporaneidade; ou bem porque, ao buscar fundamentar seu *corpus*, voltaram-se ao estudo da hermenêutica e da filosofia do Direito. Essa confusão ou invasão epistemológica contamina alguns livros, que se transformam em estruturas frágeis tanto na hermenêutica quanto nas teorias retóricas.

Para aquele que termina a leitura desta obra, ou que a deseja aplicar em sala de aula, traçamos um conjunto de habilidades obrigatórias com as quais se tem de trabalhar, dentro e fora do manuseio deste livro. Enunciá-las, em nossa opinião, ajuda o leitor no desenvolvimento de seus estudos. Claro que há outras, mesmo dentro do livro, mas realçaríamos estas principais, porém com um alerta inicial: algumas delas, como "reconhecer o texto" ou "dominar a gramática (em sentido amplo)", podem parecer simples, mas demandam um treinamento de muitos anos, mesmo aos juristas mais experimentados. Vamos a elas:

(1) conhecer as características de um *texto*, a partir da unidade de sentido; (2) saber o papel e os limites da argumentação, essencialmente no Direito; (3) reconhecer as formas de linguagem e sua relação com o espaço e o tempo; (4) apontar as qualidades do texto escrito, desde a coerência mais básica até seus jogos de sentido em seleção vocabular, seu ritmo e sua referenciação; (5) conhecer a estrutura mínima da semântica, com polissemias e dualidades monossêmicas; (6) sistematizar argumentos, como meio de obter recursos de macrotexto; (7) desenvolver técnicas reativas à argumentação em si, como elementos para alterar o pensamento do ouvinte; (8) reconhecer a estrutura da gramática

em sentido amplo, não apenas como conjunto de regras formais do vernáculo, mas como estrutura mínima que garante a compreensão pelo leitor ou ouvinte; (9) estudar profundamente a progressão do texto, em especial a progressão narrativa, com sua estrutura temporal; (10) trabalhar com a intertextualidade, reconhecendo os textos que formam o próprio pensamento, antes de transmiti-lo ao interlocutor; (11) identificar as potencialidades do texto oral e do texto escrito, dominando os recursos que conduzem o interlocutor aos centros específicos de alteração de pensamento em uma e em outra forma de exteriorização; (12) saber reconhecer princípios e sistemas de lógica formal, tomando-os como modo de argumento, de instrumento da enunciação; (13) adaptar-se às mudanças discursivas que a evolução social e, mais especificamente, as alterações tecnológicas demandam.

Para esse conjunto de habilidades, existiria um *Programa* ou um *Temário*, um grupo de temas que estariam aptos a desenvolvê-las. Tal temário, à diferença das habilidades, não será aqui escrito, porque nossa esperança é a de que este livro, como um todo, coincida com tais tópicos. Em outras palavras, que nossos subtítulos sejam aqueles que, de momento, respondem à formação do jurista com alta capacidade argumentativa. Paralelamente, faz-se fundamentar os motivos da seleção dos tópicos, para que não pareçam arbitrários ou baseados em mera experiência individual do autor, que conta apenas indiretamente.

As próximas edições da obra seguirão a mesma senda, de atualização e aprimoramento, a fim de que o leitor – em seus mais diversos níveis de expressividade – alcance, aprimore e ultrapasse essas potências. Somente esses objetivos justificam a construção do texto desta natureza.

A colaboração dos leitores e pesquisadores mais críticos e, principalmente, dos professores que adotam este livro tem sido imprescindível.

BIBLIOGRAFIA

Adams, Douglas. *The restaurant at the end of Universe*. New York: Ballantine Books, 1995.

Adger, David; Smith, Jennifer. "Variation and the minimalist program." *Syntax and Variation*: reconciling the biological and the social, vol. 265, 2005.

Aikin, Scott F. "Tu Quoque arguments and the significance of hypocrisy." *Informal Logic*, vol. 28, n. 2, 2008.

Alves, Alaôr Caffé. *Lógica, pensamento formal e argumentação, elementos para o discurso jurídico*. Bauru: Edipro, 2000.

Amado, Jorge. *Tereza Batista cansada de guerra*. São Paulo: Martins, 1972.

Ambrosch, Gerfried. *The poetry of punk:* The meaning behind punk rock and hardcore lyrics. New York: Routledge, 2018.

Amezúa Amezúa, Luis Carlos. "La elasticidad de la razón de Estado." *Anuario de Filosofía del Derecho*, t. XVI, pp. 185-198, 1999.

Amsterdam, Anthony G.; Bruner, Jerome. *Minding the law*. Cambridge: Harvard University Press, 2000.

Arantes, Paulo Eduardo. *Hegel*: A ordem do tempo. São Paulo: Hucitec, 2000.

Arenas Dolz, Francisco. "El modelo retórico deliberativo aristotélico." *Revista de Estudios Políticos*, n. 142, 2008.

Arendt, Hannah. *The life of the mind II*. San Diego: Harcourt Publishing, 1981.

Atienza, Manuel. *As razões do Direito*. São Paulo: Landy, 2000.

Aytan, Allahverdiyeva et al. "Euphemisms and dysphemisms as language means implementing rhetorical strategies in political discourse." *Journal of Language and Linguistic Studies*, vol. 17, n. 2, 2021.

Baker, Scott; Mezzetti, Claudio. "A theory of rational jurisprudence." *Journal of Political Economy*, vol. 120, n. 3, 2012.

Barnes, Jonathan. "Aristotle's theory of demonstration." *Phronesis*, vol. 14, n. 2, 1969.

Barry, Brian M. *How judges judge*: Empirical insights into judicial decision making. New York: Routledge, 2021.

Bates, Joseph et al. "The role of emotion in believable agents." *Communications of the ACM*, vol. 37, n. 7, 1994.

Berger, Peter L. *Risa redentora*. Barcelona: Editorial Kairós, 1999.

Bernal Pulido, Carlos. "La fuerza vinculante de la jurisprudencia en el orden jurídico colombiano." *Precedente – Revista Jurídica*, vol. 3, n. 3, pp. 13-43, 2003. (Anuário Jurídico, 2003).

Bernández, Enrique. "La coherencia textual como autorregulación en el proceso comunicativo." *Boletín de Filología*, vol. 34, n. 1, 1993.

Biber, Katherine. *Captive images*: Race, crime, photography. New York: Routledge-Cavendish, 2007.

Black, Harold. *La historia cíclica de* Cien años de soledad. Tesis Doctoral. Pennsylvania: Bucknell University, 1972.

Bohm, David. *On creativity*. London: Routledge, 2004.

Booth, Wayne C. *The company we keep*: An ethics of fiction. Los Angeles: University of California Press, 1988.

Borwein, Jonathan. "Aesthetic for working mathematician." *Queens University Simposium on Beauty and the Mathematical Beast*: Mathematics and Aesthetics, 2001.

BOULIANNE, Shelley. "Revolution in the making? Social media effects across the globe." *Information, Communication & Society*, vol. 22, n. 1, 2019.

BRAGA JUNIOR, Sebastião Jairo Lima. *O jargão LGBTQ em Rupaul's Drag Race traduzido e legendado por fãs*: Um estudo baseado em corpus. 2020. 96f. Dissertação (mestrado) – Universidade Federal do Ceará, Centro de Humanidades, Programa de Pós-Graduação em Estudos da Tradução, Fortaleza, Ceará, 2020.

BRENNAN, Jason. *Against democracy*. Princeton: Princeton University Press, 2016.

BROOKS, Cleanth. *Modern rhetoric*. San Diego: Harcourt Brace Jovanovich, 1979.

BRUNER, Jerome. *Actual minds, possible worlds*. Cambridge: Harvard University Press, 1986.

BRUNER, Jerome. *La fabbrica delle storie*. Diritto, letteratura, vita. Trad. Mario Carpitella. Bari: Editori Laterza, 2002.

BRUNER, Jerome. "The conditions of creativity." *In*: BRUNER, Jerome. *On knowing*: Essays for the left hand. Massachusetts: Harvard University Press, 1997.

BUNGE, Mario. *Intuición y razón*. Buenos Aires: Sudamericana, 2013.

BUNGE, Mario. *La ciencia*: Su método y su filosofía. Pamplona: Laetoli, 2018.

BUNGE, Mario; ARDILA, Rubén. *Filosofía de la psicología*. Buenos Aires: Siglo XXI, 2002.

BURGESS, Anthony. *A clockwork orange*. New York: Ballantine Books, 1972.

CAJORI, Florian. *A history of mathematical notations*. London: Cosimo Classics, 2007.

CALVO GONZÁLEZ, José. "Desde una encrucijada junto a Borges: Sobre ciencia jurídica y producción normativa." *Anuario de filosofía del derecho*, n. 32, 2016.

CAMPBELL, Joseph. *Myths to live by*. New York: Joseph Campbell Foundation, 2017.

CAMPBELL, Joseph. *The inner reaches of outer space:* Metaphor as myth and as religion. California: New World Library, 2002.

CAMPOS OCAMPO, Melvin; HERRERA ÁVILA, Tatiana. "Sancho Panza y el carnaval salomónico (batucada barataria)." *Revista de Filología y Lingüística de la Universidad de Costa Rica*, vol. 32, n. 1, 2018.

CAÑELLES, Isabel. *La construcción del personaje literario*: Un camino de ida y vuelta. Madrid: Ediciones y Talleres de Escritura Creativa Fuentetaja, 1999.

CANO ALONSO, Pere Lluís. "Colaboración, documentación y notas." *In*: COMPARATO, Doc. *De la creación al guión*. Madrid: Instituto Oficial de Radio y Televisión, 1993.

CANTIN, Montse; RÍOS, Antonio. "Análisis experimental del ritmo de la lengua catalana." *Anuario del Seminario de Filología Vasca "Julio de Urquijo"*, vol. 25, n. 2, 1991.

CAPLE, Helen. *Photojournalism:* A social semiotic approach. London: Springer, 2013.

CAPLE, Helen; KNOX, John S. "A framework for the multimodal analysis of online news galleries: What makes a 'good' picture gallery?" *Social Semiotics*, vol. 25, n. 3, 2015.

CARO, Antonio. "Para una fundamentación científica del concepto de lenguaje publicitario." *Área Cinco*, vol. 6, 1999.

CARO REY, Jonatan. "La metafilosofía de Eugenio Trías." *Pensamiento – Revista de Investigación e Información Filosófica*, vol. 71, n. 268, 2015.

CARVER, Raymond. "On writing." *Mississippi Review*, vol. 14, n. 1-2, 1985.

CARVER, Raymond. *What we talk about when we talk about love*. New York: Gardner Publishers, 2009. (Vintage Carver Collection).

CASTILLO CÓRDOVA, Luis. "Las posibles injusticias que genera la aplicación de la técnica del prospective overruling." *Diálogo con la jurisprudencia:* Actualidad, análisis y crítica jurisprudencial, n. 129, 2009.

Cesio, Fidias. "La transferencia en el sueño y en el tratamiento psicoanalítico." *Revista de Psicoanálisis*, vol. 4, 1967.

Chambliss, M. J.; Garner, R. "Do adults change their minds after reading persuasive text?" *Written Communication*, vol. 13, n. 3, 1996.

Charaudeau, Patrick. "La argumentación persuasiva. El ejemplo del discurso político." *In*: Shiro, M. *et al. Haciendo discurso. Homenaje a Adriana Bolívar.* Caracas: Universidad Central de Venezuela, 2009.

Chomsky, Noam. *11 de setembro*. Rio de Janeiro: Bertrand Brasil, 2002.

Chomsky, Noam. "The language capacity: Architecture and evolution." *Psychonomic Bulletin & Review*, vol. 24, 2017.

Chomsky, Noam. *The minimalist program*. Massachusetts: MIT Press, 2015.

Christensen-Branum, Lezlie; Strong, Ashley; Jones, Cindy D'On. "Mitigating myside bias in argumentation." *Journal of Adolescent & Adult Literacy*, vol. 62, n. 4, 2019.

Clarke, Arthur C. *2001: A space odissey*. New York: Roc Books (Penguin Group), 1993.

Clavijo Poveda, Jairo; Ospina Deaza, Juan Camilo; Sanchez Prieto, Valeria. "Lenguaje y dispositivo. Un análisis de la serie Dr. House como caso paradigmático de la práctica médica colombiana." *Anthropía*, n. 16, 2019.

Clayton, John B. *Influence and intertextuality in literary history*. Madison: University of Wisconsin Press, 1991.

Cohen, Jack; Stewart, Ian. *The collapse of chaos*: Discovering simplicity in a complex world. London: Penguin Paperbacks, 1995.

Cole, Thomas. "Who was corax?" *Illinois Classical Studies*, vol. 16, n. 1-2, 1991.

Coleridge, Samuel. *The complete poems of Samuel Taylor Coleridge*. London: Penguin UK, 2004.

COMPARATO, Doc; VÁZQUEZ, Pilar; CANO ALONSO, Pere Lluis. *De la creación al guión*. Madrid: Instituto Oficial de Radio y Televisión, 1993.

CORTRIGHT, Rupert. *Técnicas construtivas de argumentação e debate*. São Paulo: Ibrasa, 1963.

COSERIU, Eugenio. *Lingüística del texto:* introducción a la hermenéutica del sentido. Navarra: Óscar Loureda Lamas, 2007.

CRAFT, Anna. "Fostering creativity with wisdom." *Cambridge Journal of Education*, vol. 36, n. 3, 2006.

CRANE, Diana. "Clothing behavior as non-verbal resistance: marginal women and alternative dress in the nineteenth century." *Fashion theory*, vol. 3, n. 2, 1999.

CROPLEY, Arthur J. "Fostering creativity in the classroom: general principles." *The creativity research handbook*, vol. 1, n. 84, 1997.

CROSSLEY, Scott; MCNAMARA, Danielle. "Text coherence and judgments of essay quality: Models of quality and coherence." *Proceedings of the Annual Meeting of the Cognitive Science Society*, 2011.

CRYSTAL, David. "The scope of Internet linguistics." *Proceedings of American Association for the Advancement of Science Conference*. Washington: American Association for the Advancement of Science Conference, 2005.

CLARK, Meredith D. "DRAG THEM: A brief etymology of so-called 'cancel culture.'" *Communication and the public*, vol. 5, n. 3-4, 2020.

DALE, Robert. "*GPT-3:* What's it good for?" *Natural Language Engineering*, vol. 27, 2021.

D'ALMEIDA, Luís Duarte. Arguing a fortiori. *The Modern Law Review*, vol. 80, n. 2, 2017.

DARWIN, Charles. *El origen de las especies*. Madrid: EDAF, 1965.

DELLINGER, Hampton. "Words are enough: The troublesome use of photographs, maps, and other images in Supreme Court Opinions." *Harvard Law Review*, vol. 110, 1996.

DELL'SOLA, Regina Lúcia. "A interação sujeito-linguagem e leitura." *In*: MAGALHÃES, Izabel (org.). *As múltiplas faces da linguagem.* Brasília: UnB, 1996.

DE MORAES, João Batista Ernesto. "O satírico nas crônicas de Stanislaw Ponte Preta." *ITINERÁRIOS – Revista de Literatura*, n. 10, 1996.

DESCARTES, René. *Discurso del método*. Madrid: Espasa-Calpe, 1943.

DIAMOND, Larry. "Rebooting democracy." *Journal of Democracy*, vol. 32, n. 2, 2021.

DÍAZ, Álvaro. *La argumentación escrita*. Antioquia: Universidad de Antioquia, 2002.

DI BELLO, Marcello. *Statistics and probability in criminal trials*. Ph.D. Thesis. California: Stanford University, 2013.

DIP, Ricardo. *Seguridad jurídica y crisis del mundo posmoderno*. Madrid: Marcial Pons, 2016.

DOUGLASS, Ellen H. "'Dressing down' the warrior maiden: Plot, perspective, and gender ideology." *In*: FITZ, Earl; BROWER, Keith; MARTINEZ-VIDAL, Enrique (ed.). *Jorge Amado:* New critical essays. New York: Routledge, 2013.

DOUZINAS, Costas; WARRINGTON, Ronnie; MCVEIGH, Shaun. *Postmodern jurisprudence:* The law of the text in the text of the law. New York: Routledge, 1993.

DUDEK, Michał et al. "A few questions concerning photographs in court decisions." *Archiwum Filozofii Prawa i Filozofii Społecznej*, vol. 17, n. 2, 2018.

DUGUIT, Léon. *Law in the Modern State*. New York: Huebsch, 1919.

DUNNETT, J.; HOEK, J. "An evaluation of cinema advertising effectiveness." *Marketing Bulletin*, vol. 7, 1996.

EGRI, Lajos. *The art of dramatic writing*: Its basis in the creative interpretation of human motives. New York: Simon and Schuster, 1972.

ELIO, Renâee et al. (ed.). *Common sense, reasoning, & rationality.* Oxford: Oxford University Press on Demand, 2002.

Estévez Flores, María Del Mar. "La estructuración del discurso político: La coherencia textual. Política y Oratoria: El lenguaje de los políticos." *Actas del II Seminario Emilio Castelar*, Cádiz, 2002.

Fairclough, Isabela. *Political Discourse Analysis*: A Method for Advanced Students. London: Routledge, 2012.

Fairclough, Norman. *Language and power*. New York: Routledge, 2013.

Faoro, Raymundo. *Os donos do poder:* Formação do patronato político brasileiro. São Paulo: Companhia das Letras, 2021.

Feldman, David H. "The development of creativity." *Handbook of creativity*, vol. 169, 1999.

Fiorin, José Luiz. *As astúcias da enunciação*: As categorias de pessoa, espaço e tempo. São Paulo: Ática, 1996.

Fonseca, María do Carmo; Miranda-Ribeiro, Paula. "Novelas y telenovelas: El caso brasileño en el contexto latinoamericano." *Anàlisi: Quaderns de comunicació i cultura*, n. 23, 1999.

Fontalvo, Orlando Araújo. "Cronotopía y modernidad en *Cien años de soledad*." *Revista de Estudios Literarios*, n. 23, 2003.

Ford, Richard Thompson. *Dress codes*: How the laws of fashion made history. New York: Simon and Schuster, 2021.

Frankfurt, Harry G. "Freedom of the will and the concept of a person". *The Journal of Philosophy*, vol. 68, n. 1, 1971.

Frazer, James George. *The golden bough*: A study in magic and religion. New York: The McMillan Company, 1947.

Freeborn, Dennis. "What is style?" *Style:* Studies in English language. London: Palgrave, 1996.

Freeman, James B. "Informal logic". *In*: Woods, John (org.). *Errors of reasoning, naturalizing the logic of inferences*. London: College Publications, 2013.

Freud, Sigmund. "El uso de la interpretación de los sueños en psicoanálisis". *In*: Freud, Sigmund. *Sobre un caso de paranoia descrito autobiográficamente (Schreber). Trabajos sobre técnica psicoanalítica y otras obras:* 1911-1913. Buenos Aires: Amorrortu Editores, 2007.

FRIED, Itzhak; MUKAMEL, Roy; KREIMAN, Gabriel. "Internally generated preactivation of single neurons in human medial frontal cortex predicts volition." *Neuron*, vol. 69, n. 3, 2011.

GAOS, José. Notas sobre la historiografía: A Arturo Arnáiz y Freg. *Historia mexicana*, vol. 9, n. 4, 1960.

GARCÍA AMADO, Juan Antonio. *Razonamiento jurídico y argumentación:* Nociones introductorias. Puno: Zela, 2017.

GARCÍA AMADO, Juan Antonio. "Sobre el argumento a contrario en la aplicación del derecho." *Doxa. Cuadernos de Filosofía del Derecho*, n. 24, 2001.

GARCÍA-HERNÁNDEZ, Benjamín. "La sinonimia: Relación onomasiológica en la antesala de la semántica." *Revista Española de Lingüística*, vol. 27, n. 2, 1997.

GARCÍA-HERNÁNDEZ, Benjamín. "Sinonimia y diferencia de significado." *Revista Española de Lingüística*, vol. 27, n. 1, 1997.

GARCÍA RODRÍGUEZ, Yadira; CHINEA GUEVARA, Josefina. "El ideal de justicia en los consejos de Don Quijote a Sancho Panza." *Islas*, n. 145, 2005.

GARRET, Brandon. *Too big to jail*: How proecutors compromisse with corporations. New York: Belknap Press, 2016.

GASTIL, John. "Undemocratic discourse: a review of theory and research on political discourse." *Discourse & Society*, vol. 3, n. 4, 1992.

GAUT, Berys. "The philosophy of creativity." *Philosophy Compass*, vol. 5, n. 12, 2010.

GEERAERTS, Dirk. "Classical definability and the monosemic bias." *In*: GEERAERTS, Dirk. *Words and other wonders*. Berlin: De Gruyter Mouton, 2009.

GENETTE, Gérard. "Discurso del relato." *Figuras III*. Paris: Editions du Seuil, 1989.

GENNAIOLI, Nicola; SHLEIFER, Andrei. "Overruling and the instability of law." *Journal of Comparative Economics*, vol. 35, n. 2, 2007.

GENÓ, Orlando J. "El origen mágico del lenguaje." *Cuadernos de Literatura*: Revista de Estudios Lingüísticos y Literarios, n. 7, 1996.

GIMBERNAT ORDEIG, Enrique. *Concepto y método de la ciencia del derecho penal*. Madrid: Tecnos, 1999.

GIORA, Rachel. "Notes towards a theory of text coherence." *Poetics today*, vol. 6, n. 4, 1985.

GIVEN, T. "Coherence in text vs. coherence in mind." *Coherence in spontaneous text*, vol. 31, 1995.

GLÄNZEL, Wolfgang; SCHOEPFLIN, Urs. "Little scientometrics, big scientometrics... and beyond?" *Scientometrics*, vol. 30, n. 2-3, 1994.

GOANTA, Catalina; RANCHORDÁS, Sofia. "The regulation of social media influencers: An introduction." *In*: GOANTA, Catalina; RANCHORDÁS, Sofia (ed.). *The regulation of social media influencers*. Cheltenham: Edward Elgar Publishing, 2020.

GOMES, Mariângela Magalhães. *Direito Penal e interpretação jurisprudencial*: Do princípio da legalidade às súmulas vinculantes. São Paulo: Atlas, 2008.

GONZÁLEZ, C. "La intertextualidad literaria como metodología didáctica de acercamiento a la literatura: Aportaciones teóricas." *Lenguaje y Textos*, vol. 21, 2003.

GONZÁLEZ MARTÍN, Juan Antonio. *Teoría general de la publicidad*. Madrid: Fondo de Cultura Económica, 1996.

GONZÁLEZ MARTÍNEZ, Juan Miguel. "La sinonimia: Problema metalingüístico." *Anales de Filología Hispánica*, vol. 4, 1988-1989.

GORDLEY, James. "Myths of the french civil code." *The American Journal of Comparative Law*, vol. 42, n. 3, 1994.

GÖSSEL, Karl Heinz. "Réplica al derecho penal del enemigo: Sobre individuos y personas del derecho." *Revista penal*, n. 20, 2007.

GOVIER, Trudy. *A practical study of argument*. Wadsworth: Cengage Learning, 2013.

Govier, Trudy. "Problems in argument analysis and evaluation." *In*: *Problems in argument analysis and evaluation*. Berlin: De Gruyter Mouton, 2019.

Govier, Trudy. "Worries about *tu quoque* as a fallacy." *Informal Logic*, vol. 3, n. 3, 1980.

Graham, Gordon. *Philosophy of the arts*: An introduction to aesthetics. New York: Routledge, 2005.

Griswold, C. L. *Forgiveness*: A philosophical exploration. New York: Cambridge University Press, 2007.

Guthrie, Chris; Rachlinski, Jeffrey J.; Wistrich, Andrew J. "Blinking on the bench: How judges decide cases." *Cornell Law Review*, vol. 93, 2007.

Hanisch, H. "El latín, lengua jurídica." *Revista Chilena de Derecho*, vol. 3, n. 1, 1976.

Hanks, W. *Intertexts writings on language, utterance, and context*. Maryland: Rowman & Littlefield Publishers, 2000.

Hansen, Hans. "Fallacies." *The Stanford Encyclopedia of Philosophy*. Disponível em: https://plato.stanford.edu/archives/sum2020/entries/fallacies/. Acesso em: maio 2024.

Harari, Orna. *Knowledge and demonstration*: Aristotle's posterior analytics. London: Springer Science & Business Media, 2004.

Harris, W. "Towards principles of overruling – when should a final court of appeal second guess?" *Oxford Journal of Legal Studies*, vol. 10, n. 135, 1990.

Haynes, John Dylan; Soon, Chun Siong; Brass, Marcel; Heinze, Hans Jochen. "Unconscious determinants of free decision in the human brain." *Nature Neuroscience*, vol. 11, n. 5, 2008.

Hebel, Udo. "Introduction." *In*: Hebel, Udo. *Intertextuality, allusion, and quotation*. Westport: Greenwood Press, 1989.

Hegel, G. Wilhelm Friedrich. *Fenomenología del espíritu*. México: Fondo de Cultura Económica, 2007.

Hegel, G. Wilhelm Friedrich. *Filosofía del derecho*. Buenos Aires: Claridad, 1968.

Henriksen, Birgit. "Three dimensions of vocabulary development." *Studies in second language acquisition*, vol. 21, n. 2, 1999.

Hermes, Dik J.; Van Gestel, Joost C. "The frequency scale of speech intonation." *The Journal of the Acoustical Society of America*, vol. 90, n. 1, 1991.

Hernández Sandoica, Elena; Peset, José Luis. *Universidad, poder académico y cambio social* (Alcalá de Henares, 1508-Madrid, 1874). Madrid: Ministerio de Educación, 1990.

Herranz, Miguel. "Brocardos, latines y latinajos: Una aproximación a los porqués de la pervivencia del latín dentro del lenguaje jurídico español." *Anuario Jurídico y Económico Escurialense*, vol. 55, 2022.

Hinks, D. A. G. "Tisias and Corax and the invention of rhetoric." *The Classical Quarterly*, vol. 34, n. 1-2, 1940.

Hirst, Russel. "Scientific jargon, good and bad." *Journal of Technical Writing and Communication*, vol. 33, n. 3, 2003.

Hitchcock, David. "Is there an argumentum *ad hominem* fallacy?" *In*: Hitchcock, David. *On reasoning and argument*. Hamilton: Springer, 2017.

Hitters, Juan Carlos. "¿Son vinculantes los pronunciamientos de la Comisión y de la Corte Interamericana de Derechos Humanos? (Control de constitucionalidad y convencionalidad.)." *Revista Iberoamericana de Derecho Procesal Constitucional*, vol. 10, n. 19, 2008.

Horrigan, Bryan. "Towards a Jurisprudence of High Court Overruling." *Australian Law Journal*, vol. 66, n. 205, 1992.

Hotho, Andreas; Nürnberger, Andreas; Paass, Gerhard. "A brief survey of text mining." *LDV Forum*, vol. 20, 2005.

Hume, David. *Investigación sobre el entendimiento humano*. Madrid: Ediciones Akal, 2004.

Hur, Jane; Gupta, Mayank. "Growing up in the web of social networking: Adolescent development and social media." *Adolescent Psychiatry*, vol. 3, n. 3, 2013.

Hutchby, I. "Power in discourse: The case of arguments on a british talk radio show." *Discourse & Society*, vol. 7, n. 4, 1996.

Hyland, Ken; Tse, Polly. "Is there an "academic vocabulary?."" *TESOL Quarterly*, vol. 41, n. 2, 2007.

Israel, Hans; Ruckhaber, Erich; Weinmann, Rudolf (Hrsg.). *Hundert Autoren gegen Einstein*. Leipzig: Voigtländer, 1931.

Jäger, Christian. "Willensfreiheit, Kausalität und Determination: Stirbt das moderne Schuldstrafrecht durch die moderne Gehirnforschung?" *Goltdammer's Archiv für Strafrecht*, n. 1, 2013.

Jansen, H. "Refuting a standpoint by appealing to its outcomes: Reductio ad absurdum vs. argument from consequences." *Informal Logic*, vol. 27, n. 3, 2007.

Jay, David M. "No photographs in court." *Australian Law Journal*, vol. 72, n. 11, 1998.

Jiménez Aleixandre, María Pilar; Díaz de Bustamante, Joaquín. "Discurso de aula y argumentación en la clase de ciencias: Cuestiones teóricas y metodológicas." *Enseñanza de las ciencias*: Revista de investigación y experiencias didácticas, vol. 21, 2003.

Jiménez Aleixandre, María Pilar; Erduran, Sibel. "Argumentation in science education: An overview." *In*: Jiménez Aleixandre, María Pilar; Erduran, Sibel (ed.). *Argumentation in science education*. Dordrecht: Springer, 2007.

Johns, Ann M. "Coherence and academic writing: Some definitions and suggestions for teaching." *TESOL Quarterly*, vol. 20, n. 2, 1986.

Johnson, Christopher M. "Reconsidering the *ad hominem*." *Philosophy*, vol. 84, n. 2, 2009.

Johnstone, Henry W. "A new theory of philosophical argumentation." *Philosophy and Phenomenological Research*, vol. 15, n. 2, 1954.

JOHNSTONE, Henry W. "Philosophy and argumentum *ad hominem.*" *The Journal of Philosophy*, vol. 49, n. 15, 1952.

JUVAN, Marko. "Towards a history of intertextuality in literary and culture studies." *CLCWeb: Comparative Literature and Culture,* vol. 10, n. 3, 2008.

KAPLAN, Alice. *Looking for the stranger*: Albert Camus and the life of a literary classic. Chicago: University of Chicago Press, 2016.

KAYE, David H. "Beyond uniqueness: The birthday paradox, source attribution and individualization in forensic science." *Law, Probability and Risk*, vol. 12, n. 1, 2013.

KAYE, David H. "Probability, individualization, and uniqueness in forensic science evidence." *Brooklyn Law Review*, vol. 75, n. 4, 2010.

KELSEN, Hans. *Reine Rechslehre*. Wien: Franz Deuticke Verlag, 1967.

KENNEDY, G. *A new history of classical rhetoric*. Princeton: Princeton University Press, 1994.

KENRICK, Douglas T. "Evolutionary theory *versus* the confederacy of dunces." *Psychological Inquiry*, vol. 6, n. 1, 1995.

KHOKHLOV, A. N. "How scientometrics became the most important science for researchers of all specialties." *Moscow University Biological Sciences Bulletin*, vol. 75, n. 4, 2020.

KLINE, Michael. "Narrating the grotesque: The rhetoric of humor in John Kennedy Toole's 'A Confederacy of Dunces.'" *Southern Quarterly*, vol. 37, n. 3, 1999.

KLOOSTERHUIS, H. "*Ad Absurdum* arguments in legal decisions. Logic, argumentation and interpretation/Lógica, argumentación e interpretación." *Archiv für Rechts-und Sozialphilosophie*, Beiheft 110, 2007.

KLUG, Ulrich. *Lógica jurídica*. Bogotá: Temis, 1990.

KNOBLAUCH, A. Abby. "A textbook argument: Definitions of argument in leading composition textbooks." *College Composition and Communication*, vol. 62, n. 2, 2011.

KONISKY, David M.; REENOCK, Christopher. "Compliance bias and environmental (in)justice." *The Journal of Politics*, vol. 75, n. 2, 2013.

KRAUS, Manfred. "Perelman's interpretation of reverse probability arguments as a dialectical mise en abyme." *Philosophy & Rhetoric*, vol. 43, n. 4, 2010.

KRISTEVA, Julia. "Word, dialogue and novel." *In*: KRISTEVA, Julia. *The Kristeva Reader*. New York: Columbia University Press, 1986.

KRUMMHEUER, Gotz. "The ethnography of argumentation." *In*: COBB, Paul; BAUERSFELD, Heinrich (ed.). *The emergence of mathematical meaning*. New York: Routledge, 2012.

KUHN, Thomas S. *La estructura de las revoluciones científicas*. México: Fondo de Cultura Económica, 2019.

LAMOND, Grant. "Precedent and snalogy in legal reasoning." *The Stanford Encyclopedia of Philosophy*. Disponível em: https://plato.stanford.edu/archives/spr2016/entries/legal-reas-prec/. Acesso em: maio 2024.

LARA, Luis Fernando. "El ejemplo en el artículo lexicográfico." *In*: BERNAL, Elisenda; DECESARIS, Janet (ed.). *Palabra por palabra*: Estudios ofrecidos a Paz Battaner. Barcelona: Institut Universitari de Lingüística Aplicada/Universitat Pompeu Fabra, 2006.

LARENZ, Karl. *Metodología de la ciencia del Derecho*. Trad. Rodríguez Molinero. Barcelona: Ariel, 1994.

LAVAL, Ramón Arminio. *Del latín en el folklore chileno*. Santiago: Imprenta Cervantes, 1910.

LEE, Stan. *Stan Lee's How to draw superheroes*. Clarkson Potter Publishers/Ten Speed Press. Kindle Edition. Watson-Guptill Publications, 2013.

LEITER, Brian. "American legal realism." *Public Law Research Paper* n. 42, University of Texas Law, 2002.

LENOBLE, Jacques. "Narrative coherence and the limits of the hermeneutic paradigm." *In*: NERHOT, Patrick (ed.). *Law, interpretation and reality*. Dordrecht: Springer, 1990.

Levi, Jennifer L. "Some modest proposals for challenging established dress code jurisprudence." *Duke Journal of Gender Law & Policy*, vol. 14, 2007.

Levis, John; Pickering, Lucy. "Teaching intonation in discourse using speech visualization technology." *System*, vol. 32, n. 4, 2004.

Lewis, David. "General semantics." *Synthese*, vol. 22, n. 1-2, 1970.

Libet, Benjamin. "Do we have free will?" *Journal of Consciousness Studies*, vol. 6, n. 8-9, 1999.

Libet, Benjamin; Gleason, Curtis; Wright, Elwood; Pearl, Dennis. "Time of conscious intention to act in relation to onset of cerebral activity (readiness-potential): The unconscious initiation of a voluntary act." *Brain*, n. 106, 1983.

Lind, Douglas. "Logic, intuition, and the positivist legacy of H.L.A. Hart." *SMU Law Review*, vol. 52, 1999.

Liu, Xiao et al. "GPT understands, too", 2021. Disponível em: *arXiv preprint arXiv:2103.10385*.

Llewellyn, Karl N. "A realistic jurisprudence – The next step." *Columbia Law Review*, vol. 30, n. 4, 1930.

Llewellyn, Karl N. "Some realism about realism. Responding to Dean Pound." *Harvard Law Review*, vol. 44, 1930.

Lloyd, A.C. "The principle that the cause is greater than its effect." *Phonesis*: A journal for ancient philosophy, vol. 21, n. 02, 1976, pp. 146-156.

Locke, John. *Essay concerning human understanding*. Pennsylvania: Pennsylvania State University, 1999.

Lope Blanch, Juan M. "El supuesto arcaísmo del español americano." *Anuario de Letras. Lingüística y Filología*, vol. 7, 1968.

Lope Blanch, Juan M. "La falsa imagen del español americano." *Revista de Filología Española*, vol. 72, n. 3-4, 1992.

Lopes, M. I. V.; Orozco Gómez, G. (coord.). "A ficção televisiva em países ibero-americanos: Narrativas, formatos e publicidade." *Anuário OBITEL*. São Paulo: Globo Universidade, 2009.

LUHMANN, Niklas. *Das Recht der Gesellschaft*. Frankfurt am Main: Suhrkamp, 1995.

LUHMANN, Niklas. "El derecho como sistema social." *In*: GÓMEZ-JARA DÍEZ, Carlos (org.). *Teoría de sistemas y derecho penal*: Fundamentos y posibilidades de aplicación. Granada: Comares, 2005.

LUHMANN, Niklas. *Organización y decisión*: Autopoiesis, acción y entendimiento comunicativo. Barcelona: Anthropos, 1997.

LUNA SALAS, Fernando. "Fiabilidad de la prueba testimonial: Breve análisis desde la psicología del testimonio y los errores de la memoria." *Prolegómenos. Derechos y Valores*, vol. 24, n. 48, 2021.

LYONS, John. *Natural language and universal grammar*. New York: Cambridge University Press, 1991.

MACRI JÚNIOR, José Roberto. *O engano típico no estelionato*. Tese de doutorado – Direito. Universidade de São Paulo, 2022.

MAJONE, Giandomenico. *Evidencia, argumentación y persuasión en la formulación de políticas*. México: Fondo de Cultura Económica, 1997.

MARCHI, Eduardo C. Silveira. *Guia de metodologia jurídica*. Lecci: Edizioni del Griffo, 2001.

MARTÍN JIMÉNEZ, Alfonso et al. *Literatura y ficción:* La ruptura de la lógica ficcional. Lausanne: Peter Lang, 2015.

MARTÍNEZ ALFARO, María Jesús. "Intertextuality: Origins and development of the concept." *Atlantis*, vol. 18, 1996.

MARZOCCO, Valeria. "El realismo jurídico americano: Perspectivas de reconstrucción y nuevas trayectorias interpretativas." *Derechos y Libertades*, n. 39, 2018.

MCGUFFIE, Kris; NEWHOUSE, Alex. *The radicalization risks of GPT-3 and advanced neural language models*, 2020. Disponível em: *arXiv preprint arXiv:2009. 06807*.

MCKUSICK, James C. "Coleridge and language theory." *In*: BURWICK, Frederick (ed.). *The Oxford handbook of Samuel Taylor Coleridge*. Oxford: Oxford Academic, 2012.

McNamara, Danielle S. "Aprender del texto: Efectos de la estructura textual y las estrategias del lector". *Revista signos*: Estudios de lingüística, vol. 37, n. 55, 2004.

McNamara, Danielle S. *et al*. "Are good texts always better? Interactions of text coherence, background knowledge, and levels of understanding in learning from text." *Cognition and instruction*, vol. 14, n. 1, 1996.

Medve, Vesna Bagarić; Takač, Višnja Pavičić. "The influence of cohesion and coherence on text quality: A cross-linguistic study of foreign language learners' written production." *In*: Szymańska-Czaplak, Elżbieta; Piechurska-Kuciel, Ewa (ed.). *Language in cognition and affect*. Berlin: Springer, 2013.

Méndez Ramírez, Hugo. "La reinterpretación paródica del código de honor en *Crónica de una muerte anunciada*." *Hispania*, vol. 73, n. 4, 1990.

Mezger, Edmund. *Strafrecht*: Ein Lehrbuch. München: Duncker & Humblot, 1949.

Miguel-Stearns, Teresa M. "Judicial power in Latin America: A short survey." *Legal Information Management*, vol. 15, n. 2, 2015.

Mihas, Elena. "Non-literal language in political discourse." *LSO Working Papers in Linguistics 5*: Proceedings of WIGL 2005, 2005.

Minsky, Marvin. *Society of mind*. Amsterdam: Simon and Schuster, 1988.

Molina-Luque, Fidel. "Conflicto y colaboración en la organización y gestión universitaria: Vida cotidiana y cultura institucional." *Revista Internacional de Organizaciones*, n. 19, 2017.

Monteiro, Lucira Freire. "Direito e literatura": *Tereza Batista cansada de guerra* e a atual legislação brasileira protetiva da mulher. *In*: Swarnakar, Sudha *et al*. (org.). *Nova leitura crítica de Jorge Amado*. Campina Grande: Eduepb, 2014.

Montgomery, Lucy Maud (2022-03-15T22:58:59.000. *Anne of Green Gables*). Feedbooks. Kindle Edition, 2022.

Monti, Federico et al. *Fake news detection on social media using geometric deep learning*, 2019. Disponível em: arXiv preprint arXiv:1902.06673.

Montoya, Mario. "El funcionamiento del género discursivo epidíctico." *Enunciación*, vol. 17, n. 1, 2012.

Moreira Alves, José Carlos. *Direito romano*. 13. ed. Rio de Janeiro: Forense, 2002. vol. 1.

Moreno Cruz, Rodolfo. "Argumentación jurídica, por qué y para qué." *Boletín Mexicano de Derecho Comparado*, vol. 45, n. 133, 2012.

Morin, Marie-France; Lavoie, Natalie; Montésinos-Gelet, Isabelle. "The effects of manuscript, cursive or manuscript/cursive styles on writing development in Grade 2." *Language and literacy*, vol. 14, n. 1, 2012.

Moya, Eugenio. "Alan D. Sokal, Thomas S. Kuhn y la epistemología moderna." *Revista de Filosofía 3a época*, vol. 13, n. 23, 2000.

Muñoz Hincapié, Jaime. "Reflexiones sobre la estética fotográfica. La representación en fotografía." *Estudios de Filosofía*, n. 12, 1995.

Murakami, Haruki. *Killing Commendatore*. Random House. Kindle Edition, 2018.

Murakami, Haruki. *Novelist as a Vocation*. Random House. Kindle Edition, 2022.

Nagy, William; Townsend, Dianna. "Words as tools: Learning academic vocabulary as language acquisition." *Reading research quarterly*, vol. 47, n. 1, 2012.

Nascimento, Dilene Raimundo; Silva, Matheus Alves Duarte. "A peste bubônica no Rio de Janeiro e as estratégias públicas no seu combate (1900-1906)." *Territórios e Fronteiras*, vol. 6, n. 2, 2013.

Nascimento, Dilene Raimundo; Silva, Matheus Alves Duarte. "Caça ao rato: No início do século XX, os cariocas trocavam roedores por dinheiro e ajudavam no combate à peste." *Revista de História da Biblioteca Nacional*, vol. 67, n. 6, 2011.

Nash W. *Jargon: Its uses and abuses*. Oxford: Blackwell Publishers, 1993.

Ng, Eve. "No grand pronouncements here...: Reflections on cancel culture and digital media participation." *Television & New Media*, vol. 21, n. 6, 2020.

Nietzsche, Friedrich. *Así habló Zaratustra*. Trad. Juan Bergua. Madrid: Esfera de los Libros, 2011.

Nietzsche, Friedrich. *Ocaso de los ídolos*. Madrid: Mestas, 2008.

Nobles, Richard; Schiff, David. *A sociology of jurisprudence*. London: Bloomsbury Publishing, 2006.

Oesterreicher, Wulf. "Lo hablado en lo escrito. Reflexiones metodológicas y aproximación a una tipología." *In*: Kotschi, Thomas *et al.* (coord.). *El español hablado y la cultura oral en España e Hispanoamérica*. Frankfurt: Vervuert, 1996.

Olguín Vilches, Nelly. "Noam Chomsky, Reflexiones sobre el lenguaje." *Boletín de Filología*, vol. 29, 2017.

Orben, Amy; Tomova, Livia; Blakemore, Sarah-Jayne. "The effects of social deprivation on adolescent development and mental health." *The Lancet Child & Adolescent Health*, vol. 4, n. 8, 2020.

Orts Llópis, María Ángeles. "El sistema legal inglés y su hermenéutica: La importancia del lenguaje en el Derecho Anglosajón." *Revista de Lenguas para Fines Específicos*, n. 7-8, 2001.

Orwell, George. "Politics and the English Language." *In*: Orwell, George. *Why I write*. London: Penguin Books, 2004.

Osakabe, Haquira. *Argumentação e discurso político*. São Paulo: Martins Fontes, 1999.

Ostermann, Fernanda. "A epistemologia de Kuhn." *Caderno Brasileiro de Ensino de Física*, vol. 13, n. 3, 1996.

Paoli, Roberto. "Carnavalesco y tiempo cíclico en *Cien años de soledad*." *Revista Iberoamericana*, vol. 50, n. 128, 1984.

Pastor, Daniel. "¿Sueña el sistema penal con jueces electrónicos?" *In*: Demetrio Crespo, Eduardo (dir.). *Derecho Penal y comportamiento humano*. Valencia: Tirant lo Blanch, 2022.

PAULUS, Nelson. "La universidad desde la teoría de los sistemas sociales." *Calidad en la educación*, n. 25, 2006.

PEREDA, C. "¿Qué es un buen argumento?: La argumentación: Lógica y retórica." Parte II. *Theoria*, vol. 11, n. 25, 1996.

PETERS, John G. "To strive, to seek, to find, and not to yield: Ulysses as siren in Tennyson's poem." *Victorian Review*, vol. 20, n. 2, 1994.

PINTO, Elisa Guimarães. "Figuras de retórica e argumentação." *In*: MOSCA, Lineide do Lago Salvador (org.). *Retóricas de ontem e de hoje*. São Paulo: Associação Editorial Humanitas, 2004.

PIRANDELLO, Luigi. *Seis personajes en busca de autor*. Trad. Ildefonso Grande y Manuel Bosch Barrett. Editor digital: IbnKhaldun. p. 44. Obras completas. Disponível em: https://ministeriodeeducacion.gob.do/docs/biblioteca-virtual/AHFb-luigi-pirandello-obras-completaspdf.pdf. Acesso em: maio 2024.

PISTORI, Maria Helena Cruz. "Discurso jurídico e imagens." *Filologia e Linguística Portuguesa*, vol. 17, n. 2, 2015.

POLLOCK, Jonathan. *¿Qué es el humor?* Buenos Aires: Paidós, 2003.

PORTANTIERO, Juan Carlos; DE IPOLA, Emilio. "Lo nacional popular y los populismos realmente existentes." *Nueva Sociedad*, vol. 54, n. 1, 1981.

POZO, Hurtado. *La ley importada*. Lima: Cedys, 1979.

QUIROZ, Alfonso W. *Historia de la corrupción en el Perú*. Lima: Instituto de Estudios Peruanos, 2014.

RABINOW, Paul; DREYFUS, Hubert. *Michael Foucault*: Más allá del estructuralismo y la hermenéutica. México: UNAM, 1988.

RAITER, Alejandro. *Lenguaje y sentido común*: Las bases para la formación del discurso dominante. Buenos Aires: Editorial Biblos, 2003.

RAMÍREZ BARBOSA, Paula Andrea; PAEZ DURÁN, Luís Alberto. "Inteligencia artificial y ética corporativa." *In*: RAMÍREZ BARBOSA, Paula Andrea; PAEZ DURÁN, Luís Alberto. *Responsabilidad penal y cumplimiento corporativo*. Valencia: Tirant lo Blanch, 2022.

Rastier, François. *Artes y ciencias del texto*. Madrid: Biblioteca Nueva, 2012.

Ratnapala, Suri. *Jurisprudence*. Cambridge: Cambridge University Press, 2017.

Ratzinger, Joseph. *Luz del mundo*: El papa, la Iglesia y los signos de los tiempos. Barcelona: Herder, 2010.

Raven, John C.; Court, John Hugh. *Raven's progressive matrices and vocabulary scales*. Oxford: Oxford Pyschologists Press, 1998.

Reboul, Olivier. *Introdução à retórica*. São Paulo: Martins Fontes, 1998.

Reisman, Abby; Brimsek, Emily; Hollywood, Claire. "Assessment of Historical Analysis and Argumentation (AHAA): A new measure of document-based historical thinking." *Cognition and Instruction*, vol. 37, n. 4, 2019.

Reisman, W. Michael. "Theory about law: Jurisprudence for a free society." *Yale Law Journal*, vol. 108, 1998.

Ricoeur, Paul. *The art of narrative*. Chicago: University of Chicago, 1988, vol. 3.

Ricoeur, Paul. "The human experience of time and narrative." *Research in Phenomenology*, vol. 9, 1979.

Robles Ávila, Sara. *Realce y apelación en el lenguaje de la publicidad*. Madrid: Arco/Libros, S. L., 2004.

Rodríguez Centeno, Juan Carlos. "La publicidad como herramienta de las distintas modalidades de comunicación persuasiva." *Global Media Journal México*, vol. 1, n. 1, 2004.

Rodríguez-Toubes Muñiz, Joaquín. "La interpretación 'a contrario' de disposiciones jurídicas." *Anuario de filosofía del derecho*, n. 34, 2018.

Rodríguez-Toubes Muñiz, Joaquín. "La reducción al absurdo como argumento jurídico." *Doxa*: Cuadernos de Filosofía del Derecho, vol. 35, 2012.

Rodríguez, Víctor Gabriel. "Correccionalismo y no-repeticion: El papel de las neurociencias en un derecho penal sin dolor." *In*: Deme-

TRIO CRESPO, Eduardo (coord.). *Derecho Penal y comportamiento humano*: Avances desde la neurociencia y la inteligencia artificial. Valencia: Tirant lo Blanch, 2022.

RODRÍGUEZ, Víctor Gabriel. *Fundamentos de Direito Penal brasileiro*. São Paulo: Atlas, 2008.

RODRÍGUEZ, Víctor Gabriel. "O *buen vivir* latino: Primeiros lineamentos para a funcionalidade do Sumak Kawsay na Constituição Brasileira." *In*: RODRIGUES, Dennys Albuquerque *et al.* (org.). *Democracia, humanismo e justiça constitucional*. Belo Horizonte: Fórum, 2022.

RODRÍGUEZ, Víctor Gabriel. *O ensaio como tese*: Estética e narrativa na composição do texto científico. São Paulo: Martins Fontes, 2016.

RODRÍGUEZ, Víctor Gabriel. "Pela radical alteração dos trajes forenses." *Carta Forense*, outubro de 2017.

RODRÍGUEZ, Víctor Gabriel. *Tutela penal da intimidade*. São Paulo: Atlas, 2008.

ROJAS BONILLA, Fabián Andrés. *El papel de la dogmática en la concepción del precedente jurisprudencial*. Bogotá: Facultad de Derecho, Ciencias Políticas y Sociales, 2015.

ROMERO NIETO, Alejandro. "El humor como instrumento de digresión temática en el debate parlamentario español." *RASAL lingüística*, n. 1, 2018.

ROOK, F. *Slaying the english jargon*. Arlington: STC Press, 1983.

ROSENBERG, Alex. "Strong scientism and its research agenda." *In*: BOUDRY, Maarten; PIGLIUCCI, Massimo (ed.). *Science unlimited?*: The challenges of scientism. Chicago: University of Chicago Press, 2017.

ROSENKRANTZ, Jessica; LOUIS-ROSENBERG, Jesse. "Dress/Code democratising design through computation and digital fabrication." *Architectural Design*, vol. 87, n. 6, 2017.

ROTH, Wolff-Michael. "Reflections during the COVID-19 pandemic: science, education, and everyday life." *Canadian Journal of Science, Mathematics and Technology Education*, vol. 22, 2022.

ROUTLEY, R.; ROUTLEY, V. "Ryle's reductio *ad absurdum* argument." *Australasian Journal of Philosophy*, vol. 51, n. 2, 1973.

ROWAN, K. E. "Moving Beyond the what to the why: Differences in professional and popular science writing." *Journal of Technical Writing and Communication*, vol. 19, n. 1, 1989.

ROZIN, Paul; NEMEROFF, Carol. "Sympathetic magical thinking: The contagion." *In*: GILOVICH, Thomas *et al.* (ed.). *Heuristics and biases*: The psychology of intuitive judgment. Cambridge: Cambridge University Press, 2002.

RUBIA, Francisco J. "El controvertido tema de la libertad." *Revista de Occidente*, n. 356, 2011.

RUBINSTEIN, Ruth P. *Dress codes*: meanings and messages in American culture. New York: Routledge, 2018.

RUHL, Charles. *On Monosemy*. New York: State of New York University Press, 1989.

RUPPERSBURG, Hugh. "The South and John Kennedy Toole's: 'A confederacy of dunces'." *Studies in American Humor*, vol. 5, n. 2-3, 1986.

SALTE, Luise. "Visual, popular and political: The non-profit influencer and the public sphere." *Javnost – The Public*, vol. 29, n. 4, 2022.

SAVIOLI, Francisco Platão; FIORIN, José Luiz. *Lições de texto*. São Paulo: Ática, 2011.

SCHERER, Donald. "The form of reductio *ad absurdum*." *Mind*, vol. 80, n. 318, 1971.

SCHÜNEMANN, Bernd. "Libertad de voluntad y culpabilidad." *In*: *Temas actuales y permanentes del derecho penal después del milenio*. Madrid: Tecnos, 2002.

SCHWARZ, Monika. "Establishing coherence in text. Conceptual continuity and text-world models." *Logos and Language*, vol. 2, n. 1, 2001.

SCOTT, Sandra Davidson. "Winning with words: reductio *ad absurdum* arguments." *ETC*: A Review of General Semantics, vol. 47, n. 2, 1990.

SHANNON, Claude E. "A chess-playing machine." *Scientific American*, vol. 182, n. 2, 1950.

SHEEHAN, K. M. "Measuring cohesion: An approach that accounts for differences in the degree of integration challenge presented by different types of sentences." *Educational Measurement*: Issues and Practice, vol. 32, 2013.

SHU, Kai *et al.* "Fake news detection on social media: A data mining perspective." *ACM SIGKDD explorations newsletter*, vol. 19, n. 1, 2017.

SIMMONS, Solon. *Root narrative theory and conflict resolution:* Power, justice and values. New York: Routledge, 2020.

SMITH, Christian A. *Shakespeare's influence on Karl Marx:* the shakespearean roots of marxism. New York: Routledge, 2022.

SMITH, Kerri. "Taking aim at free will." *Nature*, vol. 477, 2011.

SMITH, Robin. "Aristotle on the Uses of Dialectic." *Synthese*, vol. 96, n. 3, 1993.

SNODGRASS, Klyne R. "From allegorizing to allegorizing: A history of the interpretation of the parables of Jesus." *In*: DUNN, James D. G.; MCKNIGHT, Scot (ed.). *The historical Jesus in recent research*. Pennsylvania: Penn State University Press, 2021.

SNODGRASS, Klyne R. *Stories with intent*: a comprehensive guide to the parables of Jesus. Michigan: Wm. B. Eerdmans Publishing, 2018.

SPEAKS, Jeff. "Theories of meaning." *In*: ZALTA, Edward N. (ed.). *The Stanford Encyclopedia of Philosophy*. Stanford: Spring, 2021.

STEIN, Robert H. *An introduction to the parables of Jesus*. Westminster: John Knox Press, 1981.

STERLING, Cheryl. Women-space, power, and the sacred in Afro-Brazilian culture. *The Global South*, vol. 4, n. 1, 2010.

STIVALA, Ariel *et al.* Genealogía del estilo personal. *VIII Jornadas de Investigación en Disciplinas Artísticas y Proyectuales*. La Plata, 6 y 7 de octubre de 2016.

SUM-HUNG LI, Eden et al. *Systemic functional political discourse analysis*: a text-based study. London: Routledge, 2021.

SUSANTI, Puji; IRWANSYAH, Irwansyah. Social media influencers and digital democracy. *Budapest International Research and Critics Institute-Journal (BIRCI-Journal)*, vol. 5, n. 3, 2022.

TAGLIAMONTE, Sali A. et al. "So sick or so cool? The language of youth on the internet." *Language in Society*, vol. 45, n. 1, 2016.

TAITAGUE, Alex. "The Ramones: A preliminary towards the poetics of punk." *Berkeley Undergraduate Journal*, vol. 25, n. 3, 2012.

THIELE, Martina. "Political correctness and cancel culture – a question of power." *Journalism Research*, vol. 4, n. 1, 2021.

TODOROV, Tzvetan. *As estruturas narrativas*. Trad. Leyla Perrone-Moisés. São Paulo: Perspectiva, 2013.

TODOROV, Tzvetan. "The 2 principles of narrative." *Diacritics*, vol. 1, n. 1, 1971.

TOLSTÓI, Liev. *Anna Kariênina*. Trad. Rubens Figueiredo. São Paulo: Cosac Naify, 2005.

TOOLE, John Kennedy. *A confederacy of dunces*. New York: Grove Press, 2015.

TORRADOS CESPÓN, Milagros. "Uso del smartphone y su reflejo en la escritura entre estudiantes de secundaria bilingües gallego–español." *Digital Education Review*, n. 28, 2015.

TOWNSEND, Dabney. *An introduction to aesthetics*. Oxford: Blackwell, 1997.

TRÍAS, Eugenio. *Metodología del pensamiento mágico*. Barcelona: Edhasa, 1970.

UPRIMNY, Rodrigo. "The recent transformation of constitutional law in Latin America: trends and challenges." *In*: CÉSAR, W. (ed.). *Law and society in Latin America*: A new map. New York: Routledge, 2014. pp. 93-111.

VALERIO BÁEZ, San José. *Introducción crítica a la gramática generativa*. Barcelona: Editorial Planeta, 1975.

Van Den Berghe, Rene Alphonse. *Por amor al arte*: Memorias del ladrón más famoso del mundo. Barcelona: Planeta, 2012.

Van Dijk, Teun A. "Critical discourse analysis". *In*: Tannen, Deborah et al. (ed.). *The handbook of discourse analysis*. 2. ed. Oxford: Wiley Blackwell, 2015. vol. 1.

Van Dijk, Teun A. *Discourse and power*. London: Bloomsbury Publishing, 2017.

Van Dijk, Teun A. *La ciencia del texto*: Un enfoque interdisciplinario. Buenos Aires: Paidós, 1983.

Van Dijk, Teun A. *Society and discourse*: How social contexts influence text and talk. Cambridge: Cambridge University Press, 2009.

Van Eemeren, Frans H.; Grootensdorst, Rob. *Argumentation, communication and fallacies*: A pragma-dialectical perspective. New York: Routledge, 2016.

Van Eemeren, Frans H.; Houtlosser, Peter. "More about fallacies as derailments of strategic maneuvering: The case of *tu quoque*." *OSSA Conference Archive*, vol. 93, 2003.

Van Eemeren, Frans H.; Meuffels, Bert; Verburg, Mariël. "The (un)reasonableness of *ad hominem* fallacies." *Journal of Language and Social Psychology*, vol. 19, n. 4, 2000.

Vilarnovo, Antonio. "Coherencia textual: ¿Coherencia interna o coherencia externa?" *Estudios de Lingüística*, vol. 6, 1990.

Vinkler, Peter. *The evaluation of research by scientometric indicators*. Amsterdam: Elsevier, 2010.

Vogler, Christopher. *A practical guide to Joseph Campbell's The hero with a thousand faces*, 1985. Disponível em: https://lhsengelbert.weebly.com/uploads/8/5/9/7/85972426/heros_journey.pdf. Acesso em: maio 2024.

Vredeveld, Harry. "'Deaf as Ulysses to the sirens song': The story of a forgotten topos." *Renaissance Quarterly*, vol. 54, n. 3, 2001.

Vroomen, Jean; Collier, René; Mozziconacci, Sylvie J. L. "Duration and intonation in emotional speech." *In*: European Speech Com-

MUNICATION ASSOCIATION. *Eurospeech*: 3rd European Conference on Speech Communication and Technology, 1993.

WALTER, Bettyruth. *The Jury Summation as Speech Genre*: Meaning of the Summation to Jurors. Amsterdam: John Benjamins Publishing Company, 1988.

WALTON, Douglas. *Ad hominem arguments*. Tuscaloosa: University of Alabama Press, 1998.

WALTON, Douglas. *Appeal to expert opinion*. Pennsylvania: Pennsylvania State University Press, 1997.

WALTON, Douglas. *A pragmatic theory of fallacies*. Tuscaloosa: University of Alabama Press, 1995.

WALTON, D. N. *Begging the question*. New York: Greenwood, 1991.

WALTON, Douglas. "Defeasible reasoning and informal fallacies." *Synthese*, n. 179, 2011.

WALTON, Douglas. *One-sided arguments*: A dialectical analysis of bias. Albany: State University of New York Press, 1999.

WALTON, Douglas N. The *ad hominem* argument as an informal fallacy. *Argumentation*, vol. 1, n. 3, 1987.

WALTON, Douglas. "Why fallacies appear to be better arguments than they are." *Informal Logic*, vol. 30, n. 2, 2010.

WANG, Chen *et al.* "A Schrödinger cat living in two boxes." *Science*, vol. 352, n. 6289, 2016.

WASHBURN, Jimmy. "Discurso medico: fijación de realidades: I parte." *Revista de Filosofía de la Universidad de Costa Rica*, vol. 39, n. 97, 2001.

WATSON, Alan. "The law of citations and classical texts in the post--classical period." *Legal History Review*, vol. 34, n. 3, 1996.

WEST, Jevin D.; BERGSTROM, Carl T. "Misinformation in and about Science." *Proceedings of the National Academy of Sciences*, vol. 118, n. 15, 2021.

WEST, Robin. "Jurisprudence as narrative: An aesthetic analysis of modern legal theory." *NYUL Review*, vol. 60, 1985.

WHITE, Robert S. "Shakespeare's cinema of love: A study in genre and influence." *In*: WHITE, Robert S. *Shakespeare's cinema of love*. Manchester: Manchester University Press, 2016.

WICHMANN, Anne. *Intonation in text and discourse*: Beginnings, middles and ends. New York: Routledge, 2014.

WILLIAMS, Anne. "The horror, the horror: recent studies in gothic fiction." *MFS Modern Fiction Studies*, vol. 46, n. 3, 2000.

WOLEŃSKI, Jan. "Formal and informal in legal logic." *In*: GABBAY, Dov M. et al. (ed.). *Approaches to legal rationality*. Dordrecht: Springer, 2010.

WOLFE, Christopher R.; BRITT, M. Anne; BUTLER, Jodie A. "Argumentation schema and the myside bias in written argumentation". *Written Communication*, vol. 26, n. 2, 2009.

WORDSWORTH, William; COLERIDGE, Samuel Taylor. *Lyrical ballads*. London: Pearson Education, 2007.

YABLON, Charles M. "Justifying the judge's hunch: An essay on discretion." *Hastings Law Journal*, vol. 41, 1989.

YORIS-VILLASANA, Corina. *Analogía y Fuerza Argumentativa*. Santiago: Universidad Católica Andrés Bello, 2014.

YOUNG, J. G. "What is creativity?" *The Journal of Creative Behavior*, vol. 19, n. 2, 1985.

YUAN, Sheng. "An investigation of the influence of cinema environment on advertising effectiveness." *International Journal of Advertising*, vol. 37, 2017.

ZEITLIN, Solomon. "Hillel and the hermeneutic rules." *The Jewish Quarterly Review*, vol. 54, n. 2, 1963.

ZHANG, Delu; LIU, Rushan. *New Research on Cohesion and Coherence in Linguistics*. New York: Routledge, 2022.

ZHURAVSKAYA, Ekaterina; PETROVA, Maria; ENIKOLOPOV, Ruben. "Political effects of the internet and social media." *Annual Review of Economics*, vol. 12, 2020.

ZUREK, Thomas. "Modelling of a fortiori reasoning." *Proceedings of the 13th International Conference on Artificial Intelligence and Law*, 2011.

NOTAS

CAPÍTULO I

[1] COLERIDGE, Samuel. *The complete poems of Samuel Taylor Coleridge*. London: Penguin UK, 2004.

[2] Há muitos estudos sobre Coleridge e a teoria da linguagem. Recomendamos a leitura do *The Oxford handbook of STC*, que traz os vários aspectos do poeta. Dentre eles, sob uma teoria da gramática generativa em Coleridge, veja-se o capítulo de MCKUSICK, James C. Coleridge and Language Theory. *In*: BURWICK, Frederick (ed.). *The Oxford handbook of Samuel Taylor Coleridge*. Oxford: Oxford Academic, 2012.

[3] Sobre os aspectos de horror em Coleridge: WILLIAMS, Anne. The horror, the horror: Recent studies in gothic fiction. *MFS Modern Fiction Studies*, vol. 46, n. 3, 2000.

[4] Claro que conhecemos o fato, principalmente na América Latina, do acesso à Universidade de gerações que tiveram ensino fundamental e médio deficitário. Em certa medida, isso denota a chegada dos menos favorecidos à Universidade, o que está bem, mas se trata, cremos, de uma parcela pouco significativa do problema. Sem os dados suficientes, não ousamos arriscar uma afirmação sobre quantos vêm, entre os estudantes de Direito, de uma formação menos qualificada na construção e interpretação de texto, e quantos nascem de uma nova geração que pouco necessitou de leitura, ainda que tenha passado pelas melhores escolas. Essa classificação sobre origens, para nós, não tem nenhuma relevância.

[5] CHAMBLISS, M. J.; GARNER, R. "Do adults change their minds after reading persuasive text?" *Written Communication*, vol. 13, n. 3, 1996.

[6] Ainda comentaremos sobre "mineração de dados" e textos. Sobre o tema, distinguindo KDD (*Knowledge Discovery in Databasis*) e "data mining", veja-se, entre outros, HOTHO, Andreas; NÜRNBERGER, Andreas; PAAß, Gerhard. "A brief survey of text mining." *Ldv fórum*, vol. 20, 2005.

[7] JOHNSTONE, H. "A new theory of philosophical argumentation." *Philosophy and Phenomenological Research*, vol. 15, n. 2, pp. 244-252, 1954.

⁸ As relações de poder para construção de discurso, inclusive dentro das *hard sciences*, estão em Foucault. Entre outras obras, veja-se a esclarecedora RABINOW, Paul; DREYFUS, Hubert. *Michael Foucault*: Más allá del estructuralismo y la hermenéutica. México: UNAM, 1988. pp. 102-104. Em um caso concreto, veja-se HUTCHBY, I. "Power in discourse: The case of arguments on a british talk radio show." *Discourse & Society*, vol. 7, n. 4, pp. 481-497, 1996; também a reconhecida obra de FAIRCLOUGH, Norman. *Language and power*. New York: Routledge, 2013.

⁹ Em vários momentos, aqui cuidaremos da teoria de Luhmann para o Direito, muitas vezes aplicada ao Direito Público, especialmente ao Penal. Sua construção de sociedade a partir da comunicação evidentemente muito nos aproxima, mas há discrepâncias em relação ao papel do indivíduo no contexto de reação da lei. Remetemos a outras obras de nossa autoria para aprofundamento no tema.

¹⁰ Temos consciência, principalmente diante de público mais especializado, de que falar em "evolução histórica" demandaria um trabalho historiográfico muito mais apurado. Veja-se, principiologicamente, GAOS, José. "Notas sobre la historiografía: A Arturo Arnáiz y Freg." *Historia Mexicana*, vol. 9, n. 4, 1960, pp. 481--508. Entretanto, considerando-se os limites desta obra, é suficiente mencionar a evolução feita por outros estudiosos, aprofundando nossos estudos no descrever de nossa percepção sobre a realidade atual. Esta, claro, sempre demandará atualização. Sobre as bases da historiografia no século XXI, o relevante REISMAN, Abby; BRIMSEK, Emily; HOLLYWOOD, Claire. Assessment of Historical Analysis and Argumentation (AHAA): A new measure of document-based historical thinking. *Cognition and Instruction*, vol. 37, n. 4, pp. 534-561, 2019.

¹¹ JOHNSTONE, H. "A New theory of philosophical argumentation." *Philosophy and Phenomenological Research*, vol. 15, n. 2, pp. 244-252, 1954.

¹² Sobre a aproximação entre a justiça de Salomão e de Sancho Pança, veja-se CAMPOS OCAMPO, Melvin; HERRERA ÁVILA, Tatiana. "Sancho Panza y el carnaval salomónico (batucada barataria)." *Revista de Filología y Lingüística de la Universidad de Costa Rica*, vol. 32, n. 1, 2018. Sobre a visão de Dom Quixote aconselhando Sancho a seus futuros julgamentos, entre tantos outros, veja-se GARCÍA RODRÍGUEZ, Yadira; CHINEA GUEVARA, Josefina. "El ideal de justicia en los consejos de Don Quijote a Sancho Panza." *Islas*, n. 145, pp. 88-93, 2005.

¹³ Na última edição de seu *Origem das Espécies*, Darwin opera alguma tergiversação para chegar a dizer que acredita, sim, que um único "protótipo" de vida pode ter dado origem a todos os animais e plantas da Terra ("y, si admitimos esto, también tenemos que admitir que todos los seres orgánicos que en todo tiempo han vivido sobre la tierra descienden tal vez a partir de uma sola forma primordial"). E chega a admitir a hipótese de que a vida na Terra tenha surgido simultaneamente em várias espécies, mas com uma imensa ressalva, porque "si es así, podemos llegar a la conclusión de que tan solo poquísimas han dejado descendientes modificados" (DARWIN, Charles. *El origen de las especies*. Madrid: EDAF, 1965. p. 476).

¹⁴ Entre tantos outros: FREUD, Sigmund. "El uso de la interpretación de los sueños en psicoanálisis." *In*: FREUD, Sigmund. *Sobre un caso de paranoia descri-

to autobiográficamente (Schreber). Trabajos sobre técnica psicoanalítica y otras obras: 1911-1913. Buenos Aires: Amorrortu Editores, 2007. pp. 85-92. Também CESIO, Fidias. "La transferencia en el sueño y en el tratamiento psicoanalítico." *Revista de psicoanálisis*, vol. 4, 1967.

[15] Em Duguit, valorizamos sua ideia de responsabilidade do Estado. A exclusão mútua entre responsabilidade do Estado e soberania de suas decisões consegue ser matizada. Veja-se Capítulo VII (pp. 202-203) do *Law in the Modern State*. É, em nossa opinião, um dos grandes marcos para o fim do absolutismo, a progredir não só para o Direito Administrativo reconhecendo responsabilidade do ente coletivo, mas para Tribunais de Direitos Humanos, como conhecemos hoje (DUGUIT, Léon. *Law in the Modern State*. New York: Huebsch, 1919).

[16] Larenz bem resume: "según la concepción positivista, lo único que es acccesible al conocimiento científico, prescindiendo de la Lógica y la Matemática, son los 'hechos' perceptibles junto con la 'legalidad', corroborable experimentalmente, que en ellos se manifiesta. En este planteamiento aparece decisivo el modelo de la Ciencias naturales exactas. En esto el positivismo es 'naturalismo'. Ahora bien, la Ciencia del Derecho ha de ser elevada a una 'Ciencia verdadera' fundamentándola, lo mismo que la Ciencia natural, sobre hechos indubitables" (LARENZ, Karl. *Metodología de la ciencia del Derecho*. Trad. Rodríguez Molinero. Barcelona: Ariel, 1994. p. 58). De modo parecido, Gimbernat define o positivismo e aponta que sua superação houve com o neokantismo, porque "el carácter científico de la dogmática penal – y, en general, de toda la dogmática jurídica – solo podría fundamentarse dentro de una dirección distinta del naturalismo. Esto es lo que intento el neokantismo, efectuando una tajante distinción entre ciencias de la naturaleza y ciencias del espíritu" (GIMBERNAT ORDEIG, Enrique. *Concepto y método de la ciencia del derecho penal*. Madrid: Tecnos, 1999. p. 41).

[17] LOBINGIER, Charles Summer. "Napoleon and his code." *Harvard Law Review*, vol. 32, p. 114, 1918; também GORDLEY, James. "Myths of the french civil code." *The American Journal of Comparative Law*, vol. 42, n. 3, pp. 459-505, 1994, mais exatamente sobre influências de outras legislações nos dispositivos do Código Napoleônico. De todo modo, para o que nos interessa, foi um marco de segurança jurídica para um pretenso império que se iniciava.

[18] "El moralismo de los filósofos griegos que aparece a partir de Platón está condicionado patológicamente; y lo mismo cabe decir de su afición por la dialéctica. Razón = virtud = felicidad equivale sencillamente a tener que imitar a Sócrates" (NIETZSCHE, Friedrich. *Ocaso de los ídolos*. Madrid: Mestas, 2008. p. 31).

[19] "¡Ante Dios! Pero Dios ha muerto. Este Dios, hombres superiores, ha sido vuestro mayor peligro. Para que resucitarais ha sido preciso que yaciera él en su tumba. Solo ahora vendrá el gran mediodía y también el hombre superior para ser el Señor. [...] Pues bien, ¡adelante hombres superiores! Solo ahora va a dar a luz la montaña del porvenir humano. Dios ha muerto; nosotros queremos que viva el Superhombre" (NIETZSCHE, Friedrich. *Así habló Zaratustra*. Trad. Juan Bergua. Madrid: Esfera de los Libros, 2011. p. 287).

[20] Schünemann, por exemplo, denomina o nazismo de "régimen social-darwinista del nacional-socialismo" (Cf. SCHÜNEMANN, Bernd. "Libertad de volun-

tad y culpabilidade." *In*: SCHÜNEMANN, Bernd. *Temas actuales y permanentes del derecho penal después del milenio*. Madrid: Tecnos, 2002. p. 30).

[21] Como bem se sabe, está aí a elevação de Hanna Arendt, em sua obra *Eichmann em Jerusalém*, mas é realmente mais relevante, na autora, para nós, o modo como tentou construir uma visão da mente, em seu *Life of Mind*.

[22] Sobre a complexidade da temática, consulte-se, entre outros, DIP, Ricardo. *Seguridad jurídica y crisis del mundo posmoderno*. Madrid: Marcial Pons, 2016.

[23] Como a conhecida crise de cientificismo de Hume. Veja-se, por exemplo, ROSENBERG, Alex. "Strong scientism and its research agenda." *In*: BOUDRY, Maarten; PIGLIUCCI, Massimo (ed.). *Science Unlimited? The challenges of scientism*. Chicago: University of Chicago Press, pp. 203-224, 2017, além dos já citados Thomas Kuhn e Mario Bunge, entre tantos outros.

[24] A matemática era bela porque tinha sua estética. Ela se perdeu, no momento em que a física quântica demonstrou que havia o caos, que havia em algum momento algo inexplicável. Claro que ainda é a geometria que faz a beleza matemática, mas ontologicamente se perde a noção do belo. Ou se cria mais um mistério: como o caos interno, nas partículas invisíveis, pode sustentar a beleza geométrica da natureza. Apenas uma reflexão estética, para quem desejar aprofundar-se.

[25] Veja-se CALVO GONZÁLEZ, José. "Desde una encrucijada junto a Borges: Sobre ciencia jurídica y producción normativa." *Anuario de filosofía del derecho* n. 32, pp. 187-212, 2016.

[26] É o caso das novas leis que obrigam criação de normas internas, via *compliance*. De fato, são potências que fazem frente ao Estado mesmo e a qualquer modo de seu *enforcement*. Veja-se, entre outros, GARRET, Brandon. *Too big to jail*: How proecutors compromisse with corporations. New York: Belknap Press, 2016.

[27] HITTERS, Juan Carlos. "¿Son vinculantes los pronunciamientos de la Comisión y de la Corte Interamericana de Derechos Humanos? (Control de constitucionalidad y convencionalidad)." *Revista Iberoamericana de Derecho Procesal Constitucional*, vol. 10, n. 19, pp. 149-150, 2008.

[28] Entre tantos estão os de câmbio autoritário da linguagem comum, ou, nos tribunais, criminalização excessiva. No caso brasileiro, posso tranquilamente citar a criminalização feita por analogia e distante do princípio de reserva legal feita pelo Supremo Tribunal Federal, ao criar, por jurisprudência, o delito de homofobia. Jamais se entenderá que a homofobia não seja delito grave. Entretanto, delegar ao Judiciário um processo de criminalização significa enfrentar princípios básicos de separação de poderes. Veja-se ADO 26 do STF.

[29] Ao menos, como reação aos chamados mitos não científicos que se espalhavam sobre a doença, na chamada "desinformação". Veja-se, entre tantos, ROTH, Wolff-Michael. Reflections during the COVID-19 pandemic: Science, education, and everyday life. *Canadian Journal of Science, Mathematics and Technology Education*, vol. 22, 2022. Também WEST, Jevin D.; BERGSTROM, Carl T. "Misinformation in and about Science." *Proceedings of the National Academy of*

Sciences, vol. 118, n. 15, 2021. O erro, em nossa opinião, está na tentativa de transposição de ciências experimentais para as não experimentais, como o Direito.

[30] É o paradoxo que Ratzinger denominou "dictadura del relativismo": "Gran parte de la filosofía actual consiste realmente en decir que el hombre no es capaz de la verdad. [...] Por eso es preciso tener la osadía de decir: sí, el hombre debe buscar la verdad, es capaz de la verdad. Es evidente que la verdad necesita criterios para ser verificada y falsada. También ha de ir acompañada de tolerancia" (RATZINGER, Joseph. *Luz del mundo*: El papa, la Iglesia y los signos de los tiempos. Barcelona: Herder, 2010. p. 64).

[31] Veja-se https://www.stj.jus.br/sites/portalp/Paginas/Comunicacao/Noticias/09032021-Inteligencia-artificial-esta-presente-em-metade-dos-tribunais-brasileiros--aponta-estudo-inedito.aspx. Acesso em: maio 2024.

[32] Entre tantos, veja-se ZHURAVSKAYA, Ekaterina; PETROVA, Maria; ENIKOLOPOV, Ruben. "Political effects of the internet and social media." *Annual Review of Economics*, vol. 12, pp. 415-438, 2020, ou BOULIANNE, Shelley. "Revolution in the making? Social media effects across the globe." *Information, communication & Society*, vol. 22, n. 1, pp. 39-54, 2019.

[33] ORBEN, Amy; TOMOVA, Livia; BLAKEMORE, Sarah-Jayne. "The effects of social deprivation on adolescent development and mental health." *The Lancet Child & Adolescent Health*, vol. 4, n. 8, pp. 634-640, 2020; também HUR, Jane; GUPTA, Mayank. "Growing up in the web of social networking: Adolescent development and social media." *Adolescent Psychiatry*, vol. 3, n. 3, pp. 233-244, 2013. Não é nossa intenção adentrar a questões médicas, aqui apenas utilizamos como exemplo.

[34] Há mecanismos do próprio computador para detectar *fake news*, mas eles não são suficientes. Veja-se SHU, Kai *et al*. "Fake news detection on social media: A data mining perspective." *ACM SIGKDD explorations newsletter*, vol. 19, n. 1, pp. 22-36, 2017. Também: MONTI, Federico *et al*. *Fake news detection on social media using geometric deep learning*, 2019. Disponível em: *arXiv preprint arXiv:1902.06673*. Acesso em: maio 2024.

[35] Já há estudos, desde os mais conceituais, como D. CLARK, Meredith. "DRAG THEM: A brief etymology of so-called 'cancel culture'." *Communication and the Public*, vol. 5, n. 3-4, pp. 88-92, 2020, até os mais práticos, como NG, Eve. "No grand pronouncements here...: reflections on cancel culture and digital media participation." *Television & New Media*, vol. 21, n. 6, pp. 621-627, 2020.

[36] No texto escrito, como se verá, a progressão narrativa e argumentativa não se mesclam, mas a estrutura se aproxima.

[37] RODRÍGUEZ, Víctor Gabriel. *Fundamentos de Direito Penal brasileiro*: Lei penal e teoria geral do crime. São Paulo: Atlas, 2010. p. 185.

[38] AMSTERDAM, Anthony G.; BRUNER, Jerome. *Minding the law*. Cambridge: Harvard University Press, 2000. pp. 113-114; BRUNER, Jerome. *Actual minds, possible worlds*. Cambridge: Harvard University Press, 1986; BRUNER, Jerome. *La fabbrica delle storie*: Diritto, letteratura, vita. Trad. Mario Carpitella. Bari: Editori Laterza, 2002.

³⁹ Evidentemente, referimo-nos a Luhmann. Analisamos sua obra em outros textos de nossa autoria. Para o que aqui nos interessa, recortamos uma crítica a sua afirmação de que a sociedade é em si mesma comunicação, como reducionista: "La controvertida aplicación de la teoría biológica del sistema por parte de Luhmann a sistema sociales llevó a la crítica de Maturana. Una teoría de los sistemas sociales no puede hacer referencia solamente a la coordinación de comunicaciones, sino que, en contra de Luhmann, debe incluir seres humanos" (GÖSSEL, Karl Heinz. "Réplica al derecho penal del enemigo: Sobre individuos y personas del derechos." *Revista Penal*. n. 20, p. 95, 2007).

CAPÍTULO II

¹ Há muitas definições de argumento. Veja-se a busca pelo "bom argumento" em PEREDA, C. "¿Qué es un buen argumento?: La argumentación: lógica y retórica. Parte II." *Theoria*, vol. 11, n. 25, pp. 7-20, 1996. Também: KNOBLAUCH, A. Abby. "A textbook argument: Definitions of argument in leading composition textbooks." *College Composition and Communication*, vol. 62, n. 2, pp. 244-268, 2011. Não nos vamos ocupar aqui delas, neste momento, porque trazemos nossa definição, instrumental: elemento linguístico designado à persuasão. A distinção entre persuasão e convencimento, embora futuramente tangenciada, não está suficientemente sedimentada para que se altere nossa definição.

² "Both rethorical and dialectical arguments rely on assumptions or premises that are not established as true, but are only reputable or accepted by one group or the other (*endoxa*)" (SMITH, Robin. Aristotle on the uses of dialectic." *Synthese*, vol. 96, n. 3, pp. 335-358, 1993).

³ "El género deliberativo trata tanto de los argumentos sobre los cuales decide una asamblea como de los fines y los múltiples medios que hay para conseguirlos. Se delibera sobre lo posible, pero nunca sobre lo que es imposible, lo que ocurre con necesidad o lo que es posible por naturaleza o causalidad, puesto que sobre esto último el hombre no tiene ningún control. Pero no basta con decir que se delibera sobre lo posible, porque no puede deliberarse sobre todos los posibles" (ARENAS DOLZ, Francisco. El modelo retórico deliberativo aristotélico. *Revista de Estudios Políticos*, n. 142, pp. 173-200, 2008. Também: KENNEDY, G. *A new history of classical rhetoric*. Princeton: Princeton University Press, 1994).

⁴ "Dicho esto en términos epidícticos, diremos que se alaba o se censura algo y en este proceso ubicamos el mundo entre lo que consideramos bueno y lo que consideramos malo. Así, podríamos afirmar que ningún proyecto ético está por fuera de lo que es el epidíctico" (MONTOYA, Mario. El funcionamiento del género discursivo epidíctico. *Enunciación*, vol. 17, n. 1, pp. 7-21, 2012).

⁵ O excelente ensaio de Orwell, que aqui será mais de uma vez lembrado, sobre o tema já dizia que "Thus political language has to consist largely of euphemism, question-beggin na sheer cloudy vagueness." Ou, dissertando sobre os eufemismos no discurso de guerra [...], "Such phraseology is needed if one wants to name things without calling up mental pictures of them" (ORWELL, George. Politics and the english language. *In*: ORWELL, George. *Why I write*. London: Penguin Books, 2004. p. 115).

⁶ Nesse sentido não há oposição direta a Luhmann, se entendemos que seu ponto de partida é sociológico. Há apenas diversidade de objeto.

⁷ Em nossas palavras, publicadas em outro momento: "O direito é um desses subsistemas, que tampouco se confunde com seu entorno (*Umfeld*), mas que depende dele para que exista porque com ele se relaciona, embora, porque autopoiético, seja autônomo em seu funcionamento: só ele pode determinar o que é legal ou ilegal, diante da obrigação de reproduzir sua própria capacidade operativa, de modo autorreferencial, porém sempre via esse trabalho de retirar pelo sentido aquilo que lhe pertence, aquilo que existe de jurídico no entorno. Como subsistema, o Direito não pode ocupar a função de outros sistemas, pois a que lhe cabe, do ponto de vista concreto, é a *função de assegurar expectativas de comportamento*. Ou seja, ele determina os comportamentos que são desejados (de que há expectativa), sem garantir que elas, as expectativas, não sejam frustradas; mas ao menos as mantém como expectativas, por isso a assertiva de Luhmann de que o direito processa 'expectativas normativas capazes de manterem a si próprias em situações de conflito'. Essa é a *estabilidade contrafática* da normatividade, ou seja, quando o Direito exerce sua função de proteger expectativas, libera-nos da obrigação de adaptar-nos às frustrações delas, ainda que existam. Tudo isso ocorre mediante uma decodificação binária que o próprio sistema desenvolve, determinando a diferenciação entre justo/injusto e, como diz o próprio sociólogo, livrando o sistema de contradições internas (sendo justo o que não é justo e ao revés) e de outros valores que não lhe são próprios, a exemplo da utilidade e dos fins políticos. Operando dessa forma o sistema esclarece que o cumprimento das expectativas ou seu descumprimento terão, respectivamente, uma resposta positiva ou negativa e, com isso, 'atualiza sua memória', alimentando sua relação autopoiética com base na compatibilidade como comportamentos prévios e indicando a consistência de operações futuras" (RODRÍGUEZ, Víctor Gabriel. *Livre--arbítrio e Direito Penal*. São Paulo: Marcial Pons, 2018. Veja-se LUHMANN, Niklas. *Organización y decisión. Autopoiesis, acción y entendimiento comunicativo*. Barcelona: Anthropos, 1997. p. 11. Na mesma edição, veja-se também a p. 81; LUHMANN, Niklas. "El derecho como sistema social." *In*: GÓMEZ-JARA DÍEZ, Carlos (org.). *Teoría de sistemas y derecho penal*: fundamentos y posibilidades de aplicación. Granada: Comares, 2005. p. 73).

⁸ Dizemos "insinua", porque o texto escrito deixa, propositadamente, certa ambiguidade ao registrar palavras que poderiam apontar a inexperiência do argumentante mais jovem. (Nas palavras originais, "He's still wet behind the ears.")

⁹ Não resistimos a observar que, na física quântica, tem-se demonstrado que duas realidades coexistem, como no dilema do gato de Schrödinger. Essa, aliás, é a base do computador quântico, deixando a lógica binária. Entretanto, essa coexistência deixa de haver quando interfere um observador. Como, na situação argumentativa, sempre existe observador, a lógica quântica de sobreposição de realidades não se pode aplicar. Muitos experimentos hoje recriam a ideia de Schrödinger, sempre reconfirmando-o, para além. Veja-se, por exemplo, WANG, Chen *et al*. "A Schrödinger cat living in two boxes." *Science*, vol. 352, n. 6289, pp. 1087-1091, 2016.

[10] Em alguns momentos, repetiremos esta crítica: o uso da hermenêutica jurídica é evidentemente base de toda argumentação, mesmo quando o objeto da controvérsia são elementos fáticos. Porém, o desvio do estudo argumentativo para as regras hermenêuticas é uma das principais causas de desacerto na episteme e, logo, no estudo da argumentação e da retórica.

[11] Para os penalistas, o tema é muito estudado dentro da culpabilidade. Caso fosse possível reproduzir as *mesmas circunstâncias* de decisões complexas e avaliar a reação de cada indivíduo, poderia alcançar-se o grau de reprovação. Mas é absolutamente impossível reproduzir a complexidade das circunstâncias que levam o indivíduo a tomar uma decisão, desde o que é seu entorno até toda sua composição biopsíquica. Veja-se RODRÍGUEZ, Víctor Gabriel. *Fundamentos de Direito Penal brasileiro*. São Paulo: Atlas, 2008. pp. 278 ss.

[12] Existem hipóteses matemáticas e, muitas vezes, o modo de torná-las inteligíveis é recorrer à linguagem natural. Veja-se: "En el discurso natural, en este tipo de situaciones, por ejemplo, cuando se está resolviendo un problema en la clase de ciencias o en el laboratorio, pueden formularse enunciados que no sean totalmente correctos o incluso que sean falacias desde la perspectiva de la lógica formal, pero que al mismo tiempo constituyen pasos fructíferos en la construcción del conocimiento" (JIMÉNEZ ALEIXANDRE, María Pilar; DÍAZ DE BUSTAMANTE, Joaquín. "Discurso de aula y argumentación en la clase de ciencias: Cuestiones teóricas y metodológicas." *Enseñanza de las ciencias*: Revista de investigación y experiencias didácticas, vol. 21, p. 359, 2003).

[13] Na criminalística, o valor das probabilidades é um debate antigo. Excepcional a monografia de Di Bello que revela a diatribe, até hoje existente, entre probabilistas e tradicionalistas. Claro que sempre será difícil elevar a questão da prova a uma 'probabilidade de culpa', que escapa mesmo aos mais aferrados à ideia de probabilidade. Veja-se "We can also think of the quantification claim as expressing a mere idealization or a regulative ideal. The latter interpretation seems more plausible. It has become clear, after all, that it is unrealistic to effectively quantify the probability of guilt, and the probabilists themselves have come to admit that" (DI BELLO, Marcello. *Statistics and probability in criminal trials*. Ph.D Thesis. California: Stanford University, 2013. p. 41. Também: KAYE, David H. Probability, individualization, and uniqueness in forensic science evidence. *Brooklyn Law Review*, vol. 75, n. 4, pp. 1174-1186, 2010; KAYE, David H. "Beyond uniqueness: the birthday paradox, source attribution and individualization in forensic science." *Law, Probability and Risk*, vol. 12, n. 1, pp. 3-11, 2013).

[14] Relevante verbete sobre a distinção entre verdade e mentira na filosofia está em: https://www.britannica.com/topic/lying/The-morality-of-lying, consulta aberta.

[15] É o que faz o autor definir persuasão como meio de levar à ação, sem necessariamente convencer. Seria então um meio de controle social. Veja-se DÍAZ, Álvaro. *La argumentación escrita*. Antioquia: Universidad de Antioquia, 2002. p. 2.

[16] Uma discussão que, entretanto, tangencia nosso tema, na intertextualidade: a quem se dirige a argumentação. Sobre a linguagem publicitária e sua dependên-

cia econômica, Caro define: "La expresión 'lenguaje publicitario' hace referencia a un lenguaje de carácter instrumental inasimilable a las lenguas naturales, tras el que cabe desvelar la presencia de determinadas estrategias discursivas y cuyo contenido semántico desborda el ámbito de los significados convencionales; lenguaje, por lo demás, sometido en la actualidad a una importante transformación; que implica una labor de retroacción por parte de su destinatario que en ocasiones trasciende la simple recepción para adquirir dimensiones sociales y cuyas claves significativas hay que buscar en la acción intencional, de naturaleza predominantemente económica, que está en su base" (CARO, Antonio. "Para una fundamentación científica del concepto de lenguaje publicitario." *Área cinco*, vol. 6, pp. 151-164, 1999). Sobre a linguagem publicitária em alcance mais amplo, veja-se GONZÁLEZ MARTÍN, Juan Antonio. *Teoría general de la publicidad*. Madrid: Fondo de Cultura Econômica, 1996; também RODRÍGUEZ CENTENO, Juan Carlos. "La publicidad como herramienta de las distintas modalidades de comunicación persuasiva." *Global Media Journal México*, vol. 1, n. 1, 2004.

[17] Existem críticas a esse posicionamento, que não deixamos de considerar. Principalmente, o fato de o argumentante colocar-se diante de um trabalho inútil, caso sua ideia não seja a de necessariamente levar o argumentante a agir como pretendido. Porém, reconhecer os limites não implica deixar de trabalhar com o contexto maior para a ação do ouvinte, bem ao contrário: implica encarar o mundo de modo real e dividir tarefas. Assim, o publicitário, criador de um anúncio, fará com que o consumidor escolha o produto que é anunciado. Isso é uma tarefa comunicativa. O profissional de *marketing* cuidará que o produto escolhido seja encontrado pelo consumidor e esteja a preço que ele pode pagar, nos limites do *quanto* obteve seu próprio desejo. Ambas são tarefas relevantes, porém diferentes.

[18] Pesquisa vinculada à Fundación para el Debido Proceso Legal revela a atualidade da corrupção judicial (no caso, na América Central e Caribe), principalmente em troca de dinheiro e fatores políticos: "La democratización de los regímenes políticos en Centroamérica no ha significado per se la consolidación del Estado de derecho en toda la región. Los sistemas judiciales de Centroamérica han logrado mejoras importantes en sus marcos legales, infraestructura y presupuesto, pero en su mayoría continúan sujetos a la interferencia de otros poderes del estado y actores de la sociedad. Esta realidad se ve reflejada en los resultados de nuestra investigación, que señalan como principales manifestaciones de la corrupción al interior de los sistemas de justicia no sólo el soborno sino la interferencia política en las decisiones judiciales." Veja-se *Controles y descontroles de la corrupción judicial*, 2007. p. 8; Fundación para el debido proceso legal, Washington, DC. Disponível em: www.dplf.org.

[19] Temos consciência, por trabalhar com o tema, sobre a necessidade que haveria de conceituar a corrupção, caso houvesse um estudo mais aprofundado acerca do tema. Utilizamos rapidamente a definição de estudo anteriormente citada para corrupção *judicial*: "Conscientes del debate que existe alrededor del concepto de corrupción, y en particular, acerca del concepto de corrupción judicial, la investigación decidió utilizar una definición operativa de actos de corrupción judicial, entendiendo éstos como aquellos actos en los cuales la conducta de un

juez o empleado judicial vulnera el principio de imparcialidad en un proceso judicial, con mira a la obtención de un beneficio indebido e ilegal para sí mismo o para un tercero." Veja-se *Controles y descontroles de la corrupción judicial, op. cit.* Disponível em: www.dplf.org. Aqui, apenas fazemos uma nota pela qual, em outros escritos nossos, temos revelado que a sociedade latino-americana não pode aceitar o rótulo de ser mais corrupta que outras, sem dados concretos. Entretanto, vivemos um sistema de corrupção de autoridades muito mais visível, em geral, e recusamos a deixar de aqui observar suas consequências. Apenas para que não se pense que estamos assumindo a ideia de sociedade corrupta por si, vejam-se nossos alertas em sentido contrário em RODRÍGUEZ, Víctor Gabriel. "Nuevas tendencias del perdón en Derecho penal: Utilitarismo, justicia y concreción de la paz." *Anuario de Filosofía del Derecho*, ISSN 0518-0872, n. 38, pp. 215-250, 2022. Também: RODRÍGUEZ, Víctor Gabriel. "O *buen vivir* latino: primeiros lineamentos para a funcionalidade do Sumak Kawsay na Constituição Brasileira", *cit.*, entre outros.

[20] Entenda-se que, ao dizer que o raciocínio transmitido é simples, em um silogismo que parte da premissa de que um renomado atleta usa produtos bons, não significa que o comercial em que aparece deixe de ser uma obra complexa de criação: as cenas, a fotografia, a mensagem, tudo isso tem um relevo semiótico bastante pensado pelo argumentador. Haverá quem transforme todos esses elementos em sintagmas para o inconsciente, na neurolinguística. Nosso recorte, aqui, sempre será o de fugir às concepções neurológicas e psicológicas, porque, embora muito interessantes como áreas de conhecimento, muitas vezes não se constituem de todo como ciência (tal qual o Direito e a argumentação) e, daí, desviam-nos da construção de um sistema minimamente teórico para linguagem e comunicação.

[21] Alaôr Caffé Alves expõe esse tema: "Por isso, a Lógica formal jamais poderá orientar a ação dos homens. Por consequência, ela não pode ser a lógica dominante nos assuntos humanos, devendo ser, a teoria da argumentação retórica, a única forma de justificar os valores e os atos morais dos homens. A argumentação retórica, ao contrário da lógica simbólica ou Matemática – caracterizada por universal e, por isso, impessoal, neutra e monológica –, supõe sempre o embate (dialético) de opiniões ou o confronto das ideologias e consciências no interior de situações e circunstâncias históricas determinadas e particulares" (*Lógica, pensamento formal e argumentação, elementos para o discurso jurídico*, 2000, p. 165).

[22] Grande parte de nosso trabalho está no domínio da arte narrativa. Com todo o respeito às concepções filosóficas e de filosofia do Direito, a preocupação com o domínio da linguagem é praticamente zero. Chegamos ao cúmulo de ter mais estudos sobre argumentação do que argumentação mesmo, e isso é deletério. A construção do texto narrativo é relevante do ponto de vista de todas as teses.

[23] "The character reminds us of someone at the peak of physical perfection, although, in reality, a guy who looked like this would be thought of as having a small head. But for classic superhero proportions, he's just right" (LEE, Stan. Stan Lee's *How to draw superheroes*. Clarkson Potter Publishers/Ten Speed Press. Kindle Edition. Watson-Guptill Publications, 2013).

[24] Sobre argumentação em demonstração matemática, veja-se: KRUMM-HEUER, Gotz. "The ethnography of argumentation". *In*: COBB, Paul; BAUERSFELD, Heinrich (ed.). *The emergence of mathematical meaning*. New York: Routledge, 2012. pp. 236-276.

[25] Como se verá, ainda neste capítulo, em nível mais detalhado existe um discurso específico da ciência, com uma estética própria e alguma capacidade de maior adesão a partir de alguns elementos. Então, dizer que se encontra, no contexto das *hard sciences*, um trabalho argumentativo não é nenhum exagero. Ademais, mesmo uma demonstração matemática contará com alguns elementos escritos em linguagem corrente, como frases introdutórias, explicações mínimas sobre eleição de método etc.

[26] BARNES, Jonathan. "Aristotle's theory of demonstration." *Phronesis*, vol. 14, n. 2, pp. 123-152, 1969. Também: HARARI, Orna. *Knowledge and demonstration*: Aristotle's posterior analytics. London: Springer Science & Business Media, 2004.

[27] Joga contra o orador o fato de que as redes sociais fazem com que a pessoa tenha que opinar diretamente, sem qualquer tipo de filtro. Isso é realmente péssimo. O espaço argumentativo está cada vez pior. Uma das tendências seria a de que isso levasse a uma sistematização, mas é bem o contrário. Leva a mais magia, a que a argumentação acabe aproximando-se da simples propaganda. Então, há essa discrepância da qual não conseguimos sair: a teoria se faz mais complexa, o que é natural. Mas a prática, comunicativa em si, passa longe de ser compreendida pela filosofia jurídica. Nisso, uma vez mais, apoio-me no gênio de Kelsen: tudo conhecer é tudo perdoar.

[28] O estudo mais clássico sobre o que seria uma linguagem natural ou não natural *(natural, non-natural e unnatural)*, nas palavras do autor, está em LYONS, John. *Natural language and universal grammar*. New York: Cambridge University Press, 1991.

[29] A gramática é o conjunto de regras de utilização da língua. Pode aparecer como um elemento normativo, como um conjunto de regras impostas, mas na linguística será muito mais facilmente compreendido como a forma pela qual a língua está naturalmente organizada, partindo de elementos formativos básicos. A gramática generativa de Chomsky, que mistura elementos de aprendizagem para tentar alcançar um conjunto de regras básicas de organização, que estão em todas as línguas, é muito bem conhecida. Isso traz a gramática muito próxima da psicologia, que não é o nosso tópico aqui. Chomsky e os seus seguidores já forneceram muitos modelos teóricos para uma concepção gramatical tão profunda. Veja-se, nos princípios: VALERIO BÁEZ, San José. *Introducción crítica a la gramática generativa*. Barcelona: Editorial Planeta, 1975. De modo crítico, mas ainda assim bastante claro, pelo próprio autor, veja-se: CHOMSKY, Noam. "The language capacity: Architecture and evolution". *Psychonomic Bulletin & Review*, vol. 24, pp. 200-203, 2017. Mas a gramática, como conjunto de regras de comunicação, entra também na linguagem computacional e na própria genética.

[30] "Definition: I distinguish two topics: first, the description of possible languages or grammars as abstract semantic systems whereby symbols are associated with aspects of the world; and, second, the description of the psychological and sociological facts whereby a particular one of these abstract semantic systems is the one used by a person or population. Only confusion comes of mixing these two topics" (LEWIS, David. "General semantics". *Synthese*, vol. 22, n. 1-2, pp. 18-67, 1970. Também SPEAKS, Jeff. "Theories of meaning". *In*: ZALTA, Edward N. (ed.). *The Stanford Encyclopedia of Philosophy*. Stanford: Spring, 2021).

[31] Por exemplo: CARO REY, Jonatan. "La metafilosofía de Eugenio Trías". *Pensamiento*: Revista de Investigación e Información Filosófica, vol. 71, n. 268, pp. 845-876, 2015; ou GENÓ, Orlando J. "El origen mágico del lenguaje". *Cuadernos de Literatura*: Revista de Estudios Lingüísticos y Literarios, n. 7, 1996; ROZIN, Paul; NEMEROFF, Carol. "Sympathetic magical thinking: the contagion". *In*: GILOVICH, Thomas *et al.* (ed.). *Heuristics and biases*: The psychology of intuitive judgment. Cambridge: Cambridge University Press, 2002. p. 201.

[32] Entre tantos: LUNA SALAS, Fernando. "Fiabilidad de la prueba testimonial: Breve análisis desde la psicología del testimonio y los errores de la memoria." *Prolegómenos*: Derechos y Valores, vol. 24, n. 48, pp. 53-67, 2021.

[33] "At best, theories focusing on the 'logical' mode offer an incomplete picture of argumentative reality. While our focus on the logical might provide adequate tools for theorizing that aspect of argumentation, our neglect of the non-logical means that existing theories fail to address themselves to normatively significant features of our arguments associated with those other modes. When responding to the 'tradicionalists' answer that 'it is a fallacy to take those things [here, Gilbert is specifically referencing examples of situational features which, on his multi-modalism, comprise the physical mode] into account when evaluating an argument'." Gilbert replies: "But it is impossible not to take them into account when having an 524 Godden © David Godden. Informal logic, vol. 42, n. 3 (2022), pp. 521-562, argument" (2018, p. 322; cf. 2002). "As such, existing theories provide only partially adequate analytical, regulative, and evaluative frameworks for our argumentative activities. David Godden. Informal logic, vol. 42, n. 3 (2022), pp. 521-562 (GILBERT, M. "Emotion, argumentation and informal logic". *Informal Logic*, vol. 24, n. 3, pp. 245-264, 2004).

[34] As definições de estética são variadas e, como parte da filosofia, ligadas ao encontro da beleza e, com Hegel, a simetria e a ordem. No campo das artes, a obra bastante completa de GRAHAM, Gordon. *Philosophy of the arts*: An introduction to aesthetics. New York: Routledge, 2005; também TOWNSEND, Dabney. *An introduction to aesthetics*. Oxford: Blackwell, 1997.

[35] "Ciertamente, de forma similar a lo que pasa en la argumentación práctica general, en la argumentación jurídica se genera legitimidad por el mismo proceso dialéctico de argumentar y contra argumentar. Esto se podrá entender mejor si se tienen en cuenta las razones que se pueden ofrecer a favor de la argumentación jurídica: el rechazo al autoritarismo, la apertura a la diferencia, la publicidad, sirve como medio de investigación, y, finalmente, la satisfacción de obtener

un resultado común bajo el ejercicio de ciertas reglas" (MORENO CRUZ, Rodolfo. "Argumentación jurídica, por qué y para qué". *Boletín Mexicano de Derecho Comparado*, vol. 45, n. 133, pp. 165-192, 2012).

CAPÍTULO III

[1] A obra de Thomas Kuhn, já mais de uma vez referida como conhecimento humano a partir de fatores que não são o mero acúmulo tecnológico de conhecimento, foi parte de minha formação desde a Universidade, e está sempre refratada nos movimentos históricos que tentamos adaptar ao estudar a Retórica. Infelizmente, o caráter mais elementar do presente livro não permite dissertar sobre outros temas diretamente. Explica bem a epistemologia de Kuhn, em resumo, OSTERMANN, Fernanda. "A epistemologia de Kuhn." *Caderno Brasileiro de Ensino de Física*, vol. 13, n. 3, pp. 184-196, 1996. Também MOYA, Eugenio. "Alan D. Sokal, Thomas S. Kuhn y la epistemología moderna". *Revista de Filosofía*, vol. 13, n. 23, pp. 169-194, 2000. Há tradução para o castelhano: KUHN, Thomas S. *La estructura de las revoluciones científicas*. México: Fondo de Cultura Económica, 2019. Obras posteriores de Kuhn fixaram-se mais na noção de especialização do conhecimento do que propriamente do paradigma, como sabemos. Entretanto, esse conceito, de fundo linguístico, que traz a ideia de cientificidade não deixa de ser essencial a qualquer um que estude Direito ou um conhecimento aplicado a ele, como ocorre com a argumentação e a retórica.

[2] Cf. MARCHI, Eduardo C. Silveira. *Guia de metodologia jurídica*, 2001. p. 36.

[3] Temos algumas publicações refletindo sobre a introdução do sistema anglo-saxão em nossa realidade. Porém, em termos de linguagem, recomendo: ORTS LLÓPIS, María Ángeles. "El sistema legal inglés y su hermenéutica: La importancia del lenguaje en el derecho anglosajón". *Revista de Lenguas para Fines Específicos*, n. 7-8, 2001.

[4] Novamente, o Direito Penal se ocupa de uma discussão bastante semelhante, ao observar no tipo penal elementos apenas fáticos, e depois observar que ali existiam elementos normativos. Nós, em algum momento, em parelho como fazemos aqui, encontramos no tipo penal um fator redutor muito mais elementar: a composição narrativa. Chamamos de Relato Típico, em nosso manual: RODRÍGUEZ, Víctor Gabriel. *Fundamentos de Direito Penal brasileiro*. São Paulo: Atlas, 2008.

[5] Cuidando dos limites na linguagem: ROBLES ÁVILA, Sara. *Realce y apelación en el lenguaje de la publicidad*. Madrid: Arco/Libros, S. L., 2004.

[6] Evidentemente, há uma relação de intertextualidade, com as mensagens bíblicas. Os anjos se apresentam, de imediato, aos homens com essa frase: "não tenhas medo". Claro que isso é secundário, conquanto seja parte mesmo da construção textual.

[7] Utilizam-se como sinônimos os termos 'fundamentação' e 'motivação'. A Constituição prefere o primeiro termo (art. 93, IX, da CF 88, e art. 489 do CPC. Embora o CPC também se refira, variadas vezes, a decisões "motivadas".). De

nossa parte, preferimos, no português, o substantivo *fundamentação* e a palavra 'fundamentado', porque a motivação traz uma carga semântica de confusão entre os motivos da própria decisão e suas razões apresentadas. Nesse sentido, a palavra 'motivação' tem uma carga retórica, como se afirmasse que estão ali todos os elementos que levaram ao dispositivo da decisão. E isso, infelizmente, não é real, como se verá neste capítulo: o juiz pode ter motivos ocultos para tomar a decisão em determinado sentido, que jamais estarão no texto. No texto da sentença estão suas razões, no sentido de haver uma persuasão racional. Falhando as razões em sua lógica interna ou externa, ou em sua correspondência com os fatos, a sentença deverá ser reformada. Esse sentido demonstrativo de suas razões não significa exatamente motivação.

[8] Como penalista, não podemos evitar dizer que o conceito de 'falso' é uma grande preocupação do Direito Penal, inclusive a partir de bases éticas. A ideia de fraude, de onde vem o estelionato, parte dos limites éticos de o que é falso e o que é verdadeiro. Também nós nos preocupamos com essas questões dentro do Direito Penal, a partir das mesmas bases. Por exemplo, quando as modernas técnicas de investigação permitem que exista um 'agente infiltrado' ou 'agente encoberto', o Estado está mentindo para os cidadãos a respeito da identidade de um representante seu. O Estado está mentindo, dissimulando, e isso talvez ultrapasse limites éticos, apenas suplantados por uma lógica utilitarista. Claro que essa discussão tem outros eixos temáticos no que concerne à relação do Estado com o cidadão, mas nossa observação está no sentido de que a preocupação com a verdade, no sentido de correspondência com os fatos, e os limites de sua ocultação não estão apenas na argumentação ou na deontologia profissional. Uma vez mais, a transposição da preocupação com a 'verdade' apenas como uma prerrogativa de que os advogados são propensos a falsear é o elemento paradoxal no uso de um elemento retórico para criticar o próprio estudo da Retórica em si. O Código Brasileiro de Autorregulamentação Publicitária, excelente texto-base para medição dos limites do discurso, enuncia em seu art. 23: "Os anúncios devem ser realizados de forma a não abusar da confiança do consumidor, não explorar sua falta de experiência ou de conhecimento e não se beneficiar de sua credulidade". No Direito Penal, veja-se tese de doutorado por mim orientada, MACRI JR., José Roberto. *O engano típico no estelionato*. Tese de Doutorado – Direito. Universidade de São Paulo, 2022. Sobre os limites da verdade e da mentira no Direito, veja-se "Testamento Calatrava", publicado em nosso *Laboratório de Direito Penal*. São Paulo: Almedina, 2014.

[9] Veja-se o clássico de POZO, Hurtado. *La ley importada*. Lima: Cedys, 1979. p. 21: "La tercera etapa consiste en la asimilación del derecho importado a la vida del país recepcionador. Esta asimilación puede ser parcial o total, o bien puede no darse del todo. Sin embargo, esto no significa que no se plantee, en los hechos, la aplicación del nuevo derecho sino que su vigencia efectiva pueda ser exitosa o fracasar."

CAPÍTULO IV

[1] Um fragmento do livro *Clockwork Orange*, a "Laranja Mecânica", bem ilustra o que foi dito. A ficção é uma obra indispensável no Direito Penal, para discutir qual é a ética da pena em sentido positivo. Em uma dessas discussões, diz o personagem: "*A perverse nature can be stimulated by anything. Any book can be used as a pornographic instrument, even a great work of literature if the mind that so uses it is off-balance. I once found a small boy masturbating in the presence of the Victorian steel-engraving in a family Bible.*" A ilustração é dura, mas real: os olhos do interlocutor são os que fazem a imagem (BURGESS, Anthony. *A clockwork orange*. New York: Ballantine Books, 1972).

[2] "Através do processo de interação sujeito-linguagem gerado pela leitura, o leitor será coprodutor do texto, completando-o com sua bagagem histórico-sociocultural. Para que essa coprodução se efetue é necessária a ativação de todo um processo cognitivo, desde a percepção do texto e sua posterior decodificação, passando pela compreensão, pelos processos inferenciais até a interpretação, que é um novo texto" (DELL'SOLA, Regina Lúcia. "A interação sujeito-linguagem e leitura." In: *As múltiplas faces da linguagem*. Brasília: UnB, 1996. p. 73).

[3] Entre outros, veja-se HEBEL, Udo. "Introduction". *Intertextuality, Alusion, and Quotation*. Westport: Greenwood Press, 1989. Também HANKS, W. *Intertexts writings on language, utterance, and context*. Lanham: Rowman & Littlefield Publishers, 2000. Ainda GONZÁLEZ, C. "La intertextualidad literaria como metodología didáctica de acercamiento a la literatura: Aportaciones teóricas". *Lenguaje y Textos*, vol. 21, pp. 115-128, 2003. No artigo, González mostra a existência de um conceito mais restrito e outro mais amplo de intertextualidade: "En su concepción general, la intertextualidad se contempla como una cualidad de todo texto entendido como un tejido de alusiones y citas y, en su visión restringida, como la presencia efectiva en un texto de otros textos anteriores. Y, aún cabe una concepción conciliadora de los dos extremos: la de quienes la entienden como un espacio discursivo en el que una obra se relaciona con varios códigos formados por un diálogo entre textos y lectores" (p. 116). E traz também a crítica, de Steiner, pela qual a intertextualidade não é mais do que uma nova forma de afirmar a obviedade de que um texto é sempre construído de fragmentos de outros. A crítica é pertinente: quem se dedica à leitura de um texto de Ulpiano já vê como outros autores são citados, portanto sua obra, ainda que original, não aflora do vácuo. Nem mesmo um texto de ficção o faz.

[4] "Daher das Sprichwort: Alles verstehen heisst alles verzeihen. Das Verhalten eines Menschen verstehen heisst: darauf verzichten, ihn für dieses Verhalten zur Verantwortung zu ziehen, ihn dafür zu tadeln oder zu bestrafen, mit seinem Verhalten eine Unrechtsfolge zu verknüpfen, das heisst zuzurechnen. Aber in sehr vielen Fällen, in denen man die Ursachen seines Verhaltens sehr wohl kennt und es somit versteht, wird keineswegs afur Zurechnung verzichtet, wird dieses Verhalten durchaus nicht verziehen. Das Sprichwort beruht auf dem Irrtum, dass Kausalität Zurechnung ausschliesst" (KELSEN, Hans. *Reine Rechslehre*. Wien: Franz Deuticke Verlag, 1967. pp. 101-102).

⁵ Há que se tomar muito cuidado antes de afirmar que existe uma correspondência entre um pensamento dogmático precipitado e o positivismo, que reconhece que o Direito é dogmático (em sentido estrito). O positivismo jurídico, como o de Hans Kelsen, é exatamente o reverso da cegueira com a qual muitos operadores do Direito observam sua área de conhecimento. Kelsen era o primeiro a declarar a necessidade de momentos de corte na argumentação e na análise fática, para que o Direito opere como um elemento de ordem e solução de conflitos.

⁶ Entre tantos: Para uma análise dos textos da *Odisseia* ao passar dos séculos, Vredeveld, Harry. "'Deaf as Ulysses to the sirens song': The story of a forgotten topos". *Renaissance Quarterly*, vol. 54, n. 3, 2001. Em um texto curto sobre as variantes do momento em que Ulisses se faz surdo para não escutar as sereias, veja-se PETERS, John G. "'To strive, to seek, to find, and not to yield': Ulysses as siren in Tennyson's poem". *Victorian Review*, vol. 20, n. 2, pp. 134-141, 1994.

CAPÍTULO V

¹ Enunciamos aqui o conceito de ideia como representação mental do conceito ou realidade, sem desmerecer toda a construção filosófica que há por detrás. Em outros trabalhos nossos, conceitos de ideias em Tomás de Aquino, Hume, Leibniz e Kant foram analisados. Aqui colocamos apenas uma conceituação de Descartes, bastante objetiva: a forma que toma qualquer pensamento, a imediata percepção pela qual nos fazemos conscientes do próprio pensamento ("the form of any given thought, immediate perception of which makes me aware of the thought"). Há que se considerar que Descartes propunha que o pensamento era a única característica sob controle do ser humano: "Mi tercera máxima fue procurar siempre vencerme a mí mismo antes que a la fortuna, y alterar mis deseos antes que el orden del mundo, y generalmente acostumbrarme a creer que nada hay que esté enteramente en nuestro poder sino nuestros propios pensamientos, se suerte que después de haber obrado lo mejor que hemos podido, en lo tocante a las cosas exteriores, todo lo que falla en el éxito es para nosotros absolutamente imposible" (DESCARTES, René. *Discurso del método*. Madrid: Espasa-Calpe, 1943. p. 46). Portanto, a ideia seria, em palavras nossas, o pensamento levado à consciência.

² "In this view, coherence can best be described as conceptual continuity in the sense that the events expressed by parts of the text can be connected and integrated into the text-world model; furthermore, this is done automatically and without effort, and on the basis of our linguistic and conceptual competence. Hence it should come as no surprise that as a rule coherence is not recognized by readers (except by linguistic searching for it), only incoherence is recognized" (SCHWARZ, Monika. "Establishing coherence in text. Conceptual continuity and text-world models". *Logos and Language*, vol. 2, n. 1, p. 20, 2001). Para outras definições, mais sistematizadas, que nesta obra não encontram espaço de momento, remetemos ao relevante artigo de JOHNS, Ann M. "Coherence and academic writing: some definitions and suggestions for teaching". *TESOL Quarterly*, vol. 20, n. 2, pp. 247-265, 1986. A autora resumirá duas regras que aqui aparecerão em alguns momentos: "Coherence is text based and consists of the ordering and

interlinking of propositions within a text by use of appropriate information structure (including cohesion). At the same time, coherence is reader based; the audience and the assignment must be consistently considered as the discourse is produced and revised" (p. 249).

[3] É o que, de modo análogo, faz Cervantes em "O colóquio dos cachorros", quando igualmente é obrigado a demonstrar que haverá cães antropomorfos. O espírito dos tempos, ali, exige (o que também é questão de coerência) uma explicação mais contundente, fixando – ainda sob pressão religiosa – que a razão é única do ser humano, e qualquer exceção é um milagre. Assim, uma das primeiras falas do Cão Cipión a seu companheiro Berganza, no hospital nas cercanias de Valladolid: "CIPIÓN – Así es la verdad, Berganza; y viene a ser mayor este milagro en que no solamente hablamos, sino en que hablamos con discurso, como si fuéramos capaces de razón, estando tan sin ella que la diferencia que hay del animal bruto al hombre es ser el hombre animal racional, y el bruto, irracional."

[4] Veja-se "O Estado Espetáculo", ademais de tantas outras pesquisas sobre discurso político. Também FAIRCLOUGH, Isabela. *Political discourse analysis*: A method for advanced students. London: Routledge, 2012. Ainda SUM-HUNG LI, Eden *et al*. *Systemic functional political discourse analysis*: a text-based study. London: Routledge, 2021. Especificamente sobre coerência e discurso político: ESTÉVEZ FLORES, María Del Mar. "La estructuración del discurso político: La coherencia textual. Política y oratoria: El lenguaje de los políticos". *Actas del II Seminario Emilio Castelar*, Cádiz, p. 39, 2002.

[5] Nesse sentido, bem pontual o texto de VILARNOVO, Antonio. "Coherencia textual: ¿Coherencia interna o coherencia externa?" *Estudios de Lingüística*, vol. 6, pp. 229-239, 1990.

[6] Muitos juizados tentam aplicar formulários que limitem extensões argumentativas. Não nos parece correto, dada a liberdade de defesa. Algo diverso são os formulários para narrativas de fatos como primeira denúncia, tal como há em organismos respeitáveis como a CoIDH.

[7] Clássico sobre a necessidade de levar em conta o *background* do leitor para estabelecer coerência no texto, por mais objetivo que seja (no caso, o texto científico), está em MCNAMARA, Danielle S. *et al*. "Are good texts always better? Interactions of text coherence, background knowledge, and levels of understanding in learning from text". *Cognition and instruction*, vol. 14, n. 1, pp. 1-43, 1996. Em estudo empírico, buscando medir a coerência (e também a coesão) como qualidade textual daquele que se inicia em um idioma, é muito interessante ler MEDVE, Vesna Bagarić; TAKAČ, Višnja Pavičić. "The influence of cohesion and coherence on text quality: A cross-linguistic study of foreign language learners' written production". *In*: SZYMAŃSKA-CZAPLAK, Elżbieta; PIECHURSKA-KUCIEL, Ewa (ed.). *Language in cognition and affect*. Berlin: Springer, 2013. pp. 111-131.

[8] Sobre a relevância das telenovelas brasileiras, veja-se FONSECA, María do Carmo; MIRANDA-RIBEIRO, Paula. Novelas y telenovelas: El caso brasileño en el contexto latinoamericano. *Anàlisi*: Quaderns de comunicació i cultura, n. 23, pp. 93-103, 1999.

⁹ Sobre relação entre coesão e coerência, a discutir se aquela pode ser considerada parte desta: "Given that coherence is independent of cohesion, it is necessary to explain why texts tend, nevertheless, to be cohesive, that is to explicate the function of cohesion. I suggest that we regard cohesion as a derivative notion stemming from a higher principle of coherence. It seems plausible that cohesion and topic control in particular, can be functional in delineating and constructing the discourse topic" (GIORA, Rachel. "Notes towards a theory of text coherence". *Poetics today*, vol. 6, n. 4, p. 700, 1985).

¹⁰ Sobre coerência e dinâmica, veja-se BERNÁNDEZ, Enrique. La coherencia textual como autorregulación en el proceso comunicativo. *Boletín de Filología*, vol. 34, n. 1, pp. 9-32, 1993.

¹¹ Narra-se que a canção é inspirada num fato real, alguém haveria colocado LSD na bebida de Richie Ramone. É o que noticiou o *Los Angeles Times* em 1986. Essa realidade, no entanto, não faz parte da canção. Cf. https://www.latimes.com/archives/la-xpm-1986-08-17-ca-16302-story.html.

¹² Sobre a métrica da poesia em outras músicas da mesma banda, veja-se TAITAGUE, Alex. "The Ramones: A preliminary towards the poetics of punk". *Berkeley Undergraduate Journal*, vol. 25, n. 3, 2012. Em análise bem mais densa, veja-se AMBROSCH, Gerfried. *The poetry of punk:* The meaning behind punk rock and hardcore lyrics. New York: Routledge, 2018.

¹³ Note-se, como metalinguística, que este capítulo começa com a repetição do que havia sido afirmado em um subtítulo não imediatamente anterior. Isso é uma questão de ritmo calculado: desacelera a leitura, porque concede uma informação que o leitor já detinha, mas essa desaceleração não é prejudicial, porque se trata da mudança de subtítulo, em que naturalmente é necessário um recomeço de concentração. Ademais, mostra diretamente ao leitor que se trata da continuação, em um progresso, do tema anterior. Isso o faz retomar todas as informações que já teve para seguir o estudo. Logo, o que parecia um recurso que consumia indevidamente o tempo e a concentração do leitor, faz-se catalisadora de sua compreensão, pois abre a licença de retomar, sem a necessidade de mencioná-las, todas as informações anteriores. O risco, porém, não é pequeno: se usado o recurso repetidas vezes, o que era um modo explícito de indicar anáfora transforma-se em uma infantilidade que, então sim, reduz a atenção do leitor ao texto. Veja-se regra sobre os conectores, neste subtítulo, além de toda a clássica discussão, registrada em rodapé, sobre ser ou não a coesão textual um conteúdo da coerência.

¹⁴ Cf. SCHWARZ, Monika. "Establishing coherence in text. Conceptual continuity and text-world models". *Logos and Language*, vol. 2, n. 1, p. 20, 2001.

CAPÍTULO VI

¹ Lembra Rupert Cortright: "A primeira ideia é a de tempo. Tanto os oradores como seus ouvintes precisam aprender a ligar a noção de tempo à ocorrência dos fatos, descrições, inferências e generalizações sobre o que se discorre, acompanhando-os de referência de data, hora etc. Muito bate-boca inútil, em meio a

conferências, tem decorrido seja de nos esquecermos inteiramente de datas, seja de divergirmos quanto à precisão delas no que toca ao seu relacionamento com os nossos postulados. João Qualquer, 1959, difere tanto de João Qualquer, 1949, quanto diferem entre si os automóveis produzidos, respectivamente, nessas datas" (CORTRIGHT, Rupert. *Técnicas construtivas de argumentação e debate*. São Paulo: Ibrasa, 1963. p. 153).

[2] Ensina José Luiz Fiorin: "Se o agora é gerado pelo ato de linguagem, desloca-se ao longo do fio do discurso permanecendo sempre agora. Torna-se, portanto, um eixo que ordena a categoria topológica da concomitância vs. não concomitância. Esta, por sua vez, articula-se em anterioridade vs. posterioridade. Assim, todos os tempos estão intrinsecamente relacionados à enunciação. O momento que indica a concomitância entre a narração e o narrado permanece ao longo do discurso e, por isso, é um olhar do narrador sobre o transcurso. A partir dessa coincidência, surgem duas não coincidências: a anterioridade do acontecimento em relação ao discurso, quando aquele já não é mais e, por conseguinte, deve ser evocado pela memória, e sua posteridade, ou seja, quando ainda não é e, portanto, surge como expectativa" (FIORIN, José Luiz. *As astúcias da enunciação*: As categorias de pessoa, espaço e tempo. São Paulo: Ática, 1996. pp. 142-143).

[3] Sobre o tópico do futebol, não resistimos a fazer uma observação, de cunho altamente ilustrativo para o que é a relação narrativa-intertextualidade. Como brasileiro, este autor estranha *muito* o modo como trabalham os locutores, ditos narradores, de futebol televisionado em países europeus, especialmente Itália, Espanha e Portugal. Explico: os locutores desses países seguem falando muito rápido, com excesso de elementos descritivos sobre a trajetória da bola, com informações que sobram e prejudicam mesmo a interação entre imagem e narrativa, simplesmente porque esta reproduz (e repete) aquela. Ocorre que a herança do rádio ainda se impõe e os locutores europeus – dito com todo o respeito – em geral não superaram esse tempo para perceber que as imagens suplantam a necessidade de informações constantes. O falar rápido transmitiu-se como cultura, mas não cumpre função textual direta. Do mesmo modo, se nos permitem a transposição, quando se narra qualquer fato jurídico a um ouvinte, tem-se que perguntar o *quanto* de informação ele necessita, antes de organizá-la em um discurso.

[4] Igualmente, se um personagem, em uma telenovela ou no cinema, utiliza roupa de determinada marca, o *merchandising* é muito mais eficiente que uma publicidade da mesma roupa em horário comercial. No Brasil, veja-se coletânea em LOPES, M. I. V.; OROZCO GÓMEZ, G. (coord.). "A ficção televisiva em países ibero-americanos: Narrativas, formatos e publicidade". *Anuário OBITEL*. São Paulo: Globo Universidade, 2009. No cinema, veja-se, entre tantos: YUAN, Sheng. "An investigation of the influence of cinema environment on advertising effectiveness". *International Journal of Advertising*, vol. 37, pp. 1-18, 2017.

[5] Fazemos aqui a diferenciação entre textos narrativos e temáticos, conscientes de que existem outras mais ampliadas, porém a nós não tão úteis. François Rastier fala em transformação temática, transformação narrativa, transformação dialógica (com diferenças de foco entre interlocutores, no caso de diálogos) e inversões táticas, com progressão devido a câmbios de sucessão (inversão ou quias-

mos). Em nossa opinião, as duas últimas cabem perfeitamente no interior das duas primeiras (tema e narrativa). Veja-se RASTIER, François. *Artes y ciencias del texto*. Madrid: Biblioteca Nueva, 2012. pp. 52 ss.

[6] O transcurso do tempo é vastamente estudado pelos linguistas. Mas também na filosofia, o ponto de vista dialético é bastante revisado. Vejam-se, entre outros que serão comentados, Arantes, Arendt e Ricoeur. Este último indaga "Should we confront Hegel?" em RICOEUR, Paul. *The art of narrative*. Chicago: University of Chicago, 1988. vol. 3, p. 192. Nos tempos de formulação de sua teoria, veja-se RICOEUR, Paul. "The human experience of time and narrative". *Research in Phenomenology*, vol. 9, pp. 17-34, 1979.

[7] Sobre anacronia, veja-se GENETTE, Gérard. "Discurso del relato". *Figuras III*. Paris: Editions du Seuil, 1989. pp. 75-327. Também MARTÍN JIMÉNEZ, Alfonso et al. *Literatura y ficción:* La ruptura de la lógica ficcional. Lausanne: Peter Lang, 2015.

[8] Sobre a moral por detrás da morte de Nasar, veja-se MÉNDEZ RAMÍREZ, Hugo. "La reinterpretación paródica del código de honor en *Crónica de una muerte anunciada*". *Hispania*, vol. 73, n. 4, pp. 934-942, 1990. Claro que existe uma ideia de fatalismo, derivado da moral local, que permite a inversão temporal: é impossível que o personagem escape a seu destino, dentro do que determina o código de honra do povo local. Isso nos demonstra que, para inverter o tempo, o narrador necessita ter como centro gravitacional outro elemento (aqui, o fatalismo), que lhe funciona como base. São questões que aquele que faz a narrativa, também o narrador jurídico, vai, pouco a pouco, dando-se conta no exercício de sua atividade enunciativa.

[9] Os cultores do Direito Penal já encontrarão principalmente em Edmund Mezger esse vínculo entre culpabilidade e personalidade. Em outros trabalhos de nossa autoria, insistimos em que o autor alemão propositadamente, em alguns momentos, aproxima *caráter* e *personalidade*. De qualquer modo, sua noção de reprovação está no ato que não condiz com a personalidade do agente. "Jede genaue, auf wissenschaftliche Beachtung Anspruch erhebende Persönlichkeitforschung geht aus von der biologisch-psycologischen Gesamtpersönlichkeit. In diesem Sinne gibt es überhaupt kein Tun, das nicht Ausdruck der Persönlichkeit zur Zeit der Tat wäre, nicht einmal das in transitorischer Geistesstörung" (MEZGER, Edmund. *Strafrecht*: Ein Lehrbuch. München: Duncker & Humblot, 1949. p. 279). Veja-se mais detalhes em nosso *Livre-arbítrio e Direito Penal*. São Paulo: Marcial Pons, pp. 190 ss.

[10] Sobre o tema, há vasta bibliografia: CAÑELLES, Isabel. *La construcción del personaje literario*: Un camino de ida y vuelta. Madrid: Ediciones y Talleres de Escritura Creativa Fuentetaja, 1999. Também COMPARATO, Doc; VÁZQUEZ, Pilar; CANO ALONSO, Pere Lluís. *De la creación al guión*. Madrid: Instituto Oficial de Radio y Televisión, 1993.

[11] O personagem deve ser verossimilhante, a partir de características que, ainda antes de causar empatia, façam com que o leitor o creia como tal. Assim, "The-

re is a notion in the Arts of believable character. It does not mean an honest or reliable character, but one that provides the illusion of life, and thus permits the audience's suspension of disbelief" (BATES, Joseph *et al.* "The role of emotion in believable agents". *Communications of the ACM*, vol. 37, n. 7, p. 123, 1994).

[12] O processo de criação de *O Estrangeiro* é profundamente analisado em KAPLAN, Alice. *Looking for* The Stranger: Albert Camus and the life of a Literary Classic. Chicago: University of Chicago Press, 2016.

[13] Claro que sustentar por longo tempo essa aparente ausência de conflito externo, para manter o conflito psicológico meramente sugerido, é algo mais difícil e pode levar ao desinteresse. Por isso, o exemplo citado, de Raymond Carver, é um conto curto. Estender-se nele levaria à perda da progressão. A escolha do autor pelo conto está explicada, por ele mesmo, em CARVER, Raymond. On writing. *Mississippi Review*, vol. 14, n. 1-2, pp. 46-51, 1985.

[14] Em texto de nossa autoria, sobre Perdão e Justiça restaurativa, traçamos o caminho inverso: como a narrativa de fatos traumáticos é necessária para *compreender* os conflitos. Para chegar a eles. Sobre isso, hoje em dia já existem obras de referência. Por exemplo: GRISWOLD, C. L. *Forgiveness*: A philosophical exploration. New York: Cambridge University Press, 2007. p. 250. Também SIMMONS, Solon. *Root narrative theory and conflict resolution:* Power, justice and values. New York: Routledge, 2020. Veja-se nosso RODRÍGUEZ, Víctor Gabriel. "Nuevas tendencias del perdón en Derecho Penal." *Anuario de Filosofía del Derecho*. Madrid: BOE, 2022.

[15] Um comercial pode simplesmente dizer: "Compre este sabão em pó, porque lava melhor que os concorrentes." Nesse sentido, não há uma narrativa, embora ela possa estar sugerida: para lavar roupas, você busca o melhor produto, os produtos concorrentes não satisfazem, nosso sabão em pó soluciona seu problema.

[16] Bruner defende, no mesmo sentido, que pensamos narrativamente. Com palavras parecidas (*protagonist, trouble, verossimilitude*), o autor defende que a principal forma de aprendizado é a categorização e, dentre elas, a narrativa. A estrutura de personagem, problema e solução verossimilhante sempre se mantém, ainda que se faça mais complexa. "[...] So predisposed is the human mind to narrative that we even experience the events of everyday life in narrative form and assign them to categories derived from some particular kind of story. It simply will not do that events roll by us purposelessly, One Damn Thing After Another. We shape them into strivings and adversities, contests and rewards, vanquishings and setbacks. We do this, however sophisticated we may be. Indeed, sophistication may be nothing else tan overlaying more and more elaborate stories on the simpler ones that continue to enthrall our imagination" (AMSTERDAM, Anthony G.; BRUNER, Jerome. *Minding the law*. Cambridge: Harvard University Press, 2000. p. 31).

[17] Um advogado, no Tribunal do Júri, pode dizer: "Neste momento da minha fala, seria hora de mostrar a folha de antecedentes da vítima, para demonstrar que o réu não matou nenhum santo, mas sim alguém com toda a vida dedicada ao crime. Em respeito à sua condição humana, e mesmo à sua família, que pode

estar aqui presente, vou saltar essa parte tão obrigatória nos manuais de defesa." É um dos tantos exemplos em que o autor explica a própria estrutura de seu texto, com uma função muito mais de mostrar um argumento de fundo do que propriamente esclarecer seu percurso.

[18] A palavra 'gramática' é em si polissêmica. Pode tratar-se da gramática do idioma natural ou de um conjunto de regras estruturantes de outro processo linguístico. Usamos então a *segunda* acepção de gramática que nos dá o *Routledge Dictionary*: "*Grammar*: 1. Grammar as the knowledge and study of morphological and syntactic regularities of a natural language. 2. Grammar as a system of structural rules (in the sense of Saussure's langue) fundamental to all processes of linguistical production and comprehension." Cf. *Routledge Dictionary*, verbete "Grammar". Na mesma esteira, o contraste que faz Jota entre gramática normativa ou descritiva e gramática geral ou estrutural. Referimo-nos, no caso do tipo penal, a esta última, que assim se define: "a gramática estrutural estuda a língua por si mesma, quanto à forma somente, desvinculando-se, pois, de outras disciplinas como psicologia, lógica, sociologia etc. E através de línguas particulares esboça-se uma pancronia (ou metacronia), que seria uma gramática estrutural geral, que estuda a estrutura e funcionamento do sistema abstrato da linguagem, do qual as línguas particulares seria meras projeções" (JOTA, Z. S. *Dicionário de Linguística*. Rio de Janeiro: Presença, 1976. p. 157). Neste caso, evitamos falar em *gramática normativa*, que seria o correto, apenas para evitar equivocidade com o normativismo penal, que tem sentido bastante diverso. Falar em *gramática do idioma* nos parece suficientemente claro.

[19] Veja-se como as regras gramaticais do tipo penal continuam em aberto, apenas com a enunciação de algumas questões: O tipo como unidade de sentido contém (ou não) as causas de justificação? É possível construir uma distinção segura entre elementos descritivos, normativos e científicos do tipo (tal qual é possível, na gramática, definir o que é um substantivo, um verbo ou um adjetivo; ou, na sintaxe, um sujeito e um objeto)? Qual o papel do verbo no tipo penal (ele coincide com o núcleo oracional, tal qual a gramática do idioma)? Ou se pode falar em ação e omissão, independentemente da figura verbal, com base apenas em um conceito penal de ação? Compõe o bem jurídico a unidade linguística do tipo? Em caso positivo, onde está descrito? Qual sua função gramatical, nessa unidade de sentido? Os Direitos Fundamentais exercem papel na significação típica, ou estão dela ausentes, fora desse núcleo interpretativo? O mesmo se pode dizer da provável adequação social da ação. Outros elementos da descrição legal integrariam o tipo, tal como a rubrica que dá nome ao delito (tantas vezes definitiva em sua interpretação) ou o nome do título ou do capítulo em que está inserido no Código? Em caso positivo, qual seu efetivo papel nessa linguagem: algo como um adjunto da sintaxe linguística? Um mero incidente do tipo que apenas tem significação subsidiária, uma complementação de sentido exofórica, estrangeira à unidade típica? Como atribuir sentido a cada palavra (aliás, as palavras são mesmo subdivisões do tipo?) enquanto não estiver definida com exatidão a extensão do tipo penal?

[20] Note-se que o fato de a narrativa sugerir um conflito – e não o enunciar diretamente – é uma virtude garantista do sistema. A mera enunciação do conflito reduziria o relato a uma ação aberta de fundo moralista, como nos tempos do *Volksgemeinschaft*, da mera ofensa a princípios. Com o relato, dá-se uma análise combinatória: o primeiro filtro é a ocorrência dos fatos tais quais tão descritos. Em segundo, ver se esses fatos são conflitivos.

[21] Assim, no original "La experiencia que la conciencia hace sobre sí no puede comprender dentro de sí, según su mismo concepto, nada menos que el sistema total de la conciencia o la totalidad del reino de la verdad del espíritu; de tal modo que los momentos de la verdad se presenten bajo la peculiar determinabilidad de que no son momentos abstractos, puros, sino tal y como son para la conciencia o como esta conciencia misma aparece en su relación con ellos, a través de lo cual los momentos del todo son figuras de la conciencia" (HEGEL, G. W. F. *Fenomenología del espíritu*. México: Fondo de Cultura Económica, 2007. p. 60).

[22] E esclarece: "But in Hegel the mind produces time only by virtue of the will, its organ for the future, and the future in this perspective is also the source of the past, insofar as that is mentally engendered by the mind's antecipation of a second future, when the inmediate I-shall-be will have become an I-shall-have-been. In this schema, the past is produced by the future, and thinking, which contemplates the past, is the result of the Will. For the will, in the last resort, anticipates the ultimate frustration of the will's projects, which is death" (ARENDT, Hannah. *The life of the mind II*. San Diego: Harcourt Publishing, 1981. p. 43).

[23] A afirmação está na brilhante monografia de Paulo Arantes, que disseca toda a relevância do Tempo em Hegel: "Assim como o tempo se apodera de todo ente e o muda prontamente em um não ente, o conceito penetra as categorias finitas para mostrar em cada uma delas a presença do Outro na constituição de seu sentido. Ao negativo do processo conceptual concreto corresponde o negativo do processo abstrato do tempo. 'O tempo é elemento negativo no mundo sensível. O pensamento é a mesma negatividade, mas é a forma mais íntima, a forma infinita em que se dissolve tudo o que existe em geral e, antes de tudo, todo ser finito, toda forma determinada. O tempo é, por certo, a ação corrosiva do negativo, mas o Espírito mesmo é tal que dissolve todo conteúdo determinado'" (ARANTES, Paulo Eduardo. *Hegel*: A ordem do tempo. São Paulo: Hucitec, 2000. pp. 169-170).

[24] HEGEL, G. W. F. *Fenomenología del espíritu*, *op. cit.*, p. 278.

[25] Ricoeur, analisando o tempo na narrativa, é extremamente crítico com a posição hegeliana de que esse presente se projeta ao futuro e resume o passado conhecido. Em sua opinião, Hegel sobrepõe conceitos que promovem confusão: "Starting from the end and returning toward the beginning, in a backward reading, our suspicion finds an initial handhold in the final equating of the *Stufengang der Entwicklung* and the eternal present. The step we can no longer take is this one that equates with the eternal present the capacity of the actual present to retain the known past and anticipate the future indicated in the tendencies of this past. The very notion of history is abolished by philosophy as soon as the present, equated with what is real, abolishes its difference from the past. The self-understanding that goes with historical awareness is born precisely from the unescapable fact of

this difference. What stands out, for us, is the mutual overlapping of the three terms, Spirit in itself, development, and difference, that, taken together, make up the concept of the *Stufengang der Entwicklung*" (RICOEUR, Paul. *Time and narrative*. Chicago: University of Chicago Press, 1990. p. 202).

[26] Claro que existe uma diferença entre tempo narrativo e tempo real. Isso será estudado profundamente por Ricoeur, e a distinção mesma estará também em Bruner (BRUNER, Jerome. *La fabbrica delle storie*. Diritto, letteratura, vita. Trad. Mario Carpitella. Bari: Editori Laterza, 2002. p. 38). Mas essa divisão já está intuitivamente demonstrada ao leitor de nossa obra, porque sempre tratamos da argumentação – narrativa ou não – como representação da realidade.

[27] Novamente, é Todorov que, já no início de suas análises literárias, dirá que, mesmo ao narrar-se elementos aparentemente simultâneos, existe neles uma ordem do tempo (TODOROV, Tzvetan. "The 2 principles of narrative". *Diacritics*, vol. 1, n. 1, p. 39, 1971).

CAPÍTULO VII

[1] Há uma corrente de pensamento que defende a existência da falácia na lógica informal, de um modo muito menos rígido. "The informal logic approach to fallacies is taken in Johnson and Blair's *Logical Self-Defence*, a textbook first published in 1977. It was prompted in part by Hamblin's indictment of the standard treatment and it further develops an initiative taken by Kahane (1971) to develop university courses that were geared to everyday reasoning. Johnson and Blair's emphasis is on arming students to defend themselves against fallacies in everyday discourse, and a fundamental innovation is in their conception of a good argument. In place of a sound argument – a deductively valid argument with true premises – Johnson and Blair posit an alternative ideal of a *cogent argument*, one whose premises are acceptable, relevant to and sufficient for its conclusion. Acceptability replaces truth as a premise requirement, and the validity condition is split in to two different conditions, premise relevance and premise sufficiency. Acceptability is defined relative to audiences – the ones for whom arguments are intended – but the other basic concepts, relevance and sufficiency, although illustrated by examples, remain as intuitive, undefined concepts (see Tindale, 2007). Premise sufficiency (strength) is akin to probability in that it is a matter of degree but Johnson and Blair do not pursue giving it numerical expression (HANSEN, Hans. "Fallacies." *The Stanford Encyclopedia of Philosophy*. Disponível em: https://plato.stanford.edu/archives/sum2020/entries/fallacies/).

[2] É como assenta Freeman, na resenha crítica à conhecida obra de John Woods, *Errors of Reasoning, Naturalizing the Logic of Inferences*. London: College Publications, 2013. pp. xvii, 1-572. Freeman sintetiza que "To do better, logic needs some reconstruction to become 'empirically sensitive,' taking account of empirical information, and also 'epistemologically aware' taking account of the 'cognitive natures' of 'real life' reasoners" (FREEMAN, James B. "Informal logic". *In*: WOODS, John (org.). *Errors of reasoning, naturalizing the logic of inferences*. London: College Publications, 2013. pp. 395-426).

³ Nossa metalinguagem aqui é proposital: invocamos diretamente uma autoridade no tema. Neste caso, trata-se de um autor que escreveu todo um livro, denso, sobre o argumento de autoridade. Entende-se, o que pode vir a ser uma falácia, que (a) haja grande conhecimento adquirido ao escrever um livro todo sobre o tema, ou, para utilizar um clichê, dedicar grande parte de sua vida a esse estudo. Ademais, entende-se que (b) cada assertiva do livro reflete esse conhecimento aprofundado (WALTON, Douglas N. *Appeal to expert opinion*. Pennsylvania: Pennsylvania State University Press, 1997. p. 2): "[...] Instead we have to assume and guess and, very often, trust or rely on the opinion of those who have presumably taken the effort to study the matter – the experts. So we have to fix on or accept certain opinions or beliefs as the best information or advice we have to act on for the moment. But there is also a widespread tendency to fix onto these beliefs that cannot be questioned." Walton tem obra bastante referenciada no tema. Vejam-se, entre outras, WALTON, D. N. *Begging the question*. New York: Greenwood, 1991; WALTON, Douglas. *A pragmatic theory of fallacies*. Tuscaloosa: University of Alabama Press, 1995; WALTON, Douglas. Ad hominem *arguments*. Tuscaloosa: University of Alabama Press, 1998; WALTON, Douglas. "Why fallacies appear to be better arguments than they are". *Informal Logic*, vol. 30, pp. 159-184, 2010; WALTON, Douglas. "Defeasible reasoning and informal fallacies". *Synthese*, n. 179, pp. 377-407, 2011.

⁴ LOCKE, John. "Essay concerning human understanding. Pennsylvania: Pennsylvania State University, 1999. p. 616: "*Argumentum ad verecundiam*. The first is, to allege the opinions of men, whose parts, learning, eminency, power, or some other cause has gained a name, and settled their reputation in the common esteem with some kind of authority. When men are established in any kind of dignity, it is thought a breach of modesty for others to derogate any way from it, and question the authority of men who are in possession of it. This is apt to be censured, as carrying with it too much pride, when a man does not readily yield to the determination of approved authors, which is wont to be received with respect and submission by others: and it is looked upon as insolence, for a man to set up and adhere to his own opinion against the current stream of antiquity; or to put it in the balance against that of some learned doctor, or otherwise approved writer. Whoever backs his tenets with such authorities, thinks he ought thereby to carry the cause, and is ready to style it impudence in any one who shall stand out against them. This I think may be called *argumentum ad verecundiam*."

⁵ Nesse segundo efeito, aceita-se como argumento de autoridade a doutrina não necessariamente tão aprofundada. Um manual de Direito não é algo com grande valor científico, mas alcança o conceito mais original de 'clássico', quer dizer, aquele básico estudado em 'classe', em sala de aula. Um manual clássico de Direito Penal pode não provir de uma grande autoridade, mas traz a força da imparcialidade.

⁶ A ideia de *cientificidade* é um problema filosófico que sabemos que, aqui, aparece reduzido, a partir de nosso ponto de vista. Como formação, a princípio adotamos os textos de David Hume e seus seguidores, com a – novamente resumindo – interessante crítica de que a relação entre causa e efeito pode ser mero costume, mais ligado à psicologia que propriamente à comprovação de relações indutivas. Os

postulados gerais, dizemos nós, podem ser uma ilusão. Veja-se HUME, David. *Investigación sobre el entendimiento humano*. Madrid: Ediciones AKAL, 2004.

[7] Govier explicará a fragilidade desse pensamento como algo que se pode traduzir como efeito rebanho: "A claim may be widely believed only because it is a common prejudice. Thus, the fact that it is widely believed is irrelevant to its rational acceptability. Arguments in which there is a fallacious appeal to popularity are based on premises that describe the popularity of a thing ('Everybody's doing it', 'Everybody believes it'), and the conclusion asserts that the thing is good or sensible. The arguments are fallacious because the popularity of a product or a belief is in itself irrelevant to the question of its real merits. The fallacy of appealing to popularity is also sometimes called the bandwagon fallacy, or the fallacy of jumping on a bandwagon" (GOVIER, Trudy. *A practical study of argument*. Wadsworth: Cengage Learning, 2013. p. 189). Veja-se também o mais recente: GOVIER, Trudy. "Problems in argument analysis and evaluation". *In*: *Problems in argument analysis and evaluation*. Berlin: De Gruyter Mouton, 2019. No ano de 2013, um volume da revista *Informal Logic* foi dedicado à filósofa (*Informal Logic*, vol. 33, n. 2, pp. 116-142, 2013).

[8] Ninguém cairá na ilusão de que não existe um ambiente acadêmico corrupto e com as mesmas relações de poder. Apenas se presume que a pessoa que ali está dedique sua vida ao estudo e seja constantemente testada. Porém, essa relação traz em si a semente de seu próprio mal: a necessidade de produção faz com que o indivíduo necessite uma produtividade constante. Em ciências empíricas, fatiam seus experimentos em publicações que ainda não são maduras o suficiente para apontar solução para problemas práticos; em ciências humanas, publicam-se também meros rascunhos de pensamento, ou, pior, teorias absolutamente inaplicáveis, como se verá a seu momento. Sobre isso, nosso livro *O ensaio como tese*. Mas veja-se também: HERNÁNDEZ SANDOICA, Elena; PESET, José Luis; PESET REIG, José Luis. *Universidad, poder académico y cambio social* (Alcalá de Henares, 1508-Madrid, 1874). Madrid: Ministerio de Educación, 1990; MOLINA-LUQUE, Fidel. "Conflicto y colaboración en la organización y gestión universitaria: Vida cotidiana y cultura institucional". *Revista Internacional de Organizaciones*, n. 19, pp. 7-28, 2017; PAULUS, Nelson. "La universidad desde la teoría de los sistemas Sociales". *Calidad en la educación*, n. 25, pp. 285-314, 2006. Dissertaremos algo sobre o tema, relacionado à produção científica, nos subtítulos finais do presente capítulo.

[9] Apenas para que prevaleça a fidelidade ao texto cervantino, há que se dizer ser certo que Sancho, mesmo crendo em seu poder absoluto, logra ser bastante justo em suas decisões. Pode-se interpretar que a obra enaltece o poder absoluto, quando em mãos de um indivíduo justo, mas dou-lhe interpretação mais ousada: Cervantes mostra como muda o senso de justiça, se entregue às mãos de alguém proveniente da plebe. Nega-se o conceito de homem ilustrado e se atribuem outros requisitos ao governante, estes do qual Sancho era detentor.

[10] Daí também a genial frase da já citada obra *Um violinista no telhado*: "quando você é rico, presumem que você é sábio" (When you're rich, they think you really know).

[11] Por isso, *v.g.*, no Código de Direito Canônico, as sentenças proferidas pelo Papa não comportam recurso (c. 1629, § 1º).

[12] Muitos estudos recentes, por conta dos chamados *influenciadores* nas redes sociais e do risco que causam à manutenção da verdade, especialmente nas eleições, voltam-se ao controle das mídias ou, pior, investem contra o próprio sistema democrático. Veja-se, entre todos, BRENNAN, Jason. *Against democracy*. Princeton: Princeton University Press, 2016. Também SUSANTI, Puji; IRWANSYAH, Irwansyah. "Social media influencers and digital democracy". *Budapest International Research and Critics Institute-Journal (BIRCI-Journal)*, vol. 5, n. 3, 2022; DIAMOND, Larry. "Rebooting democracy". *Journal of Democracy*, vol. 32, n. 2, pp. 179-183, 2021; GOANTA, Catalina; RANCHORDÁS, Sofia. "The regulation of social media influencers: An introduction". *In*: GOANTA, Catalina; RANCHORDÁS, Sofia (ed.). *The regulation of social media influencers*. Cheltenham: Edward Elgar Publishing, 2020. pp. 1-20; SALTE, Luise. "Visual, popular and political: the non-profit influencer and the public sphere". *Javnost – The Public*, vol. 29, n. 4, pp. 371-387, 2022.

[13] Em um plano mais aprofundado, sabemos que toda argumentação, porque lógica informal, é apoiada em contaminações e generalizações. Não fosse assim, repita-se, nem sequer a autoridade se pronunciaria como tal. Mas o ponto de equilíbrio está na exigência de que a própria autoridade apresente seu percurso argumentativo, para submetê-lo à crítica.

[14] MOREIRA ALVES, José Carlos. *Direito romano*. 13. ed. Rio de Janeiro: Forense, 2002. vol. 1, p. 44. Também: WATSON, Alan. "The law of citations and classical texts in the post-classical period". *Legal History Review*, vol. 34, n. 3, p. 405, 1996.

[15] Veja-se, apenas como exemplo, entre tantas outras produções acerca dos critérios para a contemporânea aferição de independência, nas mais diversas áreas de estudo, mas mais essencialmente na política e no Direito, passando pela psicologia social, como já dito: KONISKY, David M.; REENOCK, Christopher. "Compliance bias and environmental (in)justice". *The Journal of Politics*, vol. 75, n. 2, pp. 506-519, 2013; WOLFE, Christopher R.; BRITT, M. Anne; BUTLER, Jodie A. "Argumentation schema and the myside bias in written argumentation". *Written Communication*, vol. 26, n. 2, pp. 183-209, 2009; CHRISTENSEN-BRANUM, Lezlie; STRONG, Ashley; JONES, Cindy D'On. "Mitigating myside bias in argumentation." *Journal of Adolescent & Adult Literacy*, vol. 62, n. 4, pp. 435-445, 2019. Walton, uma vez mais, dedicara todo um livro ao tema, especificamente na argumentação: WALTON, Douglas. *One-sided arguments*: a dialectical analysis of bias. Albany: State University of New York Press, 1999.

[16] Sobre a relação entre o Estado e o Indivíduo na América Latina, veja-se nosso *Delación Premiada: limites éticos al Estado*. Ali comentamos, a partir de uma cena do seriado *The Sopranos*, como difere o trato entre a autoridade pública e o indivíduo na América Latina, em relação a outros países. Isso é matéria de extrema importância, quando se cuida de perícias.

[17] Cf. Eemeren: "The *tu quoque* variant of the *argumentum ad hominem* can also cause complications. This form of fallacy is, for example, committed if one

reject one's opponent's standpoint on the grounds that he held a different opinion at some time in the past. Yet no fallacy is committed by pointing out contradictions in the standpoints an argument that the opponent has advanced in the course of the discussion. On the contrary, such criticism is highly relevant contribution to the resolution process. Admitting inconsistent statements within one and the same discussion makes it impossible to resolve the dispute. It is therefore necessary to differentiate between discrepancies inside and outside the discussion. Only in the second case can there be a *tu quoque*. Unfortunately, where exactly one discussion ends and the next begins is in real life sometimes hard to determine" (VAN EEMEREN, Frans H.; GROOTENSDORST, Rob. *Argumentation, communication and fallacies*: A pragma-dialectical perspective. New York: Routledge, 2016. p. 114. Também VAN EEMEREN, Frans H.; HOUTLOSSER, Peter. "More about fallacies as derailments of strategic maneuvering: The case of *tu quoque*". *OSSA Conference Archive*, vol. 93, 2003.

[18] AIKIN, Scott F. "*Tu Quoque* arguments and the significance of hypocrisy". *Informal Logic*, vol. 28, n. 2, 2008. Também: GOVIER, Trudy. "Worries about *tu quoque* as a fallacy". *Informal Logic*, vol. 3, n. 3, 1980.

[19] "Vengamos ahora a la citación de los autores que los otros libros tienen, que en el vuestro os faltan. El remedio que esto tiene es muy fácil, porque no habéis de hacer otra cosa que buscar un libro que los acote todos, desde la A hasta la Z, como vos decís. Pues ese mismo abecedario pondréis vos en vuestro libro; que puesto que a la clara se vea la mentira, por la poca necesidad que vos teníades de aprovecharos dellos, no importa nada, y quizá alguno habrá tan simple que crea que de todos os habéis aprovechado en la si de autores a dar de improviso autoridad al libro. Y más, que no habrá quien se ponga a averiguar si los seguistes o no los seguistes, no yéndole nada en ello. Cuanto más que, si bien caigo en la cuenta, este vuestro libro no tiene necesidad de ninguna cosa de aquellas que vos decís que le falta, porque todo él es una invectiva contra los libros de caballerías, de quien nunca se acordó Aristóteles, ni dijo nada San Basilio, ni alcanzó Cicerón, ni caen debajo de la cuenta de sus fabulosos disparates las puntualidades de la verdad, ni las observaciones de la astrología, ni le son de importancia las medidas geométricas, ni la confutación de los argumentos de quien se sirve la retórica, ni tiene para qué predicar a ninguno, mezclando lo humano con lo divino, que es un género de mezcla de quien no se ha de vestir ningún cristiano entendimiento. Solo tiene que aprovecharse de la imitación en lo que fuere escribiendo, que, cuanto ella fuere más perfecta, tanto mejor será lo que se escribiere."

[20] As medições científicas já são hoje muito estudadas e esse tipo de crítica que aqui fazemos não é novo. No entanto, raramente atingem a comunidade científica que não se ocupa dessa meta-análise. Veja-se, por exemplo, VINKLER, Peter. *The evaluation of research by scientometric indicators*. Amsterdam: Elsevier, 2010. Já em 1994, o excelente GLÄNZEL, Wolfgang; SCHOEPFLIN, Urs. "Little scientometrics, big scientometrics... and beyond?" *Scientometrics*, vol. 30, n. 2-3, pp. 375-384, 1994. Ou outros artigos da revista *Scientometrics*, da editora Springer, dedicada exclusivamente ao tema.

[21] Escrevemos o livro *O ensaio como tese: estética e narrativa na composição do texto científico* já dizendo que nossa luta pela fuga à prisão das citações não poderia significar que o escritor de ciência jurídica se afastasse da leitura, da reflexão e, principalmente, da comprovação documental de todas as suas ideias. Infelizmente, apesar do *disclaimer*, a obra foi muitas vezes interpretada como licença de autoridade para que o pesquisador no Direito escrevesse sem provas concretas.

[22] "Cuanto más que, si bien caigo en la cuenta, este libro no tiene necesidad de ninguna cosa de aquellas que vos decís que le faltan, porque todo él es una invectiva contra los libros de caballerías, de quien nunca se acordó Aristóteles, ni dijo nada San Basilio, ni alcanzó Cicerón."

CAPÍTULO VIII

[1] Algumas obras são adaptações dos conflitos de Shakespeare quase confessas, ainda que não se note de início. A obra *O Rei Leão*, da Disney, é uma adaptação de *Hamlet*; *Ran*, de Kurosawa, diz-se uma adaptação de *Rei Lear* e *Trono de Sangue*, de *Macbeth*; *O planeta proibido*, de 1956, baseado em *A tempestade*; *West Side Story* é o renascer de *Romeu e Julieta*, como tantas outras histórias de amor proibido. Ademais de tantos outros diálogos, que são adaptações de diálogos do bardo inglês. Veja-se, entre tantos outros estudos, WHITE, Robert S. "Shakespeare's cinema of love: A study in genre and influence". *In*: WHITE, Robert S. *Shakespeare's cinema of love*. Manchester: Manchester University Press, 2016. Mais ousado, entretanto, é o estudo que aproxima a obra de Marx dos escritos de Shakespeare, o que, para nós, já deixa de ser surpreendente, uma vez que, neste nosso livro, sustentamos a tese de que os grandes conflitos, como o relatado por Marx, estão em estrutura narrativa. Ademais, está toda a questão da intertextualidade, na medida em que, se um autor está formado sob a influência da obra do bardo inglês, dificilmente livrar-se-á de repeti-la em sua forma (ainda que inconscientemente, narrativa) de discurso. Veja-se SMITH, Christian A. *Shakespeare's influence on Karl Marx*: The shakespearean roots of marxism. New York: Routledge, 2022.

[2] Já na década de 1970: BLACK, Harold. *La historia cíclica de* Cien años de soledad. Tesis Doctoral. Pennsylvania: Bucknell University, 1972. Também do século passado, PAOLI, Roberto. "Carnavalesco y tiempo cíclico en *Cien años de soledad*". *Revista Iberoamericana*, vol. 50, n. 128, pp. 979-998, 1984. Veja-se ainda FONTALVO, Orlando Araújo. "Cronotopía y modernidad en *Cien años de soledad*". *Revista de Estudios Literarios*, n. 23, 2003.

[3] Evidentemente, essa relação de poder no Judiciário latino influencia no modo como se trata a jurisprudência. Sobre isso, o excelente artigo de MIGUEL-STEARNS, Teresa M. "Judicial power in Latin America: A short survey". *Legal Information Management*, vol. 15, n. 2, pp. 100-107, 2015.

[4] Einstein também foi um agnóstico, porque defendia um determinismo, contrariamente às teorias de mera probabilidade ou caos que se comprovavam na mecânica quântica. Sua frase "Deus não joga dados com o universo" é um exemplo de que ele mesmo mantinha convicções pessoais de hipóteses que não foram

comprovadas, ou, melhor dito, que foram comprovadas de modo distinto à hipótese em que ele acreditava.

[5] O termo 'jurisprudência' não pode se referir apenas aos precedentes da Corte. O estudo da jurisprudência é muito maior do que isso, transformando-se já em uma esfera de estudo, que se refere ao modo como se criam os julgados e se repetem com coerência. Assim, história, política, sociologia, criminologia, entre outros, todas são bem-vindas nesse conceito. Uma tentativa de teoria completa da jurisprudência nesse sentido está em RATNAPALA, Suri. *Jurisprudence*. Cambridge: Cambridge University Press, 2017. Também: NOBLES, Richard; SCHIFF, David. *A sociology of jurisprudence*. London: Bloomsbury Publishing, 2006; DOUZINAS, Costas; WARRINGTON, Ronnie; MCVEIGH, Shaun. *Postmodern jurisprudence:* The law of the text in the text of the law. New York: Routledge, 1993. Nesta obra, tentamos usar a diferença entre *precedentes/julgados* e *jurisprudência*, mas nem sempre é possível, dado o uso mais comum que o termo assume na realidade processual latino-americana.

[6] Veja-se a completa obra de YORIS-VILLASANA, Corina. *Analogía y fuerza argumentativa*. Santiago: Universidad Católica Andrés Bello, 2014.

[7] Entre outros: UPRIMNY, Rodrigo. "The recent transformation of constitutional law in Latin America: trends and challenges." *Law and Society in Latin America*, 2014, pp. 105-123.

[8] Assim: REISMAN, W. Michael. "Theory about law: Jurisprudence for a free society". *Yale Law Journal*, vol. 108, p. 935, 1998.

[9] Assim, na Colômbia, a definição de Bernal Pulido: "De esta manera la Corte Constitucional contempla la posibilidad de que en Colombia se aplique la idea del *distinguish*, es decir, de que el juez pueda inaplicar la jurisprudencia a un determinado caso posterior, cuando considere que las diferencias relevantes que median entre este segundo caso y el primer caso en que se estableció la jurisprudencia, exigen otorgar al segundo una solución diferente. Como es evidente en la lectura del pasaje, la Corte no determina cuándo las diferencias con 'reales' o solo 'aparentes'. Expresado de otra forma, la Corte no esboza los criterios de los que el intérprete puede valerse para distinguir u homologar dos casos similares" (BERNAL PULIDO, Carlos. "La fuerza vinculante de la jurisprudencia en el orden jurídico colombiano". *Precedente*: Revista Jurídica, vol. 3, n. 3, pp. 13-43, 2003. Em sentido parelho: ROJAS BONILLA, Fabián Andrés. *El papel de la dogmática en la concepción del precedente jurisprudencial*. Bogotá: Facultad de Derecho, Ciencias Políticas y Sociales, 2015).

[10] HARRIS, W. "Towards principles of overruling – when should a final court of appeal second guess?" *Oxford Journal of Legal Studies*, vol. 10, n. 135, 1990; HORRIGAN, Bryan. "Towards a jurisprudence of high court overruling". *Australian Law Journal*, vol. 66, n. 205, 1992.

[11] "[W]e assume that changing precedent is personally costly to judges: it requires extra investigation of facts, extra writing, extra work of persuading colleagues when judges sit in panels, extra risk of being criticized, and so on"

(GENNAIOLI, Nicola; SHLEIFER, Andrei. "Overruling and the instability of law". *Journal of Comparative Economics*, vol. 35, n. 2, pp. 309-328, 2007).

¹² "Cuando un Tribunal de justicia con capacidad de crear precedentes toma la decisión de cambiar de precedente, surge un problema sumamente serio: el valor jurídico de las decisiones y de las relaciones jurídicas adoptadas con base en el precedente original" (CASTILLO CÓRDOVA, Luis. "Las posibles injusticias que genera la aplicación de la técnica del prospective overruling". *Diálogo con la jurisprudencia*: actualidad, análisis y crítica jurisprudencial, n. 129, p. 52, 2009; Veja-se também GOMES, Mariângela Magalhães. *Direito Penal e interpretação jurisprudencial*: Do princípio da legalidade às súmulas vinculantes. São Paulo: Atlas, 2008).

CAPÍTULO IX

¹ Sem querer regressar conceitualmente à intertextualidade (veja-se o Capítulo IV), note-se que grande parte da possibilidade da ilustração está em que o leitor possa compreender sua referência. No texto, o autor conta já que os buscadores de internet são parte da compreensão do próprio texto: se o leitor desconhece o conto de Monteiro Lobato e não deseja perder esse fragmento de sentido, facilmente encontra no universo virtual um resumo dessa obra do autor paulista.

² Cf. REBOUL, Olivier. *Introdução à retórica*. São Paulo: Martins Fontes, 1998. pp. 181 ss.

³ Hoje já se adere quase totalmente ao realismo do falsacionismo, a partir de Popper, Kuhn e Lakatos, mas esse tema deixamos para alguma discussão mais aprofundada sobre método. Não obstante, há que advertir ao argumentante que conhecer a discussão sobre o que é o método para alcançar a verdade palpável sempre ajuda muito a argumentação, desde que se reconheçam os limites quando se traslada à construção de texto, com todas as circunstâncias aqui estudadas. No caso do exemplo, a figuratividade é repleta de limitações, mas tem efeito persuasivo evidente.

⁴ O autor do texto sabe que, ali, seu público são pessoas que escrevem teses acadêmicas naquele momento. Portanto, conta com a intertextualidade de conhecer que o leitor é um daqueles que vivenciam as mesmas sensações que o texto atribui a personagens reais, famosos.

⁵ É pouca a literatura sobre a eficácia do exemplo em si mesma. Sobre o valor semântico do exemplo, principalmente para dar essa mencionada concretude a um termo, veja-se LARA, Luis Fernando. "El ejemplo en el artículo lexicográfico". *In*: BERNAL, Elisenda; DeCESARIS, Janet (ed.). *Palabra por palabra: Estudios ofrecidos a Paz Battaner*. Barcelona: Institut Universitari de Lingüística Aplicada/Universitat Pompeu Fabra, 2006. pp. 1000-1008. E sobre como, após a definição do dicionário, a inserção do exemplo traz concretude ao entendimento, e, assim, não pode ser feita sem critério correto.

⁶ Sancho insiste que o exemplo é real, dando-lhe propriedade e crédito: "– Digo, pues, señores míos –prosiguió Sancho–, que este tal hidalgo, que yo co-

nozco como a mis manos, porque no hay de mi casa a la suya un tiro de ballesta, convidó un labrador pobre, pero honrado."

[7] "Gran gusto recibían los duques del disgusto que mostraba tomar el buen religioso de la dilación y pausas con que Sancho contaba su cuento, y don Quijote se estaba consumiendo en cólera y en rabia."

[8] Nem sequer seria necessário invocar o exemplo dos Evangelhos, mas vale, também, como ilustração para nosso texto. Jesus Cristo falava em parábolas, quer dizer, suas lições morais apareciam em pequenas histórias, figurativas, que em sua maioria eram imediatamente captadas pelos ouvintes. Um fundo conceitual delas retiraria a compreensão. Evidentemente, suas parábolas somente sustentam uma regra porque apoiadas em sua autoridade, mas ainda assim foram um modo indispensável para argumentar. Veja-se SNODGRASS, Klyne R. *Stories with intent*: A comprehensive guide to the parables of Jesus. Michigan: Wm. B. Eerdmans Publishing, 2018. Também: STEIN, Robert H. *An introduction to the parables of Jesus*. Westminster: John Knox Press, 1981; SNODGRASS, Klyne R. "From allegorizing to allegorizing: A history of the interpretation of the parables of Jesus". In: DUNN, James D. G.; McKNIGHT, Scot (ed.). *The historical Jesus in recent research*. Pennsylvania: Penn State University Press, 2021. pp. 248-268.

[9] Sobre o tema, comenta Elisa Guimarães Pinto: "O pressuposto de que há duas maneiras básicas e equivalentes de dizer as coisas – uma própria e outra figurada – levou a análise retórica a uma visão paradigmática do sentido figurado, pois este resultaria da substituição de dois significantes entre si, no caso das figuras. O problema das opções expressivas era ponto importante para a retórica e dizia respeito a um princípio mais geral compreendido no conceito *aptum*, ou, na forma grega, *prepon*, isto é, a virtude de harmonizar as partes de um todo, conferindo-lhes unidade. Por esse princípio, as várias formas de linguagem deveriam estar de acordo com as diferentes situações em que são empregadas: pessoa, lugar, gênero literário etc. Daí a necessidade de se ter à disposição um léxico amplo e diferenciado para atender aos múltiplos contextos" (PINTO, Elisa Guimarães. Figuras de retórica e argumentação. In: *Retóricas de ontem e de hoje*. São Paulo: Associação Editorial Humanitas, 2004. p. 151).

[10] A derivação de ideias a partir da figuratividade sempre foi um recurso literário extenso. Assim são as parábolas, as lendas. Bastante conhecida é a Magdalena de Proust, que inicia o primeiro volume do *Em busca do tempo perdido*. Mas nós gostamos de trabalhar, em sala de aula, com a música "One-Trick Pony", de Paul Simon. A partir da visão de um pônei (aproveitando-se da antonomásia da expressão, em inglês), que somente realiza um número no palco, o eu-lírico reflete sobre a complexidade do seu cotidiano, do quanto é necessário fazer para manter-se na vida. ("*He makes me/ Think about, all these extra moves I've made/ And all this herky-jerky motion/ And the bag of tricks it takes/ To get me through my working day.*")

[11] Na internet, hoje, se podem conseguir discursos históricos, como, em vídeo, o discurso de Barack Obama em 2004, certamente responsável por sua escolha como candidato e futura eleição ao governo dos EUA; em áudio, discursos de

Churchill (13 de maio e 4 de junho de 1940), com magníficas descrições, sucintas, da Guerra e do estado de ânimo para as nações; em peças escritas, o manifesto de Cartagena (1812) e a Carta de Jamaica (1915) de Bolívar, entre tantos outros.

[12] É de nossa preferência a análise do fotojornalismo. Observar como não são nada isentas as fotografias selecionadas para a ilustração das notícias que se dão dia a dia e que, com já estudamos, aparecem com um ponto de vista obrigatório, mas jamais revelado. Há muitos estudos interessantes sobre casos concretos de fotografias que dizem mais que o próprio texto escrito, e a tendência é que essa potência do visual apenas aumente. Em abordagem mais genérica: CAPLE, Helen. *Photojournalism:* A social semiotic approach. London: Springer, 2013. De modo mais conceitual, da mesma autora: CAPLE, Helen; KNOX, John S. "A framework for the multimodal analysis of online news galleries: What makes a 'good' picture gallery?" *Social Semiotics*, vol. 25, n. 3, pp. 292-321, 2015.

[13] Trata-se de que a fonte das letras, do texto escrito, é formal e monocórdica, enquanto a imagem é visualmente impactante e traz proporções inovadoras. Novamente com exemplo das HQs, isso ali é resolvido com a harmonia entre as letras e o desenho. Os balões de diálogo também são desenhados, e fazê-los é uma arte, que segue a estética da imagem principal.

[14] Sobre os desvirtuamentos que a imagem traz ao julgamento, indispensável o livro de BIBER, Katherine. *Captive images*: race, crime, photography. New York: Routledge-Cavendish, 2007. Em matéria processual, especificamente sobre fotografias de assassinados, veja-se JAY, David M. "No photographs in court". *Australian Law Journal*, vol. 72, n. 11, pp. 856-857, 1998.

[15] Retiramos a expressão de DELLINGER, Hampton. "Words are enough: the troublesome use of photographs, maps, and other images in Supreme Court Opinions". *Harvard Law Rev*iew, vol. 110, pp. 1704, 1996. Com opinião distinta e questionando-se acerca dos motivos e dos destinatários das fotografias nas sentenças, veja-se DUDEK, Michał *et al.* "A few questions concerning photographs in court decisions". *Archiwum Filozofii Prawa i Filozofii Społecznej*, vol. 17, n. 2, pp. 60-74, 2018.

CAPÍTULO X

[1] Rodríguez Toubes Muñiz dá exemplo parecido, ao estabelecer quatro fases para o argumento *a contrario*. Na última, ao comparar seu paradigma com a premissa, pode retirar uma obrigatoriedade que não existe de fato. Em suas palavras: "Deducción o postulación de la prescripción implícita. La argumentación *a contrario*, entendida como un razonamiento válido y útil para interpretar el derecho, se concreta al final en deducir la consecuencia jurídica que la disposición prescribe implícitamente para el caso que no regula explícitamente. Pero en ocasiones el intérprete postula una solución que no se sigue de las premisas, típicamente porque rebasa la implicación fundada. Por ejemplo, si el supuesto explícito está prohibido, normalmente la implicación positiva es que el caso en contraste está permitido, pero un intérprete podría ir más allá y postular que es obligatorio" (RODRÍGUEZ-TOUBES MUÑIZ, Joaquín. "La interpretación 'a

contrario' de disposiciones jurídicas". *Anuario de filosofía del derecho*, n. 34, pp. 423-454, 2018).

[2] É o que defende García Amado, seguindo a Klug (GARCÍA AMADO, Juan Antonio. "Sobre el argumento a contrario en la aplicación del derecho". *Doxa. Cuadernos de Filosofía del Derecho*, n. 24, p. 107, 2001).

[3] Exemplos didáticos como esse aparecem em SCOTT, Sandra Davidson. "Winning with words: Reductio *ad absurdum* arguments". *ETC*: A Review of General Semantics, vol. 47, n. 2, pp. 154-160, 1990. Clássico e esquemático sobre a valorização do argumento *ad absurdum* está em SCHERER, Donald. "The form of reductio *ad absurdum*". *Mind*, vol. 80, n. 318, pp. 247-252, 1971. Igualmente ROUTLEY, R.; ROUTLEY, V. "Ryle's reductio *ad absurdum* argument". *Australasian Journal of Philosophy*, vol. 51, n. 2, pp. 124-138, 1973.

[4] Se trasladarmos o mesmo delito para "associação ao tráfico", em uma interpretação ampla do tipo, o resultado torna-se ainda mais absurdo. Ao omitir-se em avisar as autoridades sobre ocorrência do delito, grande parte da população de todas as metrópoles da América Latina está a cometer o delito. Somente esse raciocínio já seria suficiente para demonstrar que algo há de errado com a criminalização.

[5] Em interpretação de gênero sobre o livro, veja-se DOUGLASS, Ellen H. "'Dressing down' the warrior maiden: plot, perspective, and gender ideology". *In*: FITZ, Earl; BROWER, Keith; MARTINEZ-VIDAL, Enrique (ed.). *Jorge Amado*: New critical essays. New York: Routledge, 2013. pp. 83 ss. Também STERLING, Cheryl. "Women-space, power, and the sacred in Afro-Brazilian culture." *The Global South*, vol. 4, n. 1, pp. 71-93, 2010. Mencionando especificamente a "greve do balaio fechado", veja-se MONTEIRO, Lucira Freire. "Direito e literatura: *Tereza Batista cansada de guerra* e a atual legislação brasileira protetiva da mulher." *In*: SWARNAKAR, Sudha et al. (org.). *Nova leitura crítica de Jorge Amado*. Campina Grande: Eduepb, 2014. p. 88.

[6] AMADO, Jorge. *Tereza Batista cansada de guerra*. São Paulo: Martins, 1972.

[7] Veja-se RODRÍGUEZ-TOUBES MUÑIZ, Joaquín. "La Reducción al Absurdo como argumento jurídico". *Doxa*: Cuadernos de Filosofía del Derecho, vol. 35, pp. 91-124, 2012, especialmente p. 93; KLOOSTERHUIS H. "*Ad absurdum* arguments in legal decisions. *Logic, argumentation and interpretation/lógica, Argumentación e interpretación, Archiv für Rechts-und Sozialphilosophie". Beiheft 110*, pp. 68-74, 2007.

[8] Na brilhante síntese de García, o convencimento de que "el Derecho tiene como fin la resolución de problemas y no la creación de otros mayores" (GARCÍA AMADO, Juan Antonio. *Razonamiento jurídico y argumentación*: Nociones introductorias. Puno: Zela, 2017. p. 190).

[9] JANSEN, H. "Refuting a standpoint by appealing to its outcomes: Reductio *ad absurdum* vs. argument from consequences". *Informal Logic*, vol. 27, n. 3, pp. 249-266, 2007.

[10] NASCIMENTO, Dilene Raimundo; DA SILVA, Matheus Alves Duarte. "Caça ao rato: No início do século XX, os cariocas trocavam roedores por dinhei-

ro e ajudavam no combate à peste". *Revista de História da Biblioteca Nacional*, vol. 67, n. 6, pp. 33-37, 2011; NASCIMENTO, Dilene Raimundo; DA SILVA, Matheus Alves Duarte. "A peste bubônica no Rio de Janeiro e as estratégias públicas no seu combate (1900-1906)". *Territórios e Fronteiras*, vol. 6, n. 2, pp. 109-124, 2013.

[11] Cf. PERELMAN. *Tratado da argumentação*: A nova retórica. 3. ed. São Paulo: Martins Fontes, 2014.

[12] Sobre a definição de humor e seu papel, os clássicos BERGER, Peter L. *Risa redentora*. Barcelona: Editorial Kairós, 1999; POLLOCK, Jonathan. *¿Qué es el humor?* Buenos Aires: Paidós, 2003.

[13] Nesse sentido, o estudo de Romero Nieto mostra que, em discursos formais e conflitivos como o do Parlamento, o humor é utilizado como mecanismo para suavizar o clima de embate. Veja-se ROMERO NIETO, Alejandro. "El humor como instrumento de digresión temática en el debate parlamentario español." *RASAL lingüística*, n. 1, pp. 41-65, 2018.

[14] Sobre o humor no referido autor, veja-se DE MORAES, João Batista Ernesto. "O satírico nas crônicas de Stanislaw Ponte Preta." *ITINERÁRIOS – Revista de Literatura*, n. 10, 1996.

[15] RUPPERSBURG, Hugh. "The south and John Kennedy Toole's". *A Confederacy of Dunces. Studies in American Humor*, vol. 5, n. 2-3, pp. 118-126, 1986.

[16] Inclusive, chega a imaginar sua amiga, que considera devassa, julgada por um "tribunal do gosto e decência" (TOOLE, John Kennedy. *A confederacy of dunces*. New York: Grove Press, 2015. p. 335).

[17] Em análise mais profunda: KENRICK, Douglas T. Evolutionary theory versus *The confederacy of dunces*. *Psychological Inquiry*, vol. 6, n. 1, pp. 56-62, 1995.

[18] KLINE, Michael. "Narrating the grotesque: The rhetoric of humor in John Kennedy Toole's." *A Confederacy of Dunces. Southern Quarterly*, vol. 37, n. 3, p. 283, 1999.

[19] "First, you must learn how to handle a brush. I would suggest that you all get together and paint someone's house for a start." "Go away." "Had you 'artists' had a part in the decoration of the Sistine Chapel, it would have ended up looking like a particularly vulgar train terminal," Ignatius snorted" (TOOLE, John Kennedy. *A confederacy of dunces*. New York: Grove Press, 2015. p. 244).

[20] A ridicularização se utiliza em discursos políticos, quando candidatos se enfrentam, mas nesse momento não estão tentando conquistar uma audiência (que já está definida), senão apenas preservar a animosidade, o embate. Não é o caso da argumentação jurídica, em regra.

[21] Veja-se KLUG, Ulrich. *Lógica jurídica*. Bogotá: Temis, 1990. pp. 78-79.

[22] Nesse sentido, Zeitling dá exemplo religioso, na interpretação das Escrituras. Segundo ele, o hermeneuta Hillel teria criado a expressão *"A minori ad maius"* ao dissolver o problema sobre a precedência entre o sacrifício ordinário, o sacrifício pascal e o sábado (*sabbath*). Em seu exemplo: "Since the slaughtering of the tamid takes precedence over the Sabbath, so the slaughtering of the pascal

lamb takes precedence over the Sabbath" (ZEITLIN, Solomon. Hillel and the hermeneutic rules. *The Jewish Quarterly Review*, vol. 54, n. 2, p. 161, 1963).

[23] Explicação esquemática desse argumento está em ZUREK, Thomas. "Modelling of *a fortiori* reasoning". *Proceedings of the 13th international conference on Artificial Intelligence and law*, 2011, pp. 96-100. Também em WOLEŃSKI, Jan. "Formal and informal in legal logic". *In*: GABBAY, Dov M. *et al.* (ed.). *Approaches to legal rationality*. Dordrecht: Springer, 2010. pp. 73-86. Também de modo exemplificativo: D'ALMEIDA, Luís Duarte. Arguing *a fortiori*. *The Modern Law Review*, vol. 80, n. 2, pp. 202-237, 2017.

[24] REBOUL, Olivier. *Introdução à Retórica*, *op. cit.*, p. 3.

[25] O argumento do córax recebeu o nome de seu criador. Córax é apontado como um dos inventores da retórica, que teria transmitido sua arte a Tísias. Estes, depois, se digladiariam em uma demanda judicial e, assim, criariam a tautologia: se Córax perdesse a ação, diria Tísias, ele não seria o autor da retórica, pois não dominaria os argumentos; Córax teria respondido que seria ao revés: no caso de ele perder, significaria que Tísias, como seu aluno, aprendera bem os conceitos, portanto Córax seria o grande mestre da retórica. A história e suas transformações são narradas em COLE, Thomas. Who was Corax? *Illinois Classical Studies*, vol. 16, n. 1-2, pp. 65-84, 1991. Também HINKS, D. A. G. "Tisias and Corax and the Invention of Rhetoric." *The Classical Quarterly*, vol. 34, n. 1-2, pp. 61-69, 1940.

[26] KRAUS, Manfred. "Perelman's interpretation of reverse probability arguments as a dialectical *mise en abyme*". *Philosophy & Rhetoric*, vol. 43, n. 4, pp. 362-382, 2010.

CAPÍTULO XI

[1] Cf. WALTON, Douglas. *Informal Logic*, cit., p. 134: "*is the kind of argument that criticizes the arguer rather than his argument*".

[2] Clássico artigo sobre o tema, Johnstone demonstra a possibilidade restrita, porém algumas vezes filosoficamente possível, da argumentação ad hominem. Seriam os casos em que o próprio retor está envolvido na problemática discutida (JOHNSTONE, Henry W. "Philosophy and *argumentum ad hominem*". *The Journal of Philosophy*, vol. 49, n. 15, 1952, especialmente p. 493. No mesmo sentido, de modo mais aprofundado: JOHNSON, Christopher M. "Reconsidering the *ad hominem*." *Philosophy*, vol. 84, n. 2, pp. 251-266, 2009.

[3] WALTON, Douglas N. "The ad hominem argument as an informal fallacy". *Argumentation*, vol. 1, n. 3, pp. 317-331, 1987. Também HITCHCOCK, David. "Is there an *argumentum ad hominem* fallacy?" *In*: *On Reasoning and Argument*. Hamilton: Springer, 2017. pp. 409-419.

[4] A intimidade tem limites e há tempos deixou de ser absoluta. Veja-se nosso *Tutela penal da intimidade*. São Paulo: Atlas, 2008.

[5] VAN EEMEREN, Frans H.; MEUFFELS, Bert; VERBURG, Mariël. "The (un)reasonableness of *ad hominem* fallacies". *Journal of Language and Social Psychology*. vol. 19, n. 4, pp. 416-435, 2000.

⁶ Nesse sentido: RAITER, Alejandro. *Lenguaje y sentido común*: Las bases para la formación del discurso dominante. Buenos Aires: Editorial Biblos, 2003.

⁷ Próximo a esse sentido, no campo político, está o excelente ensaio de MAJONE, Giandomenico. *Evidencia, argumentación y persuasión en la formulación de políticas*. México: Fondo de Cultura Económica, 1997. Também: PORTANTIERO, Juan Carlos; DE IPOLA, Emilio. "Lo nacional popular y los populismos realmente existentes". *Nueva Sociedad*, vol. 54, n. 1, pp. 7-18, 1981.

⁸ Se o rei não tiver fuga possível, aí sim ele sucumbe sob o belo "mate do coice" (jaque de la coz, *smothered mate*), que é tão raro quanto belo.

CAPÍTULO XII

¹ PLANTIN, Christian. *La argumentación*. Barcelona: Ariel Practicum, 1998, cit., p. 25.

² Existe, de outro lado, a corrupção desse mesmo princípio: muitos dos que constroem teses acadêmicas têm a falsa impressão de que devem criar um conceito, se possível batizar um instituto ou criar um neologismo. Interpretam a obrigação de "originalidade" de seu trabalho com o surgimento de um novo termo. Porém, um novo termo raramente se sustenta pelas razões da tese.

³ Aqui, sim, teriam um papel importante todos aqueles que acreditam na capacidade inata do ser humano em aprender um idioma, formando, a partir de uma gramática primária, construções infinitas de linguagem. Embora as palavras nos idiomas sejam finitas, a apreensão de seu sentido é constante, porque são polissêmicas. Soma-se a isso a possibilidade de combinação, e teremos recursos infinitos para persuasão, através dos textos. Para os linguistas, são vários os métodos de aproximação a essa gramática primária. Uma das mais debatidas é a gramática generativa, de Noam Chomsky, que propõe uma forma dinâmica de construção de sentido através da linguagem. No que se refere à sintaxe, que aqui desenvolvemos, Chomsky propõe a existência de um complexo sistema que atribui sentido às palavras a partir de interações que teriam por função final conduzir a um sentido único final. As explicações primeiras dessa concepção estão em sua obra *O Programa Minimalista*, revista como meio de formação de linguagem. A partir dela, muitos dos linguistas incorporaram a seu estudo o sistema de aprendizado de linguagem da criança, alguns deles, se nos permitem a crítica, sem propriedade específica. As propostas mais fundamentais da gramática generativa estão no *Programa Minimalista*, de 1993, de que há edições sucessivas (CHOMSKY, Noam. *The minimalist program*. Massachusetts: MIT Press, 2015). Em nossa opinião, sem que sejamos grandes especialistas no linguista, mas tenhamos grande leitura de sua obra, há duas considerações a fazer: o modo de aquisição de linguagem é relevante para situações como pedagogia e desenvolvimento de linguagem em inteligência artificial, já que Chomsky tenta encontrar regras de atribuição de sentido a fonemas, incorporação na linguagem pelo léxico, estrutura frasal, com eliminação de elementos de pouco sentido, até a sedimentação de uma linguagem natural. Entretanto, é supervalorizada por aqueles que trabalham com lin-

guagem natural e não necessitam alcançar o sentido, quer da aprendizagem da língua, quer dos sistemas de inteligência artificial. Sua teoria se propõe a explicar o desenvolvimento da linguagem, sua depuração e seu movimento. Ademais, a leitura de seus trabalhos fundamentais demonstra uma série de hipóteses, ainda sujeitas a uma série de experimentações para que se confirmem, sob pena de transformar a linguística em algo dogmático (quando não em ciência formal, como a lógica e a matemática), quando ela é eminentemente fática, ou seja, tem de partir de observações reiteradas do sistema humano de desenvolvimento de linguagem. Aplicar fórmulas específicas à geração de linguagem demanda maior comprovação, em especial quando trasladadas ao idioma diverso daquele de cuja observação nasce a teoria, mesmo que ela se pretenda universal. Isso não significa diminuir o trabalho dos linguistas e menos ainda de Chomsky, apenas notamos seu desvirtuamento em grande medida. Teses acadêmicas que buscam aplicar a gramática generativa, tão seminal, a obras inteiras da literatura cometem erro metodológico, como do físico que tente explicar o movimento de um automóvel com as teorias subatômicas. Também, propondo que existe uma variedade de sistemas gramaticais, pelos quais o usuário da língua pode optar, está ADGER, David; SMITH, Jennifer. "Variation and the minimalist program". *Syntax and variation*: Reconciling the biological and the social, vol. 265, 2005, especialmente pp. 162-164. Essa variação será vista adiante.

[4] Na obra *Anne of Green Gables*, de Lucy Montgomery, a protagonista, Anne, é uma menina visivelmente inteligente e com grandes pretensões filosóficas. Em determinado momento, diz que as pessoas riem dela porque usa "palavras grandes". Mas essa, diz a protagonista, é a única forma de expressar as grandes ideias. "And people laugh at me because I use big words. But if you have big ideas you have to use big words to express them, haven't you?" (MONTGOMERY, Lucy Maud (2022-03-15T22:58:59.000). *Anne of Green Gables*. Feedbooks. Kindle Edition). O humor e a expressividade da garota, como bem mostra o livro, influenciam na seleção de suas palavras: complexidade e tamanho. Não deixa de ser uma observação real: adquirimos vocabulário e nos esforçamos, menos ou mais, para pô-lo em prática, a depender de nossa vontade. No livro de Montgomery, pela situação conflitiva, algo talvez fará com que a protagonista mude de opinião sobre o uso de palavras complexas. Trata-se aprendizado intuitivo, que com o tempo e a educação vão-se refinando. Para aqueles que queiram aprofundar-se, para além de uma gramática natural (generativa) de Chomsky, há uma gama gigantesca de estudos sobre aquisição de palavras, bem seja sob prisma pedagógico, psicológico ou linguístico. Estudamos o tema, em nosso tempo, para compreender o processo de aquisição de vocabulário em um segundo idioma, tentando uma aproximação com o texto argumentativo. Esse trabalho está ainda por publicar-se e não tem lugar exato nesta obra, ainda que se façam algumas referências. Indicamos aqui, apenas por documentação, textos relevantes que conhecemos, sobre o tema: HENRIKSEN, Birgit. "Three dimensions of vocabulary development". *Studies in second language acquisition*, vol. 21, n. 2, pp. 303-317, 1999. Indispensável: NAGY, William; TOWNSEND, Dianna. "Words as tools: Learning academic vocabulary as language acquisition". *Reading research quarterly*, vol. 47, n. 1, pp. 91-108, 2012.

Ainda, RAVEN, John C.; COURT, John Hugh. *Raven's progressive matrices and vocabulary scales*. Oxford: Oxford Pyschologists Press, 1998.

⁵ Em nosso posicionamento, todo discurso merece uma atualização para seu contexto, sua linguagem. Um discurso, nos tempo de Rui Barbosa, contava com maior tempo de seus ouvintes e, principalmente, se construía também para constar nos registros das sessões das Câmaras, para posterior consulta. O número de normas votadas era distinto, o potencial de influência de um discurso no Parlamento era totalmente outro. Por isso, claro, quando predicamos a 'Águia de Haia' como um grande orador, há que situar esse predicativo em seu tempo.

⁶ Sobre o contexto da cultura na linguagem, aproveitando-se da definição de Malinowki (de 1923) para "the contexto of culture", Delu diz: "Constrained by the contexto of culture, relatively stable patterns of the communication process or semantic structures are formed in each speech community as a result of daily social communications" (ZHANG, Delu; LIU, Rushan. *New research on cohesion and coherence in linguistics*. New York: Routledge, 2022).

⁷ Não é raro que a voz da periferia consiga citações eruditas. A ideia de uma identidade social recusa estereótipos. Nesse sentido, Van Dijk: "That is, social roles and identities, just like personal identities, also have some more or less stable characteristics. They may be associated with specific knowledge and abilities, a specific job, specific tasks and duties, overall goals, norms and values, feelings of belonging to a group or social category, and so on. [...]" E então relativiza: "The theory of context accounts for both the 'static' and the 'dynamic' aspects of the social identities of social actors as participants in communicative situations. Hence, language users may at the same time speak as individual persons with their unique personal histories of experiences, on the one hand, and as members of (various) social groups, on the other hand" (VAN DIJK, Teun A. *Society and discourse*: How social contexts influence text and talk. Cambridge: Cambridge University Press, 2009. p. 71).

⁸ Cabe ressaltar, como mera observação, que, embora a linguagem de um e de outro não seja a mesma, a língua ou idioma é o mesmo: o idioma *português*, que abarca todas as manifestações de linguagem da pátria que o utiliza. Por isso nunca concordamos com a denominação da matéria "português jurídico", que se vê por aí difundida, já que não nos parece que haja mais de uma língua portuguesa, como se houvesse um "português médico" ou "econômico". A língua é a mesma.

⁹ O português falado em Portugal, aos ouvidos de um brasileiro, aproxima-se muito de seu modo escrito de expressar-se; de modo análogo, o espanhol da região central da Espanha, aos olhos do hispano-americano, é próximo ao uso mais formal da língua, ainda que haja, na América, a conservação de muitos outros formalismos, que desapareceram na península. Sobre o tema: LOPE BLANCH, Juan M. "La falsa imagen del español americano". *Revista de Filología Española*, vol. 72, n. 3-4, pp. 313-336, 1992. Do mesmo autor, em detalhe específico: LOPE BLANCH, Juan M. "El supuesto arcaísmo del español americano". *Anuario de Letras. Lingüística y Filología*, vol. 7, pp. 85-109, 1968.

[10] Há que se adaptar aos tempos, mas não deixa de ser algo irônico que a atualidade reforce tanto a linguagem técnica ou até a chamada 'politicamente correta', enquanto falhas nas regras básicas da estrutura idiomática, que prejudicam a expressividade, são cometidas por aqueles que mais defendem o poder do vocabulário. Apenas uma observação. Já, claro, a linguagem implica uma relação de poder, como dissemos no corpo do texto. Assim, analisando essa linguagem a partir de Nietzsche e Foucault, está WASHBURN, Jimmy. "Discurso medico: Fijación de realidades: I parte". *Revista de Filosofía de la Universidad de Costa Rica*, vol. 39, n. 97, pp. 67-74, 2001. Em excelente análise do poder da linguagem médica, a partir de obra de ficção, veja-se CLAVIJO POVEDA, Jairo; OSPINA DEAZA, Juan Camilo; SANCHEZ PRIETO, Valeria. "Lenguaje y dispositivo. Un análisis de la serie *Dr. House* como caso paradigmático de la práctica médica colombiana". *Anthropía*, n. 16, pp. 106-120, 2019.

[11] Claro que há exceções, e algumas bastante interessantes, de discursantes que conquistarão a plateia por sua simplicidade, por sua insegurança; mas aqui temos que trabalhar com as generalizações.

[12] Nesse sentido, interessante a dissertação de mestrado que desvela diferença entre o jargão do grupo LGBT no Brasil e nos Estados Unidos, a partir de análise de obra ficcional (BRAGA JUNIOR, Sebastião Jairo Lima. *O jargão LGBTQ em Rupaul's Drag Race traduzido e legendado por fãs: Um estudo baseado em corpus*. 2020. 96f. Dissertação (mestrado) – Universidade Federal do Ceará, Centro de Humanidades, Programa de Pós-Graduação em Estudos da Tradução, Fortaleza, Ceará, 2020.

[13] No inglês, ainda há alguma confusão entre o "jargon" e a linguagem técnica. Mas, pouco a pouco, se o define como a linguagem mais vazia de sentido, embora imprescindível à confirmação do grupo de conhecimento. Veja-se: NASH W. *Jargon: Its uses and abuses*. Oxford: Blackwell Publishers, 1993; ROWAN, K. E. "Moving beyond the what to the why: differences in professional and popular science writing". *Journal of Technical Writing and Communication*, vol. 19, n. 1, pp. 161-179, 1989; ROOK, F. *Slaying the english jargon*. Arlington: STC Press, 1983. Também: HIRST, Russel. "Scientific jargon, good and bad." *Journal of Technical Writing and Communication*, vol. 33, n. 3, pp. 201-229, 2003.

[14] O *Dicionário Aurélio*, ao definir uma das acepções de jargão como gíria profissional, traz como ilustração interessante o texto de Lima Barreto, retirado da obra *Histórias e sonhos*, de que aqui nos apropriamos: "Para eles [os doutores javaneses] é boa literatura a que é constituída por vastas compilações de cousas de sua profissão, escritas laboriosamente em um jargão enfadonho *com fingimento de língua arcaica*."

[15] Veja-se, nesse sentido, o ensaio *Politics and the english language*, de Orwell. Ele demonstra como usar frases feitas pode minar a criatividade (ORWELL, George. "*Politics and the english language.*" *Op. cit.*, p. 106). Este ensaio de Orwell será algumas vezes citado neste livro, dada sua relevância e precisão acerca da formulação de discursos para o grande público.

¹⁶ A imposição do 'politicamente correto', como dito, leva muitas vezes, antes, ao esvaziamento de sentido das palavras, sua polissemia extremada, do que propriamente ao enriquecimento vocabular. Orwell notava, logo no fim da Segunda Guerra Mundial (o texto foi publicado em 1946), o abuso da palavra 'fascismo', para denotar, em lugar do regime que aterrorizara aqueles tempos, "qualquer coisa que não se desejasse". Veja-se: "Many political words are similarly abused. The word fascism has now no meaning except in so far as it signifies 'something not desirable'" (ORWELL, George. "Politics and the English Language." *Op. cit.*, p. 109).

¹⁷ "Em presença da ursa, não procures suas pegadas", e "levarias lenha ao bosque" (*In*: TOSI, Renzo. *Dicionário de sentenças latinas e gregas*, p. 222).

¹⁸ "A ello hay que sumarle además la posibilidad de que hayan sobrevivido, también, por una cuestión de economía del lenguaje, puesto que su uso en latín simplifica expresiones que en español tienen a ser más largas y compleja" (HERRANZ, Miguel. "Brocardos, latines y latinajos: una aproximación a los porqués de la pervivencia del latín dentro del lenguaje jurídico español". *Anuario Jurídico y Económico Escurialense*, vol. 55, p. 219, 2022).

¹⁹ What we talk about When we talk about love (*In*: CARVER, Raymond. *What we talk about when we talk about love*. New York: Gardner Publishers, 2009. p. 104. (Vintage Carver Collection).

²⁰ González Martínez vai mencionar, nesse sentido, o significado "afetivo" do termo, que depende de uma relação subjetiva e arbitrária (GONZÁLEZ MARTÍNEZ, Juan Miguel. "La sinonimia: Problema metalingüístico". *Anales de Filología Hispánica*, vol. 4, p. 200, 1988-1989).

²¹ Professora Mercedes Alonso, no Direito Penal, usando da teoria da linguagem, traz a figura da "polissemia da retribuição".

²² Pesquisando uma lista de vocabulários científicos, autores de Londres e Hong Kong, em conjunto, encontraram o que chamam de *"monosemic bias"*, em lugar de polissemia, nas listas de vocabulário técnico e científico. Conforme a subespécie da ciência, os vocábulos variam em significado. Segundo os autores: "There is a further difficulty with compiling a so-called common core of academic vocabulary in that not only should it include items that meet frequency and range criteria, also in roughly similar ways across disciplines. Reading academic texts, students need to be confident that they are understanding words in the right way, which means a vocabulary list must either avoid items with clearly different meanings and dissimilar co-occurrence patterns, or these items must be taught separately rather than as parts of families. We need, then, to be cautious about claiming generality for families whose meanings and collocational environments may differ across each inflected and derived word form" (HYLAND, Ken; TSE, Polly. "Is there an 'academic vocabulary'?" *TESOL Quarterly*, vol. 41, n. 2, p. 243, 2007). Veja-se, sobre *monosemic bias*, GEERAERTS, Dirk. "Classical definability and the monosemic bias". *In: Words and Other Wonders*. Berlin: De Gruyter Mouton, 2009. pp. 149-174. Segundo o autor, o problema da definição de significado está em que, mesmo se optando por uma definição clássica, há que ser capaz de prever todos os seus usos. Isso é praticamente impossível. Outros autores serão

mais conservadores, para encontrar a possibilidade, se não de um sentido único, de um sentido predominante em cada vocábulo (RUHL, Charles. *On Monosemy*. New York: State of New York University Press, 1989. Sobre distorções conscientes e inconscientes no idioma, veja-se pp. 128 ss.).

[23] A sinonímia perfeita, que seria, antigamente, ter dois símbolos para o mesmo referente (GARCÍA HERNÁNDEZ, Benjamín. "La sinonimia: relación onomasiológica en la antesala de la semántica". *Revista Española de Lingüística*, vol. 27, n. 2, p. 383, 1997).

[24] Benjamín García, mencionando pseudosinônimos, realça que "los sinónimos son expresiones dobles de cierto significado; es característica del ser doble el poder reemplazar al otro y la suplantación es tanto más perfecta cuanto más inadvertida pasa; pero, por más que el doble pueda ser el mismo (*idem*) nunca será él mismo (*ipse*)" (GARCÍA-HERNÁNDEZ, Benjamín. "Sinonimia y diferencia de significado". *Revista Española de Lingüística*, vol. 27, n. 1, pp. 1-32, 1997).

CAPÍTULO XIII

[1] Vale a pena copiar sua lição: "A segunda característica de um texto é que ele é delimitado por dois brancos. Se um texto é um todo organizado de sentido, ele pode ser verbal (um conto, por exemplo), visual (um quadro), verbal e visual (um filme) etc. Mas, em todos esses casos, será delimitado por dois espaços de não sentido, dois brancos, um antes de começar o texto e outro depois. É o espaço em branco no papel antes do início e depois do fim do texto; é o tempo de espera para que o filme comece e o que está depois da palavra Fim; é o momento antes que o maestro levante a batuta e o momento depois que ele a abaixa etc." (SAVIOLI, Francisco Platão; FIORIN, José Luiz. *Lições de texto*. São Paulo: Ática, 2011. p. 17).

[2] Veja-se https://kr.usembassy.gov/martin-luther-king-jr-dream-speech-1963/#:~:text =I%20have%20a%20dream%20that,skin%20but%20by%20their%20character.

CAPÍTULO XIV

[1] Nesse sentido, apenas por revelar empatia e alguma autoridade, temos a experiência de haver sido assessores de Ministro na Suprema Corte do Brasil, cabendo-nos – porque é da função – redigir os rascunhos das sentenças da mais alta corte do país. Isso também nos deu a oportunidade de comprovar quais as razões são mais persuasivas.

[2] CHOMSKY, Noam. *11 de setembro*. Rio de Janeiro: Bertrand Brasil, 2002. p. 94.

[3] Apenas como um paralelo, esse é o primeiro fundamento do finalismo de Welzel, tanto alterando o Direito Penal. Welzel, baseado no neokantismo, em Radbruch e principalmente no Ontologismo de Hartmann, exigiu estruturas ontológicas prévias à incidência da norma penal. Isso significa que a norma somente pode incidir sobre a ação humana, sendo-lhe impossível regulamentar o que *não* está ao alcance da ação do homem. Transportamos esse princípio para o direito como um todo, na argumentação, o que não é difícil: somente debatemos

aquilo a que cabe uma mudança de interpretação jurídica, portanto somente debatemos aquilo que é *controverso*. A norma somente atua naquilo que se pode alterar, naquilo em que existe a possibilidade de redução – agora com Luhmann, a uma decisão binária: legal-não legal. Se essa dúvida não está presente, a argumentação é em vão. Claro que o argumentante, que trabalha com impressões, pode dar a entender que a dúvida não existe, então seu discurso é mera exaltação. Trata-se, claro, de uma técnica.

⁴ No Brasil, art. 5º, XXXV, e art. 93, IX, da CF e 88.

⁵ Não ignoramos toda a teoria, em grande parte correta, do *realismo jurídico*, que defende que o juiz toma decisões *ex ante*, e a fundamenta argumentativamente. Usualmente, aponta-se o texto de Karl Llewellyn: *A Realistic Jurisprudence – The Next Step* (1930), como o início do realismo jurídico. O texto, para seu tempo, é um dos mais relevantes que, cremos, pode haver para a argumentação jurídica. Llewellyn defende que os operadores do Direito trabalham muito mais com *interesses*, sobrepondo-os ao Direito substantivo em si, isso sem ignorar juristas de cunho histórico ou a dissociação feita por Jhering. Em suas palavras: "the substantives rights and rules should be removed from their present position at the *focal point* of legal discussion, in favor of the *area of contact* between judicial behavior and the behavior of laymen; that substantives rights and rules should be studied not as self-existents, nor as a major point of reference, but themselves with the constant reference to the area of behavior contacts" (p. 442). "The approach here argued for addmits, then, out of hand, some relation between any accepted rule and judicial behavior; and then proceeds to deny that that admission involves anything but a problem for investigation in the case in hand; and to argue that the significance of the particular rule will appear only after the investigation of the vital, focal phenomenon: the behavior. And if an empirical science of the law is to have any realisitic basis, any responsability to the facts, I see no escape from moving to this position" (p. 444) (LLEWELLYN, Karl N. "A realistic jurisprudence: the next step". *Columbia Law Review*, vol. 30, n. 4, pp. 431-465, 1930). Veja-se também LLEWELLYN, Karl N. "Some realism about realism. Responding to Dean Pound". *Harvard Law Review*, vol. 44, 1930. Em uma visão atualizada do realismo jurídico, veja-se MARZOCCO, Valeria. "El realismo jurídico americano: Perspectivas de reconstrucción y nuevas trayectorias interpretativas". *Derechos y Libertades*, n. 39, pp. 157-176, 2018. Também nesse sentido: LEITER, Brian. "American Legal Realism". *Public Law Research Paper* n. 42, University of Texas Law, 2002; LIND, Douglas. "Logic, intuition, and the positivist legacy of H.L.A. Hart." *SMU Law Review*, vol. 52, 1999.

⁶ Não sobrará, nesta obra, repetir que nossa afirmação de tendência realista não coincide diretamente com as teses de realismo jurídico, especialmente as norte-americanas. A diferença principal está em que pensamos que o ordenamento jurídico é um elemento racional a ser seguido pelo magistrado. As tendências moderadas de realismo são de fato verossímeis, mas não cabem aqui. Pelo simples motivo de que, em lugar de fixar uma premissa filosófica-jurídica para convalidar nosso pensamento, estaríamos aderindo a todo um arcabouço teórico que não nos interessa avalizar, quando ausentes outras reflexões. Daí, *contrario*

sensu, traríamos para nós toda a crítica, também válida, daqueles que relativizam as teses do realismo. Isso, agora sim, argumentativamente, nos desviaria do nosso percurso: a 'realidade' comunicativa do Direito. Se algum leitor tiver a curiosidade, nosso posicionamento é quase intermediário, neste sentido: o juiz tem intuição, mas usa o ordenamento, mesmo inconscientemente, como parte de sua decisão. Assim, "Eliminating all intuition from judicial decision making is both impossible and undesirable because it is an essential part of how the human brain functions. Intuition is dangerous not because people rely on it but because they rely on it when it is inappropriate to do so. We propose that, where feasible, judges should use deliberation to check their intuition" (GUTHRIE, Chris; RACHLINSKI, Jeffrey J.; WISTRICH, Andrew J. Blinking on the bench: How judges decide cases. *Cornell Law Review*, vol. 93, pp. 1-44, 2007).

[7] Como somos dedicados, em nosso programa de doutorado, aos estudos latino-americanos, seria hipócrita deixar de cuidar das relações de poder que corrompem a aplicação do Direito. Muitos textos há sobre o tema, mas recomendamos o clássico, publicado pela primeira vez em 1958: FAORO, Raymundo. *Os donos do poder*: formação do patronato político brasileiro. São Paulo: Companhia das Letras, 2021. Também ilustrativo é QUIROZ, Alfonso W. *Historia de la corrupción en el Perú*. Lima: Instituto de Estudios Peruanos, 2014. Entre tantos outros.

[8] Sobre o tema, veja-se nosso *Livre-Arbítrio e Direito Penal*. São Paulo: Marcial Pons, 2018.

[9] YABLON, Charles M. "Justifying the Judge's Hunch: An Essay on Discretion". *Hastings Law Journal*, vol. 41, p. 231, 1989.

[10] Já havíamos, no capítulo referente à Coerência Textual, adiantado que exporíamos esta tese: o autor controla o texto, mas o texto também influencia seu autor. Estar atento ao instante em que a coerência da própria criação fala com mais razão que as vontades subjetivas do autor é um cuidado essencial a qualquer um que trabalha com texto.

[11] Impossível, neste nível de referência, deixar de aludir à obra *Seis personagens em busca de um autor*, de Pirandello. Ele cria a ficção de um autor que rejeitou seus personagens, mas estes conseguiram vida própria e querem suas histórias narradas e interpretadas por eles mesmos. Em sua metalinguagem, serve para nós como esse processo de criação, que não é tão livre como parece, pois está adstrito a condicionantes do próprio texto. Destaco palavras da introdução, embora toda a peça seja recheada de referências a esse estado de coisas: "¿Por qué – me dije– no presente este novísimo caso de un autor que se niega a dar vida a algunos de sus personajes, nacidos vivos en su fantasía, y el caso de estos personajes que, teniendo infusa ya en ellos la vida, no se resignan a permanecer excluidos del mundo del arte? Ellos se han separado ya de mí, viven por su cuenta; han adquirido voz y movimiento; en esta lucha que han tenido que sostener conmigo por su vida se han convertido, pues, por sí solos, en personajes dramáticos, personajes que pueden hablar y moverse solos; se ven ya a sí mismos como tales; han aprendido a defenderse de mí, y sabrán defenderse de los demás. De manera que voy a dejarlos ir a donde suelen ir los personajes dramáticos para tener vida: a un

escenario. Y a ver qué pasa" (PIRANDELLO, Luigi. *Seis personajes en busca de autor*. Trad. Ildefonso Grande y Manuel Bosch Barrett. Editor digital: IbnKhaldun. p. 44 Disponível em: https://ministeriodeeducacion.gob.do/docs/biblioteca-virtual/AHFb-luigi-pirandello-obras-completaspdf.pdf).

CAPÍTULO XV

[1] Cf. arts. 474, 554, 538, § 2º, 610, 613, III, do CPP, e c. 1657 e c. 1658 do Código Canônico, entre outros.

[2] "Para ciertos propósitos las personas controlan el estilo de sus acciones [...] y lo sobreponen a otras actividades. Por ejemplo, el trabajo puede ser realizado de un modo que se ajuste a los principios de una representación dramática con el fin de proyectar una cierta impresión de la gente que está trabajando a un inspector o a un directivo [...] en realidad lo que la gente está haciendo rara vez queda adecuadamente descrito como solamente comer o solamente trabajar, siempre tiende ciertos rasgos estilísticos que poseen significados convencionales asociados con tipos reconocidos de papeles dramáticos" (GOFFMAN, Erving, *in* HABERMAS, Jurgen. *Teoría de la acción comunicativa I*: Racionalidad de la acción y racionalización social).

[3] Não resistimos a apontar como essa ideia deriva, no Direito, no conceito de "pessoa", tão desenvolvido por Hegel. O que interessa são as posições objetivas do indivíduo. "§ 36: La personalidad encierra, en general, la capacidad jurídica y constituye el concepto y la base también abstracta del derecho abstracto y. por ello, formal. La norma jurídica, por lo tanto, se personifica y respeta a los demás como personas." Essa ideia aparecerá em muitos hegelianos, como Luhmann e Jakobs, como sabem todos os penalistas (HEGEL, G. Wilhelm Friedrich. *Filosofía del Derecho*. Buenos Aires: Claridad, 1968. p. 68).

[4] Cf. LUHMANN, Niklas. *Das Recht der Gesellschaft*. Frankfurt am Main: Suhrkamp, 1995. pp. 131-132.

[5] Em outros textos, defendemos o uso de vestes menos formais, mas ainda assim uniformes. É nosso sonho, ainda, promover um concurso para conseguir algum traje forense que evite que os operadores do Direito preocupem-se tanto com sua roupa diária (especialmente as mulheres, de quem, ao menos de momento, se cobra maior variação de vestimenta). As vestes talares, no tribunal, têm essa função, mas não são de uso corrente no gabinete, no escritório. Certa vez, escrevemos: "Afastemos o comprometimento de ponto de vista pelo qual eu, individualmente, sempre odiei usar terno, e hoje o visto apenas quando coagido. Fato é que não seria demais repensar os trajes forenses, que estão anacrônicos, viciados, elitistas e, principalmente, antiecológicos" (RODRÍGUEZ, Víctor Gabriel. "Pela radical alteração dos trajes forenses". *Carta Forense*, outubro de 2017). Para quem tiver curiosidade, vários são os estudos acerca da capacidade comunicativa do vestuário, nos mais variados âmbitos. Veja-se CRANE, Diana. "Clothing behavior as non-verbal resistance: marginal women and alternative dress in the nineteenth century". *Fashion theory*, vol. 3, n. 2, pp. 241-268, 1999; LEVI, Jennifer L. "Some modest proposals for challenging established dress code jurispruden-

ce". *Duke Journal of Gender Law & Policy*, vol. 14, p. 243, 2007; FORD, Richard Thompson. *Dress codes*: How the laws of fashion made history. New York: Simon and Schuster, 2021.

[6] Veja-se WALTER, Bettyruth. *The jury summation as speech genre*: Meaning of the summation to jurors. Amsterdam: John Benjamins Publishing Company, 1988. pp. 193-199.

[7] Em pesquisa que realizamos, encontramos uma série de estudos, com métodos distintos, sobre a análise de som e frequência da voz humana, e suas variações, quando em diversos tipos de discurso oral. Todos muito interessantes, até para a fonoaudiologia, mas também para se aprofundar em momentos mais vibrantes ou intencionalmente mais discretos do discurso oral. Basta, para nós, conhecer a existência desses estudos, porque podem desvelar alguma curiosidade na maneira como os sons variam, porém esse seria um estágio muito avançado da oratória. Aqui, mais vale reconhecer seu próprio estilo, a conveniência de falar mais alto ou mais rápido, ou mais lento e em volume mais agradável. Não há como estabelecer uma fórmula única e, com alguma sinceridade, os manuais de oratória que conhecemos trazem regras pouco proveitosas, dada a variedade idiossincrática de cada argumentante, a começar por suas condições físicas. Apenas por curiosidade, conheça-se: HERMES, Dik J.; VAN GESTEL, Joost C. "The frequency scale of speech intonation." *The Journal of the Acoustical Society of America*, vol. 90, n. 1, pp. 97-102, 1991; VROOMEN, Jean; COLLIER, René; MOZZICONACCI, Sylvie J. L. "Duration and intonation in emotional speech." *In*: EUROPEAN SPEECH COMMUNICATION ASSOCIATION. *Eurospeech*: 3rd European Conference on Speech Communication and Technology, 1993. Todos disponíveis na internet. Há estudo defendendo a relevância de usar programas de computador que tornam visual a entonação de cada um, e isso parece interessante, ou ao menos bastante mais personalizado que dicas de manual. Veja-se LEVIS, John; PICKERING, Lucy. "Teaching intonation in discourse using speech visualization technology". *System*, vol. 32, n. 4, pp. 505-524, 2004. Como dito, não é exatamente nossa área de estudo, mas é objetivo desta obra orientar sobre o estudo da retórica em geral, e a oratória é parte. Talvez algum professor, no curso de Direito, possa disponibilizar ao aluno a visualização de sua fala, o que hoje qualquer *software* de áudio promove com bastante figuratividade.

[8] Em sala de aula, trabalhamos com os alunos um trecho da obra *Pollyana*, de Eleonor Porter, traduzida por Monteiro Lobato. Em um curto diálogo, a protagonista, com seu famoso comportamento simpático, chama à discussão, ainda que o irritando, um ancião que com ninguém falava. Fomentado a falar de si próprio, o homem acaba abrindo sua atenção para a interlocutora, e assim, como ocorre repetidas vezes na obra, mais um ouvinte acaba concordando com as ideias da protagonista. Trata-se de interessante ilustração, que procura deixar gravado no aluno que a participação, a interação com o ouvinte é grande argumento no discurso oral. Para tanto, o interlocutor deve se sentir encorajado a aproximar suas próprias experiências ou (quando possível) compartilhar opiniões, caso contrário não é estimulado à participação.

⁹ Uma definição aproximativa do discurso político como subgênero está em VAN DIJK, Teun A. et al. *Political discourse and ideology*, 2003.

¹⁰ Veja-se por exemplo, no Regimento Interno da Câmara dos Deputados do Estado de São Paulo, a sustentação de cinco minutos do Pequeno Expediente (art. 113, § 5º) e de quinze do Grande Expediente (art. 116), sobre assunto de livre escolha, ou, no Regimento do Senado, o artigo 158, aqui transcrito: "Art. 158. O tempo que se seguir à leitura do expediente será destinado aos oradores da Hora do Expediente, podendo cada um dos inscritos usar da palavra pelo prazo máximo de vinte minutos. § 1º A Hora do Expediente poderá ser prorrogada pelo Presidente, uma única vez, pelo prazo máximo de quinze minutos, para que o orador conclua seu discurso, caso não tenha esgotado o tempo de que disponha, ou para atendimento do disposto no § 2º, após o que a Ordem do Dia terá início impreterivelmente."

¹¹ Veja-se: https://www1.folha.uol.com.br/folha/brasil/ult96u89335.shtml. O referido discurso, como quase todos os que aqui aludiremos, é facilmente encontrado na internet, em áudio e vídeo.

¹² Cf. OSAKABE, Haquira. *Argumentação e discurso político*. São Paulo: Martins Fontes, 1999. p. 72.

¹³ Vejam-se os Capítulos XVI e XVII.

¹⁴ Veja-se https://winstonchurchill.org/resources/speeches/1940-the-finest-hour/we-shall-fight-on-the-beaches/.

¹⁵ "Sir, to form an Administration of this scale and complexity is a serious undertaking in itself, but it must be remembered that we are in the preliminary stage of one of the greatest battles in history, that we are in action at many points in Norway and in Holland, that we have to be prepared in the Mediterranean, that the air battle is continuous and that many preparations have to be made here at home. In this crisis I hope I may be pardoned if I do not address the House at any length today. I hope that any of my friends and colleagues, or former colleagues, who are affected by the political reconstruction, will make all allowances for any lack of ceremony with which it has been necessary to act. I would say to the House, as I said to those who have joined the government: 'I have nothing to offer but blood, toil, tears and sweat'" (Delivered in the House of Commons in Westminster on 13 May 1940). Disponível em: https://winstonchurchill.org.

¹⁶ "The gratitude of every home in our Island, in our Empire, and indeed throughout the world, except in the abodes of the guilty, goes out to the British airmen who, undaunted by odds, unwearied in their constant challenge and mortal danger, are turning the tide of the World War by their prowess and by their devotion. Never in the field of human conflict was so much owed by so many to so few" (20 August 1940, House of Commons, London). Disponível em: https://winstonchurchill.org.

¹⁷ Voto do Min. Ricardo Lewandowski, no Supremo Tribunal Federal, na ADO 26, decidindo sobre a criminalização da homofobia. Vale ler o fragmento: "A omissão parlamentar em cumprir o mandado de criminalização, nos casos de

que ora se trata, pode ser compreendida como um fenômeno que, mais do que jurídico, é político: como explica Ran Hirschl, com a ascensão do conceito de supremacia constitucional em todo o mundo, os tribunais tornaram-se instituições sensíveis aos reclamos de grupos sistematicamente excluídos da esfera política, contando com o apoio – explícito ou implícito – dos atores políticos, os quais, ao transferir sua responsabilidade para as instituições judiciais, evitam sua responsabilização política por decisões impopulares. Efetivamente, os atores políticos têm ciência de que são mais facilmente responsabilizados, perante seus eleitores, por suas ações do que pelas respectivas omissões" (STF/ADO26/DF, Voto. Min. Ricardo Lewandowski).

[18] "Thus political language has to consist largely of euphemism, question begging and sheer cloudy vagueness. Defenseless villages are bombarded from *the air*, the inhabitants driven out into the countryside, the cattle machine-gunned, the huts set on fire with incendiary bullets: this is called pacification" (ORWELL, George. "Politics and the english language." *Op. cit.*, p. 115). Analisando autores como Maquiavel, Amezúa traz historicamente questão bastante próxima: o modo como os interesses civis se transformam discursivamente em religiosos, para justificar a Guerra (AMEZÚA AMEZÚA, Luís Carlos. "La elasticidad de la razón de Estado". *Anuario de Filosofía del Derecho*, vol. XVI, pp. 185-198, 1999).

[19] "Political language – and with variations this is true of all political parties, form Conservatives to Anarchists – is designed to make lies sound truthful and murder respectable, and to give an appearence of solidity do pure wind" (ORWELL, George. "Politics and the english language." *Op. cit.*, p. 120).

[20] Em estudo bem objetivo sobre o tema: MIHAS, Elena. Non-literal language in political discourse. *LSO Working Papers in Linguistics 5: Proceedings of WIGL 2005*, 2005; de modo mais aprofundado: GASTIL, John. "Undemocratic discourse: A review of theory and research on political discourse". *Discourse & Society*, vol. 3, n. 4, pp. 469-500, 1992; também AYTAN, Allahverdiyeva *et al.* "Euphemisms and dysphemisms as language means implementing rhetorical strategies in political discourse". *Journal of Language and Linguistic Studies*, vol. 17, n. 2, p. 741-754, 2021.

[21] No Brasil, o jurado popular é reservado a crimes contra a vida. Outros países, como Colômbia ou Espanha, já dispensaram o jurado leigo.

[22] WICHMANN, Anne. *Intonation in text and discourse*: Beginnings, middles and ends. New York: Routledge, 2014; GROSZ, Barbara; HIRSCHBERG, Julia. "Some intonational characteristics of discourse structure". *Second international conference on spoken language processing*, 1992.

CAPÍTULO XVI

[1] Uma das reações possíveis a ler estas considerações é a de tentar construir qualquer argumentação como algo ultrarresumido, como *"bullet points"*. Essa técnica não funciona, porque as ideias têm de progredir, e para isso é necessária uma dissertação mais longa, na maioria das vezes. Os *"bullet points"* serão os

subtítulos mesmo, ou um resumo final. A grande magia do texto escrito está, repetimos, em que também o leitor pode impor-se seu ritmo, sua ordem de leitura, voltar ao que não compreender e saltar aquilo que julga que já conhece. Basta orientá-lo para que possa realizar tais opções.

[2] Após análise de definições de outros autores, Siregar propõe: "Cohesion can be defined as an element of text which contains grammatical and lexical aspect to bond the meaning or point of the text by using one topic and one idea as a topic of discussion" (SIREGAR, Syahreni. "Understanding the use of cohesion devices and coherence in writing". *Pedagogy*: Journal of English Language Teaching, vol. 2, n. 2, p. 70, 2014).

[3] Diferenciando coesão e coerência: "Cohesion refers to the presence or absence of explicit cues in the text that allow the reader to make connections between the ideas in the text, whereas coherence refers to the understanding that the reader derives from the text, which may be more or less coherent depending on a number of factors, such as prior knowledge, textual features, and reading skill" (CROSSLEY, Scott; MCNAMARA, Danielle. "Text coherence and judgments of essay quality: Models of quality and coherence". *Proceedings of the Annual Meeting of the Cognitive Science Society*, 2011. p. 1236). Para um estudo qualitativo, veja-se, entre tantos: SHEEHAN, K. M. "Measuring cohesion: an approach that accounts for differences in the degree of integration challenge presented by different types of sentences. *Educational Measurement*: Issues and Practice, vol. 32, pp. 28-37, 2013.

[4] "Un aspecto de la estructura del texto reside en su nivel de cohesión. Los elementos cohesivos de un texto están basados en elementos lingüísticos explícitos (es decir, palabras, rasgos, claves, señales, constituyentes) y sus combinaciones. El método generalizado para aumentar la cohesión textual consiste en aumentar, en el nivel superficial, los indicadores de relaciones entre las ideas del texto. Esas modificaciones pueden ir desde agregar información de bajo nivel, como sería la identificación de referentes anafóricos, términos sinónimos, enlaces conectores, o encabezados, hasta proporcionar información previa/general no expresada en el texto" (MCNAMARA, Danielle S. "Aprender del texto: Efectos de la estructura textual y las estrategias del lector". *Revista Signos*: Estudios de Lingüística, vol. 37, n. 55, pp. 19-30, 2004).

[5] Para um estudo sobre o quanto a memória sustenta em estruturas gramaticais, e, especialmente, para antecipação catafórica de sentido, lembrando que estudos mostram que "cataphoric grounding is a much more extensive grammar-cued phenomenon, involving referential, temporal and thematic coherence", veja-se GIVEN, T. "Coherence in text vs. coherence in mind." *Coherence in Spontaneous text*, vol. 31, p. 61, 1995.

[6] Sobre vírgula e ritmo, veja-se CANTIN, Montse; RÍOS, Antonio. "Análisis experimental del ritmo de la lengua catalana". *Anuario del Seminario de Filología Vasca "Julio de Urquijo"*, vol. 25, n. 2, pp. 487-513, 1991.

[7] Claro que a linguagem atual dos meios digitais repele a vírgula, mas os fatores para essa dissolução não são necessariamente a ignorância das regras. Se, a

longo prazo, essa linguagem digital contaminar-se ao texto formal, é outro tema. Veja-se TORRADOS CESPÓN, Milagros. "Uso del smartphone y su reflejo en la escritura entre estudiantes de secundaria bilingües gallego–español." *Digital Education Review*, n. 28, pp. 77-90, 2015.

[8] Um estudo muito completo sobre a comunicação em texto escrito de jovens, nos *e-mails*, nas mensagens de *chat* e nos telefones. Os autores denominam os jovens atuais *"native speakers"* da internet, ao contrário daqueles, como este autor, para quem a internet se introduziu quando o nível de alfabetização e escrita já era bastante avançado. Veja-se TAGLIAMONTE, Sali A. *et al.* "So sick or so cool? The language of youth on the internet". *Language in Society*, vol. 45, n. 1, pp. 1-32, 2016.

[9] "Then I sat down and 'translated' the chapter or so that I had written in English into Japanese. Well, 'transplanted' might be more accurate, since it wasn't a direct verbatim translation. In the process, inevitably, a new style of Japanese emerged. The style that became mine, one that I had discovered. 'Now I get it,' I thought. 'This is how I should be doing it.' It was a moment of true clarity, when the scales fell from my eyes" (MURAKAMI, Haruki. *Novelist as a vocation*. Random House. Kindle Edition, 2022).

[10] "One systematic feature of the organization of narrative that is quite relevant to the analysis of coherence is the way in which participants provide each Other with frameworks for the interpretation of the talk in progress" (GIVEN, T. "Coherence in text vs. coherence in mind". *Coherence in spontaneous text*, vol. 31, p. 45, 1995).

[11] A questão da imediaticidade da linguagem oral e a forma perene da escrita, embora, em nossa opinião, não sejam a diferença essencial, também contam. "Lo que importa aquí es el hecho de que lo hablado, o la inmediatez comunicativa, presenta una afinidad, con la realización fónica pasajera y lo escrito, o la distancia comunicativa, a su vez con la realización gráfica perdurable. Por esta razón, es muy difícil captar las manifestaciones espontáneas y extremadamente contextualizadas de la inmediatez comunicativa, lo que, claro está, representa un problema" (veja-se OESTERREICHER, Wulf. "Lo hablado en lo escrito", p. 316).

CAPÍTULO XVII

[1] Pesquisadores da Universidad de La Plata lembram que o conceito de 'estilo' remonta-se, primeiramente, ao literário: "Desde sus orígenes la palabra estilo estuvo ligada a la escritura. Derivada del latín stilus que se utilizaba para nombrar a la herramienta puntiaguda con la cual se escribía sobre tablas recubiertas con una capa de cera. De herramienta para escribir el stilus pronto pasó a significar el modo particular de aquel que escribía. Este primer acercamiento etimológico de la palabra prueba que, en las artes visuales, el concepto que nos ocupa es adquirido como herencia de lo literario" (STIVALA, Ariel *et al.* "Genealogía del estilo personal". *VIII Jornadas de Investigación en Disciplinas Artísticas y Proyectuales*. La Plata, 6 y 7 de octubre de 2016). Em busca de uma definição a partir da referência britânica, veja-se FREEBORN, Dennis. "What is style?" *Style*. London:

Palgrave, 1996. pp. 1-7. O autor se questiona sobre o estilo poder dar parâmetros para definir, julgar o que seria a 'boa' literatura.

² Gaut constrói um estudo relevante sobre criatividade, porém desprezando os relatos pessoais de processo criativo e atribuindo-os a uma matéria de estudo psicológica. A filosofia estaria baseada em um conhecimento mais empírico. Talvez nos falte realmente pensar o processo criativo como conjunto de experiências bastante transcendentais, mas não nos atrevemos aqui a entrar nesse campo (veja-se GAUT, Berys. "The philosophy of creativity". *Philosophy Compass*, vol. 5, n. 12, pp. 1034-1046, 2010).

³ "El autor joven siempre escribe de sí mismo aun cuando hable de los demás, y el autor maduro siempre escribe de los demás aun si habla de sí mismo. Ése es el lugar que hay que ocupar. La distancia con lo narrado. No importa que el tema sea 'personal' si lo escribes desde fuera", sob o título "Diez Claves para escribir bien, según Rosa Montero" no periódico *El País* de 29 nov. 2010.

⁴ Essa supervalorização aparece momentos antes na mesma obra, quando ele discute com o espantalho sobre o que é mais útil: cérebro ou coração. Um clássico para aludir à guerra entre sentimento e raciocínio, a que se somará um terceiro elemento: a coragem de pô-lo em prática. Esta virá quando se apresentar, como se conhece, o novo personagem: o leão covarde. Segue o diálogo: "'All the same', said the Scarecrow, 'I shall ask for brains instead of a heart; for a fool would not know what to do with a heart if he had one'. 'I shall take the heart', returned the Tin Woodman, 'for brains do not make one happy, and happiness is the best thing in the world'."

⁵ Nos subtítulos anteriores, utilizamo-nos da obra de Frank Baum, *O Mágico de Oz*, para demonstrar a disputa entre subjetividade e racionalidade. Era o coração, que faltava ao Homem de Lata, contra o cérebro, que faltava ao Espantalho. Baum acrescenta, em seguida, um novo personagem: o Leão, ao qual lhe falta coragem. Na mensagem do autor, nada adianta racionalidade e intuição se não existe a ousadia de pô-la em prática. A tríade metafórica perfeita.

⁶ Os artistas, em metalinguagem, não raro relatam crises de criatividade de artistas: Camões pede que não lhe ajudem o engenho e a arte na redação dos *Lusíadas*; o poeta do "Soneto de Natal", de Machado de Assis (veja-se capítulo anterior), também se coloca em crise diante da folha branca; o protagonista de *Mala educación*, de Almodóvar, é um roteirista de cinema que não consegue inspiração para iniciar um novo roteiro, entre tantos outros exemplos que dão conta, pela arte, de que a capacidade de inovação é um fator perseguido por aqueles que devem criar.

⁷ Aliás, é exatamente sobre "eficiência na combinação" que se baseia o conceito de Bruner sobre criatividade. Dividindo-a em três tipos distintos (preditiva, formal e metafórica), a segunda está baseada no modo matemático, a partir da definição de Henry, em que a criatividade seria encontrar, nos números, *relações* até então não havidas. O criativo resultaria em consistência e profundidade nas relações (BRUNER, Jerome. "The conditions of creativity". *In*: BRUNER, Jerome. *On Knowing – Essays for the left hand*. Massachusetts: Harvard University Press, 1997).

⁸ Na criatividade como processo de fazer-se novas ilações, veja-se YOUNG, J. G. "What is creativity?" *The Journal of Creative Behavior*, vol. 19, n. 2, pp. 77-87, 1985.

⁹ Muitos escritores sempre demonstraram que escrever à mão, em lugar de digitar, melhorava o processo cognitivo e criativo. Para nós parece evidente, mas por senso comum. Entretanto, pesquisas já confirmam a utilidade do procedimento: MORIN, Marie-France; LAVOIE, Natalie; MONTÉSINOS-GELET, Isabelle. "The effects of manuscript, cursive or manuscript/cursive styles on writing development in Grade 2". *Language and literacy*, vol. 14, n. 1, pp. 110-124, 2012.

¹⁰ É muito interessante questionar-se, com Feldman, quanto temos de ambiente cultural que, hoje, desafie à criatividade. É evidente que estamos circundados por fomentos para ser criativos. Inclusive concursos, prêmios, ou mesmo atividades universitárias tentam cumprir essa função. De nossa parte, tentamos criar exercícios mais complexos para que alunos possam pôr em prática sua enunciação dialética (veja-se FELDMAN, David H. "The development of creativity". *Handbook of creativity*, vol. 169, p. 178, 1999).

¹¹ Também é relevante o debatido documento britânico *All Our Futures: Creativity, Culture & Education*, que, em 1999, registrava a "Educação Criativa" como meta do governo. Em um fragmento, sintetizam o que aqui defendemos: a criatividade advém algo de liberdade, mas principalmente do desenvolvimento de habilidades: "Creativity is not simply a matter of 'letting go'. It is sometimes assumed that creativity only emerges from 'free expression' and lack of inhibitions or constraints. This is very misleading. Freedom to experiment is essential for creativity. But so too are skills, knowledge and understanding. Being creative in music, or in physics, or dance, or mathematics, involves knowledge and expertise in the skills, materials and forms of understanding that they evolve" (*All our futures: Creativity, culture & education*. Department for Culture, Media, and Sport, London (England), 1999. p. 27. Veja-se também: CROPLEY, Arthur J. "Fostering creativity in the classroom: General principles". *The creativity research handbook*, vol. 1, n. 84, pp. 1-46, 1997; CRAFT, Anna. "Fostering creativity with wisdom". *Cambridge Journal of Education*, vol. 36, n. 3, pp. 337-350, 2006).

CAPÍTULO XVIII

¹ "The Dawn of Man". O livro *2001: A space odyssey*, de Arthur Clarke, não contempla a cena com toda essa figuratividade, embora descreva processo análogo. Foi escrito concomitantemente ao filme. Portanto, o filme foi idealizado a partir de um escrito anterior. Na verdade, o conto "The sentinel", do mesmo autor, que é de 1950. No livro *A space odissey*, o autor narra uma série de conquistas dos homens-macacos, como o uso de uma pedra, como arma, para atacar um porco: "It was a heavy, pointed stone about six inches long [...] As he swung his hand around, puzzled by its suddenly increased weight, he felt a pleasing sense of power and authority" (p. 19). Depois, mais temático, sobre o desenvolvimento do homem: "For in using clubs and flints, their hand had developed a dexterity found nowhere else in the animal Kingdom, permitting them to make still better tools, which in turn had developed their limbs and brains yet further. It was an

accelerating, cumulative process; and at its end was Man" (p. 30). (CLARKE, Arthur C. *2001: A space odissey*. New York: ROC Penguin Books, 1993).

² Minha comparação é mais simples: o ser humano conseguiu quem fosse a extensão do seu braço, com o osso de Stanley Kubrick. Depois, o computador sem nenhuma dúvida lhe estende o cérebro, mas não pode ser capaz de substituir sua sensibilidade, bom senso, experiência de vida. Mesmo que falho, temos o direito a essa inovação. Por exemplo, qual é o momento em que o juiz consegue entender qual o melhor momento para julgar. Tampouco acho que uma decisão possa ser feita basicamente pelo computador em uma prévia, para elementos repetitivos. Vivemos isso em grande medida. Como no xadrez, um computador briga com outro e não temos definições.

³ Note-se, por questão de precisão vocabular, que jamais se poderá dizer que o computador constrói uma decisão judicial, salvo que se o invista na condição de juiz. O que ele faz são textos a serem adotados como decisão.

⁴ Pastor, mesmo que bastante crítico acerca de uma justiça baseada em inteligência artificial, em algum momento aclara o que muitos intuímos: que ela pode "superar la jerga de los parlamentos y las divugaciones de la jurisprudencia, ofreciendo a la vez un oásis de certidumbre para la orientación normativa de los ciudadanos" (PASTOR, Daniel. "¿Sueña el sistema penal con jueces electrónicos?" *In*: DEMETRIO CRESPO, Eduardo (dir.). *Derecho Penal y comportamiento humano*. Valencia: Tirant lo Blanch, 2022. p. 540). De nossa parte, entendemos que essa *incertidumbre* das decisões coletivas tem de ser consertada pela própria lógica humana, sob pena de não se abrir espaço para toda a narrativa por detrás de cada caso, que deve não apenas ser introduzida, com limites, em cada processo. Também é necessário que o ser humano conheça o processo que está por detrás da decisão, todos os fatores levados em conta e em que medida. Isso, em um algoritmo complexo, é impossível.

⁵ "*AI* is the science of making machines capable of performing tasks that would require intelligence if done by humans" (MINSKY, Marvin. *Society of mind*. Amsterdam: Simon and Schuster, 1988. p. 64).

⁶ A definição da *Britannica* vai nesse sentido: "The term is frequently applied to the project of developing systems endowed with the intellectual processes characteristic of humans, such as the ability to reason, discover meaning, generalize, or learn from past experience" (Disponível em: https://www.britannica.com/technology/artificial-intelligence).

⁷ O fato de que um computador possa aprimorar um procedimento que ele mesmo já realizara não autoriza diretamente a que se denomine *erro* o procedimento anterior, menos eficaz. Discuti-lo, porém, implicaria adentrar à definição filosófica de *erro*, interessantíssima até dentro do Direito Penal, porém aqui descabida, por questões meramente espaciais.

⁸ Mesmo sabendo que esta observação se desatualizará em enorme velocidade, o instrumento de linguagem artificial mais aberto à criação de textos é o GPT-4, que efetivamente é capaz de criar uma sentença com grande grau de estilística e,

caso assim se possa dizer, "acerto" técnico. O "chatGPT" foi lançado oficialmente em novembro de 2022, e estamos certos de que outros parelhos ou mais avançados já estarão a operar no momento da leitura desta obra. A existência desses aplicativos dá maior concretude aos debates, inclusive éticos, pelos quais transitamos nesta obra. Derivados desses mecanismos de inteligência artificial estão vários outros aplicativos, que se multiplicam, criando textos, imagens, vozes e vídeos a partir de comandos muito simples.

[9] "A judge in Colombia used ChatGPT to make a court ruling, in what is apparently the first time a legal decision has been made with the help of an AI text generator – or at least, the first time we know about it. Judge Juan Manuel Padilla Garcia, who presides over the First Circuit Court in the city of Cartagena, said he used the AI tool to pose legal questions about the case and included its responses in his decision, according to a court document dated January 30, 2023" (https://www.vice.com/en/article/k7bdmv/judge-used-chatgpt-to-make-court-decision).

[10] A solução de legal/ilegal de Luhmann, baseada em Maturana, está então pensada em uma máquina que faz um *output* binário. Se pensamos essa máquina em um computador que, em lugar dos *bits* (0 ou 1) trabalhe com *cubits* (0 e 1), alteraríamos toda a lógica jurídica, no sentido de decisão. E assumiríamos, como uma obra de ficção científica, que existe um Direito que diz que algo é e não é ao mesmo tempo: isso seria a teoria da argumentação sendo levada *ex machina*.

[11] Veja-se JÄGER, Christian. "Willensfreiheit, Kausalität und Determination: Stirbt das moderne Schuldstrafrecht durch die moderne Gehirnforschung?" *Goltdammer's Archiv für Strafrecht*. n. 1, pp. 8 ss., 2013 (adiante comentado). Também RUBIA, Francisco J. "El controvertido tema de la libertad". *Revista de Occidente*, n. 356, p. 7, 2011.

[12] O cronômetro, batizado de "Oscilloscope clock", é reproduzido de modo esquematizado em artigo mais recente de Libet. Trata-se de um ponto de luz que se move ao redor de um círculo, marcado com pontos de 00 a 60, como se se tratasse de um relógio que marcasse os sessenta segundos de um minuto. Entretanto, como descreve a figura, o ponto de luz envolve a periferia do relógio em 2.56 segundos, em lugar dos 60 segundos do relógio, com o que "each maked off 'second' (in the total of 60 markings), representes 43 msecs of actual time here" (LIBET, Benjamin. "Do we have free will?" *Journal of Consciousness Studies*, vol. 6, n. 8-9, p. 48, 1999 (Figure 1)).

[13] "It is concluded that cerebral initiation of a spontaneous, freely voluntary act can begin unconsciously, that is, before there is any (at least recallable) subjective awareness that a 'decision' to act has already been initiated cerebrally. This introduces certain constraints on the potentiality for conscious initiation and control of voluntary acts" (LIBET, Benjamin; GLEASON, Curtis; WRIGHT, Elwood; PEARL, Dennis. "Time of conscious intention to act in relation to onset of cerebral activity (readiness-potential): the unconscious initiation of a voluntary act." *Brain*, n. 106, p. 623, 1983).

[14] Desde esse experimento de 1983, então, as conclusões de Libet já são pelos próprios pesquisadores controvertidas, o que se apresenta sem menosprezar a

relevância do estudo. Assume-se, como dito, a conclusão a que chega Rubia, dissertando sobre os experimentos de Libet: "Éstos son los experimentos que han llevado a pensar que la impresión subjetiva de la voluntad libre es una ficción. [...] La hipótesis construida sobre estos datos sí puede discutirse y de hecho así se ha hecho. Pero hoy por hoy estos datos apuntan a que la libertad, tal y como la entendemos, es decir de acción y de decisión, parece una ficción" (RUBIA, Francisco J. "El controvertido tema de la libertad", cit., p. 9).

[15] "Freely voluntary acts are preceded by a specific electrical change in the brain (the 'readiness potential', RP) that begins 550 ms before the act. Human subjects became aware in intention to act 350-400 ms after RP starts, but 200 ms before the motor act" (LIBET, Benjamin. "Do we have free will?", cit., p. 24).

[16] "All of us, not just experimental subjects, have experienced our vetoing a spontaneous urge to perform some act. This often occurs when the urge to act involves some socially unacceptable consequence, like an urge to shout some obscenity at the professor" (LIBET, Benjamin. "Do we have free will?", cit., p. 52).

[17] Diz-se isso porque o texto mostra que o cientista não refaz experiências e tampouco nega frontalmente o que já houvera concluído. Seu trabalho é unicamente, como dissemos, dar maior ênfase a uma hipótese que já havia sido levantada ao tempo do estudo original (a possibilidade de veto). E o texto sintomaticamente finaliza com a citação de uma entrevista concedida por Isaac B. Singer, o escritor, afirmando que o livre-arbítrio é o grande presente recebido pela humanidade. Com isso apenas mostramos o subjetivismo da interpretação, que resulta apenas da convicção pessoal da liberdade.

[18] Assim, Smith: "Libet's result was controversial. Critics said that the clock was distracting, and the report of a conscious decision was too subjective" (SMITH, Kerri. "Taking aim at free will". *Nature*, vol. 477, p. 24, 2011).

[19] "Second, the time delay between the onset of the readiness potential and the decision is only a few hundred milliseconds. It has been repeatedly argued that potential inaccuracies in the behavioral measurement of the decision time at such short delays could lead one to misjudge the relative timing of brain activity and intention" (HAYNES, John Dylan; SOON, Chun Siong; BRASS, Marcel; HEINZE, Hans Jochen. "Unconscious determinants of free decision in the human brain". *Nature Neuroscience*, vol. 11, n. 5, p. 543, 2008).

[20] "To rule out the idea that any leading activity merely reflects unspecific preparatory activation, it is necessary to study free decisions between more than one behavioral options" (HAYNES, John Dylan; SOON, Chun Siong; BRASS, Marcel; HEINZE, Hans Jochen. "Unconscious determinants of free decision in the human brain". *Nature Neuroscience*, vol. 11, n. 5, p. 543, 2008).

[21] "We adopted a paradigm originally described by Libet and colleagues (Libet et al., 1983). Subjects were presented with an analogue clock depicted in a laptop and were instructed to fixate at the center. A clock dial rotated on the screen with a period of 2,568 ms. Subjects were instructed to place their right index finger on a key on the laptop keyboard, to wait for at least one complete revolution of the dial, and then press the key whenever 'they felt the urge to do so'. [...] We note

that this 'urge to move' can be interpreted as a decision for self-initiated movement" (FRIED, Ithzak; MUKAMEL, Roy; KREIMAN, Gabriel. "Internally generated preactivation of single neurons in human medial frontal cortex predicts volition". *Neuron*, vol. 69, n. 3, p. 551, 2011).

[22] Por questões éticas, então, todos os sujeitos do experimento tinham algum tipo de enfermidade cerebral já diagnosticada, mas isso não parece ser tão relevante para o método em si mesmo.

[23] Veja-se RODRÍGUEZ, Víctor Gabriel. *Livre-arbítrio e Direito Penal*. São Paulo: Marcial Pons, 2019.

[24] Estamos, de momento, escrevendo trabalhos sobre os ensinamentos quânticos e consequências do livre-arbítrio.

[25] A física quântica até o momento tem confirmado a comunicação (interação) de partículas em velocidade maior que a da luz, no paradoxo Einstein-Podolslki-Rosen.

[26] Aliás, as possibilidades do xadrez, que, pelo que se sabe, alcançam 10^{120}, foram calculadas e publicadas em 1950, por Shannon, em um artigo em que já se questionava se o computador poderia "pensar". Em 1950. O artigo original é disponível nos portais de pesquisa científica: "Eletronic computers can be set up to play a fairly strong game, raising questions of wheter they can think" (SHANNON, Claude E. "A Chess-Playing Machine". *Scientific American*, vol. 182, n. 2, pp. 48-51, 1950).

[27] Jack Cohen e Ian Stewart: *"If our brains were simple enough for us to understand them, we'd be so simple that we couldn't"* (COHEN, Jack; STEWART, Ian. *The collapse of chaos*: Discovering simplicity in a complex world. London: Penguin Paperbacks, 1995. p. 8). A assertiva nos foi apresentada pela dissertação de mestrado de Thales Coelho, por nós orientada, Universidade de São Paulo, 2018.

[28] Dentro de poucos anos, não tenho dúvida, por exemplo, de que um computador poderá, processando incessantemente as grandes peças musicais da história, compor uma sinfonia extremamente complexa e, mais que isso, muito agradável ao gosto humano. Não poderá o computador, entretanto, emocionar-se ao escutá-la. Embora, se programado para tanto, possa identificar elementos que causam emoções nos humanos e, a partir disso, reproduzir as reações-padrão a elas.

[29] "A person who is free to do what he wants to do may yet not be in a position to have the will he wants" (FRANKFURT, Harry G. "Freedom of the will and the concept of a person". *The Journal of Philosophy*, vol. 68, n. 1, p. 17, 1971).

[30] Pode ocorrer, por exemplo, que um quadro original de Van Gogh, pintado no início de sua carreira, não contenha os traços que os caracterizam. Sobre a falsificação de obras de arte e seu curioso método, leia-se VAN DEN BERGHE, Rene Alphonse. *Por amor al arte*: Memorias del ladrón más famoso del mundo. Barcelona: Planeta, 2012.

[31] "Its outputs may lack semantic coherence, resulting in text that is gibberish and increasingly nonsensical as the output grows longer. Its outputs embody all the biases that might be found in its training data: if you want white supremacist

manifestos, GPT-3 can be coaxed to produce them endlessly. Its outputs may correspond to assertions that are not consonant with the truth" (DALE, Robert. "GPT-3: What's it good for?" *Natural Language Engineering*, vol. 27, pp. 116 ss., 2021. Veja-se também: LIU, Xiao et al. "GPT understands, too". Disponível em: *arXiv preprint arXiv:2103.10385*, 2021, e MCGUFFIE, Kris; NEWHOUSE, Alex. "The radicalization risks of GPT-3 and advanced neural language models". Disponível em: *arXiv preprint arXiv:2009.06807*, 2020).

[32] Sobre o direito à transparência e a inteligência artificial, como "manera que sea posible supervisar sus operaciones", além de todo o discurso ético e jurídico, como as decisões da União Europeia, veja-se RAMÍREZ BARBOSA, Paula Andrea; PAEZ DURÁN, Luís Alberto. "Inteligencia artificial y ética corporativa". *In: Responsabilidad penal y cumplimiento corporativo*. Valencia: Tirant lo Blanch, 2022. p. 184.

[33] Ter um humano como julgador é, portanto, um modo de compreensão da sociedade, inscrito como direito fundamental a partir do dever de prestação jurisdicional. Mais que demonstrá-lo com outros argumentos que nos desviariam do tema, nada melhor, aqui, que uma ilustração tão paradigmática como a obra *1984* de Orwell, quando nos fala do mundo em que as máquinas compõem poemas. E não de todo maus. "Quando a boca da mulher não estava ocupada por pregadores e roupa, cantava com poderosa voz de contralto: *'Era apenas uma ilusão sem esperança/ que passou como um dia de abril; mas aquele olhar, aquela palavra/ e os sonhos que atiçaram/ me roubaram o coração'*. Essa canção era mania em Londres havia várias semanas. Era uma das produções da subseção do Departamento de Música, destinada aos proles. A letra dessas canções se compunha sem nenhuma intervenção humana, utilizando-se um aparelho chamado 'versificador'. Mas a mulher a cantava com tão bom gosto que o horrível ritmo convertia-se em sons quase agradáveis" (ORWELL, G. *1984*, p. 141. Tradução livre). O "versificador", da obra de Orwell, produziu uma canção de sucesso. Poética, politicamente correta e agradável ao humano a ponto de ser um "*hit*". Em termos tecnológicos, para nós já não é uma utopia, uma ficção, pois já existem programas capazes de construir textos esteticamente muito aceitáveis. Apenas seu uso é que nos parece distópico, mas aqui já encerramos nosso paralelo.

[34] É a solução almejada pela China para os próximos anos, segundo sua programação oficial. Disponível em: https://www.chinajusticeobserver.com/law/x/the-supreme-people-s-court-the-opinions-on-regulating-and-strengthening-the-applications-of-artificial-intelligence-in-the-judicial-field-20221208.

[35] Assim, a página do Superior Tribunal de Justiça brasileiro noticia que metade dos tribunais do país utiliza inteligência artificial. Disponível em: https://www.stj.jus.br/sites/portalp/Paginas/Comunicacao/Noticias/09032021-Inteligencia-artificial-esta-presente-em-metade-dos-tribunais-brasileiros--aponta-estudo-inedito.aspx. A notícia é ainda de 2021, pelo que se estima que esse número, hoje, seja muito maior.

[36] "Sem a pretensão de substituir a inteligência, a competência e a mão de obra humanas, o Sócrates 2.0 foi concebido como uma plataforma composta por: 1)

Sistema de Gerenciamento de Normas, 2) Sistema de Gerenciamento de Controvérsias, 3) Sistema de Gerenciamento de Modelos, 4) Pesquisa Automática de Jurisprudência, 5) Pesquisa Automática de Doutrina; e 6) Sistema de Gerenciamento de Acervo por Controvérsias". Disponível em: https://www.migalhas.com.br/depeso/346278/a-inteligencia-artificial-na-formacao-dos-precedentes-do-stj.

© 2005, Livraria Martins Fontes Editora Ltda.
© 2024, Editora WMF Martins Fontes Ltda., São Paulo, para a presente edição.

Todos os direitos reservados. Este livro não pode ser reproduzido, no todo ou em parte, armazenado em sistemas eletrônicos recuperáveis nem transmitido por nenhuma forma ou meio eletrônico, mecânico ou outros, sem a prévia autorização por escrito do editor.

1ª edição 2022 (Editora LZN)
3ª edição 2023 (Editora Vox)
7ª edição 2024

Acompanhamento editorial *Helena Guimarães Bittencourt*
Revisões *Beatriz de Freitas Moareira, Ana Caperuto e Sandra Garcia Cortés*
Produção gráfica *Geraldo Alves*
Paginação *Renato Carbone*
Capa *Vitor Carvalho*

Dados Internacionais de Catalogação na Publicação (CIP)
(Câmara Brasileira do Livro, SP, Brasil)

Rodríguez, Víctor Gabriel
    Argumentação jurídica : texto, persuasão e lógica informal / Víctor Gabriel Rodríguez. – 7. ed. – São Paulo : Editora WMF Martins Fontes, 2024.

    "Totalmente atualizada, revista e estruturada com novo capítulo sobre Inteligência Artificial"
    Bibliografia.
    ISBN 978-85-469-0617-8

    1. Argumentação forense 2. Lógica 3. Persuasão (Retórica) I. Título.

24-212131   CDU-34:16

Índice para catálogo sistemático:
1. Argumentação jurídica   34:16

Cibele Maria Dias – Bibliotecária – CRB-8/9427

Todos os direitos desta edição reservados à
Editora WMF Martins Fontes Ltda.
Rua Prof. Laerte Ramos de Carvalho, 133   01325.030 São Paulo SP Brasil
Tel. (11) 3293.8150 e-mail: info@wmfmartinsfontes.com.br
http://www.wmfmartinsfontes.com.br